Jörg Hilker
Marketingimplementierung

Jörg Hilker

Marketing-
implementierung

Grundlagen und Umsetzung am Beispiel ostdeutscher Unternehmen

DUV Springer Fachmedien Wiesbaden GmbH

Die Deutsche Bibliothek — CIP-Einheitsaufnahme

Hilker, Jörg:
Marketingimplementierung : Grundlagen und Umsetzung am
Beispiel ostdeutscher Unternehmen / Jörg Hilker. — Wiesbaden :
Dt. Univ.-Verl., 1993
(DUV : Wirtschaftswissenschaft)
Zugl.: Münster/Westfalen, Univ., Diss., 1993
ISBN 978-3-8244-0184-0   ISBN 978-3-663-12230-2 (eBook)
DOI 10.1007/978-3-663-12230-2

D 6

Der Deutsche Universitäts-Verlag ist ein Unternehmen der
Verlagsgruppe Bertelsmann International.

© Springer Fachmedien Wiesbaden 1993
Ursprünglich erschienen bei Deutscher Universitäts-Verlag GmbH, Wiesbaden 1993

Gedruckt auf chlorarm gebleichtem und säurefreiem Papier
ISBN 978-3-8244-0184-0

Geleitwort

Obwohl das Marketingkonzept seit langer Zeit intensiv diskutiert wird, zeigen sich in der Unternehmenspraxis vielfach große Schwierigkeiten bei seiner konkreten Anwendung. Im Gegensatz zur konzeptionellen Gestaltung des Marketings wurde in der wissenschaftlichen Diskussion den Fragen der Implementierung des Marketings bisher eine eher untergeordnete Beachtung geschenkt. Da vermutet werden muß, daß häufig gerade Probleme der Implementierung den Erfolg des Marketings entscheidend limitieren, erscheint es wenig sinnvoll, die relativ ausgefeilten Erkenntnisse zur konzeptionellen Gestaltung des Marketings immer weiter zu verfeinern, ohne zunächst die grundlegenden Probleme der Implementierung des Marketings tiefergehend zu betrachten.

Der Verfasser hat es sich zur Aufgabe gemacht, basierend auf einem implementierungsgerechten Marketingverständnis (Implementierungsgegenstand) die vorhandenen Ansätze zur Implementierung des Marketings zu systematisieren und in einem Gesamtmodell zusammenzuführen (Implementierungsvorgehensweisen), das geeignet ist, für alternative situative Konstellationen als Strukturierungsbasis für Problemstellungen der Marketingimplementierung zu dienen. Mit Hilfe dieses Strukturierungsansatzes untersucht Hilker anschließend die spezielle Problematik der Marketingimplementierung in ostdeutschen Unternehmen.

Der besondere Wert der Arbeit von Hilker ist darin zu sehen, daß auf Basis US-amerikanischer Erkenntnisse meines Wissens nach erstmals versucht wird, die komplexe Problematik der Marketingimplementierung umfassend zu systematisieren und die in der Literatur an verschiedenen Stellen sowie nach unterschiedlichsten Stichworten diskutierten Problemlösungsansätze zu identifizieren, aufzuarbeiten und der erarbeiteten Systematik zuzuordnen. Die vorliegende Arbeit liefert damit einen ersten wesentlichen Schritt auf dem Weg zur Erarbeitung einer umfassenden Theorie der Marketingimplementierung und kann als Grundlagenwerk zur Problematik angesehen werden. Neben der systematischen und umfassenden Aufarbeitung der derzeit vorliegenden theoretischen Erkenntnisse zur Marketingimplementierung werden von Hilker auch Themengebiete für die Marketingimplementierung erschlossen, die bislang nicht unmittelbar mit der Thematik in Verbindung gebracht worden sind. So gelingt es Hilker aufzuzeigen, daß das die Grundideen des Total Quality Management bzw. des Lean Management - insbesondere auch einige in diesem Zusammenhang diskutierte Instrumente (z.B. Benchmarking, Quality Function Deployment, Target Costing) - von besonderem Wert für die Marketingimplementierung sein können. Es konnte von Hilker gezeigt werden, daß es sich beim Marketing und beim TQM um keine konkurrierenden, sondern um sich gegenseitig ergänzende Unternehmensführungsphilosophien handelt.

Die Tragfähigkeit der von Hilker entwickelten Systematik für die Analyse von Problemen der Marketingimplementierung konnte am Beispiel dreier ostdeutscher Industrieunternehmen gezeigt werden. Ferner gelingt es Hilker, auf Basis der Erkenntnisse einer zweijährigen Längsschnittanalyse in diesen drei Unternehmen wertvolle praktische Hinweise für eines der bedeutendsten Probleme der ostdeutschen Unternehmen aufzuzeigen.

Insgesamt ist es Hilker gelungen, einen bislang weitgehend unbearbeiteten Bereich der Marketingforschung systematisch aufzuarbeiten. Er legt damit die Basis für weitere vertiefende Untersuchungen. Da die Ausführungen nicht nur für die Theorie einen hohen Innovationsgrad aufweisen, sondern auch für die Praxis von großem Nutzen sein können, trägt die vorliegende Arbeit dazu bei, den Wissenstransfer zwischen Wissenschaft und Praxis problemlösungsorientiert zu intensivieren.

Prof. Dr. K. Backhaus

Vorwort

In der betrieblichen Praxis wird seit langer Zeit immer wieder festgestellt, daß viele Unternehmen Schwierigkeiten mit der Anwendung des Marketingkonzeptes besitzen. In der Vergangenheit konzentrierte sich die Diskussion zur Problemlösung primär auf die konzeptionelle Gestaltung des Marketings, während Fragen der Marketingimplementierung deutlich seltener untersucht wurden. Dieses ist insofern ein gravierender Mangel, da Fragen der Implementierung untrennbar mit der Konzeptionierung verbunden sind und zu erwarten ist, daß nur bei simultaner Berücksichtigung beider Problembereiche die anvisierte Anwendung des Marketings im Unternehmen möglich ist. Diese Erkenntnis setzt sich zunehmend auch in der Praxis durch. Die Forderung nach Unterstützung bei der Marketingimplementierung wird daher immer häufiger und nachdrücklicher gestellt. Wie die Unternehmensberaterbranche, so muß sich auch die Marketingforschung mit dieser Forderung intensiv auseinandersetzen und Lösungsvorschläge erarbeiten. Verstärkt wurde der Ruf nach adäquaten Lösungsvorschlägen zur Marketingimplementierung nicht zuletzt auch durch die Situation der ostdeutschen Unternehmen nach der Wirtschafts- und Währungsunion im Sommer 1990. Alle ostdeutschen Unternehmen mußten kurzfristig Marketing implementieren, da diese Form der Unternehmensführung im planwirtschaftlichen System der DDR nicht praktiziert werden mußte, konnte und durfte.

Leider ergab eine Auswertung der Literatur, daß bei der Themenbehandlung deutliche Defizite bestehen, eine schlüssige, allgemein akzeptierte Systematik der Teilproblembereiche fehlt und eine umfassende Zusammenführung der fragmentarischen Erkenntnisse zur Problematik nicht vorliegt. Die vorliegende Arbeit setzt sich daher zunächst zum Ziel, die Problematik der Marketingimplementierung auf ihre zentralen Problemfelder zurückzuführen. Es zeigt sich, daß die Marketingimplementierung zum einen durch unterschiedliche und/oder unagemessene Interpretation des Implementierungsgegenstandes (Marketing) behindert wird und zum anderen durch unzureichende oder fehlende Vorgehensweisen zur Marketingimplementierung problematisch ist.

Nachdem zunächst ein implementierungsgerechtes Marketingverständnis abgeleitet wird, wird anschließend eine Systematisierung des Implementierungsvorgehens erarbeitet, die es erlaubt, Implementierungsprobleme strukturiert zu analysieren und zu bearbeiten. Es wird gewissermaßen ein gefächerter Werkzeugkasten konstruiert, in dem vorhandene und neue Werkzeuge (Methoden, Instrumente) zur Marketingimplementierung einsortiert werden können, um sie dann situationsangepaßt einsetzen zu können. Insgesamt werden fünf Implementierungsebenen (Fächer des Werkzeugkastens) unterschieden (Unternehmensstrategie, Unternehmenskultur, Zusammenarbeit der Funktionseinheiten, Individualverhalten und Managementsysteme). Für alle Implementierungsebenen werden die grundlegenden Probleme der Marketingimplementierung thematisiert und jeweils mehrere Methoden bzw. Instrumente (Werkzeuge) konkret vorgestellt. Als besonders problemlösungsadäquat müssen die Grundideen des Total Quality Management sowie einzelne in diesem Zusammenhang entwickelte Instrumente angesehen werden. Es wird daher davon ausgegangen, daß insbesondere durch eine Integration der Unternehmensführungsphilosophien Marketing und TQM die Problematik der Marketingimplementierung reduziert oder gelöst werden kann.

Nachdem auf Basis einer umfassenden Auswertung der relevanten, insbesondere US-amerikanischen Literatur ein integriertes Marketingimplementierungsmodell (Werkzeugkasten) entwickelt worden ist, wird dieses Modell zur Untersuchung der Marketingimplementierungsproblematik in drei großen ostdeutschen Industrieunternehmen angewandt. Während einer insgesamt zweijährigen Längsschnittanalyse konnten wertvolle, praxisrelevante Erkenntnisse gewonnen werden. Es zeigte sich, daß das vorliegende Implementierungsmodell - obwohl es in Teilbereichen noch einer Weiterentwicklung bedarf - sehr gut zur Lösung von Marketingimplementierungsproblemen geeignet erscheint.

Die vorliegende Arbeit wurde im Sommersemester 1993 von der Wirtschaftswissenschaftlichen Fakultät der Westfälischen Wilhelms-Universität als Dissertation angenommen. Die Anregung zur Bearbeitung dieses sehr interessanten und trotz seiner Praxisrelevanz bislang noch weitgehend unbeachteten Themenkomplexes verdanke ich meinem Doktorvater, Herrn Prof. Dr. Klaus Backhaus. Ihm gilt hierfür sowie für seine sehr konstruktive Begleitung dieses Forschungsprojektes und die Gewährung eines großzügigen wissenschaftlichen Freiraums mein besonderer Dank. Danken möchte ich ferner dem Zweitkorrektor dieser Arbeit, Herrn Prof. Dr. Heribert Meffert, für seine Bereitschaft, die empirischen Forschungsarbeiten zu fördern, für seine kritischen und konstruktiven Anmerkungen sowie die Übernahme des Zweitgutachtens.

Die Durchführung der empirischen Forschungsarbeiten wurde von der Wissenschaftlichen Gesellschaft für Marketing und Unternehmensführung Münster e.V. finanziell gefördert, wofür ich mich an dieser Stelle herzlich bedanken möchte. Ferner gilt der Dank den drei ostdeutschen Unternehmen sowie deren Mitarbeiter für ihre Bereitschaft, das Forschungsprojekt über einen Zeitraum von zwei Jahren zu begleiten und zu unterstützen.

Wesentlichen Anteil an dem Erfolg der vorliegenden Arbeit hatten auch meine Kollegen am Betriebswirtschaftlichen Institut für Anlagen und Systemtechnologien für die Unterstützung in verschiedenen Phasen des Forschungsprojektes. Ganz besonders danken möchte ich jedoch Herrn Dr. Heinrich Uekermann für seine stete Diskussionsbereitschaft und seine zahlreichen Anregungen sowie Verbesserungsvorschläge. Dank gebührt auch Frau Birgit Dillmann, Frau Christiane Fuhrmann, Frau Gabriele Kranz und Frau Marlies-Ria Pettersson für ihre Unterstützung bei der formalen Überarbeitung des Textes. Abschließend gilt mein Dank speziell auch meiner Frau Nicola für ihre fachliche Unterstützung sowie insbesondere auch für ihre zeitliche Rücksichtnahme.

Jörg Hilker

Inhaltsverzeichnis

XIV

Abbildungsverzeichnis

Abkürzungsverzeichnis

AMA	American Marketing Association
Con.	Connecticut
DPA	Department Purpose Analysis
F & E	Forschung und Entwicklung
GUS	Gemeinschaft Unabhäniger Staaten
Ill.	Illinois
KKV	Komparativer Konkurrenzvorteil
Mass.	Massachusetts
MIT	Massachusetts Institute of Technology
MSI	Marketing Science Institute
NBL	Neue Bundesländer
QFD	Quality Function Deployment
R & D	Research and Development
RKW	Rationalisierungskuratorium der deutschen Wirtschaft
RGW	Rat für gegenseitige Wirtschaftshilfe
SCA	Sustainable Competitive Advantage
TQM	Total Quality Management
VVB	Vereinigung Volkseigener Betriebe

A. Marketingimplementierung - ein Kernproblem des Marketings

1. Probleme der betrieblichen Praxis als Ausgangspunkt

Das Marketingkonzept wird seit den sechziger Jahren intensiv diskutiert. Trotz einer kaum zu überblickenden Anzahl von Marketing-Monographien und Forschungsarbeiten zu diesem Thema sowie der langjährigen Nutzung dieses Konzeptes in vielen Unternehmen wird häufig von **Schwierigkeiten bei der Umsetzung bzw. Implementierung des Marketings** im Unternehmen gesprochen.[1] Unter dem Begriff der Implementierung wird dabei ganz allgemein der Prozeß der Verwirklichung eines gedanklich formulierten Konzeptes verstanden.[2]

Schon 1960 kritisierte Levitt, daß Marketing oftmals falsch verstanden wird und damit in der Praxis auch Umsetzungsprobleme aufwirft.[3] Barksdale und Darden konnten 1971 in ihrer Untersuchung der 500 größten amerikanischen Firmen ermitteln, daß nur wenige Unternehmen das Marketing-Konzept wirklich nutzen, und kommen zu folgender Einschätzung: "...the marketing concept is a philosophical idea which serves as an idealistic policy statement for management, but relatively few companies are able - for whatever reasons - to implement the concept and make it operational on a day-to-day basis."[4] Kotler stellt auch noch 14 Jahre später (1985) fest: "We've been talking about marketing for twenty-five years, but very few companies really do it."[5] Sachs und Benson stellen aufgrund der unverkennbaren Implementierungsprobleme die Frage, ob nicht eine Veränderung der Marketingtheorie erforderlich ist: "But if the theory cannot be implemented in a practical manner, should not the theory change to conform with

---

[1] Vgl. z.B. Webster, F.E., Rediscovering the Marketing Concept, Report Nr. 88-100, Marketing Science Institute, Cambridge/Mass. 1988, S. 13; McDonald, M.H.B., Ten Barriers to Marketing Planning, in: The Journal of Services Marketing, Nr. 2, Spring, 1990, S. 6 ff.; Greenley, G.E., Where Marketing Planning Fails, in: Long Range Planning, Nr. 1, 1983, S. 106 ff.

[2] Vgl. z.B. Kolks, U., Strategieimplementierung. Ein anwenderorientiertes Konzept, Wiesbaden 1990, S. 77; Huber, R., Überwindung der strategischen Diskrepanz und Operationalisierung der entwickelten Strategie, Diss., St. Gallen, Zürich 1985, S. 20 f.; Clauss, M., Die Strategie der Implementierung in der Unternehmung, Pfaffenweiler 1989, S. 2.

[3] Vgl. Levitt, T., Marketing Myopia, in: Harvard Business Review, July-August 1960, S. 45. Vgl. auch Felton, A.P., Making the Marketing Concept Work, in: Harvard Business Review, July-August, 1959, S. 56 ff.

[4] Barksdale, H.C., Darden, B., Marketer's Attitudes Toward the Marketing Concept, in: Journal of Marketing, October 1971, S. 36. McNamara kommt im Rahmen einer empirischen Untersuchung zu dem Ergebnis, daß insbesondere Investitionsgüterhersteller Schwierigkeiten bei der Marketingimplementierung haben. Vgl. McNamara, C.P., The Present Status of the Marketing Concept, in: Journal of Marketing, January 1972, S. 56 f.

[5] Zitiert aus Lorenz, C., Marketing myopia an insidious disease, in: Financial Times, April 1985, S. 5.

reality?".[6] McGee und Spiro meinen demgegenüber bei der näheren Betrachtung der Kritik am Marketingkonzept: "...they are condemning not the marketing philosophy but its onesided implementation..."[7] Eine von der American Marketing Association unterstützte Forschungsarbeit aus dem Jahr 1979 ergab, daß viele theoretische Erkenntnisse des Marketings im Rahmen der Umsetzung in der Unternehmenspraxis relativ wenig Berücksichtigung gefunden haben.[8]

Somit wird deutlich, daß **Umsetzungsprobleme schon seit über 30 Jahren die Diskussion bestimmen,** jedoch bis heute nicht befriedigend gelöst werden konnten. Wenn man davon ausgeht, daß die Grundidee des Marketings, die Ausrichtung der unternehmerischen Aktivitäten auf die Kundenbedürfnisse, eine erforderliche und sinnvolle Handlungsweise darstellt, erscheint es zweckmäßig, vermehrt Erkenntnisse über Ansatzpunkte zur erfolgreicheren Umsetzung des Marketings zu gewinnen. Zuvor erscheint es jedoch sinnvoll, **zunächst den Begriff der Implementierung zu klären** sowie im Anschluß daran die Anforderungen an den Implementierungsgegenstand ("was") und das Implementierungsvorgehen ("wie") abzuleiten.

2. Grundlagen der Implementierung

2.1 Definition des Implementierungsbegriffes

Grundlegend verdeutlicht wird das Anliegen der Implementierung durch eine 2500 Jahre alte Schilderung des Fabeldichters Aesop: "Eine Mäusekolonie, durch eine Katze in letzter Zeit arg dezimiert, hält einen Rat. Folgender Vorschlag findet allseitige Zustimmung: Man brauche der Katze nur eine Schelle umzuhängen; dann wisse man, wann sie auftauche, und könne sich rechtzeitig vor ihr in Sicherheit bringen. Nur eine Maus erhebt einen Einwand: Der Plan enthalte keinen Hinweis darauf, **wer** der Katze die Schelle umhängen solle und **wie** dies zu geschehen habe!"[9]

Der Begriff Implementierung ist von dem lateinischen Wort "implementum" abgeleitet, das soviel wie Erfüllung oder Anfüllung bedeutet.[10] Die heutige Verwendung des

---

6   Sachs, W.S., Benson, G., Is It Time to Discard the Marketing Concept?, in: Business Horizons, August 1978, S. 73.

7   McGee, L.W., Spiro, R.L., The Marketing Concept in Perspective, in: Business Horizons, May-June 1988, S. 43.

8   Vgl. Myers, J.G., Greyser, S.A., Massy, W.F., The effectiveness of marketing's R & D for marketing management: An assessment, in: Journal of Marketing, January 1979, S. 26 f.

9   Zitiert nach Reinermann, H., Systemanalytische Implementierungsstrategien, in: Pfohl, H.C., Rürupp, B., Hrsg., Anwendungsprobleme moderner Planungs- und Entscheidungstechniken, Königstein/ Taunus 1978, S. 51 f.

10 Vgl. Huber, R., a.a.O., S. 20.

Implementierungsbegriffes erfolgt i.d.R. in der Bedeutung des englischen Gebrauchs dieses Begriffes (to carry out, execute a piece of work).[11] Im Deutschen werden für Implementierung auch die Begriffe Einführung, Durchsetzung, Umsetzung, Erfüllung, Ausführung, Realisation und Durchführung alternativ genutzt.[12]

Inhaltlich wird unter dem **Implementierungsbegriff** die **Verwirklichung von Lösungen** verstanden, die in konzeptioneller Form vorhanden sind und durch Umsetzen zu konkretem Handeln führen.[13] Somit folgt die Implementierung der "Invention", d.h. die Implementierung umfaßt alle Maßnahmen, die geeignet sind, ein Scheitern der in Planungen vorgegebenen Zielvorstellungen zu verhindern.[14] Diesem Verständnis folgen auch die speziell aus dem Blickwinkel des Marketings formulierten Implementierungsdefinitionen. Kotler definiert Marketingimplementierung z.B. wie folgt:

"Marketing implementation is the process that turns marketing plans into action assignments and ensures that such assignments are executed in a manner that accomplishes the plan's stated objectives."[15]

Prinzipiell können alle Maßnahmen unter den Implementierungsbegriff gefaßt werden, die sicherstellen helfen, daß eine Konzeption auch tatsächlich wie beabsichtigt Realität wird. Um den Implementierungsbegriff leichter fassen zu können, werden die grundlegenden Definitionen zur Implementierung häufig durch weitere (erläuternde) Aspekte

---

[11] Vgl. Schäfer, W., Beck-Wirtschaftsberater: Management & Marketing dictionary, Teil I: Englisch-Deutsch, München 1991, S. 159.

[12] Vgl. z.B. Steinle, C., Zur Implementierung partizipativer Führungsmodelle, in: Grunwald, E., Lilge, H.G., Hrsg., Partizipative Führung - Betriebswirtschaftliche und Sozialpsychologische Aspekte, Stuttgart 1980, S. 287; Bleicher, K., Unternehmensentwicklung und Organisatorische Gestaltung, New York 1979, S. 149; Kirsch, W., Die Handhabung von Entscheidungsproblemen, München 1978, S. 210 ff.; Kolks, U., a.a.O., S. 79 f.

[13] Vgl. z.B. Pfohl, H.C., Problemorientierte Entscheidungsfindung in Organisationen, Berlin, New York 1977, S. 28. Z. T. wird Implementierung auch einfach als "getting something done" definiert; vgl. Allen, D., Byrne, P., Multilateral Decision Making and Implementation: The Case of the European Community, in: Smith, S., Clarke, M., Hrsg., Foreign Policy Implementation, London 1985, S. 141.

[14] Vgl. Marr, R., Kötting, M., Implementierung, organisatorische, in: Frese, E., Hrsg., Handwörterbuch der Organisation, 3. Aufl., Stuttgart 1992, Sp. 827; Szyperski, N., Wirtschaftliche Aspekte der Durchsetzung und Realisierung von Unternehmungsplänen. Ein Beitrag zur betriebswirtschaftlichen Analyse der Unternehmenspolitik, Habilitationsschrift, Köln 1969, S. 53.

[15] Kotler, P., Marketing Management - Analysis, Planning, Implementation and Control, 7. Aufl., Englewood Cliffs 1991, S. 704. Ähnlich definiert auch Meffert, der sich allerdings nur auf die Implementierung von Marketingstrategien bezieht. Implementierung ist "...die Umsetzung globaler und mehrdimensionaler Denkkonzepte in konkretes praktisches Handeln...", Meffert, H., Anforderungen an die Strategie-Implementierung, in: Meffert, H., Hrsg., Strategische Unternehmensführung und Marketing, Wiesbaden 1988, S. 142. Eine weitere ähnliche Definition entwickelt Greenley: "Implementation requires a transition from planning to actual doing, requiring a change from following a sequence of planning stages to executing a range of activities.", Greenley, G.E., The Strategic and Operational Planning of Marketing, London u.a. 1987, S. 209.

konkretisiert, die im folgenden kurz diskutiert werden sollen (vgl. zum Implementierungsverständnis dieser Arbeit Abbildung 1).

Grundlegende Definition

Implementierung meint die Verwirklichung von Lösungen, die in konzeptioneller Form vorhanden sind und durch Umsetzen zu konkretem Handeln führen.

Definitionsergänzungen

- Implementierung beschäftigt sich mit umfangreichen Veränderungen
- Implementierung beschäftigt sich mit gewollt initiierten Veränderungen
- Implementierung kann nur schwierig von der Konzeptionalisierung getrennt werden
- Implementierung besitzt Prozeßcharakter
- Implementierung erfordert i.d.R. Partizipation der Betroffenen

---

Abb. 1: Definition der Implementierung

Implementierung bezieht sich nach gängiger Literaturmeinung auf **umfassendere Änderungen**. Diese betreffen in der Regel eine große Zahl von Menschen in Organisationen jeder Art (Unternehmen, Behörden), aber auch im politischen Bereich, z.B. bei der Implementierung von Gesetzen, Richtlinien sowie der Realisierung von auf Freiwilligkeit basierenden Initiativen.[16] Oft sollen das Verhalten sowie die Einstellungen der anvisierten Zielgruppe durch Implementierungsprozesse verändert werden. Einigkeit besteht darüber, daß die Implementierung nicht zu einem Zeitpunkt erfolgt, sondern als **Abfolge** von miteinander verknüpften Ereignissen und Handlungen verstanden werden muß. Implementierung besitzt somit **Prozeßcharakter**.[17] Zudem besteht Einigkeit darüber, daß Implementierung immer einen durch **bewußtes Handeln** initiierten Prozeß darstellt. Reine Evolutionsprozesse fallen nicht unter den Begriff.[18]

---

[16] Vgl. Böhnisch, W., Personale Widerstände bei der Durchsetzung von Innovationen, Stuttgart 1979, S. 10; Mayntz, R., Implementierung politischer Programme: Theoretische Überlegungen zu einem neuen Forschungsgebiet, in: Mayntz, R., Hrsg., Implementierung politischer Programme, Königstein 1980, S. 246 ff.

[17] Ansätze zur Implementierungstheorie befassen sich häufig mit in der Praxis beobachtbaren Phasen bei Innovationsvorgängen in der Unternehmung. Kirsch, Esser und Gabele listen 21 verschiedene Phaseneinteilungsvarianten auf, die im Zusammenhang mit Reorganisationsprozessen aufgestellt worden sind. Vgl. Kirsch, W., Esser, W.M., Gabele, E., Das Management des geplanten Wandels von Organisationen, Stuttgart 1979, S. 38 f.

[18] Vgl. zum Verständnis von Implementierung Clauss, M., a.a.O., S. 4. Vgl. auch die Ausführungen bei Nutt, P.C., Tactics of Implementation, in: Academy of Management Journal, Nr. 2, 1986, S. 233 f.

Unterschiedliche Auffassungen bestehen in der Literatur allerdings darüber, welchen **Stellenwert** die Implementierung im Rahmen eines **gesamten Änderungsprozesses** einnimmt. Umstritten ist, ob sich die Implementierung auf den gesamten Prozeß einer geplanten Veränderung (von der Initiierung bis zur Kontrolle) oder vielmehr nur auf einen Teil dieses übergeordneten Gesamten bezieht.[19] Im Rahmen des strategischen Managements werden z.B. die Teilschritte Zielbildung, Strategieformulierung, Strategieimplementierung und Strategiekontrolle als vier abgrenzbare Kernphasen des gesamten strategischen Managementprozesses diskutiert.[20] Bei dieser Trennung handelt es sich eher um eine gedankliche bzw. methodisch-didaktische Trennung, da geplante Handlungen i.d.R. nicht zum Selbstzweck formuliert werden, sondern in konkretes Handeln umgesetzt werden sollen, und deshalb vom Grundsatz her auch implementierbar sein müssen.[21] Zumindest implizit werden somit die Teilphasen miteinander verknüpft. Teilweise wird die Trennung explizit aufgehoben und die Strategieformulierung als Ausgangspunkt der Implementierung betrachtet.[22] Gabele schlägt vor, den Prozeß von Veränderungen in Organisationen in zwei "Episoden" einzuteilen: die Initiierung und die Implementierung. Zur Initiierung zählen Verhaltensweisen, die eher im Anfangsstadium eines Veränderungs- bzw. Neuerungsprozesses liegen, während die Implementierung tendenziell den letzten Abschnitt dieses Prozesses umfaßt.[23] Empirische Untersuchungen zeigen, daß es auch in der Praxis selten möglich ist, Konzeptionsentwicklung und Konzeptionsimplementierung voneinander zu trennen.[24] Daher soll auch im folgenden von einem phasenübergreifenden Implementierungsverständnis ausgegangen werden.

---

19 Marr und Kötting sprechen in diesem Zusammenhang von einer Implementierung im engen Sinne, die sich nur auf die Umsetzung eines vorgegebenen Konzeptes bezieht, und von einer Implementierung im weiteren Sinne, die den gesamten organisatorischen Änderungsprozeß umfaßt. Vgl. Marr, R., Kötting, M., a.a.O., Sp. 838. Ähnlich auch Clauss, M., a.a.O., S. 9 f.

20 Vgl. z.B. Scholz, C., Strategisches Management. Ein integrativer Ansatz, Berlin, New York 1987, S. 137; Wild, J., Grundlagen der Unternehmensplanung, 4. Aufl., Opladen 1982, S. 37. Eine vergleichbare Einteilung wird auch von Meffert bei der Beschreibung des Marketing-Management-Prozesses vorgenommen. Vgl. Meffert, H., Marketing. Grundlagen der Absatzpolitik, 7. Aufl., Wiesbaden 1986, S. 38. Heinen unterscheidet zwischen Willensbildung (Anregung, Alternativensuche, Auswahlvorgang) und Willensdurchsetzung (Vollzug, Kontrolle). Vgl. Heinen, E., Führung als Gegenstand der Betriebswirtschaftslehre, in: Heinen, E., Hrsg., Betriebswirtschaftliche Führungslehre. Grundlagen-Strategien-Modelle. Ein entscheidungsorientierter Ansatz, 2. Aufl., Wiesbaden 1984, S. 32 ff.

21 Obwohl z.B. Bowman und Asch eine Trennung zwischen Strategieformulierung und Strategieimplementierung vornehmen, betonen sie, daß ein strategischer Managementprozeß beide Bereiche umfaßt. Vgl. Bowman, C., Asch, D., Strategic Management, Houndmills u.a. 1987, S. 195.

22 Vgl. Hrebiniak, L.G., Joyce, W.F., Implementing Strategy, New York, London 1984, S. 26.

23 Vgl. Gabele, E., Das Management von Neuerungen. Eine empirische Studie zum Verhalten, zur Struktur, zur Bedeutung und zur Veränderung von Managementgruppen bei tiefgreifenden Neuerungsprozessen in Unternehmen , in: Zeitschrift für betriebswirtschaftliche Forschung, 1978, S. 195.

24 Vgl. Kolks, U., a.a.O., S. 91.

Ferner wird in der Literatur kontrovers diskutiert, welcher **Partizipationsgrad** im Rahmen der Implementierung anzustreben ist.[25/26] Nach Seibt lassen sich drei Interpretationsvarianten des Implementierungsbegriffes unterscheiden, die einen unterschiedlichen Partizipationsgrad erlauben:[27]

- Implementierung als **Aufgabe, etwas Vorgegebenes möglichst exakt ohne Änderungen umzusetzen.** Implementierung wird als Phase definiert, in der eine detaillierte Vorgabe in Form von Anwendung in die Realität überführt wird (keine Partizipationsmöglichkeit).

- Implementierung als **Anpassungsprozeß an schon vorhandene Gegebenheiten,** wobei die Besonderheiten der jeweiligen Situation berücksichtigt werden (mittlere Partizipationsmöglichkeit).

- Implementierung als **Synonym für den gesamten Prozeß der Veränderung** - von der Diagnose bis zur Kontrolle (hohe Partizipationsmöglichkeit).

Da die zu implementierenden Sachverhalte den Betroffenen nicht nur fachlich, sondern auch motivational zu vermitteln sind und zudem den für die Implementierung verantwortlichen Personen nicht alle relevanten Anforderungen der Betroffenen vorab bekannt sind, erscheint eine **Einbeziehung der Betroffenen in den Implementierungsprozeß** sinnvoll.[28] Allerdings kann nicht grundsätzlich ein sehr hoher Partizipationsgrad als vorteilhaft für den Implementierungserfolg angesehen werden. Dies ist beispielsweise dann der Fall, wenn kurzfristig Implementierungserfolge erzielt werden müssen, da in einer solchen Situation u.U. keine Zeit für zeitaufwendige partizipative Abstimmungsprozesse vorhanden ist.[29] Der Umfang der Partizipation muß daher auch aus den situativen Gegebenheiten abgeleitet werden.

---

25 Kirsch, Esser und Gabele bezeichnen die Fragestellung der "Partizipation oder Nicht-Partizipation" als die Gretchenfrage der Führung bei geplanten Veränderungsprozessen. Vgl. Kirsch, W., Esser, W.M., Gabele, E., a.a.O., S. 298.

26 Die meisten normativen Konzeptionen der Literatur plädieren für ein partizipatives Vorgehen, das allerdings häufig mit dem sogenannten "Bombenwurfvorgehen" der Praxis kollidiert. Vgl. Kirsch, W., Esser, W.M., Gabele, E., a.a.O., S. 298; Clauss, M., a.a.O., S. 9 ff.; Reinermann, H., a.a.O., S. 62 ff.

27 Vgl. Seibt, D., Implementierung, organisatorische, in: Grochla, E., Hrsg., Handwörterbuch der Organisation, 3. Aufl., Stuttgart 1991, Sp. 853. Vgl. ähnlich auch Clauss, M., a.a.O., S. 9 f.

28 Vgl. Quinn, J.B., Managing innovations: controlled chaos, in: Harvard Business Review, Nr. 3, 1985, S. 78.

29 Nutt konnte bei Managern vier unterschiedliche Implementierungsformen identifizieren. Die partizipative Implementierung stellte dabei lediglich eine Alternative dar. Vgl. Nutt, P.C., Implementation Approaches for Project Planning, in: Academy of Management Review, Nr. 4, 1983, S. 600 ff.; Nutt, P.C., Tactics of Implementation, a.a.O., S. 241 ff.

2.2 Die Berücksichtigung von Implementierungsaspekten in der betriebswirtschaftlichen Forschung

Lange Zeit besaßen Fragen der **Implementierung in der wirtschaftswissenschaftlichen Theorie untergeordnete Bedeutung.** Sowohl die mikroökonomischen Ansätze der Volkswirtschaftslehre als auch die betriebswirtschaftliche Theorie setzten voraus, daß eine geeignete Organisation vorhanden ist, die Planungen verwirklichen kann.[30] Grund hierfür war, daß "Betriebswirtschaften" als organisationslos angesehen wurden. Entscheidungen zur Steuerung der Unternehmen erfolgten demnach ausschließlich über den Unternehmer, der auch die schwierigsten Probleme in einem "Kraftakt" löste.[31] Unterschiedliche Interessen und Verhaltensweisen der Mitarbeiter blieben unberücksichtigt. Lösungsvorschläge wurden unter der **Prämisse der "vollkommenen Durchsetzbarkeit"** aufgestellt.[32] Diese neutralisierenden Annahmen erlaubten es, Implementierungsprobleme aus der Betrachtung auszuklammern.[33]

Die Verhältnisse in der Praxis zeigen allerdings, daß die Prämisse der "vollkommenen Durchsetzbarkeit" als **äußerst realitätsfern** anzusehen ist. Unter dieser Prämisse aufgestellte Handlungsempfehlungen sind daher häufig von nur geringem praktischen Wert. Die Durchsetzbarkeit von konzeptionellen Vorgaben in der betrieblichen Praxis ist schon deshalb häufig nicht problemlos möglich, weil Implementierungsprozesse in aller Regel mit Konflikten verbunden sind, die insbesondere durch unterschiedliche Individualinteressen der betroffenen Mitarbeiter ausgelöst werden.[34]

Da die Anwendung konzeptioneller Vorgaben möglichst schnell, vollständig und reibungslos in der gedachten Form realisiert werden soll, erscheint es sinnvoll, frühzeitig Hemmnisse, z.B. die angesprochenen individuellen Konflikte, möglichst ökonomisch effizient zu beseitigen. Ökonomische Effizienz kann dabei i.d.R. nur durch die Schaffung sozialer Effizienz, verstanden als "Zufriedenheit" mit der durchzusetzenden Konzeption, erreicht werden. Kann keine Zufriedenheit unter den betroffenen Mitarbeitern geschaffen werden, muß mit offenem oder verdecktem Widerstand gerechnet werden, der die ökonomische Effizienz tendenziell negativ beeinflußt.[35] Daraus resultiert, daß

---

[30] Vgl. Szyperski, N., a.a.O., S. 52.

[31] Vgl. Kirsch, W., Esser, W.M., Gabele, E., a.a.O., S. 136; Gabele, E., a.a.O., S. 197 f.

[32] Vgl. Wollnik, M., Plandurchsetzung, in: Frese, E., Hrsg., Handwörterbuch der Organisation, 3. Aufl., Stuttgart 1992, Sp. 1388.

[33] Vgl. Szyperski, N., a.a.O., S. 51 ff.; vgl. auch Wollnik, M., a.a.O., Sp. 1388.

[34] Vgl. Wollnik, M., a.a.O., Sp. 1389.

[35] Marr und Kötting liefern eine umfangreiche Aufstellung von Kriterien zur Erfolgsmessung der organisatorischen Implementierung, unterteilt nach Messung der ökonomischen und sozialen Effizienz. Vgl. Marr, R., Kötting, M., a.a.O., Sp. 838. Vgl. auch Szyperski, N., a.a.O., S. 10 f.

Implementierungsprobleme Untersuchungsgegenstand der Betriebswirtschaftslehre sein müssen.[36]

Der Begriff der Implementierung wurde in der Betriebswirtschaftslehre zunächst im Zusammenhang mit der angestrebten Nutzung technischer Systeme, z.b. den Management-Informationssystemen, aber auch mit der Einführung von Management- bzw. Operations Research-Methoden gebraucht.[37] Die Einführung von neuen Planungstechniken erforderte oft Verhaltensänderungen bei den betroffenen Unternehmensmitgliedern.[38] Je nach Interessenlage reagieren die Organisationsmitglieder mit Zustimmung, Unterstützung, Ablehnung, Gegnerschaft oder Indifferenz.[39] Erkenntnisse der verhaltenswissenschaftlichen Forschung wurden deshalb unter Betrachtung ihrer ökonomischen Relevanz in die Arbeiten zur Implementierungsforschung aufgenommen[40],

---

[36] Die Betriebswirtschaftslehre und somit auch deren Teilgebiet Marketing wird den angewandten Wissenschaften subsumiert, deren Zielsetzung u.a. auch darin besteht, zur Gestaltung von sozialen Systemen Handlungsalternativen zu entwerfen. Vgl. Ulrich, P., Hill, W., Wissenschaftstheoretische Aspekte ausgewählter betriebswirtschaftlicher Konzeptionen, in: Raffée, H., Abel, B., Wissenschaftstheoretische Grundfragen der Wirtschaftswissenschaften, München 1979, S. S. 164. Da Handlungsalternativen (Konzeptionen) jedoch nur dann Gestalten können, wenn sie genutzt (implementiert) werden, muß ein Teilbereich der Forschungsbemühungen des Marketings auch darin bestehen, die Problematik der Marketingimplementierung zu untersuchen.

[37] Dem Implementierungsproblem von Planungstechniken des Operations Research wurde erst in den fünfziger Jahren größere Beachtung geschenkt. Erst nach einer Veröffentlichung über die Verständigungsschwierigkeiten von Forschern und Managern wurden die Forschungsarbeiten intensiviert. Vgl. Churchman, C.W., Schainblatt, A.H., The Researcher and the Manager: A Dialectic of Implementation, in: Management Science, Nr. 4, 1965, S. B69 ff. Eine Aufzählung von 276 Forschungsarbeiten enthält die Untersuchung von Wysocki; vgl. Wysocki, R.K., OR/MS Implementation Research: A Bibliography, in: Interface, Nr. 2, Teil 1, 1979, S. 37 ff.

[38] Vgl. Schultz, R.L., Slevin, D.P., Implementation and Management Innovation, in: Schultz, R.L., Slevin, D.P., Hrsg., Implementation Operations Research/ Management Science, New York u.a. 1975, S. 6.

[39] Die Diskussion zum Widerstandsverhalten in Unternehmen ist schon vielfach geführt worden. Schon 1933 diskutierte Sandig - allerdings nicht unter Implementierungsgesichtspunkten - Treiber und Bremser als prozeßgestaltende Figuren im Betrieb; vgl. Sandig, C., Gewinn und Sicherheit in der Betriebspolitik - Das Treiben und das Bremsen im Betrieb, in: Zeitschrift für Betriebswirtschaft, 1933, S. 349 ff. Witte identifizierte im Rahmen einer empirischen Untersuchung Opponenten und Promotoren als zentrale Personen oder Personengruppen bei komplexen Entscheidungsprozessen. Vgl. Witte, E., Organisation für Innovationsentscheidungen - Das Promotoren Modell, Göttingen 1973.

[40] Szyperski stellt fest, daß außerökonomische Erkenntnisse anderer Forschungsdisziplinen auch zumeist nur außerökonomisch verstanden werden können, aber dennoch als Variable in die wirtschaftliche Analyse einbezogen werden müssen; vgl. Szyperski, N., a.a.O., S. 10; vgl. auch Schultz, R.L., Slevin, D.P., Implementation and Management Innovation, in: Schultz, R.L., Slevin, D.P., Hrsg., Implementation Operations Research/ Management Science, New York u.a. 1975, S. 15. Vgl. auch: Lucas, H.C. jr., Behavioral Factors in System Implementation, in: Schultz, R.L., Slevin, D.P., Hrsg., Implementation Operations Research/ Management Science, New York u.a. 1975, S. 203 ff.; Bierfelder, W.H., Ansätze zu einer Theorie der Implementierung, in: Pfohl, H.C., Rürupp, B., Hrsg., Anwendungsprobleme moderner Planungs- und Entscheidungstechniken, Königstein/Taunus 1978, S. 35 f.

wobei die Forschungsarbeiten in Anlehnung an Witte in drei Gruppen eingeteilt werden können:[41]

- **Fallstudien** über konkrete Implementierungen,

- **Studien, die Faktoren herausarbeiten**, welche für eine erfolgreiche Implementierung ausschlaggebend sein können[42], und

- **Modelle**, die den inhaltlichen Ablauf von Implementierungsprozessen beschreiben.

Die Erkenntnisse von Fallstudien sowie von faktoranalytischen Studien zur Implementierung können die Komplexität und Differenziertheit realer Implementierungssituationen nur eingeschränkt wiedergeben. Die auftretenden **Probleme sind in jedem praktischen Fall tendenziell anders geartet**, so daß vorgefertigte, aus der Analyse abgeschlossener Implementierungen abgeleitete allgemeingültige Lösungen, wie dies bei Fallstudien und faktoranalytischen Studien der Fall ist, nur bedingt sinnvoll sind. Entsprechende Analysen können daher immer nur grundlegende konzeptionelle Implementierungsmodelle oder -ansätze um situationsspezifische Betrachtungen ergänzen. Aufgrund dieser Erkenntnis soll im Rahmen dieser Arbeit zunächst ein auf konzeptionellen Analysen basierendes Modell zur Marketingimplementierung entwickelt werden. Dieses Modell soll dann als Basis für Fallstudienuntersuchungen einer speziellen Implementierungsproblematik - Marketingimplementierung in ostdeutschen Unternehmen - verwendet werden.

Die **Prozeßmodelle zur Implementierung** können als erfolgversprechende Ansätze zur Lösung der aufgezeigten Problematik angesehen werden, da ihre Erkenntnisse eher grundlegender strukturierender Art und somit universeller anwendbar sind.[43] Diese Prozeßmodelle basieren in aller Regel auf Forschungsarbeiten zum geplanten organisatorischen Wandel, die wiederum eng verwandt sind mit den Arbeiten zur Organisa-

---

[41] Vgl. Witte, T., Implementierung von Planungstechniken, in: Handwörterbuch der Planung, Szyperski, N., Winnand, U., Hrsg., Stuttgart 1989, Sp. 658 f.

[42] Radnor stellt eine sehr umfangreiche Aufstellung über potentielle Einflußfaktoren auf den Implementierungserfolg von Operations Research- und Management Science-Methoden zusammen; vgl. Radnor, M., The Context of OR/MS Implementation, in: Doktor, R., Schultz, R.L., Slevin, D.P., The Implementation of Management Science, Amsterdam u.a. 1979, S. 26 ff.

[43] Szyperski betont, daß durch die Fülle und Mannigfaltigkeit der im Zusammenhang mit Implementierungsvorgängen auftretenden Probleme eine umfassende Behandlung aller Aspekte sehr schwierig und deshalb eine Auslese der Einflußfaktoren erforderlich ist. Vgl. Szyperski, N., a.a.O., S. 11 f.; vgl. auch Hrebiniak, L.G., Joyce, W.F., a.a.O., S. 2 ff.; vgl. auch: Lorange, P., The Task of Implementing Strategic Planning: An Overview and Introduction to the Book, in: Lorange, P., Hrsg., Implementation of Strategic Planning, Englewood Cliffs 1982, S. 8 ff.

tionsentwicklung.[44] Es wird damit deutlich, daß Implementierung kein eigentlich neues Forschungsgebiet darstellt, sondern insbesondere auch im Zusammenhang mit den Erkenntnissen zu Forschungen über den geplanten Wandel in Organisationen und die Organisationsentwicklung zu diskutieren ist.[45] Die Forschungsarbeiten zum geplanten Wandel von Organisationen und zur Organisationsentwicklung[46] beschäftigen sich mit der Veränderung von Systemen, wobei hinter den realen Veränderungen Ideen, Doktrinen, Modelle und Pläne stehen, die ausdrücken, wie ein reales System ausgestaltet sein soll.[47] Dabei werden nicht nur strukturelle Fragen behandelt, sondern insbesondere auch Fragen der Handhabung von Konflikten und Anpassungswiderständen, die mit Veränderungen verbunden sein können.[48]

Allerdings muß heute konstatiert werden: **"Eine allgemein akzeptierte Theorie der Reorganisation existiert bislang noch nicht."**[49], was vor dem Hintergrund der unterschiedlichen Ausprägungen situativer Einflußfaktoren auch nur äußerst schwierig zu entwickeln ist. Allerdings gilt, daß das Problem weniger im fehlenden Kenntnisstand

---

[44] Vgl. Staehle, W.H., Management - Eine verhaltenswissenschaftliche Perspektive, 6. Aufl., München 1991, S. 829; Wohlgemuth, A.C., Das Beratungskonzept der Organisationsentwicklung. Neue Form der Unternehmensberatung auf Grundlage des sozio-technischen Systemansatzes, 3. Aufl., Bern, Stuttgart 1991, S. 54 ff. und 81 ff. Vgl. auch zum Verständnis von Implementierung als organisatorischem Veränderungsprozeß Ginzberg, M.J., A Study of The Implementation Process, in: Doktor, R., Schultz, R.L., Slevin, D.P., Hrsg., The Implementation of Management Science, Amsterdam u.a. 1979, S. 85; Narasimhan, R., Schroeder, R.G., An Empirical Investigation of Implementation as a Change Process, in: Doktor, R., Schultz, R.L., Slevin, D.P., The Implementation of Management Science, Amsterdam u.a. 1979, S. 63 f.; Marr, R., Kötting, M., a.a.O., Sp. 828.

[45] Die Ausweitung des Implementierungsbegriffes auch auf komplexe Veränderungsprozesse wird in der Arbeit von Clauss intensiv diskutiert. Clauss diskutiert die Implementierung unter Betrachtung des Gesamtsystems, auf das sich die jeweilige Implementierung bezieht. Er stellt dabei explizit den Bezug seines umfassenden Implementierungsverständnisses zu Ansätzen der Organisationsentwicklung her. Vgl. Clauss, M., a.a.O., S. 200. Vgl. auch Steiger, P., Strategisches Durchsetzungskonzept. Entwicklung eines problemorientierten Ansatzes zur Implementierung von Geschäftspolitiken, Bern, Stuttgart 1988, S. 103 f.; Lippitt, G.L., Langseth, P., Mossop, J., Implementing Organizational Change, San Francisco u.a. 1985, S. 97 ff.

[46] Obwohl ein Schwerpunkt der Arbeiten zur Organisationsentwicklung auf der Diskussion von verhaltenswissenschaftlichen Erkenntnissen im Zusammenhang mit dem angestrebten Mitarbeiterverhalten liegt, werden neuerdings auch Fragen der Organisationsstruktur unter diesem Begriff diskutiert. Eine klare Abgrenzung zu Arbeiten zum geplanten organisatorischen Wandel ist daher nur schwer möglich. Vgl. Cumming, T.G., Huse, E.F., Organizational Development and Change, 4. Aufl., St. Paul u.a. 1989, S. 1 ff.

[47] Vgl. Kirsch, W., Esser, W.M., Gabele, E., a.a.O., S. 18.

[48] Vgl. Kirsch, W., Esser, W.M., Gabele, E., a.a.O., S. 69.

[49] Kirsch, W., Esser, W.M., Gabele, E., a.a.O., S. 220. Bierfelder bemerkt hierzu: "Das Ausfüllen des Paradigmas einer "Theorie des geplanten Wandels" ist im Gange, aber Fortschritte, die eine größere Reife der Theorie erkennen lassen würden, sind bisher schwer auszumachen." Bierfelder, W.H., a.a.O., S. 45. Auch Thom betont: "Ein einheitliches Organisationsentwicklungsverständnis ist auch im fünften Jahrzehnt wissenschaftlicher Auseinandersetzung und praktischer Erprobung nicht erkennbar."; Thom, N., Organisationsentwicklung, in: Frese, E., Hrsg., Handwörterbuch der Organisation, 3. Aufl., Stuttgart 1992, Sp. 1486.

zu Einzelaspekten der Implementierung begründet ist, sondern in der **fehlenden systematischen und integrierten Aufarbeitung der implementierungsrelevanten Erkenntnisse** aus verschiedenen Forschungsarbeiten, schwerpunktmäßig aus dem Managementbereich und den Organisationswissenschaften.[50] Die vorliegende Arbeit setzt hier an und verfolgt das Ziel, für die **Problematik der Marketingimplementierung einen konzeptionellen Bezugsrahmen zu entwickeln.** Aufgrund der Komplexität und situativen Differenziertheit der Problematik ist allerdings davon auszugehen, daß die Wissenschaften im Zusammenhang mit Implementierungsfragestellungen im wesentlichen Grundlagenforschung leisten können, im Rahmen dessen ein "Instrumentenkasten" zur Verfügung gestellt werden kann, aus dem je nach situativer Beurteilung das **Grundlagenwissen** bzw. die "Werkzeuge" zur Implementierung abgerufen werden können.[51]

2.3 Anforderungen an den Gegenstand und die Vorgehensweise der Implementierung

Als **Gegenstand der Implementierung** soll das Objekt oder die vorhandene konzeptionelle Idee bezeichnet werden, deren konkrete Nutzung durch Implementierung angestrebt wird. Die **Vorgehensweise der Implementierung** umfaßt alle Maßnahmen, die sicherstellen helfen, daß eine konzeptionelle Idee entsprechend ihrer Zielsetzungen genutzt wird.

Beide Aspekte der Implementierung sind eng miteinander verknüpft und beeinflussen sich gegenseitig. Dennoch können Implementierungsprobleme zum einen im Implementierungsgegenstand selbst, zum anderen jedoch auch in der Vorgehensweise bei der Implementierung begründet sein. Somit müssen an beide Bereiche Implementierungsanforderungen gestellt werden.

Oft ist es schwierig, die **Ursachen mangelnder Implementierungsergebnissse zu erkennen.** Die Sinnhaftigkeit einer zu implementierenden Konzeption läßt sich i.d.R. nicht klären, wenn kein ausreichendes Umsetzungspotential vorhanden ist. Als Konsequenz werden Implementierungsprobleme oft übersehen. Zudem besteht die Gefahr, daß eine grundsätzlich sinnvolle Konzeption, die aufgrund von Implementierungsproblemen gescheitert ist, überarbeitet wird, um dann anschließend wieder mit denselben Implementierungsproblemen konfrontiert zu werden. Abbildung 2 zeigt die verschiedenen Kombinationsmöglichkeiten zwischen angemessener und unangemessener Kon-

---

[50] Vgl. Hrebiniak, L.G., Joyce, W.F., a.a.O., S. 2.

[51] Vgl. Reinermann, H., a.a.O., S. 60 f.

zeption sowie erfolgreicher und fehlgeschlagener Implementierung und verdeutlicht, welche Konsequenzen sich ergeben können.[52]

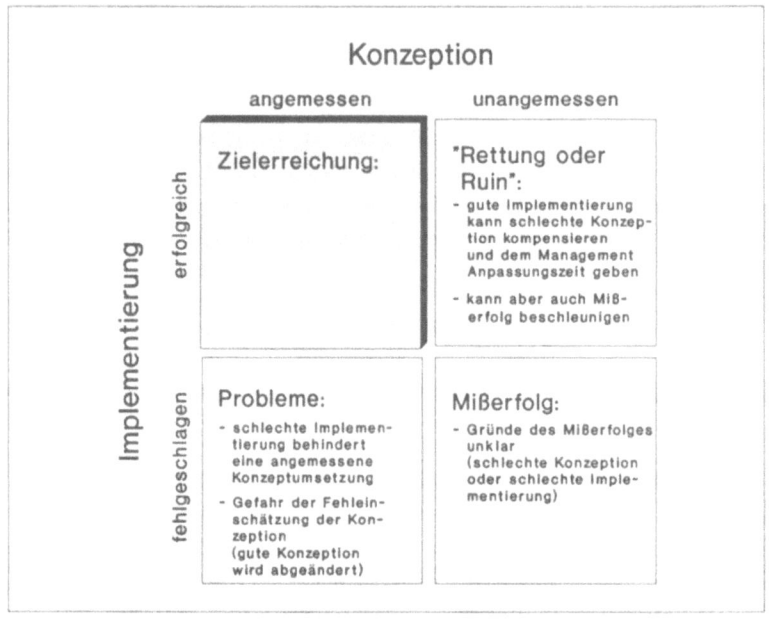

Abb. 2: Konzeption und Implementierung: Problemdiagnose[53]

Während mangelnde Implementierungsfähigkeiten praktisch in jedem Fall Probleme verursachen, ist es durchaus denkbar, daß gute Implementierungsfähigkeiten die Unzulänglichkeiten einer unangemessenen Konzeption ausgleichen können, indem z.B. konzeptionelle Vorgaben situationsangepaßt verändert umgesetzt werden.[54] Andererseits ist es z.B. denkbar, daß eine Implementierung scheitert, da für den Implementierungsgegenstand, unabhängig davon, ob die zugrundeliegende Konzeption theoretisch zur Problemlösung geeignet ist, generell aufgrund seiner Intention und/oder Formulierung praktisch keine geeigneten Implementierungsvorgehensweisen geschaffen werden können. Es wird somit deutlich, daß bei der Bewältigung von Implementierungsproblemen zunächst geklärt werden muß, ob der Gegenstand oder die Vorgehensweise

[52] Vgl. Bonoma, T.V., The Marketing Edge. Making Strategies Work, New York, London 1985, S. 10 ff.; Weiss, A., Making it Work. Turning Strategy into Action Throughout Your Organization, New York 1990, S. 2 ff.; Kolks, U., a.a.O., S. 88 f. Ähnlich auch Stonich, P.J., Hrsg., Implementing Strategy. Making Strategy Happen, Cambridge/Mass. 1982, S. 2 ff.

[53] In Anlehnung an Bonoma, T.V., The Marketing Edge, a.a.O., S. 12.

[54] Vgl. Bonoma, T.V., The Marketing Edge, a.a.O., S. 13 f.; vgl. auch Clauss, M., a.a.O., S. 88.

der Implementierung den erfolgskritischen Faktor darstellt oder ob beide gemeinsam für eine erfolglose Implementierung verantwortlich sind. Ausgangspunkt zur Erstellung eines implementierungsgerechten Anforderungsprofils soll zunächst eine Analyse der grundlegenden Implementierungsprobleme sein. Es bietet sich an, das **Gesamtproblem der Implementierung in Teilprobleme zu zerlegen.** Generell kann das Ziel einer jeden Implementierung, die hinreichende Realisierung einer konzeptionellen Vorgabe, nur erreicht werden, wenn zum einen konzeptbezogene Akzeptanz bei den Betroffenen geschaffen und zum anderen diese Akzeptanz in konkretes Handeln überführt werden kann. Die Literatur unterscheidet in diesem Zusammenhang Durchsetzungsziele, die die Akzeptanz fördern sollen, und Umsetzungsziele, die durch Spezifizierungsmaßnahmen das konkrete Handeln unterstützen sollen.[55]

Grundlegend für diese Systematisierungen sind verhaltenswissenschaftliche Erkenntnisse aus dem Bereich der Motivationspsychologie, insbesondere die Forschungen zur Leistungsmotivation, die sich mit der Erklärung menschlichen Handelns befassen.[56] Danach ist das Verhalten eine Funktion der Fähigkeiten und Fertigkeiten (**Können**) sowie der Motivation zum Handeln (**Wollen**).[57] Vorgeschaltet ist jedoch unabdingbar, daß das Ziel des Handelns bekannt ist und verstanden wird (**Kennen und Verstehen**).[58] Auf die Implementierungsproblematik bezogen bedeutet dies, daß zunächst grundsätzlich das "was" und "warum" zu klären sind, bevor im Rahmen der Implementierung Fragestellungen des "wer", "wo", "wann" und "wie" betrachtet werden können.[59]

So wird betont, daß die Umsetzung von konzeptionellen Ideen (**Implementierungsgegenstand**) nur dann gelingt, wenn die Ideen logisch, brauchbar und ausführbar sind.

---

55 Vgl. Kolks, U., a.a.O., S. 79.

56 Vgl. hierzu grundlegend die Ausführungen bei Heckhausen, H., Motivation und Handeln, 2. Aufl., Berlin u.a. 1989, S. 55 ff.; sowie die auf den betriebswirtschaftlichen Bereich bezogenen Ausführungen bei Staehle, W.H., Management, a.a.O., S. 200 ff.

57 Vgl. Rosenstiel v., L., Grundlagen der Organisationspsychologie, 3. Aufl., Stuttgart 1992, S. 214 f.

58 Vgl. zur Bedeutung der Implementierungsteilprobleme Kennen/Verstehen, Können und Wollen für die Einführung neuer Führungskonzeptionen insbesondere Gebert, D., Zur Erarbeitung und Einführung einer neuen Führungskonzeption. Theorie und Empirie, Berlin 1976, S. 19 ff. Vgl. auch Derthel, J., Führungskräfte-Qualifikationen, Teil 1, in: Zeitschrift für Organisation, Nr. 4, 1992, S. 209; Huber, J., Schneider, D., Personalmanagement und Unternehmenskultur: Innovationsfähigkeit zwischen Wollen und Können im Unternehmen, in: Laub, U.D., Scheider, D., Hrsg., Innovation und Unternehmertum, Wiesbaden 1991, S. 169 ff.

59 Vgl. Kotler, P., Marketing Management, a.a.O., S. 704.

Um dies zu erreichen, müssen sie einfach, klar und knapp formuliert sein.[60] Ähnlich argumentieren Hrebiniak und Joyce für die Entwicklung von Modellen, die das **Implementierungsvorgehen** betreffen. Demnach sollte ein solches Modell in allen Teilbereichen möglichst nachvollziehbar (Logic) und beeinflußbar (Action) sein, zur Vermeidung unnötigen Widerstands das Prinzip der minimalen Intervention berücksichtigen und situativ anpassungsfähig (Contingent Prescription) sein.[61] Daneben sollte die Komplexität des Modells möglichst gering gehalten werden, um die Entscheidungsträger, die prinzipiell nur über begrenzte Auffassungsgaben (limited rationality) verfügen, nicht zu überfordern.[62] Größere Problemstellungen sollten demnach in begreifbare, leicht faßbare und beeinflußbare Bereiche zerteilt werden.

Zusammenfassend können somit folgende (interdependente) Teilprobleme unterschieden werden, die im Rahmen der Implementierung zu berücksichtigen sind:[63]

- Die Betroffenen müssen den Inhalt und die Zielsetzung des Implementierungsgegenstandes und -vorgehens **kennen** und **verstehen**.

- Die Betroffenen müssen eine zu implementierende konzeptionelle Idee prinzipiell umsetzen **können**, d.h. der Implementierungsgegenstand muß aufgrund seiner Intention oder deren Interpretation möglichst leicht implementierbar sein. Zudem müssen geeignete Implementierungsvorgehensweisen zur Verfügung stehen.[64]

- Die Betroffenen müssen den Implementierungsgegenstand und das Implementierungsvorgehen anwenden **wollen**.

---

60 "Ist die Formulierung zu kompliziert oder braucht man zuviel Platz und Zeit, um sie schriftlich oder mündlich zu erklären, wird sie nicht von allen verstanden und akzeptiert." Levitt, T., Marketing Imagination. Die unbegrenzte Macht des kreativen Marketing, Landsberg a.L. 1984, S. 166.

61 Hrebiniak und Joyce erwähnen als weiteren Faktor die beabsichtigte Rationalität (Intended Rationality). Da dieser Aspekt im wesentlichen auch durch die "Nachvollziehbarkeit", "Beeinflußbarkeit" und "situative Anpassungsfähigkeit" beschrieben wird, soll er nicht zusätzlich aufgeführt werden. Vgl. Hrebiniak, L.G., Joyce, W.F., a.a.O., S. 5 ff.

62 Vgl. auch Hrebiniak, L.G., Joyce, W.F., a.a.O., S. 7.

63 Vgl. Gebert, D., a.a.O., S. 19 ff.; Kolks, U., a.a.O., S. 110 ff.; Wild, J., a.a.O., S. 43; Berthel, J., Aktives Personal-Management: Notwendiger Promoter für innovationsorientierte Unternehmensführung, in: Die Betriebswirtschaft, Nr. 6, 1986, S. 697 f.

64 Das "Können"-Problem der Implementierung bezieht sich nicht nur auf das Vorhandensein bestimmter Fähigkeiten bei den betroffenen Personen sondern auch auf unzureichende organisatorische Bedingungen. Gebert umschreibt das "Können"-Problem deshalb auch mit der "Verfügbarkeit eines Weges zur Implementierung". Die Verfügbarkeit eines Weges ist nach Gebert immer dann unzureichend, wenn die zur Realisierung des Weges notwendigen Vorraussetzungen (bestimmte Fähigkeiten, organisatorische Voraussetzungen) nicht vorliegen. Vgl. Gebert, D., a.a.O., S. 34.

Das Problem der Implementierung resultiert somit zum einen aus "Kennen/Verstehen, Können und Wollen"-Problemen des Implementierungsgegenstandes (z.B. Marketing) und zum anderen aus denselben Problemen bezogen auf das Implementierungsvorgehen (vgl. Abbildung 3).

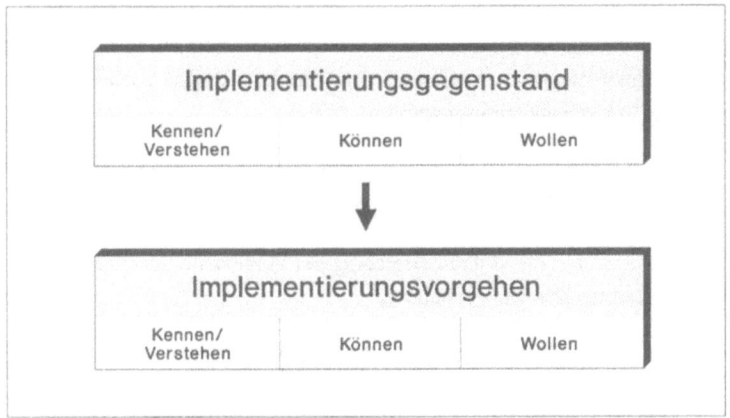

Abb. 3: Implementierungsgegenstand und -vorgehen als zentrale
Problembereiche der Implementierung

Grundlegende Voraussetzung für das Implementierungsvorgehen ist jedoch zunächst die Herausarbeitung eines **implementierungsgerechten Implementierungsgegenstandes**. Die Nutzung bzw. Anwendung des Implementierungsgegenstandes in der gewünschten Form ist dann allerdings davon abhängig, ob geeignete **Vorgehensweisen** zur Verfügung stehen, welche die gefaßte Absicht zu handeln (**kennen/verstehen und wollen**), d.h. beispielsweise sich marketinggerecht zu verhalten (Intentionsbildung), in konkretes Handeln überführen **können** (Intentionsrealisierung).[65]

Das "Können"-Problem der Implementierung wird dabei nicht primär individuumbezogen betrachtet, sondern Zielsetzung muß es sein, zum einen einen Implementierungsgegenstand zu konzipieren, der grundsätzlich - unabhängig von einzelnen Personen - implementierbar ist, und zum anderen Vorgehensweisen zu entwickeln, die

---

[65] Es wird in diesem Zusammenhang auch das Konstrukt der "Günstigkeit der Gelegenheit" verwendet. Demnach kann die zu implementierende konzeptionelle Idee nur dann in konkretes Handeln überführt werden, wenn deren Realisierung auf günstige Umfeldbedingungen trifft, d.h. im Rahmen eines adäquaten Implementierungsvorgehens beispielsweise spezifizierte Handlungsvorgaben, Verhaltensvorbilder, marketinggerechte Unternehmensstrukturen sowie unterstützende Informationssysteme vorliegen. Vgl. zu handlungspsychologischen Phasen-Abfolgen Heckhausen, H., a.a.O., S. 212 ff.

15

grundsätzlich für die Implementierung des zu implementierenden Gegenstandes geeignet sind.

3. Ursachen ungenügender Marketingimplementierung

Nachdem die grundlegenden Problembereiche der Implementierung herausgearbeitet worden sind, bleibt zu prüfen, inwieweit diese Problembereiche auch bei der Implementierung des Marketings relevant sind.

In einer Studie aus dem Jahre 1981 konnten **fünf Problembereiche** bestimmt werden, die negativen Einfluß auf die Marketingimplementierung haben können:[66]

- Unklarheiten über Inhalt und Zielsetzung des Implementierungsgegenstandes Marketing (Kennen/Verstehen),

- mangelnde Qualifikation der Marketing-Manager (Können),

- fehlende, unangemessene oder unbekannte Implementierungsvorgehensweisen (Können),

- fehlende Unterstützung durch das Top-Management (Wollen) und

- allgemeiner Widerstand gegen die Marketingimplementierung (Wollen).

Diese Problembereiche lassen sich auf die drei als grundlegend identifizierten Problembereiche der Implementierung Kennen/Verstehen, Können und Wollen zurückführen und sollen daher im folgenden auch unter diesen Aspekten diskutiert werden.[67]

Kennen/Verstehen: Eine zentrale Ursache der Marketingimplementierungsprobleme resultiert aus dem **unzureichenden oder unzutreffenden Kenntnisstand über den Inhalt des Marketings.**[68] Die Kenntnisse über den Begriffsinhalt sind vielfach oberflächlich, nicht einheitlich, häufig sogar widersprüchlich. Marketing wird z.B. oft mit Werbung, Marktforschung, Verkaufsförderung oder Vertrieb gleichgesetzt.[69] Zur Ver-

---

[66] Vgl. Baker, M.J., Hart, S.J., Marketing and competitive success, New York u.a. 1989, S. 192. Baker und Hart beziehen sich in ihren Ausführungen auf die im Jahre 1981 durchgeführte Studie von McNamara. Ein großer Teil der aufgeführten Problembereiche werden in ähnlicher Form seit langer Zeit in der Literatur diskutiert. Vgl. z.B. Felten, A.P., a.a.O., S. 65.

[67] McDonald konnte 10 Problembereiche identifizieren, die jedoch ebenfalls den Teilzielen der Implementierung zugeordnet werden können. Vgl. McDonald, M.H.B., a.a.O., S. 5 ff.

[68] Vgl. auch Ames, C.B., Hlavancek, J.D., Market Driven Management. Prescriptions for Survival in a Turbulent World, Homewood, Ill. 1989, S. 33 ff.

[69] Vgl. Kasper, H., The Image of Marketing, Working Paper der Rijksuniversiteit Limburg, Maastricht 1991, S. 1 f.; Dibb, S. u.a., Marketing - Concepts and Strategies, Boston u.a. 1991, S. 12.

wirrung trägt bei, daß gerade im Marketingumfeld eine Vielzahl von "Marketing-varianten" diskutiert wird: Beispiele liefern die inhaltlich kaum faßbaren Konzepte des Turbo-Marketings, Mega-Marketings, Balanced Marketings und Customized Marketings.[70] Zudem ist unklar, ob Marketing lediglich eine betriebliche Funktionseinheit bzw. einen Teil einer Funktionseinheit, eine funktionsübergreifende Unternehmensführungsphilosophie oder sogar beides beschreibt. Diese Begriffsverwirrung führt zu Verständnisproblemen.[71] Webster bemerkt dazu:

> "It fascinates me that marketing, among all the so-called management "functions", is the only one that has never been able to define itself satisfactorily. Do you hear anybody asking 'What do you mean by finance?' We certainly hear that regularly about marketing."[72]

Es darf festgestellt werden, daß bisher kein allgemein akzeptiertes, konsistentes und eindeutiges Marketingverständnis herausgearbeitet wurde. Kotler stellt deshalb auch fest: "Marketing is one of the most misunderstood functions of modern corporation."[73/74]

Können: Aufgrund des uneinheitlichen Marketingverständnisses bleibt auch unklar, ob Marketing als variables, situatives Unternehmensführungskonzept zu interpretieren ist, das nur für bestimmte Umweltkonstellationen anwendbar ist[75], oder ob es weitgehend unabhängig von den situativen Bedingungen generelle Erfolgsrelevanz besitzt. **Die erste Interpretation verleitet zu der Annahme, daß Marketing kurzfristig implementiert werden kann,** jedoch bei Bedarf wieder gegen eine andere Art der Unternehmensführung ausgetauscht werden kann. Marketinggerechtes Verhalten bei den

---

[70] Braun und Mayer führen in ihrem Beitrag zum "Abbau der Begriffsverwirrung" allein 41 Marketing-Wortkreationen auf und versuchen, sie zu definieren. Vgl. Braun, I.A., Mayer, R., Von Absatz- bis Turbo-Marketing. Ein Beitrag zum Abbau der Begriffsverwirrung, in: Wirtschaftswissenschaftliches Studium, Heft 6, 1989, S. 307 ff.

[71] Vgl. McDonald, M.H.B., a.a.O., S. 10 f.

[72] Webster, F.E., It's 1990 - Do You Know Where Your Marketing Is?, Report Nr. 89-123 des Marketing Science Institute, Cambridge/Mass. 1989, S. 5.

[73] Kotler, P., From sales obsession to marketing effectiveness, in: Harvard Business Review, November-December, 1977, S. 68.

[74] Vgl. auch die Diskussion bei Shapiro, B.P., What the Hell Is "Market Oriented"?, Harvard Business Review, November-December 1988, S. 119 ff.; sowie McKenna, R., Marketing is Everything, Harvard Business Review, January-February, 1991, S. 65 ff.

[75] Marketing wird daher auch häufig als spezifische Form des Engpaßhandelns interpretiert. Vgl. Meffert, H., Marketing, a.a.O., S. 30; Nieschlag, R.,Dichtl, E., Hörschgen, H., a.a.O., S. 8; Hansen, U., Stauss, B., Marketing als marktorientierte Unternehmenspolitik oder als deren integrativer Bestandteil?, in: Marketing Zeitschrift für Forschung und Praxis, Heft 2, 1983, S. 77; Rafféc, H., Marketing und Umwelt, Stuttgart 1979, S. 4.

Mitarbeitern basiert auf einer bestimmten Form der Unternehmenskultur[76], die jedoch nur unter Schwierigkeiten und langfristig veränderbar ist.[77] Die Marketingimplementierung wird somit bei einer situativen, variablen (kurzfristigen) Interpretation des Marketings von Beginn an erschwert, da eine erfolgreiche Implementierung i.d.R. nur mit einer (langfristigen) Veränderung der Unternehmenskultur möglich ist.

Implementierungsprobleme des Marketings resultieren auch daraus, daß die Marketingtheorie der Praxis zu diesem Problembereich nur relativ wenig Hilfestellung geben kann.[78/79] **Vorgehensweisen und Instrumente zur Marketingimplementierung existieren bisher lediglich in Ansätzen.** Allerdings liegen zu Teilaspekten der Marketingimplementierung Forschungsarbeiten vor. So ist z.B. zum Themengebiet der funktionsübergreifenden Zusammenarbeit, insbesondere zwischen F & E und Marketing, eine größere Zahl von Untersuchungen erstellt worden.[80] Auch Aspekte der Implementierung der Marktorientierung bei Mitarbeitern im Vertrieb sind untersucht worden.[81] Darüber hinaus werden Fragen der Aufbauorganisation schon seit langer Zeit im Marketingzusammenhang behandelt.[82]

---

[76] Der Begriff Unternehmenskultur beschreibt die gemeinsamen Geisteshaltungen und Denkweisen der Organisationsmitglieder. Vgl. zum Begriff Heinen, E., Unternehmenskultur als Gegenstand der Betriebswirtschaft, in: Heinen, E., Hrsg., Unternehmenskultur. Perspektiven für Wissenschaft und Praxis, München, Wien 1987, S. 2.

[77] Vgl. zur Diskussion Schreyögg, G., Kann und darf man Unternehmenskulturen ändern?, in: Dülfer, E., Hrsg., Organisationskultur. Phänomen-Philosophie-Technologie, 2. Aufl., Stuttgart 1991, S. 208 ff.; Reineke, R.D., Akkulturation von Auslandsakquisitionen. Eine Untersuchung zur unternehmenskulturellen Anpassung, Wiesbaden 1989, S. 97 f.

[78] Simon fordert eine intensive Beschäftigung mit Implementierungsproblemen des Marketings, stellt allerdings fest, daß sich das bisherige Interesse der Marketingforscher auf das Planungsproblem, die Lösung und die Idee beschränkt hat. Vgl. Simon, H., Herausforderung an die Marketingwissenschaft, in: Marketing Zeitschrift für Forschung und Praxis, Nr. 3, 1986, S. 207; Diller, H., Entwicklungstrends und Forschungsfelder der Marketingorganisation, in: Marketing Zeitschrift für Forschung und Praxis, Heft 3, 1991, S. 156.

[79] Lusch und Laczniak stellen z.B. fest, daß "Researchers know little about what conditions lead firms to adopt this business philosophy...". Lusch, R.F., Laczniak, G.R., The Envolving Marketing Concept, Competitive Intensity and Organizational Performance, in: Journal of the Academy of Marketing Science, Fall 1987, S. 1.

[80] Vgl. z.B. Benkenstein, M., F & E und Marketing. Eine Untersuchung zur Leistungsfähigkeit von Koordinationskonzeptionen bei Innovationsentscheidungen, Wiesbaden 1987; Ruekert, R.W., Walker, Jr., O.C, Interactions between Marketing and R&D Departments in Implementing Different Business Strategies, in: Strategic Management Journal, 1987, S. 233 ff.; Wind, Y., Marketing and the Other Business Functions, in: Research in Marketing, 1981, S. 237 ff.

[81] Vgl. Lingenfelder, M., Die Marketingorientierung von Vertriebsleitern als strategischer Erfolgsfaktor. Eine theoretische Analyse zur empirischen Bestandsaufnahme in der Markenartikelindustrie, Berlin 1990; Lamont, L.M., Lundstrom, W.J., Identifying Successful Industrial Salesmen by Personality and Personal Characteristics, in: Journal of Marketing Research, 1977, S. 517 ff.

[82] Vgl. beispielsweise Hecking-Binder, E.E., Führungsmodelle und Marketingorganisation, Wiesbaden 1974, S. 139 ff.

Erst in neuerer Zeit stößt die Implementierungsproblematik[83], angestoßen durch die Probleme der Praxis, auch in der Marketingwissenschaft auf größeres Interesse.[84] Die Diskussion ist zum einen durch die umfangreichen empirischen Forschungsarbeiten von Bonoma[85] belebt worden, zum anderen auch durch die Forschungsarbeiten zum Thema "Internes Marketing".[86] In den letzten Jahren hat insbesondere auch das amerikanische Marketing Science Institute mehrere Arbeiten unterstützt, die sich mit Fragestellungen der Marketingimplementierung beschäftigen.[87] Trotz der vermehrten Bemühungen um die Analyse von Fragen der Marketingimplementierung stehen die Forschungen erst am Anfang.[88]

Die "Können"-Problematik der Marketingimplementierung resultiert somit zum einen aus einem Marketingverständnis, das nur unter Schwierigkeiten implementiert werden kann, und zum anderen aus Defiziten bei den Vorgehensweisen und Instrumenten, die zur Marketingimplementierung einsetzbar sind.

Wollen: Die erfolgreiche Marketingimplementierung ist davon abhängig, inwieweit die **Mitarbeiter aller betrieblichen Funktionsbereiche und das Top-Management den Marketinggedanken akzeptieren und entsprechend handeln.**[89] Beispielsweise kann mangelnde Unterstützung des Marketings durch das Top-Management den Willen, marktorientiert zu agieren, negativ beeinflussen. Gründe hierfür sind zum einen die fehlende motivationale Vorbildfunktion und zum anderen der fehlende Druck, sich marktorientiert zu verhalten, da in diesem Fall bei nicht marketinggerechtem Verhalten keine Sanktionen durch das Top-Management zu erwarten sind.[90]

Daneben halten Mitarbeiter aus F & E, Produktion und anderen betrieblichen Einheiten die weitgehende Steuerung des betrieblichen Ablaufes nach Erkenntnissen des Marketings häufig für einen Versuch der Einmischung einer bestimmten betrieblichen

---

[83] Unter Forschungsarbeiten, die das gesamte Feld der Marketingimplementierung betrachten, sollen Arbeiten verstanden werden, die simultan alle relevanten Einflußfaktoren zu berücksichtigen versuchen (Totalansätze der Implementierung).

[84] Vgl. Simon, H., Herausforderungen an die Marketingwissenschaft, a.a.O., S. 207.

[85] Vgl. Bonoma, T.V., The Marketing Edge, a.a.O.

[86] Vgl. den Überblicksartikel von Stauss, B., Schulze, H.S., Internes Marketing, in: Marketing Zeitschrift für Forschung und Praxis, Heft 3, 1990, S. 149 ff.

[87] Forschungsarbeiten zum Thema "organizing to become market-driven" wurden seit 1986 in die "Top MSI research priority" aufgenommen. Ein Überblick über einige Arbeiten und Ergebnisse dieses Programms findet sich bei Swartz, G.S., Organizing to Become Market-Driven, Report Nr. 90-123 des Marketing Science Institute, Cambridge/Mass. 1990.

[88] Vgl. auch Diller, H., Entwicklungstrends und Forschungsfelder der Marketingorganisation, a.a.O., S. 156.

[89] Vgl. McDonald, M.H.D., a.a.O., S. 11 f.; Felton, A.P., a.a.O., S. 56 ff.

[90] Vgl. z.B. Bonoma, T.V., The Marketing Edge, a.a.O., S. 96 ff.

Abteilung, die Vertrieb, Marketing, Absatz oder Verkauf genannt wird, in die "inneren Angelegenheiten" anderer Abteilungen. Eine im Jahre 1991 unter High-Tech-Unternehmen durchgeführte Untersuchung ergab beispielsweise, daß in mehr als 40 Prozent der befragten Unternehmen Marketing nur ein mittelmäßiges Ansehen genießt.[91] Zur Verbesserung der Akzeptanz der Marketingidee wird deshalb auch vorgeschlagen, den Begriff **"Marktorientierung"** anstelle von **"Marketingorientierung"** zu verwenden.[92]

Ein weiterer Aspekt, der den motivationalen Aspekt der Marktorientierung problematisiert, ist die Notwendigkeit, daß marktorientiertes Verhalten permanent den sich verändernden Marktgegebenheiten angepaßt werden muß. **Marketingimplementierung** ist daher nicht ein einmaliger, abgeschlossener Vorgang, sondern muß als **kontinuierlicher, nie abgeschlossener Prozeß** verstanden werden, der unablässiges Lernen und Umlernen erfordert. Dieser kontinuierliche Lernprozeß ist allerdings mit Mühen verbunden, so daß der Wille zur ständigen "Neu-Implementierung" ebenfalls kontinuierlich geschaffen und gefördert werden muß. Auch Kotler weist auf diese Problematik hin und betont, daß, selbst wenn die Marketingidee implementiert ist, Marketing leicht wieder in Vergessenheit geraten kann, wenn sich der Erfolg eingestellt hat.[93]

Die Betrachtung dieser drei grundlegenden **Problembereiche der Implementierung** (Kennen/Verstehen, Können, Wollen) zeigt deutlich, daß sie in einem **komplementären Verhältnis zueinander stehen**. Das bedeutet, daß die Lösung eines Teilproblems positiven Einfluß auf die Lösung eines der anderen Problembereiche haben kann.[94] So kann beispielsweise davon ausgegangen werden, daß erst dann, wenn ein Mindestkenntnisstand und Mindestverständnis des Marketingbegriffs vorhanden ist, die erforderlichen Fähigkeiten zur Implementierung geschaffen werden können und sich erst danach die Motivation (der Wille) zur Implementierung herausbilden kann. Die Komplementärbeziehungen lassen daher eine bestimmte Reihenfolge bei der Verfolgung der einzelnen Teilproblemlösungen sinnvoll erscheinen. In der Regel stehen die Ziele "Kennen" und "Verstehen" im Vordergrund, sobald ein unzureichender Implementie-

---

[91] Vgl. Gesellschaft für Wirtschaftspublizistik, Hrsg., High-Tech Marketing. Branchenspezifische Trends und Strategien für die 90er Jahre. Studie unter der wissenschaftlichen Projektleitung von H. Meffert und S. Lamnek, Düsseldorf 1991, S. 188 f.

[92] Vgl. Shapiro, B.P., What the Hell Is "Market Oriented"?, a.a.O., S. 119.

[93] "Marketing is characterized by a law of slow learning and rapid forgetting." Kotler, P., From sales obsession to marketing effectiveness, a.a.O., S. 75. Vgl. hierzu auch McQuarrie, E.F., McIntyre, S.H., Implementing the Marketing Concept Through a Program of Customer Visits, Report Nr. 90-107, Marketing Science Institute, Cambridge/Mass. 1990, S. 4.

[94] Vgl. Kupsch, P., Unternehmensziele, Stuttgart, New York 1979, S. 26; Wild, J., a.a.O., S. 61.

rungsgrad festgestellt wurde. Erst im Anschluß daran können Fähigkeiten und Fertigkeiten sowie die Motivation zum Handeln geschaffen werden.[95]

4. Konzeptioneller Aufbau der Untersuchung

Die vorliegende Arbeit soll einen Beitrag zur Lösung der in der Literatur bisher nur am Rande beachteten Problematik der Marketingimplementierung leisten. Ziel ist es, basierend auf einem implementierungsgerechten Marketingverständnis (**Implementierungsgegenstand**), die vorhandenen Ansätze zur Implementierung des Marketings unter Adaption von Implementierungsansätzen aus anderen Bereichen der betriebswirtschaftlichen Forschung zu systematisieren und zu einem Gesamtmodell zusammenzuführen (**Implementierungsvorgehensweisen**), das generell als Grundlage bzw. als "Instrumentenkasten" für die Betrachtung der Marketingimplementierung dienen kann und im Rahmen dieser Arbeit speziell auf die Problematik der **Marketingimplementierung in ostdeutschen Unternehmen** angewendet wurde. Abbildung 4 verdeutlicht den Gang der Untersuchung der vorliegenden Arbeit im Überblick.

Im **Abschnitt B.** dieser Arbeit erfolgt zunächst eine **begriffliche und inhaltliche Klärung des Marketingbegriffs**. Ausgehend von den Aussagen der Theorie zum Marketingbegriff und dessen Inhalt soll ein Marketingverständnis herausgearbeitet werden, das eine erfolgreiche Marketingimplementierung erwarten läßt und somit als Basis des Implementierungsvorgehens gelten kann.

Der Problembereich des Implementierungsvorgehens wird im Rahmen dieser Arbeit zum einen einer **statischen** und zum anderen einer **dynamischen Analyse** unterzogen. Zunächst werden im **Abschnitt C.** im Rahmen der statischen Analyse alternative **Betrachtungsebenen der Marketingimplementierung** herausgearbeitet, diskutiert und miteinander in Beziehung gesetzt. Die einzelnen Betrachtungsebenen können dabei als "Fächer" des oben angeführten "Instrumentenkasten" der Marketingimplementierung interpretiert werden, aus denen, entsprechend den situativen Erfordernissen, Einzelinstrumente bzw. Werkzeuge ausgewählt werden können, um dann in Kombination das Ziel der Marketingimplementierung zu erreichen. Die Betrachtungsebenen stellen somit eine Grobsystematisierung der Vielzahl von einsetzbaren Methoden und Instrumenten zur Marketingimplementierung dar. In der Literatur vorhandene Forschungsarbeiten allgemeiner und speziell marketingbezogener Art werden jeweils den einzelnen Betrachtungsebenen zugeordnet und in ihren Kernelementen dargestellt.

---

[95] Vgl. auch Kolks, U., a.a.O., S. 113 f.

Abb. 4: Gang der Untersuchung

Das aus den einzelnen Betrachtungsebenen entwickelte statische Strukturierungsmodell der Marketingimplementierung wird im **Abschnitt D.** um eine dynamische Betrachtung erweitert. Ziel ist es, den Prozeß bzw. **zeitlichen Ablauf der Marketingim-plementierung** darzustellen. Es wird gezeigt, welche Betrachtungsebenen bzw. welche Implementierungsmethoden und -instrumente in welche Phase des Implementierungsprozesses idealtypischerweise eingesetzt werden sollten. Im Rahmen der dyna-

22

mischen Analyse erfolgt eine Trennung in einen diskontinuierlichen, umfassenderen Implementierungsprozeß und einen permanent stattfindenden kontinuierlichen Implementierungsprozeß. Abschließend wird ein **integrierendes Strukturierungsmodell der Marketingimplementierung abgeleitet**, welches die statischen Betrachtungsebenen und die dynamischen Prozeßbetrachtungen integrierend zusammenführt.

Im **Abschnitt E.** der Arbeit wird die spezielle Problematik der **Marketingimplementierung in ostdeutscher Unternehmen** diskutiert. Das in den vorherigen Teilen der Arbeit entwickelte integrierte Strukturierungsmodell der Marketingimplementierung wird dabei auf die spezielle Problematik ostdeutscher Unternehmen angewandt. Basierend auf den Erkenntnissen dreier über einen Zeitraum von zwei Jahren erhobenen Längsschnittfallstudien in ostdeutschen Industrieunternehmen und einer Auswertung der relevanten Literatur werden adäquate Vorgehensweisen für die Marketingimplementierung in ostdeutschen Industrieunternehmen abgeleitet.

Die Arbeit schließt im **Abschnitt F.** mit einer **Zusammenfassung** der Untersuchungsergebnisse und einem **Ausblick** auf resultierende Forschungsperspektiven.

B. Marketing als Gegenstand der Implementierung

Ziel der nachfolgenden Ausführungen ist es, ein implementierungsgerechtes Marketingverständnis abzuleiten, d.h. **Marketing so zu interpretieren, daß es "leicht" implementierbar ist.**[1] Da es nicht darum gehen soll, ein neues Marketing-Begriffsverständnis abzuleiten, soll zunächst kurz das dieser Arbeit zugrundeliegende Basisverständnis des Marketings vorgestellt werden.

1. Das in der Wissenschaft allgemein akzeptierte Basisverständnis des Marketings

Die bewußte Auseinandersetzung mit dem Begriff Marketing erfolgt seit nunmehr ca. 90 Jahren.[2] Butler, der sich als einer der Ersten nicht nur praktisch, sondern auch theoretisch mit dem Marketingbegriff auseinandersetzte, definiert Marketing wie folgt:

"Marketing is a job of coordination, of planning - the "binding force" in marketing -, of management of the complicated relations among the various "factors in trade" that must be considered first by the distributor who wishes to build his campaign with care."[3]

Es wird deutlich, daß Butler Marketing eindeutig nicht auf Vertrieb oder auf Werbung eingrenzt. Marketing soll demnach koordinative und planende Tätigkeiten im Zusammenhang mit den Einflußfaktoren beim Handel mit Produkten übernehmen.[4]

Das heutige, weit verbreitete Marketing-Verständnis wurde im wesentlichen in den 50er und 60er Jahren insbesondere von Drucker, Levitt und in der Praxis von McKitterick (General Electric) definiert. Die jeweiligen Kernaussagen der angeführten Autoren zum Marketing sind in Abbildung 5 zusammengestellt.

---

[1] Diese Problematik wird schon seit relativ langer Zeit diskutiert. Barksdale und Darden forderten schon 1971: "...the major challenge is the development of operational definitions for the marketing concept which will allow the idea to be implemented..." Barksdale, H.C., Darden, B., a.a.O., S. 36.

[2] Vgl. zur Geschichte des Marketings Jones, B., Die deutsche Historische Schule: Begründerin des nordamerikanischen Marketingdenkens, in: Marketing Zeitschrift für Forschung und Praxis, Heft 1, 1992, S. 5 ff.

[3] Butler, R. S.; zitiert bei Bartels, R., The History of Marketing Thought, 3. Aufl., Columbus 1988, S. 143.

[4] Vgl. Bartels, R., a.a.O., S. 143.

Drucker (1954)

"There is only one valid definition of business purpose: to **create a satisfied customer**. It is the customer who determines what the business is. Because it is its purpose to create a customer, any business enterprise has two - and only these two - basic functions: marketing and innovation. ...Actually marketing is so basic that it is not just enough to have a strong sales forces and to entrust marketing to it. **Marketing** is not only much broader than selling, **it is not a specialized activity at all. It is the whole business** seen from the point of view of its final result, that is, from the customer's point of view."(The Practice of Management, New York 1954, S. 37 f.)

McKitterick (1957)

"So the principal task of the marketing function in a **management concept** is not so much to be skillful in making the customer do what suits the interests of the business as to be skillful in conceiving and then making the business do what suits the interests of the customer." (What is the Marketing Concept? The Frontiers of Marketing Thought and Action, Chicago, American Marketing Association 1957, S. 71)

Levitt (1960)

"**The organization** must learn to think of itself not as producing goods and services but as buying customers, as doing the things that will make people want to do business with it. And **the chief executive** himself has the inescapable responsibility for creating this environment, this viewpoint, this attitude, this aspiration." (Marketing Myopia, in: Harvard Business Review, July-August 1960, S. 45 ff.)

Abb. 5: Grundlegende Bemerkungen zum Marketing

Das in Abbildung 5 zusammengefaßte Marketingverständnis von Drucker, McKitterick und Levitt erlaubt es **nicht**, Marketing ausschließlich als **Aufgabe einer betrieblichen Funktionseinheit** zu sehen. Drucker betont z.B.: "Marketing...is not a specialized activity at all. It is the whole business...". Levitt weist der gesamten Organisation ("the organization") Marketingaufgaben zu und macht die Top-Führungskräfte ("chief executives") für die Realisierung dieser Aufgaben verantwortlich. McKitterick beschreibt Marketing als Unternehmensführungskonzept (management concept). Alle genannten Autoren betonen ausdrücklich, daß die **Wünsche und Bedürfnisse der Nachfrager die betriebliche Angebotspolitik bestimmen** müssen.[5] Diese grundlegenden

---

5   Als klassisch für diesen Zusammenhang gilt Levitt's immer wieder zitiertes Beispiel der amerikanischen Eisenbahnen, deren Niedergang nach Levitt im falschen Verständnis der Kundenwünsche durch das Top-Management zu sehen war. Die Kunden wollten nicht "Bahnfahren", sondern von einem Punkt A nach Punkt B transportiert werden. Levitt, T., Marketing Myopia, a.a.O., S. 45. In einem weiteren Beitrag betont Levitt: "People don't buy goods or service, factories or systems. They buy the expectation (or promise) of solving a problem, even the promise of avoiding a problem." Levitt, T., Marketing when things change, in: Harvard Business Review, November-De-

25

Aussagen zur Bedeutung und zum Inhalt des Marketings sind somit seit den 60er Jahren formuliert und werden seitdem im Grundsatz von der Wissenschaft und auch von Teilen der Wirtschaft so akzeptiert. Marketing wird demnach - und auch im Rahmen dieser Arbeit - primär als funktionsgrenzenübergreifende Unternehmensführungskonzeption interpretiert, die sich konsequent auf den Absatzmarkt ausrichtet.

2. Die Implementierungsprobleme des Implementierungsgegenstandes Marketing

Trotz weitgehender Einigkeit über das **grundlegende** Marketingverständnis ist Marketing in der Praxis nur schwierig zu implementieren. Drei implementierungsrelevante Problembereiche, die jeweils im Kern einem der **Teilimplementierungsprobleme Kennen/Verstehen, Können** und **Wollen** zugeordnet werden können, sind offenbar in bezug auf den Gegenstand der Marketingimplementierung besonders schwerwiegend.

Einleitend wurde schon darauf verwiesen, daß Marketing unter anderem deshalb schwierig zu implementieren ist, da der zu implementierende Gegenstand (Marketing) nicht hinreichend bekannt ist und nicht verstanden wird. Vielfach existieren interpersonell unterschiedliche, mehr oder weniger verkürzte sowie widersprüchliche Vorstellungen über das Marketing (**Definitionsproblem = Kennen/Verstehen**).[6]

Ein weiteres Implementierungsproblem des Marketings resultiert daraus, daß vielfach ein Marketingverständnis vorherrscht, das unabhängig davon, ob es allen betreffenden Mitarbeitern in gleicher Form bekannt ist, nur schwierig zu implementieren ist. Dies ist insbesondere dann problematisch, wenn Marketing lediglich für bestimmte, i.d.R. nicht eindeutig abgrenzbare, situative Konstellationen als relevant erachtet wird (**Problem der situativen Marketinginterpretation = Können**).

Das dritte Problemfeld resultiert daraus, daß Marketing - verstanden als Unternehmensführungsphilosophie - unternehmensweit akzeptiert werden muß. Vielfach wird Marketing insbesondere von Mitarbeitern, die nicht der betrieblichen Funktionseinheit Marketing zugeordnet werden, als Synonym für diese Funktionseinheit verstanden, so daß negative Erfahrungen mit dieser Funktionseinheit sowie deren Mitarbeitern die **funktionsgrenzenübergreifende Akzeptanz des Marketingbegriffes** als übergeord-

---

cember, 1977, S. 108. Auf Seite 113 faßt Levitt zusammen "The market calls the tune, and the players had better play it right."

[6] Vgl. z.B. Webster, F.E., Top Management's Concerns about Marketing: Issues for the 1980's, in: Journal of Marketing, Summer, 1981, S. 9 ff. Vgl. zu unterschiedlichen Marketing-Interpretationen in britischen Unternehmen Hooley, G.J., Lynch, J.E., Shepherd, J., The Marketing Concept: Putting the Theory into Practice, in: European Journal of Marketing, Nr. 9, 1990, S. 11 ff.

nete Steuergröße verringern oder verhindern (**Problem der funktionsübergreifenden Akzeptanz = Wollen**).

2.1 Problem der Marketingdefinition

Trotz der aufgezeigten grundlegenden Klärung des Marketingbegriffes bestehen im Detail weiterhin unterschiedliche Auffassungen über den Inhalt des Begriffs.[7] Die Definitionsproblematik veranlaßte im Jahre 1985 die "American Marketing Association", nach langer Diskussion, unter Berücksichtigung von 27 verschiedenen Marketingdefinitionen, die seit 1960 gültige Marketingdefinition der Vereinigung neu zu fassen (vgl. Abbildung 6).[8]

Offizielle AMA Marketingdefinition von 1985

"Marketing is the process of planning and executing the conception, pricing, promotion, and distribution of ideas, goods, and services to create exchanges that satisfy individual and organizational objectives". (American Marketing Association, AMA Board approves new marketing definition, in: Marketing New, Vol. 19 vom 1. März 1985, S. 1.)

Abb. 6: Die Marketingdefinition der AMA

Während die AMA-Definition von 1960[9] relativ einfach war, da sie z.B. nur eine einseitige Transaktionsbeziehung vom Anbieter in Richtung zum Nachfrager vorsah, wurde mit der neuen AMA-Definition versucht, möglichst die gesamte Entwicklung der Marketingdiskussion zu berücksichtigen.[10] Neu aufgenommen wurden der Marketing-Management- und der Marketing-Mix-Gedanke. Auf der Angebotsseite wurde die Definition auf Ideen, Güter und Dienste ausgeweitet. Daß neben Individuen auch Organisationen Nachfrager sein können, wurde ebenfalls berücksichtigt; Entsprechendes

---

[7] Sehr einfache und weitgehend inhaltsleere Praxis-Definitionen wie z.B. "Marketing is what marketers do" stehen neben sehr komplexen Theorie-Definitionen. Vgl. hierzu z.B. Bagozzi, R.P., Principles of Marketing Management, Chicago 1986, S. 3 ff. Vgl. zur Diskussion verschiedener Marketingverständnisse auch Hunt, S.D., Marketing is..., in: Journal of the Academy of Marketing Science, Nr. 4, 1992, S. 301 ff.

[8] Vgl. American Marketing Association, AMA Board approves new marketing definition, a.a.O., S. 1; Ferrel., O.C., Lucas, G.H., An Evaluation of Progress in the Development of a Definition of Marketing, in: Journal of Academy of Marketing Science, Nr. 3, 1987, S. 14 f.

[9] Vgl. zur Diskussion der AMA-Definition von 1960 Bagozzi, R.P., Principles of Marketing Management, a.a.O., S. 3 f.

[10] Vgl. zu den einzelnen Elementen der neuen AMA-Definition Kotler, P., Bliemel, F., Marketing-Management. Analyse, Planung, Umsetzung und Steuerung, 7. Aufl., Stuttgart 1992, S. 16 f.

27

gilt auch für die Verwendung des Begriffes "Transaktionsbeziehungen" (exchanges), der insbesondere von Bagozzi in die Diskussion eingebracht wurde.[11]

Ziel dieser neuen Definition war es nach Aussage des damaligen AMA-Präsidenten Stephen W. Brown, den sich mit Marketingfragen beschäftigenden Personen eine klare Inhaltsdefinition des Marketings zu geben.[12] In der Literatur bestehen jedoch Zweifel, ob mit dieser neuen Definition die bestehenden Unklarheiten bezüglich des Marketingkonzeptes ausgeräumt werden konnten oder ob sie nicht vielleicht sogar verstärkt wurden.[13] Andererseits ergaben empirische Untersuchungen von Ferrell und Lucas in den USA, daß die AMA-Marketingdefinition im Vergleich zu anderen Definitionen aufgrund ihrer Verständlichkeit und inhaltlichen Prägnanz insbesondere von Führungskräften der Wirtschaft akzeptiert wurde.[14]

In Abbildung 7 werden die im deutschsprachigen Raum in den führenden Lehrbüchern verankerten Definitionen von Kotler, Meffert und Nieschlag/Dichtl/ Hörschgen gegenübergestellt. Sowohl Kotler als auch Meffert stellen neben die jeweilige eigene Marketingdefinition zusätzlich die AMA-Definition von 1985.[15] Die in Abbildung 7 zusammengestellten Definitionen sind relativ ähnlich, weichen jedoch in Einzelaspekten voneinander ab oder setzen unterschiedliche Schwerpunkte.[16]

Alle Autoren betonen explizit, daß **Marketing als gesamtunternehmensbezogene Führungsphilosophie** zu verstehen ist. So betonen Nieschlag/Dichtl/Hörschgen, daß eine marktorientierte Unternehmenspolitik nur dann erfolgreich sein kann, wenn alle Abteilungen zumindest prinzipiell das Primat des Marketing-Sektors anerkennen, wenn Abstand vom Funktionsbereichsdenken genommen wird und sich das gesamte Unternehmen als Marketing-Organisation versteht.[17] Ähnlich argumentiert auch Kot-

---

[11] Vgl. zur Einführung des "exchange"-Begriffes die Arbeiten von Bagozzi. Bagozzi, R.P., Marketing as Exchange. A Theory of Transactions in the Marketplace, in: American Behavioral Scientist, Nr. 4, 1978, S. 535 ff.; Bagozzi, R.P., Marketing as an Organized Behavioral System of Exchange, in: Journal of Marketing, October, 1974, S. 77 ff.; Bagozzi, R.P., Marketing as Exchange, in: Journal of Marketing, October, 1975, S. 32 ff.

[12] Vgl. American Marketing Association, AMA Board approves new marketing definition, a.a.O., S. 1.

[13] Vgl. zur Diskussion der AMA-Definition: Hunt, S.D., Modern Marketing Theory - Critical issues in the Philosophy of Marketing Science, Cincinnati 1991, S. 14 f.

[14] Vgl. Ferrel, O.C., Lucas, G.H., a.a.O., S. 17 ff.

[15] Vgl. Meffert, H., Marketing, a.a.O., S. 33; Kotler, P., Marketing Management, a.a.O., S. 11.

[16] Vgl. zur Diskussion verschiedener Marketingdefinitionen Crosier, K., What Exactly is Marketing?, in: Quarterly Review of Marketing, Winter, 1975.

[17] Vgl. Nieschlag, R., Dichtl, E., Hörschgen, H., a.a.O., S. 16.

ler, der feststellt: "Everyone is in marketing. Marketing is not a department but a through-going company philosophy."[18]

Meffert (1986)

Marketing bedeutet ... Planung, Koordination und Kontrolle aller auf die aktuellen und potentiellen Märkte ausgerichteten Unternehmensaktivitäten. Durch eine dauerhafte Befriedigung der Kundenbedürfnisse sollen die Unternehmensziele im gesamtwirtschaftlichen Güterversorgungsprozeß verwirklicht werden (Seite 31).
Marketing-Management umfaßt die zielorientierte Gestaltung aller marktgerichteten Unternehmensaktivitäten. Es beschreibt im funktionalen Sinne die speziellen Aufgaben und Prozesse, die innerhalb und außerhalb der Unternehmung mit dem Marketing verbunden sind (Marketing. Grundlagen der Absatzpolitik, 7. Aufl., Wiesbaden 1986, Seite 34).

Nieschlag/Dichtl/Hörschgen (1990)

Marketing ist eine Grundhaltung der für ein Unternehmen Verantwortlichen, die sich mit einer konsequenten Ausrichtung aller unmittelbar und mittelbar den Markt berührenden Entscheidungen an den Erfordernissen und Bedürfnissen der Verbraucher bzw. Abnehmer (Marketing als Maxime), mit dem Bemühen um Schaffung von Präferenzen und damit Erringung von Wettbewerbsvorteilen durch gezielte unternehmerische Maßnahmen (Marketing als Mittel) und mit einer systematischen, moderne Techniken nutzenden Entscheidungsfindung (Marketing als Methode) umschreiben läßt (Marketing, 16. Aufl., Berlin 1990, Seite 8).

Kotler (1991)

Marketing is a social and managerial process by which individuals and groups obtain what they need and want through creating, offering and exchanging products of value with others (Marketing Management. Analysis, Planning, Implementation and Control, 7. Aufl., Englewood Cliffs 1991, Seite 4).

Abb. 7: Marketingdefinitionen

Zwar wird auch bei Kotler, wie bei vielen anderen Autoren, Marketing explizit als funktionsgrenzenübergreifende Unternehmensführungsphilosophie vorgestellt. Detailliert diskutiert werden allerdings die Werkzeuge, Methoden und Techniken des Marketings.[19] Marketing wird somit, wie Grönross es ausdrückt, auf ein "Handwerk" redu-

---

[18] Kotler, P., Marketing Management, a.a.O., S. 689.

[19] Vgl. auch beispielhaft die Ausführungen in Böcker, F., Marketing, 4. Aufl., Stuttgart 1991, S. 22; Tietz, B., Marketing, Tübingen, Düsseldorf 1978, S. 1; Schnaars, S.P., Marketing Strategy - A Customer-Driven Approach, New York 1991, S. 6 f.; Ames, B.C., Hlavacek, J.D., a.a.O., S. 18 ff.; Dibb, S. u.a., a.a.O., S. 4 ff.

ziert[20], bei dem die Instrumente im "Marketing-Mix" von Mitarbeitern einer betrieblichen Fachfunktionseinheit Marketing kombiniert werden.[21] Marketing wird somit implizit auf ein funktionales Konzept beschränkt, in dessen Rahmen die Funktionseinheit Marketing lediglich gleichberechtigt neben anderen Funktionseinheiten wie z.B. Beschaffung, Produktion und Finanzierung steht.[22]

Dem **funktionalen Marketing** werden im allgemeinen die Aufgaben des Verkaufs/ Vertriebs, der Werbung und Verkaufsförderung, des Kundendienstes, der Produktentwicklung, der Marktforschung und der Public Relations zugeordnet.[23] Marketing ist dann mit **Absatz** im Sinne von Erich Gutenberg vergleichbar und lediglich eine Phase (und zwar im Kern die Schlußphase[24]) des betrieblichen Umsatzprozesses.[25] Dieses

---

[20] "Focusing on the tools and techniques of marketing is to concentrate on marketing as a craft. ... The marketing activities where these tools and techniques are used do not lead to good results if the heart is not involved." Grönross, C., Service Management and Marketing. Managing the Moments of Truth in Service Competition, Lexington/Mass., Toronto 1990, S. 127 f.

[21] Diese Vorgehensweise geht auf Neil Borden zurück. Vgl. Borden, N., The Concept of the Marketing Mix, in: Journal of Advertising Research, June, 1964, S. 4.

[22] Ein Vertreter des funktionalen Marketings ist z.B. Meyer. Er nimmt eine klare Trennung zwischen Beschaffung, Produktion und Absatz vor. Die Koordination wird von einer vierten Funktion übernommen, von der sogenannten Leitung. Vgl. Meyer, P.W., Der integrative Marketingansatz und seine Konsequenzen für das Marketing, in: Meyer, P.W., Hrsg., Integrierte Marketingfunktionen, 2. Aufl., Stuttgart 1990, S. 25 f. Mit der Begründung, daß nicht erkennbar sei, wie Marketing die integrativen Aufgaben bei einer funktionsübergreifenden Marketingdefinition lösen kann, lehnt auch Steffenhagen den Unternehmensführungsaspekt und damit den integrativen Aspekt des Marketings ab. Er versteht Marketing ausschließlich als eine Unternehmensfunktion. Aber auch er gesteht ein, daß in der Praxis Marketing immer funktionsübergreifend wirken muß. Er lehnt allerdings aus Gründen der übersichtlicheren Gestaltung der Lehre eine funktionsübergreifende Betrachtung ab und sieht Marketing als spezielle, funktionale Betriebswirtschaftslehre, die die betriebswirtschaftliche Absatzlehre verdrängt. Vgl. Steffenhagen, H., Marketing. Eine Einführung, 2. Aufl., Stuttgart u.a. 1991, S. 21 ff. Vgl. zur Diskussion auch Meffert, H., Klassische Funktionenlehre und marktorientierte Führung - Integrationsperspektiven aus der Sicht des Marketing -, in: Adam, D. u.a., Hrsg., Integration und Flexibilität. Eine Herausforderung für die Allgemeine Betriebswirtschaftslehre, Wiesbaden 1990, S. 380 ff.

[23] Vgl. Piercy, N., Marketing Organization: An Analysis of Information Processing, Power and Politics, London u.a. 1985, S. 134 ff. Eine empirische Untersuchung von Hooley, Lynch und Shepherd ergab, daß die Bereiche Werbung, Marktforschung und Verkaufsförderung in nahezu allen Unternehmen allein von der Marketingabteilung wahrgenommen werden. Vgl. Hooley, G.J., Lynch, J.E., Shepherd, J., a.a.O., S. 18.

[24] Die Marktforschung wird zwar i.d.R. am Anfang des betrieblichen Umsatzprozesses durchgeführt, wird jedoch ebenfalls unter den Absatzbereich subsumiert.

[25] Nach Gutenberg sind unter dem Begriff Absatz zusätzlich Maßnahmen zu verstehen, "...die auf eine möglichst günstige Gestaltung der gesamten Verkaufstätigkeit und der gesamten Verkaufsverhältnisse eines Unternehmens gerichtet sind." Gutenberg, E., Grundlagen der Betriebswirtschaftslehre, Bd. 2, Der Absatz, 14. Aufl., Berlin u.a. 1973, S. 2. Dieter Schneider fordert explizit eine Begrenzung des Marketings auf den funktionalen Aspekt der betriebswirtschaftlichen Absatzlehre. Er begründet dies in erster Linie mit wissenschaftstheoretischen Argumenten. Ein Marketingverständnis als Unternehmensführungsphilosophie würde letztlich zu Dilettantismus in Lehre und Forschung führen, da die Komplexität der Problematik u.a. auch die Beschäftigung mit Erkenntnissen aus den Verhaltenswissenschaften und den Rechtswissenschaften erfordern würde, die wiederum von den Wirtschaftswissenschaften weitgehend kritiklos übernommen würden. Die Reduktion von Marketing auf die betriebliche Absatzfunktion bei weitgehendem Nutzungsaus-

Marketingverständnis impliziert, daß zwar die über Kunden und Konkurrenten gewonnenen Erkenntnisse zur Entwicklung von Marketingstrategien und operativen Maßnahmen genutzt würden. Für die Koordinierungsaufgaben, die zur Umsetzung dieser Strategien und Maßnahmen im Unternehmen erfolgen müßten, wäre Marketing allerdings nicht zuständig. Die Fragestellung, wer für diese Aufgabe zuständig ist und wie diese Aufgabe zu erledigen ist, wird von den Vertretern des funktionalen Marketings nicht beantwortet oder einer übergeordneten Einheit zugeordnet.[26] Innerbetriebliche Umsetzungsaspekte werden durch eine solche Betrachtungsweise weitgehend ausgeklammert.[27]

Es ist daher explizit eine **Synthese beider Marketingverständnisse** erforderlich, wie dies i.d.R. auch in den Marketingdefinitionen impliziert wird. Das integrative (funktionsübergreifende) und das fachfunktionsspezifische Marketing sind zusammenzuführen.[28] Gelingen kann dies allerdings nur, wenn Problemstellungen, die aus einem integrativen Marketingverständnis resultieren, wie z.B. Probleme der marktorientierten Unternehmenskultur und der Überwindung von Konflikten zwischen verschiedenen Funktionseinheiten zumindest gleichgewichtig neben funktionalen Fragestellungen im Marketing behandelt werden.

2.2 Problem der situativen Marketinginterpretation

2.2.1 Kundenorientierung und Marketing

Die Forderung, daß sich Unternehmen kundenorientiert verhalten sollten, um ihre Vermarktungserfolge zu steigern, ist allgemein akzeptiert. Denn der Nachfrager wird nur dann ein Leistungsangebot erwerben, wenn er dieses im Hinblick auf wichtige Nutzen-

---

schluß von Erkenntnissen anderer Wissenschaftsgebiete kann unter Aspekten der Implementierung des Marketings keine sinnvolle Lösung sein, da das Marketingkonzept dann die komplexen Probleme der Praxis nicht lösen kann. Vgl. Schneider, D., Marketing als Wissenschaft oder Geburt einer Marketingwissenschaft aus dem Geiste des Unternehmensversagens?, in: Zeitschrift für betriebswirtschaftliche Forschung, Nr. 3, 1983, S. 201 f. Vgl. zur Auseinandersetzung mit Schneiders Kritik am Marketingverständnis auch Backhaus, K., Investitionsgütermarketing - Theorieloses Konzept mit Allgemeinheitsanspruch?, in: Zeitschrift für betriebswirtschaftliche Forschung, Nr. 9, 1992, S. 772 ff.

26 Vgl. Meyer, P.W., a.a.O., S. 26.

27 In der Literatur wird die funktionale betriebliche Einheit, die im Rahmen dieser Arbeit als "Marketingfunktionseinheit" bezeichnet wird, u.a. auch mit den Begriffen Vertrieb oder Absatz versehen. Vgl. z.B. Backhaus, K., Investitionsgütermarketing, 3. Aufl., München 1992, S. 8; Trommsdorff, V., Innovationsmarketing. Querfunktion der Unternehmensführung, in: Marketing Zeitschrift für Forschung und Praxis, Heft 3, S. 178.

28 Vgl. Backhaus, K., Investitionsgütermarketing, a.a.O., S. 8. Ähnlich auch Trommsdorff, V., Innovationsmarketing. a.a.O., S. 178 .

merkmale im Vergleich zu den Konkurrenzangeboten als besser einschätzt.[29] Es erscheint deshalb sinnvoll, sich **auf die Bedürfnisse und Wünsche der kritischen Ressource "Kunde" einzustellen.**[30] Die Abwanderung dieser kritischen Ressource, d.h. der Verlust der Zuneigung durch die Kunden kann für jedes Unternehmen mit einer existenzgefährdenden Krise verbunden sein, deren Entstehung es auf jeden Fall zu verhindern gilt.[31] **Kundenorientierung** ist deshalb von großer Relevanz für jedes Unternehmen und kann als **Kernelement bzw. Grundidee des Marketings** angesehen werden.[32]

Der Begriff Kundenorientierung wird in der Literatur mit abweichenden Inhalten belegt sowie mit anderen Begriffen wie Markt-, Marketing- und Bedürfnisorientierung gleichgesetzt.[33] Verschiedene Autoren legen Kundenorientierung im Detail unterschiedlich aus und nehmen Abgrenzungen zu ähnlich gelagerten Begriffen, wie z.B. Marketingorientierung oder Marktorientierung, vor.[34/35] Generell kann unter Kundenorientierung die grundsätzlich positive Grundeinstellung der Mitarbeiter einer Unternehmung zu den Kunden und ihren Bedürfnissen verstanden werden, die dazu führt,

---

[29] Vgl. Backhaus, K., Investitionsgütermarketing, a.a.O., S. 8.

[30] Vgl. Levitt, T., Marketing Imagination, a.a.O., S. 22.

[31] Vgl. Plinke, W., Ausprägungen der Marktorientierung im Investitionsgüter-Marketing, in: Zeitschrift für betriebswirtschaftliche Forschung, Nr. 9, 1992, S. 831 ff.

[32] Vgl. Kühn, R., Das Marketingkonzept: Dominante Management-Philosophie oder Aspekt einer kulturbewußten Unternehmensführung?, Arbeitspapier Nr. 8 des Instituts für Marketing und Unternehmensführung der Universität Bern, Bern 1989, S. 6; Fritz, W., Marktorientierte Unternehmensführung und Unternehmenserfolg. Grundlagen und Ergebnisse einer empirischen Untersuchung, Stuttgart 1992, S. 34.

[33] Vgl. Kühn, R., Methodische Überlegungen zum Umgang mit der Kundenorientierung im Marketing-Management, in: Marketing Zeitschrift für Forschung und Praxis, Heft 2, 1991, S. 97. Ein weiterer ähnlicher Begriff, die Kundennähe, der auf die Veröffentlichung von Peters und Waterman (In search of excellence) zurückgeht, besitzt ebenfalls eine vergleichbare inhaltliche Bedeutung. Vgl. Simon, H., Kundennähe als Wettbewerbsstrategie und Führungsherausforderung, in: Kistner, K.P., Schmidt, R., Hrsg., Unternehmensdynamik, Festschrift für H. Albach zum 60. Geburtstag, Wiesbaden 1991, S. 255. Insbesondere in der US-amerikanischen Literatur wird Markt-, Marketing- und Kundenorientierung häufig gleichgesetzt. Vgl. z.B. Park, W., Zaltman, G., Marketing Management, Chicago u.a. 1987, S. 6; Shapiro, B.P., What the Hell Is "Market Oriented"?, a.a.O., S. 119.

[34] In der US-amerikanischen Literatur entspricht der Begriff "customer orientation" inhaltlich dem Begriff "Kundenorientierung", der jedoch i.d.R. nicht sehr differenziert diskutiert wird. Kotler bemerkt z.B.: "Customer-oriented thinking requires the company to define customer needs from the customer point of view, not from its own point of view." Kotler, P., Marketing Management, a.a.O., S. 18. Narver und Slater definieren wie folgt: "..customer orientation is the sufficient understanding of one's target buyers to be able to create superior value for them continuously..." Narver, J.C., Slater, S.F., The Effect of a Market Orientation on Business Profitability, in: Journal of Marketing, October 1990, S. 21.

[35] Vgl. zur Abgrenzung von Kunden- und Marktorientierung z.B. Plinke, W., a.a.O., S. 836 f.; Kijewski, V., Gross, I., Just What Does It Mean To Be 'Market Driven?'- A Managerial Framework, Report Nr. 9/1990, des Institute for Study of Business Markets, Pennsylvania State University 1990, S. 9 ff.

daß den Bedürfnissen der Kunden entsprechende Entscheidungen getroffen und entsprechende Handlungen durchgeführt werden.[36]

Für Zwecke dieser Arbeit interessiert insbesondere, ob ein Verständnis von Kundenorientierung abgeleitet werden kann, das die Implementierung von Marketing erleichtert. Ein Aspekt, der hierbei von **besonderer Relevanz ist, ist die Frage, ob Kundenorientierung permanent Gültigkeit besitzt** oder nur unter bestimmten Bedingungen notwendig und sinnvoll ist. In der Literatur wird Kundenorientierung zum einen ausgehend von der Produkt- über die Verkaufsorientierung als letzte Stufe einer historischen Entwicklung aufgefaßt und als Erfolgsvoraussetzung für unabdingbar gehalten.[37] Zum anderen wird sie jedoch lediglich als variable, situativ einzusetzende Orientierung der Unternehmensführung interpretiert.[38]

2.2.2 Probleme bei der Interpretation von Kundenorientierung als variables, situatives Element der Unternehmensführung

Die situativ variable Interpretation von Kundenorientierung verleitet zu der Annahme, Kundenorientierung und damit auch Marketing könne kurzfristig implementiert, jedoch bei Bedarf wieder gegen eine andere Orientierung ausgetauscht werden. Fraglich ist, ob eine solche kurzfristige Implementierung des Marketings möglich ist (Implementierungsproblem: Können).

Das **Selbstverständnis eines Unternehmens wird durch normative Managementdimensionen geprägt**, die sich in der Ausgestaltung der Unternehmensphilosophie zeigen.[39] Eine Unternehmensphilosophie definiert den grundlegenden, langfristig gültigen, durch die Entscheidungsträger im Unternehmen festgelegten Sinn der unternehmerischen Existenz und legt in groben Zügen Verhaltensrichtlinien für alle Mit-

---

[36] Vgl. Kühn, R., Methodische Überlegungen zum Umgang mit der Kundenorientierung im Marketing-Management, a.a.O., S. 98.

[37] Vgl. z.B. Meffert, H., Marketing, a.a.O., S. 29; Dibb S., u.a., a.a.O., S. 13 f.; Kotler, P., Marketing Management, a.a.O., S. 12 ff.

[38] Kühn, R., Methodische Überlegungen zum Umgang mit der Kundenorientierung im Marketing-Management, a.a.O., S. 99.

[39] In der Literatur besteht keine Einigkeit darüber, wie die die Unternehmensführung prägenden normativen Standardvorgaben zu bezeichnen und zu definieren sind. Begriffe wie Vision, Unternehmenspolitik, Leitbild und Unternehmensphilosophie werden z.T. synonym verwandt. Vgl. z.B. Hinterhuber, H.H., Strategische Unternehmensführung, Bd. I., Strategisches Denken, 5. Aufl., Berlin, New York 1991, S. 37 ff.; Langen, A., Leitbild und Unternehmenskultur: Die Rolle des Topmanagements, in: Simon, H., Hrsg., Herausforderung Unternehmenskultur, Stuttgart 1990, S. 41 ff.

glieder eines Betriebes fest.[40] Zu den die Unternehmensphilosophie prägenden normativen Dimensionen der Unternehmensführung werden insbesondere grundlegende unternehmerische Werthaltungen oder Grundhaltungen gezählt. Beispiele hierfür sind
u.a. die Kunden-, Technologie-, Umwelt-, Produkt-, Absatz- oder Konkurrenzorientierung.[41]

Vielfach bleibt jedoch **unklar, in welcher Beziehung verschiedene betriebliche
Grundhaltungen und Orientierungen zueinander stehen.**[42] Insbesondere bleibt klä-
rungsbedürftig, ob die Grundhaltungen alternativ, in einer bestimmten Kombination
oder grundsätzlich immer gleichzeitig, jedoch mit unterschiedlicher Bedeutung vorhanden sind oder sein sollen.

Die Verankerung von Kundenorientierung in der Unternehmenskultur gilt als Voraussetzung[43], damit ein Unternehmen kundenorientiert agieren kann. Während die Soll-
Kultur (Unternehmensphilosophie) prinzipiell per Beschluß verändert werden kann, ist
die Veränderbarkeit von Unternehmenskulturen ein schwieriger, komplexer und lang-
wieriger Prozeß, der zudem nicht beliebig steuerbar ist.[44] Es ist davon auszugehen, daß
eine sich situativ anpassende, kundenorientierte oder nicht-kundenorientierte Unternehmenskultur und ein entsprechendes Verhalten der Mitarbeiter[45] kurzfristig nicht

---

[40] Vgl. Kasper, H., Organisationskultur. Über den Stand der Forschung, Wien 1987, S. 12;
Matenaar, D., Organisationskultur und organisatorische Gestaltung. Die Gestaltungsrelevanz der
Kultur des Organisationssystems der Unternehmung, Berlin 1983, S. 52; Probst, G., Variationen
zum Thema Management-Philosophie, in: Die Unternehmung, Nr. 4, 1983, S. 323.

[41] Die im folgenden diskutierten Grundhaltungen gehen in ihrer Einteilung auf Pümpin zurück. Vgl.
Pümpin, C., Management strategischer Erfolgspositionen, Bern, Stuttgart 1982, S. 135 ff. Andere
Autoren ergänzen diese Einteilungen bzw. wählen eine andere Systematik. Vgl. hierzu die Aus-
führungen von Raffée, H., Fritz, W., Dimensionen und Konsistenz der Führungskonzeption von
Industrieunternehmen. Ergebnisse einer empirischen Untersuchung, in: Zeitschrift für betriebs-
wirtschaftliche Forschung, Nr. 4, 1992, S. 307.

[42] Vgl. beispielsweise die Ausführungen bei Braun, der Kunden-, Konkurrenz- und Innovationsorientierung ohne tiefergehende Diskussion gleichberechtigt als die Erfolgsbedingungen des
Marketings ableitet. Vgl. Braun, I., Struktur und Einsatz eines diagnostischen Instrumentariums
zur Aufdeckung von Marketingdefiziten - DIAM -, München 1991, S. 38 ff.

[43] Vgl. Kühn, R., Methodische Überlegungen zum Umgang mit der Kundenorientierung im Marke-
ting-Management, a.a.O., S. 100 f.; Meffert, H., Hafner, K., Unternehmenskultur und marktorien-
tierte Unternehmensführung. Bestandsaufnahme und Wirkungsanalyse, Arbeitspapier Nr. 35 der
Wissenschaftlichen Gesellschaft für Marketing und Unternehmensführung e.V., Münster 1987,
S. 20 ff.; Kobi, J.M., Wüthrich, H.A., Unternehmenskultur verstehen, erfassen und gestalten,
Landsberg a.L. 1986, S. 90 ff.

[44] Vgl. zur Diskussion Schreyögg, G., a.a.O., S. 208 ff.; Reineke, R.D., Akkulturation von Auslandsakquisitionen, a.a.O., S. 97 f.

[45] Hill zeigt eine Vielzahl von Verhaltensweisen auf, durch die sich kunden- bzw. marktorientiertes
Verhalten von produkt- bzw. technologieorientiertem Verhalten unterscheidet. Vgl. Hill, W., Marketing I, 3. Aufl., Bern, Stuttgart 1973, S. 37 f.

geschaffen werden kann.[46] Neben der grundsätzlichen Schwierigkeit, kurzfristig und gezielt die Unternehmenskultur zu verändern, ist zu vermuten, daß

- unterschiedliche Interpretationen des situativen Umfeldes von verschiedenen Personen oder Personengruppen zu Meinungsverschiedenheiten bezüglich der zu verfolgenden Grundorientierungen führen,

- verschiedene Personen oder Personengruppen gemäß ihrer Herkunft (Marketing, Produktion, Finanzierung usw.) tendenziell eine bestimmte Grundorientierung präferieren und

- innerhalb eines Unternehmens mit unterschiedlichen Grundorientierungen agiert werden muß, da verschiedene Leistungen (u.U. im selben Geschäftsfeld) unter unterschiedlichen situativen Rahmenbedingungen angeboten werden müssen.

Unter Marketing-Implementierungsaspekten ist deshalb **ein von situativen Faktoren weitgehend unabhängiges Verständnis von Kundenorientierung** sinnvoll.[47] Im folgenden soll gezeigt werden, daß eine solche Interpretation von Kundenorientierung möglich ist.

2.2.3 Interpretation von Kundenorientierung als situativ unabhängige Orientierungsgröße der Unternehmensführung

Die situativ unabhängige Interpretation der Kundenorientierung wird in der Literatur z.T. sehr kritisch gesehen. Diese **Kritik** bezieht sich im Kern auf folgende Aspekte:

- Die Orientierung an Kundenbedürfnissen sei nicht notwendig, wenn der Anbieter eine stärkere Stellung als die Käufer einnimmt, d.h. die sogenannte **"Verkäufermarktsituation"**[48] gegeben ist.

- Die Orientierung an den Kundenbedürfnissen führe zu einer **wenig risikofreudigen, innovationsfeindlichen Angebotspolitik.** Technology-push-Strategien würden durch die Forderung nach Kundenorientierung verhindert, denn die Kunden könnten bei einer Technology-push-Strategie die

---

[46] Raffée und Fritz konnten im Rahmen ihrer Untersuchungen feststellen, daß viele Unternehmen offenbar nicht in der Lage sind, die normativen Vorgaben der grundlegenden betrieblichen Grundhaltungen in praktisches betriebliches Handeln umzusetzen. Vgl. Raffée, H., Fritz, W., Dimensionen und Konsistenz der Führungskonzeption von Industrieunternehmen, a.a.O., S. 316 ff.

[47] Vgl. Slater, S. F., Narver, J.C., Market Orientation, Performance, and the Moderating Influence of Competitive Environment, Working Paper Nr. 92-118 des Marketing Science Institute, Cambridge/Mass. 1992, S. 26.

[48] Vgl. Kotler, P., Marketing Management, a.a.O., S. 12 f.; Park, C.W., Zaltman, G., a.a.O., S. 5 f.

Leistungsangebote nicht ausreichend beurteilen, weil sie ihnen noch gar nicht bekannt seien.[49]

- Empirische Befunde für die herausragende Relevanz der Kundenorientierung fehlen. Raffée und Fritz konnten z.b. im Rahmen einer empirischen Untersuchung **keinen eindeutigen Zusammenhang** zwischen Unternehmenserfolg und der Verfolgung bestimmter Grundhaltungen feststellen.[50] Es zeigte sich darüber hinaus, daß offenbar in der Praxis neben der Marktorientierung zahlreiche weitere Orientierungen mit annähernd gleich hoher oder größerer Bedeutung verfolgt werden.[51]

Nachfolgend soll diskutiert werden, inwieweit die vorgebrachten Argumente gegen die Interpretation von Kundenorientierung als situativ unabhängige Orientierungsgröße der Unternehmensführung stichhaltig sind.

2.2.3.1 Verkäufermarkt und Kundenorientierung

Als eine zentrale Voraussetzung für die Notwendigkeit kundenorientierten Agierens gilt die Existenz der **Käufersouveränität**.[52] In einem sogenannten Verkäufermarkt, der durch eine dominante Position des Anbieters gekennzeichnet ist (da z.B. für eine gewisse Zeit die vorhandene Nachfrage größer als das Angebot ist), ist die Käufersouveränität jedoch eingeschränkt. Haben demgegenüber Nachfrager freie Auswahlmöglichkeiten zwischen am Markt angebotenen Alternativen, müssen Anbieter, um sich nicht der Gefahr auszusetzen, daß die Nachfrage zur Konkurrenz abwandert, auf Nachfragerwünsche eingehen, so daß hier von echter Käufersouveränität gesprochen werden kann.[53]

Grundsätzlich kann davon ausgegangen werden, daß in einem marktwirtschaftlichen System - mit gewissen Einschränkungen[54] - Käufersouveränität gewährleistet ist.[55]

49 Vgl. Hansen, U., Stauss, B., a.a.O., S. 83 f.; Houston, F. S., The Marketing Concept: What it is and what it is not, in: Journal of Marketing, April, 1986, S. 85 f.

50 Vgl. Raffée, H., Fritz, W., Die Führungskonzeption erfolgreicher und weniger erfolgreicher Industrieunternehmen im Vergleich. Ergebnisse einer empirischen Untersuchung, Zeitschrift für Betriebswirtschaft, Nr. 11, 1991, S. 1217 f.

51 Vgl. Fritz, W., Marktorientierte Unternehmensführung und Unternehmenserfolg, a.a.O., S. 441 ff.

52 In der Literatur wird häufig für den Begriff "Käufersouveränität" der Begriff "Konsumentensouveränität" verwendet. Vgl. Meyer-Dohm, P., Konsumfreiheit, in: Tietz, B., Hrsg., Handwörterbuch der Absatzwirtschaft, Stuttgart 1974, Sp. 1053 f.

53 Vgl. Woll, A., Allgemeine Volkswirtschaftslehre, 8. Aufl., München 1984, S. 73.

54 Vgl. Nieschlag, R., Dichtl, E., Hörschgen, H., a.a.O., S. 46; Weinhold-Stünzi, H., Marketing Management, in: Thexis, Nr. 6, 1990, S. 2. Die Einschränkung der Konsumentensouveränität wird je nach Situation und nach persönlicher Meinung gefordert oder beklagt. Bei der Ausbreitung von

Selbst wenn die Wahlmöglichkeiten der Nachfrager aktuell eingeschränkt sind, weil z.B. aufgrund zeitlicher oder räumlicher Zwänge dem Kunden keine Auswahl bleibt, ist es auch in einer solchen latent vorübergehenden Situation nicht angebracht, eine eventuell bestehende stärkere Marktposition auszunutzen, da der Anbieter damit rechnen muß, daß der Kunde bei nicht ansprechender Leistung keine Folgekäufe tätigt bzw. nicht kundenorientiertes Verhalten des Anbieters anderen Kunden vor deren Kauf bekannt wird. Kundenorientierung würde in einer solchen Situation bedeuten, die nachgefragten Güter entsprechend dem Kundenwunsch in ausreichender Menge bereitzustellen. Die Anpassung der Produktionskapazitäten kann in diesem Zusammenhang als Marketingmaßnahme interpretiert werden, da Ausgangspunkt dieser Maßnahme ein Kundenbedürfnis ist (Belieferung). Es ist allerdings nicht Aufgabe des Marketings, die konkreten Maßnahmen der Produktionssteigerung durchzuführen oder hierfür Lösungsvorschläge zu erarbeiten. Der Anstoß für diese Maßnahme muß auf kundenorientiertem Verhalten beruhen und darf nicht als produktionsorientiertes Verhalten verstanden werden, das in keiner betrieblichen Situation zweckmäßig ist, da die Erstellung von Leistungen ohne Berücksichtigung des Nachfragerverhaltens allenfalls unbeabsichtigt - quasi zufällig - erfolgreich sein könnte.

2.2.3.2 Technology-push und Kundenorientierung

Von verschiedenen Autoren wird der Niedergang verschiedener US-amerikanischer Industriezweige darauf zurückgeführt, daß diese Unternehmen sich nur an aktuellen Kundenbedürfnissen orientiert haben, was zu einem wenig risikofreudigen, kurzfristig orientierten Investitionsverhalten geführt hat. Als Konsequenz wird eine Abkehr von der Kundenorientierung und eine Hinwendung zur Technologieorientierung und zu Technology-push-Strategien gefordert.[56]

Spielhallen wird von einigen Personen z.B. eine staatliche Einschränkung der Konsumentensouveränität gefordert. Andererseits wird behauptet, daß z.B. die Kommunikationspolitik der Anbieter die Konsumentensouveränität einschränkt, da sie das Nachfrageverhalten im Sinne der Anbieter und nicht im Sinne der Nachfrager steuert. Gesicherte empirische Erkenntnisse für diese Behauptung konnten allerdings bisher nicht gewonnen werden. Vgl. z.B. Woll, A., a.a.O., S. 72 ff.

55 Grundsätzlich muß davon ausgegangen werden, daß staatliche oder überstaatliche Stellen im marktwirtschaftlichen System Maßnahmen ergreifen (z.B. Kartellbehörden), um den Wettbewerb der Anbieter und damit die Käufersouveränität aufrechtzuerhalten. Herdzina sieht deshalb auch in der Aufrechterhaltung eines funktionierenden Wettbewerbs die zentrale Aufgabe zur Aufrechterhaltung eines marktwirtschaftlichen Systems. Vgl. Herdzina, K., Wettbewerbspolitik, 2. Aufl., Stuttgart, New York 1987, S. 19.

56 Vgl. Hayes. R. H., Abernathy, W.J., Managing our Way to Economic Decline, in: Harvard Business Review, July-August 1980, S. 67 ff.; Bennett, R.C., Cooper, R.G, Beyond the Marketing Concept, in: Business Horizons, June 1979, S. 76 ff.; Bennett, R.C., Cooper, R. G., The Misuse of Marketing: An American Tragedy, in: Business Horizons, November-December, 1981, S. 51 ff. Anderson weist die Kritik z.B. wie folgt zurück: "... the "market-driven" firms that are criticized by Hayes and Abernathy have not really embraced the marketing concept. These firms have sim-

Dieser Forderung kann jedoch nicht zugestimmt werden denn auch dann, wenn die Nachfrager ihre Wünsche noch nicht hinreichend konkretisieren können, weil das entsprechende Produkt nicht beurteilt werden kann, ist ein Wechsel zu einer produkt- oder technologieorientierten Grundhaltung nicht sinnvoll.

Kundenorientierung bedeutet nicht, daß Produkte nur auf der Basis von Kundenbefragungen den aktuellen Bedürfnissen entsprechend entwickelt werden müssen.[57] Mit Hilfe von Marktuntersuchungen lassen sich durchaus langfristige Trends erkennen, durch die das Nachfragerverhalten antizipiert werden kann.

Auch in den Fällen, in denen Nachfrager nur unzureichend in der Lage sind, ihre Bedürfnisse zu formulieren, insbesondere wenn die Produkte noch nicht entwickelt oder noch nicht auf dem Markt sind, ist kundenorientiertes Verhalten möglich und erforderlich.[58]

Viele Produkte, die ohne exakte Kenntnis der späteren Kundenwünsche entwickelt worden sind, basieren lediglich auf einer **anderen Form der Kundenorientierung** als in den Fällen, in denen die Nachfrager ihre Wünsche hinreichend beschreiben können.[59] Da die Bedürfnisse der Kunden als Orientierungsgröße nicht ermittelbar sind, beurteilt der Anbieter als vermeintlicher oder tatsächlicher Experte das spätere Kundenverhalten. Die Unternehmen antizipieren somit späteres Kundenverhalten. Würde der Anbieter nicht davon überzeugt sein, Nachfrager für das in der Entwicklung befindliche Produkt zu finden, würde er äußerst irrational handeln und ein vergleichsweise hohes Risiko eingehen. Somit kann auch die sogenannte Technologieorientierung auf Kundenorientierung basieren, nur daß nicht der Kunde selbst, sondern ersatzweise die für die Entwicklung und Markteinführung Verantwortlichen - als Experten - systematisch das zukünftige Nachfrageverhalten einschätzen. Kundenorientierung als Kern des Marketings heißt somit nicht nur, die aktuellen Kundenbedürfnisse zu erfassen und darauf zu reagieren. Es heißt auch, potentielle **Kundenwünsche antizipativ richtig einzuschätzen und entsprechend zu handeln.**[60]

---

ply deluded themselves into believing that consumer survey techniques and product portfolio procedures automatically confer a marketing orientation on their adopters.." Anderson, P.F., Marketing, Strategic Planning and the Theory of the Firm, in: Journal of Marketing, Spring, 1982, S. 23.

[57] Vgl. Bennett, R.C., Cooper, R.G., The Misuse of Marketing: An American Tragedy, a.a.O., S. 53; Backhaus, K., Was heißt Investitionsgütermarketing? Arbeitspapier Nr. 15 des Betriebswirtschaftlichen Instituts für Anlagen und Systemtechnologien der Universität Münster, Münster 1992, S. 18.

[58] Vgl. McGee, L.W., Spiro, R.L., a.a.O., S. 44 ff.; Kaldor, A.G., Imbricative Marketing, Journal of Marketing, April 1971, S. 19 ff.

[59] Vgl. Kühn, R., Methodische Überlegungen zum Umgang mit der Kundenorientierung im Marketing-Management, a.a.O., S. 97 ff.; Hansen, U., Stauss, B., a.a.O., S. 79 ff.; Houston, F.S., a.a.O., S. 86.

[60] Vgl. hierzu auch Backhaus, K., Was heißt Investitionsgütermarketing? a.a.O., S. 17 f.

2.2.3.3 Empirische Untersuchungen und Kundenorientierung

Die häufig vorgebrachte Kritik, daß schlüssige Befunde für die Erfolgsrelevanz von Kunden- bzw. Marktorientierung bislang fehlen[61], muß zumindest differenziert betrachtet werden. Während die Untersuchungen von Raffée und Fritz[62], Baker und Hard[63], Jaworski und Kohli[64] keine eindeutigen Resultate ergaben, konnten andere Untersuchungen, unabhängig von unternehmensexternen Einflußfaktoren wie z.b. Marktwachstum, Wettbewerbsintensität und Technologiedynamik, einen eindeutig positiven Zusammenhang zwischen Marktorientierung und Unternehmenserfolg (Rentabilität) feststellen.[65]

Baker und Hart kommen aufgrund ihrer Ergebnisse zu dem Schluß, daß letztlich die Implementierungsfähigkeit und nicht die Konzeption selbst über den Grad der Kundenorientierung entscheidet: "Certainly, our findings lend support to the old adage, it's not what you do, it's the way that you do it."[66] Raffée und Fritz, die gleichfalls nur schwache Zusammenhänge zwischen einer (normativen) kundenorientierten Unternehmensphilosophie, dem Unternehmenserfolg und der tatsächlichen Verfolgung kundenorientierter Strategien feststellen konnten, folgern ebenfalls, daß in vielen Unternehmen ein deutliches Defizit bei der Überführung kundenfokussierter Unternehmensphilosophien in konkretes Handeln besteht.[67]

Offensichtlich sehen sich **empirische Untersuchungen,** die den Einfluß der Kundenorientierung auf den Unternehmenserfolg untersuchen wollen, **mit erheblichen Meßproblemen konfrontiert.**[68] So haben Untersuchungen, die einen Zusammenhang zwi-

---

61 Vgl. z.B. Kühn, R., Methodische Überlegungen zum Umgang mit der Kundenorientierung im Marketing-Management, a.a.O., S. 99; Fritz, W., Marketing - ein Schlüsselfaktor des Unternehmenserfolges? Eine kritische Analyse vor dem Hintergrund der empirischen Erfolgsfaktorenforschung, in: Marketing Zeitschrift für Forschung und Praxis, Heft 2, 1990, S. 104 f.; Fritz, W., Marktorientierte Unternehmensführung und Unternehmenserfolg, a.a.O., S. 47 f.

62 Vgl. Raffée, H., Fritz, W., Die Führungskonzeption erfolgreicher und weniger erfolgreicher Industrieunternehmen im Vergleich, a.a.O., S. 1216 ff.

63 Vgl. Baker, M.J., Hart, S.J., a.a.O., S. 158 f.

64 Vgl. Jaworski, B.J., Kohli, A.K., Market Orientations: Antecedents and Consequences, Working Paper Nr. 92-104 des Marketing Science Institute, Cambridge/Mass. 1992, S. 23 f.

65 Vgl. Narver, J.C., Slater, S.F., The Effect of a Market Orientation on Business Profitability, a.a.O., S. 32 f.; Slater, S. F., Narver, J.C., a.a.O., S. 26; Ruekert, R.W., Developing a market orientation: An organizational strategy perspetive, in: International Journal of Research in Marketing, 1992, S. 243. Vgl. zur Kritik am Vorgehen dieser Untersuchungen Fritz, W., Marktorientierte Unternehmensführung und Unternehmenserfolg, a.a.O., S. 447 ff.

66 Vgl. Baker, M.J., Hart, S.J., a.a.O., S. 159.

67 Vgl. Raffée, H., Fritz, W., Dimensionen und Konsistenz der Führungskonzeption von Industrieunternehmen, a.a.O., S. 316 ff.

68 Vgl. zum Problem der empirischen Erfassung von unternehmerischen Zielen und Interessen Heinen, E., Führung als Gegenstand der Betriebswirtschaftslehre, a.a.O., S. 28.

schen der offiziell proklamierten (kundenorientierten) Unternehmensphilosophie und dem Unternehmenserfolg herzustellen versuchen, schon deshalb einen relativ geringen Aussagewert, weil die erfaßten Ausprägungen der Unternehmensphilosophie häufig schlechte Indikatoren für das tatsächliche Verhalten im Unternehmen sind. So ist es beispielsweise fraglich, ob direkte Befragungen von Führungskräften in diesem Zusammenhang zu validen Ergebnissen führen, da insbesondere bei Befragungen einzelner Personen eines Unternehmens die Gefahr besteht, daß subjektive (unbewußt falsche) oder auch vermeintlich erwünschte (vorsätzlich falsche) Antworten das Ergebnis verfälschen.[69] Zudem bleibt aufgrund der schon diskutierten Definitionsproblematik oft unklar, ob alle befragten Personen ein übereinstimmendes Marketingverständnis zugrundelegen.[70]

Da Kundenorientierung Bestandteil der Unternehmenskultur ist, erscheint es **sinnvoll, zur Erfassung des Grades der Kundenorientierung qualitativ ausgerichtete Erhebungsmethoden einzusetzen**, die üblicherweise zur Beurteilung von Unternehmenskulturen eingesetzt werden.[71] Ein rein quantitativ orientierter Forschungsansatz kann hingegen sehr wahrscheinlich die Problematik nicht adäquat erfassen.[72/73]

Die aufgezeigten Problembereiche sind zumindest z.T. dazu in der Lage, die widersprüchlichen Ergebnisse empirischer Untersuchungen zum Zusammenhang zwischen Kundenorientierung und Unternehmenserfolg zu erklären. Bisher ist allerdings keine empirische Untersuchung bekannt, die nachweist, daß Kundenorientierung und Marketing eindeutig nicht für den Unternehmenserfolg verantwortlich sind. Im Gegenteil, die meisten Untersuchungen leiten theoretisch ab, daß Kundenorientierung den Unterneh-

---

[69] Vgl. Lawton, L., Parasuraman, A., The Impact of the Marketing Concept on new Product Planning, in: Journal of Marketing, Winter, 1980, S. 24.; Deshpandé, R., Farley, J.U., Webster, F.E., Corporate Culture, Customer Orientation, and Innovativeness in Japanese Firms: A Quadrad Analysis, in: Journal of Marketing, January 1993, S. 32 f.

[70] Aus diesen Gründen sind auch die Untersuchungsergebnisse von Fritz zum Verhältnis von Marktorientierung und anderen betrieblichen Orientierungen, die auf einer schriftlichen Befragung von 144 Führungskräften basieren, kritisch zu sehen. Vgl. zum Vorgehen dieser Untersuchung Fritz, W., Marktorientierte Unternehmensführung und Unternehmenserfolg, a.a.O., S. 94 ff.

[71] Vgl. dazu Kievelitz, U., Reineke, R.D., Die Analyse von Organisationskulturen - eine Herausforderung für die Feldforschung, in: Aßmann, G., Backhaus, K., Hilker, J., Hrsg., Deutsch-deutsche Unternehmen. Ein unternehmenskulturelles Anpassungsproblem, Stuttgart 1991, S. 307 ff.

[72] Vgl. zur Diskussion der Problematik des Einsatzes rein qualitativer Erhebungsdesigns in der Marketingforschung Tomczak, T., Forschungsmethoden in der Marketingwissenschaft. Ein Plädoyer für den qualitativen Forschungsansatz, in: Marketing Zeitschrift für Forschung und Praxis, Nr. 2, 1992, S. 80 ff.

[73] Aufgrund der oben diskutierten Erfassungsproblematik werden in der Literatur erste Ansätze diskutiert, die auf qualitativer Basis versuchen, die Marktorientierung von Unternehmen indirekt über die Einschätzung der Nachfrager zu erfassen. Vgl. Homburg, C., Closeness to the Customer in Industrial Markets: Towards a Theory-Based Understanding of Measurement, Organizational Antecedents and Performance Outcomes, Report Nr. 5-1993 des Institute for the Study of Business Markets, Pennsylvania State University 1993, S. 14 ff.

menserfolg determinieren muß. Sie können dies jedoch, vermutlich auch aufgrund der geschilderten Meßprobleme, nicht zweifelsfrei für alle Situationen empirisch nachweisen.[74]

2.3 Problem der funktionsübergreifenden Akzeptanz des Marketings

Damit Marketing funktionsgrenzenübergreifend implementiert werden kann, müssen die Inhalte des Implementierungsgegenstandes Marketing so vermittelt werden, daß sie prinzipiell von allen Mitarbeitern, insbesondere auch den Mitarbeitern, die nicht der Marketingfunktionseinheit zugeordnet werden können (z.B. F & E, Produktion, Einkauf), akzeptiert werden. Im folgenden soll diese Forderung Berücksichtigung finden, indem **Marketing als Management von Wettbewerbsvorteilen (Komparativen Konkurrenz-Vorteilen)** interpretiert wird; ein Verständnis, das u.E. besonders gut für Zwecke der funktionsübergreifenden Marketingimplementierung geeignet ist.

2.3.1 Das Konstrukt des Wettbewerbsvorteils (KKVs)

Für den Erfolg eines Unternehmens ist es von entscheidender Bedeutung, daß die angebotenen Produkte aus der Sicht der Nachfrager gegenüber vergleichbaren Konkurrenzprodukten einen **(Wettbewerbs-)Vorteil** besitzen.[75] Gutenberg spricht davon, daß die Unternehmen bestrebt sind, "...ihren Absatzmarkt zu individualisieren, um sich auf diese Weise einen 'Firmenmarkt' zu schaffen."[76] Er faßt diese z.T. rational nicht faßba-

---

[74] Vgl. Fritz, W., Marketing - ein Schlüsselfaktor des Unternehmenserfolges? Eine kritische Analyse vor dem Hintergrund der empirischen Erfolgsfaktorenforschung, in: Marketing Zeitschrift für Forschung und Praxis, Heft 2, 1990, S. 105; Fritz, W., Marktorientierte Unternehmensführung und Unternehmenserfolg, a.a.O., S. 441 ff.; Lawton, L., Parasuraman, A., a.a.O., S. 24.

[75] Als analytische Grundlagen für spätere Arbeiten über Wettbewerbsvorteile gilt die Veröffentlichung von Alderson, W., Marketing Behavior and Executive Action. A Functionalist Approach to Marketing Theory, Homewood 1957, S. 101 ff. Die Theorie des Wettbewerbsvorteils hat seine Grundlagen in der Theorie der monopolistischen Konkurrenz, die von Edward Hastings Chamberlin und von John Violet Robinson in den frühen dreißiger Jahren unabhängig voneinander entwickelt wurde (Chamberlin, E.H., The Theory of Monopolistic Competition - A Re-orientation of the Theory of Value, Cambridge/Mass. 1933; Robinson, J., The Economics of Imperfect Competition, 2. Aufl., London 1969). Beide Autoren rücken neben dem Preis andere Aktionsparameter des Wettbewerbs in den Vordergrund. Es gilt, durch diese Parameter Nachfragerpräferenzen für ein Produkt aufzubauen und sich dadurch in einer Konkurrenzsituation einen monopolistischen Spielraum zu schaffen. Grundsätzlich gelten diese Ausführungen sowohl für Märkte mit einer großen Zahl von Anbietern als auch für ein Oligopol. Vgl. Woll, A., a.a.O., S. 211.

[76] Gutenberg, E., a.a.O., S. 237.

ren Individualisierungskomponenten zum **akquisitorischen Potential eines Unternehmens** zusammen, das es zu realisieren gilt.[77]

Der Grund für dieses unternehmerische Bestreben ist, daß Käufer i.d.R. die ihnen bekannten Angebote hinsichtlich ihrer z.T. zahlreichen Merkmale vergleichen und sich erst dann für ein Angebot entscheiden. Gekauft wird das Produkt, von dem der Nachfrager (subjektiv) glaubt, daß es ihm im Vergleich zu den Konkurrenzprodukten den größten Nutzen stiftet.[78]

Mehrere Autoren haben sich in der Vergangenheit mit dem Konstrukt des Wettbewerbsvorteils beschäftigt.[79] Aaker führt das Konstrukt des "sustainable competitive advantage" (SCA = Dauerhafter Wettbewerbsvorteil) in die Diskussion ein[80], Backhaus spricht von einem "Komparativen Konkurrenzvorteil" (KKV).[81] Inhaltlich entsprechen sich die Konstrukte weitgehend. Während Aaker und Porter[82] in ihrer Definition den Langfristcharakter des Wettbewerbsvorteils betonen, rückt Backhaus die relative Konkurrenzbezogenheit in den Vordergrund.[83] Im folgenden soll das **Akronym KKV als Synonym für den Wettbewerbsvorteil eines Unternehmens** verwendet werden.

Ein KKV wird durch drei Faktoren determiniert: die Bedürfnisse (Probleme) der potentiellen Nachfrager, das von den Nachfragern wahrgenommene Problemlösungsfähigkeit der von den Nachfragern als relevant eingestuften Konkurrenten und die ebenfalls vom Nachfrager wahrgenommene Problemlösungsfähigkeit des eigenen Unternehmens (vgl. Abbildung 8).

---

[77] Vgl. Gutenberg, E., a.a.O., S. 238. Vgl. auch Albach, H., Vertrauen in der ökonomischen Theorie, in: Albach, H., Hrsg., Unternehmen im Wettbewerb. Investitions-, Wettbewerbs- und Wachstumstheorie als Einheit, Wiesbaden 1991, S. 4 f.

[78] Schon Alderson stellte heraus, daß nicht die absolute Höhe eines Wettbewerbsvorteils entscheidend für den unternehmerischen Erfolg ist, sondern die aus der Sicht der Nachfrager relativ bessere Wettbewerbsposition. Vgl. Alderson, W., a.a.O., S. 102 ff.

[79] Vgl. Aaker, D.A., Strategic Market Management, 3. Aufl., New York u.a. 1992, S. 182 ff.; Porter, M.E., Wettbewerbsvorteile. Spitzenleistungen erreichen und behaupten, Frankfurt 1986; Backhaus, K., Investitionsgütermarketing, a.a.O., S. 6 f.; Simon, H., Schaffung und Verteidigung von Wettbewerbsvorteilen, in: Simon, H., Hrsg., Wettbewerbsvorteile und Wettbewerbsfähigkeit, Stuttgart 1988, S. 1 ff.

[80] Vgl. Aaker, D.A., Strategic Market Management, a.a.O., S. 182.

[81] Vgl. Backhaus, Investitionsgütermarketing, a.a.O., S. 6 f.

[82] Porter betont ebenfalls den Langfristcharakter des Wettbewerbsvorteils. Vgl. Porter, M.E., Wettbewerbsvorteile, a.a.O., S. 31.

[83] Day und Wensley fordern grundsätzlich den Ausgleich zwischen Kunden- und Konkurrenzorientierung, ergänzen aber "In practice most businesses tilt - in some cases very sharply - toward one or the other."; Day, G.S., Wensley, R., Assessing Advantage: A Framework for Diagnosing Competitive Superiority, in: Journal of Marketing, April, 1988, S. 2.

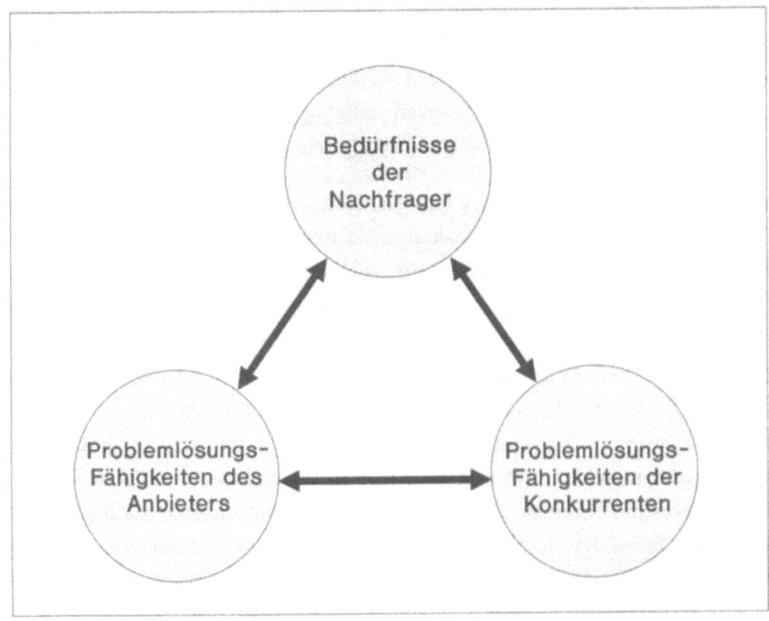

Abb. 8: Determinanten des Komparativen Konkurrenzvorteils (KKVs)[84]

Die Relevanz der in Abbildung 8 gezeigten Größen für die marktorientierte Unternehmensführung wurde in zahlreichen Veröffentlichungen herausgearbeitet[85] und konnte von Narver und Slater auch empirisch bestätigt werden.[86]

---

84 Backhaus, Investitionsgütermarketing, a.a.O., S. 17.

85 Ohmae wird in der Literatur als derjenige bezeichnet, der als erster die Forderung nach simultaner Betrachtung dieser drei Dimensionen im sogenannten "strategischen Dreieck" zur Erlangung von Wettbewerbsvorteilen explizit herausgestellt hat. Vgl. Ohmae, K., The Mind of the Strategist, New York 1982; deutsche Übersetzung: Ohmae, K., Japanische Strategien, Hamburg u.a. 1986, S. 71 ff. In neuerer Zeit finden die Dimensionen des strategischen Dreiecks in vielen Veröffentlichungen Berücksichtigung. Vgl. hierzu z.B. Aaker, D.A., Strategic Market Management, a.a.O., S. 53 ff.; Simon, H., Schaffung und Verteidigung von Wettbewerbsvorteilen, a.a.O., S. 3; Bonoma, T.V., Kosnik, T.J., Marketing Management: Text and Cases, Homewood, Boston 1990, S. 18.

86 Narver und Slater bezeichnen die drei Dimensionen als "behavioral components": customer orientation, competitor orientation und interfunctional coordination. Die Komponente 'interfunctional coordination' umfaßt dabei die Fähigkeit eines Unternehmens, die vorhandenen Ressourcen zur Erzielung eines Wettbewerbsvorteils zu koordinieren, und entspricht somit dem KKV-Konstrukt berücksichtigten "eigenen Problemlösungs-Know-how"; vgl. Narver, J.C., Slater, S. F., The Effect of a Market Orientation on Business Profitability, a.a.O., S. 21 ff.

Der Stellenwert der Kundenorientierung für das Marketing wurden schon eingehend untersucht. Das Konstrukt des Wettbewerbsvorteils betont ausdrücklich, daß zusätzlich eine differenzierte Beobachtung und **Analyse des Konkurrenzverhaltens unerläßlich ist.**[87] So wird gerade in der Vernachlässigung des Konkurrenzaspektes ein wichtiger Grund für das Fehlschlagen von Marketingstrategien gesehen.[88]

Viele Untersuchungen zeigen, daß Unternehmen offenbar dazu tendieren, Konkurrenzanalysen zu vernachlässigen.[89] Konkurrenzanalysen sind jedoch erforderlich, da Aktivitäten der Konkurrenten die eigene Wettbewerbsposition beeinträchtigen können und insbesondere, wenn sich die Aktivitäten auf zukünftige Verhaltensweisen der Konkurrenten beziehen, nicht durch die ausschließliche Orientierung am Kundenverhalten antizipierbar sind.[90] Da es letztlich darum geht, aus der Sicht der Kunden besser beurteilt zu werden als die vom Kunden als relevant betrachteten Konkurrenzleistungen, determinieren letztere die Vorgaben (Standards), die übertroffen werden müssen. Es muß allerdings betont werden, daß es zwar wichtig ist, die Konkurrenz zu beobachten und auf Konkurrenzmaßnahmen adäquat zu reagieren, dennoch muß die Kundenorientierung bei der Erzielung von KKVs als handlungsleitende Orientierung im Vordergrund stehen[91], da KKVs selten durch die ausschließliche Imitation von Konkurrenzproblemlösungen erzielt werden können.[92]

---

[87] Beide Aspekte werden in der Literatur z.B. dem Begriff "Customer focus" subsumiert. Vgl. Kohli, A.K., Jaworski, B.J., Market Orientation: The Construct, Research Propositions, and Managerial Implication, in: Journal of Marketing, April, 1990, S. 3. Neben der Konkurrenz haben u.a. auch gesellschaftliche Gruppen wie z.B. Umweltschutzvereinigungen Einfluß auf das Kaufverhalten der Nachfrager. Die Konkurrenten sind somit lediglich *ein* wichtiger Einflußfaktor.

[88] "It is this focus on "being better" that is missing in the marketing concept." Bennett, R.C., Cooper, R.G., The Misuse of Marketing: An American Tragedy, a.a.O., S. 58. Die Autoren belegen dies mit einer Untersuchung über den Erfolg oder Mißerfolg von Neuprodukteinführungen. Der wichtigste Erfolgsfaktor war, daß die Produkte einen klaren Wettbewerbsvorteil besaßen, d.h.; daß sie in Teilbereichen einzigartig und besser im Vergleich zu anderen Produkten waren. Vgl. Cooper, R.G., The Dimensions of Industrial New Product Success and Failure, in: Journal of Marketing, Summer, 1979, S. 93 ff. Vgl. zur Bedeutung der Konkurrenzorientierung auch: Oxenfeldt, A.R., Moore, W.L., Customer or Competitor: Which Guideline for Marketing?, in: Management Review, August, 1978, S. 43 ff.; Elliott, G.R., The Marketing Concept - Necessary, but Sufficient? - An Environmental View, in: European Journal of Marketing, August, 1990, S. 20 ff.

[89] Vgl. Raffée, H., Fritz, W., Führungskonzeption erfolgreicher und weniger erfolgreicher Industrieunternehmen, a.a.O., S. 1218; Herrmann, H., Hafner, K., Poggenpohl, M., Unternehmenskultur und Unternehmensführung. Ergebnisse einer empirischen Untersuchung, Arbeitspapier Nr. 43 der Wissenschaftlichen Gesellschaft für Marketing und Unternehmensführung e.V., Münster 1988, S. 33; Simon, H., Schaffung und Verteidigung von Wettbewerbsvorteilen, a.a.O., S. 5 ff.

[90] Vgl. hierzu auch Meffert, H., Zur Bedeutung von Konkurrenzstrategien im Marketing, in: Marketing Zeitschrift für Forschung und Praxis, Nr. 1, 1985, S. 13 ff.

[91] Vgl. hierzu auch die Ausführungen und Beispiele bei Ohmae, K., Die neue Logik der Weltwirtschaft. Zukunftsstrategien der internationalen Konzerne, Hamburg 1991, S. 66 ff.

[92] Vgl. Backhaus, K., Investgütermarketing. Antworten auf neue Marktanforderungen, in: Absatzwirtschaft, Nr. 2, 1993, S. 89.

44

Die Schaffung eines KKVs soll im Rahmen der marktorientierten Unternehmensführung als eine für alle Leistungen anzustrebende, normative Zielvorgabe gelten, wobei prinzipiell alle betrieblichen Funktionseinheiten mitwirken müssen. Ein KKV muß gleichzeitig[93]

- von einer gewissen **zeitlichen Konstanz** sein,

- von den Kunden **wahrgenommen** werden und

- ein für den Kunden **wichtiges Leistungsmerkmal** betreffen.

Nur wenn alle diese Merkmale gleichzeitig erfüllt werden können, kann von der Existenz eines echten KKVs gesprochen werden, der zudem, aufgrund des i.d.r. segmentspezifisch unterschiedlichen Kaufverhaltens, nur für ein klar definiertes Nachfragersegment Gültigkeit besitzt.[94]

2.3.2 Management von KKVs als Marketingverständnis zur Förderung der funktionsübergreifenden Akzeptanz des Marketings

Das Verständnis von Marketing als Unternehmensführungskonzept impliziert die Überwindung der durch die Notwendigkeit zur Spezialisierung geschaffenen Funktionsbereichsgrenzen, um leistungserstellungsprozeßorientiert Kundenanforderungen erfüllen zu können. Ziel ist es somit, alle **erforderlichen betrieblichen Ressourcen marktorientiert zu koordinieren.** Ein Marketingverständnis, das Marketing als Management von KKVs beinhaltet, erleichtert die innerbetriebliche Koordination aus folgenden Gründen:

- Die Erzielung eines KKVs ist eine **für alle beteiligten Funktionseinheiten gültige Zielvorgabe**, die i.d.R. nur durch gemeinsames interfunktionales Agieren erfüllt werden kann.[95] KKVs können daher nur identifiziert

[93] Vgl. ausführlich insbesondere Backhaus, K., Investitionsgütermarketing, a.a.O., S. 28 ff., Simon, H., Schaffung und Verteidigung von Wettbewerbsvorteilen, a.a.O., S. 4; Aaker, D.A., Strategic Market Management, a.a.O., S. 184 f. und S. 204 f.

[94] Vgl. Coyne, K.P., Die Struktur dauerhafter Wettbewerbsvorteile, in: Simon, H., Hrsg., Wettbewerbsvorteile und Wettbewerbsfähigkeit, Stuttgart 1988, S. 20.; Ohmae, K., Japanische Strategien, a.a.O., S. 71 f.

[95] Vgl. zur betrieblichen Koordination durch Zielvorgaben Küpper, H.U., Betriebswirtschaftliche Steuerungs- und Lenkungsmechanismen organisationsinterner Kooperation, in: Wunderer, R., Hrsg., Kooperation. Gestaltungsprinzipien und Steuerung der Zusammenarbeit zwischen Organisationseinheiten, Stuttgart 1991, S. 188 f.

und umgesetzt werden, wenn alle betrieblichen Einheiten in diesen Prozeß einbezogen werden.[96]

- Der **Marketingbegriff rückt beim Konstrukt des KKVs in den Hintergrund.** Die Realisierung eines KKVs kann somit nicht unmittelbar als Umsetzung der vermeintlich egoistischen Ziele einer betrieblichen Gruppe - der Mitarbeiter der Marketingfunktionseinheit - interpretiert werden. Es ist daher zu erwarten, daß eventuell vorhandene unternehmensinterne **Imageprobleme der Marketingfunktionseinheit** keine unmittelbaren Auswirkungen auf die Akzeptanz des KKVs als marktorientierte Orientierungsgröße haben.[97]

- KKVs können prinzipiell aus einer sehr großen Anzahl von Wettbewerbsparametern geschaffen werden.[98/99] KKVs können sich z.b. aus einer technologieorientierten, umweltorientierten oder auch mitarbeiterorientierten Grundhaltung im Unternehmen ergeben. Eine **Eingrenzung auf die Elemente des klassischen Marketing-Mix (Produkt, Preis, Kommunikation, Distribution) erfolgt nicht,** womit explizit dokumentiert wird, daß Marketing nicht auf die funktionale Einheit Marketing reduziert werden kann. Auch alle übrigen Funktionseinheiten können im Einzelfall einen Wettbewerbsvorteil generieren (z.B. Finanzierung (Projektfinanzierung), Logistik (Just-in-time), Einkauf (preiswert, exklusiv)).

- Durch das Konstrukt des KKVs wird allen **Mitarbeitern als Orientierungsobjekt ein oder mehrere "Gegner" - der oder die Konkurrent(en) - angeboten,** an dem es sich zu orientieren gilt. Aus der verhaltenswissenschaftlichen Forschung ist bekannt, daß Gruppenkonflikte (wie sie z.b. zwischen den Funktionseinheiten auftreten) u.a. auch dadurch reduziert werden können, daß gemeinsame Interessen (in den Augen der

---

[96] Vgl. Backhaus, K., Investitionsgütermarketing, a.a.O., S. 25. Auch Alderson weist schon 1957 in seiner Arbeit zur Marketingtheorie darauf hin, daß Wettbewerbsvorteile in allen Bereichen des Unternehmens geschaffen werden können. Vgl hierzu Alderson, W., a.a.O., S. 106 f.

[97] Untersuchungen konnten nachweisen, daß unkooperatives Verhalten im allgemeinen zu unkooperativem Antwortverhalten führt. Da das Konstrukt des KKVs nicht unmittelbar personen- oder gruppenspezifisch zuzuordnen ist (z.B. der Marketingfunktionseinheit), besteht die Möglichkeit, daß sich solche Konflikte nicht unmittelbar auf das marktorientierte Verhalten der Konfliktparteien auswirken. Vgl. Bierhoff, H.W., Soziale Motivation kooperativen Verhaltens, in: Wunderer, R., Hrsg., Kooperation. Gestaltungsprinzipien und Steuerung der Zusammenarbeit zwischen Organisationseinheiten, Stuttgart 1991, S. 28.

[98] Ohmae und Porter betonen ausdrücklich, daß alle betrieblichen Funktionen Wettbewerbsvorteile generieren können. Vgl. Ohmae, K., Japanische Strategien, a.a.O., S. 72 f.; Porter, M., Wettbewerbsvorteile, a.a.O., S. 59.

[99] Eine umfangreiche Befragung von Aaker konnte dies bestätigen. Vgl. Aaker, D.A., Kriterien zur Identifikation dauerhafter Wettbewerbsvorteile, in: Simon, H., Hrsg., Wettbewerbsvorteile und Wettbewerbsfähigkeit, Stuttgart 1988, S. 39 f.

Nachfrager besser sein als die Konkurrenten) und/oder gemeinsame Feinde (Konkurrenten) herausgestellt werden.[100] Untersuchungen konnten zeigen, daß die Existenz eines klaren Feindbildes für den Unternehmenserfolg von Bedeutung ist.[101] Daher kann erwartet werden, daß das Ziel, in den Augen der Nachfrager besser zu sein als die Konkurrenz, Ehrgeiz weckt und **Solidarisierungseffekte** bei den Mitarbeitern auslöst.

Zusammenfassend zeigt sich, daß das Konstrukt des KKVs ein Marketingverständnis vermitteln kann, das aufgrund seiner akzeptanzfokussierten und kooperationssteigernden Vermittlung des Marketinggedankens relativ hohes funktionsgrenzenübergreifendes Implementierungspotential besitzt.

3. Ein implementierungsgerechtes Marketingverständnis

Nieschlag/Dichtl und Hörschgen betonen, daß letztlich der Objektbereich des Marketings nicht eindeutig und grundsätzlich geklärt oder festgesetzt werden kann.[102] Somit muß die Fokussierung der Diskussion jeweils der zu untersuchenden Problematik angepaßt sein. Im Rahmen dieser Arbeit wird **Marketing als Implementierungsgegenstand**, d.h. als Objekt der konkreten Überführung in unternehmenspraktisches Handeln betrachtet. Zielsetzung der vorangegangenen Ausführungen war es deshalb, ein **Marketingverständnis herauszuarbeiten, das einen hohen Grad an Implementierungsfähigkeit aufweist**, d.h. das möglichst einfach unternehmensweit zu implementieren ist.

Marketing soll im Rahmen dieser Arbeit als **funktionsgrenzenübergreifende (integrative) Führungskonzeption** verstanden werden, deren Ziel es ist, unter Beachtung der Unternehmensoberziele für jedes vom Unternehmen bediente Nachfragersegment aus der (subjektiven) Sicht der Nachfrager einen dauerhaften, wahrgenommenen und wichtigen KKV zu identifizieren und zu realisieren. Eine **zentrale Stellung** hierbei nehmen die Mitarbeiter, speziell die Führungskräfte der betrieblichen **Marketingfachfunktionseinheit** ein, die marktbezogene Fachkenntnisse einbringen und in enger Zusammenarbeit mit Mitarbeitern aus den verschiedensten Funktionseinheiten sowie der

---

[100] Vgl. French, W.L., Bell, C.H., Organisationsentwicklung. Sozialwissenschaftliche Strategien zur Organisationsentwicklung, Bern, Stuttgart 1977, S. 152; Neuberger, O., Psychodynamische Aspekte der Zusammenarbeit von Gleichrangigen, in: Wunderer, R., Hrsg., Kooperation. Gestaltungsprinzipien und Steuerung der Zusammenarbeit zwischen Organisationseinheiten, Stuttgart 1991, S. 65 f.; Staehle, W.H., Management, a.a.O., S. 302.

[101] Vgl. Neubauer, D., Unternehmenserfolg: Der nette Weg zur Spitze. Menschlicher Faktor, in: Wirtschaftswoche, Nr. 43, 18.10.1991, S. 63.

[102] Vgl. Nieschlag, R., Dichtl, E., Hörschgen, H., a.a.O., S. 27 f.

Unternehmensleitung die Realisierung eines KKVs koordinieren.[103] In Abbildung 9 wird das dieser Arbeit zugrundeliegende Marketingverständnis im Überblick verdeutlicht.

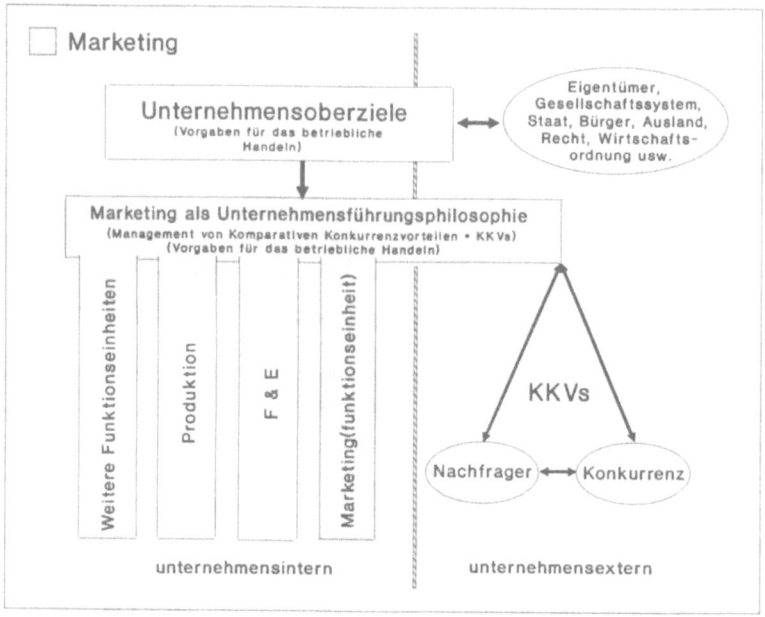

Abb. 9: Marketing als integratives und funktionales Konzept

Allerdings soll mit diesem Marketingverständnis nicht impliziert werden, daß kundenorientiertes Verhalten allein die Existenz eines Unternehmens sichern kann. **Kundenorientierung** stellt lediglich eine **notwendige Bedingung** für das Überleben eines Unternehmens im marktwirtschaftlichen Umfeld dar. Es ist jedoch unter Umständen **nicht hinreichend**, wenn es aufgrund finanzieller, technologischer, personeller oder anderer Gründe nicht gelingt, die identifizierten Kundenwünsche zu befriedigen. Trotzdem kann aus dieser Erkenntnis nicht abgeleitet werden, daß Kundenorientierung nur bei

---

[103] Backhaus betont, daß das integrative Marketingverständnis, vergleichbar mit dem Controlling oder der Logistik unter aufbauorganisatorischer Betrachtung, querschnittsorientiert bzw. prozeßorientiert zu verstehen ist. Marketing ist als spezielle Betriebswirtschaftslehre zu verstehen, "...die die klassische Absatzfunktion umfaßt und darauf aufbauend in den verschiedenen Funktionsbereichen die Quellen für KKVs identifiziert und für deren Umsetzung zu sorgen hat." Backhaus, K., Investitionsgütermarketing, a.a.O., S. 37.

bestimmten Umweltkonstellationen Relevanz besitzen kann.[104] Denn alternative, häufig diskutierte Grundorientierungen (wie z.B. Technologie-, Umweltorientierung) besitzen einen anderen Stellenwert als die Kundenorientierung, da sie nicht allein (ohne Kundenorientierung), es sei denn zufällig, im marktwirtschaftlichen Umfeld zum Erfolg führen können.[105]

Einschränkend muß zudem darauf hingewiesen werden, daß nicht die Kunden allein die Eckpunkte des betrieblichen Handelns festlegen können. Auch das Marketing muß bestimmte Restriktionen berücksichtigen, die durch die vom Top-Management oder den Unternehmenseignern formulierten **betrieblichen Oberziele**[106] vorgegeben sind. Marktorientiertes Agieren darf nicht dazu führen, daß bei bestimmten unternehmerischen Kenngrößen, insbesondere bei der Rentabilität, ein bestimmtes vorgegebenes Anspruchsniveau nicht erreicht wird.[107] Es ist u.U. auch möglich, daß betriebliche Oberziele kundenorientiertes Verhalten im Einzelfall nicht zulassen. Dies ist z.B. der Fall, wenn die Unternehmenszielsetzungen vorgeben, daß Kunden aus bestimmten Ländern nicht bedient werden. Umweltgesichtspunkte können dazu führen, daß bestimmte Produkte nicht angeboten werden, obwohl Kunden diese Produkte kaufen würden. Aus gesellschaftlichen Erwägungen können die Unternehmensoberziele vor-

---

[104] Vgl. Kühn, R., Methodische Überlegungen zum Umgang mit der Kundenorientierung im Marketing-Management, a.a.O., S. 99.

[105] Es kann aus diesem Grund Fritz nicht zugestimmt werden, der als Ergebnis seiner empirischen Untersuchungen u.a. feststellt, daß neben der Marktorientierung "...die Produktions- und Kostenorientierung sowie die Mitarbeiterorientierung für den Erfolg westdeutscher Industrieunternehmen von prinzipiell gleichrangiger, anscheinend z.T. sogar noch etwas größeren Bedeutung" sind. Fritz, W., Marktorientierte Unternehmensführung und Unternehmenserfolg, a.a.O., S. 453. Im Rahmen der hier vorliegenden Arbeit wie auch bei Fritz wird von einer multidimensionalen Konzeption der Unternehmensführung ausgegangen. Allerdings wird der Marktorientierung eine übergeordnete Stellung gegenüber allen weiteren betrieblichen Orientierungen zugeordnet.

[106] Heinen versteht unter generellen Oberzielen jene Ziele, welche die Existenz einer Betriebswirtschaft als soziale Institution ermöglichen. Als Beispiele führt er an: Möglichkeit der Einkommenserzielung, aber auch immaterielle Bedingungen im Rahmen gesellschaftlicher Gegebenheiten. Vgl. Heinen, E., Betriebswirtschaftliche Führungslehre. Grundlagen-Strategien-Modelle, 2. Aufl., Wiesbaden 1984, S. 35.

[107] Die Berücksichtigung von Rentabilitätsgesichtspunkten wird auch für das Marketing gefordert. Dieter Schneider kritisiert z.B. die vom Marketing erhobene Forderung, Absatzstrategien seien vom Nachfrager her zu konzipieren, weil dies seiner Meinung nach das Gewinnziel einer Unternehmung unzulässig vernachlässigt, denn "...Anbieter (wollen) verdienen, Nachfrager aber billig einkaufen." Schneider, D., a.a.O., S. 201.

Natürlich kann es nicht Ziel der Orientierung an Absatzmärkten sein, die Produkte dem Kunden "zu schenken". Die Gewinnerzielungsabsicht einer Unternehmung muß beachtet werden. Gewinn kann jedoch nicht als Bestandteil, sondern muß als Konsequenz marktorientierter Unternehmensführung verstanden werden. Levitt sagt dazu: ".., to call profit the goal of corporation...is like saying that the goal of human life is eating. Profit, like eating, is a requisite, not a purpose." Levitt, T., The Marketing Mode. Pathways to Corporate Growth, New York u.a 1969, S. 236. Dieser Zusammenhang wird auch in der Unternehmenspraxis so gesehen. Vgl. Kohli, A.K., Jaworski, B.J., Market Orientation: The Construct, Research Propositions, and Managerial Implications, a.a.O., S. 3.

sehen, daß bestimmte Käufergruppen, z.b. Kinder oder Rentner, vorrangig oder vergünstigt berücksichtigt werden.

Die Implementierungsfähigkeit des Implementierungsgegenstandes Marketing wird durch die Berücksichtigung der Implementierungsprinzipien Kennen/Verstehen, Können und Wollen wesentlich determiniert. Voraussetzung für die Implementierungsfähigkeit des Marketings ist zunächst, daß ein unternehmensweit intersubjektiv nachvollziehbares, eindeutiges Marketingverständnis vorliegt. Die deutliche Herausstellung, daß Marketing ohne Einschränkungen (als Synthese) zum einen als **betriebliche Fachfunktionseinheit** und zum anderen als **funktionsübergreifende integrative Unternehmensführungsphilosophie** interpretiert werden muß, erleichtert daher die Lösung des Implementierungsteilproblems "Kennen/Verstehen".

Ferner ist davon auszugehen, daß ein **situativ unabhängiges Marketingverständnis** die Voraussetzungen für eine erfolgreiche Marketingimplementierung wesentlich verbessert, da aufgrund gleichbleibender grundsätzlicher Relevanz, trotz von Fall zu Fall inhaltlich unterschiedlicher Ausprägung des Marketings, eine kontinuierlichere Entwicklung der erforderlichen marktorientierten Unternehmenskultur möglich ist. Es liegt hiermit ein Verständnis von Marketing vor, das prinzipiell leichter implementierungsfähig ist, wodurch eine Basis zur Lösung des zweiten Implementierungsproblems "Können" geschaffen wird. Denn ein grundsätzlich nur schwierig oder gar nicht implementierbares Marketingverständnis würde den Implementierungserfolg von Beginn an in Frage stellen.

Damit Marketing unternehmensweit funktionsgrenzenübergreifend als Orientierungsgröße des betrieblichen Handels akzeptiert werden kann ("Wollen"), wurde vorgeschlagen, **Marketing als Management von KKVs** zu interpretieren. Dieses Verständnis ist u.E. unternehmensweit von allen Mitarbeitern leichter nachvollziehbar und akzeptierbar als die üblichen Marketingdefinitionen, deren Intention inhaltlich identisch ist, die den Mitarbeitern jedoch weder eine klare Zielsetzung noch einen klaren Handlungsauftrag geben (für jedes Nachfragersegment aus Nachfragersicht einen dauerhaften, wahrgenommenen und wichtigen KKV zu identifizieren und zu realisieren). Da das Management von KKVs zudem nicht den in der Unternehmenspraxis negativ oder unzutreffend interpretierten Marketingbegriff in den Vordergrund rückt, kann sehr wahrscheinlich ebenfalls eine breitere Akzeptanz erwartet werden.

In den nachfolgenden **Abschnitten C. und D.** dieser Arbeit soll, basierend auf dem hier abgeleiteten implementierungsgerechten Marketingverständnis, das **Marketingimplementierungsvorgehen** diskutiert werden.

C. Betrachtungsebenen und Ansätze der Marketing-implementierung

Das Vorgehen der Marketingimplementierung soll in Abschnitt C. und im nachfolgenden Abschnitt D. anhand von zwei Dimensionen behandelt werden (vgl. Abbildung 10). Zunächst werden in **Abschnitt C.** die Betrachtungsebenen der Marketingimplementierung systematisiert und diskutiert (primär statische Betrachtung) sowie Implementierungsansätze vorgestellt, die einzelnen oder mehreren dieser Betrachtungsebenen zugeordnet werden können. Im Abschnitt D. erfolgt dann eine Dynamisierung der Betrachtung durch die Darstellung des Prozesses der Marketingimplementierung. Als dritte Dimension des Implementierungsvorgehens sollen - wie auch Abbildung 10 zeigt - bei den Darstellungen und Analysen der Abschnitte C. und D. die Grundprobleme der Implementierung (Kennen/Verstehen, Können, Wollen) Berücksichtigung finden.

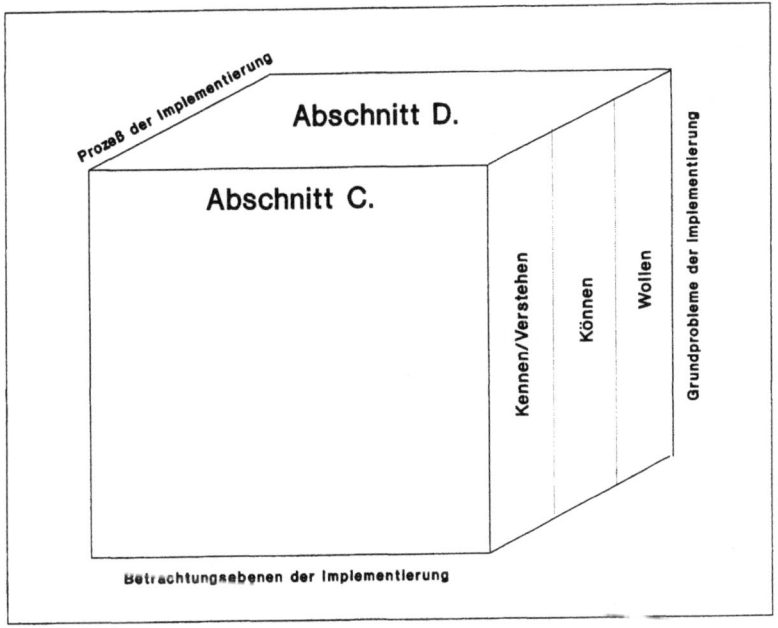

Abb. 10: Die Dimensionen des Marketingimplementierungsvorgehens

1. Systematisierung der Ansätze zur (statischen) Marketing-implementierung

Da die Forschungsarbeiten zur Marketingimplementierung erst seit relativ kurzer Zeit intensiviert wurden, konnte sich bisher kein allgemein akzeptiertes Modell zur Marketingimplementierung herausbilden. Ausgangspunkt der Betrachtung soll daher zunächst eine **Analyse der in Grundlagenwerken zum Marketing diskutierten zentralen Implementierungsproblembereiche** sein. Hierdurch soll aufgezeigt werden, welche Ansätze zur Marketingimplementierung in der wissenschaftlichen Diskussion zum Marketing bisher Beachtung gefunden haben.

Der Titel vieler Grundlagen- und Fortgeschrittenen-Lehrbücher - Marketing Management - läßt zunächst vermuten, daß in diesen Veröffentlichungen die konkrete Umsetzung des Marketings einen bedeutenden Stellenwert einnimmt. Obwohl in praktisch allen Veröffentlichungen Aspekte der Implementierung angesprochen werden, bleiben die Aussagen häufig oberflächlich, unsystematisch und ohne konzeptionelle Einbindung.[1] Teilweise erfolgt lediglich eine implizite Diskussion im Zusammenhang mit den Ausführungen zu einzelnen Marketing-Mix-Elementen.[2]

Nach einer Analyse von 17 US-amerikanischen Textbüchern konnte Bonoma feststellen, daß im Rahmen der **Diskussion zur Marketingimplementierung** vorwiegend **Fragen der Marketing-Planung, der Marketing-Organisation und der Marketing-Kontrolle behandelt** wurden.[3] Eine Analyse von 10 nach 1980 erschienenen

---

[1] Obwohl beispielsweise Kotler in seiner Veröffentlichung "Marketing-Management" seit der 6. Auflage ein eigenständiges Kapitel aufgenommen hat, das sich mit der Implementierung von Marketing beschäftigt, bleiben die betreffenden Inhalte im Vergleich zur Strategie- und Marketing-Mix-Diskussion relativ oberflächlich. Vgl. Kotler, P., Marketing Management, a.a.O., S. 704-707. Ähnliches läßt sich auch in weiteren Grundlagen- und Überblicksveröffentlichungen zum Marketing feststellen. Vgl. z.B. Aaker, D.A., Strategic Market Management, a.a.O., S. 330-351; Barry, T.E., Marketing: An integrated approach, New York 1986, S. 658-681; Guiltinian, J.P., Gorden, P.W., Marketing Management - Strategies and Programs, 3. Aufl., New York u.a. 1988, S. 361-388; Dibb, S., u.a., a.a.O., S. 584-617; Jain, S., Marketing Planning and Strategy, 3. Aufl., Cincinnati u.a. 1990, S. 325-349.

[2] Vgl. z.B. Cohen, W.A., Developing a Winning Marketing Plan, New York u.a. 1987; S. 30 f.; Gaedeke, R.M., Toolelian, D.H., Marketing, principles and applications, St. Paul u.a. 1983; Bagozzi, R.P., a.a.O.; Bell, M.L., Vincze, J.W., Managerial Marketing. Strategy and Cases, New York u.a. 1988; Bennett, P.D., Marketing, New York u.a. 1988.

[3] Vgl. zur Analyse von Implementierungsdimensionen in Marketingtextbüchern, die vor 1980 veröffentlicht wurden, Bonoma, T.V., Managing Marketing. Text, Cases, Readings, New York, London 1984, S. 517. Zwei Veröffentlichungen wurden von Bonoma als besonders ergiebig für die Implementierungsproblematik hervorgehoben. Zum einen ist dies die Veröffentlichung von Buzzell, R.D. u.a., die ein eigenes Kapitel über Implementierung beinhaltet und die Faktoren Planung, Struktur, Informationssystem, Anreizsystem, Weiterbildung und Führung einzeln diskutiert. Vgl. Buzzell, R.D. u.a., Marketing a contemporary analysis, 2. Aufl., New York u.a. 1972, S. 318-326. Zum anderen ist es die Veröffentlichung von Howard, in der im dritten Teil des Buches "The Brand Manager" die Implementierungproblematik in sechs Untergliederungspunkten behandelt

englischsprachigen Grundlagen- und Überblickswerken zum Marketing zeigt (vgl. Abbildung 11)[4], daß die Erörterung dieser Ansatzpunkte auch heute noch den Kern der Implementierungsdiskussion prägen.

Die drei Implementierungsansatzpunkte Planung, Organisation und Kontrolle werden in der Managementliteratur den sogenannten "Führungs-" oder "Management-Systemen" zugeordnet.[5] Aspekte des Mitarbeiterverhaltens wurden jedoch bisher selten explizit und umfassend unter Marketinggesichtspunkten untersucht.[6] Die Ergebnisse der in Abbildung 11 zusammengefaßten Analyse zeigen dennoch, daß neuerdings neben den verschiedenen Managementsystemen weitere, zumeist auf das Verhalten und die Steuerung von Mitarbeitern bezogene Problemlösungsbeiträge in aktuelleren, insbesondere englischsprachigen Veröffentlichungen diskutiert werden. Beispiele hierfür sind die **funktionsübergreifende Zusammenarbeit, die Unternehmenskultur und das personalorientierte sogenannte Interne Marketing.** In deutschsprachigen Werken sind entsprechende Erweiterungen allerdings bisher weitgehend unberücksichtigt geblieben.[7]

---

wird. Vgl. Howard, J.A., Marketing Management. Operating, strategic, and administrative, 3. Aufl., Homewood 1973, S. 137-304.

4   Zur Wahrung des Überblicks über die Ergebnisse aus verschiedenen Publikationen zum gleichen Forschungsgebiet wird das Sammelreferat vorgeschlagen. Sammelreferate werden als Analysemethoden im Rahmen von sogenannten Metaanalysen verwendet. Diese Vorgehensweise läßt die Zusammenfassung methodisch vielgestaltiger Studien zu, ist jedoch auch wegen ihrer unvermeidlichen Subjektivismen kritisiert worden. Vgl. zur Diskussion Schüle, F.M., Diversifikation und Unternehmenserfolg. Eine Analyse empirischer Forschungsergebnisse, Wiesbaden 1992, S. 25 f.

5   Managementsysteme umfassen die Gesamtheit des Instrumentariums sowie der Regeln, Institutionen und Prozesse, mit deren Hilfe Führungsaufgaben erfüllt werden. Das gesamte Managementsystem wird in verschiedene Teilsysteme unterteilt. Erwähnt werden können hier Planungs-, Organisations-, Kontroll-, Informations- und Personalführungssysteme. Vgl. Wild, J., Grundlagen der Unternehmensplanung, a.a.O., S. 32; Schierenbeck, H., Grundzüge der Betriebswirtschaftslehre, 11. Aufl., München 1993, S. 99 ff. Management-Systeme stellen nach Bleicher lediglich einen gedanklichen und organisatorischen Rahmen für die Beherrschung von komplexen Systemen dar, deren Wirksamkeit jedoch letztlich von den Mitarbeitern, insbesondere den Führungskräften, abhängig ist. Vgl. Bleicher, K., Organisation. Strategien-Strukturen-Kulturen, 2. Aufl., Wiesbaden 1991, S. 778 f.

6   Bonoma stellt deshalb auch fest: "There is, as well, a noticeable absence of the recognition that marketing departments are social organizations staffed with people, and that implementation may have much to do with interactive phenomena." Bonoma, T.V., Managing Marketing, a.a.O., S. 503.

7   Beispielhaft können genannt werden: Bänsch, A., Einführung in die Marketing-Lehre, 3. Aufl., München 1991, S. 263-281; Böcker, F., Marketing, 4. Aufl., Stuttgart 1991, S. 426-476; Nieschlag, R., Dichtl, E., Hörschgen, H., a.a.O., S. 913-985; Meffert, H., Marketing, a.a.O., S. 505-575.

Autor	Implementierungsdimensionen
Aaker (1988)	• Personal • Organisationsstruktur • Systeme • Unternehmenskultur
Barry (1986)	• Marketing-Organisation • Interfunktionale Koordination • Umsetzung eines Marketingplans

Dibb/u.a. (1991)	• Marketing-Organisation
	• Marketing-Implementierung i.e.S.
	  * Internes Marketing
	  * Motivation des Marketingpersonals
	  * Kommunikation in der Marketingabteilung
	  * Interfunktionale Koordination
	• Marketing-Controlling

Guiltinan/Gorden (1988)	• Organisation der Marketingabteilung • Managementphilosophie und -ressourcen • Interfunktionale Koordination • Management des Vertriebspersonals
Jain (1990)	• Marketing-Organisation • Marketing-Systeme • Führungsstil

Kotler (1991)	• Organisation der Marketingabteilung
	• Interfunktionale Koordination
	• Marketing-Implementierung
	  * Struktur/Systeme
	  * Personelle Faktoren

Kotler (1986)	• Der Implementierungprozeß
	  * Detaillierte Aktionsprogramme
	  * Effektive Organisationsstrukturen
	  * Effektive Anreiz- und Informationssysteme
	  * Personal
	  * Unternehmenskultur
	• Organisation der Marketingabteilung
	• Marketing-Controlling

Lovelock/Weinberg (1985)	• Interfunktionale Zusammenarbeit • Marketing-Organisation • Unternehmenskultur • Personal (Kenntnisse, Koordination, Kontrolle)
Wilson (1989)	• Marketingplanung • Marketing-Organisation • Personal • Personaltraining (Kenntnisse, Organisationstalent, Kommunikation, Motivationsfähigkeiten)
Stanton/Futrell (1987)	• Marketing-Organisation • Personal (Delegation, Koordination, Motivation, Kommunikation)

Abb. 11: Implementierungsdimensionen in englischsprachigen
Grundlagen- und Überblickswerken zum Marketing

Aufgrund des bislang z.T. noch unzureichenden Erkenntnisstandes der Forschungsarbeiten zur Marketingimplementierung erscheint es sinnvoll, zur Identifikation weiterer geeigneter Implementierungsansätze auch Erkenntnisse zu nutzen, die nicht explizit auf Fragen der Marketingimplementierung abstellen, die jedoch aufgrund ihres Anwendungsgebietes für die Marketingimplementierung geeignet erscheinen.[8] Hierzu gehören insbesondere Erkenntnisse aus dem Bereich der Strategieimplementierung und der Total Quality Management-Konzepte.

Grundsätzlich steht somit eine **Vielzahl von Erkenntnisquellen** zur Verfügung, um die Problematik der Marketingimplementierung zu bearbeiten. Eine gezielte Problemlösung setzt jedoch voraus, daß anhand einer in sich **geschlossenen Systematik der Implementierungsansätze** die einzelnen Erkenntnisquellen konzeptionell zueinander in Beziehung gesetzt werden können. Hierdurch ist es wesentlich leichter möglich, deren Problemlösungsbeiträge sowie -defizite zu erkennen und abzuschätzen. Ohne eine entsprechende Systematisierung besteht beispielsweise die Gefahr, daß fehlende Komponenten nicht identifiziert und/oder die Beziehungen zwischen Teilkomponenten nicht hinreichend erkannt werden.

Zur grundlegenden Systematisierung bietet es sich an, zwischen **strukturorientierten** und **verhaltensorientierten** Betrachtungsebenen zu unterscheiden.

Die verschiedenen oben aufgeführten **Managementsysteme** können als die "harte" Seite des Managements der **strukturorientierten Betrachtungsebene** zugeordnet werden. Managementsysteme strukturieren unternehmerische Abläufe, z.B. durch aufbau- und ablauforganisatorische Regelungen, vor und sind in ihrer Ausgestaltung zumindest kurzfristig eindeutig determiniert. Verhaltensorientierte Implementierungsansätze, die der "weichen" Seite des Managements zugeordnet werden, können demgegenüber nicht im selben Maße deterministisch ausgelegt sein, da das menschliche Verhalten letztlich nicht vorprogrammiert werden kann.[9]

Im Gegensatz zu den strukturorientierten Ansätzen bietet es sich aufgrund der Heterogenität und Komplexität verhaltenswissenschaftlicher Zusammenhänge an, den The-

---

8 Die Adaption von Forschungsergebnissen ähnlich gelagerter Problemfelder - insbesondere von Forschungsergebnissen zur Implementierung von Planungstechniken und Strategien - zur Behandlung von Fragestellungen der Marketingimplementierung wurde schon vielfach praktiziert. Vgl. z.B. Lilien, G.L., Kotler, P., Marketing Decision Making. A Model-Building Approach, Cambridge/Mass. u.a. 1983, S. 772 ff. Die Autoren beziehen sich insbesondere auf die Veröffentlichung von Doktor, R., Schultz, R.L., Slevin, D.P., The Implementation of Management Science, Amsterdam u.a. 1979. Meffert fordert beispielsweise die Nutzung der Forschungsarbeiten zum geplanten organisatorischen Wandel für durch Marketing induzierte, komplexe Veränderungen im Unternehmen. Vgl. Meffert, H., Die Durchsetzung von Innovationen in der Unternehmung und im Markt, in: Zeitschrift für Betriebswirtschaft, Nr. 2, 1976, S. 80.

9 Vgl. zur Einteilung auch Bleicher, K., Organisation, a.a.O., S. 11.

menkomplex des organisatorischen Verhaltens weiter zu untergliedern. Zur Strukturierung verhaltenswissenschaftlicher Erkenntnisse wird in der Managementliteratur vorgeschlagen, **verschiedene Ebenen der Analyse organisatorischen Verhaltens zu unterscheiden.**[10] Als Analyseverfahren wird hierfür die sogenannte **Mehr-Ebenen-Analyse** eingesetzt. Mit Hilfe dieses Verfahrens, das in der soziologischen Forschung häufig Verwendung findet, wird versucht, verschiedene Ebenen sozialer Einheiten zu bilden, einzuteilen und dennoch gemeinsam zu analysieren.[11] Die verschiedenen verhaltensorientierten Problemlösungsbeiträge zur Marketingimplementierung können demnach **vier Betrachtungsebenen** zugeordnet werden:[12]

1. Ebene: Unternehmens-Umwelt-Beziehung,

2. Ebene: Gesamt-Unternehmensverhalten,

3. Ebene: Inter- und Intra-Gruppenverhalten,

4. Ebene: Individualverhalten.

Es muß ausdrücklich darauf hingewiesen werden, daß **ebenenübergreifende Wirkungsbeziehungen** praktisch immer bestehen und auch nicht negiert oder ausgeschlossen werden sollen, so daß die Einzelerkenntnisse der im folgenden diskutierten Implementierungsansätze i.d.R., obwohl sie verschiedenen Ebenen zugeordnet sind, Aspekte anderer Betrachtungsebenen zumindest tangieren.[13]

Mit der Einteilung in die strukturorientierte Betrachtungsebene einerseits und mehrere verhaltensorientierte Betrachtungsebenen andererseits liegt eine Systematisierung vor, der die verschiedenen Ansätze zur Marketingimplementierung zugeordnet werden können. Allerdings wird aus einer näheren Betrachtung der verschiedenen Ansätze deutlich, daß sowohl Ansätze vorliegen, die sich nur auf eine Betrachtungsebene beziehen, als auch umfassendere Ansätze entwickelt worden sind, die mehrere Betrachtungsebenen einbeziehen. Daher sollen die verschiedenen Ansätze, die nachfolgend diskutiert werden, danach unterschieden werden, ob sie grundsätzlich sämtliche Aspekte (**Totalansatz**) oder nur Einzelaspekte (**Partialansatz**) der Marketingimplemen-

---

[10] Vgl. Staehle, W.H., Management, a.a.O., S. 142 f.; Daft, R.L., Organizational Theory and Design, 3. Aufl., St. Paul u.a 1989, S. 24 ff.

[11] Vgl. zum Verfahren insbesondere Steinle, C., Organisation und Wandel, Konzepte - Mehr-Ebenen-Analyse(MEA) - Anwendungen, Berlin, New York 1985, S. 461 ff.

[12] Vgl. Staehle, W.H., Management, a.a.O., S. 142. Steinle wählt demgegenüber eine Fünf-Ebenen-Aufteilung. Im Unterschied zu Staehle unterscheidet Steinle die Ebene Gruppenverhalten in zwei Teilebenen, und zwar in die Ebene Verhalten **innerhalb** einer Gruppe und in die Ebene Verhalten **zwischen** Gruppen (Gruppenverband). Vgl. Steinle, C., Organisation und Wandel,a.a.O., S.469 ff.

[13] In welcher Beziehung diese interdependenten, ebenenübergreifenden Wirkungen zueinander stehen, ist in der Literatur streitig. Steinle beschreibt insgesamt acht verschiedene Modelle, die diese Wirkungsbeziehungen zu erklären versuchen. Vgl. Steinle, C., a.a.O., S. 512 ff.

tierung einbeziehen. Die Ansätze sollen im folgenden dann als Partialansätze bezeichnet werden, wenn aus der Vielzahl der Betrachtungsebenen der Marketingimplementierung lediglich der isolierte Einfluß einer einzelnen Betrachtungsebene auf den Implementierungsprozeß betrachtet wird. Zu den Partialmodellen werden auch solche Beiträge gezählt, die zwar explizit Marketingimplementierung als Ganzes betrachten, implizit jedoch einen eindeutigen Schwerpunkt auf eine Betrachtungsebene legen. Werden demgegenüber simultan alle oder mehrere Betrachtungsebenen annähernd gleichgewichtig analysiert, so liegt nach der hier gewählten Interpretation ein Totalansatz vor.

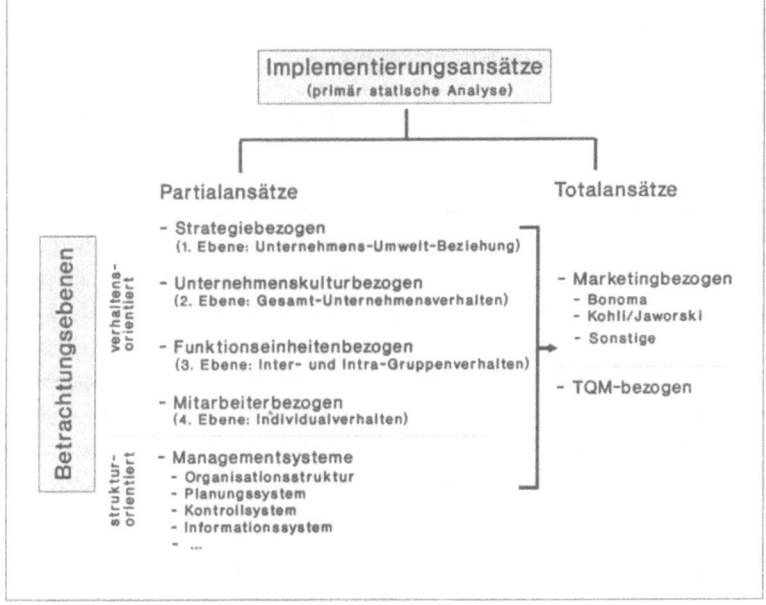

Abb. 12: Systematisierung der Ansätze zur Marketingimplementierung

Werden die verschiedenen Ansätze zur Marketingimplementierung der oben diskutierten Systematisierung zugeordnet, ergibt sich die in Abbildung 12 verdeutlichte Eingruppierung.[14] Dabei werden insgesamt fünf Betrachtungsebenen der unternehmerischen Analyse unterschieden (vier verhaltensorientierte und eine strukturorien-

---

14 Nach Staehle lassen sich folgende Managementformen den einzelnen Betrachtungsebenen zuordnen: der Individual- und Gruppenebene die Personalführung, der Gesamtorganisationsebene die Unternehmensführung und der Organisation-Umwelt-Ebene die Unternehmensstrategie. Vgl. Staehle, W.H., Management, a.a.O., S. 142.

57

tierte), denen jeweils einzelne Partialansätze der Marketingimplementierung zugeordnet sind. Die Totalansätze berücksichtigen entweder alle oder mehrere der fünf Betrachtungsebenen der Implementierung simultan, können jedoch keine zusätzlichen Betrachtungsebenen der Implementierungsanalyse beinhalten, da die fünf aufgeführten Betrachtungsebenen den Gesamtkomplex des (statischen) Implementierungsvorgehens vollständig erfassen. Die in Abbildung 12 aufgeführten Partial- und Totalansätze sollen nachfolgend detailliert diskutiert werden.

2. Partialansätze zur Marketingimplementierung

2.1 Partialansätze der verhaltensorientierten Betrachtungsebenen der Marketingimplementierung

2.1.1 Marktstrategien als Basis der Marketingimplementierung (Unternehmen-Umweltebene)

Die erste Ebene der verhaltensorientierten Organisationsanalyse bezieht sich auf die **Betrachtung von Marktstrategien.**[15] Mit Hilfe von Marktstrategien, die bei einem Verständnis von Marketing als Unternehmensführungsphilosophie auch als (marktbezogene) Unternehmensstrategien bezeichnet werden können, versuchen Unternehmen, ihre Beziehungen zur Unternehmensumwelt zu gestalten.[16] Marktstrategien definieren somit einen grundlegenden Rahmen oder die **Basis für die konkretere Ausgestaltung der Marketingimplementierung.** Dies gilt insbesondere auch deshalb, weil Marktstrategien z.T. auch produkt-, regionen- oder kundenspezifisch unterschiedlich ausgestaltet sein müssen und häufig zumindest mittelfristig verändert oder ersetzt werden. Die Erkenntnisse zur Implementierung von Marktstrategien dienen somit zur Konkretisierung der Marketingimplementierung, können jedoch die Problematik i.d.R. nicht vollständig erfassen.

---

[15] Der in der Literatur üblicherweise verwendete Begriff "Marketingstrategien" soll im Rahmen dieser Arbeit durch den Begriff "Marktstrategien" ersetzt werden. Hiermit soll dokumentiert werden, daß Marktstrategien gesamtunternehmensbezogene Relevanz besitzen und sich nicht im Kern auf die Belange der "Funktionseinheit Marketing" beziehen.

[16] Vgl. Staehle, W.H., Management, a.a.O., S. 142.

2.1.1.1 Übertragbarkeit von Erkenntnissen der Strategie-implementierung auf den Problembereich der Marketingimplementierung

Im Bereich des strategischen Managements werden schon seit relativ langer Zeit Implementierungsaspekte diskutiert.[17] Ausgangspunkt der Diskussion war die Erkenntnis, daß die von strategischen Planungsabteilungen entworfenen Strategien häufig nur schwierig oder gar nicht umzusetzen sind.[18] Da auf dem Gebiet der Implementierung von Strategien relativ viele Forschungsarbeiten und Praxisberichte vorliegen, ist es aus forschungsökonomischen Gründen sinnvoll zu prüfen, ob die vorliegenden Erkenntnisse auch für den Implementierungsgegenstand Marketing nutzbar sind.

Strategien können sich grundsätzlich auf eine Vielzahl von unternehmerischen Aufgabenstellungen beziehen und anhand der unterschiedlichsten Kriterien kategorisiert werden.[19] Besondere Bedeutung besitzen dabei absatzmarktbezogene Strategien.[20] Folgt man dem Verständnis von Marketing, welches dieser Arbeit zugrundeliegt, wonach Marketing die marktorientierte Führung des gesamten Unternehmens bedeutet, so sind **Unternehmensstrategien auch in erster Linie als Marktstrategien zu verste-**

---

[17] In vielen Veröffentlichungen zum strategischen Management sind deshalb auch einzelne Kapitel zur Strategieimplementierung enthalten. Nur wenige Veröffentlichungen beschäftigen sich jedoch ausschließlich mit Implementierungsaspekten. Vgl. Hrebiniak, L.G., Joyce, W.F., a.a.O., 1984; Galbraith, J.R., Kazanjian, R.K., Strategy Implementation. Structure, Systems and Process, 2. Aufl., St. Paul u.a. 1986; Galbraith, J.R., Nathanson, D.A., Strategy Implementation. The Role of Structure and Process, St. Paul u.a. 1978; Stonich, P.J., Hrsg., a.a.O., S. XV ff.; Kolks, U., a.a.O., 1990.

[18] Eine Re-Analyse von Unternehmensstrategien, die in den Jahren 1979 und 1980 in der Business Week vorgestellt wurde, ergab, daß auf Grund von Umsetzungsproblemen nur ca. 40 Prozent dieser Strategien als erfolgreich eingestuft werden konnten. Vgl. Fouley, D., The New Breed of Strategic Planner. Number-Crunching Professionals are Giving Way to Line Managers, in: Business Week, 17.09.1984, S. 53 ff.; vgl. auch Raimond, P., Eden, C., Making Strategy Work, in: Long Range Planning, Nr. 5, 1990, S. 97; Reid, D.M., Where Planning Fails in Practice, in: Long Range Planning, Nr. 2, 1990, S. 85; Hambrick, D.C., Cannella, A.A. jr., Strategy Implementation as Substance and Selling, in: The Academy of Management Executive, Nr. 4, 1989, S. 278; Brookes, R., The New Marketing, Worcester 1988, S. 30 f.; Gray, D.H., Uses and misuses of strategic planning, in: Harvard Business Review, January-February, 1986, S. 90 f.; Berman, B., Evans, J.R., Integrating the Marketing Plan: Lessons From Marketing Management, Strategic Marketing, and Marketing Implementation, in: Lusch, R.F., u.a., Hrsg., AMA Educator's Proceedings, Chicago 1985, S. 269; Stonich, P.J., Hrsg., a.a.O., S. XV ff.

[19] Unterscheidungskriterien können z.B. sein: organisatorischer Geltungsbereich, Produkt/Marktkombination, unternehmerische Funktion. Vgl. z.B. Kreikebaum, H., Strategische Unternehmensplanung, 3. Aufl., Stuttgart 1989, S. 50.

[20] Kolks unterscheidet unternehmenspolitische, personalorientierte, strukturorientierte und wettbewerbsorientierte (absatzmarktorientierte) Strategien. Die Dominanz der letzten Strategiekategorie konnte von Kolks auch empirisch belegt werden. Vgl. Kolks, U., a.a.O., S. 62 f. Auch in einer Untersuchung von Alexander zur Implementierung von Strategien waren absatzmarktbezogene Strategien mit einem Anteil von ca. 60 Prozent die eindeutig dominierende Kategorie. Vgl. Alexander, L.D., Successfully Implementing Strategic Decisions, in: Long Range Planning, Nr. 3, 1985, S. 92.

hen.[21] Vor diesem Hintergrund ist es zulässig, Erkenntnisse zur Strategieimplementierung für die Implementierung von Marketing zu nutzen. Obwohl in der Literatur zur Strategieimplementierung nicht immer explizit darauf verwiesen wird, auf welche Art von Strategien sich die Diskussion bezieht[22], wird jedoch i.d.R. implizit deutlich, daß Implementierungsprobleme von Unternehmensstrategien oder Geschäftsbereichsstrategien diskutiert werden bzw. die dargelegten Erkenntnisse auch für diese Strategietypen Gültigkeit besitzen.[23] Daher kann davon ausgegangen werden, daß sich diese Erkenntnisse auf die Problematik der Marketingimplementierung übertragen lassen.

2.1.1.2 Einflußfaktoren auf die Strategieimplementierung

2.1.1.2.1 Erkenntnisse konzeptioneller Betrachtungen

Tiefgreifende Veränderungen, die mit der Implementierung von funktionsbereichsübergreifenden Strategien i.d.R. verbunden sind, werden durch eine Vielzahl von Faktoren beeinflußt, deren konkrete fallspezifische Erfassung relativ problematisch ist. Die meisten Veröffentlichungen zur Strategieimplementierung beschränken sich deshalb darauf, lediglich grundlegende Einflußfaktoren auf relativ abstrakter Ebene zu analysieren und zu beschreiben. Die Gründe hierfür beruhen auf der im Vergleich zur Strategieformulierung bisher noch relativ geringen Zahl von Forschungsarbeiten und auf dem prinzipiellen Problem der Implementierung, das darin besteht, daß aufgrund der Komplexität der Problematik lediglich ein "**Instrumentenkasten**" angeboten werden kann, der bisher zudem in erster Linie für sogenannte "**Durchschnittsstrategien**"[24] zusammengestellt wurde, so daß für Spezialfälle i.d.R. keine Lösungen angeboten werden.[25]

Abbildung 13 faßt die im Rahmen einer Analyse von Veröffentlichungen zur Strategieimplementierung identifizierten, zentralen Implementierungsdimensionen zusam-

---

[21] Becker, J., a.a.O., S. 116.

[22] Galbraith und Kazanjian beziehen sich auf die vier Marktfeldstrategien von Chandler bzw. Ansoff und diskutieren somit entweder Unternehmens- oder Geschäftsbereichsstrategien. Vgl. Galbraith, J.R., Kazanjian, R.K., a.a.O., S. 4 ff. Stonich bezieht seine Ausführungen auf das gesamte Unternehmen. Vgl. Stonich, P.J., Hrsg., a.a.O., S. XVII; Hrebiniak und Joyce entwickeln ein Implementierungsmodell, das grundsätzlich für alle Strategieebenen relevant ist. Vgl. Hrebiniak, L.G., Joyce, W.F., a.a.O., S. 55 ff.

[23] Vgl. zur Beziehung unterschiedlicher Strategieebenen sowie deren Implementierung Hamermesh, R.G., Making Strategy Work. How Senior Managers Produce Results, New York u.a. 1986, S. 47 ff. Vgl. auch die Ausführungen von Hrebiniak, L.G., Joyce, W.F., a.a.O., S. 60.

[24] Als "Durchschnittsstrategien" sollen Strategien bezeichnet werden, deren Detaillierungsgrad relativ gering sind, d.h. die inhaltlich nicht spezielle unternehmenstypische Aspekte berücksichtigen.

[25] Vgl. Kolks. U., a.a.O., S. 131. Vgl. auch die Ausführungen im Abschnitt A. 2.1.

men.[26] Einbezogen wurden nur solche Veröffentlichungen, die Implementierungsprobleme ausschließlich oder als herausragenden Schwerpunkt behandeln. Die Analyse der verschiedenen Beiträge zeigte, daß z.T. gleiche inhaltliche Dimensionen unterschiedlich betitelt wurden. Aus Gründen der Vergleichbarkeit wurden deshalb die Originaldimensionen übersetzt und in inhaltlich vergleichbare deutsche Begriffe überführt.

Aus Abbildung 13 wird deutlich, daß **bestimmte Einflußdimensionen besonders häufig behandelt** werden.[27] Besonders oft wurden wiederum, wie auch bei der Analyse der Marketinggrundlagen- und -standardwerke deutlich wurde, einzelne Managementsysteme wie z.B. die **Organisationsstruktur, die operative Detailplanung** (Planungssystem) sowie die **Informations-, Kontroll-, Allokations- und Anreizsysteme** diskutiert. Ferner wird die **Unternehmenskultur** vielfach als bedeutender Implementierungsfaktor eingestuft. Die in Abbildung 13 aufgeführten einzelnen Einflußdimensionen besitzen in den verschiedenen Literaturquellen allerdings unterschiedlichen Stellenwert. Insbesondere einzelne Managementsysteme wie die Organisationsstruktur[28] sowie die operative Detailplanung[29] werden vielfach besonders intensiv behandelt, während anderen Managementsystemen im Vergleich dazu nur geringere Beachtung geschenkt wird.

Die in den einzelnen Untersuchungen getroffene Auswahl und Zuordnung der Einflußfaktoren wird selten rein konzeptionell, sondern häufig zusätzlich mit Erfahrungen aus der Unternehmenspraxis begründet.[30] Viele Untersuchungen zur Strategieimplementierung vernachlässigen zudem die Analyse der vielfältigen und engen Interdependen-

---

26 Zur Analyse fünf weiterer, älterer Quellen mit vergleichbaren Ergebnissen vgl. Steiger, P., a.a.O., S. 93.

27 Auch kürzere Aufsätze zur Strategieimplementierung diskutieren die Problematik häufig anhand dieser Dimensionen. Vgl. z.B. Rock, R.H., Eisthen, M., Implementing Strategic change, in: Albert, K.J., Hrsg., The Strategic Management Handbook, New York u.a. 1983, Chapter 16; Hambrick, D.C., Cannella, A.A., a.a.O., S. 278 ff.; Skivington, J.E., Daft, R.L., A Study of Organizational Framework and Process Modalities for the Implementation of Business-Level Strategic Decisions, in: Journal of Management Studies, Nr. 1, 1991, S. 45 ff.

28 In den Arbeiten von Galbraith/Kazanjian, Thompson/Strickland und Nord/Tucker umfaßt der Teil, der sich mit Strukturfragen beschäftigt, mehr als ein Drittel des Gesamttextes zur Implementierung. Vgl. Galbraith, J.R., Kazanjian, R.K., a.a.O., S. 13 ff.; Thompson, A.A., Strickland, A.J., Strategy Formulation and Implementation. Task of the General Manager, Plano 1983, S. 311 ff.; Nord, W.R., Tucker, S., Implementing Routine and Radical Innovations, Lexington, Toronto 1987, S. 13 ff.

29 Besonders intensiv setzt sich Hinterhuber mit dieser Problematik auseinander. Vgl. Hinterhuber, H.H., Strategische Unternehmensführung, Bd. 2, Strategisches Handeln, 4. Aufl., Berlin, New York 1989, S. 3-104 und S. 181-184.

30 Vgl. Stonich, P.J., Hrsg., a.a.O., S. XVI ff.

zen, die zwischen einzelnen Implementierungsdimensionen bestehen.[31] Vielfach wird lediglich ein Hinweis auf die Allinterdependenz gegeben und gefordert, die Teilfaktoren der Implementierung aufeinander abzustimmen.[32]

Autor	Implementierungs dimensionen (inhaltliche Übersetzung)	Implementierungs- dimensionen (Originalbezeichnung)

Stonich (1982)	• Struktur
	• Unternehmenskultur
	• Personal
	• Management-Prozeß
	  * Koordination (Führung)
	  * Operative Detailplanung
	  * Allokationssystem
	  * Informations-/ Kontroll-/ Anreizsystem
		Organizational Structure (S. 47-65)
		Culture (S. 31-45)
		Human Resources (S. 67-84)
		Management Process (S. 85-95)

Thompson/ Strickland (1983)	• Struktur • Allokationssystem • Unternehmenskultur • Kontrollsysteme • Anreizsysteme • Operative Detailplanung • Informationssystem • Führung	Structure (S. 311-341) Allocating Resources (S. 341-346) Commitment/Culture (S. 363-367) Measuring/Evaluating (S. 368-375) Reward Structure (S. 375-376) Policies/Procedures (S. 377-379) Monitoring (S. 379-383) Strategic Leadership (S. 383-395)
Hrebiniak/ Joyce (1984)	• Struktur . • Operative Detailplanung • Anreizsysteme • Kontrollsysteme	Primary Structure (S. 65-92) Operating Structure (S. 153-184) Operating Level Objectives (S. 93-125) Basic Operating Structure (S. 127-151) Incentives (S. 187-195) Control Process (S. 195-213)
Pearce/ Robinson (1985)	• Operative Detailplanung • Struktur • Führung • Unternehmenskultur • Kontrollsystem • Informationssystem	Operationalizing (S. 289-317) Institutionalizing (S. 321-333) Organizational Leadership (S.333-341) Organizational Culture (S. 341-354) Control System (S. 360-371) Monitoring Performance (S. 371-382)

Huber (1985)	• Unternehmenskultur
	• Struktur
	• Fähigkeiten des Personals
	• Führungssysteme
	  * Planungssystem
	  * Informationssystem
	  * Kontrollsystem
	  * Anreizsysteme	

---

[31] Eine Ausnahme bildet die Arbeit von Hrebiniak und Joyce, in der ein Ablaufmodell zur Strategieimplementierung und zum organisatorischen Veränderungsprozeß entwickelt wird. Vgl. Hrebiniak, L.G., Joyce, W.F., a.a.O., S. 9 ff.

[32] Vgl. z.B. Stonich, J., Hrsg., a.a.O., S. 141 ff.; Galbraith, J.R., Kazanjian, R.K., a.a.O., S. 108 ff.

Galbraith/ Kazanjian (1986)	• <u>Struktur</u> • Operative Detailplanung • Personal • Anreizsysteme • Informations-/ Kontrollsysteme • Allokationssysteme	Structure (S. 13-70) Integrating Processes (S. 71-81) People and Careers (S. 100-106) Reward System (S. 91-100) Information System (S. 85-87) Resource Allocation (S. 81-85)
Nord/Tucker (1987)	• <u>Struktur</u> • Unternehmensgeschichte • Strategie‚ • Unternehmensgröße • Unternehmenskultur • Lernfähigkeit der Organisation • Umweltbeziehungen • Personal	Organization (S. 13-27) History and Concurrent Events (S. 27) Strategy (S. 28-31) Size (S. 28-31) Culture (S. 31) Organizational Learning (S. 31-32) Relations with Environment (S. 32-34) Interpersonal Processes (S. 34-37)
Steiger (1987)	• Struktur/ Systeme • Unternehmenskultur • Politik (Handlungen)	
Hatten/Hatten (1988)	• Unternehmenskultur • Struktur • Systeme • Personal • Operative Detailplanung • Kontrollsystem	Corporate Culture (S. 170-176) Structure (S. 177-193) Systems (S. 177-193) Human Resource (S. 194-218) Planning (S. 219-234) Control (S. 219-234)
Hinterhuber (1989)	• <u>Operative Detailplanung</u> (S. 3-104/S. 181-184) • Organisationsstruktur (S. 105-144) • Führung (S. 145-173) • Anreizsystem (S. 195-201) • Kontrollsystem (S. 202-218) • Unternehmenskultur (S. 219-237)	

Ansoff/
McDonnell
(1990)
	• Führung
	• Struktur/
	  Handlungssysteme
	  * Organisationsstruktur
	  * Informationssystem
	  * Planungssystem
	  * Kontrollsystem
		General Managers (S. 291-304)
		
		Management Systems (S. 305-399)

Kolks (1990)	• <u>Führung</u> • <u>Unternehmenskultur</u> • <u>Struktur</u> • Produkt/Marktkombination • Ressourcen • Managementsysteme/Techniken	

_____ = Einflußfaktoren, die besonders detailliert behandelt werden

Abb. 13: Übersicht über die in der Literatur diskutierten zentralen
Dimensionen bei der Strategieimplementierung

Eine Detailanalyse einzelner Dimensionen muß unbefriedigend bleiben, solange nicht ein Implementierungsansatz entwickelt wird, der auch die grundlegenden Interdependenzen zwischen Einzeldimensionen aufzeigen kann.[33] Erste Ansätze zur Problemlösung sind von Huber und Steiger vorgelegt worden, die basierend auf umfangreichen Literaturrecherchen Ansätze zur Implementierung entwickelt haben, in denen auch Interdependenzen Berücksichtigung finden.[34] Trotz der konzeptionellen Unterschiede der Ansätze werden Parallelen deutlich. Beide Implementierungsansätze beziehen als Teilelemente die Unternehmenskultur (kulturelles Teilkonzept)[35], die Organisationsstruktur, die Fähigkeiten der Mitarbeiter sowie weitere Managementsysteme (formales Teilkonzept) ein, für die zur Erreichung der Implementierungsziele Möglichkeiten der operativen Detailplanung (materielles Teilkonzept) aufgezeigt werden. Trotz der unbestrittenen Vorzüge dieser Ansätze müssen, wie auch Steiger betont, neben einer Praxisprüfung vor allem Verfeinerungen und Erweiterungen mit dem Fernziel vorgenommen werden, die Ansätze zu einer·eigentlichen Theorie der strategischen Durchsetzung auszubauen.[36]

2.1.1.2.2 Erkenntnisse empirischer Untersuchungen zur Strategieimplementierung

Welche Relevanz die aufgrund konzeptioneller, theoriegeleiteter Analysen identifizierten Implementierungsfaktoren in der Praxis tatsächlich besitzen, wird aufgrund der schon angesprochenen weitgehend fehlenden empirischen Fundierung selten deutlich.[37] Der Umfang der Behandlung einzelner Implementierungsfaktoren, z.B. der Organisationsstruktur, muß noch kein Indiz für deren Wichtigkeit sein. Im folgenden sollen deshalb die **Erkenntnisse der theoretischen Analysen den Erkenntnissen empirischer Untersuchungen gegenübergestellt** werden.

In einer Befragung von 93 amerikanischen Unternehmen hat Alexander den Befragten 22 potentielle, durch Literaturrecherche ermittelte Implementierungsprobleme vorgelegt und nach ihrer Bedeutung bei fehlgeschlagenen Implementierungsprozessen gefragt.[38] In Abbildung 14 sind die 10 in dieser Untersuchung von den Befragten meist-

---

[33] Vgl. Steiger, P., a.a.O., S. 92 f.

[34] Vgl. Huber, R., a.a.O., S. 105 ff.; Steiger, P., a.a.O., S. 142 ff.

[35] Die in Klammern gesetzten Bezeichnungen entsprechen den Benennungen von Steiger. Vgl. zum Überblick Steiger, P., a.a.O., S. 272.

[36] Vgl. Steiger, P., a.a.O., S. 301.

[37] Vgl. Steiger, P., a.a.O., S. 82 ff.

[38] Vgl. Alexander, L.D., a.a.O., S. 91 ff.

genannten als problematisch oder sehr problematisch eingestuften Implementierungsaspekte aufgelistet.

Im einzelnen ergab sich, daß neben den weitgehend nicht beeinflußbaren **unternehmensexternen Ursachen**, wie z.B. Gegenmaßnahmen der Konkurrenz, vor allem die
Unterschätzung des Implementierungsproblems selbst eine wichtige Ursache für
den Mißerfolg von Implementierungsvorgaben darstellte. Häufig wurde die für die
Umsetzung benötigte **Zeit unterschätzt**. Detailprobleme wurden am Anfang herunter-
gespielt oder vorab gar nicht beachtet. Viele Strategien werden offenbar **zu opti-
mistisch geplant.** Ferner werden nach der Plangenehmigung zu wenig Maßnahmen ergriffen, um die betroffenen Führungskräfte und ausführenden **Mitarbeiter auf das
Vorhaben vorzubereiten.**[39] Zudem waren häufig das Interesse und die Unterstützung
des Top-Managements nach der Plangenehmigung nicht mehr ausreichend.

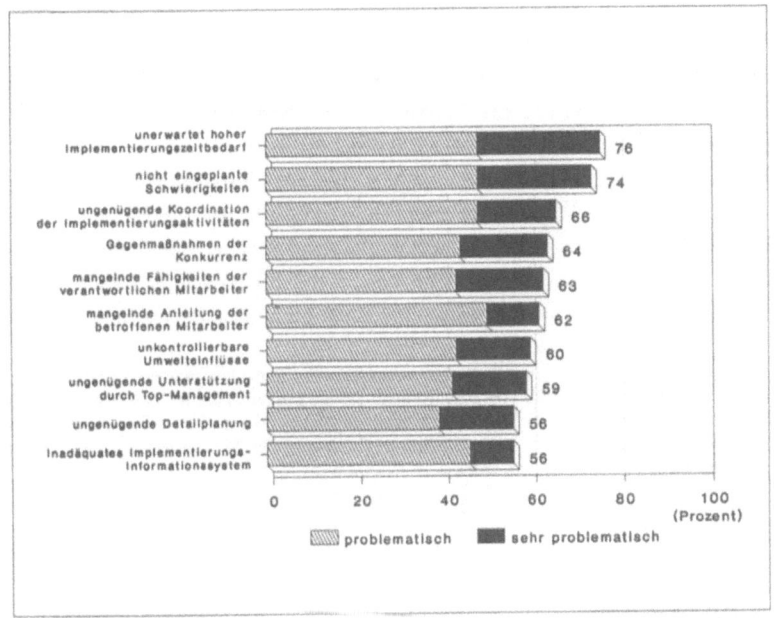

Abb. 14: Bedeutende Implementierungsprobleme aus der Sicht der Praxis[40]

---

[39] Die mangelnde Realitätsnähe von strategischen Plänen wird häufig als bedeutendes Implementierungsproblem betrachtet. Vgl. z.B. Oliver, A.R., Garber, J.R., Implementing Strategic Planning:
Ten Sure-Fire Ways To Do It Wrong, in: Business Horizons, März-April, 1983, S. 50 f.; Greenley, G.E., a.a.O., S. 110 f.; McDonald, M.H.B., a.a.O., S. 8 f.; Gray, D.H., a.a.O., S. 91.

[40] Vgl zu den Daten Alexander, L.D., a.a.O., S. 92.

Viele der von Alexander identifizierten Implementierungsprobleme lassen sich in erster Linie auf Mängel bei der **Mitarbeiter- und Unternehmensführung** sowie der **operativen Detailplanung** zurückführen. Die Relevanz dieser Implementierungsprobleme konnte auch in anderen empirischen Untersuchungen bestätigt werden.[41]

Die Ergebnisse dieser Untersuchungen zeigen, daß einige der Implementierungsprobleme (z.B. Unternehmenskultur und Organisationsstruktur), denen in der Literatur häufig eine besondere Bedeutung für die Implementierung zugeordnet wird, offenbar von der Praxis nicht zu den bedeutenden Problemen gezählt werden.[42] Alexander vermutet, daß diese Faktoren entweder aufgrund der Diskussion in der Literatur bekannt sind und deshalb bei der Implementierung beachtet werden oder bestimmte als relevant identifizierte Faktoren in der Literatur unterschätzt werden, während andere überschätzt werden.[43] Allerdings stehen diese Ergebnisse im Widerspruch zu anderen, früher durchgeführten Untersuchungen.[44]

Zusammenfassend kann festgestellt werden, daß in der Unternehmenspraxis bei der Implementierung von konzeptionellen Vorgaben offenbar die Probleme der **operativen Detailplanung** und der **Unternehmens- und Mitarbeiterführung** im Vordergrund stehen und sicherlich von hoher Relevanz für die Implementierung sind. Inwieweit weitere Probleme in der Praxis tatsächlich geringere Problemrelevanz besitzen, ist allerdings unsicher. Beispielsweise erscheint es möglich, daß die Befragten der verschiedenen Untersuchungen die komplexen Zusammenhänge der Implementierungsproblematik bei ihren Antworten nicht hinreichend berücksichtigt haben, unscharfe Problembereiche (z.B. Unternehmenskultur) nicht hinreichend eingeordnet haben und

---

[41] Gray konnte als Ergebnis einer Befragung von insgesamt 516 Managern feststellen, daß im wesentlichen Führungsfehler des Top-Managements für die Implementierung problematisch sind, die den Linienmanagern oft **keine klaren Zielvorgaben** für das operative Vorgehen geben, so daß sie die operative **Detailplanung** sowie die Konzeptionierung der **Managementsysteme** nur unzureichend ausführen können. Vgl. Gray, D.H., a.a.O., S. 91 ff.

Kolks konnte im Rahmen seiner empirischen Untersuchungen gleichfalls die **operative Detailplanung** sowie die Mitarbeiterführungsaufgabe **"Strategievermittlung"** als besonders bedeutende Implementierungsprobleme identifizieren. Aspekte der Unternehmenskulturveränderungen wurden zudem bei besonders umfangreichen Veränderungsprozessen als bedeutend eingeschätzt. Vgl. Kolks, U., a.a.O., S. 173 ff.

Ähnliche Implementierungsprobleme konnte auch Wernhem in seiner Untersuchung bei British Telecom feststellen. Vgl. Wernhem, R., Bridging the Awful Gap Between Strategy and Action, in: Long Range Planning, Nr. 6, 1984, S. 34 ff.

[42] Verschiedene Untersuchungen ergaben beispielsweise, daß die Unternehmenskultur aus Sicht der Praxis lediglich ein mittleres Implementierungsproblem darstellt. Vgl. Kolks, U., a.a.O., S. 179; Reid, D.M., a.a.O., S. 89 ff.; Krüger, W., Die Erklärung von Unternehmenserfolg: Theoretischer Ansatz und empirische Ergebnisse, in: Die Betriebswirtschaft, Nr. 1, 1988, S. 39.

[43] Vgl. Alexander, L.D., a.a.O., S. 97.

[44] Vgl. Steiner, G.A., Schöllhammer, H., Pitfalls in Multi-National Long-Range Planning, in: Long Range Planning, Nr. 2, 1975, S. 2 f.; Higgins, R.B., Creating a Climate Conductive to Planning, in: Long Range Planning, Nr. 1, 1991, S. 49 ff.

kein intersubjektiv einheitliches Verständnis zu einzelnen Problembereichen zugrunde legen konnten.

2.1.1.2.3 Erkenntnisse aus Untersuchungen zur Implementierung von Marktstrategien

Obwohl ein großer Teil der grundlegenden Implementierungsprobleme von Strategien auch auf das Problem der Marktstrategieimplementierung übertragen werden kann, wurden einige Untersuchungen durchgeführt, die das Problem der **Implementierung von Strategien speziell für Marktstrategien** betrachten.[45]

So konnte Coe beispielsweise als zentrale Probleme bei der Implementierung von strategischen Marktplanungen zum einen die fehlende kontinuierliche Unterstützung des Top-Managements und zum anderen das Fehlen geeigneter Human Resources-Programme identifizieren, welche die betroffenen Mitarbeiter von der Sinnhaftigkeit einer Implementierung überzeugen konnten.[46]

Piercy entwickelte einen sogenannten "Structured Iterative Marketing Planning Process", der zur Implementierung von Marktstrategien genutzt werden soll und das Ziel verfolgt, das Verhalten der Organisationsmitglieder marketinggerecht zu beeinflussen.[47] Marketingimplementierung erfolgt über funktionsübergreifende Teams, die gemeinsam eine Marktstrategie definieren und dann anschließend durch Beeinflussung der Machtbeziehungen im Unternehmen, des betrieblichen Informationssystems und des Budget-Allokationssystems diese Strategie umzusetzen versuchen.[48] Kern des Ansatzes von Piercy ist die frühzeitige systematische Identifizierung von Hindernissen, die einer Implementierung im Wege stehen könnten, um sie anschließend einfacher beseitigen zu können. Es erscheint demnach generell sinnvoll, potentielle Opponenten und Promotoren frühzeitig zu identifizieren, um sie anschließend gezielt beeinflussen zu können.

---

[45] Vgl. Urban, G.L., Star, S.H., Advanced Marketing Strategy: Phenomena, Analysis, and Decisions, Englewood Cliffs, N.J., 1991, S. 474 f.

[46] Vgl. Coe, B.J., Key Differentiating Factors and Problems associated with Implementation of Strategic Market Planning, in: Lusch, R.F., Hrsg., AMA Educator's Proceedings, Chicago 1985, S. 275 ff.

[47] Vgl. Piercy, N., Marketing Concepts and Actions: Implementing Marketing-Led Strategic Change, in: European Journal of Marketing, Nr. 2, 1989, S. 34.

[48] Vgl. Piercy, N., Diagnosing and solving implementation problems in strategic planning, in: Journal of General Management, Nr. 1, Autumn 1989, S. 20 ff.; Piercy, N., Morgan, N., Analysis and Planning for Managing Strategic Change in Marketing, in: Lichtenthal, D., Wilson, D.T., Spekman, R.E., Hrsg., 1990 AMA educators' proceedings. Marketing Theory and Practice, Chicago 1990, S. 191 ff.

Implementierungsebene	Innovator	Folger mit Differenzierungsvorteil	Folger mit Preisvorteil
① Beziehungen zwischen Unternehmenszentrale und Geschäftseinheit (Gesamtunternehmensebene)			
• Autonomiegrad	hohe Autonomie	mittlere Autonomie	niedrige Autonomie
• Abhängigkeit von Ressourcen der Unternehmenszentrale	geringe Abhängigkeit	geringe Abhängigkeit bei Ressourcen, die zur Erzielung des Wettbewerbsvorteils notwendig sind; ansonsten hohe Abhängigkeit	hohe Abhängigkeit
• Kontroll- und Anreizsysteme	auf Zahl der Verkäufe oder auf Marktanteil basierende Systeme	auf Rentabilität basierende Systeme	auf Rentabilität basierende Systeme
② Beziehungen zwischen den Funktionseinheiten einer Geschäftseinheit (Inter-Gruppenebene)			
• Wichtige Funktionseinheiten	Marketing, Vertrieb, produktbezogene F & E	Vertrieb, Finanzierung, Controlling, sonstige Funktionseinheiten, die den Wettbewerbsvorteil (KKV) begründen	Prozeß - F & E, Produktion, Distribution, Finanzierung, Controlling
• Mechanismen zur Konfliktlösung	hoher Grad an Partizipation	mittlerer Grad an Partizipation zwischen den Einheiten, die den Wettbewerbsvorteil begründen; ansonsten hierarchisches Vorgehen	hierarchisches Vorgehen
③ Beziehungen innerhalb der Marketingfunktionseinheit (Intra-Gruppenebene)			
• Art der Entscheidungsfindung sowie erforderliche Koordinationsstrukturen	niedriger Grad an Formalisierung und Zentralisierung, hoher Grad an Spezialisierung	Mittlerer Grad an Formalisierung, Zentralisierung und Spezialisierung	hoher Grad an Formalisierung und Zentralisierung, niedriger Grad an Spezialisierung
• Schwerpunkte des Marketings	breite, technisch anspruchsvolle anspruchslose Produktlinien, hohe Servicequalität, hohe Preise, geringe vertikale Vorwärtsintegration, hohe Kommunikationsaufwendungen	begrenzte Produktlinien mit hoher Qualität, hohe Servicequalität, hohe Preise, stärkere vertikale Vorwärtsintegration, hohe Vertriebsaufwendungen	begrenzte, technisch relativ anspruchsvolle Produktlinien, geringere Servicequalität, niedrigere Preise, stärkere vertikale Vorwärtsintegr., niedrige Kommunikationsaufwendungen

Abb. 15: Einflußfaktoren auf den Implementierungserfolg von Geschäftsbereichsstrategien

Walker und Ruekert versuchen, diese relativ allgemein gehaltenen, nicht auf spezielle Marktstrategien bezogenen Erkenntnisse, um **strategietypenspezifische Erkenntnisse** zu erweitern.[49] Für drei Strategietypen **Innovator** (Prospector), **Folger mit Differenzierungsvorteil** (Differentiated Defender) und **Folger mit Preisvorteil** (Low Cost Defender), werden die in der Literatur als relevant erachteten grundlegenden Implementierungsdimensionen abgeleitet, die zur besseren Strukturierung auf drei (allerdings teilweise interdependente) Implementierungsebenen aufgeteilt werden. Es handelt sich um die Ebenen:

- Beziehungen **zwischen Unternehmenszentrale und Geschäftseinheit** (Gesamtunternehmensebene),

- Beziehungen **zwischen Funktionseinheiten** einer Geschäftseinheit (Inter-Gruppenebene) und

- Beziehungen innerhalb der **Marketingfunktionseinheit** (Intra-Gruppenebene).

In Abbildung 15 sind für unterschiedliche Strategietypen[50] die jeweils identifizierten Faktoren für den Implementierungserfolg in bezug auf drei organisatorische Betrachtungsebenen im Überblick zusammengestellt.[51]

Eine vergleichbare Analyse wurde von Ahmed und Rafiq für die Strategietypen "**Differenzierungsstrategie**" und "**Kostenführerstrategie**" durchgeführt. Neben der personellen Dimension, die sie als das Kernproblem der Implementierung identifizieren[52], unterscheiden sie zwei grundlegende Implementierungsdimensionen, und zwar zum einen die sogenannten "broad acting contingencies" Führung, Unternehmensphilosophie und Unternehmenskultur, die längerfristig wirken und nur problematisch faßbar sind, und zum anderen die sogenannten "narrow level contingencies" Organisations-

---

[49] Vgl. Walker, O.C., Ruekert, R.W., Marketing's Role in the Implementation of Business Strategies: A Critical Review and Conceptual Framework, in: Journal of Marketing, July 1987, S. 15 ff.

[50] Walker und Ruekert führen die drei Strategietypen, die bei ihnen als Prospector-, Low Cost Defender- und Differentiated Defender-Strategie bezeichnet werden, auf die von Porter und Miles/Snow identifizierten Strategievarianten zurück. Vgl. Walker, O.C., Ruekert, R.W., Marketing's Role in the Implementation of Business Strategies, a.a.O., S. 17. Bezug wird genommen auf: Porter, M., Competitive Strategy, New York 1980; Miles, R.E., Snow, C.C., Organizational Strategy, Structure and Process, New York 1978.

[51] Vgl. zur Abbildung in Anlehnung an Walker, O.C., Ruekert, R.W., Marketing's Role in the Implementation of Business Strategies: A Critical Review and Conceptual Framework, S. 31.

[52] "..,there must be consonance. between competitive strategy and the human resource element." Ahmed, P.K., Rafiq, M., Implanting Competitive Strategy: a Contingency Approach, in: Journal of Marketing Management, Nr. 8, 1992, S. 63.

struktur, Aufgaben und Charakteristika von Mitarbeitern sowie Kontroll- und Anreiz-systeme, die kurzfristiger wirken und konkreter faßbar sind (vgl. Abbildung 16).[53]

Differenzierungsstrategie

Broad acting contingencies
- Innovations- und flexibilitätsfördernde Unternehmensphilosophie/-kultur

Narrow level contingencies
- Dezentrale Organisationsstruktur
- Kreative, anpassungsfähige und marktorientierte Mitarbeiter
- Individuumbezogenes Anreizsystem
- Auf unternehmensexterne Dimensionen bezogene Weiterbildung

Kostenführerstrategie

Broad acting contingencies
- Kosten- und produktivitätsfördernde Unternehmensphilosophie/-kultur

Narrow level contingencies
- Zentrale Organisationsstruktur
- Mitarbeiter, die vorstrukturierte, routinisierte Arbeiten bevorzugen und befähigt sind, in Gruppen zu arbeiten
- Gruppenbezogenes Anreizsystem
- Auf unternehmensinterne Dimensionen bezogene Weiterbildung

Abb. 16: Faktoren, die die Implementierung der Differenzierungs- bzw.
der Kostenführerstrategie erleichtern

Die Nichtberücksichtigung der aufgeführten Implementierungsfaktoren bei der Konzeptionierung einer Strategie führt nach Ahmed und Rafiq bestenfalls zu suboptimalen Ergebnissen. In der Regel führt dies jedoch zum Scheitern einer solchen Strategie. Eine "stuck in the middle"-Position kann somit nicht nur durch eine unzureichende Strategie, sondern auch durch die Inkonsistenz von Strategie und Implementierungsfähigkeiten verursacht werden. Allerdings wird auch betont, daß weitere empirische Untersuchungen erforderlich sind, um zu differenzierteren Aussagen zu gelangen.[54]

Ruekert und Walker konnten in ihren Untersuchungen feststellen, daß viele der von ihnen identifizierten strategietypbezogenen **Implementierungszusammenhänge auf Grund widersprüchlicher Erkenntnisse der Literatur allenfalls tendenziell als gültig angesehen werden können**. Beispielsweise wird häufig angenommen, daß eine als Innovator agierende Geschäftseinheit dezentral geführt und mit hoher Autonomie

---

[53] Vgl. Ahmed, P.K., Rafiq, M., a.a.O., S. 53 ff.

[54] Vgl. Ahmed, P.K., Rafiq, M., a.a.O., S. 63.

ausgestattet werden muß, um erfolgreich sein zu können. Jedoch gibt es auch viele Studien, die zu dem Ergebnis kommen, daß zentralisierte Organisationen für den Innovationserfolg besser geeignet sind.[55] Ähnlich gegensätzliche Erkenntnisse lassen sich für viele Implementierungszusammenhänge finden. Als Ergebnis stellen Walker und Ruekert fest: "...in every case evidence is sparse and ridled with limitations.".[56]

Offenbar ist es nur schlecht möglich, relativ allgemeingültige, aber gleichzeitig strategietypspezifische Implementierungshinweise zu identifizieren. Eine Begründung für diese Schwierigkeit könnte sich daraus ergeben, daß Marktstrategien sich auf Grund der Vielzahl der situativen Faktoren nicht immer zweifelsfrei kategorisieren lassen. Ferner lassen sich einige Implementierungsdimensionen (z.B. Konfliktintensität, Koordinationsqualität) nur unzureichend durch Befragungen von einigen wenigen Betroffenen erfassen.[57] Dieses könnte ein Grund dafür sein, daß beispielsweise im Rahmen des PIMS-Programms, welches Beziehungen zwischen verschiedenen Unternehmensstrategien und dem Unternehmenserfolg untersucht, dennoch Fragen der Strategieimplementierung keine Berücksichtigung finden, obwohl die Implementierung als ein Hauptanliegen des strategischen Managements bezeichnet wird.[58] Der Einsatz qualitativer Untersuchungsmethoden, wie z.B. die teilnehmende Beobachtung, kann hier prinzipiell weiterhelfen.[59] Allerdings ist es auf Grund der wesentlich höheren Kosten und des Zeitbedarfs schwierig, für viele verschiedene Strategietypen ausreichend große Fallzahlen zu erzielen, um repräsentative Erkenntnisse ableiten zu können.[60]

Zusammenfassend ergibt sich für die Marketingimplementierung, daß alternative Marktstrategien als Reaktion auf unterschiedliche Unternehmens-Umwelt-Konstellationen tendenziell Einfluß auf die Ausgestaltung der weiteren vier Betrachtungsebenen der Marketingimplementierung besitzen, normative Aussagen hierzu jedoch bisher nicht oder nur sehr limitiert vorliegen. Dies bedeutet, daß die **Ableitung von Marktstrategien** zwar grundlegend für die Ausgestaltung der einzelnen Betrachtungsebenen der Marketingimplementierung ist, d.h. die **Freiheitsgrade eingeschränkt** werden, je-

---

[55] Vgl. auch die Ausführungen zu dem Managementsystem "Organisationsstruktur" in Abschnitt C. 2.2.2.

[56] Walker, O.C., Ruekert, R.W., Marketing's Role in the Implementation of Business Strategies: A Critical Review and Conceptual Framework, a.a.O., S. 30.

[57] Ahmed und Rafiq wie auch Walker und Ruekert befürworten deshalb zur tiefergehenden Erkenntnisgewinnung einen qualitativ ausgerichteten Forschungsansatz und schlagen als Erhebungsmethode "in-depth case histories" vor. Vgl. Ahmed, P.K., Rafiq, M., a.a.O., S. 63.

[58] Vgl. Buzzell, R.D., Gale, B.T., Das PIMS-Programm. Strategien und Unternehmenserfolg, Wiesbaden 1989, S. 195.

[59] Vgl. zu qualitativen Erhebungsverfahren Lamnek, S., Qualitative Sozialforschung, Band 2, Methoden und Techniken, München 1989.

[60] Vgl. Walker, O.C., Ruekert, R.W., Marketing's Role in the Implementation of Business Strategies: A Critical Review and Conceptual Framework, a.a.O., S. 30.

doch die konkrete **Ausgestaltung der Marketingimplementierung nur situations-spezifisch möglich ist.**

2.1.2 Unternehmenskultur (Gesamt-Unternehmensebene)

In jedem Unternehmen ergeben sich bedingt durch das nichtdeterministische Verhalten der Mitarbeiter eine Vielzahl von eher ungeplanten, schlecht vorhersehbaren Handlungen, die durch vorstrukturierende Managementsysteme wie z.b. die Organisations-struktur nur begrenzt zu kanalisieren sind. Unternehmen werden jedoch auch als ziel-orientierte soziale Gebilde beschrieben, deren Mitgliederkreis den Anspruch verfolgt, anvisierte Ziele durch möglichst effizientes Zusammenarbeiten zu erreichen.[61] Ansatz-punkte zur **Steuerung des Mitarbeiterverhaltens auf Gesamt-Unternehmensebene** bietet in erster Linie das im folgenden unter Gesichtspunkten der Marketingimplemen-tierung diskutierte **Konzept der Unternehmenskultur**,[62] das als "...social or norma-tive glue..." das Unternehmen zusammenhält.[63]

2.1.2.1 Der Begriff der Unternehmenskultur und seine Relevanz für das Marketing

Der Kulturbegriff findet nicht nur in der Betriebswirtschaftslehre Anwendung. In der Anthropologie findet er Verwendung in bezug auf Gesellschaften oder Gruppen von Menschen und wird als aus der Vergangenheit abgeleitetes, durch Sozialisation und Lernprozesse gebildetes Regel- und Verhaltenswerk aufgefaßt.[64] Unternehmen beste-hen i.d.R. aus Gruppen von Menschen und werden deshalb auch als Minigesellschaf-ten (little societies) bezeichnet, die eine eigene Kultur entwickeln.[65] Nach Heinen und

---

[61] Vgl. Staehle, W.H., Management, a.a.O., S. 383; Kieser, A., Kubicek, H., Organisation, 3. Aufl., Berlin, New York 1992, S. 4 ff.

[62] Staehle führt als weiteres Konzept zur Beeinflussung des Mitarbeiterverhaltens auf Gesamt-Un-ternehmensebene das Unternehmensklima auf, das jedoch vom ihm auch als Erscheinungsform der herrschenden Unternehmenskultur verstanden wird und daher im Zusammenhang mit der Un-ternehmenskultur betrachtet werden kann. Vgl. Staehle, W.H., Management, S. 384 und S. 463.

[63] Smircich, L., Concepts of Culture and Organizational Analysis, in: Administrative Science Quar-terly, 1983, S. 344.

[64] Vgl. Heinen, E., Dill, P., Unternehmenskultur. Überlegungen aus betriebswirtschaftlicher Sicht, in: Zeitschrift für Betriebswirtschaft, Nr. 3, 1986, S. 206 f.

[65] Vgl. Allaire, Y., Firsirotu, M.E., Theories of Organizational Cultures, in: Organizational Studies, Nr. 3, 1984, S. 193; Sackmann, S., Organisationskultur: Die unsichtbare Einflußgröße, in: Grup-pendynamik, Zeitschrift für angewandte Sozialwissenschaft, 1983, S. 395; Hochreutner, P., Grundlagen für ein wirkungsvolles Management sind Unternehmenskultur-Leitbilder, in: io Management Zeitschrift, Nr. 1, 1985, S. 15.

Dill soll Unternehmenskultur im folgenden als **Grundgesamtheit gemeinsamer Wert- und Normenvorstellungen sowie gemeinsam geteilter Denk- und Verhaltensmuster** verstanden werden, die die Entscheidungen, Handlungen und Aktivitäten der Organisationsmitglieder prägen.[66] Sackmann unterscheidet zwischen einem Kulturkern, der die allgemeinen Glaubens- und Wertvorstellungen umfaßt, die in der Unternehmensphilosophie[67] festgelegt sind, und kulturunterstützenden Symbolsystemen wie Geschichten, Mythen, Legenden, Riten, Ritualen und Zeremonien und auch die Art der konkreten Leistungsangebote, die den Kulturkern im Zeitablauf ausbilden, weitergeben und anreichern (vgl. Abbildung 17).[68] Die Unternehmenskultur entwickelt sich somit im Laufe der Zeit im Prozeß ständiger Interaktionen und Transaktionen der Unternehmensmitglieder untereinander sowie mit der Unternehmensumwelt.[69] Die Entwicklung einer Unternehmenskultur kann idealtypisch anhand der Abbildung 17 verdeutlicht werden.

Die funktionsübergreifende Sichtweise des Marketings impliziert, daß **Marketing auf das Verhalten aller Mitarbeiter eines Unternehmens ausstrahlen** muß.[70] Marketing erfordert daher "...a distinct organizational culture, a fundamental shared set of beliefs and values that put the customer in the center of the firm's thinking about strategy and operations."[71] Eine Befragung des Instituts der Deutschen Wirtschaft in 241

---

[66] Vgl. Heinen, E., Dill, P., a.a.O., S. 207. In der Literatur werden eine Vielzahl von weiteren Unternehmenskulturdefinitionen, die jedoch inhaltlich zum großen Teil mit der Definition von Heinen/ Dill deckungsgleich sind, aufgeführt. Vgl. z.B. Scholz, C., Hofbauer, W., Organisationskultur. Die vier Erfolgsprinzipien, Wiesbaden 1990, S. 32; Schwarz, G., Unternehmenskultur als Element des Strategischen Managements, Berlin 1989, S. 27 f.; Schuh, S., Organisationskultur. Integration eines Konzepts in die empirische Forschung, Wiesbaden 1989, S. 28 ff.

[67] Die Organisations- oder Unternehmensphilosophie beschreibt im wesentlichen die durch das Management gewünschten, gewollten und angestrebten Vorstellungen, die häufig in schriftlicher Form vorliegen. Die Unternehmensphilosophie kann somit auch als Soll-Unternehmenskultur aufgefaßt werden, die jedoch erst, wenn sie im Unternehmen akzeptiert und "gelebt" wird, Bestandteil der Unternehmenskultur wird. Vgl. Kasper, H., Organisationskultur, a.a.O., S. 12 f.; Kreutzer, R., Jugel, S., Wiedmann, K.-P., Unternehmensphilosophie und Corporate Identity. Empirische Bestandsaufnahme und Leitfaden zur Implementierung einer Corporate Identity-Strategie, Arbeitspapier Nr. 40 des Instituts für Marketing der Universität Mannheim, Mannheim 1986, S. 12 ff.

[68] Vgl. Sackmann, S., a.a.O., S. 396 f.

[69] Vgl. Scheuss, R., Strategische Anpassung der Unternehmung. Ein kulturorientierter Beitrag zum Management der Unternehmensentwicklung, Diss., St. Gallen 1985, S. 164 ff.

[70] Vgl. Narver, J.C., Slater, S.F., The Effect of a Market Orientation on Business Profitability, a.a.O., S. 21.

[71] Deshpande, R., Webster, F.E., Organizational Culture and Marketing: Defining the Research Agenda, in: Journal of Marketing, January, 1989, S. 3. In dem Beitrag von Deshpande und Webster werden die unterschiedlichen Ansätze der Unternehmenskulturforschung dargestellt und in Beziehung zum Marketingkonzept gesetzt. Die Autoren sind der Auffassung, daß das Unternehmenskulturkonzept sowohl für die Theoriebildung im Marketing als auch für die Marketingpraxis wichtige Erkenntnisse liefern kann. Vgl. Deshpande, R., Webster, F.E., a.a.O., S. 13. Vgl. dazu auch Hunt, S.D., Wood, V.R., Chonko, L.B., Corporate Ethical Values and Organizational Commitment in Marketing, in: Journal of Marketing, July 1989, S. 79 f.

deutschen Unternehmen ergab, daß Unternehmenskultur neben der **Identifikations-funktion**, die zur Stärkung von Verantwortung und Gemeinschaftssinn in bezug auf das Unternehmen beiträgt, insbesondere auch eine **Orientierungsfunktion** zur Ausrichtung der Handlungen der Mitarbeiter auf grundsätzlich festgelegte Verhaltensvorgaben (z.b. Kundenorientierung) wahrnimmt.[72]

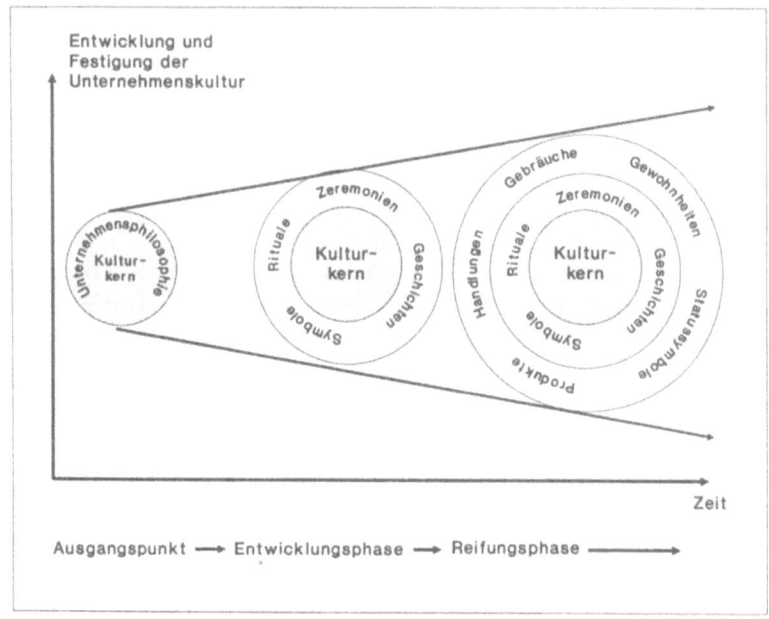

Abb. 17: Herausbildung einer Unternehmenskultur im Zeitablauf[73]

Unternehmenskulturelle Aspekte werden deshalb auch in der Marketingliteratur diskutiert. So betrachten z.b. Meffert und Hafner Beziehungen zwischen Unternehmenskultur und Marktstrategien sowie Marketinginstrumenten.[74] Allerdings stellen die Aus-

---

[72] Vgl. Hüchtermann, M., Lenske, W., Wettbewerbsfaktor Unternehmenskultur, Schriftenreihe "Beiträge zur Gesellschafts- und Bildungspolitik des Instituts der deutschen Wirtschaft", Nr. 168, Köln 1991, S. 34 ff. Vgl. auch Dill, P., Hügler, G., Unternehmenskultur und Führung betriebswirtschaftlicher Organisationen. Ansatzpunkte für ein kulturbewußtes Management, in: Heinen, E., Hrsg., Unternehmenskultur. Perspektiven für Wissenschaft und Praxis, München, Wien 1987, S. 146 ff.

[73] In Anlehnung an die Ausführungen von Sackmann, S., Organisationskultur, a.a.O., S. 397 ff.; sowie Meffert, H., Hafner, K., a.a.O., S. 29. Vgl. ähnlich auch Bromann. P., Piwinger, M., Gestaltung der Unternehmenskultur. Strategie und Kommunikation, Stuttgart 1992, S. 3 f.

[74] Vgl. Meffert, H., Hafner, K., a.a.O., S. 20 ff. Vgl. auch Deshpande, R., Parasuraman, A., Linking Corporate Culture to Strategic Planning, in: Business Horizons, May-June 1986, S. 31.

führungen primär auf sogenannte "Marketing-Subkulturen" ab.[75] Aspekte einer gesamtunternehmensbezogenen Marketing-Unternehmenskultur werden demgegenüber vernachlässigt. Deshpande und Webster haben die Bedeutung der Unternehmenskultur für verschiedene Marketingfragestellungen untersucht und konnten feststellen, daß Aspekte der Marketingimplementierung, wie z.b. die funktionsübergreifende Zusammenarbeit und die innerbetriebliche Verbreitung der Marketingidee, durch die Unternehmenskultur determiniert werden.[76] Mehrere empirische Untersuchungen haben zudem ergeben, daß eine im Unternehmen auf **breiter Basis verankerte konsistente, marktorientierte Unternehmenskultur positiv auf den Unternehmenserfolg** wirkt.[77]

Kotter und Heskett konnten durch empirische Untersuchungen zeigen, daß die Unternehmenskultur nur dann einen bedeutenden Einfluß auf den Unternehmenserfolg besitzt, wenn die Unternehmenskultur der jeweiligen Unternehmensumwelt, insbesondere jedoch den Verhältnissen der Absatzmärkte, angepaßt ist und wenn sie in der Lage ist, sich bei dynamisch verändernder Umwelt im erforderlichen Umfang zu verändern. Nicht anpassungsfähige (change-resistant), starke (strong) Unternehmenskulturen können allenfalls kurzfristig, solange sie noch den Umweltbedingungen gerecht werden, den Unternehmenserfolg positiv beeinflussen, da sie verhindern, daß neue und bessere Unternehmensstrategien implementiert werden können.[78] Grundsätzlich geht es somit darum, eine **Unternehmenskultur zu gestalten,** die insbesondere den **Absatzmarkterfordernissen gerecht wird** und in der Lage ist, sich veränderten Bedingungskonstellationen **flexibel anzupassen.**

---

[75] Die Subkultur der betrieblichen Fachfunktion Marketing, die neben einer F & E - und EDV-Kultur steht, besitzt nach Auffassung der Autoren für die marktorientierte Unternehmensführung einen zentralen Stellenwert. Vgl. Meffert, H., Hafner, K., a.a.O., S. 44 ff.

[76] Implementierungsaspekte werden von Deshpande und Webster insbesondere unter den Begriffen "Marketing cognition" und "Marketing symbolism" zusammengefaßt. Vgl. Deshpande, R., Webster, F.E., a.a.O., S. 11 ff.

[77] Vgl. Dunn, M.G., Norburn, D., Birley, S., Corporate Culture. A Positive Correlate with Marketing Effectiveness, in: International Journal of Advertising, 1985, S. 72; Kelley, S.W., Developing Customer Orientation Among Service Employees, in: Journal of the Academy of Marketing Science, Winter 1992, S. 34; Webster, C., Refinement of the Marketing Culture Scale and the Relationship Between Marketing Culture and Profitability of a Service Firm, in: Journal of Business Research, Vol. 26, 1993, S. 120.

[78] Vgl. Kotter, J.P., Heskett, J.L., Corporate Culture and Performance, New York u.a. 1992, S. 141 ff.

2.1.2.2 Gestaltung einer marketinggerechten Unternehmenskultur

2.1.2.2.1 Die Veränderbarkeit von Unternehmenskulturen

Da die Unternehmenskultur als bedeutender Einflußfaktor der Marketingimplementierung betrachtet werden muß, interessiert zunächst, inwieweit eine als unangemessen erkannte Unternehmenskultur situationsadäquat angepaßt werden kann. In der Diskussion zur Unternehmenskultur haben sich zu dieser Problematik in der Vergangenheit **zwei polare Standpunkte** herausgebildet. Schreyögg[79] bezeichnet die eine Gruppe als "**Interventionisten**", welche Kultur als Variable betrachten und ihre Steuerbarkeit z.t. uneingeschränkt bejahen[80], und die andere Gruppe als "**Kulturalisten**", die Kultur als etwas viel zu Komplexes und Tiefgründiges ansehen, als daß man sie kontrollieren und/ oder managen könnte und sollte.[81]

Neuere Ansätze vereinigen die Sichtweisen beider Richtungen zu einer "**Integrativen Kulturperspektive**", die auch im Rahmen dieser Arbeit Verwendung finden soll.[82] Dabei wird den kulturanthropologischen Grundlagen der Organisationskulturforschung große Beachtung geschenkt, d.h. Kultur wird nicht verkürzt als reines Instrument der Unternehmensführung aufgefaßt. Gleichzeitig wird darauf geachtet, daß mit der Unternehmenskultur ein für die Unternehmen relativ **pragmatisch nutzbares Gestaltungselement** zur Verfügung steht. Letztlich bedeutet dies, daß die Steuerung des Implementierungseinflußfaktors Unternehmenskultur prinzipiell möglich ist, jedoch Beschränkungen unterliegt und einen langwierigen Prozeß darstellt.[83]

Daß grundsätzlich die Möglichkeit besteht, Unternehmenskulturen zu verändern, ergibt sich aus der Tatsache, daß Menschen in der Lage sind, sich über bestehende Normen und Orientierungsmuster bewußt zu werden, über sie nachzudenken und sie im Einzelfall gegen andere als zweckmäßiger erachtete auszutauschen, d.h. **Unterneh-**

---

79 Vgl. Schreyögg, G., a.a.O., S. 202.

80 Diese Sichtweise wird auch als Variablenansatz bezeichnet. Vgl. Sackmann, S., Möglichkeiten der Gestaltung von Unternehmenskultur, in: Domsch, M., Hofmann, M., Lattmann, Ch., Hrsg., Die Unternehmenskultur. Ihre Grundlagen und ihre Bedeutung für die Führung der Unternehmung, Heidelberg 1990, S. 155 ff.; Heinen, E., Unternehmenskultur als Gegenstand der Betriebswirtschaftslehre, a.a.O., S. 43 f.

Die Bezeichnung "funktional-objektivistische Kulturperspektive" ist ebenfalls eine Umschreibung für den Variablenansatz. Vgl. Scholz, C., Hofbauer, W., a.a.O., S. 45 ff.; Schwarz, G., a.a.O., S. 35 ff.

81 Diese Sichtweise wird auch als Metaphernansatz bezeichnet. Vgl. Sackmann, S., Möglichkeiten der Gestaltung von Unternehmenskultur, a.a.O., S. 161 f., bzw. als subjektiv-interpretative Kulturperspektive bezeichnet, vgl. Scholz, C., Hofbauer, W., a.a.O., S. 48 ff.

82 Vgl. Schwarz, G., a.a.O., S. 38 ff.; Scholz, C., Hofbauer, W., a.a.O., S. 51 ff.

83 Vgl. Kievelitz, U., Reineke, R.D., a.a.O., S. 52.

menskulturen sind im Prinzip einem willentlichen Wandel zugänglich.[84] Andererseits muß beachtet werden, daß Teile des menschlichen Verhaltens **nicht bewußt gesteuert werden können**, z.T. auch nicht rational ablaufen und somit nur schwierig antizipiert werden können.[85] Damit ist evident, daß Maßnahmen zur Unternehmenskulturentwicklung und somit auch zur Implementierung von Marketing immer mit mehr oder weniger großen Unsicherheiten behaftet sein müssen, weil sich bestimmte Elemente der Unternehmenskultur einer menschlichen Planung entziehen.[86]

Da davon auszugehen ist, daß eine den Marketingerfordernissen entgegenstehende Unternehmenskultur die Marketingimplementierung erschwert oder sogar unmöglich macht, müssen daher, trotz der aufgezeigten Probleme, Maßnahmen getroffen werden, um eine möglicherweise mit den Erfordernissen des Marketings nicht kompatible Unternehmenskultur anpassen zu können. Obwohl eine **Detailplanung der Unternehmenskultur nicht durchführbar** ist, können sicherlich durch **geeignete Maßnahmen** **"Richtungsänderungen"** angestrebt werden.[87] Bevor jedoch eine Unternehmenskultur situationsadäquat angepaßt werden kann, ist zunächst die Erfassung der Ist-Kultur erforderlich, damit dann nach Abgleich mit der Soll-Kultur der konkrete Handlungsbedarf festgelegt werden kann.[88]

2.1.2.2.2 Erfassung der Ist-Unternehmenskultur

Die unternehmenskulturelle Situationsanalyse erweist sich in der Praxis als schwierig.[89] Ein Grund hierfür darf darin gesehen werden, daß die Erfassung einer Ist-Unternehmenskultur auf Grund vielfältiger Interdependenzen und der Vielzahl von Einflußfaktoren nur **schlecht durch direkt beobachtbare und abfragbare Indikatoren möglich ist**. Daher wird auch die Auffassung vertreten, daß die ausschließlich direkte

---

84 Vgl. Schreyögg, G., a.a.O., S. 210; Drennan, D., Veränderung der Unternehmenskultur, London, u.a. 1993, S. 3.

85 Vgl. Scheuss, R., Strategische Anpassung der Unternehmung. Ein kulturorientierter Beitrag zum Management der Unternehmensentwicklung, Diss., St. Gallen 1985, S. 276 f.

86 Vgl. Ulrich, P., Systemsteuerung und Kulturentwicklung, in: Die Unternehmung, 1984, S. 320; Matenaar, D., Vorwelt und Organisationskultur, in: Zeitschrift Führung und Organisation, Heft 1, 1983, S. 22 f.

87 Vgl. Bleicher, K., Strukturen und Kulturen der Organisation im Umbruch: Herausforderung für den Organisator, in: Zeitschrift Führung und Organisation, Nr. 2, 1986, S. 104.

88 Vgl. Rühli, E., Ein methodischer Ansatz zur Erfassung und Gestaltung von Unternehmenskulturen, in: Domsch, M., Hofmann, M., Lattmann, Ch., Die Unternehmenskultur. Ihre Grundlagen und ihre Bedeutung für die Führung der Unternehmung, Heidelberg 1990, S. 189 ff.

89 Vgl. Drumm, H.J., Probleme der Erfassung und Messung von Unternehmungskultur, in: Dülfer, E., Hrsg., Organisationskultur. Phänomen-Philosophie-Technologie, 2. Aufl., Stuttgart 1991, S. 170.

Erfassung einer Unternehmenskultur weder zu reliablen noch zu validen Ergebnissen führen wird.[90] Kritisiert wird insbesondere, daß nicht geklärt werden kann, ob die wirklichen Wertvorstellungen erfaßt werden oder ob lediglich vermeintliche oder vorgespielte Werthaltungen ermittelt werden.[91]

Als Lösung bietet sich die indirekte Erfassung der Unternehmenskultur über qualitative Erhebungsverfahren wie narrative Interviews[92] und/oder die teilnehmende Beobachtung[93] sowie durch Befragungen an. Bei Verwendung geeigneter Frageformen und entsprechender Skalierungsverfahren sind die Antworten aus Befragungen teilweise auch einer Auswertung mittels multivariater Verfahren der Statistik zugänglich. Alle aufgeführten Alternativen sind jedoch mit unterschiedlichen spezifischen Probleme verbunden. Insbesondere die qualitativ orientierten Verfahren wie die narrativen Interviews und die Beobachtungen weisen erhebliche Datenauswertungsprobleme auf.[94] Beim Einsatz multivariater Verfahren treten oft Interpretationsprobleme auf, insbesondere dann, wenn keine erklärende Theorie für die gefundenen Zusammenhänge vorliegt.[95]

Eine **Beschränkung auf nur eine Methode zur Kulturerfassung erfolgt selten,** i.d.R. werden die Methoden kombiniert eingesetzt.[96] Kievelitz und Reineke befürworten den Einsatz der in der Kulturanthropologie für die Kulturerfassung genutzten Feldforschung. Die Feldforschung bedient sich dabei der Verfahren der Beobachtung, des Dialogs sowie der Befragung und der Quelleninterpretation.[97] Obwohl die Feldforschung auf einem gestrafften und relativ klar strukturierten Untersuchungsdesign basiert, ist diese Erhebungsmethode mit verhältnismäßig großem Aufwand verbunden. Zudem bestehen Probleme bei der Auswertung des erhobenen qualitativen Daten-

---

90 Vgl. Drumm, H.J., a.a.O., S. 168.

91 Vgl. Rühli, E., a.a.O., S. 190 f.

92 Beim narrativen Interview wird versucht, ohne vorformulierte Fragen den Gesprächspartner zur Erzählung von erlebten Gegebenheiten zu animieren. Vgl. zur Anwendung dieses Verfahrens in der Unternehmenskulturforschung Osterloh, M., Methodische Probleme einer empirischen Erforschung von Organisationskulturen, in: Dülfer, E., Hrsg., Organisationskultur. Phänomen-Philosophie-Technologie, 2. Aufl., Stuttgart 1991, S. 176.

93 Vgl. Kievelitz, U., Reineke, R. D., a.a.O., S. 307 ff.

94 Vgl. zu den Methoden und Techniken sowie den mit ihrer Anwendung verbundenen Problemen Lamnek, S., Qualitative Sozialforschung, Band 2., a.a.O..

95 Drumm diskutiert die Probleme der potentiell einsetzbaren Verfahren der Cluster- und Faktorenanalyse. Vgl. Drumm, H.J., a.a.O., S. 169 f. Vgl. auch zu den Verfahren sowie deren Anwendungsrestriktionen Backhaus, K., u.a., Multivariate Analysemethoden. Eine anwendungsorientierte Einführung, 6. Aufl., Berlin u.a. 1990, für die Faktorenanalyse S. 67 ff. und für die Clusteranalyse S. 115 ff.

96 Vgl. Dierkes, M., Unternehmenskultur und Unternehmensführung - Konzeptionelle Ansätze und gesicherte Erkenntnisse, in: Zeitschrift für Betriebswirtschaft, Nr. 5-6, 1988, S. 565.

97 Vgl. Kievelitz, U., Reineke, R.D., a.a.O., S. 308 ff.

materials. Daher erfordert dieses Verfahren erfahrenes und gut geschultes Personal. Es erscheint deshalb angebracht, dieses aufwendige Verfahren dazu zu nutzen, ein **Grundmodell zur Kulturerfassung (von Experten) zu entwickeln, das dann im konkreten Einzelfall die Grundlage für die Anwendung quantitativer Verfahren bietet (z.B.** strukturierte Interviews, Fragebögen), deren Auswertung mit Hilfe multivariater Verfahren möglich ist.[98] Ein solches Vorgehen ist von Webster speziell zur **Erfassung von marktorientierten Unternehmenskulturen** entwickelt worden.[99] Dabei konnte Webster ein reliables und valides Set von Fragen zur Kulturerfassung extrahieren, das in sechs Erfassungsdimensionen unterteilt werden kann (vgl. Abbildung 18).[100]

---

① Leistungserstellungsqualität (Service quality)

- Das Unternehmen definiert detailliert, was als außergewöhnliche Leistung zu verstehen ist.
- Das Top-Management fühlt sich der Erstellung hochwertiger, kunden-orientierter Leistungen verpflichtet.
- Es erfolgt eine systematische, regelmäßige Erfassung und Überprüfung der Mitarbeiterleistungen.
- Mitarbeiter achten auf Kundenwünsche, -bedürfnisse und -verhalten.
- Die Mitarbeiter vertreten die Ansicht, daß ihr Verhalten das Unter-nehmensimage wiedergibt.
- Mitarbeiter sind daran interessiert, daß die Erwartungen des Unternehmens erfüllt werden.
- Im Unternehmen wird auf die Kommunikationsfähigkeiten der Mitarbeiter geachtet.
- Die Mitarbeiter achten bei ihrer Arbeit auf Details.

---

[98] Vgl. Kievelitz, U., Reineke, R.D., a.a.O., S. 315 f.

[99] Vgl. Webster, C., Toward the Measurement of the Marketing Culture of a Service Firm, in: Journal of Business Research, Vol. 21, 1990, S. 345 ff.

Auch Badovick und Beatty haben ein Untersuchungsdesign zur Erfassung von Marketing-Unternehmenskulturen entwickelt. Allerdings ist ihr Untersuchungsdesign wesentlich weniger wissenschaftlich fundiert als das Design von Webster. Vgl. Badovick, G.J., Beatty, S.E., Shared Organizational Values: Measurement and Impact Upon Strategic Marketing Implementation, in: Journal of the Academy of Marketing Science, Nr. 1, 1987, S. 19 ff.

Vgl. zur Kritik an der Vorgehensweise, am Beispiel einer ähnlichen Methode zur Erfassung von Dienstleistungsqualität (SERVQUAL), Hentschel, B., Multiattributive Messung von Dienstleistungsqualität, in: Bruhn, M., Stauss, B., Hrsg., Dienstleistungsqualität, Wiesbaden 1991, S. 327 ff.

[100] Die Analysen von Webster wurden ausschließlich in Dienstleistungsunternehmen vorgenommen. Zunächst wurden mit Hilfe von Tiefeninterviews Ausprägungen bzw. Dimensionen zur Erfassung von marktorientierten Unternehmenskulturen bei Dienstleistungsunternehmen extrahiert, die dann anschließend im Rahmen einer umfangreichen Befragung Verwendung fanden. Durch Anwendung multivariater Analysemethoden konnte die Zahl der notwendigen Fragen auf unter 40 Fragen reduziert werden, die wiederum zu 6 Dimensionen zusammengefaßt wurden. Vgl. zur genauen Vorgehensweise: Webster, C., Toward the Measurement of the Marketing Culture of a Service Firm, a.a.O., S. 349 ff.

② Mitarbeiterorientierung (Interpersonal relationships)

- Das Unternehmen achtet auf das Befinden der Mitarbeiter.
- Jeder Mitarbeiter wird als wichtiger Teil des Unternehmens betrachtet.
- Die Mitarbeiter werden darin unterstützt, ihre Ansichten Führungskräften und dem Top-Management mitzuteilen.
- Das Top-Management besitzt direkten Kontakt mit den operativ eingesetzten (front-line) Mitarbeitern.
- Die Vorgesetzten verfolgen eine "open-door"-Politik.

③ Unternehmensinterne Kommunikation (Internal communications)

- Das Unternehmen besitzt ein erprobtes Set von Handlungsanweisungen und sonstigen Managementpraktiken, die jedem Mitarbeiter zugänglich sind.
- Die Vorgesetzten kommunizieren ihre Erwartungen an die Mitarbeiter klar und eindeutig.
- Es existieren schriftlich fixierte Unternehmensgrundsätze, die jeder Mitarbeiter kennt.
- Das Management gibt finanzielle Unternehmensdaten allen Mitarbeitern bekannt.
- Die (front-line) Mitarbeiter werden bei der Festlegung von Zielvorgaben einbezogen.
- Das Unternehmen unterstützt Weiterbildungs- und Motivationsmaßnahmen.

④ Innovationsorientierung (Innovativeness)

- Alle Mitarbeiter sind gegenüber Veränderungen aufgeschlossen.
- Im Unternehmen werden neue Ideen erprobt.
- Das Unternehmen ist veränderungsbereit.

⑤ Arbeitsablauforganisation (Organization)

- Jeder Mitarbeiter ist in der Lage, sich selbst gut zu organisieren.
- Sorgfältige Planung gehört zur Routine eines jeden Mitarbeiters.
- Die Arbeit wird von jedem Mitarbeiter als vorrangig eingestuft.
- Das Arbeitsumfeld von jedem Mitarbeiter ist gut organisiert.
- Jeder Mitarbeiter besitzt einen gut strukturierten Tagesplan.

⑥ Kundenkontaktmanagement (Selling task)

- Das Unternehmen achtet besonders darauf, geeignete Kundenkontakt-Mitarbeiter einzustellen.
- Das Unternehmen sorgt dafür, daß das Kundenkontaktpersonal gut ausgebildet wird und Produktkenntnisse besitzt.
- Das Unternehmen ermutigt zu kreativen Verkaufsbemühungen.
- Das Unternehmen honoriert gute Verkaufsleistungen.
- Die Mitarbeiter suchen mit Begeisterung nach neuen Kunden.
- Vorhandensein besserer Anreizsysteme als bei der Konkurrenz.
- Das Unternehmen ermutigt die Angestellten zur Suche nach neuen Verkaufstechniken.
- Die Mitarbeiter suchen aggressiv nach neuen Geschäftsfeldern

---

① - ⑥ = Empirisch ermittelte relative Bedeutung der Faktoren für die Rentabilität eines Unternehmens

Abb. 18: Dimensionen zur Erfassung marktorientierter Unternehmenskulturen[101]

---

[101] Übersetzung des Fragensets von Webster. Vgl. Webster, C., Refinement of the Marketing Culture Scale and the Relationship Between Marketing Culture and Profitability of a Service Firm, a.a.O., S. 124 ff.

Das vorliegende Fragenset bietet ein relativ schnell und mit vertretbarem Aufwand auch von weniger erfahrenen Anwendern einsetzbares Verfahren zur Erfassung von Unternehmenskulturen.[102]

Die einzelnen Fragestellungen sowie die übergeordneten Dimensionen der **Abbildung 18 verdeutlichen noch einmal im Detail, welche Teilaspekte eine marktorientierte Unternehmenskultur ausmachen;** sie wurden hier vollständig aufgeführt, um aufzuzeigen, auf welche Art prinzipiell eine solche Unternehmenskultur erfaßt werden kann und in welchen Bereichen grundsätzlich konkrete Ansatzpunkte zur Veränderung einer als inadäquat identifizierten Unternehmenskultur gegeben sind. Empirische Untersuchungen von Webster haben ergeben, daß der Faktor "**Leistungserstellungsqualität**" **vor dem Faktor "Mitarbeiterorientierung"** und den weiteren in Abbildung 18 aufgeführten Faktoren einer marktorientierten Unternehmenskultur, den vergleichsweise größten Einfluß auf die Rentabilität eines Unternehmens hat.[103] In der Literatur werden weitere Diagnoseinstrumente zur Erfassung der Marktorientierung eines Unternehmens diskutiert. Braun entwickelt beispielsweise ein Instrumentarium (DIAM), das zur Aufdeckung von Defiziten der Marktorientierung konzipiert worden ist. Mit Hilfe verschiedener Erhebungsmethoden (z.B. Dokumentenanalyse, Kundenbefragung, Interview) wird versucht, durch Aggregation neun Indikatoren zu bestimmen, deren Ausprägungen Aussagen über die Marktorientierung eines Unternehmens ermöglichen soll. Da jedoch die Auswahl der einbezogenen Kriterien unklar bleibt und fraglich ist, ob das gewählte Vorgehen insbesondere die Aggregation von verschiedenen Erhebungen zulässig und sinnvoll ist, soll an dieser Stelle auf eine detaillierte Darstellung dieses Instrumentariums verzichtet werden.[104]

---

[102] Webster hat das Verfahren auch in der Praxis eingesetzt. Befragungen von jeweils drei per Zufall ausgewählten Mitarbeitern aus dem Top-Management, Mittel-Management und der Ebene ohne Führungsfunktion bei insgesamt 112 ebenfalls zufällig ausgewählten Dienstleistungsunternehmen ergab, daß in Dienstleistungsunternehmen keine konsistente marktorientierte Unternehmenskultur feststellbar war. Vgl. Webster, C., A Note on Cultural Consistency within the Service Firm: The Effects of Employee Position on Attitudes toward Marketing Culture, in: Journal of Academy of Marketing Science, Nr. 4, 1991, S. 341 ff.

Die Studie von Badovick und Beatty, die allerdings mit weniger konzeptionellem Aufwand durchgeführt wurde und sich lediglich auf ein Dienstleistungssegment (US Forst-Stationen) bezog, kam zu vergleichbaren Ergebnissen. Vgl. Badovick, G.J., Beatty, S.E., a.a.O., S. 25.

[103] Vgl. Webster, C., Refinement of the Marketing Culture Scale and the Relationship Between Marketing Culture and Profitability of a Service Firm, a.a.O., S. 119.

[104] Vgl. im Detail Braun, I., a.a.O., S. 156 ff.

2.1.2.2.3 Festlegung der Unternehmensphilosophie (Soll-Unternehmenskultur)

Bevor eine Unternehmenskultur angepaßt werden kann, ist das anvisierte Ziel der Veränderung zu formulieren. Hierzu dient die Herausarbeitung oder Neufassung der Unternehmensphilosophie, die als Soll-Unternehmenskultur (Leitbild der Unternehmenskultur) dient und damit das anvisierte Ziel der Unternehmenskulturgestaltung beschreibt.

Die Unternehmensphilosophie umfaßt ein gemeinsames Grundverständnis und Grundregeln der Zusammenarbeit im Unternehmen und ist vergleichbar mit der Verfassung eines Staates, auf die sich das gesamte staatliche Leben stützt, deren Regelungen z.T. unscharf und auch nicht immer einklagbar sind, die aber dennoch, da sie auf einem breiten Konsens basieren, den meisten Bürgern eines Staates als Leitbild des Zusammenlebens dienen. Die Herausarbeitung einer Unternehmensphilosophie erfordert eine möglichst breite Beteiligung vieler Mitarbeiter unterschiedlicher Hierarchieebenen und Funktionsbereiche.[105] Eine zentrale Orientierungsgröße für die Ausgestaltung einer Unternehmensphilosophie stellen Absatzmarkterfordernisse dar. Daher müssen in bezug auf den Absatzmarkt genaue Analysen über die aktuellen und die möglichen zukünftigen Bedingungen angestellt werden. Grundsätzlich sollte bei der Erarbeitung einer Unternehmensphilosophie darauf geachtet werden, daß die gewählten Formulierungen von jedem Mitarbeiter nachvollziehbar sind, sie inhaltlich glaubwürdig sind, einem gewissen Anspruchsniveau genügen (keine Banalitäten), das Zusammengehörigkeitsgefühl im Unternehmen stärken, von Verantwortungsträgern vorgelebt werden können und zudem im Hinblick auf ihre Zielerreichung überprüft werden können.[106]

Nachdem die grundsätzliche Entscheidung zur Überarbeitung einer Unternehmensphilosophie vom Top-Management festgelegt worden ist, wird i.d.R. eine zentrale Projektgruppe mit Beteiligung der Unternehmensleitung gebildet, die von mehreren aufgabenspezifisch gebildeten Arbeitsgruppen unterstützt wird. In Abbildung 20 ist im Detail ein Projektplan aus der Unternehmenspraxis (Vorwerk & Co.) zur Überarbeitung einer Unternehmensphilosophie dargestellt, der verdeutlicht, daß aufgrund der Komplexität und des Umfanges der Aufgabe u.U. ca. ein Jahr für den Gesamtprozeß benötigt wird.

---

[105] Vgl. hier und im folgenden Bromann, P., Piwinger, M., a.a.O., S. 48 ff. Vgl. ähnlich auch Kobi, J.M., Wüthrich, H.A., Unternehmenskultur verstehen, erfassen und gestalten, Landsberg a.L. 1986, S. 175 ff.; Nagel, G., Durch Firmenkultur zur Firmenpersönlichkeit. Manager entdecken ein neues Erfolgspotential, Landsberg a.L. 1991, S. 89 ff.

[106] Vgl. Drennan, D., a.a.O., S. 43 ff.; Ireland, R.D., Hitt, M.A., Mission Statements: Importance, Challenge, and Recommendations for Development, in: Business Horizons, May-June 1992, S. 40 f.

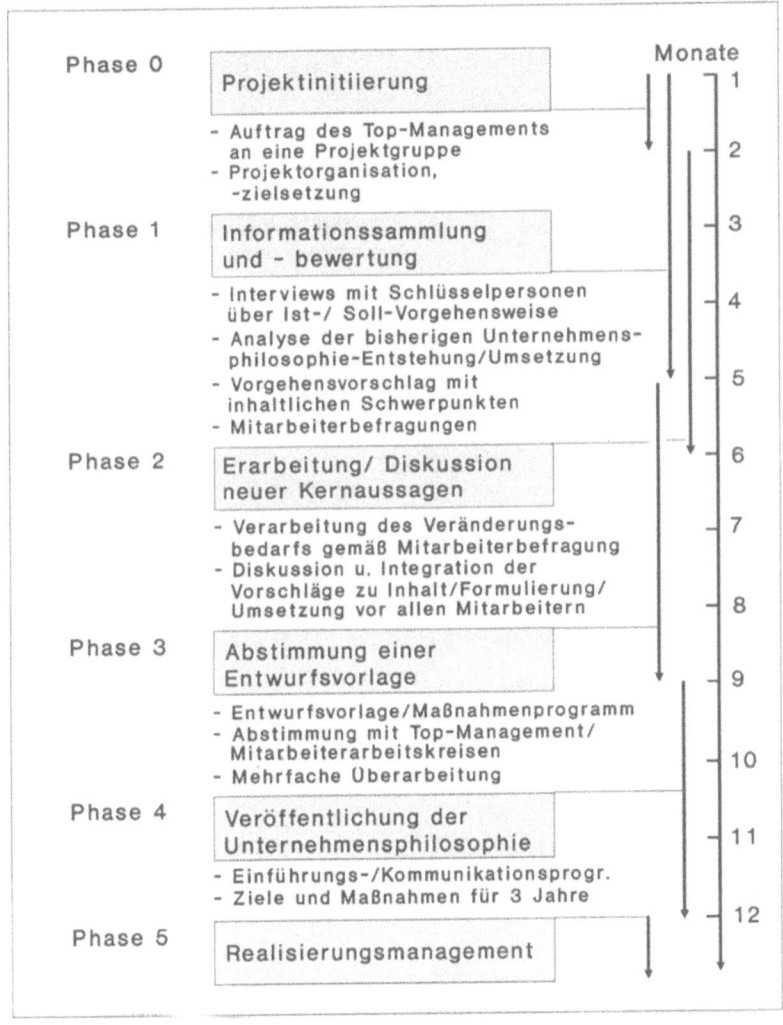

Abb. 20: Projektplan zur Überarbeitung einer Unternehmensphilosophie[107]

In Abbildung 21 wird verdeutlicht, welche Projektbeteiligten in diesem Zusammenhang überlicherweise in welcher Beziehung zueinander stehen und welche Aufgaben von ihnen zu übernehmen sind.

---

[107] Vgl. Bromann, P., Piwinger, M., a.a.O., S. 56.

Projektbeteiligte   Aufgabenschwerpunkte

Top-Management
- Grundentscheidung
- Promotion der Umsetzung
- Ziel- und Prozeßüberwachung
- Konsensbildung
- Permanente Impulsgebung

Projektgruppe
"Unternehmensphilosophie"
- Koordination/ Integration der Vorschläge
- Erarbeitung von Vorlagen
- Erarbeitung des Umsetzungsprogramms

Arbeitskreise in den Einzelgesellschaften/ Geschäftseinheiten
- Bewertung der bestehenden Unternehmensphilosophie
- Erarbeitung von Vorschlägen zu den Schwerpunktthemen
- Stellungnahme zu:
  - Zwischenergebnissen
  - zur Befragung
  - Abstimmung der Entwürfe
  - Maßnahmenprogramm, Umsetzung

Unter-Arbeitskreise
(weitere Führungskräfte/ Mitarbeiter/ Betriebsrat)
- Erarbeitung spezieller Vorschläge
- Informationsaustausch

Alle Mitarbeiter
- Bewertung der Mitarbeitersituation (Befragung)
- Diskussion der Entwürfe
- Umsetzung der Maßnahmen

Abb. 21: Beteiligte bei der Überarbeitung einer Unternehmensphilosophie,
deren Beziehungen und Aufgaben[108]

In der Vergangenheit hat sich herausgestellt, daß Unternehmensphilosophien oft **nicht
die erhofften Wirkungen** auf die Ist-Unternehmenskulturen entfalten konnten.[109] Als

---

[108] Vgl. Bromann, P., Piwinger, M., a.a.O., S. 57.

[109] Vgl. Campbell, A., Devine, M., Young, D., Vision, Mission, Strategie. Die Energien des Unternehmens aktivieren, Frankfurt a.M. 1992, S. 113 ff.

eine zentrale **Ursache lassen sich verschwommene und damit unklare, nur wenig handlungsleitende und "mitreißende" Inhalte der Unternehmensphilosophien identifizieren.** Diese Problematik kann ihrerseits auf einen fehlenden begrifflichen Rahmen für die Konzipierung von Soll-Unternehmenskulturen zurückgeführt werden. In der Literatur werden in diesem Zusammenhang eine Vielzahl von Begriffen diskutiert, deren Inhalte oft nicht überschneidungsfrei sind und deren Beziehungen zueinander unklar bleiben.[110]

Collins und Porras haben daher eine Systematisierung der Begriffswelt zur Soll-Unternehmenskultur vorgelegt.[111] Im Rahmen des Modells wird der bisher als zentraler Bestandteil einer Soll-Unternehmenskultur diskutierte Unternehmensphilosophiebegriff differenzierter betrachtet und um bislang nicht oder nur implizit diskutierte Begriffsinhalte erweitert werden. Eine Soll-Unternehmenskultur, die von Collins und Porras als **Unternehmensvision** (Organizational Vision) bezeichnet wird, sollte demnach nicht nur die **Unternehmensphilosophie** (Guiding Philosophy) umfassen sondern zudem um ein **Leitbild** (Tangible image) ergänzt werden. Das Leitbild wird dabei als eine Konkretisierung der Unternehmensphilosophie verstanden, die erforderlich ist, damit eine ausreichend exakte Anpassung der Unternehmensphilosophie an unternehmensexterne Rahmenbedingungen möglich wird.[112] In Abbildung 22 sind die Teileelemente dieser differenzierteren und umfassenderen Darstellung einer Soll-Unternehmenskultur sowie deren Beziehungen zueinander im Überblick verdeutlicht, die im folgenden inhaltlich kurz erläutert werden sollen.

In dem in Abbildung 22 veranschaulichten Operationalisierungsmodell von Collins und Porras beschreibt die **Unternehmensphilosophie** die langfristig von unternehmensexternen Determinanten relativ unabhängigen Rahmenvorgaben des unternehmerischen Handelns. Grundlegend für die Unternehmensphilosophie sind zentrale, langfristig gültige, **unternehmerische Überzeugungen und Werte** (Core Beliefs and Values), die i.d.R. von Unternehmensgründern formuliert werden, jedoch auch losgelöst von diesen Leitfiguren Relevanz besitzen. Aufbauend auf diesen Werten und Überzeugungen wird die Unternehmensphilosophie durch den **Unternehmenszweck** (Purpose) vervollständigt, der in kurzen und prägnanten Worten umschreibt, wie ein Unternehmen Leistungen erstellen möchte. Der Unternehmenszweck sollte inspirierend und weitgehend zeitlos sein, d.h. für mehrere Jahrzehnte Relevanz besitzen.[113]

---

[110] Vgl. Collins, J.C., Porras, J.I., Organizational Vision and Visonary Organizations, in: California Management Review, Fall 1991, Vol. 34, S. 31.

[111] Vgl. Collins, J.C., Porras, J.I., a.a.O., S. 30 ff.

[112] Vgl. Collins, J.C., Porras, J.I., a.a.O., S. 32 ff. Vgl. auch Schaffer, R.H., Thomson, H.A., Leistungsprogramme: Wirksam wie ein Regentanz ums Lagerfeuer?, in: Harvard manager, Nr. 3, 1992, S. 87.

[113] Vgl. auch Collins, J.C., Porras, J.I., a.a.O., S. 33 ff.

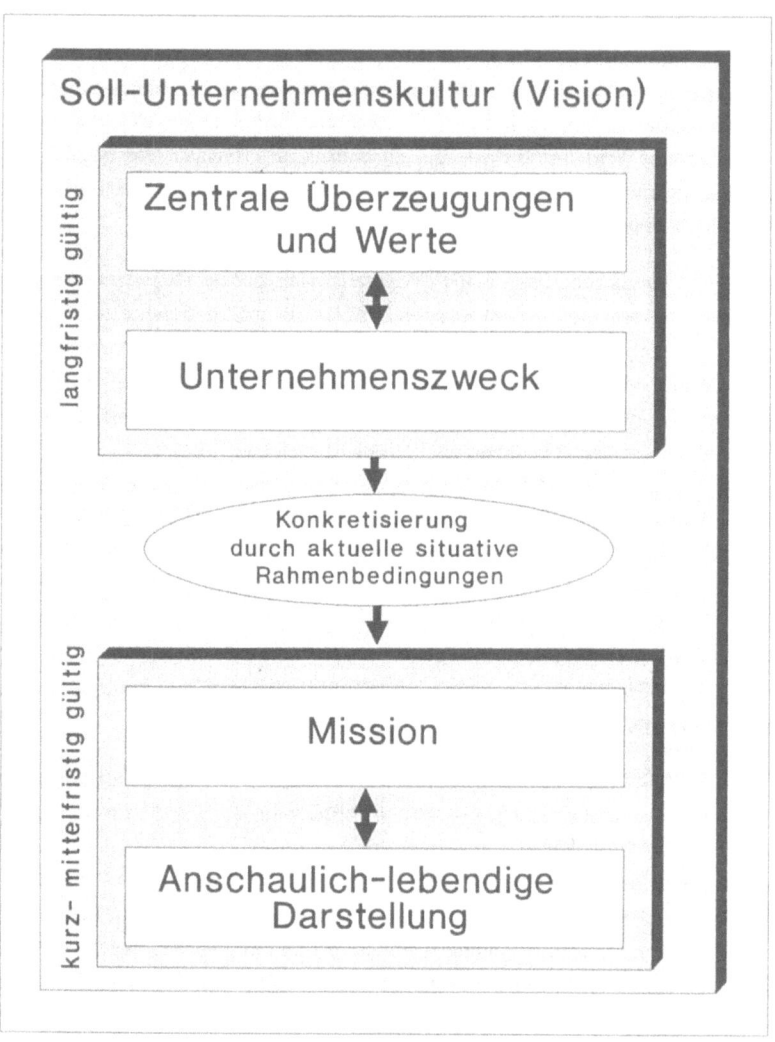

Abb. 21: Teilelemente einer Soll-Unternehmenskultur

Auf Basis der Unternehmensphilosophie, deren Aussagen langfristig, im wesentlichen unverändert Relevanz besitzt, ist es nach Collins und Poras sinnvoll ein sogenanntes **Leitbild** zu entwerfen. Dieses Leitbild ist erforderlich um aktuellen, situativen Rahmenbedingungen berücksichtigen zu können und dient als fallspezifische Konkretisierung der Unternehmensphilosophie. Bei der Definition eines solchen Leitbildes müssen daher explizit die Unternehmensumfeldbedingungen und dabei insbesondere die

jeweiligen Marktverhältnisse Berücksichtigung finden. Während die Unternehmensphilosophie die langfristig vorgegebene Basis des unternehmerischen Handelns darstellt, werden durch das Leitbild die Aufmerksamkeiten im Unternehmen auf konkret
zu erreichende Ziele gelenkt. Das Leitbild umfaßt die sogenannte **Mission**, die die ab-
strakte Unternehmensphilosophie in ein greifbares, anspornendes und festumrissenes
Ziel übersetzt, welches das Unternehmen vorantreibt (z.B. die Mission der NASA:
"Den ersten Mensch auf den Mond und sicher zurückzubringen"). Vervollständigt wird
das Leitbild durch Ausführungen, die eine **lebendige Darstellung der Mission** (Vivid
Description) ermöglichen um so, zur inhaltlichen Konkretisierung und Veranschaulichung beizutragen. Ziel ist es durch eine Veranschaulichung der Mission Emotionen
und Begeisterung bei den Mitarbeiter des Unternehmens zu erzeugen.[114]

2.1.2.2.4 Ansatzpunkte zur Beeinflussung der Unternehmenskultur

Die reine Formulierung einer Unternehmensphilosophie besitzt zunächst nur wenig
Einfluß auf die gelebte Unternehmenskultur. Es bedarf daher geeigneter Instrumente
und Maßnahmen zur Beseitigung von bestehenden Diskrepanzen zwischen Soll- und
Ist-Unternehmenskultur. In der Literatur wird eine Vielzahl von Instrumenten zur
Unternehmenskulturentwicklung vorgeschlagen. Die diskutierten Instrumente können
zur besseren Übersicht zu **sechs Instrumentegruppen** zusammengefaßt werden
(strategische, führungsspezifische, kommunikative, personale, physische und organisatorische) (vgl. Abbildung 22).[115]

Eine überschneidungsfreie Trennung dieser grundlegenden Instrumente ist aufgrund
ihrer interdependenten Wirkung nicht möglich. Dennoch ermöglicht diese Einteilung
den für die Marketingimplementierung verantwortlichen Personen[116] einen guten
Überblick über das zur Verfügung stehende Instrumentarium (vgl. Abbildung 22).[117]

---

114 Vgl. Collins, J.C., Porras, J.I., a.a.O., S. 42 ff.

115 Vgl. auch die Einteilungen von Hochreutner, P., Die Entwicklung von Unternehmenskultur-Leitbildern als Grundlage für ein zielorientiertes Management, Diss., St. Gallen 1984, S. 44 ff. Eine
ähnliche Einteilung wählt Reineke. Vgl. Reineke, R.D., a.a.O., S. 99 ff.

116 In der Literatur zur Unternehmenskulturveränderung wird dem Top-Management auf Grund seiner Entscheidungskompetenz eine Schlüsselfunktion zugeordnet. Vgl. Schein, E.H., Organizational Culture and Leadership, San Francisco u.a. 1985, S. 311 ff. Weitere wichtige Personen oder
Personengruppen sind nach einer Untersuchung von Schwarz in der Praxis externe Consultants
und Mitarbeiter der Personal-, Personalentwicklungs- oder Bildungsabteilungen. Vgl. Schwarz,
G., a.a.O., S. 233 f. Vgl. auch die Ergebnisse einer empirischen Untersuchung in 241 deutschen
Unternehmen. Vgl. Hüchtermann, M., Lenske, W., a.a.O., S. 37 f.

117 Mit Hilfe dieses Instrumentariums besteht die Möglichkeit, die im Abschnitt 2.1.2.2.2 aufgeführten, von Webster abgeleiteten Dimensionen marktorientierter Unternehmenskulturen zu verändern.

Die Interdependenz der Einzelinstrumente erfordert es, daß die getroffenen Maßnahmen, um effektiv sein zu können[118], konsistent eingesetzt werden. D.h. sie müssen situationsspezifisch

- aufeinander abgestimmt sein,
- in sich widerspruchsfrei sein sowie
- sich idealerweise gegenseitig verstärken.[119/120]

Abb. 22: Instrumente zur Beeinflussung einer Unternehmenskultur

Während in der Literatur verschiedene Vorschläge zum Instrumenteneinsatz zur Entwicklung von Unternehmenskulturen generell diskutiert werden[121], wurde bisher sel-

---

[118] Nach Reineke sind Instrumente zur Kulturbeeinflussung dann effektiv, wenn deren Anwendung positiv auf das Erreichen eines oder mehrerer Ziele wirkt. Vgl. Reineke, R.D., a.a.O., S. 104.

[119] Vgl. Reineke, R.D., a.a.O., S. 102; Meffert, H., Hafner, K., Poggenpohl, M., a.a.O., S. 34.

[120] Da die konkrete Ausgestaltung der einzelnen Instrumente sowie deren Effektivität letztlich von den situativen Gegebenheiten ihrer Anwendung abhängig ist, soll auf eine detaillierte Diskussion dieser Aspekte verzichtet werden.

[121] Vgl. z.B. die relativ ausführliche Diskussion bei Drennan, D., a.a.O., S. 63 ff. Um nicht den Rahmen dieser Arbeit zu sprengen, soll allerdings auf eine Diskussion der verschiedenen Vorschläge verzichtet werden. Zudem finden dort viele Aspekte berücksichtigung, die im Abschnitt D. dieser Arbeit unter dem prozeßualen Blickwinkel der Marketingimplementierung eingehend behandelt werden.

ten explizit auf das Problem der Entwicklung einer Marketing-Unternehmenskultur detailliert abgestellt. Ein Ausnahme bildet der Ansatz von Lichtenthal und Wilson[122], der in Anlehnung an die Arbeiten von Bates und Harvey[123] entwickelt wurde. Dieser Ansatz soll daher im folgenden kurz charakterisiert werden.

Ausgangspunkt der Überlegungen von Lichtenthal und Wilson ist es, daß zur Schaffung oder Veränderung einer Marketing-Unternehmenskultur die **Verhaltensnormen der Mehrzahl der Mitarbeiter marktgerecht verändert werden müssen**. Als Norm wird in diesem Zusammenhang eine Art von Verpflichtung verstanden, welche die Basis für das Verhalten der Mitarbeiter bildet.[124] Die Möglichkeiten und Notwendigkeiten zur Veränderung von Normen ergeben sich aus den folgenden Dimensionen:

- **Verbreitungsgrad** (prevalence) einer Norm im Unternehmen bzw. deren gewünschter Verbreitungsgrad unter den Mitarbeitern;

- **Notwendigkeit des Vorhandenseins** einer Norm (rigidity) für ein erwünschtes Verhalten; so sind einige Normen obligatorisch, andere demgegenüber optional erforderlich;

- **Häufigkeit des Auftretens** einer Norm in einem bestimmten Zeitraum (frequency of activity);

- **Ausrichtung** einer Norm (directionality); einige Normen bestimmen erwünschtes Verhalten, andere unerwünschtes Verhalten;

- **Spezifitätsgrad** einer Norm (specificity or diffuseness); einige Normen sind sehr exakt und konkret ausführbar, andere geben nur vage und generelle Handlungsvorgaben,

- **Ziel**, auf das eine Norm ausgerichtet ist (object); drei Typen werden unterschieden: auf die eigene Person gerichtete Normen (reflexive), auf andere Personen gerichtete Normen (interactional) und auf "nicht lebende" Ziele gerichtete Normen (material).

Die Basis zur Veränderung dieser Normen ist eine genaue Analyse sowie die **Aufstellung eines Verzeichnisses aller im Unternehmen vorhandenen Normen** auf Individual-, Gruppen- und Unternehmensebene; die Normen werden anschließend marktgerecht überarbeitet. Nicht-marktgerechte Normen, die von besonders vielen Mitarbeitern geteilt werden, das marktgerechte Verhalten in hohem Maß beeinflussen und zudem besonders häufig auftreten, müssen inhaltlich verändert werden. Normen, die

---

[122] Vgl. Lichtenthal, D.J., Wilson, D.T., Becoming Market Oriented, in: Journal of Business Research, Vol. 24, 1992, S. 191 ff.

[123] Vgl. Bates, F.L., Harvey, C.C., The Structure of Social Systems, 2. Aufl., Malabar, Florida 1986.

[124] Vgl. Lichtenthal, D.J., Wilson, D.T., a.a.O., S. 201.

hauptsächlich durch die Dimension Richtung und Spezifität determiniert werden, müssen demgegenüber eher graduell verändert werden.[125] Es muß beispielsweise darauf hingewirkt werden, daß nicht-marketinggerechtes Verhalten, z.B. das Fehlverbinden von Kunden im Telefonnetz, seltener auftritt und Antworten am Telefon freundlicher und kompetenter gegeben werden. Es ist beispielsweise auch denkbar, daß relativ unspezifische Handlungsanweisungen konkretisiert werden müssen, da die individuelle Auslegung der Anweisungen nicht intentionsgemäß erfolgt. Ausgangspunkt eines Veränderungsprozesses sollte das Top-Management (führungsspezifisches Instrument) sein, das von einigen Führungskräften aus dem mittleren Management, die als "Change agents"[126] bezeichnet werden, unterstützt wird. Weiterhin beinhaltet ein Unternehmenskulturveränderungsprogramm eine Überarbeitung von Stellenbeschreibungen (organisatorisches Instrument), Aus- und Weiterbildungsprogrammen sowie Anreizsystemen (personelle Instrumente) und darüber hinaus internen Kommunikationspraktiken (kommunikatives Instrument). Von besonderer Bedeutung sind allerdings detaillierte gesamtunternehmensbezogene und funktionsbereichsbezogene Planungen (strategisches Instrument), die eindeutig festlegen, welche konkreten Verhaltensänderungen angestrebt werden, welche davon besonders kritisch sind und welche Prioritäten gesetzt werden.[127]

Letztlich geht es darum, eine Unternehmenskultur zu verankern, die es ermöglicht, für alle Leistungsangebote eines Unternehmens dauerhaft einen KKV zu schaffen. Die Unternehmenskultur gilt als Form der nicht-strukturellen Koordination, d.h. in dem Umfang, in dem die Mitarbeiter nach gemeinsam geteilten Werten und Normen handeln - sich mit ihnen identifizieren -, besteht die Möglichkeit, Aktivitäten ohne strukturelle Vorgaben aufeinander abzustimmen[128]; um damit (eventuell) schneller und flexibler auf Markterfordernisse reagieren zu können. Die konkrete Ausprägung einer marktorientierten Unternehmenskultur kann nur unternehmensindividuell festgelegt werden, da Teilbereiche der Soll-Unternehmenskultur aus unternehmenshistorischen bzw. ausschließlich internen Vorgaben resultieren. Generell sind - wie die Untersuchungen von Webster ergeben haben - **marktorientierte Unternehmenskulturen jedoch durch eine ausgeprägte Orientierung aller betrieblichen Handlungen an den**

---

[125] Vgl. Lichtenthal, D.J., Wilson, D.T., a.a.O., S. 204.

[126] "Change Agents" werden als "helfende Profis" bezeichnet, die einen organisatorischen Wandel stimulieren, führen und stabilisieren sollen. Vgl. zum Begriff Kirsch, W., Esser, W.M., Gabele, E., a.a.O., S. 278 ff.

[127] Vgl. Lichtenthal, D.J., Wilson, D.T., a.a.O., S. 204 f. Die von Lichtenthal und Wilson aufgeführten Instrumente zur Beeinflussung der Unternehmenskultur wurden jeweils den in Abbildung 22 aufgeführten Instrumentegruppen zugeordnet. Dabei zeigt sich, daß außer aus der Gruppe der physischen Instrumente aus allen weiteren Gruppen Einzelinstrumente zur Veränderung der Unternehmenskultur vorgeschlagen werden.

[128] Vgl. Kieser, A., Kubicek, H., a.a.O., S. 118.

Kundenbedürfnissen, durch Mitarbeiterorientierung, durch relativ offene unternehmensinterne **Kommunikation** und **Innovationsorientierung** gekennzeichnet.[129/130] Es gilt, diese Teildimensionen mit den aufgeführten Instrumenten anforderungsgerecht zu entwickeln.[131] In Abschnitt B 3. dieser Arbeit wurde vorgeschlagen Marketing als Management von KKVs zu interpretieren. Da dieser Interpretation des Marketings ein besonders hohes Implementierungspotentials eingeräumt wurde, erscheint es vorteilhaft, auch die **Wettbewerbsorientierung** bei der Herausbildung marktorientierter Unternehmenskulturen explizit zu fördern und nicht nur - wie bei Webster - im Rahmen der Kundenorientierung implizit zu berücksichtigen.

Die Ausführungen zur Entwicklung von Soll-Unternehmenskulturen haben verdeutlicht, daß auch eine Unternehmensphilosophie bzw. Vison nur dann implementiert werden kann, wenn sie den Mitarbeitern verständlich, nachvollziehbar und hinreichend operational definiert ist (Kennen/Verstehen) und des weiteren von ihnen mitkonzipiert wird (Wollen).

2.1.3 Funktionsübergreifende Zusammenarbeit (Gruppenebene)

2.1.3.1 Koordination als zentrales Problem der funktionsübergreifenden Zusammenarbeit

Die Komplexität der Gesamtaufgaben eines Unternehmens erfordert zu ihrer Bewältigung Arbeitsteilung und daraus resultierend eine Spezialisierung der unternehmerischen Aufgabenstellung. Die Gesamtaufgabe wird in Teilaufgaben aufgespalten, die bestimmten organisatorischen Einheiten (z.B. Stellen, Abteilungen, Bereichen) zugeordnet werden. Die verschiedenen organisatorischen Einheiten werden aufgabenbezogen von Personen mit spezifischen Qualifikationen besetzt, die jedoch zur Aufgabenerfüllung interagieren müssen.[132]

Die interfunktionalen Beziehungen einzelner organisatorischer Einheiten (Funktionseinheiten) basieren zum einen auf den Zielen der Gesamt- bzw. Teilorganisation, zum

---

129 Vgl. zu den Einzeldimensionen auch Abbildung 18. Vgl. zudem Meffert, H., Hafner, K., a.a.O., S. 38 ff.; Aaker, D.A., Strategic Market Management, a.a.O., S. 336 ff.; Freedman, A., How to Create a Tax Marketing Culture, in: The Practical Accountant, May 1990, S. 14 ff.

130 Obwohl die Wettbewerbsorientierung implizit im Rahmen der Kundenorientierung Berücksichtigung findet, erscheint es dennoch sinnvoll, die Wettbewerbsorientierung explizit als Bestandteil der marktorientierten Unternehmensführung (Marketing als Management von KKVs) herauszustellen. Vgl. hierzu die Diskussion im Abschnitt B. 2.3 und B 3.

131 Daß dieser Veränderungs- oder Anpassungsprozeß nicht kurzfristig steuerbar ist, wurde schon an anderer Stelle diskutiert. Vgl. Abschnitt B. 2.2.3.

132 Vgl. Kieser, A., Kubicek, H., a.a.O., S. 75 ff.

anderen aber auch auf den Zielen einzelner Funktionseinheiten. Die **Mitglieder einer Funktionseinheit** stellen eine rational organisierte, bewußt geplante und eingesetzte **formale Gruppe** innerhalb einer Organisation dar.[133] Verschiedene Gruppen und damit auch Funktionseinheiten entwickeln i.d.R. gruppenintern gemeinsame Ziele, Werte und Normen.[134] Die Gruppenmitglieder entwickeln daher, um in der Gruppe bestehen zu können bzw. aufgenommen zu werden, ein Mindestmaß an Gemeinschaftsgefühl und Solidarität, das auch als Kohäsion bezeichnet wird.[135] Als Konsequenz existieren in jedem Unternehmen mehr oder weniger unterscheidbare Subkulturen, die sich insbesondere dann negativ auswirken, wenn das Zusammengehörigkeitsgefühl dieser Subkulturen zu Bereichsegoismen führt, die möglicherweise die Erreichung von übergeordneten Unternehmenszielen erschweren oder verhindern.[136]

Da in einer Unternehmung die Aufgabenstellung einzelner Funktionseinheiten (Gruppen) praktisch immer von den Ressourcen anderer Funktionseinheiten abhängig ist, muß es zwangsläufig zu einer interpersonellen und interfunktionalen Zusammenarbeit kommen.[137] Speziell die Implementierung eines **funktionsübergreifenden Marketingverständnisses erfordert die funktionsübergreifende Zusammenarbeit und ist daher auf ein effektives Schnittstellenmanagement** angewiesen. Der marktorientierten Unternehmensführung (Marketing als integratives Unternehmensführungskonzept) wird daher unternehmensintern eine "**boundary-spanning"-Aufgabe** zugewiesen, deren Bewältigung i.d.R. wiederum schwerpunktmäßig der Marketing-Funktionseinheit

---

[133] Gruppen zeichnen sich u.a. aus durch:
- direkte Interaktion zwischen Mitgliedern,
- physische Nähe,
- Gruppengefühl (Mitglieder nehmen sich als Gruppe war),
- gemeinsame Ziele, Werte und Normen und
- relativ langfristiges Überdauern des Zusammenseins. Vgl. Staehle, W.H., a.a.O., S. 242 ff.

[134] Vgl. Kieser, A., Innovation und Kooperation, in: Wunderer, R., Hrsg., Kooperation. Gestaltungsprinzipien und Steuerung der Zusammenarbeit zwischen Organisationseinheiten, Stuttgart 1991, S. 161.

[135] Vgl. Staehle, W.H., a.a.O., S. 257.

[136] Vgl. zu Sub-Unternehmenskulturen Hochreutner, P., Die Entwicklung von Unternehmenskultur-Leitbildern als Grundlage für ein zielorientiertes Management, a.a.O., S. 37 f.; Bromann, P., Piwinger, M., a.a.O., S. 40. Dill und Hügler betonen, daß die einem Subsystem angehörenden Individuen in einen besonders engen Austauschprozeß, mit u.U. dysfunktionalen Wirkungen für das Gesamtunternehmen, stehen, was zur Entstehung von Sub-Kulturen führen kann. Vgl. Dill, P., Hügler, G., a.a.O., S. 152 f. Vgl. auch die Ergebnisse der Untersuchungen von Whitney, J.C., Smith, R.A., Effects of Group Cohesiveness on Attitude Polarization and the Acquisition of Knowledge in a Strategic Planning Context, in: Journal of Marketing Research, May 1983, S. 174 f.

[137] Vgl. hierzu auch Heinen, E., Führung als Gegenstand der Betriebswirtschaftslehre, a.a.O., S. 22 ff. In der Literatur wird dieser Problembereich unter dem Begriff "Laterale Kooperation" seit langer Zeit intensiv diskutiert. Vgl. zum Überblick Bierhoff, H.W., Müller, G.F., Kooperation in Organisationen, in: Zeitschrift für Arbeits- und Organisationspsychologie, 1993, S. 47 ff.

("boundary-spanning-unit") zugewiesen wird.[138] Die Mitarbeiter der betrieblichen Fachfunktion Marketing haben daher neben ihren funktionsspezifischen Aufgaben insbesondere eine koordinative Funktion zu übernehmen.[139] Die erfolgreiche Implementierung von Marketing wird somit dadurch beeinflußt, ob es gelingt, diese Koordinierungsaufgabe[140] funktional zu gestalten.[141] Beispielsweise sehen Robertson und Wind in der unzureichenden Beschäftigung mit den Beziehungen zwischen Marketing und anderen Funktionsbereichen ein zentrales Hemmnis für eine erfolgreiche Marketingimplementierung.[142]

In der Literatur konnte vielfach gezeigt werden, daß in der Praxis die Beziehungen zwischen den verschiedenen betrieblichen Funktionseinheiten häufig durch gravierende Konflikte geprägt sind.[143] Eine umfangreiche empirische Untersuchung von Wunderer konnte zeigen, daß interfunktionale (laterale) Kooperationskonflikte mit Abstand die bedeutendste innerbetriebliche Konfliktdimension darstellt.[144] Nach wie vor existieren offenbar zwischen verschiedenen organisatorischen Einheiten deutlich unterschiedliche Auffassungen über die zu verfolgenden Ziele bzw. die Wege zur Zielerreichung.[145] Stefflre führt deshalb Probleme der Marketingimplementierung sogar zen-

---

[138] Vgl. z.B. Cespedes, F.V., Organizing and Implementing the Marketing Effort. Text and Cases, Reading/Mass. u.a. 1986, S. 20 f.; Goolsby, J.R., A Theory of Role Stress in Boundary Spanning Positions of Marketing Organizations, in: Journal of the Academy of Marketing Science, Nr. 2, 1992, S. 155 f.; Tull, D.S., u.a., a.a.O., S. 25 f.; Webster, F.E., The Changing Role of Marketing in the Corporation, a.a.O., S. 14.

[139] Vgl. Ruekert, R.W., Walker, O.C., Marketing's Interaction with Other Funktional Units: A Conceptual Framework and Empirical Evidence, in: Journal of Marketing, January 1987, S. 1. Vgl. auch Kotler, P., Marketing Management, a.a.O., S. 698. Die funktionsgrenzüberschreitende Aufgabe des Marketings wird z.T. auch als die "boundary-spanning function" bezeichnet. Vgl. Piercy, N., Marketing Organization, a.a.O., S. 119.

[140] Vgl. zum Begriff der Koordination sowie seiner Verwendung im Zusammenhang mit der interfunktionalen Marketing-Zusammenarbeit Benkenstein, M., F & E und Marketing, a.a.O., S. 9 ff.

[141] Vgl. Wind, Y., a.a.O., S. 237 ff. In der Literatur wird generell davon ausgegangen, daß eine effektive Koordinationsleistung zwischen Funktionseinheiten einen positiven Beitrag zur Erreichung der Unternehmensziele erbringt. Vgl. John, C.H.St., Hall, E.H., The Interdependency Between Marketing and Manufacturing, in: Industrial Marketing Management, 1991, S. 223, sowie die dort angegebene Literatur.

[142] Vgl. Wind, Y., Robertson, T.S., Marketing Strategy: New Directions for Theory and Research, in: Journal of Marketing, Spring, 1983, S. 13 f.

[143] Vgl. zum Überblick Kieser, A., a.a.O., S. 161 ff.

[144] Vgl. Wunderer, R., Laterale Kooperation als Selbststeuerungs- und Führungsaufgabe, in: Wunderer, R., Hrsg., Kooperation. Gestaltungsprinzipien und Steuerung der Zusammenarbeit zwischen Organisationseinheiten, Stuttgart 1991, S. 206 f.

[145] Domsch, Gerpott und Gerpott konnten in einer Befragung von 565 Industrieforschern aus 16 Großunternehmen 1991 bestätigen, daß deutliche Abstimmungsmängel zwischen F & E und Marketing in allen Aufgabenfeldern erkennbar waren. Vgl. Domsch, M., Gerpott, T.J., Gerpott H., Qualität der Schnittstelle zwischen F & E und Marketing: Ergebnisse einer Befragung deutscher Industrieforscher, in: Zeitschrift für betriebswirtschaftliche Forschung, Nr. 12, 1991, S. 1065. Vgl. zur Zusammenfassung potentieller organisationsbedingter Konflikte zwischen der Marketing-

tral auf den komplizierten, auf Ausgleich bedachten innerbetrieblichen Abstimmungsprozeß zwischen den verschiedenen Funktionsbereichsinteressen zurück.[146] Im einzelnen konnte die oben schon zitierte Untersuchung von Wunderer zeigen, daß die zentralen Konfliktursachen der innerbetrieblichen Kooperation zwischen Funktionseinheiten im wesentlichen auf die drei Implementierungskernprobleme "Kennen/Verstehen", "Können" und "Wollen" zurückgeführt werden können. Konfliktdominierend waren insbesondere die Abhängigkeit von Leistungen anderer Funktionseinheiten, die einseitige Orientierung auf die eigene Organisationseinheit und die daraus resultierende unzureichende Kenntnis der Probleme anderer Funktionseinheiten.[147]

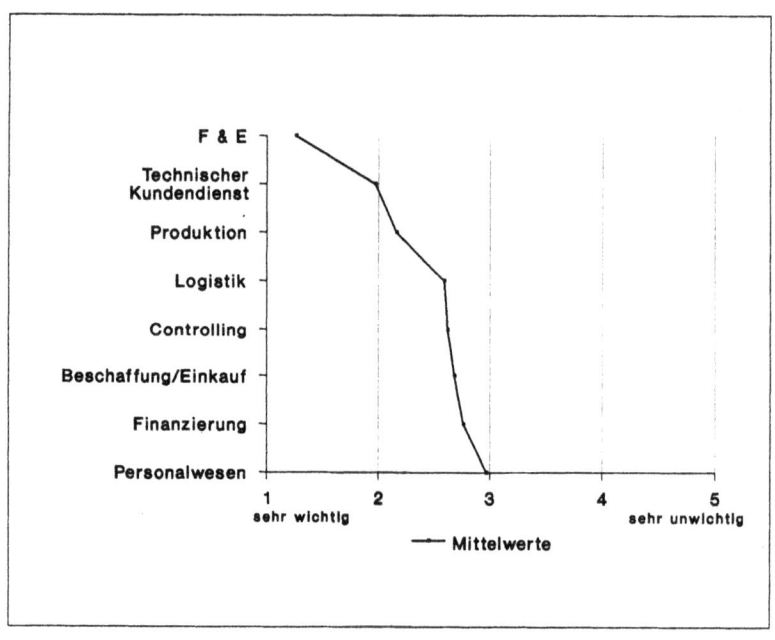

Abb. 23: Bedeutung der Abstimmung der Marketingfunktionseinheit mit anderen Unternehmenseinheiten[148]

Empirische Untersuchungen konnten zeigen, daß zwischen der betrieblichen Fachfunktion Marketing und bestimmten anderen betrieblichen Funktionseinheiten, z.B. der

funktionseinheit und anderen betrieblichen Abteilungen Kotler, P., Marketing Management, a.a.O., S. 700.

[146] Vgl. Stefflre, V., Developing and Implementing Marketing Strategies, New York u.a. 1986, S. 71 ff.

[147] Vgl. Wunderer, R., Laterale Kooperation als Selbststeuerungs- und Führungsaufgabe, a.a.O., S. 207 f.; Bierhoff, H.W., Müller, G.F., a.a.O., S. 47 f.

[148] Gesellschaft für Wirtschaftspublizistik, High-Tech Marketing, a.a.O., S. 192.

F & E, dem Technischen Kundendienst und der Produktion, ein besonders hoher Koordinationsbedarf besteht. Jedoch wurde deutlich, daß auch der Abstimmungsbedarf mit den anderen in der Literatur i.d.R. vernachlässigten Fachfunktionen nicht unwichtig ist (vgl. Abbildung 23).[149]

Die Bildung interfunktionaler Gruppen und die daraus resultierende Notwendigkeit der Bewältigung der interfunktionalen Koordinationsproblematik stellt somit ein bedeutendes Problem im Rahmen der Marketingimplementierung dar. Zu untersuchen ist deshalb, welche Maßnahmen und Instrumente zur Problembewältigung sinnvoll einsetzbar sind. Als **Ausgangspunkt der Betrachtung wird auf eine Untersuchung von Ruekert und Walker zurückgegriffen**, die im Überblick die Probleme und Zusammenhänge der funktionsübergreifenden Marketingzusammenarbeit auf konzeptioneller und empirischer Basis analysiert.

2.1.3.2 Grundlegende Aspekte der interfunktionalen Marketing-Koordination: Die Untersuchung von Ruekert und Walker

Der überwiegende Teil der Arbeiten zum Problem der Marketingimplementierung der funktionsübergreifenden Zusammenarbeit untersucht lediglich die spezifischen Probleme der Funktionseinheit Marketing mit nur **einer anderen funktionalen Einheit**, wobei Untersuchungen zu den Kooperationsproblemen der Funktionseinheiten F & E und Marketing [150] sowie Produktion und Marketing[151] dominieren. Da selten offengelegt wird, ob und in welchem Umfang die in diesen Arbeiten gewonnenen Einzelerkenntnisse generalisiert werden können, bleibt unklar, inwieweit eine Verallgemeinerung der Erkenntnisse zulässig ist. Eine der wenigen Arbeiten zur interfunktionalen Zusammenarbeit zwischen der Funktionseinheit Marketing und anderen Funktionseinheiten, die nicht nur isoliert Einzelbeziehungen von Funktionseinheiten untersucht, legt Ruekert und Walker vor. Zielsetzung dieser empirisch fundierten Arbeit war es, explizit allgemeingültige Aussagen zur interfunktionalen Marketingimplementierung

---

[149] Vgl. Gesellschaft für Wirtschaftspublizistik, High-Tech Marketing, a.a.O., S. 192.

[150] Vgl. z.B. Benkenstein, M., F & E und Marketing, a.a.O.; Brockhoff, K., Abstimmungsprobleme von Marketing und Technologiepolitik, in: Die Betriebswirtschaft, Nr. 6, 1985, S. 623 ff.; Gupta, A.K., Raj, S.P., Wilemon, D.L., R & D and Marketing Dialogue in High-Tech Firms, in: Industrial Marketing Management, 1985, S. 289 ff.; Gupta, A.K., Raj, S.P., Wilemon, D.L., Managing the R & D-Marketing Interface, in: Research Management, April-May, 1987, S. 38 ff.; Sounder, W.E., Disharmony Between R & D and Marketing, in: Industrial Marketing Management, 1981, S. 67 ff.; Sounder, W.E., Managing Relations Between R & D and Marketing in New Product Development Projects, in: Journal of Product Innovation Management, Nr. 5, 1988, S. 6 ff.

[151] Vgl. z.B. Shapiro, B.P., Can marketing and manufacturing coexist?, in: Harvard Business Review, September-October, 1977, S. 104 ff.; John, C.H.St., Hall, E.H., a.a.O., S. 223 ff.; Weinrauch, J.D., Anderson, R., Conflicts Between Engineering and Marketing Units, in: Industrial Marketing Management, 1982, S. 291 ff.

herauszuarbeiten.[152] Aus diesem Grund werden die von Ruekert und Walker gewonnenen Erkenntnisse im folgenden detaillierter diskutiert.

Auf der Basis eines konzeptionellen Modells, das basierend auf Literaturrecherchen die Beziehungen der einbezogenen Variablen wiedergibt, werden von Walker und Ruekert 13 Hypothesen zur interfunktionalen Zusammenarbeit formuliert. Die Modellelemente, deren hypothetische Beziehungen sowie die Ergebnisse der empirischen Untersuchung sind in Abbildung 24 im Überblick zusammengefaßt.

Das Gesamtmodell ist in drei Teildimensionen aufgeteilt. Neben den **unternehmensinternen situativen Gegebenheiten** (situational dimensions), die sich z.B. durch die Ähnlichkeit der Aufgaben von Funktionseinheiten und deren interdependenten Ressourcenabhängigkeiten bestimmen, werden im Rahmen einer **Struktur- und Prozeßdimension** (structural and process dimensions) Variablen der Kommunikation und Koordination betrachtet. Als Konsequenz aus den situativen Gegebenheiten sowie strukturellen und prozessualen Abläufen werden im Rahmen der Ergebnisdimension die **psycho-sozialen-Konsequenzen** (outcome dimensions) der funktionsübergreifenden Zusammenarbeit als Konfliktintensität und wahrgenommene Qualität der Beziehungen zwischen den Funktionseinheiten interpretiert bzw. gemessen.[153]

Ruekert und Walker haben ihr konzeptionelles Modell einer empirischen Prüfung unterzogen und konnten dabei sieben der in Abbildung 24 aufgeführten Hypothesen (fetter Linienzug) bestätigen. Folgende Aussagen können demnach abgeleitet werden:[154]

- Die **Intensität der funktionsübergreifenden Zusammenarbeit** zwischen der Funktionseinheit Marketing sowie anderen Funktionseinheiten wird positiv beeinflußt vom **Grad der gegenseitigen Abhängigkeit** von den Ressourcen der betroffenen Funktionseinheiten.

- Hohe gegenseitige **Abhängigkeit** von Funktionseinheiten erhöht den **informellen Einfluß** auf die Arbeit der jeweils anderen Funktionseinheit.

---

[152] Vgl.Ruekert, R.W., Walker, O.C., Marketing's Interaction with Other Functional Units: A Conceptual Framework and Empirical Evidence, a.a.O., S. 2. Allerdings muß betont werden, daß von Ruekert und Walker nicht alle denkbaren Konstellationen der Zusammenarbeit zwischen Funktionseinheiten untersucht worden sind und somit die Untersuchung nur einen Teilschritt zur Problemlösung darstellen kann.

[153] Vgl. auch zu den grundlegenden Beziehungen zwischen Gruppen Staehle, W.H., Management, a.a.O., S. 300 f.

[154] Vgl. Ruekert, R.W., Walker, O.C., Marketing's Interaction with Other Functional Units: A Conceptual Framework and Empirical Evidence, a.a.O., S. 10 ff.

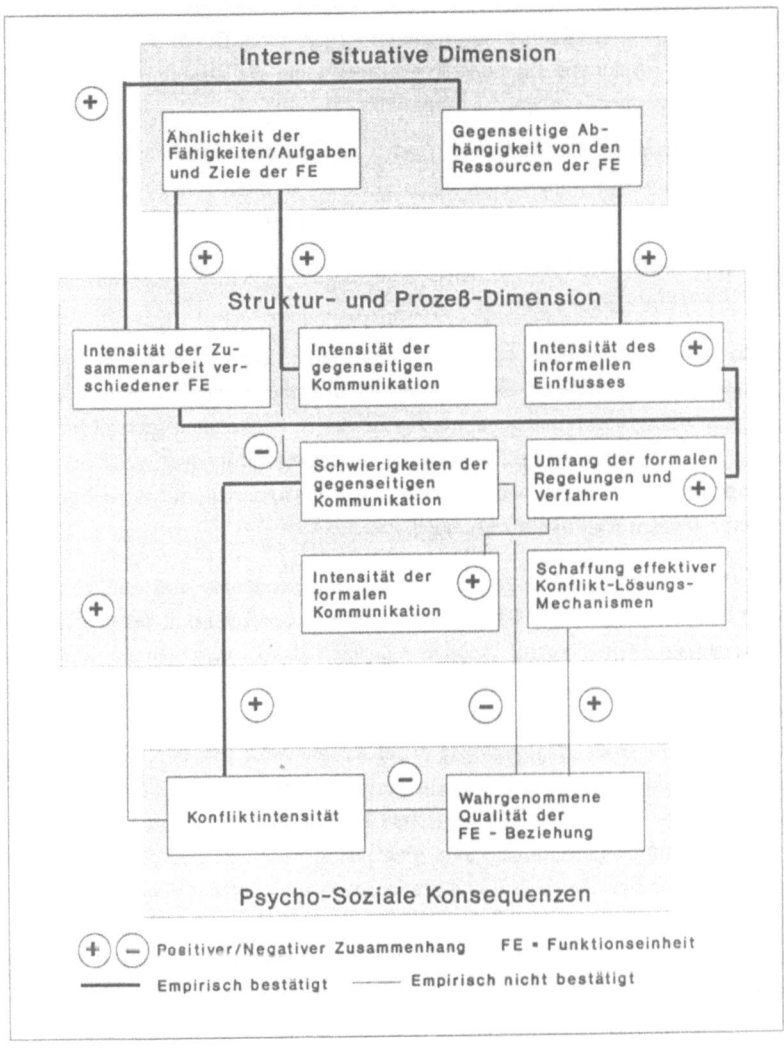

Abb. 24: Ein konzeptionelles Modell von Ruekert/Walker zu den Beziehungen und Einflüssen der Zusammenarbeit der Marketingfunktionseinheit mit anderen betrieblichen Funktionseinheiten[155]

---

155 Eigene Darstellung auf Grundlage der von Ruekert und Walker formulierten Beziehungen und extrahierten Ergebnisse.

- Intensivere **funktionsübergreifende Zusammenarbeit** erhöht den Umfang der interfunktionellen **formalen Regelungen**. Durch den strukturierenden Effekt von formalen Regelungen kann die Zusammenarbeit einfacher gestaltet werden.

- Je **ähnlicher die Aufgaben und Zielsetzungen** einzelner Mitarbeiter bzw. einzelner Funktionseinheiten sind, um so intensiver ist die **Zusammenarbeit** und die **Kommunikationsbeziehung**.

- **Kommunikationsschwierigkeiten** erhöhen die **Konfliktintensität** zwischen einzelnen Funktionsbereichen.

Ruekert und Walker betonen, daß die Zusammenarbeit der verschiedenen funktionalen Einheiten auch von weiteren, nicht in das Modell einbezogenen Faktoren wie z.B. der verfolgten Wettbewerbsstrategie abhängig sein kann. Sie konnten beispielsweise in einer weiteren Untersuchung nachweisen, daß Strategien mit innovativem Charakter, die eine enge funktionsübergreifende Zusammenarbeit erforderten, mit vermehrten funktionsübergreifenden Konflikten verbunden waren.[156]

Generell gilt offenbar, daß enge Ressourcen-Interdependenzen und Ähnlichkeiten der Aufgaben und Zielsetzungen von Funktionseinheiten die Intensität der interfunktionalen Zusammenarbeit steigern. Andererseits kann davon ausgegangen werden, daß durch die **Intensität der Zusammenarbeit** auch der interfunktionale Integrations- und Koordinationsaufwand steigt. Als weitere Gründe für steigenden Koordinationsaufwand werden die großen Unterschiede in der **Arbeitsweise** sowie in den **Wertvorstellungen**, die **räumliche Distanz** und ein **gestörtes Vertrauensverhältnis** genannt.[157] Daher ist davon auszugehen, daß zwischen Funktionseinheiten mit besonders unterschiedlichen Aufgabenstellungen, aber gleichzeitig hohen Ressourcenabhängigkeiten, wie dies z.B. oft zwischen F & E und Marketing sowie zwischen Produktion und Marketing gegeben ist, das Konfliktpotential besonders hoch ist.[158] Andererseits ist zu erwarten, daß Koordinationsprobleme zwischen den Funktionseinheiten F & E und Produktion aufgrund der ähnlicheren, technisch orientierten Aufgabenstellungen tenden-

---

[156] Vgl. Ruekert, R.W., Walker, O.C., Interactions Between Marketing and R & D Departments in Implementing Different Business Strategies, a.a.O., S. 140 f.

[157] Vgl. Staehle, W.H., Management, a.a.O., S. 522.

[158] Beispielsweise müssen die Marketing- und die F & E-Funktionseinheiten im Rahmen der Neuproduktentwicklung und der Produktmodifikationen eng zusammenarbeiten. Marketing und Produktion müssen bei Lieferversprechen und insbesondere bei Sonderwünschen der Nachfrager abgestimmt agieren, damit nicht unrealisierbare oder nur mit hohen Kosten einzuhaltende Liefertermine vereinbart werden. Vgl. auch zur Zusammenarbeit von Marketing und Produktion Crittenden, V.L., Close the Marketing/Manufacturing Gap, in: Sloan Management Review, Spring 1992, S. 41 ff.

ziell geringer sind.[159] Daraus ergibt sich, daß, je nachdem, welche und wieviele Funktionseinheiten intensiv zusammenarbeiten müssen, der resultierende Koordinationsaufwand für Marketingaufgaben unterschiedlich hoch sein kann.

Als **zentrale Erkenntnis** der Untersuchungen von Ruekert und Walker kann herausgestellt werden, daß die Konfliktintensität zwischen Funktionseinheiten bei der Koordination von Marketingaufgaben wesentlich durch **Kommunikationsprobleme** determiniert wird.[160] Da eine intensive interfunktionale Zusammenarbeit nicht unbedingt die Konfliktintensität erhöht, kann gefolgert werden, daß es offenbar möglich ist, die Kommunikationsprobleme zu begrenzen bzw. sie ganz zu vermeiden. Da davon ausgegangen werden kann, daß Konflikte die Marketingimplementierung dysfunktional beeinflussen, muß somit die zentrale Aufgabe im Rahmen des funktionsübergreifenden Schnittstellenmanagements darin bestehen, auftretende Kommunikationsprobleme durch geeignete Maßnahmen zu reduzieren oder sogar zu beseitigen. Insbesondere muß darum gehen Maßnahmen zu ergreifen, die helfen isoliertes und klar unterscheidbares Intragruppenverhalten zwischen verschiedenen Gruppen zu reduzieren.[161]

2.1.3.3 Ansatzpunkte zur Steuerung der funktionsübergreifenden Zusammenarbeit

2.1.3.3.1 Die Analyse des Koordinationsbedarfes als Ausgangspunkt

Damit konkret abgeleitet werden kann, welche Instrumente zur Steuerung der interfunktionalen Zusammenarbeit eingesetzt werden können, bedarf es analog der Vorgehensweise bei der Steuerung der Unternehmenskultur zunächst einer einzelfallbezogenen **Ist-Analyse des Koordinationsbedarfs**. Es muß ermittelt werden, welche Funktionseinheiten wann, wie lange und mit Unterstützung welcher Instrumente sinnvoll koordiniert werden müssen. Es ist z.B. durchaus denkbar, daß eine Koordination zwischen F & E und Marketing anders zu organisieren ist bzw. kann als zwischen Marketing und Rechnungswesen.

Mit welchen betrieblichen Funktionseinheiten im Einzelfall besonders hoher Abstimmungsbedarf besteht, wird u.E. wesentlich durch die Art des zu realisierenden Wettbewerbsvorteils (KKVs) bestimmt. Basiert ein KKV beispielsweise auf der Möglichkeit,

---

[159] Vgl. auch Kieser, A., a.a.O., S. 162.

[160] Vgl. Moenaert, R.K., Souder, W.E., An Information Transfer Modell for Integrating Marketing and R & D Personnel in New Product Development Projects, in: Journal of Product Innovation Management, 1990, S. 97.

[161] Vgl. hierzu auch Whitney, J.C., Smith, R.A., a.a.O., S. 172.

günstige Absatzfinanzierungen anzubieten, erhöht dies eventuell den Abstimmungsbedarf und damit das Konfliktpotential mit der Funktionseinheit Finanzierung. Beinhaltet die angebotene Leistung einen hohen Dienstleistungsanteil, so sind die Fähigkeiten der Mitarbeiter sowie deren Verhalten i.d.r. von zentraler Relevanz für den Vermarktungserfolg, wodurch der Koordinationsbedarf mit der Personalfunktionseinheit steigen kann.[162] Grundsätzlich gilt es daher, neben der aus Spezialisierungsgründen häufig unvermeidlichen Aufteilung der unternehmerischen Gesamtaufgabe, d.h. der bewußten Bildung von Gruppen im Unternehmen, bezogen auf spezifische KKVs, eine neue funktionsübergreifende Mitarbeitergruppe zu bilden, deren Mitglieder für die Umsetzung dieses KKVs verantwortlich sind.

Hutt und Speh argumentieren ähnlich, indem sie fordern, ein sogenanntes "**marketing-strategy-center**" zu bilden, in dem alle Mitarbeiter aus verschiedenen Funktionsbereichen zusammengefaßt werden, die an der Entwicklung und Umsetzung einer konkreten Marketingstrategie beteiligt sein müssen. Die Zusammensetzung des "marketing-strategy-centers" sollte aber, wie Hutt und Speh explizit betonen, nicht generell erfolgen, sondern ist von situativen Faktoren (wie z.B. Branche, Unternehmen, Strategie) abhängig.[163]

Die Ausarbeitung von sogenannten "**Responsibility charts**" bietet die Möglichkeit zur einzelfallbezogenen, systematischen Analyse und Darstellung der interfunktionalen Zusammenarbeit. Durch das Vorgehen können potentielle Konflikte sowie Verbindungen und Überschneidungen von Kompetenzen identifiziert werden. Ferner bietet es eine Grundlage für Schwachstellendiskussionen und daraus abzuleitende Maßnahmen.[164] Der Aufbau eines "Responsibility charts", das aus den drei Komponenten Entscheidungsdimensionen (decisions), Beteiligte (actors) und Art der Beteiligung (types of participation) zusammengesetzt wird, soll in Abbildung 25 verdeutlicht werden.[165]

---

[162] Die Ergebnisse der empirischen Untersuchung haben gezeigt, daß auch die Branchenzugehörigkeit eines Unternehmens den Abstimmungsbedarf zwischen Marketing und bestimmten anderen Funktionseinheiten bedingt. So konnte z.B. bei Unternehmen, die Software entwickeln, zu anderen Branchen ein relativ geringer Abstimmungsbedarf mit den Unternehmensfunktionen Beschaffung/Einkauf, Controlling und Logistik festgestellt werden; vgl. Gesellschaft für Wirtschaftspublizistik, High-Tech Marketing, a.a.O., S. 295 ff.

[163] Hutt, M.D., Speh, T.W., The Marketing Strategy Center: Diagnosing the Industrial Marketer's Interdisciplinary Role, in: Journal of Marketing, Fall, 1984, S. 56 f.

[164] Vgl. Davis, T.R., Internal Service Operations: Strategies for Increasing Their Effectiveness and Controlling Their Cost, in: Organizational Dynamics, Autumn 1991, S. 9.

[165] Vgl. zum Aufbau von Responsibility Charts McCann, J.E., Gilmore, T.N., Diagnosing Organizational Decison Making Through Responsibility Charting, in: Sloan Management Review, Winter 1983, S. 4 ff.

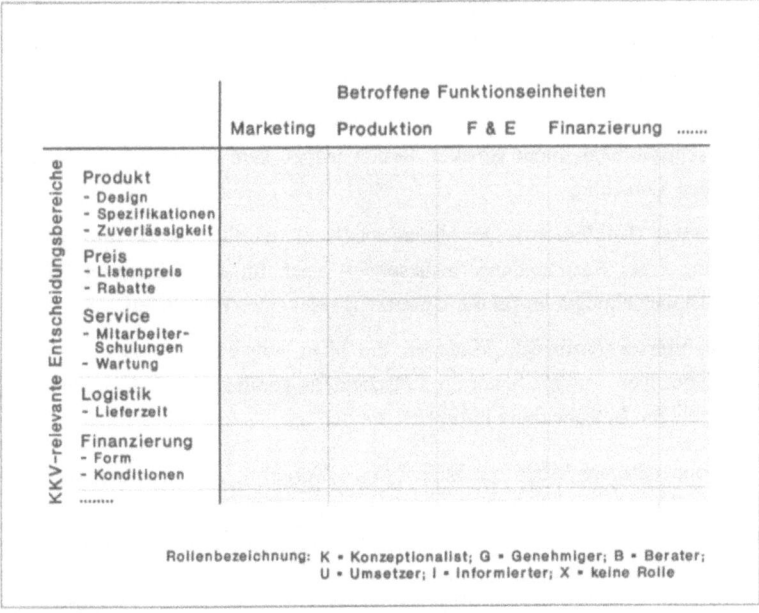

Abb. 25: Das "Responsibility Chart" zur Analyse der interfunktionalen
Marketing-Zusammenarbeit[166]

Die Zeilen des Charts beinhalten die KKV-spezifisch als relevant herausgearbeiteten
Entscheidungsdimensionen. Die Spalten enthalten die als wichtig eingestuften Funktionsbereiche bzw. Personen oder Personengruppen aus einzelnen Funktionsbereichen.
In den einzelnen Feldern der Matrix wird die Art der Beteiligung, d.h. die jeweils übernommene Rolle, entscheidungs- und personenspezifisch eingetragen. Grundsätzlich
kann jede der in dem Responsibility Chart aufgeführten Personen eine oder mehrere
der folgenden Rollen übernehmen:

Konzeptionalist (Responsible): Der Manager übernimmt die Verantwortung für die Situationsanalyse, entwickelt Alternativen, nachdem er den Rat
verschiedener Beteiligter eingeholt hat. Er erarbeitet anschließend einen
Vorschlag. Nachdem der Vorschlag angenommen oder abgelehnt worden
ist, endet die Rolle des Managers.

166 Vgl. Hutt, M.D., Speh, T.W., Business Marketing Management. A Strategic View of Industrial
and Organizational Markets, 4. Aufl., Fort Worth u.a. 1992, S. 234 ff.

Genehmiger (Approve): Der Manager muß einen Vorschlag vor der endgültigen Implementierung genehmigen oder besitzt das Recht, eine Auswahl aus den Vorschlägen der Verantworter (V) zu treffen.

Berater (Consult): Der Manager wird als Berater eingeschaltet oder wird um selbständigen Input gebeten, besitzt jedoch kein Veto-Recht in bezug auf den Vorschlag.

Umsetzer (Implement): Der Manager ist verantwortlich für die Implementierung einer Entscheidung, insbesondere auch für die Benachrichtigung und Einbeziehung aller für die Umsetzung relevanten Beteiligten.

Informierter (Inform): Manager, die nicht notwendigerweise beratend hinzugezogen wurden, bevor die Entscheidung gefallen war, jedoch von der endgültigen Entscheidung informiert werden.

McCann und Gilmore haben ein mehrstufiges Vorgehen zur Ausarbeitung von Responsibility Charts entwickelt.[167] Die Zusammenstellung der einzelnen Parameter erfolgt durch gemeinsame offene und für alle nachvollziehbare Diskussionen der zentral am Gesamtprozeß beteiligten Personen, wobei es möglich ist, daß auch unternehmensexterne Beteiligte einbezogen werden müssen. Einzelne als relevant identifizierte Personen oder Personengruppen übernehmen häufig mehr als eine Rolle. Dabei treten leicht Redundanzen auf, die allerdings vermieden werden können. Beispielsweise kann eine "K/B/I"-Rollen-Kombination auf die K(onzeptionalisten)-Rolle beschränkt werden, da i.d.R. die Verantwortung für die Erstellung eines oder mehrerer Vorschläge gleichzeitig mit einer beratenden Aufgabe untrennbar verbunden und der K-Rollenträger i.d.R. über die getroffene Entscheidung informiert ist.

Nach Hutt und Speh **übernehmen die für Marketingaufgaben verantwortlichen Personen** innerhalb des Strategy Centers **"a boundary role function"** zwischen dem Unternehmen, den Nachfragern und den Konkurrenten.[168] Die Mitarbeiter der betrieblichen Fachfunktion Marketing würden somit i.d.R. die Konzeptionalisten- oder zumindest die Berater-Rolle übernehmen und müßten, um ihrer "boundary"-Rolle gerecht zu werden, zumindest übergeordnet die Umsetzer-Rolle wahrnehmen.

Das Konzept des Strategy Centers weist Ähnlichkeiten mit dem Selling Center-Konzept auf, das im Zusammenhang mit dem Vermarktungsprozeß für industrielle Großanlagen diskutiert wird.[169] Im Unterschied zum Selling Center ist das Strategy Center,

---

[167] Vgl. hierzu und im folgenden McCann, J.E., Gilmore, T.N., a.a.O., S. 6 ff.

[168] Vgl. Hutt, M.D., Speh, T.W., The Marketing Strategy Center: Diagnosing the Industrial Marketer's Interdisciplinary Role, a.a.O., S. 57.

[169] Unter einem Selling Center wird ein temporäres funktionales Subsystem der Anbieterseite verstanden, das diejenigen Personen umfaßt, deren Verhalten den Verlauf und das Ergebnis des Ver-

das auch als "KKV Center" bezeichnet werden könnte, nicht speziell auf einen Nachfrager (ein Projekt) ausgerichtet und nicht grundsätzlich temporär angelegt.

Eine im Vergleich zu den Responsibility Charts wesentlich umfassendere und detailliertere, allerdings auch zeitaufwendigere Analysemöglichkeit der unternehmensinternen funktionsübergreifenden Prozeßabläufe wird durch das von IBM maßgeblich entwickelte Konzept der **"Department Purpose Analysis"** (DPA) ermöglicht.[170] Zielsetzung der DPA ist es, alle relevanten Teilprozesse zur Erzielung eines KKVs detailliert abzubilden und somit deren Beziehungen zueinander sowie die personenbezogenen Verantwortlichkeiten ("owner" eines Teilprozesses) offenzulegen.[171] Die systematische Abbildung des Gesamtprozesses zeigt allen Beteiligten die vielfältigen Interdependenzen auf, verdeutlicht die eigene Position im Gesamtprozeß und sensibilisiert so die Betroffenen dafür, eigene Entscheidungen gesamtprozeßorientiert (funktionsübergreifend-orientiert) zu treffen und dabei die Auswirkungen auf andere Teilprozesse abzuwägen. Ferner ist es durch die Gesamtdarstellung möglich, Ansatzpunkte für Verbesserungen zu identifizieren und gleichzeitig Lösungsvorschläge auf deren Problemlösungsrelevanz zu überprüfen. Durch die Anwendung der DPA ist es möglich, den komplexen interdependenten Prozeßablauf zur Erzielung eines KKVs in Teilprozesse zu zergliedern und diese Teilprozesse gleichzeitig wieder miteinander zu verbinden. Durch die DPA wird angestrebt, eine Suboptimierung zu verhindern und stattdessen eine informatorische Basis für eine Gesamtprozeßoptimierung zu bilden. Anwendungstechnisch handelt es sich bei der DPA um ein Set von Symbolen, mit deren Hilfe ein Bild eines Gesamtprozesses, durch Darstellung der Abfolge und der Beziehungen aller relevanten Teilprozesse, erstellt wird.[172]

2.1.3.3.2 Grundlegende Koordinationsinstrumente

In der Literatur werden verschiedene organisatorische Regelungen vorgeschlagen, mit deren Hilfe die Koordinationsaufgabe zwischen organisatorischen Einheiten bewältigt werden kann.[173] Nach Kieser und Kubicek können neben dem Koordinationsinstru-

---

marktungsprozesses beeinflußt. Vgl. zum Begriff des Selling Centers Heger, G., Anfragenbewertung im industriellen Anlagengeschäft, Berlin 1988, S. 55 ff.

[170] Vgl. Oakland, J.S., Total Quality Management, Oxford 1989, S. 30 ff. In der Literatur wird das Verfahren auch als Process Management oder Flow Charting bezeichnet. Vgl. Davis, T.R., a.a.O., S. 11; Christopher, M., Payne, A., Ballantyne, D., Relationship Marketing. Bringing quality, customer service and marketing together, Oxford 1991, S. 137 ff.

[171] Vgl. Davis, T.R., a.a.O., S. 11.

[172] Vgl. im Detail Christopher, M., Payne, A., Ballantyne, D., a.a.O., S. 137 ff.; Oakland, J.S., a.a.O., S. 31 ff.

[173] Vgl. zu alternativen Systematisierungen des Koordinationsinstrumentariums Benkenstein, M., F & E und Marketing, a.a.O., S. 130 ff.

ment der hierarchischen Strukturierung folgende Mechanismen bzw. Instrumente unterschieden werden:[174]

- Persönliche Weisungen,
- Selbstabstimmung (z.b. in Gremien, Komitees, Ausschüssen),
- Verfahrensrichtlinien/ Programme und
- Pläne.

Persönliche Weisungen beruhen auf dem hierarchischen Aufbau im Unternehmen und stützen sich auf das spezifisch formale Vorgesetzten-Nachgeordneten-Verhältnis. Generell besitzt dieses Koordinationsinstrument in praktisch allen hierarchisch strukturierten Unternehmen Bedeutung. Dennoch verlassen sich Unternehmen i.d.R. nicht ausschließlich auf eine Koordination durch persönliche Weisungen, da dies aufgrund der Vielzahl von Koordinationserfordernissen leicht zur Überlastung der Instanzen und Dienstwege führt.[175]

Das Instrument der **Selbstabstimmung** wird häufig im Zusammenhang mit der Koordination der Beziehungen zwischen F & E und Marketing als **geeignetes Koordinationsinstrument** genannt.[176] Hierbei wird eine Entscheidung nicht durch übergeordnete Instanzen, sondern von den beteiligten Entscheidungsträgern selbst getroffen. Als organisatorische Grundtypen werden dabei abteilungsübergreifende Teams, Gremien und Formen der Projektorganisation vorgeschlagen.[177]

Häufig werden in Unternehmen auch **Programme und Pläne** zur "Voraus"-Koordination eingesetzt.[178/179] Programme sind Verfahrensrichtlinien, die entweder verbindlich oder nur global Aktivitäten festlegen und den Bedarf an Anweisungen durch Vorgesetzte verringern sollen. Da Programme von sich aus starr sind, besteht die Gefahr, daß sie in dynamischen Umweltsituationen nicht mehr situationsadäquat sind. Pläne als Koordinationsinstrument sind in solchen Fällen besser geeignet, da die Vorgaben der Pläne im Gegensatz zu Vorgaben von Programmen nicht prinzipiell auf Dauer ange-

---

[174] Vgl. Kieser, A., Kubicek, H., a.a.O., S. 103 ff.

[175] Vgl. Kieser, A., Kubicek, H., a.a.O., S. 104 ff.

[176] Vgl. hierzu insbesondere Benkenstein, M., F & E und Marketing, a.a.O., S. 195 ff.

[177] Vgl. Backhaus, K., Investitionsgütermarketing, a.a.O., S. 224 ff.; Benkenstein, M., Koordination von F & E und Marketing, in: Marketing Zeitschrift für Forschung und Praxis, Heft 2, 1987, S. 125 ff.; Kieser, A., a.a.O., S. 168.

[178] Vgl. hierzu und im folgenden Kieser, A., Kubicek, H., a.a.O., S. 110 ff.

[179] Einzuordnen ist unter diesem Aspekt auch die Diskussion zur Prozeß- und Programmstandardisierung im Rahmen der internationalen Marktbearbeitung. Vgl. hierzu die umfassenden Ausführungen bei Kreuzer, R., Global Marketing - Konzeption eines länderübergreifenden Marketing. Erfolgsbedingungen, Analysekonzepte, Gestaltungs- und Implementierungsansätze, Wiesbaden 1989, S. 60 ff. zur Prozeßstandardisierung und S. 189 ff. zur Programmstandardisierung.

legt sind, sondern situativen Bedingungen angepaßt werden können. In der Literatur wird darauf verwiesen, daß Planungsprozesse unter Einbeziehung aller Betroffenen ablaufen und Prioritäten gemeinsam festgelegt werden sollten. So können ab dem Zeitpunkt, ab dem die Prioritäten und Ressourcenverteilungen verbindlich festgelegt sind, keine Konflikte mehr aus diesen Gründen zwischen Funktionseinheiten auftreten.[180]

Zusätzlich zu diesen auf organisatorischen Regelungen beruhenden Koordinationsinstrumenten, die von Kieser/Kubicek als strukturelle Koordinationsinstrumente bezeichnet werden[181], werden eine Vielzahl weiterer Instrumente, Formen oder Strategien zur funktionsübergreifenden Koordination diskutiert.

Verrechnungs- oder Lenkpreise, die z.T. als flankierende Koordinationsinstrumente beispielsweise durch Einrichtung von F & E-Profit- bzw. F & E-Cost-Centern eingesetzt werden können, sind nach Benkenstein für die aus Marketingsicht wichtigen Abstimmungen während eines Innovationsprozesses ungeeignet. Neben der Problematik, sinnvolle "Preise" festzusetzen, führt der Profit-Center-Gedanke nach Benkenstein zu einer innovationsbeeinträchtigenden kurzfristigen Forschungs- und Entwicklungsorientierung.[182]

Auch die **Unternehmenskultur** wird - als nicht-strukturelle übergeordnete Form der Koordination - unter funktionsübergreifenden Koordinationsgesichtspunkten diskutiert.[183] Demnach wird davon ausgegangen, daß sich Konflikte zwischen Funktionseinheiten einfacher lösen lassen, wenn die Beteiligten über ein gemeinsames Wertesystem verfügen. Allerdings ist davon auszugehen, daß eine Unternehmenskultur die Subkulturen einzelner Funktionseinheiten nie vollständig aufheben und somit immer nur als übergeordnetes Wertsystem die funktionsübergreifende Kooperation erleichtern kann.[184]

Die Darstellungen lassen vermuten, daß in der Praxis i.d.R. immer mehrere Koordinationsinstrumente gleichzeitig eingesetzt werden, die so aufeinander abgestimmt sein

---

[180] Vgl. Kieser, A., a.a.O., S. 167.

[181] Vgl. Kieser, A., Kubicek, H., a.a.O., S. 117.

[182] Vgl. Benkenstein, M., F & E und Marketing, a.a.O., S. 185 ff.; Küpper, H.U., a.a.O., S. 190 f. Vgl. auch Gupta, A.K., Raj, S.P., Wilemon, D., Managing the R & D - Marketing Interface, a.a.O., S. 43.

[183] Vgl. Kieser, A., Kubicek, H., a.a.O., S. 117 ff.; Bierhoff, H.W., Müller, G.F., a.a.O., S. 48. Vgl. dazu auch die Ausführungen im Abschnitt C. 2.1.2.

[184] Vgl. Kieser, A., a.a.O., S. 170. In der Literatur wird darauf verwiesen, daß es eine vollkommen einheitliche Unternehmenskultur nicht geben kann und dies auch nicht erwünscht ist, da bestimmte Teilaufgabenstellungen immer unterschiedliche Mentalitäten, Wert-Orientierungen und Lösungsschemata erfordern. Vgl. hierzu auch Morey, N.C., Luthans, F., The Use of Dyadic Alliances in Informal Organization: An Ethnographic Study, in: Human Relations, Nr. 6, 1991, S. 614 f.

sollten, daß sie sich in ihrer Wirkung gegenseitig verstärken. Beispielsweise kann die Absicht, möglichst viele Mitarbeiter an Planungsprozessen zu beteiligen, durch eine mitarbeiterorientierte Unternehmenskultur unterstützt werden. Grundsätzlich ist davon auszugehen, daß das Koordinationsmix nur unternehmensindividuell in Abstimmung mit den situativen Umfeldbedingungen bestimmt werden kann.[185] Somit können nur sehr begrenzt generelle Aussagen über den sinnvollen Einsatz von einzelnen Koordinationsinstrumenten zur Marketingimplementierung abgeleitet werden. Im folgenden Abschnitt sollen speziell für die Marketingimplementierung konzipierte Koordinationsinstrumente sowie Anforderungen an deren Ausgestaltung diskutiert werden.

2.1.3.3.3 Ausgestaltung von interfunktionalen Koordinationsinstrumenten zur Marketingimplementierung

Als wichtiges Indiz für Intergruppen-Probleme gelten - wie schon erwähnt - generell und speziell auch für die Marketingimplementierung **Kommunikationsprobleme**.[186] Da Personen, die besonders häufig miteinander kommunizieren, auch tendenziell ein besseres persönliches Verhältnis zueinander aufbauen[187] und infolgedessen eine bessere Zusammenarbeit erwartet werden kann, sollten die zur Marketingimplementierung eingesetzten Koordinationsinstrumente geeignet sein, die quantitative und qualitative interfunktionale Kommunikation zu erhöhen bzw. zu verbessern.[188]

Viele der bisher beschriebenen Koordinationsinstrumente schaffen zwar Voraussetzungen zur Interaktion, können den Informationsaustausch jedoch nicht immer wirklich sicherstellen.[189] Dennoch können durch die Beachtung einiger Aspekte, die sich als

---

[185] Vgl. Küpper, H.U., a.a.O., S. 199. Vgl. zur Ableitung eines Koordinationsmixes für die Koordination von Marketing und F & E bei alternativen situativen unternehmensexternen Umfeldbedingungen Benkenstein, M., F & E und Marketing, a.a.O., S. 241 ff.

[186] Vgl. McCall, I., Cousins, J., Communication Problem Soling. The Language of Effective Management, Chichester u.a. 1990, S. 150 f.; Cantin, F., Thom, N., Innerbetriebliche Kommunikation. Konzeptioneller Bezugsrahmen und Ableitung von Effizienzkriterien, in: Zeitschrift Führung und Organisation, Nr. 5, 1992, S. 287 ff.

[187] Vgl. Staehle, W.H., Management, S. 284 und S. 302 f.

[188] Die Zielsetzung der funktionsübergreifenden Kommunikation besteht darin, einen interfunktionalen Interessensausgleich sicherzustellen. Gelingen kann dies grundsätzlich nur dann, wenn die ausgetauschten Kommunikationsinhalte gegenseitig verstanden und akzeptiert werden. Hierzu ist es zunächst notwendig, daß überhaupt kommuniziert wird. Geht man davon aus, daß immer nur ein Teil aller Kommunikationsbemühungen erfolgreich ist (verstanden und akzeptiert wird), bieten sich zwei Problemlösungsalternativen an: zum einen die Kommunikationsintensität pro Zeiteinheit zu erhöhen (quantitative Kommunikationssteigerung) und/oder zum anderen die Kommunikationsqualität zu verbessern (qualitative Kommunikationssteigerung).

[189] Sounder stellt dazu fest: "The difficulty with many joint meetings between R & D and marketing is that both parties often leave the meeting with very little change in their feelings about each

koordinationsförderlich erwiesen haben, zumindest die Voraussetzungen für eine bessere Kommunikation geschaffen werden. Dieses ist insbesondere auch deshalb von Bedeutung, weil empirische Untersuchungen ergeben haben, daß Schnittstellenprobleme zwischen Funktionseinheiten nicht in erster Linie durch mangelnde Kommunikationsbereitschaft, sondern vor allem durch **mangelnde Kommunikationsmöglichkeiten** entstehen.[190]

In der Praxis hat es sich zur Verbesserung der interfunktionalen Kommunikation als sinnvoll erwiesen, die **räumliche Entfernung** zwischen den Funktionseinheiten zu reduzieren, die intensiv zusammenarbeiten müssen.[191] Ferner gilt es als vorteilhaft, wenn beispielsweise durch Angleichung der Funktionsbereichsstrukturen und Arbeitsabläufe die **Homogenität** der Funktionseinheiten erhöht wird.[192] Während diese beiden Lösungsvorschläge primär zur quantitativen Kommunikationssteigerung beitragen, werden zur Steigerung der interfunktionalen Kommunikationseffizienz (qualitative Kommunikationssteigerung) folgende Aspekte diskutiert:[193]

- empfängergerechte Kommunikation, die auf das Wissen und die jeweils erwartete Terminologie der Zielpersonen abgestimmt ist,

- Berücksichtigung informeller Kommunikation und

- Erhöhung der Objektivität der Kommunikation z.B. durch Primärkommunikation.

Die explizite Berücksichtigung bestehender Unterschiede zwischen den Personengruppen[194] und die sich daraus ableitende **Notwendigkeit, empfängerspezifisch miteinander zu kommunizieren,** sind gleichfalls für eine effektive interfunktionale Kom-

other." Sounder, W.E., Disharmony Between F & D and Marketing, a.a.O., S. 73. Vgl. auch Kieser, A., a.a.O., S. 171.

[190] Vgl. Staudt, E., Mühlemeyer, P., Kriegesmann, B., Innovationsforschung. Schnittstelle = Bruchstelle? in: Absatzwirtschaft, Nr. 11, 1991, S. 112.

[191] Vgl. Shanklin, W., Ryans, J.K., Marketingorganisation in technologieorientierten Unternehmen, in: Harvard manager, Nr. 2, 1985, S. 18 f.

[192] Vgl. Kieser, A., a.a.O., S. 166.

[193] Vgl. Staehle, W.H., Management, a.a.O., S. 283.

[194] Die Bedeutung personeller Faktoren im Rahmen der funktionsübergreifenden Zusammenarbeit wird z.B. auch von Lucas und Bush betont und konnte in bezug auf einige Persönlichkeitsmerkmale auch empirisch nachgewiesen werden. Vgl. Lucas, G.H. jr., Bush, A. J., The Marketing - R & D Interface: Do Personality Factors Have an Impact?, in: Journal of Product Innovation Management, Nr. 5, 1988, S. 265 f. Zu anderen Ergebnissen kommen Gupta, Raj und Wilemon. Sie konnten keine gravierenden Unterschiede in den Grundorientierungen des F & E- und Marketingpersonals feststellen. Vgl. Gupta, A.K., Raj, S.P., Wilemon, D.L., R & D and Marketing Manager in High-Tech Companies: Are They Different?, in: IEEE Transactions on Engineering Management, Nr. 1, 1986, S. 30.

munikation erforderlich.[195] Die Erfahrungen in der Unternehmenspraxis zeigen, daß die unvermeidlichen interfunktionalen Unterschiede nicht unbeachtet bleiben dürfen, aber auch nicht versucht werden sollte, sie generell anzugleichen.[196] Vielmehr sollten die bestehenden Unterschiede hingenommen, den Beteiligten bewußt gemacht und darauf aufbauend Lösungen gefunden werden, die von allen betroffenen Parteien akzeptiert werden.[197] Grundsätzlich geht es darum zu erkennen, daß Mitarbeiter aus verschiedenen funktionalen Einheiten mehr oder weniger eigene **funktionsbereichsspezifische Denkwelten (thought worlds)** besitzen, die isoliert für jeden Mitarbeiter als sinnvoll und richtig erachtet werden.[198] Zur Zusammenführung dieser Denkwelten werden u.a. funktionsbereichsspezifisch angepaßte Weiterbildungsmaßnahmen sowie die gemeinsame Erarbeitung von allgemein verständlichen Arbeitsanweisungen vorgeschlagen.[199]

Aus empirischen Untersuchungen ist bekannt, daß die Intensität und die Qualität der Zusammenarbeit wesentlich durch einen hohen Grad an **informeller Kommunikation** determiniert werden.[200] Zentrale Voraussetzung hierfür ist die Herausbildung eines Vertrauensverhältnisses zwischen den beteiligten Personen.[201] Es zeigte sich, daß positive oder negative Erfahrungen der Vergangenheit das Interesse an der zukünftigen funktionsübergreifenden Zusammenarbeit wesentlich mitdeterminieren.[202] Empirische Untersuchungen haben ergeben, daß die Nutzung von Marktinformationen, welche die Marketingfunktionseinheit zur Verfügung stellt, vom Vertrauen in die Leistungsfähigkeit der mit der Marktforschung befaßten Personen abhängig ist. Konkret wird dieses

---

[195] Vgl. McCall, I., Cousins, J., a.a.O., S. 64 f.

[196] "...managers must also be aware that there is such a thing as too much harmony..." Sounder, W.E., Managing Relations Between R & D and Marketing in New Product Development Projects, a.a.O., S. 18. Vgl. auch Staudt, E., Mühlemeyer, P., Kriegesmann, B., a.a.O., S. 114.

[197] Vgl. Staudt, E., Mühlemeyer, P., Kriegesmann, B., a.a.O., S. 114; Lucas, G.H., Bush, A.J., a.a.O., S. 266; Clare, D.A., Sanford D.G., Cooperation and Conflict Between Industrial Sales and Production, in: Industrial Marketing Management, 1984, S. 168.

[198] Vgl. Dougherty, D., Interpretive Barriers to successful Product Innovation, Report Nr. 89-114 des Marketing Science Institute, Cambridge/Mass. 1989, S. 15; Moenaert, R.K., Souder, W.E., a.a.O., S. 97.

[199] Vgl. Dougherty, D., a.a.O., S. 30 ff.; Lucas, G.H., Bush, A.J., a.a.O., S. 266; Domsch, M., Gerpott, T.J., Gerpott, H., Wie sehen Industrieforscher Mitarbeiter aus dem Marketing?, in: Die Betriebswirtschaft, Nr. 1, 1992, S. 84 f.; Clare, D.A., Sanford D.G., a.a.O., S. 168 f.

[200] Vgl. Pinto, M.B., Pinto, J.K., Project Team Communication and Cross-Functional Cooperation in New Program Development, in: Journal of Product Innovation Management, 1990, S. 208.

[201] Vgl. Pinto, M.B., Pinto, J.K., Communications, Cross-Functional Cooperation, and Project Performance: Implications for the Development and marketing of New Programs, in: Lichtenthal, D., u.a., Hrsg., 1990 AMA educators' proceedings; marketing theory and practice, Chicago 1990, S. 187.

[202] Vgl. Pinto, M.B., Cross Functional Cooperation in the Implementation of Marketing Decisions: The Effects of Superordinate Goals, Rules and Procedures, and Physical Environment, Pittsburgh 1988, S. 158.

Vertrauen in erster Linie durch die wahrgenommene Integrität sowie ergänzend durch die Zuverlässigkeit und die Sympathie der zuständigen Personen bestimmt.[203] Es ist somit davon auszugehen, daß geringes Vertrauen in die Qualifikation der Ressourcen einer Funktionseinheit den Austausch von Informationen mit dieser Funktionseinheit reduziert und dazu führt, daß von den anderen Funktionseinheiten ein sogenannter "extradisciplinary search process" eingeleitet wird, d.h. die benötigten Informationen selbst besorgt werden. Die Zusammenarbeit mit der eigentlich zuständigen, aber als nicht ausreichend kompetent eingestuften Funktionseinheit wird dann möglicherweise eingestellt.[204]

Interfunktionale Wahrnehmungsdifferenzen gelten als zentrale Quelle von Intergruppen-Konflikten.[205] Ein Mittel, diese Wahrnehmungsdifferenzen abzubauen, ist die Steigerung der **Objektivität der Kommunikation**, beispielsweise durch Primärkommunikation. Als Lösungsvorschlag bietet sich beispielsweise die zeitlich begrenzte Mitarbeit in anderen Funktionseinheiten an. Hierdurch wird die Möglichkeit geschaffen, Primärerfahrungen mit den Problemen der jeweils anderen Funktionseinheit zu sammeln und formale und informale Kontakte aufzubauen, die bei der zukünftigen Problemlösung hilfreich sein können.[206]

Zusammenfassend zeigt sich, daß eine Vielzahl von Aspekten in der Literatur diskutiert wird, deren Beachtung dazu beitragen kann, daß eine interfunktionale Marketingimplementierung ermöglicht wird. Prinzipiell müssen auch die **interfunktionalen Koordinationsinstrumente unter Beachtung der grundlegenden Implementierungsteilprobleme (Kennen/Verstehen, Können, Wollen) ausgestaltet** werden. So trägt z.B. eine empfängergerechte Kommunikation, die Mitarbeit in anderen Funktionseinheiten sowie die informelle Kommunikation zum "Kooperations-Kennen und -Verstehen" bzw. auch zum "Kooperations-Wollen" und die räumliche Zusammenlegung sowie die Steigerung der Homogenität der Funktionseinheiten zum "Kooperations-Können" bei. Trotz dieser vielen Problemlösungsvorschläge, die z.T. schon seit Jahrzehnten diskutiert werden[207], gestaltet sich die interfunktionale Kooperation in der Praxis sehr schwierig. Es kann vermutet werden, daß die Problemlösung bisher oft auch daran gescheitert ist, daß die vorhandenen **Kooperationsinstrumente nicht sinnvoll aufeinander abgestimmt** wurden. D.h. beispielsweise, daß das Koordina-

---

[203] Vgl. Moormann, C., Deshpandé, R., Zaltman, G., Factors Affecting Trust in Market Research Relationships, in: Journal of Marketing, January 1993, S. 93 f.

[204] Vgl. Moenaert, R.K., Souder, W.E., a.a.O., S. 99 ff.

[205] Vgl. Staehle, W.H., Management, a.a.O., S. 302.

[206] Vgl. Braun, W., Kooperation im Unternehmen. Organisation und Steuerung von Innovationen, Wiesbaden 1991, S. 63.

[207] Vgl. hierzu z.B. die Ausführungen bei Bierhoff, H.W.; Müller, G.F., a.a.O., S. 48.

tionsinstrument Selbstabstimmung über funktionsübergreifende Teams eingeführt wurde, ohne die Unternehmenskultur entsprechend weiterzuentwickeln oder das Planungssystem anzupassen. In neuerer Zeit werden daher zunehmend **integrierte Koordinationskonzepte** entwickelt, die auf einer abgestimmten Kombination verschiedener Koordinationsinstrumente beruhen.

2.1.3.3.4 "Cross-Functional-Visit-Programs" als Beispiel für integrierte Koordinationskonzepte zur Marketingimplementierung

Im folgenden soll beispielhaft das für die interfunktionale Marketingimplementierung entwickelte Konzept der "Cross-Functional-Visits" vorgestellt werden. Das Konzept der gemeinsamen Kundenbesuche, das zum einen zur Objektivierung der Kommunikation über Informationen von Kunden beiträgt und zum anderen generell zur Verbesserung und Intensivierung der funktionsübergreifenden Zusammenarbeit dient, steht im Mittelpunkt eines Ansatzes zur Marketingimplementierung von McQuarrie und McIntyre.[208]

Regelmäßige Kundenbesuche von funktionsübergreifenden Teams ("face-to-face"-Kontakte) sind nach McQuarrie und McIntyre speziell für Investitionsgüteranbieter ein effektives Mittel, um Primärinformationen über Kundenbedürfnisse und -wünsche zu erlangen.[209] Zudem kann erwartet werden, daß durch solche persönlichen Besuche die Beziehungen zum Kunden verbessert und damit eventuell zukünftige Kaufentscheidungen positiv beeinflußt werden.[210]

Mitarbeiter der Funktionseinheit Marketing sind bei komplexen Leistungsangeboten nicht immer in der Lage, die Kundenwünsche ausreichend nachzuvollziehen bzw. dem Kunden technisch sinnvolle Problemlösungen anzubieten.[211] Gleiches gilt, wenn z.B.

---

[208] Vgl. McQuarrie, E.F., McIntyre, S.H., Implementing the Marketing Concept Through a Program of Customer Visits, Report Nr. 90-107, Marketing Science Institute, Cambridge/Mass., 1990, S. 2. Der entwickelte Ansatz wird "...as a practical approach for implementing the marketing concept, which calls for the firm to integrate all functional areas around the goal of satisfying customers." vorgestellt. McQuarrie, E.F., McIntyre, S.H., The Customer Visit: An Emerging Practice in Business-to-Business Marketing, Report Nr. 92-114, Marketing Science Institute, Cambridge/Mass. 1992, S. 22.

[209] Vgl. McQuarrie, E.F., McIntyre, S.H., The Customer Visit: an Emerging Practice in Business-to-Business Marketing, a.a.O., S. 1.

[210] Vgl. McQuarrie, E.F., The Customer Visit: Qualitative Research for Business-to-Business Marketers, in: Marketing Research, March, 1991, S. 18.

[211] McQuarrie bemerkt dazu: "Customer visits give R & D managers the opportunity to ask a crucial followup question that only a technically sophisticated person would know to ask." McQuarrie, E.F., a.a.O., S. 19.

110

komplexe Finanzierungs-, Beschaffungs- und/oder Logistikfragen zu lösen sind. In diesen Fällen erscheint es sinnvoll, die Fachleute hinzuzuziehen, die später - nach Auftragsvergabe - diese Fragestellungen lösen müssen. Die Einbeziehung von Mitarbeitern verschiedener Funktionsbereiche vermeidet spätere Mißverständnisse, da alle Mitarbeiter in bezug auf Kundenwünsche Primärinformationen erhalten. Befragungen von McQuarrie und McIntyre ergaben, daß die direkte Einbeziehung von technisch orientierten Mitarbeitern bei der Identifikation von Kundenwünschen spätere funktionsübergreifende Koordinationsprozesse wesentlich erleichterten.[212] Die üblicherweise erforderliche Übersetzungsarbeit zur Vermittlung der durch die Mitarbeiter der Marketingfunktionseinheit gewonnenen Informationen in bezug auf die Kundenwünsche entfällt weitgehend. Die Qualität der gewonnenen Information ist i.d.R. durch "Cross-Functional-Visits" deutlich höher. Zudem wächst das gegenseitige Verständnis für funktionsbereichsspezifische Probleme.

In Abbildung 26 werden drei Varianten der funktionsübergreifenden Zusammenarbeit zur Erstellung kundenorientierter Problemlösungen dargestellt. Bei der ersten Variante fehlt eine funktionsübergreifende Zusammenarbeit. Die zweite Variante ist zwar durch die Zusammenarbeit zwischen Marketing und anderen für den Vermarktungserfolg wichtigen Funktionseinheiten gekennzeichnet, potentielle "Übersetzungsprobleme" der Marketingfunktionseinheit erschweren jedoch z.T. die Umsetzung bzw. das Erkennen von kundengerechten Problemlösungen. Die dritte Variante sieht deshalb vor, daß weitere Mitarbeiter aus zur Erzielung von KKVs wichtigen Funktionsbereichen, gleichzeitig mit den Mitarbeitern aus der Funktionseinheit Marketing, Kontakt mit dem Kunden aufnehmen.

---

[212] Vgl. McQuarrie, E.F., McIntyre, S.H., The Customer Visit: An Emerging Practice in Business-to-Business Marketing, a.a.O., S. 10; McQuarrie, E.F., a.a.O., S. 19.

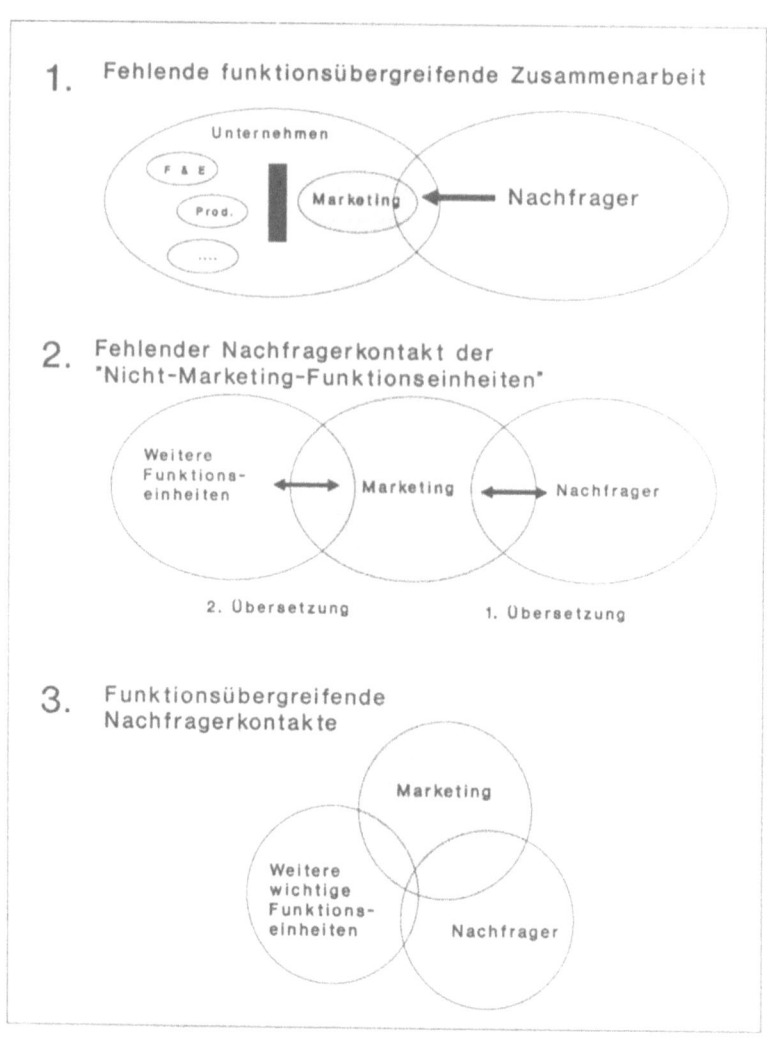

1. **Fehlende funktionsübergreifende Zusammenarbeit**

   Unternehmen

   F & E

   Prod.

   ....

   Marketing ← Nachfrager

2. **Fehlender Nachfragerkontakt der "Nicht-Marketing-Funktionseinheiten"**

   Weitere Funktions-einheiten ← → Marketing ← → Nachfrager

   2. Übersetzung   1. Übersetzung

3. **Funktionsübergreifende Nachfragerkontakte**

   Marketing

   Weitere wichtige Funktions-einheiten   Nachfrager

Abb. 26: Alternative Formen des Managements von Nachfragerkontakten[213]

Funktionsübergreifende Kundenbesuchsprogramme sollten nach McQuarrie und McIntyre auf Geschäftsbereichsebene oder auf tieferen Hierarchieebenen implementiert werden. Zur konkreten Durchführung von "Cross-Functional-Visit"-Programmen wird das in Abbildung 27 zusammengestellte sechsstufige Vorgehen vorgeschlagen.

---

[213] In Anlehnung an: McQuarrie, E.F., McIntyre, S.H., Implementing the Marketing Concept Through a Program of Customer Visits, a.a.O., S. 15, S. 19 und S. 21.

① **Ziele setzen**
Festlegung des anvisierten KKVs und Ermittlung des notwendigen Informationsbedarfs.

② **Auswahl und Gewinnung der Kunden**
Auswahl von Kunden, die eine realistische Bandbreite von Kundenwünschen widerspiegeln.

③ **Auswahl, Schulung und Einweisung der Besucherteams**
Auswahl der Teams, denen die Mitarbeiter angehören sollten, die bedeutend für die Realisierung eines anvisierten KKVs sind.

④ **Entwicklung eines Interviewleitfadens**
Der Interviewleitfaden sollte die Belange aller beteiligten Parteien berücksichtigen.

⑤ **Durchführung der Interviews**
Den Teammitgliedern sind die Moderatoren- und die Zuhörerrolle zu übertragen. Nach jedem Interview muß eine Teamsitzung folgen.

⑥ **Analyse und Datenreport**
Jedes Team fertigt einen Bericht an. Schriftliche Berichte werden an die zuständigen Funktionseinheiten weitergeleitet. Für die betroffenen Personen wird eine mündliche Präsentation abgehalten.

Abb. 27: Vorgehen zur Durchführung eines "Cross-Functional-Visit"-Programms[214]

Die empirischen Untersuchungen von McQuarrie und McIntyre ergaben, daß "Cross-Functional-Visit"-Programme von relativ vielen Unternehmen, vorwiegend von Investitionsgüteranbietern, genutzt werden (z.B. Hewlett Packard, IBM, Du Pont). Zum Teil haben die Anbieter sogenannte "visitor center" eingerichtet. Kunden werden dorthin eingeladen und befragt. Einige Unternehmen haben beratende Kundenausschüsse (customer advisory councils), Kundeninformationssitzungen (customer briefings), Seminare mit Befragungsrunden und Paneldiskussionen eingeführt.[215]

Zu ähnlichen Ergebnissen wie McQuarrie und McIntyre kommt auch eine Studie von McKinsey und der Technischen Hochschule Darmstadt zur integrierten Produktentwicklung im deutschen Maschinenbau.[216] Auch hier wird belegt, daß die Mitarbeiter aus dem F & E-Bereich - neben den Marketingmitarbeitern - direkten Kundenkontakt haben müssen, um die Probleme der Kunden verstehen und dann anschließend gemeinsame Vorgehensweisen abstimmen zu können. Durch dieses gemeinsame Ar-

[214] In Anlehnung an McQuarrie, E.F., a.a.O., S. 21.

[215] Vgl. McQuarrie, E.F., McIntyre, S.H., The Customer Visit: An Emerging Practice in Business-to-Business Marketing, a.a.O., S. 22.

[216] Vgl. Kluge, J., Sailer, E., Das ganze Wissen des Unternehmens auf das Produkt konzentrieren, in: Blick durch die Wirtschaft, 17.04.1991, S. 7.

beiten wird das sonst schwierige Schnittstellenmanagement erleichtert.[217] Ergänzend werden zur weiteren Verbesserung der Zusammenarbeit Mitarbeiter für einige Zeit in anderen Funktionsbereichen eingesetzt, um die dort beschäftigten Mitarbeiter, deren Arbeitsweise sowie deren Probleme kennenzulernen. Durch diese Art des Kennenlernens und Zusammenarbeitens wird der in aller Regel notwendige unternehmenskulturelle Wandel erleichtert.[218]

Das Koordinationsinstrument des "Cross-Functional-Visit" integriert mehrere als besonders effektiv eingeschätzte Koordinationsinstrumente. Übergeordnet wird eine kunden- und kooperationsorientierte Unternehmenskultur herausgebildet, die eine gemeinsame Wertgrundlage bildet und dafür sorgen soll, daß auch flankierende Maßnahmen möglich sind, z.b. die zeitweise Job-Rotation. Zentrales Kennzeichen dieses **integrierten Koordinationsinstrumentes** ist, daß es sich aus einer Kombination der Koordinationsinstrumente "vorstrukturierende Programme" sowie "nicht strukturierende Selbstabstimmung" (Kollegien- bzw. Teambildung) zusammensetzt. Durch diese Kombination wird versucht, die Effizienz und Effektivität der einzelnen Koordinationsinstrumente zu erhöhen. In der Literatur wird darauf verwiesen, daß ohne klare strukturelle Vorgaben Konflikte schlecht zu kanalisieren sind und deshalb nicht-strukturelle Maßnahmen i.d.r. lediglich flankierend oder in Kombination mit strukturellen Maßnahmen eingesetzt werden sollten.[219]

Grundsätzlich erscheint es somit sinnvoll, Koordinationsmaßnahmen durch festgelegte Verfahrensrichtlinien oder Programme vorzustrukturieren, um generelle Handlungsvorschriften zu schaffen, die den Bedarf an Anweisungen durch Vorgesetzte verringern oder ersetzen können.[220] Im Rahmen dieses Handlungsrahmens erfolgt auch die Bildung der Kundenbesuchsteams (Koordination durch Selbstabstimmung), die jedoch nicht fallweise nach eigenem Ermessen der Beteiligten erfolgt, sondern durch von der Unternehmensführung vorgegebene Regeln zur Pflicht wird (themenspezifische und institutionalisierte Interaktion).[221]

Durch die **Vorstrukturierung** besteht die Möglichkeit, daß der **Koordinationsbedarf schon vorab reduziert werden kann**, da ein Teil der Koordinationsprobleme im Rah-

---

[217] Vgl. z.B. auch: Töpfer, A., Erfolgreiche Entwicklung und Vermarktung von Technologieprodukten durch Marketing als Schnittstellen-Management, in: Späth, W., Grube, R., Hrsg., Marketing-Qualifizierung von Ingenieuren, Neuwied u.a. 1991, S. 39 ff.

[218] Vgl. McQuarrie, E.F., McIntyre, S.H., Implementing the Marketing Concept Through a Program of Customer Visits, a.a.O., S. 16 f.

[219] Kieser spricht in diesem Zusammenhang sogar von einem "Primat der strukturalen Maßnahmen". Vgl. Kieser, A., a.a.O., S. 172.

[220] Vgl. Kieser, A., Kubicek, H., a.a.O., S. 110 f.

[221] Vgl. Kieser, A., Kubicek, H., a.a.O., S. 107 ff.

men der Konzipierung des integrierten Koordinationsinstrumentes diskutiert und bewältigt wird. Es soll allerdings auch betont werden, daß nur in einer statischen Umwelt die interfunktionale Koordination ausschließlich oder primär auf vorstrukturierenden Programmen beruhen kann. Aus diesem Grund müssen die Programme in regelmäßigen Abständen auf ihre Problemlösungsrelevanz überprüft werden.[222]

Durch die Schaffung eines vorstrukturierten Koordinationsrahmens kann eine Reduzierung aller Implementierungsteilprobleme (Kennen/Verstehen, Können, Wollen) ermöglicht werden. Durch die klaren, eindeutigen und verständlichen Vorgaben ist allen Beteiligten bekannt und verständlich, welche Aktivitäten von ihnen verlangt werden. Durch die konkrete problemspezifische Ausgestaltung eines integrierten Koordinationsinstrumentes wird versucht, ein prinzipiell geeignetes Instrument zur Verfügung zu stellen (Teilproblem: Können). Ferner bietet die explizite Einbeziehung aller Betroffenen sowohl in die Konzipierung des vorstrukturierenden Koordinationsrahmens als auch in die spätere konkrete Anwendung des Instrumentes die Voraussetzung für eine breite Akzeptanz (Teilproblem: Wollen) des Einsatzes des Instrumentes und damit verbunden der interfunktionalen Koordination.

Das vorgestellte integrierte Instrument der Kundenbesuchsgruppen ist nur ein Beispiel für eine Vielzahl von grundsätzlich ähnlich konzipierten integrierten Koordinationsinstrumenten die speziell im Rahmen des Total Quality Managements entwickelt worden sind. Zu nennen sind hier insbesondere die im Abschnitt C. 3.2.4 detailliert diskutierten Instrumente Quality Function Deployment (QFD) und Benchmarking.

2.1.4 Fähigkeiten und Verhalten der Mitarbeiter (Individualebene)

Die einzelnen Mitarbeiter eines Unternehmens stellen die **Basiseinheit der Analyse organisatorischen Verhaltens** dar. Organisationselemente mit Bezug auf das gesamte Unternehmen wie die Unternehmenskultur oder gruppenbezogene Elemente (z.B. die Zusammenarbeit zwischen Funktionseinheiten) beinhalten und beschreiben Beziehungen zwischen einzelnen Individuen und werden daher als Analyseebenen höherer Komplexität bezeichnet.[223]

Die Betrachtung des Verhaltens des einzelnen Mitarbeiters ist von besonderem Interesse, da letztlich alle betrieblichen Dispositionen auf allen Hierarchieebenen von Mitar-

---

222 Vgl. zu permanenten Verbesserungsprozessen (organisationales Lernen) im Unternehmen Abschnitt D. 2.3.

223 Vgl. Steinmann, H., Schreyögg, G., Management. Grundlagen der Unternehmensführung, Wiesbaden 1990, S. 409.

beitern getroffen werden. Kein Vermögensgegenstand, keine aufbau- und ablauforganisatorische Regelung, aber auch keine das Marketing betreffende Maßnahme kann **ohne Mitwirkung** zumindest eines Mitarbeiters eine Veränderung erfahren.[224] Im folgenden soll daher untersucht werden, welche personellen Aspekte bei der Marketingimplementierung von Relevanz sind.

2.1.4.1 Systematisierung der durch Maßnahmen zur Marketingimplementierung betroffenen Mitarbeiter

Es ist davon auszugehen, daß die im Rahmen der unternehmerischen Zielverfolgung die individuellen Ziele der Mitarbeiter aufgrund von Abstimmungskompromissen i.d.r. nur teilweise erfüllt werden können.[225] Dies bedingt, daß sich die Ziele des Einzelnen an die Ziele des Unternehmens anpassen muß. Durch die sogenannte **Selbstselektion**, im Rahmen derer sich die Mitarbeiter für oder gegen ein Unternehmen entscheiden, durch die **Fremdselektion**, wodurch die Mitarbeiter vom Unternehmen ausgewählt werden, und durch den **Sozialisationsprozeß**, wodurch die Mitarbeiter Normen und geforderte Verhaltensmuster durch Lernen internalisieren, ergibt sich eine grundlegende **Anpassung der Mitarbeiter** an die spezifische Situation des Unternehmens.[226] Dennoch werden Gegebenheiten von verschiedenen Mitarbeitern häufig unterschiedlich verarbeitet und mit abweichendem Verhalten gekoppelt. Daher muß davon ausgegangen werden, daß marktorientiertes Verhalten personenbezogen bzw. personengruppenbezogen mit Hilfe des Personalführungsinstrumentariums auf unterschiedliche Art implementiert werden muß.

Eine **Gleichbehandlung aller Mitarbeiter bei Maßnahmen zur Marketingimplementierung** ist nicht nur aufgrund der personenspezifischen Unterschiede **nicht sinnvoll**, sondern auch inhaltlich aufgrund der unterschiedlichen Anforderungen an die Mitarbeiter nicht zweckmäßig.[227] Das Marketingverständnis, das dieser Arbeit zugrunde liegt, verlangt zwar grundsätzlich von allen Mitarbeitern marktorientiertes Verhalten, dies bedeutet jedoch nicht, daß sich alle Mitarbeiter in gleicher Weise und Intensität marktorientiert verhalten müssen. Zunächst ist daher zu klären, welche Personengruppen sich primär marktorientiert verhalten müssen, um die Kern-Zielpersonen

---

[224] Vgl. Heinen, E., Führung als Gegenstand der Betriebswirtschaftslehre, a.a.O., S. 21.

[225] Vgl. hierzu detaillierter Heinen, E., Führung als Gegenstand der Betriebswirtschaftslehre, a.a.O., S. 26 ff.

[226] Vgl. Rosenstiel von, L., a.a.O., S. 132 ff.

[227] Thomson betont deshalb auch, daß es sich bei den Mitarbeitern einer Unternehmung nicht um einen "mass market" sondern um viele verschiedene "individual niche target markets" handelt. Vgl. Thomson, K.M., The Employee Revolution. Corporate Internal Marketing, London 1990, S. 102.

für Maßnahmen zur personenbezogenen Marketingimplementierung identifizieren zu können. Hierzu können unterschiedliche Schnittmengen von Personen abgegrenzt werden.

Eine aufgrund ihrer Eindeutigkeit sehr einfache Abgrenzung basiert auf den in den Stellenbeschreibungen fixierten Aufgabeninhalten der Mitarbeiter. Unstreitig ist sicherlich, daß sich die **Mitarbeiter der betrieblichen Fachfunktionseinheit Marketing** bestimmungs- und definitionsgemäß marktorientiert verhalten müssen. Gleiches gilt i.d.R. aufgrund der Vorbildfunktion und der oft engen Kundenbeziehungen auch für das **Top-Management**.

Eine andere sich nicht an aufbauorganisatorischen Vorgaben orientierende Abgrenzung verlangt, daß sich generell alle Mitarbeiter eines Unternehmens, die mit Kunden in direkten Kontakt treten und daher zusammenfassend auch als "**Kundenkontaktpersonal**" bezeichnet werden, marktorientiert verhalten müssen.[228] Das Kundenkontaktpersonal ist keine eindeutig abgegrenzte Personengruppe und muß situativ unterschiedlich definiert werden. Der Vorteil gegenüber der ersten stellenbezogenen Abgrenzung ist, daß auch **Nicht-Marketingspezialisten**, die i.d.R. vorübergehend marktorientiert agieren müssen und als sogenannte "**part-time-marketer**"[229] bezeichnet werden, einbezogen sind. Allerdings ist diese Abgrenzung in vielen Fällen zu eng, da das Kundenkontaktpersonal i.d.R. nur dann ausreichend marktorientiert agieren kann, wenn auch Mitarbeiter, die keinen direkten Kundenkontakt besitzen, wie z.B. die für eine termingerechte Leistungserstellung verantwortlichen Mitarbeiter der Fertigungssteuerung, kundengerecht - beispielsweise termingerecht - arbeiten.[230]

Marktorientiertes Verhalten müssen auf jeden Fall alle die Mitarbeiter zeigen, die die anvisierte oder bestehende KKV-Position wesentlich beeinflussen. Wird beispielsweise ein komparativer Wettbewerbsvorteil dadurch erzielt, daß besonders attraktive (preiswerte, exklusive) Einkaufsquellen erschlossen werden, so müssen sich auf jeden Fall auch die Mitarbeiter der betrieblichen Fachfunktionseinheit Einkauf marktorientiert verhalten und in Maßnahmen zur Marketingimplementierung einbezogen werden.

Zusammenfassend wird deutlich, daß zwar einige Personengruppen grundsätzlich marktorientiert agieren müssen, eine eindeutige, allgemeingültige und vollständige Abgrenzung des Personenkreises jedoch nur anhand situativer, unternehmensspezifi-

---

[228] Vgl. Stauss, B., Schulze, H.S., Internes Marketing, in: Marketing Zeitschrift für Forschung und Praxis, Heft 3, 1990, S. 150 f.

[229] Vgl. zum Begriff "part-time-marketer" Grönross, C., Service Management and Marketing, a.a.O., S. 141.

[230] Vgl. auch Grönross, C., Service Management and Marketing, a.a.O., S. 235.

scher Konstellationen erfolgen kann. Personalorientierte Maßnahmen zur Marketing-implementierung können somit grundsätzlich Personen betreffen, die einer oder mehrerer der folgenden Personengruppen zugeordnet werden können:

- dem Top-Management,

- den Mitarbeitern der Funktionseinheit Marketing,

- dem Kundenkontaktpersonal und

- den Mitarbeitern, die für die Realisierung eines KKVs zusätzlich von Bedeutung sind.[231]

Während die betroffenen Personen der ersten drei Gruppen (Top-Management, Mitarbeiter der Funktionseinheit Marketing, Kundenkontaktpersonal) relativ leicht zu identifizieren sind, können die Mitarbeiter der letzten Gruppe erst nach einer unternehmens-individuellen Analyse der KKV-Position bestimmt werden. In Abbildung 28 sind die Teilgruppen noch einmal in ihren Überschneidungen dargestellt.

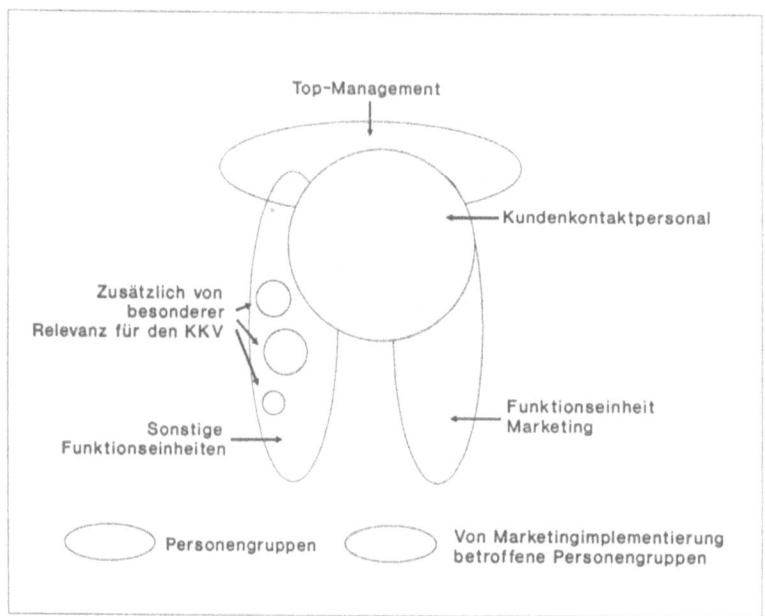

Abb. 28: Für Maßnahmen zur Marketingimplementierung relevante Personenkreise

---

[231] Vgl. zu einer anderen Einteilung Judd, V.C., Differentiate With the 5th P: People, in: Industrial Marketing Mangement, 1987, S. 244.

118

Ausgangspunkt personalpolitischer Überlegungen im Rahmen der Marketingimplementierung ist die auf Basis der KKV-Position detaillierte **Personalbestands- und Personalbedarfsanalyse**, d.h. ein Soll-Ist-Vergleich, auf dessen Basis ein Maßnahmenprogramm entwickelt werden kann.[232] Entsprechende Verfahren zur Durchführung solcher Analysen sind im Personalbereich entwickelt worden.[233] Obwohl in der Literatur generelle Marketing-Anforderungsprofile für abgegrenzte Personengruppen abgeleitet werden[234], ist eine exakte Klärung, welches Verhalten im Einzelfall mit marktorientiertem Verhalten gleichzusetzen ist, aufgrund der Heterogenität der Aufgaben in verschiedenen Unternehmen verschiedener Branchen nur unternehmensindividuell möglich.

Die für den unternehmensindividuell unterschiedlich zusammengesetzten, häufig sehr heterogenen Personenkreis ausgearbeiteten personellen Maßnahmen zur verbesserten Marketingimplementierung müssen zum einen auf die Unternehmenssituation abgestimmt und zum anderen aber auch auf die einzelnen Personen oder Personengruppen (Fähigkeiten, hierarchische Stellung, Persönlichkeitsprofil) zugeschnitten sein.[235] Belz schlägt deshalb vor, an Stelle von Marktsegmenten Mitarbeitersegmente anhand verschiedener Kriterien, z.B. Einfluß auf den anvisierten Wettbewerbsvorteil (KKV), Funktionseinheitszugehörigkeit, hierarchische Stellung und Marketingvorwissen, zu bilden, um gezielter und effizienter Maßnahmen ergreifen zu können.[236]

Da im Rahmen dieser Arbeit nicht alle möglichen Aspekte der in der Praxis vorzunehmenden differenzierten Segmentierung diskutiert werden können, soll im folgenden lediglich ein besonders **bedeutsames Segmentierungskriterium, die Vorbildung der Personenkreise, von dem marktorientiertes Verhalten** verlangt werden muß, sozusagen als Meta-Segmentierungskriterium behandelt werden. Dabei sollen zwei Personengruppen unterschieden werden: die Marketingspezialisten und die Nicht-Marketingspezialisten.[237]

---

232 Vgl. Scholz, C., Personalmanagement. Informationsorientierte und verhaltenstheoretische Grundlagen, 2. Aufl., München 1991, S. 55 ff.; Tietz, B., Marktbearbeitung morgen. Neue Konzepte und ihre Durchsetzung, Landsberg a.L. 1988, S. 461 ff.

233 Vgl. Scholz, C., Personalmanagement, a.a.O., S. 62 ff. und S. 97 ff. Vgl. auch Domsch, M., Gerpott, T.J., Verhaltensorientierte Beurteilungsskalen. Eine Analyse von Varianten eines Ansatzes zur Verbesserung der Methodik der Leistungsbeurteilung von Mitarbeitern, in: Die Betriebswirtschaft, Nr. 6, 1985, S. 666 ff.

234 Vgl. Judd, , V.C., a.a.O., S. 244 ff.

235 So betonen z.B. Hill und Rieser, daß es ähnlich wie auch bei Führungskräften nicht gelingen kann, generell einen idealen oder geborenen Mitarbeiter für Marketingaufgaben zu definieren, da das Idealprofil von situativen Faktoren bestimmt wird. Vgl. Hill, W., Rieser, I., Marketing-Management, Bern, Stuttgart 1990, S. 438.

236 Vgl. Belz, C., Förderung des Lerntransfers in der überbetrieblichen Weiterbildung von Marketing-Führungskräften, Diss., St. Gallen 1981, S. 384.

237 Vgl. Grönross, C., Service Management and Marketing, a.a.O., S. 140 ff.

Zur Gruppe der Mitarbeiter, die sich permanent mit Marketing beschäftigen und somit auf diesem Gebiet **Marketingspezialisten** sein müssen, gehören in erster Linie die Mitarbeiter der betrieblichen Funktionseinheit Marketing, wobei dort häufig eine Vielzahl von Mitarbeitern mit den verschiedensten Aufgabengebieten beschäftigt ist. In der Literatur werden personelle Aspekte insbesondere für Marketingspezialisten diskutiert, die aufgrund ihrer hierarchischen Stellung und/oder ihrer Bedeutung für den Vermarktungserfolg zentrale Marketingaufgaben übernehmen.[238] Die Diskussion konzentriert sich dabei im Kern auf zwei Gruppen von Mitarbeitern, auf die **Marketingführungskräfte** und auf die **Außendienstmitarbeiter.** Über Sachbearbeiter der betrieblichen Fachfunktion Marketing sowie sonstige Mitarbeiter, z.B. Marktforscher, lassen sich nur relativ wenige detaillierte Aussagen in der Literatur finden.

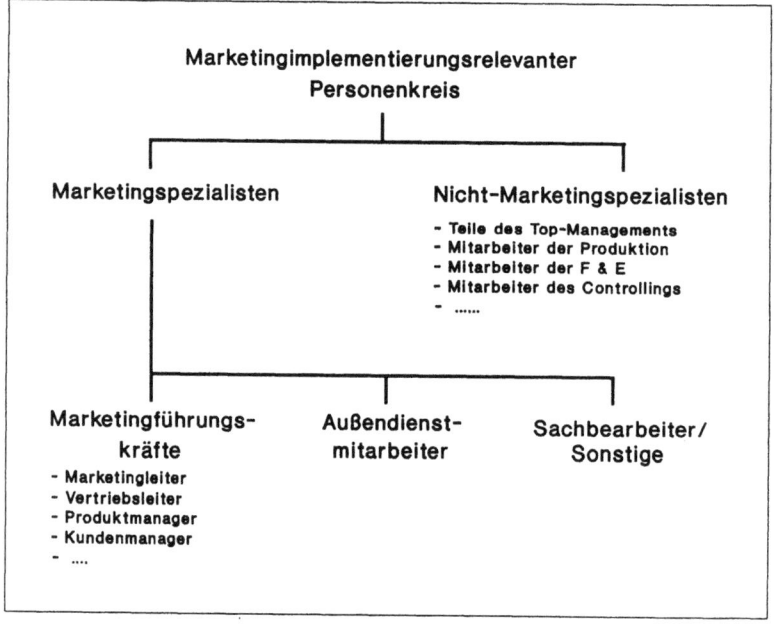

Abb. 29: Systematisierung des durch Maßnahmen zur Marketingimplementierung betroffenen Personenkreises

[238] Selten wird dabei marktorientiertes Verhalten von Mitarbeitern ohne expliziten Bezug auf deren Aufgabengebiete bzw. Hierarchieebenen betrachtet. Eine Ausnahme bildet ein von Becker und Wellings zusammengestellter Anforderungskatalog, der jedoch ohne theoretische Fundierung aus den Anforderungen der Unternehmenspraxis abgeleitet wurde und für das gesamte Kundenkontaktpersonal gelten soll. Vgl. Becker, W.S., Wellins, R.S., Customer-service perceptions and reality, in: Training & Development Journal, Vol. 44, Nr. 3, S. 49.

Die Gruppe der Mitarbeiter, die als **Nicht-Marketingspezialisten** (z.B. Produktions-leiter, Entwickler, Controller) mit Marketing konfrontiert werden, besitzt u.U. nicht weniger Bedeutung für den Vermarktungserfolg, da sie beispielsweise regelmäßig Kundenkontakt besitzt oder zentrale marktrelevante Entscheidungen, z.B. im F & E Bereich, mitdeterminiert.

In Abbildung 29 ist die vorgestellte Systematisierung des durch Maßnahmen zur Marketingimplementierung betroffenen Personenkreises noch einmal im Überblick darge-stellt. Trotz der Schwierigkeiten, verallgemeinerungsfähige Aussagen über ein marketinggerechtes Anforderungsprofil zu geben, sollen im folgenden die für diese Personengruppen relevanten Determinanten des marktorientierten Verhaltens diskutiert werden.

2.1.4.2 Determinanten marktorientierten Verhaltens

2.1.4.2.1 Determinanten marktorientierten Verhaltens von Marketingspezialisten

2.1.4.2.1.1 Marketingführungskräfte

Zu den Personen der Gruppe von Marketingspezialisten, die neben ihrer Aufgabe, Kundenbeziehungen zu managen, zahlreiche unternehmensinterne, häufig auch funktionsübergreifende Führungs- und Koordinationsaufgaben wahrnehmen, sollen **Vertriebsleiter**[239], **Produktmanager**[240] **und Kundenmanager**[241] bzw. **Key-Account-Manager**[242] gezählt werden. Diese Mitarbeitergruppen werden von Belz zusammen-fassend auch als die Marketingführungskräfte bezeichnet.[243] Für die Marketingimple-

---

[239] Vgl. Lingenfelder, M., Die Marketingorientierung von Vertriebsleitern als strategischer Erfolgs-faktor, a.a.O., S. 121 ff.

[240] Vgl. Wild, J., Product Management. Ziele, Kompetenzen und Arbeitstechniken des Produktma-nagers, München 1972; Platzbecker, W., Troll, K.F., Anforderungen an Produktmanager in der Bundesrepublik, Köln 1981.

[241] Meffert, H., Kundenmanagement(s), Organisation der, in: Frese, E., Hrsg., Handwörterbuch der Organisation, 3. Aufl., Stuttgart 1992, Sp. 1215 ff.

[242] Vgl. Gaitanides, M., Diller H., Großkundenmanagement - Überlegungen und Befunde zur organi-satorischen Gestaltung und Effizienz, Die Betriebswirtschaft, Nr. 2, 1989, S. 185 ff.; Ebert, H.J., Lauer, H., Key Account-Management. Der Schlüssel zum Verkaufserfolg, Bamberg 1988.

Die Zuordnung des Kundenmanagers ist nicht zweifelsfrei möglich, da der Kundenmanager neben den unternehmensinternen Führungsaufgaben zumindest z.T. auch gleichwichtige Außendienst-aufgaben wahrnimmt. Da der Aspekt der Führungsaufgaben jedoch i.d.R. dominiert, soll hier eine Zuordnung zur Gruppe der unternehmensintern agierenden Marketingführungskräfte erfolgen. Vgl. Gaitanides, M., Westphal, J., Wiegels, I., Zum Erfolg von Strategie und Struktur des Kun-denmanagements, 2. Teil, in: Zeitschrift Führung und Organisation, Nr. 2, 1991, S. 121 f.

[243] Vgl. Belz, C., a.a.O., S. 42.

mentierung nehmen diese Marketingspezialisten aufgrund ihrer **interfunktionalen, koordinativen Aufgaben** eine zentrale Bedeutung ein.[244] So betont beispielsweise Diller, daß die wichtigste Aufgabe des Produktmanagers, die nach seinen Untersuchungen ca. 40 Prozent der gesamten Arbeitszeit beansprucht, darin besteht, die horizontale, produktbezogene Koordination all derjenigen betrieblichen Entscheidungsprozesse wahrzunehmen, die dazu beitragen, die Anforderungen des Marktes in die Unternehmung hineinzutragen und in konkrete betriebliche Aufgaben umzusetzen.[245]

Die Aufgaben eines Produkt-, Kunden- und Regionenmanagers einerseits sowie eines Marketing- und Vertriebsleiters andererseits weisen trotz einiger Unterschiede im Detail im Grundsatz große Ähnlichkeiten auf. Die einzelnen Aufgaben sind allerdings in verschiedenen Unternehmen unterschiedlich abgegrenzt. Beispielsweise übernehmen Vertriebsleiter häufig auch Aufgaben, die dem Kunden- bzw. Key-Account-Management zugeordnet werden.[246]

Es erscheint deshalb gerechtfertigt, die Determinanten der Marktorientierung für alle aufgeführten Personengruppen gemeinsam zu untersuchen. Zurückgegriffen werden soll dabei in erster Linie auf eine umfangreiche Untersuchung von Lingenfelder.[247] Im Rahmen dieser Untersuchung konnten zentrale, individuelle, in der Person von Marketingführungskräften (Vertriebsleitern) begründete Determinanten der Marktorientierung identifiziert werden.[248] Es zeigte sich, daß das **Ausmaß der Marktorientierung offenbar zentral von den fachlichen Fähigkeiten der jeweiligen Führungskraft abhängt.** Die Gruppe der Führungskräfte, die eine hohe Marktorientierung aufwies,

---

[244] Vgl. zur Koordinationsleistung eines Produktmanagers Diller, H., Produkt-Management und Marketing-Informationssysteme, Berlin 1975, S. 103.

[245] Vgl. Diller, H., Produkt-Management und Marketing-Informationssysteme, Berlin 1975, S. 55 und S. 70.

[246] Vgl. hierzu auch die Ausführungen bei Lingenfelder, M., Die Marketingorientierung von Vertriebsleitern als strategischer Erfolgsfaktor, a.a.O., S. 30 ff.; Gaitanides, M., Westphal, J., Wiegels, I., Zum Erfolg von Strategie und Struktur des Kundenmanagements, 1. Teil, in: Zeitschrift Führung und Organisation, Nr. 1, 1991, S. 17 ff.

[247] Vgl. Lingenfelder, M., Die Marketingorientierung von Vertriebsleitern als strategischer Erfolgsfaktor, a.a.O., S. 145 ff. Lingenfelder identifiziert die Ursachen der Marktorientierung durch den Vergleich der Befragungsergebnisse zweier clusteranalytisch ermittelter Gruppen mit zum einen niedriger Marktorientierung und zum anderen hoher Marktorientierung.

[248] Neben den in der Person des Einzelnen begründeten Faktoren bestimmen nach den Ergebnissen von Lingenfelder sogenannte unternehmensinterne Determinanten die Marktorientierung der Mitarbeiter. Als Grundvoraussetzung zur Erzeugung marktorientierten Verhaltens müssen eine geeignete Unternehmensphilosophie und Unternehmenskultur vorhanden sein, die u.a. ein "Wir-Gefühl" ermöglichen. Zudem muß das Unternehmen explizit kundenorientiert agieren wollen und Marketing als wichtigsten Funktionsbereich einstufen. Marktorientierung wird nach Lingenfelder jedoch erst dann wirklich praktiziert werden können, wenn die Mitarbeiter durch Weiterbildung gefördert und ihre Interessen bei wichtigen Entscheidungen berücksichtigt werden. Vgl. Lingenfelder, M., Die Marketingorientierung von Vertriebsleitern als strategischer Erfolgsfaktor, a.a.O., S. 161 ff.

besaß im Vergleich zur Gruppe mit niedriger Marktorientierung durchgängig bessere Fähigkeiten (vgl. Abbildung 30). Als statistisch signifikant unterschiedlich erwies sich, daß sich die Gruppe der als stärker marktorientiert eingestuften Marketingführungskräfte durch geschicktere **Verhandlungsführung**, höhere Bereitschaft zur **Weitergabe von Informationen**, bessere Fähigkeiten, **Strategien zu konzipieren und umzusetzen** und auch stärkere **Mitarbeiterorientierung** auszeichnete.[249]

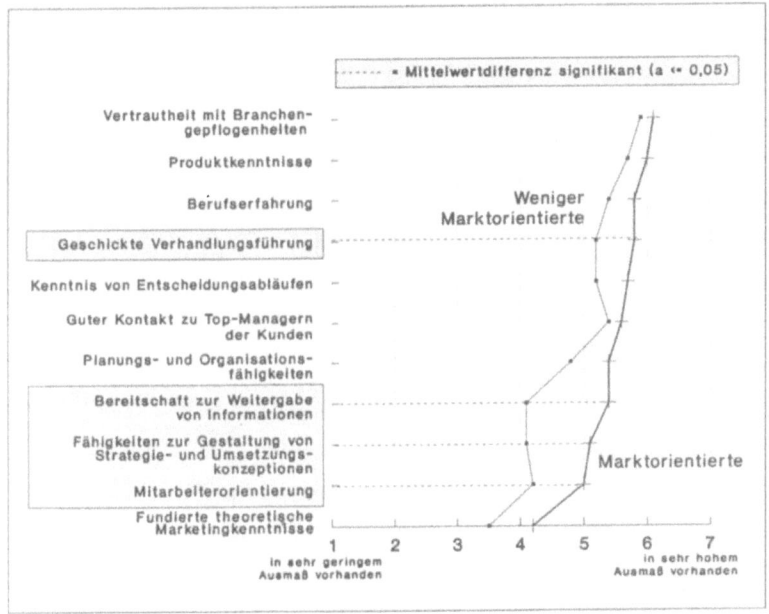

Abb. 30: Fähigkeiten und Kenntnisse, die die Marktorientierung von Marketingführungskräften determinieren[250]

Marktorientiertes Verhalten wird nach den Ergebnissen von Lingenfelder nur unwesentlich durch die Anzahl der Jahre der Betriebszugehörigkeit und der Tätigkeit als Führungskraft beeinflußt. Da in der Untersuchung von Lingenfelder sowohl die sich stärker marktorientiert als auch die sich weniger stark marktorientiert verhaltenden Führungskräfte jeweils ca. 14 Jahre Berufserfahrung und ca. 7 Jahre Führungserfah-

---

[249] In einer anderen Untersuchung, in der die Fähigkeiten von Produktmanagern untersucht wurden, wurden konzeptionelle Fähigkeiten, Initiative und strategisches Denkvermögen als besonders bedeutend ermittelt. Vgl. Hüttel, K., Rosige Zeiten für Produktmanager, in: Harvard manager, Nr. 1, 1989, S. 50.

[250] In Anlehnung an Lingenfelder, M., Die Marketingorientierung von Vertriebsleitern als strategischer Erfolgsfaktor, a.a.O., S. 146.

rung besaßen, kann eher davon ausgegangen werden, daß **berufliche und führungs-spezifische Erfahrungen** lediglich notwendige, jedoch keine hinreichenden **Grundlagen des Erfolges** darstellen.[251] Daß Erfahrungen zumindest die Grundlage des Erfolges darstellen, läßt sich auch aus den Ausführungen von Tietz schließen, der gerade in der geringen Berufserfahrung einen wesentlichen Grund für Fehlbeurteilungen im Rahmen der Tätigkeiten von Marketingführungskräften (Produktmanagern) sieht.[252] Somit kann davon ausgegangen werden, daß Schwächen in der Marktorientierung nicht nur durch längere Betriebszugehörigkeit - quasi automatisch - abgebaut werden.

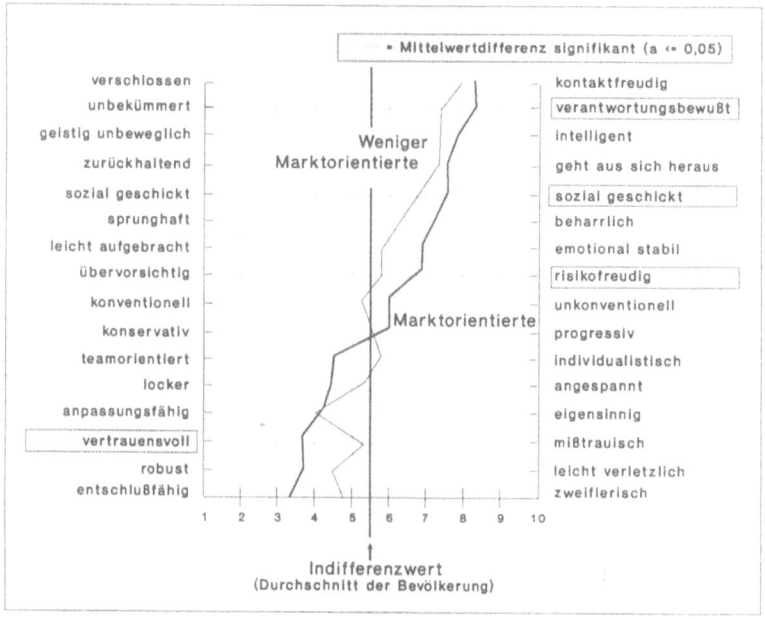

Abb. 31: Persönlichkeitsstruktur und Marktorientierung[253]

---

[251] Vgl. Lingenfelder, M., Die Marketingorientierung von Vertriebsleitern als strategischer Erfolgs-faktor, a.a.O., S. 147.

[252] Vgl. Tietz, B., Produktmanagement(s), Organisation des, in: Frese, E., Hrsg., Handwörterbuch der Organisation, 3. Aufl., Stuttgart 1992, Sp. 2067. Auch für den Kundenmanager gilt mehrjährige Berufserfahrung als zentrales Anforderungskriterium. Vgl. Ebert, H.J., Lauer, H., a.a.O., S. 30.

[253] Vgl. Lingenfelder, M., Die Marketingorientierung von Vertriebsleitern als strategischer Erfolgs-faktor, a.a.O., S. 152. Die Untersuchung von Lingenfelder basiert auf der von Cattell entwickelten, testtheoretisch abgesicherten und interkulturell einsetzbaren Methode zur Erfassung von 16 Persönlichkeitsdimensionen. Der in Abbildung 31 eingezeichnete Indifferenzwert verdeutlicht prinzipiell den Ausprägungswert für den Durchschnitt der Bevölkerung, er kann jedoch in der Untersuchung von Lingenfelder, da nur eine verkürzte Version des Cattell-16 PF-Test verwendet

Speziell die **Persönlichkeitsstruktur der Marketingführungskräfte** übt offenbar bedeutenden Einfluß auf die Marktorientierung aus. Lingenfelder konnte zeigen, daß eine ausgeprägte Marktorientierung immer dann gegeben war, wenn die Personen **verantwortungsbewußter, risikofreudiger, vertrauensvoller, geschickter im Umgang mit Menschen** und **entschlußfähiger** waren als die Mitglieder der Vergleichsgruppe mit niedrigerer Marktorientierung (vgl. Abbildung 31).[254] Zudem müssen Personen, die marktorientiert agieren sollen, **kontaktfreudig und intelligent sein sowie aus sich herausgehen.**[255]

Die in Abbildung 31 aufgeführten Merkmale der Persönlichkeitsstruktur können durch multivariate Auswertungen auf 2 Dimensionen verdichtet werden. Demnach determinieren insbesondere **hohe Sozialkompetenz** (intelligent, verantwortungsbewußt, vertrauensvoll, geschickt im Umgang mit Menschen, beharrlich) und **niedrige Introvertiertheit** (geht aus sich heraus, kontaktfreudig, robust, entschlußfähig) die Marktorientierung. Daher kann davon ausgegangen werden, daß es insbesondere sozial wenig kompetenten, introvertierten Personen an Marktorientierung mangelt.[256]

Eine zentrale Aufgabe von Führungskräften, die für die Marketingimplementierung verantwortlich sind, besteht darin, unternehmensinterne Koordinationsaufgaben wahrzunehmen, d.h. die Kundenbedürfnisse unter Berücksichtigung der Unternehmensinteressen prozeßorientiert zu vertreten. Diese Koordinierungsaufgabe als "process owner" ist aufgrund der z.T. divergierenden Einzelinteressen der Prozeßbeteiligten (z.B. Marktforschung; F & E; Produktion; Vertrieb) oft langwierig und konfliktbehaftet. In der Literatur wird daher seit Beginn der neunziger Jahre eine spezielle Art eines Produktmanagers, der sogenannte "Heavyweight Product Manager, diskutiert.[257] Dieser Schwergewichtsproduktmanager ist im Unterschied zu einem gewöhnlichen Produktmanager (Lightweight product manager) gewöhnlich hierarchisch höher positioniert und hat zumindest den gleichen jedoch häufig einen höheren Rang als ein Leiter einer

---

wurde, allenfalls als Orientierungspunkt dienen, inwieweit Marketingführungskräfte in ihren Persönlichkeitsdimensionen vom Durchschnitt der Bevölkerung abweichen.

[254] Vgl. zu Persönlichkeitsmerkmalen von Produktmanagern Platzbecker, W., Troll, K.F., a.a.O., S. 11.

[255] Diese drei Persönlichkeitsmerkmale müssen ebenfalls als Grundvoraussetzungen für das marktorientierte Verhalten gelten, da sie - wie Abbildung 31 zeigt - für beide Gruppen ("weniger Marktorientierte" und "Marktorientierte") besonders hohe Ausprägungen besitzen.

[256] Vgl. Lingenfelder, M., Die Marketingorientierung von Vertriebsleitern als strategischer Erfolgsfaktor, a.a.O., S. 153 ff.

[257] Vgl. hierzu grundlegend Clark, K.B., Fujimoto, T., Product Development Performance. Strategy, Organization and Management in the World Auto Industry, Boston 1991, S. 247 ff.; Wheelwright, S.C., Clark, K.B., Revolutionizing Product Development. Quantum Leaps in Speed, Efficiency, and Quality, New York, u.a. 1992, S. 188 ff.

Funktionseinheit (z.B. F & E; Produktion). Der Schwergewichtsmanager ist nicht nur für die kundenorientierte Koordination eines Projektes (Produktes im Lebenszyklus; spezifischer Kundenauftrag) verantwortlich sondern hat als "general manager" des Produktes auch direkten Zugriff auf personelle und sachliche Ressourcen aller relevanten Funktionseinheiten. Clark und Fujimoto betonen, daß der Erfolg eines Schwergewichtsproduktmanager noch entscheidender als beim Leichtgewichtsproduktmanager von dessen individuellen Fähigkeiten und Verhaltensweisen determiniert wird.[258] Es ist davon auszugehen, daß das Schwergewichtsproduktmanagement in erster Linie zur prozeßorientierten funktionsübergreifenden Marketingimplementierung bei komplexen Produktentwicklungsprojekten eingesetzt wird. Weniger bedeutende Projekte werden sehr wahrscheinlich auch in Zukunft von einem Leicht- Mittelgewichtsproduktmanagement koordiniert.[259]

2.1.4.2.1.2 Außendienstmitarbeiter

Die zweite Gruppe von Personen der Marketingspezialisten umfaßt die Außendienstmitarbeiter[260], deren Schwerpunktaufgabe darin besteht, unternehmensextern Marktbeziehungen zu organisieren. Die Außendienstmitarbeiter nehmen im Vergleich zu den Marketingführungskräften jedoch weniger unternehmensinterne Führungs- und Koordinierungsaufgaben wahr.

Die **Befähigung zum persönlichen Verkauf ist eine der Hauptdeterminanten für den Verkaufserfolg von Außendienstmitarbeitern.**[261] Welche Kriterien letztlich für den Erfolg ausschlaggebend sind, wird in der Literatur seit langer Zeit intensiv diskutiert. In der Praxis werden die Kriterienkomplexe "Persönliche Eignung" und "Fachliche Fähigkeiten" als Entscheidungsgrundlage herangezogen.[262] Mehrere empirische Untersuchungen konnten jedoch zeigen, daß je nach Verkaufsaktivität und Käufertyp die Kriterien Alter, Ausbildung, verkaufsspezifische Kenntnisse, Intelligenz, soziale Einstellung und Persönlichkeit zusätzlich bedeutenden Einfluß auf den Verkaufserfolg

---

[258] Im einzelnen konnten von Clark und Fujimoto als Ergebnis empirischer Untersuchungen die Determinaten Kommunikationsfähigkeiten, Erfahrung im Unternehmen, Einfühlungsvermögen und Sachkenntnis bei der Kommunikation mit verschiedenen Funktionseinheiten, Konfliktbewältigungsfähigkeiten, Begeisterungsfähigkeit und Durchsetzungsfähigkeiten identifiziert werden. In der Regel wurden Mitarbeiter mit einer Ingenieurausbildung und höherem Dienstalter mit der Aufgabe eines Schwergewichtsproduktmanagers betraut. Vgl. Clark, K.B., Fujimoto, T., a.a.O., S. 256 ff.

[259] Vgl. Wheelwright, S.C., Clark, K.B., a.a.O., S. 215.

[260] Vgl. Goehrmann, K.E., Verkaufsmanagement, Stuttgart 1984, S. 68 ff.

[261] Vgl. Goehrmann, K.E., Verkaufsmanagement, Stuttgart 1984, S. 69.

[262] Vgl. Moss, S., What Sales Execution Look For in New Salespeople, in: Sales and Marketing Management, März 1978, S. 47.

126

haben.[263] Der Verkaufserfolg ist oft auch von der **Ähnlichkeit zwischen Verkäufer und Käufer** hinsichtlich der sozio-demographischen Charakteristika, der Persönlichkeiten und der Einstellungen abhängig.[264] Da ein genereller Kriterienkatalog zur Auswahl von Verkaufsmitarbeitern nur schwierig herausgearbeitet werden kann, ist es i.d.R. erforderlich, im Rahmen einer detaillierten Aufgabenanalyse die situativ angepaßten Selektionskriterien zu extrahieren.[265]

Trotz dieser Schwierigkeiten können einige grundsätzliche, weitgehend situationsunabhängige Aussagen zu Anforderungskriterien an Außendienstmitarbeiter aufgestellt werden. Weitz, Sujan und Sujan kommen im Rahmen einer komplexen Untersuchung zum situationsangepaßten Verkaufsverhalten zu dem Ergebnis, daß die Kenntnisse der Außendienstmitarbeiter über eine Vielzahl von Verkaufssituationen sowie die Fähigkeit, dieses Wissen neuen Situationen zuordnen zu können, die zentralen Kriterien für marktorientiertes und erfolgreiches Verhalten darstellen.[266] Somit ist anzunehmen, daß Effizienz und Effektivität eines Außendienstmitarbeiters von der **Zahl der abgewickelten Verkäufe abhängig** sind, von der Möglichkeit diese **Erfahrungen strukturiert in Kategorien zu verarbeiten** sowie von der Fähigkeit, **neue Situationen schnell zu erfassen und ebenfalls zu kategorisieren** und die vorhandenen Verhaltenskategorien alten Erfahrungen zuordnen zu können.[267]

Ein von Saxe und Weitz erarbeitetes und überprüftes Meßmodell zur Erfassung der Kundenorientierung von Außendienstmitarbeitern (SOCO = Selling Orientation/Customer Orientation) beinhaltet insgesamt 24 Items (vgl. Abbildung 32), deren Ausprägungsgrade als Indikatoren der Marktorientierung einzelner Außendienstmitarbeiter gelten können.

---

[263] Vgl. Goehrmann, K.E., a.a.O., S. 70, und die dort angeführte Literatur.

[264] Im Rahmen von sogenannten "Matching-Studien" konnte gezeigt werden, daß Kauf oder Nichtkauf auch von subjektiv wahrgenommenen Ähnlichkeiten zwischen Käufer und Verkäufer abhängig ist. Vgl. zum Überblick Backhaus, K., Investitionsgütermarketing, a.a.O., S. 111 f. Vgl. auch Pischetsrieder, G., Key Account Management: Verkäuferschulung vor gewandelten Aufgaben, in: Absatzwirtschaft, Februar 1981, S. 92 ff.

[265] Vgl. Goehrmann, K.E., a.a.O., S. 71.

[266] "We suggest that knowledge is the critical characteristic enabling salespeople to cope effectively with their dynamic, complex environment." Weitz, B.A., Sujan, H., Sujan, M., Knowledge, Motivation, and Adaptive Behavior: A Framework for Improving Selling Effectiveness, in: Journal of Marketing, October, 1986, S. 187.

[267] Vgl. Weitz, B.A., Sujan, H., Sujan, M., a.a.O., S. 178 ff.

Hohe Bewertungen bei diesen Statements deuten auf eine hohe Marktorientierung

- Ich helfe den Kunden, ihre Ziele zu erreichen.
- Ich versuche, die eigenen Ziele zu erreichen, indem ich die Kunden zufriedenstelle.
- Ein guter Verkäufer muß die wichtigsten Kundenwünsche kennen.
- Ich versuche, die Kunden dazu zu bewegen, mit mir ihre Anforderungen zu diskutieren.
- Ich versuche, den Kunden vorwiegend mit Argumenten, weniger mit Druck zu überzeugen.
- Ich biete dem Kunden das Produkt an, das am besten das Kundenproblem in der Lage ist.
- Ich versuche herauszufinden, welches Leistungsangebot das Kundenproblem am ehesten zu lösen in der Lage ist.
- Ich beantworte produktspezifische Fragen des Kunden nach bestem Wissen.
- Ich versuche, dem Kunden das Angebot nahezubringen, das ihm hilft, sein Problem zu lösen.
- Ich bin gewillt, dem Kunden zu widersprechen, wenn ich glaube, ihm dadurch zu einer besseren Lösung verhelfen zu können.
- Ich versuche, den Kunden eine genaue Vorstellung davon zu vermitteln, was ihnen das Produkt bringen wird.
- Ich versuche, die Kundenwünsche zu ermitteln.

Niedrige Bewertungen bei diesen Statements deuten auf eine hohe Marktorientierung

- Ich versuche, den Kunden soviel wie möglich zu verkaufen, auch wenn ich weiß, daß die Menge über dem vernünftigen Level liegt.
- Mir ist mehr daran gelegen, soviel wie möglich zu verkaufen, als den Kunden zufriedenzustellen.
- Ich achte auf Schwachpunkte meines Gegenübers und versuche, diese auszunutzen, um Verkaufsdruck auf ihn auszuüben.
- Auch wenn ich nicht sicher bin, daß meine Lösung für den Kunden die richtige ist, versuche ich, sie ihm zu verkaufen.
- Meine Angebotspalette orientiert sich an dem, was ich verkauft kriege, nicht an dem, was den Kunden auf lange Sicht zufriedenstellt.
- Um meine Produkte besser verkaufen zu können, übertreibe ich schon mal ein wenig.
- Ich verwende mehr Zeit darauf, den Kunden zum Kauf zu überreden, als seine Bedürfnisse zu ermitteln.
- Es ist notwendig, es mit der Wahrheit nicht so genau zu nehmen, wenn man das eigene Angebot beschreibt.
- Ich täusche Übereinstimmung mit dem Kunden vor, um ihm zu gefallen.
- Ich mache dem Kunden vor, daß ich alles unter Kontrolle habe, auch wenn dem nicht so ist.
- Ich führe bereits dann Verkaufsgespräche, wenn ich die Kundenwünsche noch nicht ermittelt habe.
- Ich behandele den Kunden wie einen Rivalen.

Die Statements beschreiben verschiedene Möglichkeiten, wie ein Vertriebsmitarbeiter aktuelle und potentielle Nachfrager behandeln kann, und dienen zur Erfassung seines individuellen Grades an Marktorientierung. Die Erfassung erfolgt auf Basis einer neunstufigen Ratingskala mit den Endwerten 1 (bei keinem Nachfrager; nie) und 9 (bei jedem Nachfrager; immer).

Abb. 32: Items zur Erfassung der Marktorientierung
von Außendienstmitarbeitern[268]

---

[268] Eigene Übersetzung der Items von Saxe, R., Weitz, B.A., The SOCO Scale: A Measure of the Customer Orientation of Salespeople, in: Journal of Marketing Research, August, 1982, S. 345 f.

Die zur Messung berücksichtigten Items wurden theoretisch sowie empirisch fundiert abgeleitet und gelten als vielseitig, d.h. weitgehend situationsunabhängig verwendbar.[269] Die in Abbildung 32 zusammengefaßten Items sind **geeignet, marktorientiertes Verhalten auf individueller Ebene zu operationalisieren.** Die Kosten der individuellen Erfassung der Marktorientierung lassen sich allerdings nicht in allen Fällen rechtfertigen. Z.T. steht die zur Erfassung benötigte Zeit auch nicht zur Verfügung. Nach Saxe und Weitz ist eine Anwendung immer dann erforderlich,[270]

- wenn der Außendienstmitarbeiter die Möglichkeit besitzt, auf Kundenwünsche individuell einzugehen,

- wenn es sich um einen komplexen Kaufprozeß handelt,

- wenn der Außendienstmitarbeiter in engem Kontakt zum Nachfrager steht und

- wenn Wiederholungskäufe auftreten können.

Generell ist eine Überprüfung der Kundenorientierung von Außendienstmitarbeitern immer dann sinnvoll, wenn ein enger Kontakt zum Kunden besteht und die angebotenen Leistungen den Wünschen des Kunden angepaßt werden können bzw. müssen. In der Literatur wird vorgeschlagen, zur besseren Einordnung des identifizierten Grades an Kundenorientierung der Außendienstmitarbeiter nicht nur die Mitarbeiter selbst, sondern auch die Nachfrager zur Kundenorientierung der Außendienstmitarbeiter zu befragen.[271]

2.1.4.2.2 Determinanten marktorientierten Verhaltens von Nicht-Marketingspezialisten

Die Schaffung und Umsetzung von komparativen Konkurrenzvorteilen gelingt i.d.R. nur dann, wenn neben Marketingspezialisten auch Nicht-Marketingspezialisten, sogenannte **"Part-Time-Marketer"**, vorübergehend Marketingaufgaben wahrnehmen. Da nicht davon ausgegangen werden kann, daß diese Mitarbeiter über Marketingwissen verfügen, die Intention des Marketings kennen und verstehen und sich marktorientiert

[269] Vgl. Saxe, R., Weitz, B.A., a.a.O., 342 ff. Vgl. auch zur Bestätigung der Reliabilität und Validität der Untersuchungsergebnisse von Saxe und Weitz: Michaels, R.E., Dy, R.L., Measuring Customer Orientation of Salespeople: A Replication With Industrial Buyers, in: Journal of Marketing Research, November, 1985, S. 443 ff.

[270] Vgl. Saxe. R, Weitz, B.A., a.a.O., S. 348.

[271] Vgl. Dunlap, B.J., Dotson, M.J., Chambers, T.M., Perceptions of Real-estate Brokers and Buyers: A Sales-orientation, Customer-Orientation Approach, in: Journal of Business Research, 1988, S. 175 ff.

verhalten, müssen häufig zunächst **grundlegende Kenntnisse über Marketing vermittelt** werden. Oft müssen auch **stereotype und negative Einstellungen** zum Marketing (z.b. "Kunden überschwatzen", Unseriosität, überzahlte Leistungen des Außendienstes) abgebaut werden.[272] Zudem können Personen, die als Part-Time-Marketer marktorientiert agieren müssen, selten durch andere, geeignetere (marktorientiertere) Personen ausgetauscht werden, da diese Personen in ihrem Spezialgebiet, für das sie primär zuständig sind (z.b. Produktion, Forschung & Entwicklung), nur schwer ersetzbare Fachkräfte darstellen.

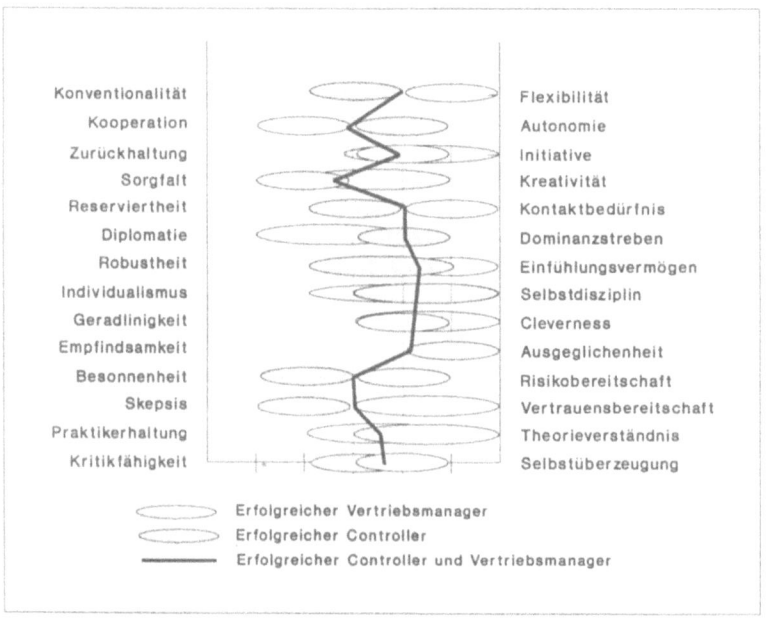

Abb. 33: Psychologische Verhaltensprofile erfolgreicher Vertriebsmanager und erfolgreicher Controller im Vergleich[273]

In jedem Unternehmen ist somit eine Vielzahl von Personen beschäftigt, die aufgrund der Markterfordernisse marktorientiert agieren muß, jedoch aufgrund ihrer Ausbildung und Persönlichkeit nicht immer dem Anforderungsprofil entspricht, das bevorzugt und problemlos marktorientiertes Verhalten ermöglicht. Verdeutlicht werden kann diese Argumentation anhand eines Vergleichs zweier **Verhaltensprofile für erfolgreiche**

---

[272] Vgl. Belz., C., a.a.O., S. 393.

[273] Vgl. Kienbaum, J., Wie entdecken Chefs Führungspotentiale? in: Karriere, Nr. 15, 1987, S. K 3.

Vertriebsmanager und Controller.[274] Die jeweils in Abbildung 33 für die beiden Managergruppen verzeichneten Bereiche, die erfolgreiche Vertriebsmanager und Controller auszeichnen, weisen in vielen Fällen nur einen kleinen Überschneidungsbereich auf, so daß nur in seltenen Fällen eine Person sowohl als erfolgreicher Controller als auch als erfolgreicher Vertriebsmanager gelten kann und somit beispielsweise dem eingezeichneten "Idealprofil" eines **marktorientierten Controllers** entspricht.

Aufgrund der häufig bestehenden, weitgehend nicht vermeidbaren Unterschiede zwischen Marketingspezialisten und Nicht-Marketingspezialisten hinsichtlich Marketingwissen und Persönlichkeitsprofil wird daher gefordert, **zielgruppenadäquate Schulungs- und Informationsmaßnahmen zu konzipieren**, die in bezug auf die Nicht-Marketingspezialisten verständlich (d.h. in deren Sprache) die Erfordernisse und Richtlinien für ihre Aufgabe im Marketingzusammenhang ableiten und verdeutlichen.[275] Es ist somit zu erwarten, daß Nicht-Marketingspezialisten sich nur dann ausreichend marktorientiert verhalten, wenn ihnen schlüssig verdeutlicht werden kann, daß dieses Verhalten für sie und das Unternehmen Vorteile bietet. Belz betont zudem, daß für "Nichtmarketing-Personen" das Verhalten und die Vorgaben der Unternehmensleitung sowie der Marketingspezialisten eine ausschlaggebende Rolle für die Umsetzung des Marketings darstellen.[276] Mehrere empirische Untersuchungen konnten bestätigen, daß die unternehmensweite Praktizierung von marktorientiertem Verhalten vom Vertrauen in die Leistungsfähigkeit der Marketingspezialisten sowie von deren unternehmenspolitischer Akzeptanz abhängig ist.[277]

2.1.4.3 Ansatzpunkte zur Steuerung der Marktorientierung auf Individualebene

2.1.4.3.1 Grundlegende Handlungsalternativen des Personalmanagements

Die Ausführungen zu den Determinanten, die auf **individueller Ebene** die Marktorientierung beeinflussen, haben gezeigt, daß insbesondere die Persönlichkeitsstruktur und

---

[274] Vgl. zur Kritik Lingenfelder, M., Die Marketingorientierung von Vertriebsleitern als strategischer Erfolgsfaktor, a.a.O., S. 71 f.

[275] Vgl. Zimmermann, R., Zukunftsaufgabe "Markt-Kultur", Hamburg 1987, S. 203 ff.; Belz, C., a.a.O., S. 392 ff.

[276] Vgl. Belz, C., a.a.O., S. 394.

[277] Vgl. Kohli, A.K., Jaworski, B.J., Market Orientation: The Construct, Research Propositions, and Managerial Implications, in: Journal of Marketing, April 1990, S. 12; Moorman, C., Deshpandé, R., Zaltman, G., Factors Affecting Trust in Market Research Relationships, in: Journal of Marketing, January 1993, S. 93 f.

die Fähigkeiten sowie Kenntnisse von Relevanz sind. Bei Nicht-Marketingspezialisten wird die Marktorientierung zudem durch die Beziehung zu den Marketingspezialisten und deren Akzeptanz bei der Unternehmensleitung beeinflußt.

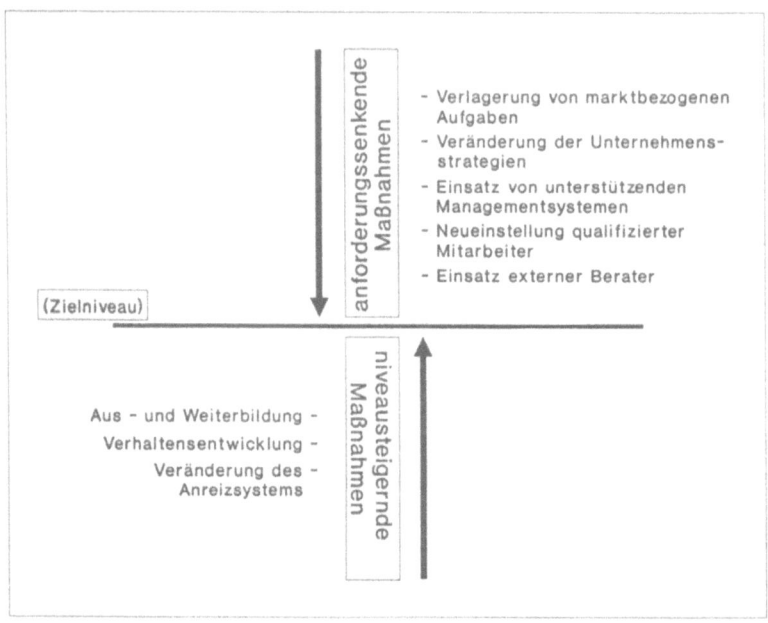

Abb. 34: Handlungsalternativen zum Management einer zu geringen Marktorientierung von Mitarbeitern[278]

Zur Verbesserung der Marktorientierung von Mitarbeitern, die sich marktorientiert verhalten müssen, können zwei Gruppen von Maßnahmen unterschieden werden.[279] Zum einen können Maßnahmen ergriffen werden, welche die Anforderungen an das erforderliche Niveau des marktorientierten Verhaltens der Mitarbeiter senkt (anforderungssenkende Maßnahmen), zum anderen können niveausteigernde Maßnahmen getroffen werden, die ursachenbezogen die **Schwachstellen beseitigen** helfen (vgl. Abbildung 34).

---

[278] In Anlehnung an Lingenfelder, M., Die Marketingorientierung von Vertriebsleitern als strategischer Erfolgsfaktor, a.a.O., S. 221.

[279] Vgl. ähnlich auch Lingenfelder, M., Die Marketingorientierung von Vertriebsleitern als strategischer Erfolgsfaktor, a.a.O., S. 221.

Anforderungssenkende Maßnahmen können die Probleme einer unangebrachten Marktorientierung, beispielsweise weil die Ursachen nicht oder nur mit unverhältnismäßig hohen Kosten beseitigt werden könnten, nicht letztlich beheben, sondern lediglich die Folgen mindern. Die Maßnahmen beziehen sich nicht direkt auf die sich nicht ausreichend marktorientiert verhaltenden Mitarbeiter, sondern sollen indirekt wirken, indem sie das Umfeld des oder der Mitarbeiter so verändern, daß mit dem gegebenen marktorientierten Verhalten die anvisierten Marktziele erreicht werden können. Sie sollen daher auch als kompensatorische Maßnahmen bezeichnet werden.

Eine u.U. relativ einfach zu realisierende kompensatorische Maßnahme ist die **Verlagerung von marktbezogenen Aufgaben.** Diese Verlagerung kann personenbezogen innerhalb eines Unternehmensteilbereiches, jedoch in Unternehmen mit verschieden selbständigen Unternehmensteilbereichen (z.B. Geschäftsbereich, Tochterunternehmen) auch gesamtunternehmensbezogen erfolgen. Beispielsweise ist es in Konzernunternehmen üblich, die strategische Planung und die Marktforschung in der Unternehmenszentrale zu konzentrieren. Denkbar ist es zudem, Vertriebsaufgaben von Unternehmenseinheiten losgelöst zu organisieren, indem z.B. regionalisierte Vertriebsniederlassungen für alle Unternehmensteilbereiche den Vertrieb übernehmen.

Eine weitere Möglichkeit zur Kompensation von marktorientierten Verhaltensdefiziten bietet die **Veränderung der bisher verfolgten Unternehmensstrategie** an. So besteht beispielsweise die Möglichkeit, die begrenzten Marketingressourcen auf eine geringere Anzahl von Leistungsangeboten und/oder Regionen bzw. Ländermärkte zu konzentrieren. Generell sollte überprüft werden, ob derzeit verfolgte oder anvisierte Marktstrategien mit dem vorhandenen Know-how erfolgversprechend umgesetzt werden können.[280] Personenbezogene Marketing-Know-how-Defizite können z.T. auch durch den Aufbau von vorstrukturierenden und damit unterstützenden **Managementsystemen,** z.B. von Marketinginformationssystemen oder sonstigen aufbau- und ablauforganisatorischen Regelungen, ausgeglichen werden.[281]

Ebenfalls als kompensatorische Maßnahme wirkt die **Neueinstellung** von qualifizierten marktorientierten Mitarbeitern bzw. die Hinzuziehung von **externen Beratern.**[282] Letztere Maßnahme ist allerdings i.d.R. nur eine vorübergehende Lösung und muß daher parallel mit niveausteigernden Maßnahmen begleitet werden, da nach Abschluß

---

[280] So betont beispielsweise Becker, daß die Präferenz-Strategie in besonderem Maße das Vorhandensein von Management-, Markeninformations- und Marketing-Know-how erfordert. Vgl. Becker, J., a.a.O., S. 207.

[281] Vgl. dazu auch Abschnitt C. 2.3.

[282] Ruekert konnte empirisch nachweisen, daß der Grad der Marktorientierung eines Unternehmens u.a. wesentlich durch die Neueinstellung von marktorientierten Mitarbeitern determiniert wird. Vgl. Ruekert, R.W., a.a.O., S. 243.

der Beratungsleistung die im Unternehmen vorhandenen Mitarbeiter das durch die Berater vorgegebene Niveau halten müssen.

Im Unterschied zu den anforderungssenkenden Maßnahmen können mit Hilfe der **niveausteigernden Maßnahmen** die identifizierten Schwachstellen direkt beeinflußt und eventuell beseitigt werden. Auf individueller Ebene bieten sich hier insbesondere **Aus- und Weiterbildungsmaßnahmen** sowie **Verhaltensentwicklungsmaßnahmen** an, durch die versucht wird, Fähigkeits- und Verhaltensdefizite zu beseitigen.[283/284] Da es auch denkbar ist, daß individuelle Defizite auch auf Motivationsdefiziten beruhen, kann auch die Veränderung des **Anreizsystems** sowie des Führungsstils Leistungsverbesserungen bewirken.[285] Empirische Untersuchungen konnten zeigen, daß die marktorientierte Leistungsfähigkeit der Mitarbeiter insbesondere in den Unternehmen besser ist, in denen das Unternehmen eine explizit marktorientierte Strategie verfolgt, umfangreiche Erfahrung mit marktorientierter Unternehmensführung vorliegt, unternehmensexterner Druck zum marktorientierten Agieren vorliegt und unternehmensfremde Marketingerfahrung intensive genutzt wird.[286]

Zur verbesserten Koordination personalorientierter Maßnahmen wird in der Literatur eine enge Zusammenarbeit zwischen den funktionalen Einheiten Marketing und Personal für erforderlich gehalten. In Abhängigkeit von den situativen Rahmenbedingungen wird ein abgestimmtes Handeln insbesondere in den Bereichen Personalauswahl, Aus- und Weiterbildung, Personalbewertung, Entlohnung sowie Konzipierung von Anreizsystemen genannt.[287]

---

[283] Auf vielfältige Formen und Konzepte der Aus- und Weiterbildung sowie Verhaltensentwicklung kann aus Kapazitätsgründen an dieser Stelle nicht eingegangen werden. Einen Überblick allgemeiner Art über die Thematik bieten Scholz, C., a.a.O., S. 157 ff.; Fauth, W., Praktische Personalarbeit als strategische Aufgabe, Wiesbaden 1991, S. 133 ff.

[284] In der Literatur wird die Thematik auch mit speziellen Bezug auf Marketingproblemstellungen behandelt. Belz diskutiert detailliert, welche Möglichkeiten bestehen, den Lerntransfer von Marketing-Führungskräften zu verbessern. Vgl. Belz, C., a.a.O., S. 281 ff. Bei Zimmermann wird detailliert dargestellt, welche Marketinginhalte welchen Personenkreisen zugänglich gemacht werden sollten. Vgl. Zimmermann, R., Zukunftsaufgabe "Markt-Kultur". So holen Sie sich den Markt in ihr Unternehmen, Hamburg, Zürich 1987, S. 270 ff. Intensiv werden diskutiert werden auch Ansatzpunkte und Maßnahmen zur Verbesserung der Leistungsfähigkeit von Außendienstmitarbeitern. Vgl. z.B. Weitz, B.A., Sujan, H., Sujan, M., a.a.O., S. 175 ff.; Sujan, H., Weitz, B.A., Kumar, N., Working Smart and Hard: The Effects of Learning and Performance Orientations on Salesperson Motivation, Report Nr. 15-1992, Institute for the Study of Business Markets, Penn-State University, Reading 1992, S. 2 ff.

[285] Vgl. Ruekert, R.W., a.a.O., S. 243. Vgl. speziell zum Einfluß des Führungsstils auf die Leistungsfähigkeit von Außendienstmitarbeitern Jolson, M.A., u.a., Transforming the Salesforce with Leadership, in: Sloan Management Review, Spring 1993, S. 98 ff.

[286] Vgl. McKee, D.O., u.a., Success-Producer and Failure-Preventer Marketing Skills: A Social Learning Theory Interpretation, in: Journal of the Academy of Marketing Science, Winter 1992, S. 25.

[287] Vgl. hierzu und zu Möglichkeiten der nicht-strukturellen und strukturellen Intergration der Personal und Marketingarbeit Glassmann, M., McAfee, B., Integrating the Personnel and Marketing Functions: The Challenge of the 1990s, in: Business Horizons, May-June 1992, S. 53 ff.

In der Praxis bietet es sich zumeist an, sowohl anforderungssenkende als auch niveau-steigernde Maßnahmen kombiniert einzusetzen. Allerdings wird es i.d.R. notwendig sein, zunächst anforderungssenkende Maßnahmen zu ergreifen, und zwar so lange, bis die oft erst langfristig wirkenden niveausteigernden Maßnahmen die individuellen De-fizite ausgleichen konnten.

2.1.4.3.2 Das integrative Konzept des Internen Marketings

Bei den bisher diskutierten Maßnahmen zur Verbesserung der Marktorientierung auf Individualebene handelt es sich grundsätzlich um weitgehend isoliert einsetzbare Maß-nahmen schwerpunktmäßig aus dem Bereich der Personal- und Organisationsentwick-lung, die im konkreten Einzelfall zum Einsatz kommen. Im Gegensatz dazu steht das speziell im Zusammenhang mit Problemen der Marketingimplementierung entwickelte **integrative Konzept des Internen Marketings**, das einen Großteil der schon ange-sprochenen Instrumente strukturiert und konzeptionell geschlossen miteinander ver-eint. Es muß jedoch explizit betont werden, daß Internes Marketing nicht mit Personal-politik oder der Systemsteuerung des gesamten Unternehmens gleichgesetzt werden kann, sondern **nur** als Gestaltungskonzept zur Steuerung der unternehmensinternen personellen Austauschbeziehungen zu verstehen ist, die durch Marketing, d.h. nach-fragedeterminiert, veranlaßt werden.[288]

Seit Beginn der 80er Jahre wird das Konzept des sogenannten Internen Marketings in-tensiver diskutiert. Das Interne Marketing wird schon seit einiger Zeit mit Erfolg von großen Dienstleistern, z.B. der schwedischen Fluggesellschaft SAS, angewendet.[289] In der Literatur wird das Konzept des Internen Marketings auch als "umbrella concept" für eine Vielzahl von Komponenten bezeichnet, die zwar einzeln nicht neu, aber in ih-rer Anwendung und Kombination zu einem neuen Ansatz zur geplanten, systema-tischen und integrierten Herausbildung und Förderung von Marktorientierung bei den Mitarbeitern entwickelt worden sind.[290]

---

[288] Vgl. Stauss, B., Schulze, H.S., a.a.O., S. 155 f.

[289] Vgl. Carlzon, J., Moments of Truth, Cambridge/Mass. 1987. Vgl. auch zur Anwendung des Inter-nen Marketings in Banken Tansuhay, P., Wong, J., McCullough, J., Internal and External Marke-ting: Effects on Consumer Satisfaction in Banks in Thailand, in: International Journal of Bank Marketing, Nr. 3, 1987, S. 73 ff.

[290] Vgl. Grönross, C., Service Management and Marketing, a.a.O., S. 221 ff. Als einer der ersten Autoren beschäftigte sich George mit den Ideen des Internen Marketings "... to have satisfied cu-stomers, the firm must also have satisfied employees. By satisfying the needs of the public contact personnel, the firm upgrades its capabilities for satisfying the needs of its customers.", George, W.R., The retailing of services - a challenging future, in: Journal of Retailing, Nr. 3, 1977, S. 91.

Das Konzept des Internen Marketings wird vorrangig im Zusammenhang mit der Vermarktung von Dienstleistungen diskutiert. Ein Grund hierfür ist, daß Dienstleistungen häufig nur dann erstellt und vermarktet werden können, wenn ein direkter Kundenkontakt zu einer größeren Zahl von Mitarbeitern vorhanden ist. Der personelle Aspekt besitzt daher im Vergleich zur Vermarktung von Hardware-Produkten i.d.R. eine sehr viel größere Bedeutung für den Vermarktungserfolg. Da jedoch Dienstleistungen und Sachleistungen nur schwierig voneinander abzugrenzen sind, Leistungsbündel häufig eine Kombination dieser beiden Gütertypologien darstellen und zudem in der Literatur auch Ansätze zur Überwindung dieser Gütertypologie entwickelt worden sind[291], erscheint es zulässig, das **Konzept des Internen Marketings als gütertypologie-unabhängiges Konzept zu interpretieren und anzuwenden**. Inwiefern das Konzept einen Problemlösungsbeitrag bietet, sollte vielmehr im Einzelfall anhand unternehmensspezifischer Gegebenheiten geprüft werden.[292]

Hintergrund der Entwicklung und Anwendung des Konzeptes des Internen Marketings ist, daß Marketingziele, -strategien und -maßnahmen, die nicht von den Mitarbeitern akzeptiert werden, i.d.R. auch nur wenig erfolgreich umgesetzt werden können.[293] Internes Marketing wird daher als unternehmensintern ausgerichtete Konzeption verstanden, um die Marktorientierung der Mitarbeiter auf allen betrieblichen Ebenen und in allen Funktionseinheiten nach den Erfordernissen zu implementierender konzeptioneller Vorgaben zu entwickeln und zu fördern.[294]

Internes Marketing wird als Konzept zur planmäßigen Gestaltung der Marktorientierung bisher in der Literatur primär mitarbeiterbezogen diskutiert und kann daher als ein integrierter, **personalorientierter (Partial-) Ansatz zur Marketingimplementierung** bezeichnet werden. Fragen der Organisationsstruktur bzw. der Management-Sy-

---

[291] Vgl. Engelhardt, W.H., Kleinaltenkamp, M., Reckenfelderbäumer, M., Dienstleistungen als Absatzobjekt, Arbeitsbericht Nr. 52 des Instituts für Unternehmensführung und Unternehmensforschung der Ruhr-Universität Bochum, Bochum 1992, S. 34 ff.

[292] Auch in der Literatur zum Dienstleistungsmarketing wird keine ausschließliche Anwendung des Konzeptes für die Vermarktung von Dienstleistungen propagiert. Beispielsweise wird von mehreren Autoren die Übertragbarkeit des Konzeptes auf das Investitionsgütermarketing für sinnvoll erachtet. Vgl. Gummesson, E., Using internal marketing to develop a new culture - the case of ericsson quality, in: Czepiel, J.A., Congram, C.A., Shanahan, J.B., Hrsg., The Service challenge: integrating for competitive advantage, Chicago 1987, S. 14; Grönross, C., Strategic management and marketing in the service sector, Lund, Bromley 1985, S. 110 f.

[293] Vgl. Heskett, J.L., Managing in the Service Economy, Cambridge/Mass. 1986, S. 120; Grönross, C., Service Management and Marketing, a.a.O., S. 221 ff.; Berry, L.L., The employee as customer, in: Lovelock, C.H., Hrsg., Services marketing, Text, cases and readings, Englewood Cliffs 1984, S. 271 ff.; Stauss, B., Schulze, H.S., a.a.O., S. 149 ff.

[294] Vgl. Stauss, B., Internes Marketing als personalorientierte Qualitätspolitik, in: Bruhn, M., Stauss, B., Hrsg., Dienstleistungsqualität. Konzepte, Methoden, Erfahrungen, Wiesbaden 1991, S. 233 f.; Grönross, C., Internal Marketing. Theory und Practice, in: Bloch, T.M., Upah, G.D., Zeithaml, V.A., Hrsg., Services Marketing in a Changing Environment, Chicago 1985, S. 42.

steme werden weitgehend ignoriert oder nur unter dem Blickwinkel personalorientierter Maßnahmen diskutiert.

Die grundlegende Zielsetzung des Internen Marketings, die Herausbildung bzw. die Verbesserung der Marktorientierung des für Vermarktungsaspekte relevanten Mitarbeiterstamms, entspricht im Kern den grundlegenden, schon herausgearbeiteten Zielsetzungen der Implementierung allgemein und speziell des Marketings:[295]

- Information der Mitarbeiter (Kennen),

- Vermittlung von Fähigkeiten und Fertigkeiten sowie Schaffung eines adäquaten organisationsinternen Umfeldes (Können) und

- Schaffung und Förderung der Akzeptanz von Marketing bei den Mitarbeitern (Wollen).

Die Verwirklichung der aufgeführten Ziele des Internen Marketings erfordert die Integration dieses Konzeptes in die langfristig angelegte, alle Funktionsbereiche und Hierarchieebenen umfassende Unternehmensphilosophie, die vom Top-Management bewußt und demonstrativ unterstützt und vorgelebt sowie nicht durch sonstige Gegebenheiten, z.B. unangemessene ablauforganisatorische Regelungen, beeinträchtigt wird.[296] Zur konkreten Zielerreichung wird eine Vielzahl von Instrumenten und Maßnahmen diskutiert, deren Wiedergabe nicht vollständig und umfassend erfolgen kann, da der konkrete Einsatz der Instrumente sowie deren Kombination den jeweiligen situativen Bedingungen angepaßt sein müssen. Dennoch können **typische Instrumente identifiziert werden, die häufig bei der Umsetzung des Internen Marketings angewendet werden.** In Abbildung 35 sind diese Instrumente im Überblick zusammengestellt und mit kurzen Erläuterungen versehen.[297]

Das Konzept des Internen Marketings kann als ein erfolgversprechender, praxiserprobter Marketing-(Partial-)-Implementierungsansatz betrachtet werden, der speziell Marketingproblemstellungen berücksichtigt. Die bisher oft vorgenommene Beschränkung der Anwendbarkeit des Internen Marketings auf eine bestimmte Personengruppe im Unternehmen, das Kundenkontaktpersonal, wird neuerdings aufgegeben. Es muß davon ausgegangen werden, daß das Kundenkontaktpersonal nur dann vollständig kundenorientiert agieren kann, wenn weitere Mitarbeiter, wie z.B. Mitarbeiter der Ferti-

---

[295] Vgl. Normann, R., Service Management. Strategy and Leadership in Service Business, 2. Aufl., Chichester u.a. 1991, S. 113; Grönross, C., Service Management and Marketing, a.a.O., S. 224 f.; Stauss, B., a.a.O., S. 234.

[296] Grönross betont, daß die "..organization will have to offer its internal market of employees a 'product'(Anm. d. Verf.: marktorientiertes Verhalten) which is attractive." Grönross, C., Service Management and Marketing, a.a.O., S. 230.

[297] Vgl. auch Thomson, K.M., a.a.O., S. 187 ff.

gungssteuerung, die für eine termingerechte Leistungserstellung verantwortlich sind, in das Konzept des Internen Marketings einbezogen werden. Betriebliche Leistungsempfänger können bei dieser Betrachtungsweise als innerbetriebliche Kunden bzw. als interne Kunden betrachtet werden.[298] Zusätzliche **Erweiterungen des Konzeptes** ergeben sich dadurch, daß das Konzept auch auf die **marktorientierte Steuerung von unternehmerischen Subsystemen, z.B. von unterschiedlichen Funktionseinheiten,** Anwendung findet.[299] Solche Erweiterungen des Internen Marketings, die eine umfassende interne und unternehmensweite Realisierung einer kundenorientierten Qualitätspolitik zum Ziel haben, würden allerdings dazu führen, daß trotz unterschiedlicher Ausgangspunkte und z.t. abweichender Inhalte sich letztlich eine mit dem **Total-Quality-Management grundsätzlich vergleichbare Unternehmensführungsphilosophie** herausbilden würde.[300]

Marktorientierter Einsatz personalpolitischer Instrumente

● **Personalbeschaffung**
Die Auswahl der Mitarbeiter determiniert vielfach den zu realisierenden Grad der Marktorientierung. Während Fähigkeiten und Know-how i.d.R. durch Aus- und Weiterbildungsmaßnahmen vermittelt werden können, kann Freundlichkeit als Determinante marktorientierten Verhaltens wesentlich schwieriger gelernt werden. Werden Mitarbeiter benötigt, die dieses Verhalten zeigen müssen, sind daher Neueinstellungen häufig unvermeidbar.

● **Personalentwicklung**
Aus- und Weiterbildung stellen i.d.R. immer ein zentrales Element des Internen Marketings dar und haben zum Ziel, unternehmenskulturelle Sozialisationswirkungen zu verstärken, den Kenntnisstand zu verbessern und die Motivation der Mitarbeiter zu erhöhen. Dabei muß darauf geachtet werden, daß die Personalentwicklungsmaßnahmen explizit zielgruppenspezifisch angelegt sind und die Lerninhalte zum großen Teil unmittelbar in die Praxis transferierbar sind.

● **Personalfreisetzung**
Mitarbeiter, die sich ohne Zweifel marktorientiert verhalten müssen, dies jedoch nicht tun und eine Veränderung auch nicht zu erwarten ist oder nur mit unverhältnismäßig hohen Kosten verbunden wäre, müssen freigesetzt werden, wenn ein anderer Einsatz dieser Personen nicht möglich ist. Insbesondere bei Führungskräften ist eine Personalfreisetzung aufgrund der oft eingeschränkten alternativen Einsetzbarkeit unter Umständen nicht vermeidbar.

---

[298] Vgl. Piercy, N.F., Morgan, N.A., Strategic Internal Marketing. Managerial Framework and Empirical Evidence, in: Bearden, W., u.a., Hrsg., Enhancing knowledge development in marketing AMA educator's proceedings, Vol. 1, Chicago 1990, S. 311.

[299] Die Ausweitung des Internen Marketings auf Unternehmenssubsysteme wird von Stauss und Schulze vorgeschlagen, womit die Autoren verdeutlichen wollen, daß das Konzept prinzipiell zu einem umfassenden Marketingimplementierungsansatz erweiterbar ist; hierzu geben sie jedoch keine tiefergehenden Erläuterungen. Vgl. Stauss, B., Schulze, H.S., a.a.O., S. 155.

[300] Vgl. Stauss, B., a.a.O., S. 242 f. Vgl. dazu auch die Ausführungen im Abschnitt C. 3.2.

● Personaleinsatz
Der Personaleinsatz muß unter Berücksichtigung marktbezogener Kriterien erfolgen. Hierzu bietet sich die Unterscheidung in aufgabenorientierte und beziehungsorientierte Arbeitsplätze an, auf die dann die Mitarbeiter entsprechend ihrer interaktionsbezogenen Fähigkeiten und Neigungen zugeordnet werden.

● Personalentlohnung
Die Entlohnung der Mitarbeiter muß ebenfalls anhand marktorientierter Kriterien erfolgen. Dabei sollte auf eine möglichst optimale Verknüpfung von materiellen und immateriellen Anreizen geachtet werden.

Marktorientierter Einsatz von Kommunikationsinstrumenten

● Interaktive Kommunikation
Mangelnde Information der Mitarbeiter führt oft zu fehlendem oder unangepaßtem marktorientierten Verhalten. Daher sollte durch geeignete Maßnahmen sichergestellt werden, daß zwischen Mitarbeitern verschiedener Hierarchieebenen und Funktionsbereiche eine marktgerechte Informationskultur herausgebildet wird.

● Interne Massenkommunikation
Durch Firmenzeitungen, Rundschreiben, Videos sowie weitere Medien sollten den Mitarbeitern Informationen über grundlegende wirtschaftliche Unternehmensdaten, zentrale Entscheidungen und identitätsstiftende Ereignisse informativ und glaubwürdig, flankierend zur interaktiven Kommunikation, vermittelt werden.

Intern wirkender Einsatz extern orientierter Marketinginstrumente

● Werbung/Public Relations
Es sollte immer geprüft werden, ob die auf die Nachfrager bezogenen Kommunikationsmaßnahmen nicht als zweite Zielgruppe auch die Mitarbeiter im Unternehmen einbeziehen können. Eventuell ist es so möglich, den Stolz und die Moral der Mitarbeiter zu steigern und dem Mitarbeiter noch einmal die von ihm geforderte Leistung, die auch dem Kunden versprochen wurde, quasi als Qualitätsstandard zu verdeutlichen. Ein Beispiel hierfür ist die Kampagne des Autovermieters Avis "We try harder", die eindeutig auch auf das eigene Personal abzielt. Ein weiteres Beispiel sind Kampagnen, in denen Mitarbeiter des Unternehmens mit ihrer Arbeit oder aufgrund herausragender Leistungen vorgestellt werden.

● Garantiepolitik
Dadurch, daß Unternehmen gegenüber ihren Nachfragern öffentlich Qualitätsgarantien abgeben (Reparatur innerhalb eines Tages oder Pizza-Lieferung innerhalb einer Stunde), ist es i.d.R. erforderlich, eindeutige Qualitätsstandards vorzugeben, die wirklich als Verpflichtung des Unternehmens zu verstehen sind und als Leistungsvorgabe die Motivation, den Teamgeist sowie z.T. auch den Stolz der Mitarbeiter erhöhen können.

Abb. 35: Instrumentarium des Internen Marketings[301]

---

[301] Vgl. zu den Instrumenten die Ausführungen und Literaturhinweise bei Stauss, B., a.a.O., S. 234 ff.; Grönroos, C., Service Management and Marketing, a.a.O., S. 230 ff.

2.2 Managementsysteme als Partialansätze der strukturorientierten Betrachtungsebene der Marketingimplementierung

Im folgenden sollen die in der Marketingliteratur unter Implementierungsgesichtspunkten als besonders relevant erachteten Managementsysteme, die Planungs-, die Organisations- und die Kontrollsysteme, diskutiert werden.[302/303] Die Ausführungen sollen jedoch lediglich einen kurzen Überblick über die Thematik geben, da zum einen schon viele Aspekte dieser Managementsysteme in der Literatur relativ ausführlich behandelt worden sind und daher ein Verweis auf die entsprechende Literatur erfolgen kann. Zum anderen geschieht dies zur Vermeidung von Redundanzen, da Aspekte einzelner Managementsysteme auch im Zusammenhang mit den verschiedenen Partial- und Totalansätzen diskutiert werden.[304]

2.2.1 Marketing-Planungs-Systeme

Marketing, verstanden als Unternehmensführungsphilosophie, erfordert das Treffen von systematischen und damit geplanten Entscheidungen, die für die Zielerreichung eines Unternehmens von Bedeutung sind.[305] Den Marketing-Planungs-Systemen kommt die Aufgabe zu, das zukünftige Markt- und Unternehmensgeschehen systematisch und rational zu durchdringen mit der Zielsetzung, eine Grundlage für die weiteren betrieblichen Teilpläne (z.B. Beschaffungs-, Produktions-, Finanzierungspläne) abzuleiten.[306]

Die Marketing-Planungs-Systeme können in **strategische, operative bzw. taktische Planungssysteme** unterteilt werden. Während die strategische Planung, die üblicherweise der taktischen und operativen Planung vorgeschaltet ist, primär die langfristig angelegte konzeptionelle Planung umfaßt, ist insbesondere die operative Planung we-

---

[302] Vgl. zur generellen Relevanz einzelner Managementsysteme Schierenbeck, H., a.a.O., 1993, S. 82; Kuhn, A., Unternehmensführung, München 1982, S. 160; Steinle, C., Führung, Stuttgart 1978, S. 153.

[303] Eine exakte Trennung der einzelnen Managementsysteme ist nur konzeptionell möglich, da zwischen den Teilsystemen Interdependenzen und in Teilbereichen Überschneidungen bestehen. Beispielsweise beeinflußt, wie Piercy zeigt, das für das Marketing gewählte Organisationssystem ganz entscheidend das Informations- und Kontrollsystem eines Unternehmens. Vgl. Piercy, N., Marketing Organzsation, a.a.O., S. 119 ff.

[304] Vgl. auch die Ausführungen bei Ansoff, I., McDonnell, E., Implanting Strategic Management, 2. Aufl., New York 1990, S. 305 ff.; Stonich, P.J., Hrsg., a.a.O., S. 97 ff.; Huber, R., a.a.O., S. 208 ff.; Lorange, P., Implementing of Strategic Planning, Englewood Cliffs 1982, S. 212 ff.; Bowman, C., Asch, D., a.a.O., S. 195 ff.

[305] Vgl. Diller, H., Planungstechniken im Marketing, in: Diller, H., Hrsg., Marketingplanung, München 1980, S. 3.

[306] Vgl. Nieschlag, R., Dichtl, E., Hörschgen, H., a.a.O., S. 820.

sentlich detaillierter und präziser angelegt.[307] Von Bedeutung für die Effektivität des Gesamtplanungssystems ist es, daß die Teilplanungssysteme nach einheitlichen Prinzipien aufgebaut und miteinander verknüpft sind.[308] In der Literatur zum Marketing nimmt die strategische Planung einen hohen Stellenwert ein, zu der auch eine Vielzahl relativ detailliert entwickelter Ausgestaltungsmöglichkeiten vorliegt.[309]

Im Gegensatz zur strategischen Planung betrifft die operative Planung nicht nur schwerpunktmäßig die obersten Führungsebenen der Unternehmung, sondern sie muß prinzipiell sämtliche Stufen des Unternehmens involvieren.[310] Operative Planungssysteme bzw. die hierfür entwickelten Methoden und Instrumente besitzen somit die Aufgabe, die übergeordneten strategischen Planungen zu konkretisieren sowie zu operationalisieren, und stellen daher wesentliche Voraussetzungen für den Implementierungserfolg dar.[311] Wesentliche Aufgabe der operativen Marketingplanung ist es, situationsspezifisch einzelne absatzpolitische Instrumente auszuwählen, zu gewichten, auszugestalten und optimal zusammenzufügen.[312] Problematisch ist allerdings, daß häufig lediglich Aspekte der betrieblichen Fachfunktion Marketing geplant werden, funktionsübergreifende Aspekte durch ein solches Vorgehen jedoch vernachlässigt werden.[313]

Auf operativer Ebene steht prinzipiell ebenfalls eine Vielzahl von Planungssystemen zur Verfügung.[314] Auf eine detaillierte Diskussion dieser Planungssysteme soll jedoch an dieser Stelle verzichtet und dafür auf die implementierungsgerechte Konzipierung von Planungssystemen abgestellt werden.

---

[307] Vgl. Becker, J., Marketing-Konzeptionen. Grundlagen des strategischen Marketing-Managements, 4. Aufl., München 1992, S. 3; Nieschlag, R., Dichtl, E., Hörschgen, H., a.a.O., S. 822 ff.

[308] Vgl. Schierenbeck, H., a.a.O., S. 112.

[309] Vgl. zur Diskussion der Methoden und Instrumente zur strategischen Marketingplanung Becker, J., a.a.O., S. 111 ff.; Nieschlag, R., Dichtl, E., Hörschgen, H., a.a.O., S. 860 ff.; Meffert, H., Marketing, a.a.O., S. 54 ff.

[310] Vgl. zu den Unterschieden zwischen strategischer und operativer Planung Schierenbeck, H., a.a.O., S. 116 f.

[311] Vgl. zur Verknüpfung strategischer und operativer Planungssysteme Köhler, R., Beiträge zum Marketing-Management. Planung, Organisation, Controlling, 3. Aufl., Stuttgart 1993, S. 109 ff.

[312] Vgl. Meffert, H., Marketing, a.a.O., S. 509. Vgl. auch Köhler, R., Beiträge zum Marketing-Management, a.a.O., S. 114 ff.

[313] Vgl. Nieschlag, R., Dichtl, E., Hörschgen, H., a.a.O., S. 822 ff.

[314] Dabei handelt es sich einerseits um universell einsetzbare Planungssysteme wie z.B. Nutzwertanalysen, Break-Even-Analysen und Netzplantechniken und andererseits um speziell für Marketingproblemstellungen entwickelte Systeme wie z.B. Positionierungsmodelle, Werbeplanungsmodelle und Modelle der Preispolitik. Vgl. zu den Systemen im einzelnen Diller, H., Hrsg., Marketingplanung, München 1980, S. 17 ff.

Einfachheit
Das Planungssystem sollte zur leichteren Verständlichkeit einfach konzipiert sein. Zunächst sollten nur die wichtigsten Einflußfaktoren berücksichtigt werden. Erst dann, wenn die Benutzer Bereitschaft zeigen, Ergänzungen und zunehmende Komplexität zu akzeptieren, sollte das System erweitert werden.

Benutzungssicherheit
Das System sollte verhindern, daß der Benutzer aufgrund von Bedienungsfehlern falsche oder offenkundig unsinnige Lösungen erhält.

Nachprüfbarkeit/Nachvollziehbarkeit
Die Ergebnisse und die Arbeitsweisen des Systems müssen nachprüfbar und nachvollziehbar sein. Die Benutzer müssen wissen, welche Konsequenzen sich aus alternativen Handlungen ergeben.

Anpassungsfähigkeit
Das System muß sich flexibel spezifischen situativen Gegebenheiten und neuen veränderten Situationen anpassen können.

Vollständigkeit
Es sollten alle wichtigen Größen Berücksichtigung finden, ohne deshalb ein undurchsichtiges Gesamtsystem entwickeln zu müssen.

Eignung zur leichten Kommunikation
Das Planungssystem sollte dem Benutzer möglichst schnell die vom Benutzer als operational empfundenen Ergebnisse zur Verfügung stellen.

Abb. 36: Anforderungen an Planungssysteme[315]

Die Entwicklung von Planungssystemen ist grundsätzlich mit dem Problem behaftet, daß einerseits einfach konstruierte, relativ leicht zu implementierende Systeme häufig die Problematik nicht angemessen erfassen und andererseits relativ komplexe Systeme, die die Realität besser abbilden, nicht implementierbar sind. Systeme des zweiten Typs, die auch als "realsystemorientierte" Planungssysteme bezeichnet werden, haben sich in der Praxis nicht bewährt, da die benötigten Daten häufig nicht oder nur unzureichend beschaffbar waren und die Anwender die Systeme nicht hinreichend akzeptiert haben.[316] Da Planungssysteme, die nicht implementierbar sind, keinen Problemlösungsbeitrag liefern können, wird gefordert, die **Systeme so zu konzipieren, daß sie benutzerfreundlich** sind. Little hat deshalb die in Abbildung 36 zusammengefaßten implementierungsrelevanten Grundsätze für die Konzipierung von computergestützten Planungssystemen formuliert, die auch für die Gestaltung von Planungssystemen generell als relevant eingestuft werden können.[317] Letztlich lassen sich die in Abbildung 36

---

[315] Zusammenstellung in Anlehnung an Little, J.D.C., a.a.O., S. 127 f.

[316] Vgl. Nieschlag, R., Dichtl, E., Hörschgen, H., a.a.O., S. 902; Diller, H., Planungstechniken im Marketing, a.a.O., S. 6 f.

[317] Vgl. Little, J.D.C., Modelle und Manager: Das Konzept des Decision Calculus, in: Köhler, R., Zimmermann, H.J., Hrsg., Entscheidungshilfen im Marketing, Stuttgart 1977, S. 127 ff.; Nieschlag, R., Dichtl, E., Hörschgen, H., a.a.O., S. 902 f.

aufgeführten Anforderungen an die Konzeptionierung von Planungssystemen auf die zentralen Implementierungsteilprobleme Kennen/Verstehen, Können und Wollen zurückführen. Nur wenn die Planungssysteme allgemein einfach und nachvollziehbar, zur Problemlösung prinzipiell geeignet und allgemein akzeptiert werden, ist ihre Anwendung wahrscheinlich.

2.2.2 Marketing-Organisations-Systeme

Die Festlegung geeigneter Organisationsstrukturen für unterschiedliche situative Rahmenbedingungen ist geradezu ein klassisches betriebswirtschaftliches Problem. Die Anpassung der aufbauorganisatorischen Strukturen (Organisationssysteme) gilt seit der 1962 von Chandler vertretenen These "structure follows strategy" auch als zentraler Problembereich bei der Implementierung von konzeptionellen Vorgaben.[318] Obwohl dieser Zusammenhang in seiner Determiniertheit in Folgeuntersuchungen angezweifelt wurde,[319] gilt dennoch als relativ sicher, daß die Organisationsstruktur eines Unternehmens gemäß der These von Chandler bedeutende Implementierungsrelevanz besitzt.[320] Mit Hilfe von Organisationsstrukturen wird versucht, die dem **(funktionalen) Marketingbegriff subsumierten Aufgaben institutionell in einer Organisationseinheit zu bündeln** und in das Unternehmen oder die Unternehmenseinheit zu integrieren, um die mit den Aufgaben des Marketings verbundenen Zielsetzungen erreichen zu können.[321] Insbesondere gilt es zu klären, wie marktbezogene Aufgaben zu verteilen und zu koordinieren sind, welche Weisungsbefugnisse angemessen, welche Aufgaben, Kompetenzen und Verantwortungen zu delegieren und welche formalen Regelungen zweckmäßig sind. Von Bedeutung ist, daß Marketing-Organisations-Systeme immer gesamtunternehmensbezogen konzipiert sein müssen und sich die Diskussion nicht - wie in der Vergangenheit häufig geschehen - auf eine "Funktionseinheit Marketing" beschränken darf.[322]

---

[318] Vgl. Chandler, A.D., Strategy and Structure, Cambridge/Mass. 1962, S. 14 f.

[319] Vgl. z.B. Gaitanides, M., Strategien und Strukturen des Marktmanagements, in: Wirtschaftsstudium, Nr. 6, 1986, S. 280.

[320] Vgl. zu den einzelnen Aspekten die Ausführungen bei Kolks, U., a.a.O., S. 132 ff.; Stonich, P.J., Hrsg., a.a.O., S. 48 ff. Daß generelle Aussagen zur implementierungsgerechten Struktur nur schwierig getroffen werden können, verdeutlicht die Aussage von Hrebiniak und Joyce "...under certain conditions, there are better ways than others in which to organize.". Hrebiniak, L.G., Joyce, W.F., a.a.O., S. 87; ähnlich auch Thompson, A.A., Strickland III, A.J., a.a.O., S. 336.

[321] Vgl. Meffert, H., Marketing, a.a.O., S. 540 ff.

[322] Vgl. Spillard, P., Organization & Marketing, London, Sydney 1985, S. 34 f.; Chonko, L.B., Enis, B.M., Tanner, J.F., Managing Salespeople, Boston, u.a. 1992, S. 184 ff.; Meffert, H., Marketing, a.a.O., S. 543.

Grundlegend können **eindimensionale Organisationsformen**, d.h. **funktionale** (Beschaffung, Produktion, Marketing) sowie **objektbezogene** bzw. spartenorientierte (Produkte, Kunden, Regionen) und **mehrdimensionale Organisationsformen** (Matrix, Tensor) unterschieden werden. Neben diesen Grundformen existieren jeweils Unter- bzw. Zwischenformen (z.b. Produktmanagement als Stab im Rahmen einer funktionalen Organisationsstruktur).[323]

Die Wahl einer angemessenen Organisationsform ist von einer Vielzahl situativer Faktoren abhängig und kann selten eindeutig getroffen werden.[324] So kommt beispielsweise auch Spillard zu dem Ergebnis, daß zur Bedeutung verschiedener Kontingenzfaktoren für alternative Organisationsstrukturen lediglich Tendenzaussagen möglich sind, jedoch normative Aussagenzusammenhänge nur schwierig abgeleitet werden können.[325]

Die Ausprägung der Kontingenzfaktoren **"Komplexität der Marktstrukturen"** und **"Stabilität der Marktverhältnisse"** sowie **"Komplexität des Leistungsangebotes"** gelten nach US-amerikanischen empirischen Untersuchungen als besonders bedeutende Determinanten für alternative Organisationsstrukturen.[326] Im Rahmen einer Untersuchung von 668 Unternehmen konnte gezeigt werden, daß mit steigender Komplexität der Marktstruktur (z.B. vielen Nachfragersegmenten, Konkurrenten), wachsender Instabilität der Marktverhältnisse (Veränderungsintensität pro Zeiteinheit) sowie Komplexität des Leistungsangebotes auch die Komplexität der in der Praxis eingesetzten Marketing-Organisationsstruktur steigt. Dabei werden funktionale Organisationsstrukturen als relativ übersichtlich klassifiziert, während Matrixorganisationen als relativ komplex eingestuft werden.[327]

---

[323] Vgl. zu den Ausgestaltungen und Einsatzmöglichkeiten Köhler, R., Absatzorganisation, in: Frese, E., Hrsg., Handwörterbuch der Organisation, 3. Aufl., Stuttgart 1992, Sp. 34 ff.; Meffert, H., Marketing, a.a.O., S. 543 ff.; Nieschlag, R., Dichtl, E., Hörschgen, H., a.a.O., S. 947 ff.

[324] Vgl. Piercy, N., Marketing Organization, a.a.O., S. 175 ff.

[325] Vgl. Spillard, P., a.a.O., S. 133 f. In der Literatur wird seit langer Zeit intensiv diskutiert, welchen Einfluß die Unternehmensumwelt auf die unternehmensintern zu wählende Organisationsstruktur besitzt. Vgl. zum Überblick Staehle, W., Management, a.a.O., S. 433 ff.; Kieser, A., Kubicek, H., a.a.O., S. 376 ff.

[326] Vgl. Tull, D.S., u.a, The Organization of Marketing Activities of American Manufacturers, Report Nr. 91-126 des Marketing Science Institute, Cambridge/Mass. 1991, S. 15.

[327] Vgl. Tull, D.S., u.a., S. 27 f. Die Ergebnisse anderer empirischer Untersuchungen kamen zu vergleichbaren Ergebnissen und konnten zeigen, daß funktionale Organisationsformen vorteilhaft für relativ stabile und homogene Marktverhältnisse sind, während objektorientierte Organisationsformen bei komplexen und turbulenten Marktbedingungen Vorteile bieten. Weitere Kontextfaktoren für die Organisationsgestaltung sind beispielsweise die Unternehmensgröße, die Branche und die Internationalität der Marktbeziehungen. Vgl. Köhler, R., Beiträge zum Marketing-Management, a.a.O., S. 171.

Unternehmen, die in Märkten agieren, die durch eine hohe Veränderungsintensität im Zeitablauf gekennzeichnet sind, in denen die Struktur der Nachfragersegmente und der Konkurrenten relativ differenziert ist und die eine relativ große Zahl von Leistungsangeboten im Programm haben, müssen tendenziell einen relativ hohen innerbetrieblichen Koordinations- und Kontrollaufwand pro Zeiteinheit bewältigen. Aus diesem Grund werden für diese Marktverhältnisse tendenziell Organisationsstrukturen für sinnvoll gehalten, die besser als eine funktionale Organisationsform zur Komplexitätsbewältigung geeignet sind. Zu nennen ist hier insbesondere die am weitesten verbreitete mehrdimensionale Organisationsform, die Matrixorganisation. Allerdings sind in relativ überschaubaren und stabilen Märkten sowie bei undifferenziertem Leistungsangebot komplexere Organisationsformen aufgrund des Koordinationsaufwandes mit Effizienznachteilen verbunden, so daß unter diesen Bedingungen eine funktionale Organisationsform von Vorteil ist. Produktorientierte Organisationsstrukturen sind tendenziell sinnvoll, wenn das Unternehmen ein umfangreiches und heterogenes Leistungsangebot besitzt.[328]

In Abbildung 37 werden - gemäß den Ergebnissen diesen Untersuchungen - alternative Organisationsstrukturen in bezug auf die Ausprägungen der beiden unternehmensexternen Kontingenzdimensionen "Komplexität der Marktstruktur" und "Stabilität der Marktverhältnisse" sowie der Ausprägung der unternehmensinternen Kontingenzdimension "Komplexität des Leistungsangebotes" positioniert. Wie Abbildung 37 verdeutlicht, ist eine funktionale Organisationsstruktur eher für Unternehmen mit stabilen, übersichtlichen Märkten und begrenztem Leistungsangebot geeignet, während eine mehrdimensionale Matrix- oder Tensorstruktur in instabilen, unübersichtlichen Märkten bei einer Vielzahl heterogener Leistungsangebote Vorteile bietet. Die Produktstruktur als objektorientierte Organisationsform orientiert sich am unternehmensinternen Kontingenzfaktor "Komplexität der Angebotsstrukur" und bietet sich generell bei einem differenzierten Leistungsangebot an. Im Gegensatz zur Produktstruktur stellt die segmentorientierte Kunden- oder Regionenstruktur auf den unternehmensexternen Kontingenzfaktor "Komplexität der Marktstruktur" ab und sollte tendenziell immer dann genutzt werden, wenn differenzierte Kunden- oder Gebietsstrukturen mit heterogenem Kaufverhalten vorliegen und daher eine segmentspezifische Marktbearbeitung erforderlich ist. Es muß allerdings darauf verwiesen werden, daß diese Aussagen bzw. die jeweiligen Positionierungen selbst für die Extrempunkte nur Tendenzcharakter besitzen können, so daß insbesondere bei Zwischenausprägungen auf jeden Fall unternehmensspezifisch differenziert entschieden werden muß.

---

[328] Vgl. auch die zusammenfassenden Ausführungen bei Nieschlag, R., Dichtl, E., Hörschgen, H., a.a.O., S. 947 ff.; Kotler, P., Marketing Management, a.a.O., S. 689 ff.; Ruekert, R.W., Walker, O.C., Roering, K.J., The Organization of Marketing Activities: A Contingency Theory of Structure and Performance, in: Journal of Marketing, Winter 1985, S. 17 ff.

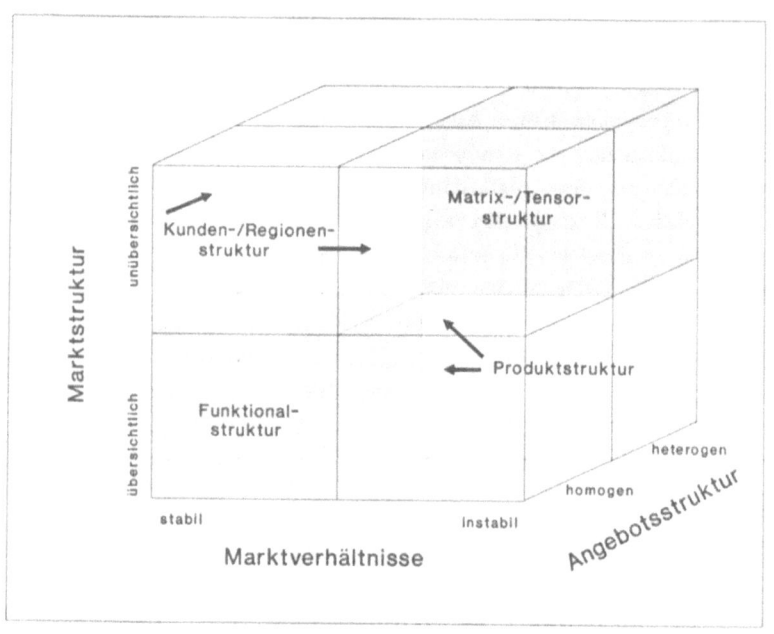

Abb. 37: Marketing-Organisationsstrukturen in Abhängigkeit von situativen Bedingungen

Die in Abbildung 37 positionierten Organisationsformen existieren in der Praxis selten in reiner Form. Häufig werden Mischformen genutzt.[329] Die reine Funktionalorganisation existiert heute praktisch nur noch in sehr kleinen, überschaubaren Unternehmen. Die gleichberechtigte Mehrfachunterstellung der Matrixorganisation wird in vielen Unternehmen aufgrund ihrer Konfliktträchtigkeit zu einer aufgabenspezifischen Einfachunterstellung abgewandelt, so daß wieder eindeutige Verantwortlichkeiten gegeben sind. Als Beispiel hierfür kann das schon im Abschnitt 2.1.4.2.1.1 diskutierte Schwergewichtsproduktmanagement angeführt werden, bei dessen Anwendung die Produktmanager gegenüber den funktionalen Linienmanagern in einigen bedeutenden Bereichen Weisungsbefugnis besitzen.[330]

Nachdem in der Vergangenheit zunächst das Ziel darin bestand, alle Marketingaufgabengebiete (z.B. Vertrieb, Marktforschung, Public Relations) in einer abgegrenzten Funktionseinheit (Marketing) zu vereinigen, wird in neuerer Zeit zunehmend die Auf-

---

[329] Vgl. Gomez, P., Zimmermann, T., Unternehmensorganisation. Profile, Dynamik, Methodik, Frankfurt, New York 1992, S. 69.

[330] Vgl. Clark, K.B., Fujimoto, T., a.a.O., S. 255 ff.

146

fassung vertreten, daß zumindest einige **Aufgaben** der Marketingfunktionseinheit wieder **deintegriert werden** und beispielsweise im Rahmen von Projektorganisationsformen einzelnen Projekten (z.b. Neuproduktentwicklungen) oder dezentralen Unternehmenseinheiten zugeordnet werden müssen.[331] Im Ergebnis bedeutet dies, daß marktbezogene Aufgaben nicht mehr ausschließlich von einer zentralen Abteilung, der "Funktionseinheit Marketing", wahrgenommen werden.[332]

Selbst als relativ flexibel eingestufte Organisationsstrukturen, z.B. produkt- oder kundenorientierte Strukturen, gelten vielfach aufgrund der Marktdynamik als zu unflexibel. Funktionsübergreifende Marketingimplementierung ist offenbar nur bedingt im Rahmen langfristig angelegter hierarchischer Organisationsstrukturen möglich. Marketingstrukturen werden daher zunehmend als flexibel, sich situativen Bedingungen anpassende Beziehungsstrukturen interpretiert.[333] In diesem Zusammenhang werden auch sogenannte **Netzwerkorganisationsformen** diskutiert, deren Zielsetzung darin besteht, im Rahmen relativ kleiner Einheiten schneller und flexibler auf Marktveränderungen reagieren zu können.[334] Zentrales Kennzeichen von Netzwerkorganisationen ist die schwindende Bedeutung von Hierarchien und als Alternative dazu steigende individuelle Freiräume und der Aufbau informeller funktionsübergreifender Beziehungsnetzwerke.[335] Formale hierarchische "Baum-Strukturen" werden durch sternförmige heterachische "Netz-Strukturen" ergänzt oder abgelöst. Für die Marketingimplementierung sind Netzwerkorganisationsformen insbesondere aufgrund ihrer horizontal, prozeßorientierten Ausrichtung von Bedeutung.[336]

In der Literatur wird allerdings die Ansicht vertreten, daß die Netzwerkorganisationsstruktur die bestehenden Organisationsstrukturen nicht vollständig ablösen, sondern sie durch Herausbildung einer sogenannten **"Dualen Organisationsstruktur"** lediglich ergänzen oder überlagern kann.[337] Im Rahmen der funktionsübergreifenden Marketingimplementierung ist in diesem Zusammenhang insbesondere die **Teamorganisa-**

---

[331] Vgl. z.B. Kotler, P., Marketing Management, a.a.O., S. 698.

[332] Vgl. Bednarczuk, P., Friedrich, J., Kundenorientierung ohne Marketing. Eine Lösung für Dienstleistungsunternehmen, in: Absatzwirtschaft, Nr. 9, 1992, S. 92.

[333] Vgl. Ruekert, R.W., Walker, O.C., Roering, K.J., The Organization of Marketing Activities: A Contingency Theory of Structure and Performance, in: Journal of Marketing, Winter 1985, S. 23 f.

[334] Vgl. zur Diskussion der Marketing-Netzwerkorganisation Webster, F.E., The Changing Role of Marketing in the Corporation, in: Journal of Marketing, October 1992, S. 8 ff.

[335] Vgl. Snow, C.C., Miles, R.E., Coleman, H.J., Managing 21st Century Network Organizations, in: Organizational Dynamics, Winter 1992, S. 17 f.

[336] Gomez, P., Zimmermann, T., a.a.O., S. 92 f.

[337] Vgl. Diller, H., Entwicklungstrends und Forschungsfelder der Marketingorganisation, a.a.O., S. 159; Bush, J.B., Frohman, A.L., Communication in a "Network" Organization, in: Organizational Dynamics, Autumn 1991, S. 28.

tionsform der überlappenden Gruppen von Likert diskutiert worden.[338] Die gesamte Organisation besitzt hierbei zwar weiterhin eine feste Organisationsstruktur, wird jedoch ergänzend als ein Team aus unterschiedlichen Gruppen verschiedener hierarchischer Ebenen interpretiert, die durch Bindeglieder (Linking Pins) miteinander verbunden sind. Aufgabenstellungen werden im Rahmen partizipativer Entscheidungsfindung bearbeitet, wobei die Entscheidungen oder Ergebnisse von einem Gruppenkoordinator (Linking Pin) in der hierarchisch nächsthöher positionierten Gruppe vertreten werden.[339]

Neuerdings wird unter dem Stichwort der "Cluster-Organisation" ein weitgehender Verzicht auf eine feste Organisationsstruktur im Rahmen der Marketingimplementierung diskutiert.[340] Die Cluster-Organisation wird als konsequente Weiterentwicklung des Modells von Likert bezeichnet.[341] Im Mittelpunkt dieser Organisationsform stehen Cluster (Gruppen) von 30-50 Mitarbeitern, die interfunktional zusammengesetzt und mit projektbezogen unterschiedlicher Führung Kundenproblemstellung weitgehend autonom bewältigen.[342] Ziel ist es, die Entscheidungsfindung soweit wie möglich am "point of action" zu belassen und den Informationsfluß möglichst offen zu gestalten.[343] Durch die Clusterbildung werden allerdings i.d.R. nicht alle früher der zentralen Marketingfunktionseinheit zugeordneten Aufgaben dezentralisiert. Nur Aktivitäten, die die kundenbezogene Reaktionsfähigkeit erhöhen, sollten ausgelagert werden, während aus Effizienzgründen die unternehmensbezogene strategische Planung, übergeordnete koordinative Aufgaben und spezialisierte Beratungsfähigkeiten weiterhin zentral vorgehalten werden sollten.[344]

Die Diskussion der Netzwerkorganisationsstrukturen verdeutlicht, daß organisatorische Aspekte des Marketings nur unter gesamtorganisationsbezogener Betrachtungsweise untersucht werden können, wobei insbesondere das Schnittstellenmanagement

---

[338] Vgl. z.B. die Ausführungen bei Benkenstein, M., F & E und Marketing, a.a.O., S. 196 ff.

[339] Vgl. im Überblick die Ausführungen bei Gomez, P., Zimmermann, T., a.a.O., S. 93 ff.

[340] Vgl. Friesen, G.B., Mills, D.Q, Marketing in der Organisation der Zukunft, in: Absatzwirtschaft, Nr. 6, 1993, S. 34 ff.

[341] Vgl. im Überblick die Ausführungen bei Gomez, P., Zimmermann, T., a.a.O., S. 104 ff.

[342] Nach der Definition von Mills ist ein Cluster "...a group of people drawn from different disciplines who work together on a semipermanent basis. The cluster itself handles many administrative functions, thereby divorcing itself from an extensive managerial hierarchy. A cluster develops its own expertise, expresses a strong customer or client orientation, pushes decision making toward the point of action, shares information broadly, and accepts accountability for its business results". Mills, D.Q., Rebirth of the corporation, New York 1991, S. 29 f.

[343] Vgl. Friesen, G.B., Mills, D.Q., Marketing in der Organisation der Zukunft, Teil 1, in: Absatzwirtschaft, Nr. 6, 1993, S. 38 f.

[344] Vgl. Vgl. Friesen, G.B., Mills, D.Q., Marketing in der Organisation der Zukunft, Teil 2, in: Absatzwirtschaft, Nr. 7, 1993, S. 45 f.

zwischen der Marketingfunktionseinheit und den anderen betrieblichen Fachfunktionen thematisiert werden muß.[345] Langfristig angelegte hierarchische Strukturen verlieren in einer dynamischen Umweld an Bedeutung und müssen durch kurzfristig flexibel gestaltbare Strukturen ergänzt oder sogar ersetzt werden.

2.2.3 Marketing-Kontroll-Systeme

Grundsätzlich umfassen die Marketing-Kontroll-Systeme die i.d.R. periodisch durchzuführenden Ergebniskontrollen (z.B. Umsatzkontrolle, Kontrolle der Deckungsbeiträge für eine Produktgruppe), die oftmals dem Begriff **Marketing-Controlling** subsumiert werden, sowie das eng mit der Marketing-Planung verbundene, nicht notwendigerweise periodisch durchzuführende, jedoch i.d.R. komplexere **Marketing-Audit**, das sich auf die Überwachung von Entscheidungen, Tätigkeiten und Prämissen bezieht, die zum überwiegenden Teil nur qualitativ beurteilt werden können.[346] Kern des Marketing-Audits ist die Prüfung der Kompatibilität von Marketingmaßnahmen mit sonstigen Maßnahmen und Zielen der Unternehmung.[347]

Unter Implementierungsgesichtspunkten ist es wichtig, neben den nur ex post zu erfassenden konkreten Zahlen der Ergebniskontrolle permanent (zeitparallel) Informationen über die Zweckmäßigkeit von Marketingmaßnahmen und -maßnahmenkombinationen sowie ablauf- und aufbauorganisatorischen Regelungen zu besitzen.[348] Objekte des Marketing-Audits sind die marktgerichteten Planungs-, Kontroll- und Informationssysteme, die verfolgten Strategien, der taktische Marketing-Mix-Einsatz sowie organisatorische Aspekte der Verankerung von Marketing-Zuständigkeiten im Unternehmen.[349] Ziel eines Marketing-Audits ist es, die i.d.R. im Rahmen von Marketing-Controlling-Aktivitäten identifizierten Soll-Ist-Abweichungen auf ihre tatsächlichen Ursachen zurückzuführen, d.h. die Schwachstellen zu erkennen und daraus Verbesserungsmöglichkeiten abzuleiten. In Abbildung 38 werden die wesentlichen Unterschiede des Marketing-Controlling und des Marketing-Audits gegenübergestellt.

---

[345] Vgl. Brockhoff, K., Schnittstellenmanagement. Abstimmungsprobleme zwischen Marketing und Forschung und Entwicklung, Stuttgart 1989, S. 5 ff.; Benkenstein, M., F & E und Marketing, a.a.O., S. 9 ff. Vgl. auch die Ausführungen im Abschnitt C. 2.1.3.

[346] Vgl. Nieschlag, R., Dichtl, E., Hörschgen, H., a.a.O., S. 914.

[347] Vgl. Böcker, F., Marketing-Kontrolle, Stuttgart 1988, S. 163.

[348] Vgl. Nieschlag, R., Dichtl, E., Hörschgen, H., a.a.O., S. 913.

[349] Vgl. zu den Aufgaben und Prüfungsgebieten des Marketing-Audits Köhler, R., Beiträge zum Marketing-Management, a.a.O., S. 397 ff. Vgl. auch Kotler, P., Marketing Management, a.a.O., S. 726 ff.

Marketing-Controlling	Marketing-Audit
Primärer Zweck	**Primärer Zweck**
• systematische Überprüfung von Schlüsseldaten (Indikatoren) zur Entdeckung von Problemen und Chancen	• vertiefte Überprüfung von Entscheidungssituationen durch Analyse verschiedenster Daten zur Entdeckung, insbesondere aber auch zur Diagnose und konkreten, lösungsorientierten Benennung von Problemen und Chancen
Erwartete Ergebnisse	**Erwartete Ergebnisse**
• Hinweise auf unbekannte, noch zu analysierende Chancen und Risiken	• diagnostizierte und benannte Probleme und Chancen, Hinweise auf Lösungsmöglichkeiten
Vorgehen	**Vorgehen**
• periodisch durchgeführt	• nicht notwendigerweise periodisch durchgeführt
• Auswertung ausgewählter, im voraus bestimmter Daten (Indikatoren)	• auszuwertende Daten nur zum Teil vorausbestimmt, zum Teil speziell beim Auditing erfaßt
• durch Soll-Ist- bzw. Normal-Ist-Vergleiche bzw. Kontrollvorgänge	• neben Soll-Ist-Vergleichen Quervergleiche aller Art, vertiefte Überprüfung von Situationen, Ursachensuche und Erklärung der gefundenen Abweichungen
• primär quantitativ-orientiert	• auch qualitativ-orientiert
• Ergebnisse weitgehend unabhängig vom spezifischen Marketing-Know-how des "Prüfers"	• Ergebnisse weitgehend abhängig vom spezifischen Marketing-Know-how des "Prüfers"
• in wesentlichen Bereichen "automatisiert"	• nicht automatisiert
• nur ex post möglich	• zeitparallele Überprüfung

Abb. 38: Gegenüberstellung von Marketing-Controlling und Marketing-Audit[350]

Aufgrund des Verständnisses von Marketing als funktionsübergreifende Unternehmensführungsphilosophie müssen Marketing-Audits prinzipiell funktionsgrenzenübergreifend angelegt sein.[351] Dabei muß davon ausgegangen werden, daß bei Einbeziehung weiterer Funktionseinheiten aufgrund der vielfältigen, schlecht formal in Zahlen abbildbaren komplexen Zusammenhänge eher nicht-meßbare Kontrollgrößen Verwendung finden müssen.[352] Nach Kotler sollte ein Marketing-Audit grundsätzlich umfas-

---

[350] Kühn, R., Fasnacht, R., Strategisches Audit im Marketing. Überlegungen zu den Aufgaben, zur Wirkungsweise und zum Vorgehen, in: Thexis, Nr. 5, 1992, S. 5.

[351] Vgl. Kotler, P., Gregor, W.T., Rogers III, W.H., The Marketing Audit Comes of Age, in: Sloan Management Review, Winter 1989, S. 61.

[352] Vgl. Jaworski, B.J., Toward a Theory of Marketing Control: Environment Context, Control Types, and Consequences, in: Journal of Marketing, July 1988, S. 29 f.

send, systematisch, nicht weisungsgebunden und regelmäßig durchgeführt werden.[353] Obwohl häufig auch unternehmensexterne Gegebenheiten, die unternehmensintern nicht beeinflußt werden können (z.B. Konjunktureinbruch), für Marketingschwachstellen verantwortlich sind, sollten durch ein Marketing-Audit insbesondere auch unternehmensinterne Schwachstellen identifiziert werden können. Zu diesen Schwachstellen gehört neben unzureichender konzeptioneller Gestaltung von Strategien und Maßnahmen auch die unangemessene Marketingimplementierung. In der Literatur wird sogar explizit gefordert, Marketing-Audits speziell auf unternehmensinterne Schwachstellen zu richten, da Marketingführungskräfte dazu tendieren, Erfolge auf interne Gründe (eigene Leistung) und Mißerfolge auf externe Faktoren zurückzuführen.[354]

Zur Steigerung der Effektivität und Effizienz der Marketing-Kontroll- und der Marketing-Planungs-Systeme müssen angemessene Marketing-Informationssysteme vorhanden sein.[355/356] Bei Marketing-Informationssystemen handelt es sich i.d.R. um Systeme, die unterstützend bei der Problemlösung spezieller Marketingfragestellungen eingesetzt werden. Als Beispiele können die Nachfrager- und Konkurrenzinformationssysteme, die Außendienststeuerung und die Werbeplanung genannt werden.[357] Die konkrete Konzipierung der Marketing-Informationssysteme muß implementierungsgerecht ausgelegt sein und deshalb ebenfalls den schon im Zusammenhang mit den Planungssystemen vorgestellten Kriterien genügen.[358]

---

[353] Vgl. hierzu und zu den möglichen Teilbereichen eines Marketing-Audits Kotler, P., Marketing Management, a.a.O., S. 725 ff.

[354] Vgl. Curren, M.T., Folkes, V.S., Steckel, J.H., Explanations for Successful and Unsuccessful Marketing Decisions: The Decision Maker's Perspective, in: Journal for Marketing, April 1992, S. 29.

[355] In der Literatur wird darauf verwiesen, daß Planungs- und Kontrollsysteme stets auch als Informationssysteme zu verstehen sind. Vgl. Schierenbeck, H., a.a.O., S. 128.

[356] Ein Marketing-Informations-System wird "...als eine planvoll entwickelte und geordnete Gesamtheit von organisatorischen Regelungen bezüglich der Träger informatorischer Aufgaben, der Informationswege zwischen ihnen, der Informationsrechte und -pflichten sowie der Methoden und Verfahren der Informationsbearbeitung in diesem Gefüge, mit dessen Hilfe der Informationsbedarf des am Marketing-Prozeß beteiligten Management befriedigt werden soll..." definiert. Nieschlag, R., Dichtl, E., Hörschgen, H., a.a.O., S. 958.

[357] Vgl. zu den Systemen im einzelnen Heinzelbecker, K., Marketing-Informationssysteme, Stuttgart u.a. 1985, S. 99 ff.

[358] Vgl. zur Vorgehensweise bei der Einführung von Marketing-Informationssystemen auch Heinzelbecker, K., a.a.O., S. 139 ff.; Nieschlag, R., Dichtl, E., Hörschgen, H., a.a.O., S. 982 ff.

2.3 Die Interdependenzen der Betrachtungsebenen der Marketingimplementierung

Der Gesamtkomplex der Marketingimplementierung wurde bisher zum einen verhaltensorientiert durch vier Betrachtungsebenen des organisatorischen Verhaltens (Umwelt-Unternehmen; Gesamtunternehmen; Gruppe; Individuum) und zum anderen strukturorientiert anhand einzelner Managementsysteme (z.b. Organisationsstruktur, Planungssystem) analysiert. Das Schwergewicht der Analyse wurde dabei auf die drei innerbetrieblichen Ebenen unternehmerischen Handelns gelegt, wobei jeweils betrachtungsebenenbezogen zentrale Problembereiche der Marketingimplementierung (Unternehmenskultur, funktionsübergreifende Zusammenarbeit, Fähigkeit und Verhalten von Mitarbeitern) diskutiert wurden. Ferner wurden diesen Problembereichen die in der Literatur diskutierten Partialansätze zur Marketingimplementierung zugeordnet. Zusammenfassend sind, wie Abbildung 39 verdeutlicht, **drei (interdependente) innerbetriebliche Ebenen** organisatorischen Handelns zu unterscheiden, deren inter- und intraebenen Beziehungen durch eine Vielzahl **verschiedener Managementsysteme** (Betrachtungsebene: Managementsysteme) gesteuert, unterstützt und beeinflußt werden. Die vierte Betrachtungsebene des organisatorischen Verhaltens, die **Beziehung des Unternehmens zur Umwelt** (Marktstrategie), nimmt eine gewisse Sonderstellung ein, da sie - wie im folgenden erläutert werden soll - zentralen Einfluß auf die Beziehung zwischen den drei innerbetrieblichen verhaltensorientierten Betrachtungsebenen und den strukturorientierten Managementsystemen besitzt.

Wie Abbildung 39 zeigt, muß grundsätzlich von einer **Allinterdependenz der Betrachtungsebenen** der Marketingimplementierung ausgegangen werden. Beispielsweise bildet die Unternehmenskultur einen für alle Mitarbeiter handlungsleitenden Rahmen und beeinflußt somit das Gruppen- und das Individualverhalten. Andererseits wird die Unternehmenskultur durch Einzelpersonen, insbesondere durch sogenannte charismatische Führungspersönlichkeiten, und Gruppen von Mitarbeitern geprägt. Es ist ebenfalls anzunehmen, daß das Gruppenverhalten durch einzelne Personen beeinflußt werden kann und andererseits wiederum Gruppenerfahrungen das Individualverhalten prägen können.

Im Rahmen seiner Untersuchungen zur Marketingimplementierung diskutiert Bonoma den Zusammenhang zwischen personellen Ressourcen (Fähigkeiten und Verhalten der Mitarbeiter) und Managementsystemen bei alternativen Umweltkonstellationen. Umweltdeterminanten, die hier beeinflussend wirken, sind das Niveau der Markt- und Wettbewerbsveränderungen, der Technologieveränderung und der erforderlichen Komplexität der Marketingaufgaben. Diese drei Umweltdeterminanten drücken zusammen den Grad der **Markt- und Wettbewerbsdiskontinuitäten** aus (vgl. Abbildung 39).[359]

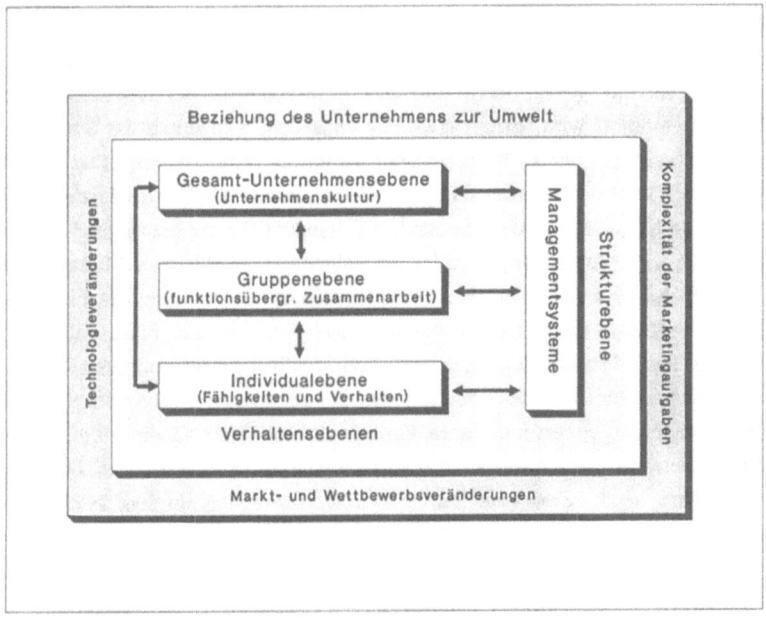

Abb. 39: Betrachtungsebenen der Marketingimplementierung
und ihre Beziehungen zueinander

Obwohl der Implementierungsgegenstand Marketing in seiner Bedeutung als situativ unabhängig von unternehmensexternen Gegebenheiten interpretiert werden muß, ist die Ausgestaltung der **Marketingimplementierung selbst nicht unabhängig von situativen Einflüssen.** Ausschlaggebend hierfür ist die den Managementsystemen immanente grundsätzliche Inflexibilität, während die durch das Verhalten der Mitarbeiter determinierten implementierungsrelevanten Zusammenhänge als generell flexibel gelten können.

In der Literatur wird die Beziehung zwischen der Ausgestaltung des Managementsystems (abhängige Variable) und dem Grad der Markt- und Umweltdiskontinuitäten (unabhängige Variable) seit langer Zeit intensiv diskutiert.[360] Grundlegend ist hierfür die **Diskussion zur Standardisierung** einzelner Arbeitsschritte oder ganzer Prozeß-

---

[359] Vgl. Bonoma, T.V., The Marketing Edge, a.a.O., S. 191 ff.

[360] Vgl. Staehle, W.H., Management, a.a.O., S. 433 ff.

abläufe.[361] Im Marketing findet diese Diskussion insbesondere im Zusammenhang mit der **Prozeß- und Programmstandardisierung** bei der internationalen Marktbearbeitung Berücksichtigung.[362]

Unter Effizienzgesichtspunkten gilt, daß grundsätzlich eine möglichst hohe Standardisierung von Arbeitsabläufen durch Managementsysteme anzustreben ist, der Umfang der Standardisierung jedoch durch zunehmende Inflexibilität bei zunehmender Standardisierung limitiert wird. Effizienzvorteile entstehen, weil durch die Standardisierung die Komplexität der zu bewältigenden Aufgaben reduziert wird. Das Entscheidungsvolumen sinkt und Führungskräfte werden entlastet. Weniger qualifizierte Mitarbeiter können eingesetzt werden, da durch die Standardisierung bewährtes Know-how bereitgestellt wird. Andererseits erfolgt im Rahmen standardisierter Managementsysteme möglicherweise keine ausreichend differenzierte Betrachtung des Einzelfalles. In diesem Fall liegt eine **Überstandardisierung** vor, die dazu führt, daß versucht wird, innovative Problemstellungen mit konservativen Denkstrukturen zu lösen. Grundsätzlich ist der Grad der erforderlichen Standardisierung nach dem von Ashby formulierten Prinzip der erforderlichen Varietät zu bestimmen. Demnach muß ein System zumindest eine der Umweltvarietät entsprechenden Varietät besitzen. D.h.: Ist die Umweltvarietät hoch, können zur Marketingimplementierung nur sehr beschränkt inflexible, standardisierte Managementsysteme eingesetzt werden. Während eine Überstandardisierung tendenziell schädlich ist, weil durch unangemessene oder verspätete Reaktion Kunden verlorengehen können, ist mit einer **Unterstandardisierung** lediglich die Gefahr verbunden, daß die Vorteile der Standardisierung (in erster Linie Effizienzvorteile) nicht ausreichend genutzt werden können.[363]

Es kann somit davon ausgegangen werden, daß zumindest die Gefahr besteht, daß sich die **Managementsysteme** und damit auch die Unternehmen **unter dynamischen Umweltbedingungen nicht schnell genug den sich verändernden Gegebenheiten anpassen können**. Dieser Gefahr kann nach Meinung der Literatur nur dann begegnet werden, wenn **qualifizierte Mitarbeiter** zur Verfügung stehen, die durch geeignete Maßnahmen, beispielsweise weil sie die inflexiblen Managementsysteme umgehen oder sie situationsadäquat anpassen, die erforderliche Flexibilität aufrechterhalten.[364]

---

[361] Vgl. hierzu die Diskussion zur Standardisierung von Programmen bei Kieser, A., Kubicek, H., a.a.O., S. 121 ff.

[362] Vgl. hierzu die sehr ausführliche Diskussion bei Kreutzer, R., Global Marketing - Konzeption eines länderübergreifenden Marketing, Wiesbaden 1989, S. 60 ff.

[363] Vgl. Kreutzer, R., a.a.O., S. 78 ff.

[364] Vgl. Bonoma, T.V., Crittenden, V.L., Managing Marketing Implementation, in: Sloan Management Review, Winter 1988, S. 11 f.; Davis, D., Morris, M., Allen, J., Perceives Environmental Turbulence and its Effect on Selected Entrepreneurship, Marketing, and Organizational Characteristics in Industrial Firms, in: Journal of the Academy of Marketing Science, Winter 1992, S. 49.

Bonoma kommt deshalb zu dem Schluß, daß "The key to building powerful structures and to reaping the benefits of routinization is having the 'insurance' provided by managers with strong implementation skills.".[365] Allerdings ist der Einsatz personeller Ressourcen i.d.R. mit sehr viel höheren Kosten verbunden als die Konzipierung und der Einsatz von Managementsystemen.[366]

Die Lösung des hieraus resultierenden Optimierungsproblems bereitet i.d.R. große Schwierigkeiten.[367] Jedes Unternehmen muß aus Effizienzgesichtspunkten generell daran interessiert sein, soviele Arbeitsabläufe wie möglich durch Managementsysteme zu standardisieren und die Zahl der unweigerlich auftretenden Interventionen so gering wie möglich zu halten.[368] Ziel ist es, den personellen "Organizational Slack" (überschüssige Ressourcen)[369] so gering wie möglich zu halten, da der Aufbau nicht erforderlicher personeller Flexibilitätspotentiale hohe Kosten verursachen würde.[370] Allerdings setzt sich das Unternehmen dadurch eher der Gefahr aus, eine Schutz- oder Pufferfunktion überschüssiger Ressourcen zu verlieren, da, wie Meffert betont, für die Aufrechterhaltung der Handlungsbereitschaft im Unternehmen insbesondere die Flexibilität der Mitarbeiter von Bedeutung ist.[371]

Muß damit gerechnet werden, daß die Unternehmensumwelt sich auch weiterhin schnell und unregelmäßig verändert, ist es erforderlich, geeignete Mitarbeiter zur Flexibilitätssicherung verfügbar zu haben. Anderenfalls besteht die Gefahr, daß Interventionspunkte zu spät erkannt werden oder die erforderlichen personellen Ressourcen nicht zur Verfügung stehen oder nur mit wesentlich höheren Kosten, z.B. durch den Einsatz externer Berater, kurzfristig beschafft werden können. Andererseits ermöglicht der effektive Einsatz der Managementsysteme, die i.d.R. knappen qualifizierten personellen Ressourcen für Tätigkeiten einzusetzen, die aufgrund ihrer Komplexität einer

---

[365] Bonoma, T.V., The Marketing Edge, a.a.O., S. 198.

[366] Die personellen Ressourcen umfassen dabei speziell die individuellen Fähigkeiten der für die Marketingimplementierung verantwortlichen Personen (Implementierungsebene: Individualverhalten) und Personengruppen (Implementierungsebene: Gruppenverhalten). Die Implementierungsebene Unternehmenskultur kann hier nur moderierende Wirkung entfalten, da eine Unternehmenskultur selbst relativ inflexibel ist, jedoch Flexibilität Bestandteil der Unternehmenskultur sein kann.

[367] Vgl. Bonoma, T.V., Clark, B.H., a.a.O., S. 69 f.

[368] Vgl. Bonoma, T.V., Clark, B.H., a.a.O., S. 104.

[369] Vgl. zum Begriff "Organizational Slack" Staehle, W.H., Management, a.a.O., S. 412.

[370] Meffert spricht in diesem Zusammenhang von der Identifikation eines für jedes Unternehmen bzw. jeden Geschäftsbereich "richtigen Flexibilitätsmix". Vgl. Meffert, H., Marketing-Flexibilität als Erfolgsfaktor der Unternehmung, in: Meffert, H., Hrsg., Strategische Unternehmensführung und Marketing, Wiesbaden 1988, S. 370 f.

[371] Vgl. Meffert, H., Marketing-Flexibilität als Erfolgsfaktor der Unternehmung, a.a.O., S. 367.

Standardisierung nicht zugänglich sind.[372] Der Umfang des Einsatzes von Managementsystemen und personeller Ressourcen in Abhängigkeit von der unternehmensexternen intervenierenden Variable Marktdynamik sowie die Auswirkung dieser alternativen Konstellationen auf den Flexibilitätsgrad und das Kostenniveau im Unternehmen werden in Abbildung 40 verdeutlicht.

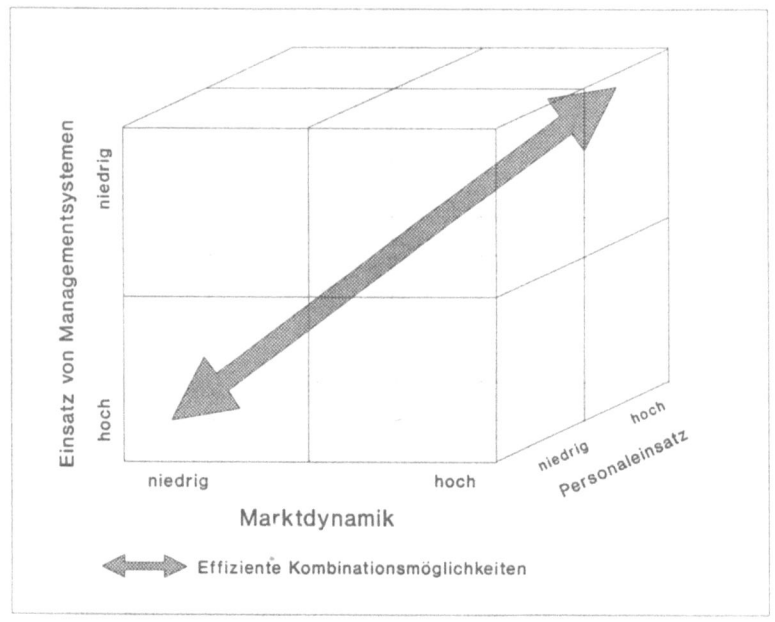

Abb. 40: Die Beziehung zwischen Managementsystemen
und personellen Ressourcen

Obwohl eine Austauschbeziehung zwischen personellen Ressourcen und Managementsystemen besteht, können beide nicht vollständig gegeneinander kompensiert werden. D.h.: Es wird immer erforderlich sein, einen Mindesteinsatz von Personen bzw. Managementsystemen vorzusehen. Grundsätzlich muß davon ausgegangen werden, daß sich die effizienten Kombinationsalternativen im Bereich des in Abbildung 40 eingefügten Pfeiles befinden.

Eine teilweise Entkopplung des in Abbildung 40 verdeutlichten Zusammenhangs kann dann gelingen, wenn im Unternehmen eine Grundhaltung geschaffen werden kann, die

---

[372] Vgl. Bonoma, T.V., Clark, B.H., a.a.O., S. 104.

auf permanente Anpassung bzw. Verbesserung ausgerichtet ist.[373] Wenn grundsätzlich davon ausgegangen wird, daß alle Strukturen, Instrumente und Verhaltensweisen nicht auf Dauer angelegt sind, sondern einem aktiv gesteuerten permanenten Wandel unterliegen, tritt möglicherweise das Problem der Inflexibilität von Managementsystemen nicht in der sonst üblichen Bedeutung auf. Letztlich kann so eventuell ein wesentlich verbessertes Verhältnis von standardisierenden Managementsystemen zum Einsatz personeller Implementierungsfähigkeiten erreicht werden. So können zum einen aufgrund des möglichen intensiveren Einsatzes von Managementsystemen mehr Mitarbeiter verschiedener Funktionseinheiten mit weniger Marketingkenntnissen Marketingaufgaben übernehmen, zum anderen können entweder Kosten für qualifiziertes Personal verringert oder personelle Ressourcen freigesetzt werden, um durch den Einsatz an anderer Stelle ertragssteigernde Marketingaktivitäten (z.B. intensivere Kundenbetreuung) zu entfalten.

3. Totalansätze zur Marketingimplementierung

Die bisher vorgestellten Partialansätze der verschiedenen Betrachtungsebenen der Implementierung berücksichtigen jeweils primär Partialaspekte der Marketingimplementierung. Gesamtzusammenhänge können daher nur unzureichend analysiert werden. Die Totalansätze versuchen, diese Lücke zu schließen, indem sie mehrere oder alle Betrachtungsebenen der Implementierung simultan und prinzipiell gleichberechtigt berücksichtigen. Nachfolgend werden zum einen **marketingbezogene Totalansätze** vorgestellt, die explizit und ausschließlich den Problembereich der Marketingimplementierung betrachten, und zum anderen werden die **Teilbereiche des Total Quality Management (TQM)** diskutiert, die im Rahmen des TQMs Problemlösungsbeiträge zur Marketingimplementierung zur Verfügung stellen.

---

[373] Vgl. Abschnitt D. 2.3.

3.1 Marketingbezogene Totalansätze

3.1.1 Der Totalansatz von Bonoma

3.1.1.1 Das Untersuchungsdesign

Die Untersuchung von Bonoma, die in vielen Veröffentlichungen als zentrale Quelle zur Implementierungsthematik diskutiert wird[374], war die erste umfassende, empirisch gestützte Analyse zur Problematik der Marketingimplementierung.[375/376] Die Erkenntnisse zur Marketingimplementierung wurden von Bonoma im Rahmen von Feldstudien gewonnen. Neben direkt betroffenen Führungskräften wurden auch Konkurrenten, Nachfrager sowie weitere unternehmensexterne Experten, z.B. Berater, befragt. Die gewonnenen Einzelinformationen wurden jeweils zu einer Fallstudie zusammengeführt.[377] Innerhalb von vier Jahren entstanden so 44 Fallstudien aus 30 Geschäftseinheiten von 25 Unternehmen verschiedener Branchen und Größen.[378]

Vor Beginn seiner Arbeiten hatte Bonoma nur sehr vage Vorstellungen über potentielle Einflußfaktoren auf die Marketingimplementierung. Der Grund hierfür waren die Anfang der achtziger Jahre nur sehr begrenzt vorhandenen Forschungserkenntnisse zur

---

[374] Vgl. dazu die Ausführungen im Abschnitt C. 1. Vgl. auch Meffert, H., Anforderungen an die Strategie-Implementierung, in: Meffert, H., Strategische Unternehmensführung und Marketing, Wiesbaden 1988, S. 142 f.

[375] Vgl. Bonoma, T.V., The Marketing Edge, a.a.O. Die Ergebnisse dieser Untersuchung sind in Teilen mehrfach bzw. in verschiedenen Sprachen veröffentlicht worden. Die deutsche Übersetzung ist unter dem Titel: Bonoma, T.V., Der Marketing-Vorsprung, Landsberg a.L. 1986, erschienen. Eine Kurzfassung dieser Veröffentlichung ist sowohl in der Harvard Business Review als auch im Harvard Manager erschienen. Vgl. Bonoma, T.V., Making your marketing strategy work, in: Harvard Business Review, March-April 1984; Bonoma, T.V., Wie man Marketingstrategien in die Praxis umsetzt, in: Harvard manager, Nr. 2, 1985.

[376] Das von Bonoma zugrundegelegte Marketingverständnis ist mit dem dieser Arbeit zugrundeliegenden Verständnis weitgehend identisch. Obwohl Bonoma häufig "nur" von der Implementierung von Marketingstrategien spricht, beschränken sich seine Ausführungen nicht auf Einzelaspekte, sondern berücksichtigen auch Aspekte zur Implementierung von Marketing als funktionsübergreifende Führungsphilosophie, z.B. Aspekte einer marktorientierten Unternehmenskultur oder die Abstimmung mit anderen Funktionsbereichen. Marketing ist für Bonoma durch zwei Merkmale gekennzeichnet: "The first is that marketing is the revenue-generating function of the corporation. Looked at this way, all the firm's other efforts are cost centers that are supported by how well marketing is done. The second distinguishing characteristic of marketing is that, in addition to all the usual cross-functional execution problems encountered within the firm by any management function, marketing's tentacles reach out to and are reached by parties external to the firm. Marketing...embodies the central business purpose of the enterprise." Bonoma, T.V., The Marketing Edge, a.a.O., S. 5 f.

[377] Bonoma nutzte einen qualitativen "anthropologisch" geprägten Forschungsansatz zur Erfassung der Implementierungsprobleme. Vgl. Bonoma, T.V., Crittenden, V.L., a.a.O., S. 9. Vgl. zur Kritik an der häufig in der Marketingforschung genutzten quantitativen Datenerhebung Bonoma, T.V., Case Research in Marketing: Opportunities, Problems, and a Process, in: Journal of Marketing Research, May, 1985, S. 202 ff.

[378] Vgl. Bonoma, T.V., Crittenden, V.L., a.a.O., S. 14.

Marketingimplementierung. Ein konzeptionelles Modell, das anschließend durch eine empirische Untersuchung hätte überprüft werden können, konnte deshalb nicht vorab entwickelt werden und entstand daher erst während und nach der Durchführung der empirischen Arbeiten.

Fähigkeiten (mitarbeiterbezogen) / **Struktur (unternehmensbezogen)**

	Interacting (Verhaltenssteuerung)	Allocating (Allokationsfähigkeit)	Monitoring (Beobachtung/Kontrolle)	Organizing (Organisatorisches Talent)
Actions (Aktionen)	Wie werden Mitarbeiter aus der Herstellung und der Forschungs- und Entwicklungsabteilung dazu motiviert, einem bestimmten Produkt mehr Zeit und Aufmerksamkeit zu widmen?	Wie sollte für einen Druckereibetrieb die Gebietszuteilung für die Vertreter vorgenommen werden?	Wie könnte das Bewertungs- und Vergütungssystem für den Außendienst in einem großen Chemiekonzern aussehen?	Wie sollte bei einem "Nachzügler" am Markt die Planung für die Neuprodukteinführung in einer durch extreme Markttreue gekennzeichneten Branche beschaffen sein?
Programs (Programme)	Wie können Verkauf und Marketing gemeinsam ein neues überregionales Kundenkontaktprogramm ausarbeiten?	Wie sollte eine Firma, die Flugzeuge herstellt, Kunden für Demonstrationsflüge auswählen?	Wie managt man die Integration der Werbeagentur in das Projektteam bei der Einführung einer neuen Röhre?	Wie sollte man den Außendienst neu organisieren, um zu erreichen, daß sich die Marketingausrichtung von "nicht-intelligenten" auf "intelligente" Computerterminals verlagert?
Systems (Systeme)	Wie soll die Partizipation von Verkauf und Marketing eines Arzneimittelkonzerns an einem Preisinformationssystem gestaltet werden?	Wie sollte eine regionale Bank ihre Anstrengungen auf die Filialeinrichtung, Schließfachinstallation und Computerservices verteilen, um ihren Marktanteil zu vergrößern?	Wie sollte ein Grobausrüster die Ausgaben für eine Ausstellung oder Messe überwachen?	Wie sollte man die Organisation des Kundendienstes einer Computerfirma gestalten, damit Probleme wegen der Hardware-/Software-Zuständigkeiten vermieden werden?
Policies (Richtlinien)	Wie sollte ein Stahlproduzent eine Rückkalkulation von beanstandeten Baumaterialien durchführen?	Wie sollte ein CAD-Hersteller finanzielle und personelle Ressourcen auf die wichtigen Kunden in den verschiedenen Ländern und Segmenten verteilen?	Wie sollte das Marketing-Audit eines großen Elektronmaklers aussehen?	Wie ließe sich das Marketingteam in einem Unternehmen, das sich auf neue Märkte ausrichtet, neu organisieren?

Abb. 41: Die Elemente des Implementierungsmodells von Bonoma[379]

---

[379] In Anlehnung an Bonoma, T.V., The Marketing Edge, a.a.O., S. 38.

Der von Bonoma entwickelte Implementierungsansatz basiert auf zwei zentralen Implementierungsdimensionen. Zum einen ist dies die **unternehmensbezogene** strukturelle Dimension und zum anderen die **mitarbeiterbezogene** Dimension, die auf die für die Marketingimplementierung erforderlichen Fähigkeiten der Mitarbeiter abstellt. Beide Dimensionen werden von Bonoma wiederum in vier Teildimensionen unterteilt. Aus diesen insgesamt acht Dimensionen kann eine Matrix, wie Abbildung 41 beispielhaft zeigt, erstellt werden, in deren Zellen die meisten von Bonoma identifizierten Marketingimplementierungsprobleme eingeordnet werden können. Dabei kann allerdings selten ein Implementierungsproblem nur durch eine Zelle, d.h. durch eine Struktur/Fähigkeiten-Kombination, umfassend beschrieben werden.[380]

Nachfolgend sollen die von Bonoma identifizierten implementierungsrelevanten Aspekte der in Abbildung 41 zusammengefaßten Teildimensionen detaillierter erläutert werden. Die inhaltlichen Ausführungen Bonomas zu den einzelnen Dimensionen basieren zum großen Teil auf Beispielen aus den erhobenen Fallstudien und nicht auf einer eindeutig abgegrenzten Begriffwelt. Trotzdem soll versucht werden, den Inhalt der Dimensionen relativ trennscharf zu verdeutlichen.

3.1.1.2 Unternehmensbezogene Struktur-Dimensionen

Bei **Aktionen (actions)**[381] handelt es sich um die grundlegenden Marketingprobleme der Ausführungsebene, d.h. um Probleme im Zusammenhang mit dem Marketing-Mix.[382] Drei zentrale Implementierungsprobleme werden von Bonoma auf der Aktionsebene genannt. Es zeigte sich, daß viele Entscheidungen und Erkenntnisse im Zusammenhang mit der Ausgestaltung der Marketing-Mix-Elemente auf **Vermutungen (Management by assumption)** basieren.[383] Häufig treten zusätzlich **strukturelle Widersprüche (Structural contradiction)** auf, d.h. zunächst wird ein bestimmtes Vorgehen gewählt, und kurze Zeit später wird etwas Entgegengesetztes unternom-

---

[380] Vgl. Bonoma, T.V., The Marketing Edge, a.a.O., S. 37; vgl. auch Quelch, J.A., Implementation, in: Shapiro, B.P., Dolan, R.J., Quelch, J.A., Hrsg., Marketing Management. Strategy, Planning, and Implementation, Vol. II, Homewood/Ill. 1985, S. 64 f.

[381] Vgl. Bonoma, T.V., The Marketing Edge, a.a.O., S. 40 ff.

[382] Marketing-Aktionen stellten in 20 Prozent der untersuchten Fälle gravierende Implementierungshindernisse dar. Problemschwerpunkte ergaben sich in erster Linie im Vertriebsmanagement, der Preispolitik und dem Distributionssystem. Vgl. Bonoma, T.V., Crittenden, V.L., a.a.O., S. 10.

[383] "...management by assumption, occurs when management assumes that someone somewhere in the corporation will do the low-level homework..." Bonoma, T.V., The Marketing Edge, a.a.O., S. 42.

men.[384] Die Folge ist eine weit verbreitete Unsicherheit unter den Mitarbeitern. Zusätzlich werden häufig die vorhandenen Ressourcen gleichmäßig auf alle Aktionselemente verteilt. Schwerpunkte werden nicht gesetzt. Die Folge ist eine **globale Mittelmäßigkeit (Global mediocrity)** in bezug auf alle Marketing-Mix-Elemente. Ein eindeutiger Wettbewerbsvorteil (KKV) kann so nicht realisiert werden. Bonoma bemerkt dazu: "Those who try to be good at everything are often very good at nothing, and the resulting combination of marketing subfunctions provides the firm with no distinctive competence on which to build its programs and distinguish itself from competition."[385]

Unter **Programmen (programs)**[386] versteht Bonoma die Zusammenfassung aller Marketing- und Nicht-Marketingaktivitäten zur synergetischen Bearbeitung einzelner Marktsegmente oder Produkte bzw. Produktgruppen; d.h. im Kern subsumiert Bonoma, obwohl er dies nicht explizit erwähnt, die funktionsübergreifende Zusammenarbeit dieser Implementierungsdimension.[387]

Das Management von Marketing-Programmen umfaßt den taktischen Bereich des Marketings und stellt somit das Bindeglied zwischen operativen Aktionen (Maßnahmen) und übergeordneten strategischen Vorgaben dar. Nach Kotler bestimmt die taktisch-operative Planung, **wie** vorzugehen ist.[388] Die Taktik kann nach Becker als funktionsübergreifender koordinierter Einsatz der verschiedenen Marketing-Mix-Instrumente im Rahmen eines Spielraums, den die strategischen Vorgaben geben, betrachtet werden, um ein strategisches Ziel zu erreichen.[389] Die Abgrenzung von Strategien und Programmen erscheint nicht ganz eindeutig. Dibb u.a. bezeichnen z.B. das Set von Marketing-Strategien als Marketing-Programm, das nicht nur geplant, sondern konkret im Unternehmen implementiert worden ist.[390] Es kann somit gefolgert werden, daß der Begriff Programm den konzeptionellen Schwerpunkt des Strategiebegriffes um eine konkrete, handelnde Komponente ergänzt. Als Beispiele für konkrete Programme werden von Bonoma das Produktmanagement oder das Großkundenmanagement genannt.

---

384 "..management sets up its low-level marketing structures to support one kind of endeavor, then requires them to support one another, often a diametrically opposed one." Bonoma, T.V., The Marketing Edge, a.a.O., S. 43.

385 Bonoma, T.V., The Marketing Edge, a.a.O., S. 43.

386 Vgl. Bonoma, T.V., The Marketing Edge, a.a.O., S. 60 ff.

387 Bonoma und Kosnik bezeichnen Programme als "combinations of marketing actions to serve a brand or segment". Bonoma, T.V., Kosnik, T. J., a.a.O., S. 704. Vgl. ähnlich auch: Kotler, P., Marketing Management, a.a.O., S. 68; Bonoma, T.V., Clark, B.H., a.a.O., S. 60.

388 Vgl. Kotler, P., Marketing Management, a.a.O., S. 47.

389 Vgl. Becker, J., Marketing Konzeptionen, a.a.O., S. 552.

390 Vgl. Dibb, S. u.a., a.a.O., S. 551.

Als zentrales Problem im Zusammenhang mit Marketingprogrammen konnte von Bonoma die vielfach nur **scheinbare Stimmigkeit** einzelner Marketingprogramme identifiziert werden.[391] Viele Marketingprogramme mußten aufgrund von Inkonsistenzen ihrer Teileelemente häufig verändert werden. Da die Ursachen oft nicht beseitigt wurden, entstand ein Kreislauf, in dem Marketingprogramme permanent neuformuliert, revidiert und dann implementiert werden mußten. Diese Marketingprogramme bekamen damit das Image einer leeren Hülle (flashiness) und der Kurzlebigkeit (trendiness), so daß das Engagement zur Implementierung dieser Programme bei den betroffenen Mitarbeitern relativ gering war.[392] Zwei Gründe werden für diese Entwicklung verantwortlich gemacht. Ankündigungen gegenüber Kunden konnten aufgrund ihrer Unstimmigkeit mit der betrieblichen Strategie oder den vorhandenen Fähigkeiten bzw. Erfahrungen (Ressourcen) nicht eingehalten werden (**Empty promises marketing**).[393] Neben dem Problem der "leeren Versprechungen" beeinflußt das "**diffuse Marketing**" die Umsetzung der Marketingprogramme. Diffuses Marketing liegt immer dann vor, wenn keine klaren Vorgaben durch das Management gegeben werden und sich somit bei den betroffenen Mitarbeitern kein "Commitment" und damit keine Handlungsorientierung in bezug auf ein Programm herausbilden kann.[394] Ein Programm ist daher oftmals nicht erfolgreich, obwohl dies aufgrund der vorhandenen materiellen und personellen Ressourcen prinzipiell möglich gewesen wäre. Eine Möglichkeit, den Erfolg von Marketingprogrammen zu steigern, besteht nach Bonoma darin, sich auf relativ wenige Programme zu beschränken, die gemeinsam getragen werden und die den vorhandenen oder zu schaffenden Ressourcen entsprechen.

Marketingsysteme (systems)[395] sind auf Dauer angelegte standardisierte oder teilstandardisierte Regelungen und Verfahren, die hauptsächlich routinisierte Marketing-Aufgabenstellungen erleichtern, indem sie Informationen zur Verfügung stellen sowie Kontrollen ermöglichen bzw. erleichtern. Marketingsysteme lassen sich zum einen in unternehmensintern und unternehmensextern ausgerichtete Systeme und zum anderen in Systeme unterteilen, die schwerpunktmäßig Kontrollen ermöglichen oder Informationen zur Verfügung stellen.[396] Die von Bonoma dem Begriff "Systeme" sub-

---

[391] 30 Prozent der untersuchten Unternehmen hatten Probleme mit den Marketing-Programmen. Vgl. Bonoma, T.V., Crittenden, V.L., a.a.O., S. 10.

[392] Vgl. Bonoma, T.V., The Marketing Edge, a.a.O., S. 64.

[393] "Empty promises marketing...occurs when management creates programs it does not have the subfunctional capability to execute." Bonoma, T.V., The Marketing Edge, a.a.O., S. 66.

[394] "...bunny marketing programs are created intentionally or unintentionally as a cover or self-deception for the absence of strong and shared marketing implementation policies, like clear marketing theme or strong leadership." Bonoma, T.V., The Marketing Edge, a.a.O., S. 68.

[395] Vgl. Bonoma, T.V., The Marketing Edge, a.a.O., S. 75 ff.

[396] Vgl. Bonoma, T.V., The Marketing Edge, a.a.O., S. 78 f.

sumierten Teilsysteme sind im Rahmen der Partialansätze zur Implementierung den Managementsystemen zugeordnet worden.

Wie Abbildung 42 verdeutlicht, besitzen die einzelnen Managementsysteme für die Marketingimplementierung unterschiedlich große Bedeutung. Besonders großen Einfluß besitzt die Organisationsstruktur,[397] da sie gleichzeitig die Ressourcenallokation mitdeterminiert und die Informationsverteilung (Berichtswesen) steuert.[398] Geringere und begrenztere Implementierungsrelevanz besitzen demgegenüber Systeme, die für ganz spezielle Aufgabenstellungen eingesetzt werden, z.B. Fakturierungssysteme.

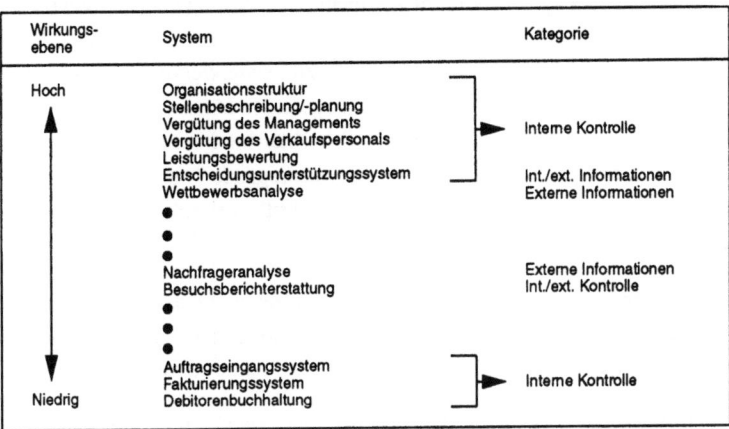

Abb. 42: Beispiele für (Management-) Systeme und ihre Bedeutung
für die Marketingimplementierung[399]

Marketing-Systeme können den verschiedensten organisatorischen Einheiten zugeordnet werden. Daten über den finanziellen Status einzelner Kunden werden z.B. i.d.R. in der Finanzierungsabteilung gesammelt. Stellenbeschreibungspläne der Personalabteilung dienen als Grundlage für die Auswahl von Mitarbeitern. Vergütungssysteme sowie damit zusammenhängende Leistungsbewertungssysteme, die ebenfalls häufig im Personalbereich konzipiert werden, können auch die Qualität der Marketingarbeit beeinflussen.

Alle aufgeführten Systeme beeinflussen die Marketingimplementierung aufgrund ihrer Fähigkeit, **Handlungsabläufe zu strukturieren**, und sollen arbeitserleichternd wir-

[397] Bonoma veranschaulicht das Problem der Organisationsstruktur wie folgt: "Indeed, many managers suspect the organization in their firm was set up diabolically late one night by some mad manager to *keep* them from doing their jobs." Bonoma, T.V., The Marketing Edge, a.a.O., S. 80.

[398] Vgl. Bonoma, T.V., The Marketing Edge, a.a.O., S. 81.

[399] In Anlehnung an Bonoma, T.V., The Marketing Edge, a.a.O., S. 79.

ken. Voraussetzung ist allerdings, daß die Systeme einem geringen Veränderungsdruck ausgesetzt sind. Das ist jedoch nur in einer stabilen Umwelt der Fall. In einer turbulenten Umwelt können starre Systeme ihre arbeitserleichternde Wirkung verlieren und sogar hemmend wirken und zu **Inflexibilität sowie bürokratischem Verhalten** führen. Bonoma bezeichnet dies als Problem der Ritualisierung.[400]

Des weiteren sind viele Marketingsysteme nach den Erfahrungen von Bonoma **anfällig gegenüber Manipulationen.** Zurückgeführt wird dies auf die falsche Annahme vieler Manager, daß numerische Daten wissenschaftlich fundierter und deshalb weitaus realitätsnäher und glaubwürdiger als qualitative Aussagen sind, obwohl die zugrundeliegenden mathematischen Algorithmen quantitativer Auswertungen häufig nur "Eingeweihten" verständlich sind und ebenfalls zu manipulierten oder falschen Ergebnissen führen können.[401] Die resultierenden Ergebnisse können vom Nutzer aufgrund dieser Wissensdefizite lediglich vermeintlich leichter interpretiert werden als qualitative Daten, da hier offenbar mehr auf die zugrundeliegende Prämissenkonstellation geachtet wird, d.h. qualitative Daten werden häufig kritischer hinterfragt als quantitative Daten.

Vorhandene Marketingsysteme liefern zudem häufig nicht die benötigten Informationen. Überraschend viele Unternehmen, die von Bonoma untersucht wurden, waren z.B. nicht in der Lage, Segment- oder Produktrentabilitäten auszuweisen.[402]

Die von Bonoma als "Marketing Policy Guidelines" bezeichneten **Grundsatzbestimmungen und Richtlinien (policies)**[403] bilden das umhüllende Gerüst, innerhalb dessen Marketing realisiert wird. Diese Dimension der Marketingimplementierung "...are the broad rules of conduct that affect marketing practices."[404] Die "Marketing policy guidelines" besitzen wie viele der Marketingsysteme auch eine übergeordnete Funktion, wirken jedoch im Gegensatz zu den Systemen nicht strukturierend, sondern **verhaltenssteuernd.** Bonoma bezeichnet alle Äußerungen und Verhaltensweisen des Top-Managements, welche die Marketingpraxis im Unternehmen beeinflussen, als Marketingrichtlinien.[405] Die Marketing- bzw. Unternehmensrichtlinien, die vom Top-

---

[400] Vgl. Bonoma, T.V., The Marketing Edge, a.a.O., S. 85.

[401] Vgl. Bonoma, T.V., The Marketing Edge, a.a.O., S. 88

[402] Vgl. Bonoma, T.V., The Marketing Edge, a.a.O., S. 90 f. In nahezu der Hälfte aller untersuchten Fälle waren ungeeignete Marketing-Systeme vorhanden. Vorwiegend die zur Unterstützung, Erleichterung und Beschleunigung der Marketingarbeit notwendigen Informationssysteme waren in 39 von den 44 Fällen ungeeignet. Als Konsequenz wurden viele Entscheidungen in einem "information vacuum" getroffen. Vgl. Bonoma, T.V., Crittenden, V.L., a.a.O., S. 10.

[403] Vgl. Bonoma, T.V., The Marketing Edge, a.a.O., S. 96 ff.

[404] Bonoma, T.V., The Marketing Edge, a.a.O., S. 99.

[405] Vgl. Bonoma, T.V., The Marketing Edge, a.a.O., S. 97.

Management aufgestellt werden, sind in der **Unternehmensphilosophie (Marketingtheme)** zusammengefaßt, die gleichzeitig als Soll-Unternehmenskultur fungiert. Die im Unternehmen gelebte Unternehmensphilosophie beschreibt dann die **Ist-Unternehmenskultur (Marketing culture)**. Bonoma faßt diese beiden Größen zu den sogenannten **"Identitätsrichtlinien"** zusammen, die den Mitgliedern des Unternehmens verdeutlichen, als was sich das Unternehmen versteht und welchen Stellenwert Marketing im Unternehmen besitzt.

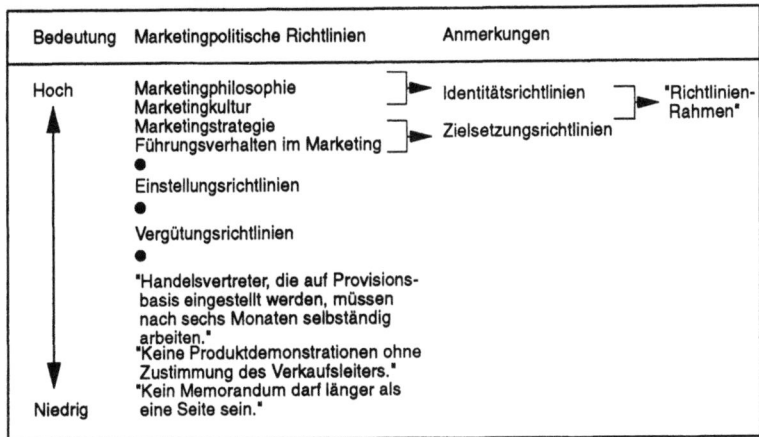

Abb. 43: Beispiele für Grundsatzbestimmungen und Richtlinien (Policies) und ihre Bedeutung für die Marketingimplementierung[406]

Demgegenüber zeigen die **"Zielsetzungsrichtlinien"** den Mitgliedern durch die Marketingstrategien und die Marketingführung auf, wie anvisierte Ziele zu erreichen sind. Für Bonoma besitzen diese beiden Dimensionen zentrale Bedeutung im Rahmen der Marketingimplementierung.[407] Diese herausragende Bedeutung zeigt sich auch darin, daß das Mittel-Management nur dann erfolgreiche Implementierungsarbeit leisten kann, wenn es deutliche Vorgaben durch das Top-Management erhält.[408] In Abbildung 43 sind die verschiedenen marketingpolitischen Richtlinien im Überblick dargestellt.

---

[406] In Anlehnung an Bonoma, T.V., The Marketing Edge, a.a.O., S. 100.

[407] "These two simple-sounding policy sets, those saying what the firm is and those saying what it does, from the most critical of the policies that management needs to implement well in getting the marketing job done." Bonoma, T.V., The Marketing Edge, a.a.O., S. 100 f.

[408] In ca. der Hälfte aller von Bonoma untersuchten Fälle konnten Probleme mit den Marketing-Grundrichtlinien festgestellt werden, die in erster Linie auf einer unklaren Unternehmensphilosophie beruhten, wodurch sich eine nur unscharfe Unternehmenskultur herausbilden konnte, sowie in der fehlenden, zu schwachen oder unklaren Unterstützung des Top-Managements. Vgl. Bonoma, T.V., Crittenden, V.L., a.a.O., S. 10.

3.1.1.3 Mitarbeiterbezogene Fähigkeits-Dimensionen

Da die **vier Strukturdimensionen** Aktionen, Programme, Systeme und Richtlinien häufig aus verschiedenen Gründen den jeweiligen situativen Umweltkonstellationen nicht optimal angepaßt sind, besitzen neben diesen vier strukturellen Dimensionen nach den Beobachtungen von Bonoma auch individuelle Qualifikationen der mit Marketingaufgaben betrauten Mitarbeiter einen bedeutenden Einfluß auf die Implementierung von Marketing (vgl. Abbildung 44). Dies gilt vorwiegend deshalb, weil i.d.R. durch individuelle Fähigkeiten der Marketingmitarbeiter determiniert wird, inwieweit sich Mängel auswirken.[409]

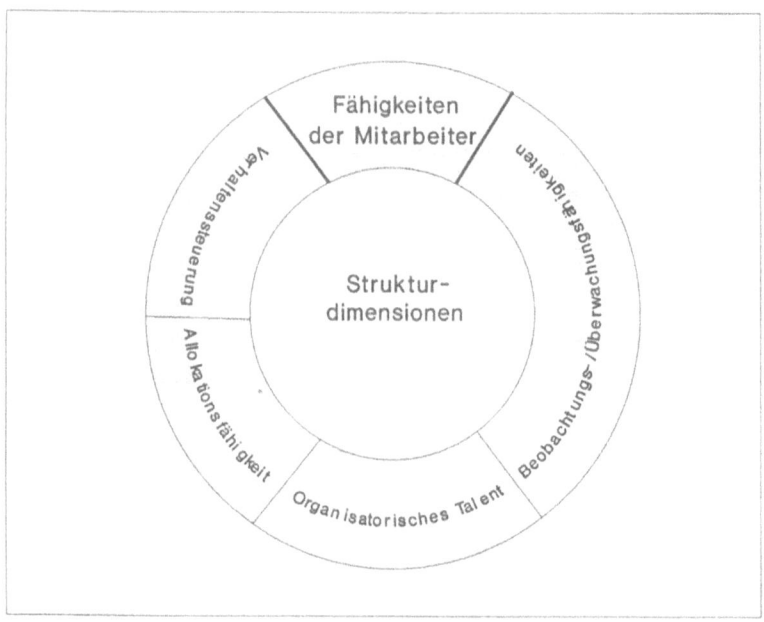

Abb. 44: Die erforderlichen Fähigkeiten von Führungskräften im Marketing

Diese **vier Kern-Implementierungsfähigkeiten** (Organisatorisches Talent, Verhaltenssteuerung, Allokationsfähigkeit, Beobachtungs-/Überwachungsfähigkeiten), die nach den Beobachtungen von Bonoma in den meisten Fällen in bezug auf einzelne

---

[409] Bonoma stellt die Beziehung zwischen den strukturellen und mitarbeiterbezogenen Implementierungsfaktoren wie folgt dar: "If marketing structure is the "motorcycle" of getting somewhere, then the managers'personal execution skills are the "mechanic" of execution efficacy." Bonoma, T.V., The Marketing Edge, a.a.O., S. 120. Vgl. auch Bonoma, T.V., Marketing subversives, in: Harvard Business Review, November-December, 1986, S. 113 f.

Personen **zusammen** entweder vorhanden oder nicht vorhanden sind, werden in seiner ersten Veröffentlichung des Implementierungsmodells um zwei weitere Faktoren ergänzt; zum einen um die fachliche sowie soziale Vergangenheit des Mitarbeiters und zum anderen um die Führungsfähigkeit des Mitarbeiters.[410] Der Führungsaspekt wird allerdings von Bonoma nicht detailliert behandelt und in späteren Veröffentlichungen seines Implementierungsmodells dem Aspekt "Management Principles" zugeordnet.[411] Zudem wird der Aspekt "Marketing leadership" von Bonoma auch unter der Implementierungsdimension "Marketingrichtlinien" behandelt.

Der von Bonoma vermutete Zusammenhang zwischen dem fachlichen und sozialen "Background" eines Managers und der Fähigkeit, effektive Implementierungsarbeit zu leisten, konnte in ergänzenden Untersuchungen nicht bestätigt werden.[412] Allerdings zeigte sich, daß ältere Mitarbeiter mit langjähriger beruflicher Erfahrung tendenziell bessere Implementierungsfähigkeiten besaßen. Bonoma vermutet deshalb, daß Implementierungsfähigkeiten zumindest z.t. erlernbar sind und nicht nur durch den persönlichen Background (z.B. Erziehung, Ausbildung, Soziales Umfeld) einer Person vorgegeben sind.[413]

Verhaltenssteuerung (Interacting).[414] Das Geschick, menschliches Verhalten im eigenen Verantwortungsbereich zu steuern, umfaßt sowohl die intrapersonelle Steuerung (Selbstkontrolle) als auch die interpersonelle Steuerung. Diese zwei Steuerungsebenen müssen sowohl in bezug auf unternehmensinterne (Mitarbeiter) als auch auf unternehmensexterne (Kunden, Konkurrenten usw.) Personen bzw. Gruppen wirken. Insbesondere bei Verhandlungen, Konfliktlösungen und bei Überzeugungsarbeit ist Interaktionsfähigkeit erforderlich. In vielen Fällen müssen diese Aufgaben ohne entsprechende formale Macht erledigt werden.[415]

---

[410] Vgl. Bonoma, T.V., The Marketing Edge, a.a.O., S. 117.

[411] Vgl. Bonoma, T.V., Kosnik, T.J., a.a.O., S. 705.

[412] Aus vielen Untersuchungen ist bekannt, daß Menschen persönlichkeitsbedingt unterschiedliches Verhalten zeigen. Im betriebswirtschaftlichen Bereich wird z.B. schon seit langer Zeit das unterschiedliche Verhalten von Mitarbeitern in Stabsabteilungen und Linienfunktionen thematisiert. Die Psychologie bestätigt durch viele Untersuchungen, daß es markante, individuelle Unterschiede im kognitiven Stil von Personen gibt. Die gefundenen Klassifizierungen scheinen auch für die Klassifizierung Mitarbeiter in der Linie (Ausführender) bzw. Stab (Planer, Stratege) Gültigkeit zu besitzen. Bonoma vermutete, daß die Tätigkeit in Stabs- und Linienfunktionen einen bedeutenden Einfluß auf die Implementierungsfähigkeit haben könnte, konnte dies allerdings nicht eindeutig bestätigen. Das unterschiedliche Verhalten dieser Personengruppen ist in einer Vielzahl von Untersuchungen thematisiert worden. Vgl. z.B. auch Staehle, W.H., a.a.O., S. 662 ff.

[413] Vgl. Bonoma, T.V., The Marketing Edge, a.a.O., S. 172 ff.

[414] Vgl. Bonoma, T.V., The Marketing Edge, a.a.O., S. 125 ff.

[415] Vgl. Bonoma, T.V., Crittenden, V.L., a.a.O., S. 8.

Allokationsfähigkeit (Allocating).[416] Die Aufgabe eines Marketingmanagers besteht darin, die eigene Zeit, die Zeit der Mitarbeiter und die verfügbaren finanziellen Mittel sinnvoll einzuteilen und zu verteilen. Es geht dabei nicht darum, die vorhandenen Ressourcen gleichmäßig auf alle Subfunktionen und Programme zu verteilen. Ziel ist es, durch den sinnvollen Einsatz der Ressourcen den Aufgabenstellungen trotz eventuell auftretender Widerstände gerecht zu werden.[417]

Beobachtungs-/Überwachungs-/Kontrollfähigkeiten (Monitoring).[418] Unter dem Begriff "Beobachtungsfähigkeit" versteht Bonoma das Wissen um Beziehungen und Ereignisse, die für das Marketing besondere Bedeutung besitzen. Beobachtungsfähigkeiten der Manager sind erforderlich, weil die vorhandenen, unterstützenden Systeme häufig nicht die erforderlichen Informationen liefern können. Mitarbeiterführung durch persönliche Präsenz und durch genaues Zuhören sind notwendig.[419]

Organisatorisches Talent (Organizing).[420] Personen, die besonders ausgeprägte Fähigkeiten zur Umsetzung besitzen, sind in der Lage, im gesamten Unternehmen und auch außerhalb des Unternehmens (z.b. mit Zulieferern, Kunden, Beratern, Politikern) Netzwerke zu knüpfen (Good implementers "know somebody").[421] Diese Netzwerke sind erforderlich, um innerhalb starrer Organisationsstrukturen mit abgegrenzten Aufgabengebieten und Partialinteressen ein Problem in angemessener Zeit lösen zu können. Personen-Netzwerke werden i.d.R. nur für kurze Zeit geschaffen. Sie sollten immer den spezifischen Bedürfnissen angepaßt werden.

In Abbildung 45 sind zusammenfassend die von Bonoma als zentral erachteten Ausprägungen der vier Kernfähigkeiten im Überblick dargestellt.

---

[416] Vgl. Bonoma, T.V., The Marketing Edge, a.a.O., S. 135 ff.

[417] Vgl. Bonoma, T.V., Making Your Marketing Strategy Work, in: Shapiro, B.P., Dolan, R.J., Quelch, J.A., Hrsg., Marketing Management Readings. From Theory to Practice, Vol. III, Homewood/Ill. 1985, S. 296; Bonoma, T.V., Marketing subversives, a.a.O., S. 116.

[418] Vgl. Bonoma, T.V., The Marketing Edge, a.a.O., S. 145 ff.

[419] Vgl. Peters. T., Kreatives Chaos. Die neue Management Praxis, Hamburg 1988, S. 342 ff.

[420] Vgl. Bonoma, T.V., The Marketing Edge, a.a.O., S. 158 ff.

[421] Vgl. Bonoma, T.V., Making Your Marketing Strategy Work, in: Shapiro, B.P., Dolan, R.J., Quelch, J.A., Hrsg., a.a.O., S. 297.

Verhaltenssteuerung (Interacting)
Die Fähigkeit, das eigene Verhalten und das Verhalten anderer zu steuern

- Überzeugungskraft
- Kontaktfreude
- Einfühlungsvermögen
- Cleverness
- Engagement/Initiative
- Selbstvertrauen
- Beobachtung der Steuerungsobjekte

Allokationsfähigkeit (Allocating)
Die Fähigkeit, zeitliche, personelle und finanzielle Ressourcen
auf anfallende Aufgaben zu verteilen

Beobachtungs-, Überwachungs- und Kontrollfähigkeiten (Monitoring)
Die Fähigkeit, formale Systeme adäquat zu nutzen

- Wesentliche Dinge erkennen (Verallgemeinerungs-, Theoriebildungsfähigkeit)
- Eindeutige und verständliche Informationsanalyse (Informationsverdichtung, Detailarbeit, Experimentierfreude)
- Nutzen von Informationsquellen (Interesse am Umgang mit Menschen, Präsenz im Unternehmen und bei den Kunden, Fähigkeit, zuzuhören)

Organisatorisches Talent (Organizing)
Die Fähigkeit, leistungsfähige aufbau- und ablauforganisatorische
Regelungen zu treffen

- Bildung informeller Gruppen
- Kreativität bei der Bildung von temporären organisatorischen Lösungen
- Kommunikationsfähigkeit
- Flexibilität
- Initiative
- Kooperationsbereitschaft

Abb. 45: Die vier Kernfähigkeiten (skills) der Marketingimplementierung und ihre Ausprägungen

3.1.1.4 Der Totalansatz von Bonoma im Überblick

Die von Bonoma identifizierten zwei zentralen Implementierungsdimensionen, die unternehmensbezogenen Struktur- und Systemelemente sowie die mitarbeiterbezogenen Fähigkeitsdimensionen, stehen nicht isoliert nebeneinander, sondern wirken vernetzt auf den Implementierungserfolg. Im folgenden soll deshalb versucht werden, diese Zusammenhänge darzustellen und zu erläutern (vgl. Abbildung 46).

Der vernetzte Charakter aller Teilaspekte des Implementierungsmodells von Bonoma wird in Abbildung 46 durch die Darstellung der Teilaspekte in konzentrischen Ringen gezeigt, die einen gemeinsamen Kern umschließen, der das Ziel der Marketingimplementierung, die Erzielung von Komparativen Konkurrenzvorteilen (KKVs), verdeutlicht. Der Abstand der vier inneren Ringe (die Strukturdimensionen) vom Kern soll den **nach außen tendenziell steigenden Abstraktionsgrad der entsprechenden Teildimensionen** andeuten. Während die "Aktionen" die Handlungen aller Mitarbeiter auf ausführender Ebene umfassen und somit als konkrete Umsetzung von Wettbewerbsvorteilen (KKVs) gegenüber Kunden gewertet werden können, stellen die "**Programme**" das Bindeglied zwischen den übergeordneten Strategien und den operativen Aktionen dar. Sie beinhalten in erster Linie Koordinationsmechanismen, die nicht nur auf die betriebliche Fachfunktionseinheit Marketing begrenzt sind, sondern gesamtunternehmensbezogen (funktionsübergreifend) zu interpretieren sind. Diese Programme können wiederum nur dann eine positive Implementierungswirkung entfalten, wenn sie zum einen durch die vom Top-Management aufgestellten **Grund-Richtlinien**, die dem Handeln der Mitarbeiter aller Funktionsbereiche eine eindeutige Ausrichtung auf zukünftig zu erreichende Ziele geben und zum anderen durch marktgerechte **Managementsysteme**, die den Arbeitsablauf strukturieren, unterstützt werden.

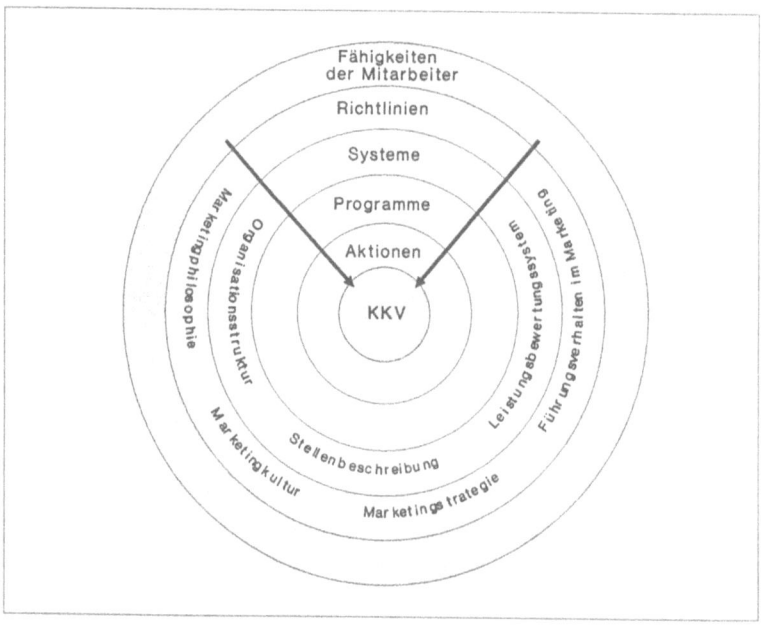

Abb. 46: Das Implementierungsmodell von Bonoma

Der äußere, alles umfassende Ring beinhaltet die **Fähigkeiten der Mitarbeiter**, die letztlich durch ihre Entscheidungen und ihr Verhalten die Ausgestaltung aller strukturellen (weiß dargestellten) Implementierungsteildimensionen determinieren. Die Ergebnisse von Bonoma verdeutlichen, daß im Rahmen der Marketingimplementierung die **Fähigkeiten und das Verhalten der Mitarbeiter die entscheidende Dimension darstellt**. Ein großer Teil der im Zusammenhang mit den unternehmensbezogenen strukturellen Dimensionen diskutierten Implementierungsprobleme basieren auf konzeptionellen Schwächen der verantwortlichen Mitarbeiter. Deutlich wird dies beispielsweise dann, wenn Marketingmaßnahmen (Actions) auf Basis von Vermutungen geplant werden, widersprüchlich, inkonsistent und aufgrund von Ressourcenallokationsproblemen mittelmäßig sind. Viele Probleme können auch auf Führungsschwächen zurückgeführt werden. Zu nennen sind hier insbesondere unklare oder fehlende Vorgaben für das Handeln der Mitarbeiter. Offenbar scheitert die Marketingimplementierung schon daran, daß die Verantwortlichen nicht in der Lage sind, unternehmerische Zielsetzungen eindeutig nachvollziehbar und strukturiert zu vermitteln. D.h. sie berücksichtigen das grundlegende Implementierungsproblem "Kennen/ Verstehen" nicht.

Da Bonoma die Implementierungsproblematik ursprünglich in erster Linie aus Sicht der Funktionseinheit Marketing diskutiert und damit implizit das funktionsüberschreitende, gesamtunternehmensbezogene Marketingverständnis vernachlässigt, fügt er dem Modell mit den **sogenannten Prioritäten (priorities) eine dritte Dimension** hinzu, die mit den Teildimensionen **People, Performance, Partnership und Principles** ("New 4 Ps of Marketing Implementation") die Gesamtunternehmenssicht in das Implementierungsmodell stärker integrieren soll.[422] Allerdings sind Bonomas Ausführungen insgesamt sehr kurz gehalten und deshalb eher als Hinweis auf die Beachtung dieses übergeordneten Aspektes (Gesamtunternehmenssicht) zu verstehen. Dennoch sollen ihre Inhalte kurz zusammengefaßt werden.

Mit der Teildimension **Mitarbeiter (People)** soll verdeutlicht werden, daß das Verhalten aller Mitarbeiter eines Unternehmens prinzipiell die Marketingimplementierung beeinflußt. Auch Implementierungsüberlegungen müssen immer unter **Erfolgsgesichtspunkten (Performance)** angestellt werden, so daß eine möglichst optimale Kombination verschiedener Maßnahmen ergriffen wird. Die Implementierungsteildimension **Netzwerke (Partnerships)** weist noch einmal explizit auf die funktionsübergreifende Sicht des Marketings hin, wobei Bonoma die zu knüpfenden Netzwerke auch auf unternehmensexterne Partner, z.B. Zulieferer, Berater, Kunden und eventuell

---

[422] "We call the third dimension priorities, to emphasize the fact that marketing leadership involves establishing priorities and making trade-offs among multiple objectives and constituencies that are often in conflict." Bonoma, T.V., Kosnik, T.J., a.a.O., S. 704 f.

Konkurrenten, ausdehnt. Als letzter und für Bonoma wichtigster Teilaspekt der "Priorities" werden die **moralischen und ethischen Werte (Principles)** genannt, auf denen die gesamte Marketingarbeit beruht.

Bonoma hat mit seinen Untersuchungen Grundlagenarbeit auf dem Gebiet der Marketingimplementierung geleistet. Erstmals ist auf einer relativ breiten empirischen Basis mit einem aufwendigen Erhebungsdesign der Versuch unternommen worden, die komplexe Problematik der Marketingimplementierung zu untersuchen und zu strukturieren. Der aus diesen Untersuchungen hervorgegangene Implementierungsansatz ermöglichte erstmals ein strukturierteres Vorgehen bei der Lösung von Implementierungsproblemen, da durch diese Untersuchungen gezeigt werden konnte, welche übergeordneten Dimensionen potentiell besonders bedeutende Implementierungsprobleme darstellen.

Trotz der Fortschritte konnten die Untersuchungen von Bonoma nicht alle Problembereiche der Marketingimplementierung einbeziehen bzw. hierzu Lösungsbeiträge liefern. So weist Bonoma in seinen verschiedenen Veröffentlichungen zwar auf die Zusammenhänge zwischen den einzelnen Teildimensionen seines Modells hin und visualisiert diese Interdependenzen auch anhand von zusammenfassenden Abbildungen[423]; inhaltlich werden diese Abhängigkeiten jedoch oft nicht im Detail behandelt. Beispielsweise wird auf die Einbeziehung des Top-Managements und der Nicht-Marketing-Funktionsbereiche verwiesen, eine detaillierte Diskussion dieser Aspekte erfolgt jedoch nicht. Ferner werden keine situativen Faktoren wie z.B. Branchenzugehörigkeit, Unternehmensgröße und die Art der verfolgten Wettbewerbsstrategie einbezogen. Aufgrund des heuristischen Vorgehens Bonomas und der nur begrenzten wissenschaftlichen Diskussion der Untersuchungsergebnisse bleibt offen, inwieweit die Untersuchungsergebnisse verallgemeinert werden können. In diesem Zusammenhang erscheint in erster Linie problematisch, daß die Ableitung des Implementierungsmodells, die einbezogenen Teilaspekte sowie deren Beziehungen zueinander im wesentlichen nicht begründet werden. Abschließend muß angemerkt werden, daß Bonoma lediglich US-amerikanische Unternehmen untersucht hat. Inwieweit die gewonnenen Ergebnisse auf andere Kulturkreise tranferiert werden können und welche Adaptionen unter Umständen vorzunehmen sind, bleibt daher im Einzelfall zu klären.

---

[423] Vgl. die Überblicksabbildung in den Veröffentlichungen Bonoma, T.V., The Marketing Edge, a.a.O., S. 23; Bonoma, T.V., Clark, B. H., a.a.O., S. 59.

3.1.2 Der Totalansatz von Kohli und Jaworski

Kohli und Jaworski haben ebenfalls ein umfassendes Totalmodell der Marketingimplementierung entwickelt.[424] Zielsetzung ihrer Untersuchung war es aufzuzeigen, welche unternehmensinternen Faktoren Einfluß auf das marktorientierte Verhalten haben und inwiefern marktorientiertes Verhalten den Unternehmenserfolg beeinflußt. Die Marktorientierung einer Unternehmung verdeutlicht sich dabei im Grad der Implementierung des Marketingkonzeptes[425], wobei Kohli und Jaworski unter Marktorientierung die unternehmensweite Generierung (generation), Verbreitung (dissemination) und Akzeptanz (responsiveness) von Marktwissen verstehen.[426]

Die von Kohli und Jaworski formulierten Zusammenhänge basieren auf der Auswertung unstrukturierter Interviews von 62 US-amerikanischen Managern sowie von 10 Universitätsmitarbeitern wirtschaftswissenschaftlicher Fakultäten. Wesentliche Teile des Modells wurden in einer späteren Untersuchung durch Befragung zweier Gruppen von Managern von jeweils mehr als 200 Personen überprüft.[427] Im folgenden soll das Modell, insbesondere seine empirisch bestätigten Teile, vorgestellt werden (vgl. zum Überblick Abbildung 47).

Die eingekreisten Pfeile in Abbildung 47 verdeutlichen empirisch bestätigte positive Beziehungen. Die nicht eingekreisten Pfeile zeigen positive Zusammenhänge auf, die bisher nicht empirisch bestätigt wurden und lediglich auf Hypothesen beruhen, die aufgrund der ersten Untersuchung von Kohli und Jaworski auf Basis unstrukturierter Interviews gewonnen wurden.

Die Einflußfaktoren auf die Marketingimplementierung werden zu drei Gruppen von Faktoren zusammengefaßt, den "Top-Management-Faktoren", den "Funktionsbereichsübergreifenden Faktoren" und den "Gesamtunternehmens-Faktoren". Bei den Gesamtunternehmensfaktoren handelt es sich im wesentlichen um die Ausgestaltung einzelner Managementsysteme. Die unter den Top-Management-Faktoren zusammengefaßten

---

[424] Vgl. Kohli, A.K., Jaworski, B.J., Market Orientation: The Construct, Research Propositions and Managerial Implications, in: Journal of Marketing, April 1990. Zusätzlich wurde diese Arbeit in nur unwesentlich geänderter Form als Arbeitspapier des Marketing Science Institute veröffentlicht. Im folgenden wird deshalb lediglich auf die Veröffentlichung im Journal of Marketing Bezug genommen. Vgl. auch: Kohli, A.K., Jaworski, B.J., Market Orientation: The Construct, Research Propositions and Managerial Implications, Report Nr. 90-113 des Marketing Science Institute, Cambridge/Mass. 1990.

[425] Vgl. Kohli, A.K., Jaworski, B.J., Market Orientation: The Construct, Research Propositions and Managerial Implications, a.a.O., S. 1.

[426] Vgl. Kohli, A.K., Jaworski, B.J., Market Orientation: The Construct, Research Propositions and Managerial Implications, a.a.O., S. 3.

[427] Vgl. zu den Ergebnissen der empirischen Untersuchung Jaworski, B. J., Kohli, A.K., Market Orientation: Antecedents and Consequences, Report Nr. 92-104 des Marketing Science Institute, Cambridge, Mass. 1992, S. 16 ff.

Faktoren beinhalten im Kern Aspekte der Beeinflussung durch das Top-Management, die Unternehmensphilosophie sowie die Unternehmenskultur.

Im einzelnen zeigte sich, daß der kontinuierliche Einsatz, mit dem das Top-Management sich für marktorientiertes Verhalten einsetzt, bedeutenden Einfluß auf das marktorientierte Verhalten der Gesamtorganisation hat. So führt eine bessere **Übereinstimmung zwischen angekündigtem und tatsächlichem Verhalten** des Top-Managements zu gesteigertem marktorientierten Verhalten beim Mittel-Management. Kann das Mittel-Management keine klaren Präferenzen beim Top-Management für oder gegen ein bestimmtes Verhaltensmuster erkennen, führt dies zu Unsicherheit und in Konsequenz zu uneinheitlichem, widersprüchlichem Verhalten. Ferner ist die Bereitschaft des Top-Managements, **Risiken zu übernehmen** und **innovative Ideen zu akzeptieren**, förderlich für die Kreativität der Mitarbeiter, wodurch wiederum eine schnellere Anpassung an Markterfordernisse möglich erscheint.[428] Sind die Führungskräfte, die für Marketingaufgaben zuständig sind, in der Lage, auch andere Führungskräfte von der Idee des Marketings zu überzeugen, führt dies i.d.R. zu deutlich verringerten Konflikten zwischen dem Marketingfunktionsbereich und anderen Funktionsbereichen. Die Mitarbeiter der verschiedenen Funktionsbereiche orientieren sich bei ihrem Verhalten offenbar am Verhalten ihrer Vorgesetzten. Herrscht **Einigkeit im Top-Management**, strahlt dies auf das gesamte Unternehmen aus.

Die Erkenntnisse von Kohli und Jaworski über die Beziehungen der verschiedenen Funktionsbereiche und deren Einfluß auf die Marktorientierung stimmen im wesentlichen mit den Erkenntnissen des Partial-Implementierungsansatzes von Ruekert und Walker zur funktionsübergreifenden Zusammenarbeit überein.[429] **Enge Zusammenarbeit** und **wenige Konflikte** gelten auch hier als zentrale Determinanten der Marktorientierung, die beide empirisch bestätigt werden konnten. Gesamtunternehmensbezogen besitzen einen positiven Einfluß auf den Marketing-Implementierungsgrad, eine geringe **Formalisierung, eine geringe Zentralisierung sowie marktorientierte Anreizsysteme**.[430] Informelle Normen (d.h. die Unternehmenskultur), die das politische, auf Eigen- bzw. Gruppeninteresse der Mitarbeiter ausgerichtete Verhalten determinieren, bestimmen die Konfliktträchtigkeit der Funktionsbereichsbeziehungen.

---

[428] Vgl. hierzu auch die empirischen Ergebnisse von Song, Y.M., Parry, M.E., R & D-Marketing Integration in Japanese High-Technology firms: Hypotheses and Empirical Evidence, in: Journal of the Academy of Marketing Science, Spring 1993, S. 130.

[429] Vgl. Abschnitt C. 2.1.3.2.

[430] Song und Parry konnten bei Untersuchungen japanischer Unternehmen lediglich bei einem niedrigen Formalisierungsgrad jedoch nicht bei einem niedrigen Zentralisierungsgrad einen positiven Effekt für die funktionsübergreifende Marketingimplementierung feststellen. Vgl. Song, Y.M., Parry, M.E., a.a.O., S. 130.

174

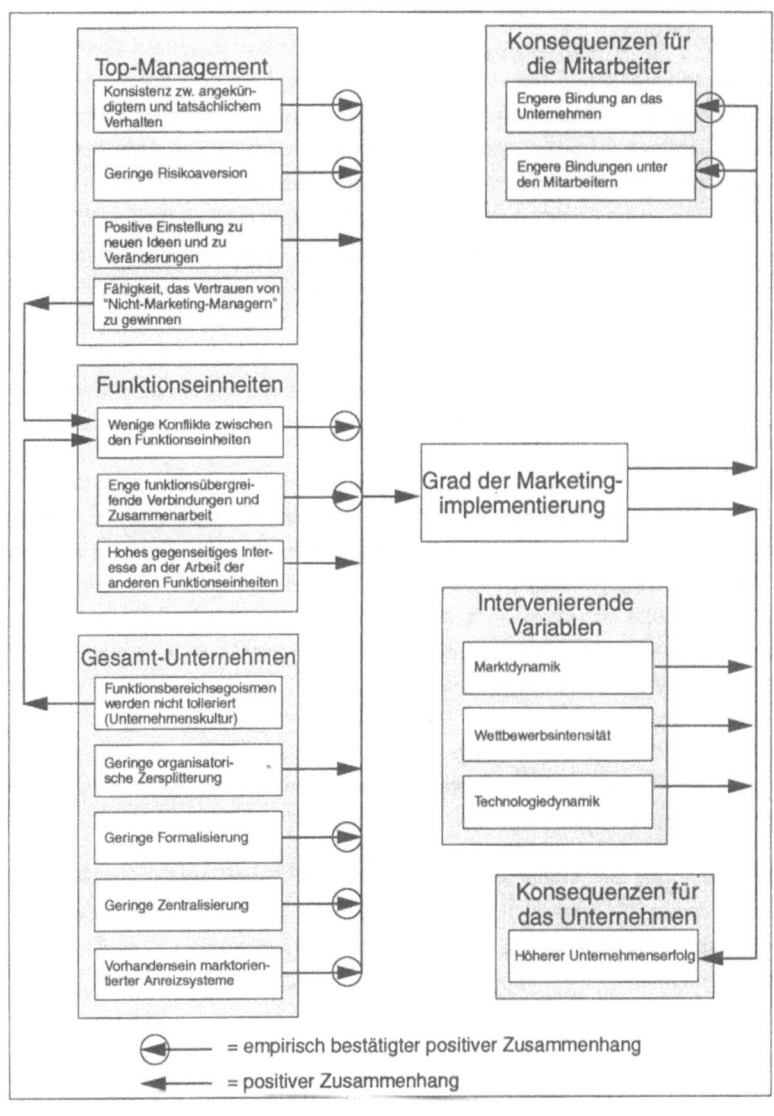

Abb. 47: Beziehungszusammenhänge des Implementierungsmodells
von Kohli und Jaworski[431]

---

[431] Eigene Abbildung, basierend auf den von Kohli und Jaworski aufgestellten Hypothesen sowie deren empirischer Überprüfung.

Kohli und Jaworski konnten durch ihre empirischen Untersuchungen zeigen, daß ein hoher Grad von Marketingimplementierung zu zwei Konsequenzen führt. Zum einen wird durch ausgeprägte Marktorientierung und damit letztlich höhere Kundenzufriedenheit der Unternehmenserfolg (Business Performance) gesteigert. Die Ergebnisse lassen allerdings vermuten, daß auch die intervenierenden Variablen Marktdynamik, Wettbewerbsintensität und Technologiedynamik Einfluß auf den Unternehmenserfolg haben. Zum anderen wird durch höhere Marktorientierung eine engere Bindung der Mitarbeiter an die Ziele des Unternehmens erreicht (Organizational Commitment) sowie auch eine engere Bindung unter Mitarbeitern (Esprit de Corps) selbst herbeigeführt. Während eine eindeutige Beziehung zwischen Unternehmenserfolg, intervenierenden Variablen und Grad der Marktorientierung empirisch nicht nachgewiesen werden konnte, konnten die positiven Konsequenzen höherer Marktorientierung auf das Mitarbeiterverhalten empirisch bestätigt werden.

Viele in das Modell einbezogene Implementierungsfaktoren sind nach der Überzeugung von Kohli und Jaworski durch das Management leicht überprüfbar und generell steuerbar.[432] Zu Beginn eines Veränderungsprozesses muß allerdings - wie die empirischen Untersuchungen zeigen - zunächst ein Konsens darüber erzielt werden, ob überhaupt eine Lücke zwischen der aktuellen und der unter den gegebenen Bedingungen notwendigen Form der Marktorientierung vorhanden ist.[433] Als Ansatzpunkte im Rahmen des Veränderungsmanagements sollten speziell das Verhalten des Top-Managements, Maßnahmen zur besseren funktionsübergreifenden Zusammenarbeit und die Einführung eines marktorientierten Anreizsystemes gewählt werden. In Abbildung 35 sind die im einzelnen vorgeschlagenen Maßnahmen zur Verbesserung der Marketingimplementierung zusammengefaßt.

Selbst wenn die Beeinflußbarkeit vieler inadäquater Implementierungsfaktoren möglich ist, zeigen die Erfahrungen der von Kohli und Jaworski befragten Personen, daß **kurzfristige Veränderungen nicht erwartet werden können.** Zeiträume von vier Jahren sind offenbar nicht ungewöhnlich.[434]

---

[432] Vgl. Kohli, A.K., Jaworski, B.J., Market Orientation: The Construct, Research Propositions and Managerial Implications, a.a.O., S. 15.

[433] "For any change to take place, an organization first must perceive a gap between its current and its preferred orientation." Kohli, A.K., Jaworski, B.J., Market Orientation: The Construct, Research Propositions and Managerial Implications, a.a.O., S. 16.

[434] "A change in orientation takes place slowly. We were apprised of certain organizations that were actively involved in becoming more market oriented, but planned to complete the change process over a period of about four years." Kohli, A.K., Jaworski, B.J., Market Orientation: The Construct, Research Propositions and Managerial Implications, a.a.O., S. 15.

Top-Management
- Selbsterkenntnis, daß Marktorientierung bedeutsam ist
- Weitergabe dieser Erkenntnis an das Mittelmanagement
- Öffentliches Bekenntnis zur Marktorientierung
- Vorbildliches Verhalten
- Bereitschaft, Risiken einzugehen
- Bereitschaft, Fehler zuzulassen

Funktionsübergreifende Zusammenarbeit
Weniger aufwendige Möglichkeiten:
- Gemeinsame Mittagessen
- Gemeinsame Sportveranstaltungen
- Berichte in der Firmenzeitung über funktionsübergreifende Beziehungen
Mit größerem Aufwand verbundene Möglichkeiten
- Austausch von Mitarbeitern für begrenzte Zeit
- Gemeinsame Weiterbildungsprogramme
- Funktionsbereichsleiter diskutieren häufiger mit den Mitarbeitern anderer Funktionsbereiche

Gesamt-Unternehmen
- Ergänzung der Bezugsgrundlage des Anreizsystems um marktorientierte Größen (z.B. Kundenzufriedenheit, Menge an Informationen über Kunden)
- Entwicklung einer Unternehmenskultur, die Partialinteressen zurückdrängt

Abb. 48: Ansatzpunkte zur Implementierung von
Marketing nach Kohli/Jaworski

Die befragten Personen betonten, daß die Implementierung von Marketing nur dann gelingt, wenn auf die bestehenden Machtverhältnisse zwischen den verschiedenen Funktionsbereichen geachtet wird und nicht der Versuch erfolgt, marktorientiertes Verhalten anderer Abteilungen aufzuzwingen. In diesem Zusammenhang betonen Kohli und Jaworski, daß die unternehmensweite Akzeptanz einer marktorientierten Unternehmensführung wesentlich von der subjektiven Einschätzung der Qualifikation und Vertrauenswürdigkeit der Mitarbeiter der Marketingabteilung durch die Mitarbeiter anderer Abteilungen abhängig ist.[435] Des weiteren wird die Marktorientierung immer dann unternehmensweit akzeptiert, wenn die Überzeugung vorherrscht, daß marktorientiertes Verhalten durch die aktuelle, durch das Top-Management geschaffene Unternehmensphilosophie deutlich gefordert wird. Je glaubwürdiger **Marktorientierung als langfristig gültige Handlungsmaxime** vorgegeben wird, um so eher wird sie unternehmensweit akzeptiert. Ein Faktor, der ebenfalls marktorientiertes Verhalten erleichtert, ist der durch die Akzeptanz dieser Verhaltensmaxime verursachte funktionsbereichsinterne Veränderungsbedarf. Sind erhebliche

---

[435] Vgl. Kohli, A.K., Jaworski, B.J., Market Orientation: The Construct, Research Propositions and Managerial Implications, a.a.O., S. 12. Vgl. dazu auch Abschnitt C. 2.1.3.3.3.

Veränderungen erforderlich, steigt tendenziell der Widerstand gegenüber der Akzeptanz des Marketings.[436/437]

Im Gegensatz zu dem Totalmodell von Bonoma zeigen Kohli und Jaworski Beziehungszusammenhänge auf und formulieren Hypothesen über den Einfluß einzelner Variablen auf die Implementierung des Marketings. Auffällig ist, daß die einbezogenen Variablen wenige Überschneidungen aufweisen bzw. **beide Totalmodelle der Implementierung deutlich andere Schwerpunkte setzen.** Die von Kohli und Jaworski einbezogenen Implementierungdimensionen "Top-Management" und "Gesamtunternehmen" bzw. deren Teildimensionen werden beispielsweise bei Bonoma im Rahmen der "Marketingrichtlinien" diskutiert, die Aspekte der "funktionsübergreifenden Zusammenarbeit" im Zusammenhang mit den "Programmen". Dennoch werden alle drei Aspekte von Bonoma, insbesondere im Ursprungsmodell, eher als nebensächlich betrachtet. Demgegenüber betrachten Kohli und Jaworski Aspekte der Marketingaktionen, der Marketingprogramme, der Marketingrichtlinien und die personellen Implementierungsfähigkeiten außerhalb der Top-Management-Ebene nur nebensächlich oder überhaupt nicht.[438]

Der zentrale Unterschied beider Modelle resultiert aus der jeweils **unterschiedlichen Betrachtungsebene der beiden Totalmodelle.** Während Bonoma aus der Sicht der Marketingfunktionseinheit diskutiert, lösen sich Kohli und Jaworski von der Marketingfunktionsbetrachtung und diskutieren die Marketingimplementierung gesamtunternehmensbezogen und damit auf einer übergeordneteren Ebene. Als Konsequenz verlieren die Aussagen aufgrund der weniger aufwendigen empirischen Untersuchungen z.T. an Detailgehalt. Es muß, wie auch schon beim Modell von Bonoma, bemängelt werden, daß Kohli und Jaworski nur unzureichend aufzeigen, aus welchen Gründen die Hauptimplementierungsdimensionen sowie deren Teilaspekte ausgewählt und zugeordnet werden, d.h. auch hier fehlt weitgehend eine tiefergehende theoretische Begründung für den Modellaufbau.[439/440]

---

[436] Vgl. Kohli, A.K., Jaworski, B.J., Market Orientation: The Construct, Research Propositions and Managerial Implications, a.a.O., S. 12. Vgl. auch Stefflre, V., a.a.O., S. 72 f.; Menon, A., Varadarajan, P.R., A Model of Marketing Knowledge Use Within Firms, in: Journal of Marketing, October 1992, S. 65 ff.

[437] Hrebiniak und Joyce betonen deshalb auch, daß im Zusammenhang mit Implementierungsprozessen das "Prinzip der minimalen Intervention" gelten muß, d.h. nur die unbedingt notwendigen Veränderungen sollten erfolgen, um keine negativen Verhaltensweisen der Betroffenen zu provozieren. Vgl. Hrebiniak, L.G., Joyce, W.F., a.a.O., S. 8 f.

[438] Die Vernachlässigung des Implementierungsfaktors Mitarbeiter sehen auch Jaworski und Kohli als Kritikpunkt und fordern in diesem Punkt auch weitere Forschungsbemühungen. Vgl. Jaworski, B. J., Kohli, A.K., a.a.O., S. 26.

[439] Kohli und Jaworski bemerken dazu ohne weitere Ausführungen: "Our examination of the literature and the insights from the field interviews reveal three hierarchically ordered categories of

3.1.3 Weitere Totalansätze im Überblick

In der Literatur lassen sich weitere Totalansätze zur Marketingimplementierung finden, die im folgenden jeweils aus Gründen der Vollständigkeit im Überblick dargestellt werden sollen. Sie basieren in wesentlichen Teilen auf Erfahrungen aus der Unternehmenspraxis oder sind explizit für die Unternehmenspraxis geschrieben worden. Ein Vergleich mit den Ansätzen von Bonoma und Kohli/Jaworski erscheint nicht sinnvoll, da die nachfolgend im Überblick beschriebenen Ansätze zum einen auf keiner fundierten empirischen Basis beruhen und zum anderen aufgrund ihrer "Praxisorientierung" fast durchgängig theoretische Hintergründe und Ableitungen bewußt ausklammern.

Der Marketingimplementierungsansatz von **Bromann**[441] basiert auf Erfahrungen aus der Beratungspraxis. Hauptaspekt seines integrierten Ansatzes ist die Organisationsstruktur, deren mögliche Ausgestaltungen den Mittelpunkt seiner Überlegungen darstellen. Weitere Aspekte stellen die personelle Ausstattung, die Unternehmensphilosophie (Leitbild) und der Führungsstil sowie verschiedene Managementsysteme, wie z.B. das Anreiz-, Planungs-, Kontroll- und Informationssystem dar. Die Vielzahl der aus der Praxis abgeleiteten Beispiele, besonders zum Themenkomplex Organisationsstruktur, zeigen vielfältige praktische Probleme sowie Lösungsvorschläge auf. Konzeptionelle Überlegungen sowie der Bezug zu wissenschaftlichen Erkenntnissen fehlen allerdings weitgehend. Insgesamt wird der Problembereich der Managementsysteme, insbesondere Fragen der Organisationsstruktur, gegenüber den "weichen Faktoren" (z.B. Unternehmenskultur, Individual- und Gruppenverhalten) zu sehr in den Vordergrund gerückt.

Die Ausführungen von **Cespedes**[442] stellen neben den verschiedenen Managementsystemen zumindest gleichgewichtig auf Aspekte der interfunktionalen Zusammenarbeit und des Verhaltens des einzelnen Mitarbeiters (The Boundary-Spanning Nature of Marketing), hauptsächlich der Außendienstmitarbeiter, ab. Da die Einzelaspekte zur Marketingimplementierung jeweils nur einleitenden, überblickshaften Charakter für

---

antecedents to a market orientation...", Kohli, A.K., Jaworski, B.J., Market Orientation: The Construct, Research Propositions and Managerial Implications, a.a.O., S. 6.

[440] Vgl. zur Kritik am Vorgehen von Kohli und Jaworski auch Fritz, W., Marktorientierte Unternehmensführung und Unternehmenserfolg, a.a.O., S. 278 ff. Fritz kritisiert insbesondere, daß die formulierten Hypothesen trotz theoretischer Hintergrundüberlegungen weitgehend ohne theoretischen Zusammenhang bleiben und damit im wesentlichen ad-hoc-ähnlichen Charakter tragen. Da Fritz die erst später durchgeführte empirische Überprüfung des Modells durch Kohli und Jaworski bei seiner Darstellung und Kritik nicht berücksichtigen konnte, sind seine Aussagen z.T. entsprechend zu relativieren.

[441] Vgl. Bromann, P., Strategische Organisationsentwicklung in Marketing und Vertrieb, Landsberg a.L. 1990.

[442] Vgl. Cespedes, F.V., a.a.O.

zahlreiche Fallstudien zu Fragen der Marketingimplementierung haben, bleiben die Ausführungen insgesamt relativ oberflächlich und sind zudem teilweise auch unstrukturiert.

Der Implementierungsansatz von **Payne**[443] zeigt zum einen zahlreiche Implementierungsfaktoren auf, beinhaltet zum anderen jedoch auch einen Vorschlag zum Prozeß, d.h. zum zeitlichen Ablauf der Implementierung. Payne greift bei seinem Implementierungsansatz zunächst auf die Elemente des 7-S-Modells von Peters und Waterman zurück. Zu den einzelnen Faktoren werden aus praktischen Umstrukturierungsprozessen abgeleitete Handlungsparameter aufgeführt. Payne betont explizit, daß Marketingimplementierung grundsätzlich nur unter Einbeziehung aller aufgeführten Faktoren möglich ist, d.h. ein Implementierungsvorgehen mit Partialansätzen ist demnach wenig erfolgversprechend.[444] Zum prozessualen Vorgehen schlägt Payne vor, zunächst sicherzustellen, daß das Top-Management die Marketingimplementierung aktiv mitträgt. Erst danach sollte im Rahmen einer Situationsanalyse das erforderliche Programm zur Personalentwicklung (management-development needs analysis) festgelegt werden. Als Maßnahmen zur Personalentwicklung werden beispielsweise Weiterbildungsveranstaltungen zur Verbesserung der Marketingkenntnisse und des Marketingverhaltens für Führungskräfte verschiedener Funktionsbereiche vorgeschlagen. Ergänzend zu dem Personalentwicklungsprogramm werden weitere sogenannte "Key Support Activities" erwähnt, die jedoch lediglich unsystematisiert und mit kurzen Kommentaren versehen aufgezählt werden. Ohne eine detailliert inhaltliche Erläuterung wird beispielsweise die Bildung einer interfunktionalen Marketing-Projektgruppe, die Schaffung einer marktorientierten Organisationsform, die Beschaffung von qualifizierten Marketingmitarbeitern, der Einsatz externer Berater sowie die Schaffung eines Marketing-Informations- und Planungssystems vorgeschlagen.

Piercy entwickelt einen Ansatz zur Marketingimplementierung, der bewußt für die Unternehmenspraxis geschrieben wurde. Der sprachliche Stil ist daher an vielen Stellen bewußt plakativ gehalten. Ferner wird weitgehend auf einen theoretischen Hintergrund verzichtet und im wesentlichen mit Checklisten und Analyse-Diagrammen gearbeitet. In Teilbereichen, speziell bei der Diskussion verschiedener Managementsysteme, basieren die Ausführungen jedoch auch auf theoretisch fundierteren, schon früher von Piercy veröffentlichten wissenschaftlichen Ausarbeitungen.[445]

---

[443] Vgl. Payne, A.F., Developing a Marketing-Oriented Organization, in: Business Horizons, May-June, 1988, S. 48 f.

[444] Vgl. Payne, A.F., a.a.O., S. 49.

[445] "This book is designed for the manager, not the academic...this is not an academic book, although it is hoped it will be intellectually stimulating for the reader. It ist written for the executive in the real world." Piercy, N., Market-Led Strategic Change. Making Marketing Happen in Your Organization, Oxford u.a. 1992, S. 8 f.

Obwohl Piercy deutlich betont, daß es das Ziel ist, im gesamten Unternehmen marktorientiert zu denken und zu handeln, werden Aspekte der Verhaltensbeeinflussung auf Individual-, Gruppen- oder Unternehmensebene nicht explizit angesprochen. Als Kernbereiche der Marketingimplementierung (The Real Issues in Managing Marketing) werden demgegenüber die Dimensionen Marketing-Organisationsstruktur, Marketing-Informationen und die Marketing-Prozeßdimension mit den Teilbereichen Planung und Budgetierung sehr detailliert diskutiert. Piercy reduziert somit das Marketingimplementierungsproblem im wesentlichen auf die Ausgestaltung verschiedener Managementsysteme, in deren Kontext nur ansatzweise Fragen der Unternehmenskultur und des Individualverhaltens beachtet werden. Der von Piercy vorgelegte Implementierungsansatz ist in seinen Einzelelementen sehr umfangreich ausgearbeitet, allerdings bleibt unverständlich, wieso Piercy im wesentlichen lediglich verschiedene und insbesondere die ausgewählten Managementsysteme in seinen Ansatz einbezieht.[446] Insgesamt erweckt Piercy fast durchgängig den Eindruck, Probleme der Marketingimplementierung könnten praktisch problemlos, wenn auch nicht in kurzer Zeit, gelöst werden.

Marketing kann nach **Zimmermann**[447] nur durch ein integriertes Gesamtpaket von Maßnahmen implementiert werden. Ausgangspunkt zur Marketingimplementierung ist die Schaffung einer marktorientierten Unternehmenskultur, die von allen betrieblichen Funktionsbereichen akzeptiert wird. Zimmermann bezeichnet dies als "allesumfassende Markt-Philosophie".[448] Die Umsetzung des Marketings basiert nach Zimmermann auf einem unternehmensbezogenen Einflußfaktor und zwei mitarbeiterbezogenen Einflußfaktoren. Als **Fachwissen** gelten die unternehmensspezifischen, individuellen fachlichen (Marketing-Wissen und -Können) Voraussetzungen des gesamten Personals eines Unternehmens. In Ergänzung zu dem Fachwissen sind menschliche Aspekte, z.B. Motivation und Unternehmensidentifikation der Mitarbeiter, für den Implementierungserfolg wichtig (**Verhalten/Einstellung**). Als dritten einzubeziehenden Einflußfaktor nennt Zimmermann die **Struktur** und die **Systeme**. Hier soll eine Orientierung der Organisationsstruktur an den Markterfordernissen sowie eine Entwicklung von marktorientierten Unterstützungssystemen, z.B. Kundeninformationssystemen, erfolgen. Besonders intensiv diskutiert Zimmermann Möglichkeiten und Arten der Aus- und Weiterbildung von Mitarbeitern aller Hierarchieebenen. Die Ausführungen Zimmermanns sind allerdings relativ wenig systematisiert und deshalb z.T. redundant. Da

---

446 Wensley bemerkt dazu: "This is not a bad list of important issues but do they deserve to be labelled the real ones: perhaps we should look a little more closely at the related research on the problems of implementing the Marketing Concept?" Wensley, R., Book review. Market-Led Strategic Change: Making Marketing Happen in Your Organization, in: International Jouranl of Research in Marketing, 1992, S. 282 f.

447 Vgl. Zimmermann, R., a.a.O., S. 158 f.

448 Vgl. Zimmermann, R., a.a.O., S. 165 ff.

sie für die Praxis geschrieben wurden, verzichten sie zudem nahezu vollständig auf theoretische Fundierungen.

3.2 Total Quality Management (TQM) als Totalansatz der Marketingimplementierung

Neben den bisher vorgestellten Totalansätzen zur Marketingimplementierung, die speziell zur Implementierung von Marketing konzipiert worden sind, stellt auch das **Total Quality Management (TQM) einen Totalansatz zur Marketingimplementierung** dar. Am Anfang der Darstellung der Problemlösungsbeiträge des TQMs zur Marketingimplementierung soll zunächst diskutiert werden, warum TQM selbst als Marketingimplementierungsansatz betrachtet werden soll und nicht ein neu zu entwickelnder spezieller Marketingimplementierungs-Totalansatz, der als erweiterter Partialimplementierungsansatz des Internen Marketings Teilelemente des TQMs integriert.

3.2.1 Total Quality Management versus "Ganzheitliches Internes Marketing" als Implementierungsansatz

Die bisher vorgestellten Partial- und Totalansätze zur Marketingimplementierung haben sowohl in der Theorie, als auch in der Praxis relativ wenig Beachtung gefunden. Eine Ausnahme bildet der Partialimplementierungsansatz des **personalorientierten "Internen Marketings"**, der schon in relativ vielen Dienstleistungsunternehmen zur Marketingimplementierung genutzt wird.[449] Allerdings wird die bisher primär individualebenenorientierte Ausrichtung des Internen Marketings als zu restriktiv empfunden und in Konsequenz eine Ausweitung des Konzeptes gefordert, um auch eine gruppen- und gesamtunternehmensbezogene Betrachtung zu ermöglichen. An anderer Stelle wurde schon darauf verwiesen, daß diese Erweiterungen dazu führen würden, daß das Konzept des Internen Marketings prinzipiell mit dem Total-Quality-Konzept übereinstimmen würde.[450]

In der Literatur wird das **Total Quality Management**, insbesondere aufgrund seines **Potentials zur Förderung der funktionsübergreifenden Zusammenarbeit**, als besonders geeignetes Konzept zur Marketingimplementierung diskutiert.[451] Christopher,

---

[449] Vgl. Abschnitt C. 2.1.4.3.2.

[450] Vgl. Stauss, B., a.a.O., S. 242.

[451] Vgl. Morgan, N.A., Piercy, N.F., Market-Led Quality, in: Industrial Marketing Management, 1992, S. 117; Engelhardt, W.H., Schütz, P., Total Quality Management, in: Wirtschaftsstudium, Heft 8, 1991, S. 399.

Payne und Ballantyne kommen daher zu dem Ergebnis: "Marketing has always lacked a method of making operational the connections between what the customer wants on the one hand and the activities of a firm, on the other. Quality management is the missing link."[452]

Um das Konzept des TQMs zur Marketingimplementierung nutzen zu können, bieten sich **zwei alternative Vorgehensweisen** an. Zum einen besteht die Möglichkeit, das Konzept des Internen Marketings durch Übernahme von Teilelementen des TQMs zu einem umfassenden **"Ganzheitlichen Internen Marketing"** auszubauen. Zum anderen kann auf eine Erweiterung des Internen Marketings verzichtet werden und stattdessen können die für die Marketingimplementierung relevanten Teilbereiche des **Total Quality Managements direkt zur Marketingimplementierung genutzt werden.** Letzteres Vorgehen wird in der Literatur derzeit befürwortet und erscheint aus folgenden Gründen vorteilhaft:

- TQM ist bisher schon in einer Reihe von Unternehmen erfolgreich implementiert worden.[453] Es steht daher **im Rahmen des TQMs eine Vielzahl praxiserprobter Methoden und Instrumente zur Verfügung**[454]; es liegen auch umfangreiche Erfahrungen bei der Implementierung von TQM sowohl bei den Unternehmen als auch bei den TQM-Beratern vor.[455] Demgegenüber ist die Leistungsfähigkeit des "Ganzheitlichen Internen Marketings" bisher unbekannt.

- Das TQM ist nicht nur zur Marketingimplementierung geeignet, sondern wird auch zur Steigerung der Produktivität eingesetzt. D.h. die **Vorteile des TQMs beschränken sich nicht nur auf die Marketingimplementierung,** wodurch der Anreiz und eventuell auch die Notwendigkeit zur Nutzung dieses Konzeptes gesteigert wird. Da zudem Begriffsverwirrungen

---

452 Christopher, M., Payne, A., Ballantyne, D., a.a.O., S. 75. Vgl. auch O'Neal, C.R., LaFief, W.C., Marketing's Lead Role in Total Quality, in: Industrial Marketing Management, 1992, S. 133.

453 Vgl. z.B. Spenley, P., World Class Performance Through Total Quality. A practical guide to implementation, London u.a. 1992, S. 6 ff.; Engelhardt, W.H., Schütz, P., a.a.O., S. 394 ff.; Altschul, K., Ein roter Teppich für den Kundendienst, in: Absatzwirtschaft, Sondernummer Oktober, 1991, S. 238 ff. Amerikanische Unternehmen, die mit TQM arbeiten z.B. IBM, Hewlett-Packard, Texas Instruments und Ford. Mehrere Fallstudien über deutsche Unternehmen werden ebenfalls in der Absatzwirtschaft-Sondernummer beschrieben, u.a. über die Unternehmen Bosch, Merck, Wilo und Krups.

454 Das TQM wird als Konzeption verstanden, die im Austausch zwischen Wissenschaft und Praxis permanent den Bedürfnissen der Unternehmen angepaßt wird. Ishikawa bemerkt dazu "Quality Control can be a theory, but at the same time it is a practical discipline." Ishikawa, K., What is Total Quality Control? The Japanese Way, Englewood Cliffs 1985, S. 118. Vgl. auch Oess, A., Total Quality Management. Die ganzheitliche Qualitätsstrategie, 3. Aufl., Wiesbaden 1993, S. 85.

455 Vgl. beispielsweise Munro-Faure, L., Munro-Faure, M., Implementing Total Quality Management, London 1992.; Fox, R., Making Quality Happen. Six Steps To Total Quality Management. A Practical Guide to Implementing TQM, Sydney u.a. 1991.

und Kompetenzkonflikte (Schnittstellenprobleme) beim gleichzeitigen Einsatz von TQM und Internem Marketing nicht auszuschließen sind, erscheint es aus Kosten- und Akzeptanzgründen nicht sinnvoll, ein weiteres ähnliches Konzept zur Marketingimplementierung einzuführen.

- Ein Vorteil des TQM-Konzeptes ist zudem, daß es aus der Sicht der Mitarbeiter der "Nicht-Marketingfunktionseinheiten" **nicht unmittelbar im Verdacht steht, vermeintlich spezielle Interessen (Kundenorientierung) einer einzelnen betrieblichen Funktionseinheit (Marketing) im gesamten Unternehmen durchsetzen zu wollen.** Wie schon an anderer Stelle diskutiert wurde, scheitert die Implementierung von Marketing u.a. auch häufig daran, daß der Marketinggedanke funktionsbereichspolitisch belastet ist. Mitarbeiter anderer Funktionen lehnen das Konzept ab, da sie eine Aufwertung der funktionalen Einheit Marketing bzw. deren Mitarbeiter verhindern wollen.[456]

Folgt man diesen Argumenten, bietet es große Vorteile, TQM und nicht ein erweitertes Internes Marketingkonzept als Marketingimplementierungsansatz zu verstehen.[457] Im folgenden soll daher TQM als Totalansatz zur Marketingimplementierung aufgefaßt werden. Dieser Implementierungsansatz unterscheidet sich von den bisher vorgestellten Ansätzen darin, daß der TQM-Ansatz sich nicht ausschließlich auf die Marketingimplementierung, sondern beispielsweise auch Aspekte der Produktion (z.B. statistische Prozeßkontrolle, Gruppenarbeit), der Logistik (z.B. Just-in-Time) und der Beschaffung (z.B. Outsourcing, Management der Zuliefererbeziehungen), bezieht. **Marketingimplementierung ist somit zwar ein zentraler, aber nur ein Teilaspekt des TQM-Konzeptes.** Nachfolgend soll daher zunächst aufgezeigt werden, welche Beziehungen zwischen TQM und Marketing bestehen und in welcher Form eine Integration beider Unternehmensführungsphilosophien im Hinblick auf die Erfordernisse der Marketingimplementierung sinnvoll ist. Im Anschluß daran werden die Aspekte des TQMs dargestellt, die von besonderer Relevanz für die Marketingimplementierung sind.

---

[456] Vgl. Kohli, A.K., Jaworski, B.J., Market Orientation: The Construct, Research Propositions and Managerial Implications, a.a.O., S. 3 f.; vgl. hierzu auch die Aussagen eines Vertreters des TQM-Gedankens: Schonberger, R.J., Building a Chain of Customers, New York, London 1990, S. 237 f.

[457] Dies gilt insbesondere auch deshalb, weil derzeit "Internal marketing is at an embryonic stage of development and one where practitioners lead academic research." Christopher, M., Payne, A., Ballantyne, D., a.a.O., S. 30.

184

3.2.2 Total Quality Management und Marketing: Eine Synthese zweier Unternehmensführungsphilosophien

Die grundlegenden Ideen des TQMs wurden schon Anfang der sechziger Jahre in den USA von den Wissenschaftlern Feigenbaum, Crosby, Demings und Juran formuliert und in Japan, insbesondere von Ishikawa, weiterentwickelt.[458] TQM wird heute als eine Unternehmensführungsphilosophie verstanden, die ausgehend von den Kundenbedürfnissen ein von allen Mitarbeitern akzeptiertes und umgesetztes Qualitätsdenken ermöglichen soll, d.h. **TQM soll eine kundenorientierte (Qualitäts-)Unternehmenskultur herausbildet.**[459] Der Begriff Qualität wird nicht mehr als "Produktqualität" im fertigungstechnischen Sinne verstanden, sondern als subjektiv wahrgenommene Qualität des Produktes durch die Nachfrager. Nicht der Fertigungsleiter, der Leiter der Qualitätssicherung oder die Unternehmensleitung geben die Qualitätsnormen vor, sondern der Kunde.[460] Qualität kann somit nicht absolut, sondern nur relativ vor dem Hintergrund der Kundenanforderungen definiert werden. Somit wird deutlich, daß eine Interpretation von Qualität im Sinne von Hochwertigkeit bzw. Güte unangemessen ist.[461]

Durch die Verwendung eines kundenorientierten Qualitätsbegriffes als Orientierungsmaßstab betrieblichen Handels wird deutlich, daß die Unternehmensführungsphilosophien **Marketing und TQM prinzipiell identische Ziele** verfolgen.[462] Trotz der gemeinsamen Zielsetzung von TQM und Marketing sind beide Unternehmensführungsphilosophien auch durch deutliche **Unterschiede bzw. abweichende Schwerpunktsetzungen** gekennzeichnet. Unterschiede zwischen TQM und Marketing bestehen aus

---

[458] Vgl. zum Überblick Oess, A., a.a.O., S. 59 ff.; Schildknecht, R., Total Quality Management. Konzeption und State of the Art, Frankfurt, New York 1992, S. 64 ff., insbesondere S. 81 f.

[459] An dieser Stelle kann aus Platzgründen keine detaillierte Diskussion des TQM-Konzeptes sowie seiner Varianten erfolgen. Es soll daher auf die Ausführungen in der Literatur verwiesen werden. Eine umfassende Abhandlung zur Problematik liegt beispielsweise von Schildknecht vor. Vgl Schildknecht, R., a.a.O., S. 94 ff.

[460] Vgl. Oess, A., a.a.O., S. 89; Knoblauch, R., Schnabel, R.E., Qualität entsteht im Kopf. Führungskräfte müssen Qualitätskontrollen vorleben, in: Blick durch die Wirtschaft, 19.06.1991, S. 7; Töpfer, A., Mehdorn, H., Total Quality Management. Anforderungen und Umsetzung im Unternehmen, Neuwied u.a. 1993, S. 9 ff.

[461] Vgl. Siegwart, H., Overlack, J., Langfristiger Erfolg durch Qualitätsstrategien, in: Harvard Manager, Nr. 3, 1986, S. 65 ff. Umfassende und differenzierte Ausführungen zum Qualitätsbegriff des TQM finden sich bei: Schildknecht, R., a.a.O., S. 94 ff.; Oess, A., a.a.O., S. 37 ff.

[462] Diese Auffassung wird auch in der Literatur vertreten. Beispielsweise argumentieren O'Neal und LaFlef wie folgt: "The compatibility of the marketing and total quality concepts become evident: each focuses on 'meeting customer expectations', each emphasizes the involvement of all organizational units in implementation and has continuous improvement as a primary objective." O'Neal, C.R., LaFief, W.C., a.a.O., S. 137. Vgl. auch Witcher, B.J., Total Marketing: Total Quality and The Marketing Concept, in: The Quarterly Review of Marketing, Winter, 1990, S. 6; Töpfer, A., Mehdorn, H., Total Quality Management, a.a.O., S. 86 ff.

Marketinggesichtspunkten vor allem darin, wie das gemeinsame Ziel (kundenorientierte Leistungserstellung) erreicht werden soll.[463]

Die Unterschiede in den Vorgehensweisen sind im wesentlichen entwicklungshistorisch erklärbar. Während Marketing zunächst primär **unternehmensextern** auf das Management der Beziehungen zu den Nachfragern und zu den Konkurrenten ausgerichtet war, lag der Ausgangspunkt des TQM **unternehmensintern** in der Produktion bzw. der Qualitätssicherung. Beide Konzeptionen wurden erst später zu umfassenden Unternehmensführungsphilosophien erweitert. Marketing ist dabei um die unternehmensinterne, funktionsübergreifende und TQM um die unternehmensexterne, kundenorientierte Komponente erweitert worden.[464]

Allerdings zeigt sich, daß beide Unternehmensführungsphilosophien Schwierigkeiten bei der praktischen Realisierung dieser erweiterten Ansprüche besitzen. Während Marketing, wie gezeigt wurde, durch Implementierungsschwierigkeiten gekennzeichnet ist[465], treten im TQM aufgrund weitgehend fehlender Instrumentarien Schwierigkeiten bei der Erkenntnisgewinnung über das Nachfrager- und Konkurrenzverhalten auf.

Die Schwächen des TQMs werden konzeptionell dadurch ausgeglichen, daß die **Informationsgewinnungsaufgaben der betrieblichen Fachfunktionseinheit Marketing übertragen werden.**[466] Marketing übernimmt damit automatisch, und auch von den Vertretern des TQMs so gewollt, die **Führungsrolle im TQM,** da durch die Marketingarbeit die Vorgaben für die Qualitätsanforderung festgelegt oder zumindest die Informationsgrundlagen hierfür zur Verfügung gestellt werden.[467]

Im Gegensatz zum Marketing sind die Methoden und Instrumente des TQMs zur unternehmensweiten Implementierung der durch das Marketing vorgegebenen Qualitäts-

---

[463] Vgl. hierzu auch Kordupleski, R.E., Rust, R.T., Zahorik, A. J., Why Improving Quality Doesn't Improve Quality (Or Whatever Happened to Marketing?), in: California Management Review, Spring 1993, S. 83 ff.

[464] Vgl. Atkinson, P.E., Creating Culture Change: The Key to Successful Total Quality Management, Kempston 1990, S. 11.

[465] Vgl. die Ausführungen im Abschnitt A.

[466] Oakland bemerkt dazu: "The 'marketing'function of an organization must take the lead in establishing the quality requirements for the product or service. Having determinded the need, marketing should define the market sector and demand." Oakland, J.S., a.a.O., S. 10. Ähnlich Ishikawa zur Stellung des Marketings im TQM "...everything begins in this division because of its close contact with consumers." Ishikawa, K., a.a.O., S. 176.

[467] "It is important that marketing management take the lead in promoting, planning, and implementing this customer value enhancement process." O'Neil, C.R., LaFief, W.C., a.a.O., S. 143. Vgl. auch zur Führungsrolle des Marketings im unternehmensweiten Qualitätsmanagement-Prozeß Morgan, N.A., Piercy, N.F., a.a.O., S. 117. Ähnlich auch Christopher, M., Payne, A., Ballantyne, D., a.a.O., S. 82.

anforderungen (Produktionsnormen)[468] sehr weit entwickelt. Eine Methode, die hierfür beispielsweise genutzt wird, ist das sogenannte "Quality Function Deployment".[469] Auch funktionsübergreifende Koordinationsmechanismen, z.B. Qualitätslenkungsgruppen und Qualitätszirkel, werden im Qualitätsmanagement schon seit langer Zeit diskutiert und auch erfolgreich in der Praxis genutzt.[470]

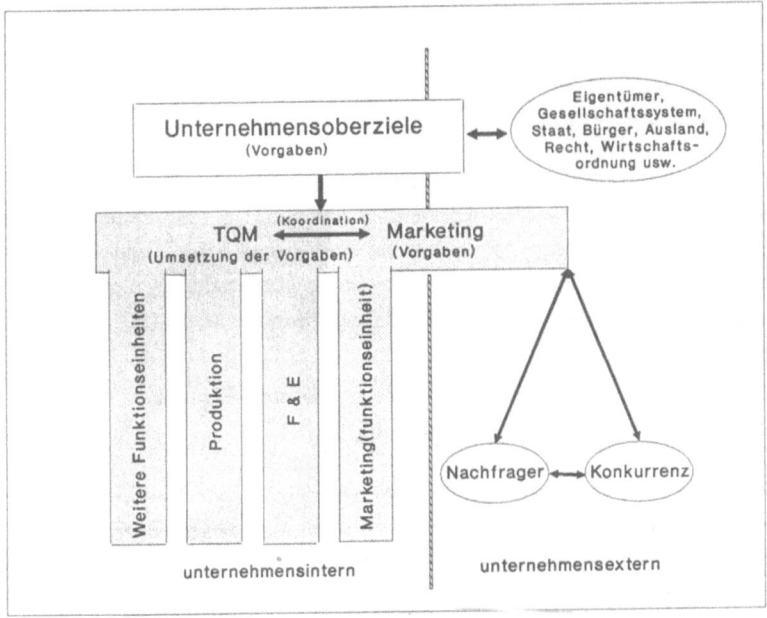

Abb. 49: Die Synthese von Marketing und TQM

Durch eine **Synthese der Unternehmensführungsphilosophien Marketing und TQM** besteht die Möglichkeit, simultan die **Schwächen beider Führungsphilosophien auszugleichen.** Marketing und TQM sind somit nicht als konfliktäre oder konkurrierende, sondern sich primär gegenseitig ergänzende Unternehmensführungsphilo-

---

[468] Hauser und Clausing bezeichnen diese Vorgaben als die "kundenwichtigen Merkmale". Vgl. Hauser, J.R., Clausing, D., Wenn die Stimme des Kunden bis in die Produktion vordringen soll, in: Harvard manager, Nr. 4, 1988, S. 59.

[469] Vgl. zum Konzept des Quality Function Deployment (QFD) ebenfalls die Ausführungen im Abschnitt C. 3.2.4.3. Vgl. auch Akao, Y., An Introduction to Quality Function Deployment, in: Akao, Y., Hrsg., Quality Function Deployment. Integrating Customer Requirements into Product Design, Cambridge/Mass. 1990, S. 16; Oess, A., a.a.O., S. 198 ff. Hauser und Clausing demonstrieren das QFD am Beispiel der Umsetzung von Kundenwünschen bezüglich einer Autotür in die konkrete betriebliche Leistungserstellung. Vgl. Hauser, J.R., Clausing, D., a.a.O., S. 60 ff.

[470] Vgl. Engelhardt, W.H., Schütz, P., a.a.O., S. 397.

sophien zu verstehen.[471] Aus Sicht des Marketings könnten durch eine Synthese die Marketingimplementierungsschwierigkeiten beseitigt oder reduziert werden. Gleichzeitig würde aber Marketing eine Führungsrolle im TQM-Prozeß und damit in der Unternehmensführung übernehmen (vgl. Abbildung 49).[472]

Bisher konnte sich in der Literatur noch kein geschlossenes theoretisches und allgemein akzeptiertes Paradigma des TQMs herausbilden, da trotz der Vielzahl von Veröffentlichungen zum TQM noch keine einheitliche Strukturierung ganzheitlicher Qualitätskonzeptionen im Sinne von TQM vorliegt.[473] Das **Verständnis von TQM** wird daher ersatzweise durch sogenannte "**Prinzipien oder Führungsgrundsätze des TQMs**" operationalisiert.[474]

Im folgenden soll nicht auf die Implementierung des TQMs selbst eingegangen werden, sondern diskutiert werden, welche Elemente des TQMs für die Marketingimplementierung von besonderer Relevanz sind.[475] Hierzu gehören insbesondere verschiedene **Instrumente und Methoden** sowie einige Gestaltungsempfehlungen bzw. "**Prinzipien des TQMs**", die deren erfolgreichen Einsatz entscheidend determinieren.

3.2.3 Gestaltungsprinzipien des TQMs

Die Methoden und Instrumente, die im Rahmen des TQM zur Marketingimplementierung nutzbar sind, können als problemorientierte Managementsysteme (technisches System) aufgefaßt werden, deren Aufbau und Einsatz jedoch von spezifischen Annahmen oder Vorstellungen des menschlichen Verhaltens (soziales System) abhängig

---

[471] Dieses Verständnis stimmt auch mit dem Vorgehen der Praxis überein. Das Unternehmen Merck betrachtet beispielsweise TQM als einen Marketingansatz, der das Marketing nach außen mit dem Marketing nach innen verbindet. Vgl. Baltes, H., Schütz, P., Mit Qualität in die Offensive. Marktorientiertes Qualitätsmanagement: Fallbeispiel E. Merck, in: Absatzwirtschaft, Sondernummer Oktober, 1991, S. 49. Vgl. auch Kubbe, T., Schleich, M., Ein Aktionsprogramm. Alles, was Qualität im Unternehmen bewegt, in: Absatzwirtschaft, Sondernummer Oktober, 1991, S. 87.

[472] Vgl. O'Neal, C.R., LaFief, W.C., a.a.O., S. 133; Morgan, N.A., Piercy, N.F., a.a.O., S. 117.

[473] Eine Ausnahme bildet der von Zink vorgelegte Strukturierungsansatz, der als Bausteine die übergeordnete Qualitätsphilosophie, die organisatorischen, personellen und technischen Rahmenbedingungen sowie die Methoden und Instrumente unterscheidet. Vgl. Zink, K.J., Qualität als Herausforderung, in: Zink, K.J., Hrsg., Qualität als Managementaufgabe. Total Quality Management, Landsberg a.L. 1989, S. 25. Ähnlich auch Schildknecht, R., a.a.O., S. 118.

[474] Vgl. z.B. Adam, D., Thesen zum Total Quality Management, in: Meffert, H., Wagner, H., Backhaus, K., Kosten, Qualität und Zeit als Wettbewerbsvorteile - Was bringt Total Quality Management? Dokumentationspapier Nr. 75 der Wissenschaftlichen Gesellschaft für Marketing und Unternehmensführung e.V., Münster 1993, S. 56 ff.; Spenley, P., a.a.O., S. 19 ff.

[475] Vgl. umfassend zur Implementierung von TQM als Unternehmensführungsphilosophie Munro-Faure, L., Munro-Faure, M., a.a.O.; Oakland, J.S., a.a.O., Fox, R., a.a.O.

sind.[476] Die **"Prinzipien des TQMs" oder "Rahmenbedingungen" formulieren die Grundlage**, auf deren Basis die verschiedenen Methoden und Instrumente konzipiert und eingesetzt werden können.[477] Ohne konsistente simultane Optimierung sowohl des technischen als auch des sozialen Systems können die Methoden und Instrumente nicht erfolgreich eingesetzt werden.[478] Es ist daher auch nicht sinnvoll, einzelne Methoden und Instrumente des TQMs aus dem Gesamtsystem herauszulösen und isoliert, ohne Berücksichtigung der Rahmenbedingungen für die Marketingimplementierung, zu nutzen. Im folgenden sollen drei Gestaltungsprinzipien unterschieden werden[479], die im Kern den drei Grundprinzipien der Implementierung (Kennen/Verstehen, Können, Wollen) zugeordnet werden können:[480]

- das Prinzip der Eindeutigkeit und Einfachheit (Kennen/Verstehen),

- das Prinzip der Prozeßorientierung (Können),

- das Prinzip der Mitarbeiterorientierung (Wollen).

3.2.3.1 Das Prinzip der Eindeutigkeit und Einfachheit (Kennen/Verstehen)

Dieses TQM-Prinzip zielt in erster Linie darauf ab, daß alle relevanten Mitarbeiter jederzeit möglichst genau wissen, was von ihnen verlangt wird. Um dies zu erreichen, müssen im Unternehmen möglichst viele "qualitätsfähige" Prozesse, d.h. Prozesse, auf die Methoden und Instrumente des TQMs Anwendung finden können, geschaffen werden.[481] Dieses soll dadurch erreicht werden, daß Maßnahmen und Methoden zielgruppenspezifisch so einfach und eindeutig wie möglich konzipiert werden. Aus diesem Grund wird versucht, **möglichst viele Teilprozesse** stets mit Hilfe von objektiven Fakten, d.h. **mit relativ objektivem Datenmaterial, nachvollziehbar zu verdeutli-**

---

[476] Vgl. Oess, A., a.a.O., S. 90 ff.

[477] Vgl. zu verschiedenen Systematisierungen von Prinzipien und Rahmenbedingungen des TQMs Schildknecht, R., a.a.O., S. 117 ff.; Oess, A., a.a.O., S. 90 ff.; Munro-Faure, L., Munro-Faure, M., a.a.O., S. 14.

[478] "Um Qualitätsprobleme zu lösen, ist eine optimale Verschränkung beider Systeme erforderlich." Oess, A., a.a.O., S. 111.

[479] In der Literatur werden z.T. andere oder auch zusätzliche Rahmenbedingungen oder Gestaltungsprinzipien genannt. Da eine allgemein akzeptierte Systematisierung nicht vorliegt, kann auch nur unzureichend beurteilt werden, welche Systematisierung unter welchen Bedingungen sinnvoll ist. Die hier dargestellten drei Gestaltungsprinzipien beziehen sich explizit auf die Gestaltung von Methoden und Instrumenten des TQMs und vernachlässigen daher dynamische Aspekte des Implementierungsprozesses selbst - wie z.B. das Prinzip der "Permanenten Verbesserung" - die im Rahmen dieser Arbeit erst im Abschnitt D. betrachtet werden.

[480] Vgl. zu den Grundprinzipien der Implementierung Abschnitt A. 3.

[481] Vgl. Oess, A., a.a.O., S. 132 f.

chen.[482] Hierdurch können Fehlerquellen eindeutiger zugeordnet, in ihrem Ausmaß besser quantifiziert und in der Konsequenz einfacher beseitigt werden.[483] Neben der Meßbarkeit des Teilprozeßoutputs muß sichergestellt werden, daß die personellen Verantwortlichkeiten hinsichtlich Planung, Diagnose, Sicherung der Qualität, Produktentwicklung, Marktanalyse usw. möglichst eindeutig geklärt werden.[484]

3.2.3.2 Das Prinzip der Prozeßorientierung (Können)

Damit Marketingimplementierung erfolgreich realisiert werden kann, müssen die dafür eingesetzten Instrumente und Methoden prinzipiell zur Marketingimplementierung geeignet sein. Eine zentrale Voraussetzung hierfür ist, daß sie auf einem prozeßorientierten Ansatz beruhen, der geeignet sein muß, die unternehmensweite funktionsübergreifende Zusammenarbeit zu fördern, d.h. es müssen alle Einzelprozesse der Leistungserstellung einbezogen und verknüpft werden.[485]

Diese Voraussetzung wird nach Meinung der Literatur durch das TQM erfüllt.[486] Die **Idee des internen Kunden** gilt dabei als **Grundgedanke zur Umsetzung der Kundenorientierung in den gesamten innerbetrieblichen Leistungserstellungsprozeß.**[487] Die jeweils nachgelagerte Stufe hat dabei das Recht auf Lieferung fehlerfreier, den Anforderungen dieser Stufe genügender Leistungen von der vorgelagerten Stufe. Ishikawa, der diese Idee erstmals 1950 im Rahmen der Beratung eines Stahlwerkes formuliert hat, umschreibt sie mit "the next process is your customer".[488] Diese Betrachtungsweise führt dazu, daß jede betriebliche Einheit (z.B. Mitarbeiter, Arbeitsgruppe, Funktionseinheit oder Unternehmenseinheit) sowohl Kunde als auch Lieferant sein kann.[489] Vielfach werden auch die Zulieferer in diesen Prozeß eingebunden und aufgrund der aufgebauten engen Beziehungen quasi als interne Lieferanten betrach-

---

[482] Vgl. hierzu detailliert die Ausführungen bei Juran, J.M., Der neue Juran - Qualität von Anfang an, Landsberg/Lech 1993, S. 144 ff. Vgl. auch Peters, T., a.a.O., S. 93 f.; Oess, A., a.a.O., S. 324.

[483] Vgl. Munro-Faure, L., Munro-Faure, M., a.a.O., S. 129 ff.

[484] Vgl. Oess, A.,a.a.O., S. 96 f.

[485] Unter einem Prozeß versteht man das Zusammenwirken von Inputfaktoren, z.B. Fähigkeiten, Material und Verfahren, zur Erzielung eines Outputs. Vgl. Oakland, J.S., a.a.O., S. 9. Vgl. zur Prozeßorientierung im einzelnen Schildknecht, R., a.a.O., S. 130 ff.

[486] "One of the most remarkable features of TQM is the way in which it has drawn practising managers from many parts of an organization to work across traditional functional boundaries to improve quality and productivity." Christopher, M., Payne, A., Ballantyne, D., a.a.O., S. 75.

[487] Vgl. Oglethorpe, R.J., Achieving Customer Satisfaction Through Total Quality Management, in: Marketing Science Institute, Hrsg., The Changing World of Marketing, Report Nr. 92-112 des Marketing Science Institute, Cambridge/Mass. 1992, S. 10.

[488] Ishikawa, K., a.a.O., S. 107.

[489] Vgl. Schildknecht, R., a.a.O., S. 128.

tet.[490] Das Prinzip des internen Kunden soll sicherstellen, daß die vom Kunden geforderten Teilqualitäten, deren inhaltliche Identifikation dem Marketing zukommt, durch F & E-Aktivitäten in eine produktmerkmalsbezogene Qualität umgesetzt werden, um anschließend in eine fertigungsprozeßbezogene Qualität umgewandelt zu werden, ohne daß die Kundenorientierung während des gesamten Prozesses verlorengeht.[491]

Kundenorientierung wird somit nicht mehr nur verbal von jedem Mitarbeiter gefordert. Sie ist zudem, unabhängig davon, ob für den einzelnen direkter (End-)Kundenkontakt besteht, durch den Aufbau von Verkäufer-Käuferbeziehungen im gesamten Leistungserstellungsprozeß permanent und konkret für die Betroffenen nachvollziehbar. Dadurch, daß jeder Mitarbeiter seine Leistungen für einen internen oder externen Kunden erbringt, ist Kundenorientierung ex definitione für jeden Mitarbeiter erforderlich. Kundenorientiertes Verhalten kann nicht mehr als "etwas für die anderen" eingestuft und von dem einzelnen für sich als relativ unwichtig bewertet werden. Es besteht der Zwang, sich unternehmensweit, individuell mit kundenorientiertem Verhalten auseinanderzusetzen, wodurch dieses Verhalten sehr wahrscheinlich leichter implementierbar wird.

Als Ansatzpunkte zur Verbesserung der Kunden-/Lieferanten-Beziehungen gelten Veränderungen des Arbeitsablaufes, der Arbeitsbedingungen, der Arbeitsanforderungen und des Ausbildungsstandes.[492] Es wird angestrebt, nur solche Veränderungen vorzunehmen, die von den Mitarbeitern umgesetzt werden können. Sind die Mitarbeiter hierzu nicht unmittelbar in der Lage, werden vorab umfangreiche Qualifikations- und Motivationsmaßnahmen eingesetzt.[493] Inhaltlich umfassen die Schulungen in erster Linie Verfahren der Problem- und Entscheidungsanalyse sowie des Teamverhaltens bei

---

[490] Vgl. Mehl, R., "Qualitá totale" - Fiats Antwort auf japanische Erfolgsrezepte, in: Blick durch die Wirtschaft, 25.09.1991, S. 7.

[491] Vgl. Wetzlar, G., Organisatorische Aspekte einer Implementierung von Qualitätsstrategien in Industriebetrieben, Arbeitsbericht Nr. 33 des Seminars für Allgemeine Betriebswirtschaftslehre, Industriebetriebslehre und Produktionswirtschaft der Universität Köln, 2. Aufl., Köln 1991, S. 42.

[492] Vgl. Christopher, M., Payne, A., Ballantyne, D., Relationship Marketing. Bringing quality, customer service and marketing together, Oxford 1991, S. 79 f.; Munro-Faure, L., Munro-Faure, M., Implementing Total Quality Management, London 1992, S. 20 f.

[493] Vgl. Schildknecht, R., a.a.O., S. 148 ff.; Knoblauch, R., Schnabel, R.E., Qualitäts-Management, Entwicklung einer Qualitätsmentalität. Qualität beginnt und endet beim Mitarbeiter, in: Gablers Magazin, Nr. 2, 1992, S. 14. Speziell die Automobilindustrie initiiert vor der Einführung neuer Modelle umfassende Ausbildungs- und Informationsveranstaltungen, um eine stärkere Identifikation mit dem Produkt und dem Unternehmen zu schaffen, die Partizipation am betrieblichen Geschehen zu fördern und die Arbeitsqualität zu erhöhen. Vor der Einführung des Golf III wurden bei VW insgesamt 42.000 Mitarbeiter in solche Maßnahmen einbezogen. Vgl. o.V., Integrationsprogramm. Wir machen das schon, in: Industriemagazin, Report IV, September, 1991, S. 78 ff.

der zwischenmenschlichen Kommunikation sowie bei Konflikten.[494] In Abbildung 50 wird Prozeß der internen Kunden-/Lieferanten-Beziehungen verdeutlicht.

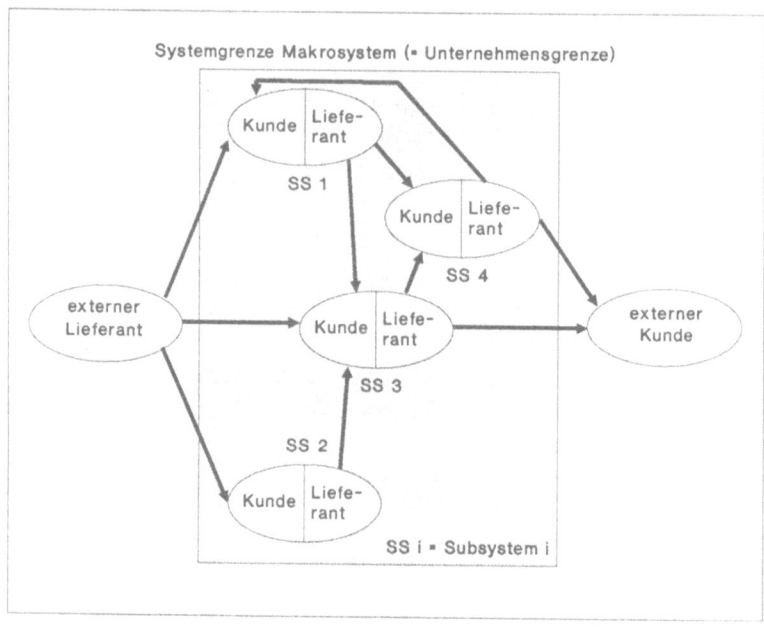

Abb. 50: Das Prinzip der (unternehmens-)internen
Kunden-Lieferanten-Beziehungen[495]

Durch die explizite Prozeßorientierung besteht die Möglichkeit, die Transparenz des Leistungserstellungsprozesses zu steigern. Eine **systematische Betrachtung von Schnittstellenproblemen** wird somit möglich und auch gefördert.[496] Die Berücksichtigung des Prinzips der Prozeßorientierung bei der Konzeption der Methoden und Instrumente, die im Rahmen des TQMs zur Marketingimplementierung geeignet sind,

---

[494] Vgl. Joiner, B.L., Scholtes, P.R., The manager's new job, in: Chase, R.L., Hrsg., Total Quality Management. An IFS Executive Briefing, Berlin u.a. 1988, S. 34; Oess, A., a.a.O., S. 324; Peters, T., a.a.O., S. 94 f.

[495] Vgl. Schildknecht, R., a.a.O., S. 128. Vgl. ähnlich auch Atkinson, P.E., a.a.O., S. 120; Sommerlatte, T., Qualität - die neue Dimension im Management, in: Arthur D. Little, Hrsg., Management von Spitzenqualität, Wiesbaden 1992, S. 13.

[496] Ein Instrument hierfür ist die "Department purpose analysis (DPA)", durch deren Anwendung die Möglichkeit besteht, gleichzeitig funktionsbereichsspezifische Anforderungen und Unzulänglichkeiten zu lokalisieren und zu personifizieren. Vgl. Schildknecht, R., a.a.O., S. 130. Vgl. zur Anwendung des Konzeptes der Department purpose analysis (DPA) zur Ermittlung des Koordinationsbedarfs im Rahmen der funktionsübergreifenden Zusammenarbeit Abschnitt C. 2.1.3.3.1.

stellt die zentrale Grundlage dafür dar, daß mit diesen Methoden und Instrumenten prinzipiell eine funktionsübergreifende Marketingimplementierung ermöglicht werden kann.

3.2.3.3 Das Prinzip der Mitarbeiterorientierung (Wollen)

Die explizite Berücksichtigung des Mitarbeiterverhaltens und die Nutzung der Problemlösungskapazitäten der Mitarbeiter auf allen Hierarchieebenen gilt insbesondere zur Steigerung der Akzeptanz (Wollen) als ein weiteres fundamentales Gestaltungsprinzip des TQMs. Neben der weitgehenden Standardisierung der Prozesse/Instrumente und Methoden soll dem einzelnen **Mitarbeiter möglichst viel Verantwortung übertragen werden,** um seine Fähigkeiten und Erfahrungen auf möglichst problemnaher Ebene schnell und flexibel nutzen zu können.[497]

Als Konsequenz dieser Sichtweise verlieren Status- und Hierarchieunterschiede im herkömmlichen Sinne an Bedeutung. **Vorgesetzte** haben weniger eine anordnende, kontrollierende Aufgabe; vielmehr haben sie eine **unterstützende, moderierende Funktion.** Sie müssen sicherstellen, daß die jeweiligen Umfeldbedingungen am Arbeitsplatz problemgerecht, d.h. in optimaler Abstimmung zwischen dem technischen (Managementsystemen) und dem sozialen System (Mitarbeiter), gestaltet sind.[498] Managementsysteme werden somit nicht ohne Berücksichtigung ihrer Wirkungen auf die Fähigkeiten und das Verhalten der Mitarbeiter geplant und eingesetzt. Es erfolgt keine Einzel- oder Sukzessivoptimierung, sondern eine **Simultanoptimierung beider (technischer/ sozialer) Systembestandteile.** Als zentraler akzeptanzfördernder Faktor gilt zusätzlich die Unterstützung und das vorbildhafte Verhalten durch das Top-Management, da die Methoden und Instrumente nur dann unternehmensweit akzeptiert werden, wenn eine konsistente Qualitätspolitik sowie eine TQM gerechte Unternehmenskultur geschaffen werden kann.[499]

3.2.4 Instrumente des TQMs zur Marketingimplementierung

Auf Basis der drei vorgestellten Gestaltungsprinzipien sind im Rahmen des TQMs verschiedene Methoden und Instrumente zur Umsetzung des kundenorientierten Quali-

---

[497] Vgl. Ishikawa, K., a.a.O., S. 112.

[498] Vgl. Oess, A., a.a.O., S. 103 ff.

[499] Vgl. Oakland, J.S., a.a.O., S. 15 f.; Spenley, P., a.a.O., S. 39 ff.; Ishikawa, K., a.a.O., S. 122 ff.; Oess, A., a.a.O., S. 153 ff.

ätsverständnisses des TQMs entwickelt worden.[500] Implementierungsinstrumente des
TQM bieten insbesondere den Vorteil, daß sie bestimmte Implementierungsproblembereiche detailliert vorstrukturieren und dadurch den Mitarbeitern einen Handlungs-
rahmen vorgeben, so daß Unsicherheiten bei den betreffenden Arbeitsabläufen reduziert werden können. Diese Instrumente können als Formen der schon im Rahmen der
Partialansätze zur funktionsübergreifenden Zusammenarbeit diskutierten **integrierten
Koordinationsinstrumente** (z.b. Cross-Functional-Visit-Programms) aufgefaßt werden, die im Koordinationsrahmen des TQMs (z.b. Unternehmenskultur, Planungssystem) konzipiert und eingesetzt werden.[501] Bei den nachfolgend detailliert vorgestellten Koordinationsinstrumenten handelt es sich um Meta-Instrumente, die aus einer
Kombination mehrerer relativ einfach strukturierter Einzelinstrumente (z.b. Be-
ziehungs-, Baum-, Matrix-, Pfeildiagramme) bestehen.[502] Im folgenden sollen die integrierten Koordinationsinstrumente detaillierter vorgestellt werden, die für die funktionsübergreifende Marketingimplementierung einen Problemlösungsbeitrag liefern
können:[503]

- **Policy Deployment**, zur Implementierung von Unternehmensphilosophien
  und Unternehmenszielen,

- **Benchmarking**, zur Beschaffung von Daten zur Verbesserung und Identifikation von KKVs,

- **Quality Function Deployment**, zur interfunktionalen Implementierung
  der Kundenorientierung und

- **Target Costing**, zur unternehmensweiten Verankerung eines marktorientierten Kostendenkens.

---

[500] Für den Begriff Instrument werden in der Literatur z.T. auch die Begriffe Tools, Hilfsmittel,
Techniken und Methoden verwendet oder es wird versucht, die Begriffe voneinander abzugren-
zen. Im folgenden sollen jedoch alle diese Begriffe synonym verwendet werden. Vgl. auch
Schildknecht, R., a.a.O., S. 162; Munro-Faure, L., Munro-Faure, M., a.a.O., S. XIV.

[501] Vgl. Abschnitt C. 2.1.3.3.3 und C. 2.1.3.3.4.

[502] Vgl. zur Darstellung der Teilinstrumente des TQMs Imai, M., Kaizen. Der Schlüssel zum Erfolg
der Japaner im Wettbewerb, München 1991, S. 281 ff.; Munro-Faure, L., Munro-Faure, M.,
a.a.O., S. 145 ff. und S. 195 ff.; Oakland, J.S., a.a.O., S. 122 ff.

[503] Die Koordinationsinstrumente Benchmarking und Quality Function Deployment werden in der
Literatur vielfach schon explizit als Marketingimplementierungsinstrumente eingeordnet. Vgl.
beispielsweise Cali, J.F., TQM for Purchasing Management, New York 1993, S. 77 ff. für QFD
und S. 114 ff. für Benchmarking; Christopher, M., Payne, A., Ballantyne, D., a.a.O., S. 78 für
QFD und S. 92 ff. für Benchmarking. Das Policy Deployment wurde bisher weniger beachtet, soll
hier jedoch ebenfalls als integriertes Koordinationsinstrument betrachtet werden, weil es zur Implementierung von Unternehmensphilosophien und Unternehmenszielen eingesetzt werden kann,
deren Ausgestaltung ebenfalls von zentraler Bedeutung für die marktorientierte Unternehmensführung ist.

Es soll allerdings noch darauf verwiesen werden, daß die vorgestellten Implementierungsinstrumente trotz ihrer z.T. sehr detaillierten Grundstruktur, nur als Vorschlag für unternehmensindividuelle Ausgestaltungen dienen können und immer unternehmensindividuell angepaßt werden müssen.[504] Ferner soll die folgende Darstellung einzelner Instrumente beispielhaft aufzeigen, wie Instrumente prinzipiell gestaltet sein sollten, damit sie zur Marketingimplementierung erfolgreich eingesetzt werden können.

3.2.4.1 Policy Deployment

Mehrfach wurde betont, daß zur Internalisierung von Unternehmensführungsphilosophien wie dem Marketing unternehmensweit für alle Mitarbeiter gültige handlungsleitende Grundsätze und Werte vorhanden und akzeptiert sein müssen, die üblicherweise in der Unternehmensphilosophie oder -vision festgelegt sind.[505] Da sich gezeigt hat, daß deren oft sehr allgemein gehaltene und schlecht faßbare Inhalte nur dann umsetzbar sind, wenn sie in konkrete, schriftlich formulierte, nachvollziehbare und funktionsbereichsspezifische Zielvorgaben umformuliert werden[506], ist hierfür im Rahmen des TQMs ein strukturiertes Vorgehen entwickelt worden, das in Japan "Hoshin Kanri" und im englischsprachigen Raum "Policy Deployment" genannt wird.[507] In Abbildung 56 wird das Vorgehen des Policy Deployment in seiner Grundstruktur im Überblick dargestellt.

Der Prozeß des Policy Deployments[508] beginnt, falls noch nicht vorhanden, mit der **Formulierung einer Unternehmensphilosophie**, deren Inhalte dem Top-Management als Grundlage für die Entwicklung eines i.d.R. fünfjährigen Strategie- und Zielplanes dienen. Basierend auf diesen langfristigen Handlungsvorgaben werden dann **kurzfristigere, konkretere Jahres-Strategie- und -Zielpläne** aufgestellt. Diese Jah-

---

[504] Vgl. Akao, Y., QFD. Quality Function Deployment. Wie die Japaner Kundenwünsche in Qualität umsetzen, Landsberg a.L. 1992, S. 15.

[505] Vgl. zur begrifflichen Konkretisierung Abschnitt C. 2.1.2.2.3.

[506] Vgl. Oess, A., a.a.O., S. 163.

[507] Dieses Instrument wird nicht nur in Japan, sondern auch in den USA beispielsweise von Procter and Gamble, Intel, Hewlett-Packard und Xerox genutzt. Vgl. Watson, G., Understanding Hoshin Kanri, in: Akao, Y., Hrsg., Hoshin Kanri. Policy Deployment for Successful TQM, Cambridge/ Mass. u.a. 1991, S. XXVII. In Deutschland setzt u.a. die Bosch-Gruppe das Verfahren ein. Raschke, U., Kronast, M., Marktorientiertes Qualitätsmanagement: Fallbeipiel Robert Bosch GmbH. Vom Leitbild zum Kundenkontakt, in: Absatzwirtschaft, Sondernummer, Oktober, 1991, S. 37 f. Vgl. zur Anwendung in amerikanischen Unternehmen Kano, N., A Perspective on Quality Activities in American Firms, in: California Management Review, Spring 1993, S. 22 ff.

[508] Vgl. zum Vorgehen im Detail Akao, Y., Hoshin Kanri. Policy Deployment for Successful TQM, Cambridge/Mass. u.a. 1991, S. 17 ff.; Oess, A., a.a.O., S. 169 ff.; Dale, B.G., Policy Deployment, in: Chase, R.L., Hrsg., Implementing TQM, Vol. 2, A TQM Magazine Publication, Kempston 1991, S. 27 ff.

resvorgaben sind das Ergebnis eines intensiven Diskussionsprozesses, in den - neben den Vorstellungen des Top-Managements - auch die Ansichten aller weiteren Führungskräfte aller Funktionseinheiten sowie der Mitarbeiter auf operativer Ebene eingehen.

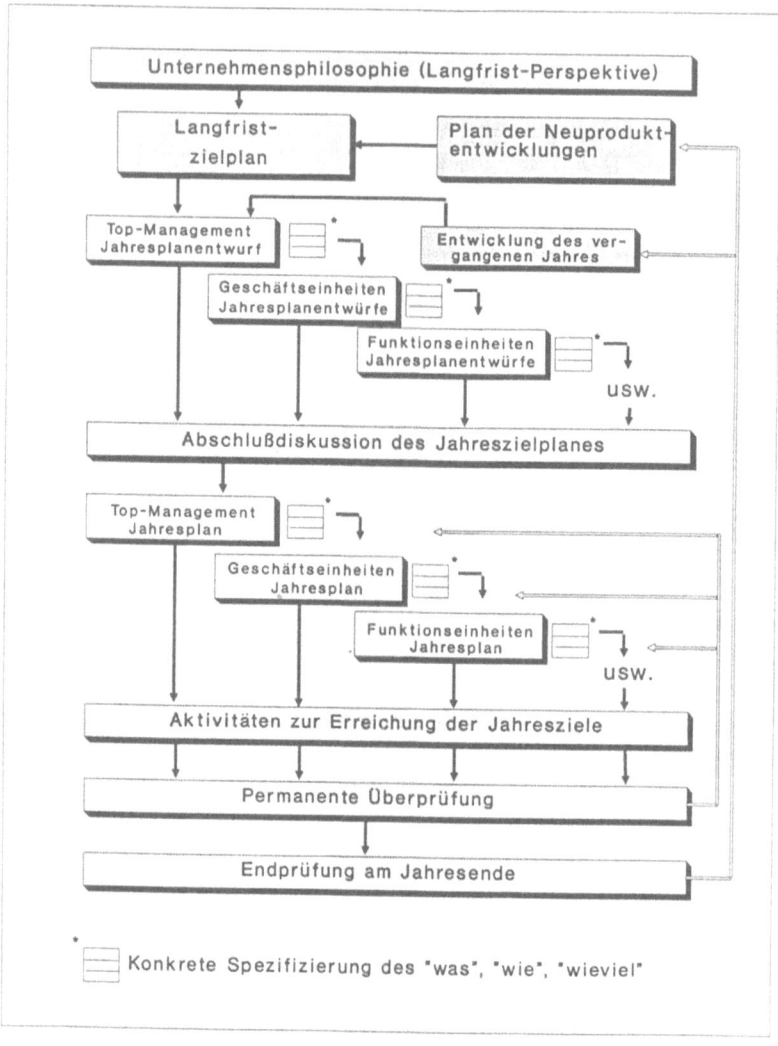

Abb. 51: Der Prozeß des Policy Deployments

Der gesamte Zielplanungs- und **Abstimmungsprozeß** des Policy Deployments wird üblicherweise **zeitlich genau determiniert**, wobei der gesamte **Diskussionsprozeß möglichst detailliert dokumentiert** wird, um die Argumente für oder gegen bestimmte Zielvorgaben strukturiert und nachvollziehbar für spätere Analysen vorliegen zu haben. Das Ergebnis dieses Diskussionsprozesses ist ein detaillierter Jahresplan, in dem kaskadenartig von den hierarchisch zuständigen Führungskräften auf Ebene des Unternehmens, der Funktionseinheiten und eventuell sogar des Arbeitsplatzes genau festgelegt wird, was von wem in welchem Ausmaß wie zu erreichen ist. Dabei wird berücksichtigt, daß **Ziele** nicht verkündet werden, sondern durch einen **partizipativen Prozeß in alle Hierarchieebenen hineinentwickelt (deployed) werden**, um die Zielakzeptanz zu steigern.

Ferner wird darauf geachtet, daß nicht alle Problemfelder gleichzeitig beseitigt werden können, sondern daß **Prioritäten gesetzt** werden, um die vorhandenen Ressourcen zu konzentrieren. Gleichzeitig werden auf allen Ebenen **zahlreiche Kontrollgrößen** (control items) festgelegt, die im Rahmen der Umsetzung der Ziele permanent auf Abweichungen überprüft werden. Auch der gesamte Kontrollprozeß wird mit Begründungen schriftlich festgelegt, in regelmäßigen Abständen diskutiert und auch an übergeordnete Stellen weitergeleitet, so daß kurzfristig Anpassungsmaßnahmen, eventuell sogar unter Einbeziehung externer Fachleute, vorgenommen werden können. Es wird sehr darauf geachtet, daß die Mitarbeiter erkennen, daß die Kontrollen nicht zu ihrer Überprüfung und Sanktionierung durchgeführt werden, sondern um die gemeinsam festgelegten Ziele zu erreichen.[509]

Das gesamte **Policy Deployment** ist auf allen Ebenen auf **möglichst große Transparenz ausgelegt.** Nicht nur die Unternehmensphilosophie, die zu lösenden zentralen Problemstellungen und die einzelnen konkreten Zielvorgaben, sondern auch die Zielerreichungsgrade werden permanent für jeden Mitarbeiter sichtbar am Arbeitsplatz auf Anzeigetafeln verdeutlicht.[510]

3.2.4.2 Benchmarking

Ein Instrument, das im Rahmen des TQMs zum **interbetrieblichen Leistungsvergleich und zur Identifikation von potentiellen Wettbewerbsvorteilen** eingesetzt

---

[509] "The principle of control is based on the idea that people are inherently good and want to perform optimally; therefore control must be voluntary." Akao, Y., Hoshin Kanri, a.a.O., S. 68.

[510] Vgl. Dale, B.G., a.a.O., S. 28 f.

wird, ist das sogenannte Benchmarking.[511] Benchmarking wird vom International Benchmarking Clearinghouse in Houston/Texas wie folgt definiert: "Benchmarking is the process of continuously comparing and measuring an organization with leaders anywhere in the world to gain information that will help it to take action to improve its performance."[512] Der Begriff **Benchmarking** umfaßt somit inhaltlich einen **Prozeß der Beschaffung von "Benchmarks"** verstanden als Ziel-Orientierungsgrößen, Richtwerte oder verallgemeinert als Ausprägungen von Gegebenheiten bei relevanten Zieldimensionen, die im Rahmen eines Vergleichs mit der eigenen unternehmensspezifischen Leistungsausprägung bei diesen Benchmarks zur Verbesserung bestehender oder Identifikation neuer KKVs dienen.[513]

Es werden **verschiedene Formen des Benchmarking** diskutiert, die sich insbesondere nach dem Umfang der Einbeziehung von Vergleichszieldimensionen und -objekten unterscheiden lassen.[514] Eine Systematisierung der verschiedenen Benchmarkformen kann anhand von drei Fragestellungen erfolgen (vgl. auch Abbildung 52):

- Wird Benchmarking nur unternehmensintern oder auch unternehmensextern durchgeführt?

- Bezieht sich Benchmarking nur auf direkt vergleichbare (z.B. Vertriebsmanagement - Vertriebsmanagement) oder nicht direkt vergleichbare Zieldimensionen der Analyse (Logistikmanagement eines Industriebetriebes - Scheckverkehrabwicklung einer Bank)?

- Sollen nur bestimmte direkt vergleichbare Organisationen (Vergleich der Konkurrenten einer Branche) oder prinzipiell **weltweit alle** - auch branchenfremde - Organisationen in die Analyse einbezogen werden?

---

[511] Das Instrument des Benchmarkings ist - basierend auf der Grundidee des japanischen "dantotsu" - das soviel wie "striving to be the best of the best" bedeutet - konzeptionell im wesentlichen in den USA von der Xerox Corporation entwickelt worden. Vgl. Camp, R., Benchmarking. The Search for Industry Best Practices that Lead to Superior Performance, Milwaukee 1989, S. 3 ff. Obwohl Benchmarking ein relativ neues TQM-Instrument ist, wird es als zentrales Element zur Umsetzung der kundenorientierten Qualitätsphilosophie eingestuft. Beispielsweise geht die Qualität des Benchmarkings in die Bewertung zur Verleihung des von der US-Regierung initiierten Qualitätswettbewerbs "Malcolm Baldrige Award" ein. Vgl. Cali, J.F., a.a.O., S. 130.

[512] Vgl. Watson, G.H., The Benchmarking Workbook. Adapting Best Practices for Performance Improvement, Cambridge/Mass. u.a. 1992, S. XXIV. Vgl. zum Überblick über Definitionen zum Benchmarking Camp, R., a.a.O., S. 248 ff und Watson, G.H., Strategic Benchmarking. How to Rate Your Company's Performance against the World's Best, New York u.a. 1993, S. 2 f.

[513] Vgl. Pieske, R., Am Klassenbesten orientieren. Quellen für Wettbewerbsvorteile, in: Absatzwirtschaft, Sondernummer Oktober, 1992, S. 149; Herter, R.N., Weltklasse mit Benchmarking, in: Fortschrittliche Betriebsführung und Industrial Engineering, Nr. 5, 1992, S. 254 f.; Horváth, P., Herter, R.N., Benchmarking. Vergleich mit den Besten der Besten, in: Controlling, Heft 1, 1992, S. 5 ff.

[514] Vgl. Camp, R., a.a.O., S. 60 ff.; Watson, G.H., a.a.O., S. 8 ff.; Pryor, L.S., Benchmarking: A Self-Improvement Strategy, in: The Journal of Business Strategy, November-December 1989, S. 29 f.

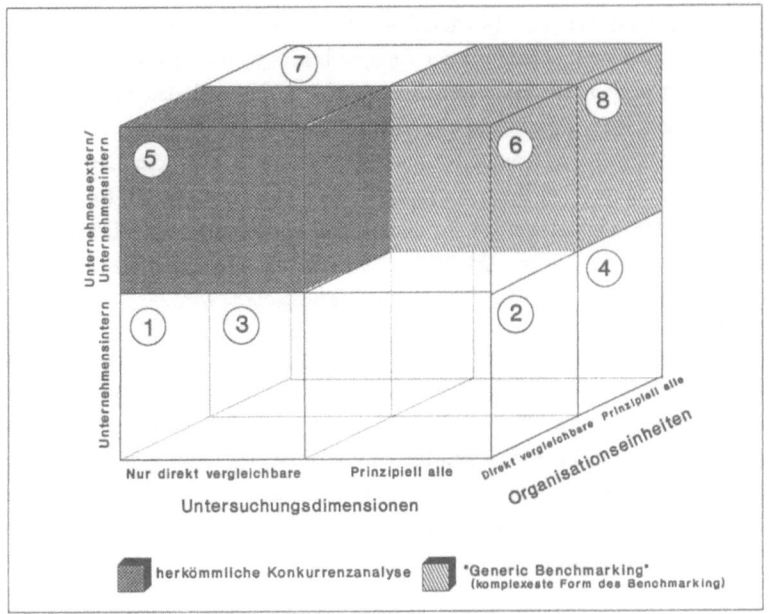

Abb. 52: Alternative Formen des Benchmarkings

Die einfachste Form des Benchmarkings ist das sogenannte **Internal Benchmarking**[515] (Kasten 1, 2, 3 und 4 in Abbildung 52), das nur unternehmensintern durchgeführt wird und insbesondere in größeren multinationalen Konzernen mit einer Vielzahl von Geschäftseinheiten sinnvoll einsetzbar ist, da häufig in bestimmten Teilbereichen des Konzerns innovative Lösungen gefunden werden, die als Orientierungspunkte für weitere interne Einheiten dienen können. Der Vorteil des internen Benchmarkings liegt insbesondere darin, daß Informationen wesentlich leichter zur Verfügung gestellt werden als beim externen Benchmarking.[516] Auch das Internal Benchmarking stellt schon eine Erweiterung herkömmlicher Analyseformen dar, da nicht nur vergleichbare Zieldimensionen und vergleichbare Organisationseinheiten einbezogen werden können. So ist beispielsweise denkbar, daß ein Organisationsproblem aus dem Distributionsbereich der Automobilsparte eines Konzerns durch die Analyse der Organisation des Rechnungswesens der Flugzeugsparte desselben Konzerns gelöst werden kann.

---

[515] Vgl. zum konkreten Vorgehen beim Internal Benchmarking Watson, G.H., Strategic Benchmarking, a.a.O., S. 93 ff.; Leibfried, K.H.J., McNair, C.J., Benchmarking. A Tool for Continuous Improvement, New York 1992, S. 54 ff.

[516] Vgl. Camp. R., a.a.O., S. 61.

199

Das "**Competitive Benchmarking**"[517] ist in weiten Teilen mit der herkömmlichen Konkurrenzanalyse identisch (Kasten 5 in Abbildung 52).[518] Werden zudem weitere branchenfremde Unternehmen bei der Analyse berücksichtigt (Kasten 7 in Abbildung 52), spricht man von "**Industry Benchmarking**"[519], das noch dadurch erweitert werden kann, daß jede organisatorische Einheit einbezogen wird, die aufgrund ihrer Problemlösungsstärke relevant erscheint. Beispielsweise kann die Organisation der Wettkampfmeldungen bei Sportwettkämpfen als Benchmark für die Rückmeldungen an Universitäten genutzt werden. In diesem Fall spricht man von "**Generic Benchmarking**"[520] (Kasten 8 in Abbildung 52), das als die komplexeste, aber auch erfolgversprechendste Form des Benchmarkings bezeichnet wird.[521]

Benchmarking bezieht sich nicht nur auf den Vergleich des eigentlichen Leistungsangebotes (Ergebnis), sondern betrachtet zudem die Art der Leistungserstellung (Prozeß) und wird daher auch als "**Process Benchmarking**" bezeichnet, das prinzipiell unternehmensweit von jeder betrieblichen Funktionseinheit eingesetzt werden kann. Gegenstand der Benchmarking-Analyse können das gesamte Unternehmen, Subsysteme und -prozesse im Unternehmen (z.B. Vertrieb, Logistik, Rechnungswesen), Produkte, Strategien und Zielvorstellungen des Unternehmens sein.[522]

Durch die Ausweitung der Analyse auf Einzelprozesse im Unternehmen und somit beispielsweise auch auf die Implementierungsfähigkeit selbst können auf vielfältige Weise Ansatzpunkte zur Erzielung von KKVs identifiziert werden. Gleiches gilt für die prinzipiell denkbare Ausweitung der Analyse auf Unternehmen bzw. jede relevante Organisationsform, die nicht Konkurrenten sind, da nicht nur die oft eingefahrenen

---

[517] Vgl. zum konkreten Vorgehen beim Competitive Benchmarking Watson, G.H., Strategic Benchmarking, a.a.O., S. 109 ff.

[518] Vgl. Christopher, M., Payne, A., Ballantyne, D., a.a.O., S. 92 f.

[519] Leibfried und McNair unterscheiden zwischen Competitive und Industry Benchmarking wie folgt: "The best way to keep the two approaches separate is to remember that for each product a company may have one or two competitors, but as a company it participates with an entire conglomeration of firms with similar product lines of market segments. Industrie benchmarking is a much more general procedure that sets a firm against companies with similar interests and similar technologies, attempting to identify product and service trends rather than current market share rankings." Leibfried, K.H.J., McNair, C.J., a.a.O., S. 116. Vgl. auch Watson, G.H., The Benchmarking Workbook, a.a.O., S. 8.

[520] Vgl. zum konkreten Vorgehen beim Generic Benchmarking Watson, G.H., Strategic Benchmarking, a.a.O., S. 149 ff.

[521] "It is the most difficult benchmarking concept to gain acceptance and use but probably that with the highest long-term payoff." Camp., R., a.a.O., S. 65.

[522] Vgl. im Detail zu Process Benchmarking Watson, G.H., The Benchmarking Workbook, a.a.O., S. 17 ff. Vgl. auch Grayson, C.J., Taking on the World, in: The TQM Magazine, June 1992, S. 140.

200

Strukturen und Prozesse der eigenen Branche betrachtet werden.[523] Leifried und Mc-Nair verweisen darauf, daß es durch die Anwendung des "best-in-class" Gedankens beim Industry und Generic Benchmarking möglich wird, daß "...organizations are leapfrogging the improvement process, moving the entrire game to a new playing field".[524] Zudem hat sich gezeigt, daß neue, branchenfremde Ideen oft bereitwilliger im Unternehmen akzeptiert und umgesetzt werden.[525]

Ferner wird als Vorteil angeführt, daß durch Benchmarking Prozesse sowie weitere Bezugsobjekte häufig erstmals detailliert betrachtet und vergleichbar gemacht werden, d.h. in irgendeiner Form bewertet ("gemessen") werden.[526]

Benchmarking stellt ein Instrument zur kontinuierlichen Verbesserung dar, das darauf abstellt, permanent bei allen Prozessen im Unternehmen einen Vergleich mit den besten Unternehmen der Welt vorzunehmen. Selbstverständlich können nicht permanent alle zentralen Unternehmensparameter verändert werden. Aus diesem Grund unterscheidet man ein sogenanntes **Komplexes oder Strategisches Benchmarking**, das das gesamte Unternehmen einbezieht und mit dem ausgewählte Mitarbeiter in längeren Zeitabständen die bedeutenden Wettbewerbsparameter überprüfen, und das **Detail- oder Operationale Benchmarking**, das Bestandteil der täglichen Arbeit möglichst vieler Verantwortlicher sein soll.[527]

Durch die Einbeziehung einer Vielzahl von Mitarbeitern in den Benchmarkingprozeß, der oft mit Besuchen bei anderen Unternehmen verbunden ist, und durch die sich hier ergebenden face-to-face Kontakte mit realen leistungsfähigeren Arbeitsabläufen wird die Bereitschaft zum Wandel im eigenen Verantwortungsbereich gestärkt.[528] In Abbildung 53 wird der grundlegende Ablauf einer Benchmarkinganalyse verdeutlicht.[529]

---

[523] "...it became clear that ..objective in achieving superior performance in each business function was not being obtained by looking only at competitors' practices." Christopher, M., Payne, A., Ballantyne, D., a.a.O., S. 93 f.

[524] Leibfried, K.H.J., McNair, C.J., a.a.O., S. 107. Vgl. auch Watson, G.H., Strategic Benchmarking, a.a.O., S. 149.

[525] Vgl. Camp, R., a.a.O., 1989, S. 31 f.

[526] Vgl. Pieske, R., a.a.O., S. 150; Leibfried, K.H.J., McNair, C.J., a.a.O., S. 281 f.

[527] Vgl. Newell, M., Comparative Testing, in: The TQM Magazine, June, 1992, S. 147; Pieske, R., a.a.O., S. 152.

[528] "A properly designed benchmarking exercise thus builds enthusiasm and commitment for change in those line executives who need to be involved for change to take place." Walleck, A.S., O'Halloran, J.D., Leader, C.A., Benchmarking world-class performance, in: The McKinsey Quarterly, Nr. 1, 1991, S. 10.

[529] Vgl. zum Vorgehen und zu den Problemen der einzelnen Teilschritte des Benchmarkings im Detail Watson, G.H., The Benchmarking Workbook, a.a.O., S. 33 ff.; Walleck, A.S., O'Halloran, J.D., Leader, C.A., a.a.O., S. 10 ff.; Christopher, M., Payne, A., Ballantyne, D., a.a.O., S. 96 ff.; Munro-Faure, L., Munro-Faure, M., a.a.O., S. 157 ff.; Camp, R., a.a.O., S. 39 ff.; Cali, J.F., a.a.O., S. 114 ff.; Watson, G.H., Strategic Benchmarking, a.a.O., S. 64 ff.

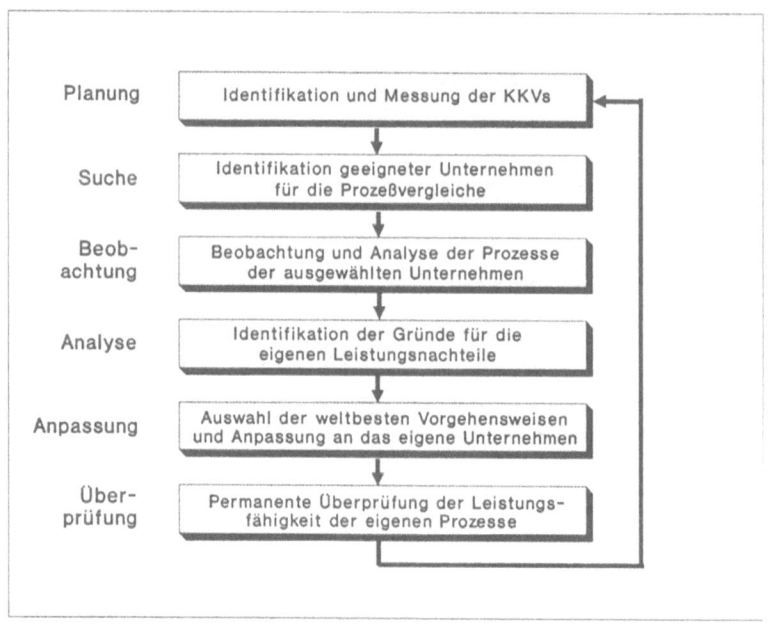

Planung	Identifikation und Messung der KKVs
Suche	Identifikation geeigneter Unternehmen für die Prozeßvergleiche
Beob-achtung	Beobachtung und Analyse der Prozesse der ausgewählten Unternehmen
Analyse	Identifikation der Gründe für die eigenen Leistungsnachteile
Anpassung	Auswahl der weltbesten Vorgehensweisen und Anpassung an das eigene Unternehmen
Über-prüfung	Permanente Überprüfung der Leistungs-fähigkeit der eigenen Prozesse

Abb. 53: Ablauf der Benchmarkinganalyse

Ausgangspunkt jedes Benchmarkings ist die Festlegung, welche Personen aus welchen Verantwortungsbereichen hinzugezogen werden. Ferner müssen die Parameter bestimmt werden, die aus Sicht jedes unternehmensinternen und -externen Kunden bedeutend sind, wobei sicherlich den Bedürfnissen des Endkunden eine herausragende Bedeutung zukommt. Im Anschluß daran ist zu bestimmen, welche Konkurrenz- und Nicht-Konkurrenzunternehmen in den als zentral identifizierten Dimensionen die weltweit höchste Leistungsfähigkeit besitzen. Um feststellen zu können, auf welchen Determinanten diese hohe Leistungsfähigkeit beruht, werden detailliert geplante Unternehmensbesuche des Benchmarking-Teams bei den fraglichen Unternehmen durchgeführt. Daran anschließend wird ein Vergleich mit den unternehmenseigenen Prozessen vorgenommen, um dann die in anderen Unternehmen als leistungsfähiger identifizierten Prozesse mit i.d.R. unvermeidlichen Modifikationen unternehmensintern umzusetzen. Die Zielsetzung besteht letztlich darin, Benchmarking als ein strukturiertes, geplantes, permanent und unternehmensweit eingesetztes sowie akzeptiertes Instrument zu etablieren.[530]

---

[530] Vgl. Hollings, L., Clearing up the Confusion, in: The TQM Magazine, June 1992, S. 151.

3.2.4.3 Quality Function Deployment

Eine zentrale, jedoch relativ schwierige Aufgabe für jedes Unternehmens ist es, die Anforderungen von Kunden in bezug auf eine vom Unternehmen erstellte Leistung ohne Übertragungsfehler zwischen den beteiligten Mitarbeitern verschiedenster Funktionseinheiten in die dem Kunden angebotene und von ihm wahrgenommene Gesamtleistung zu transferieren.

Ein von vielen japanischen und amerikanischen Unternehmen eingesetztes Instrument, das zur Überwindung dieser Problematik dient, ist das **Quality Function Deployment (QFD)**,[531] das als sehr effizientes und effektives, aber auch komplexes **Instrument zur unternehmensweiten Übersetzung und Verbreitung der Kundenanforderungen** bei Produktinnovationen und -modifikationen gilt.[532] QFD ist ein interfunktionales Managementinstrument[533], bei dessen Anwendung ein Team von Mitarbeitern der Funktionseinheiten Marketing, F & E, Produktion sowie sonstigen als relevant erachteten Funktionsbereichen Kundenwünsche strukturiert zusammenfaßt, so daß die eigenen und die Konkurrenzprodukte in ihrer Leistungsfähigkeit miteinander verglichen werden können. Im Anschluß daran werden die i.d.R. qualitativen, subjektiv interpretierbaren Marktdaten in quantitative, objektiv eindeutige Maßgrößen (z.B. Kilogramm, Meter, Dezibel) transferiert.[534] So werden die Marktdaten in die "Sprache" der technisch orientierten Mitarbeiter der Funktionseinheiten F & E und Produktion übersetzt. Zielvorgaben zur Erfüllung von Kundenwünschen können so unternehmensintern operationalisiert werden. Diese operationalisierten Vorgaben bilden die Basis dafür, daß Leistungsangebote konstruiert, produziert und ausgeliefert werden können, die den

---

[531] Vgl. Akao, Y., QFD. Quality Function Deployment. Wie die Japaner Kundenwünsche in Qualität umsetzen, a.a.O., S. 15 ff.; Hauser, J.R., Clausing, D., a.a.O., S. 57 ff. Vgl. zur Ableitung des Akronyms QFD aus dem Japanischen auch Guinta, L.R., Praizler, N.C., The QFD Book. The Team Approach to Solving Problems and Satisfying Customers through Quality Function Deployment, New York, u.a. 1993, S. 4 f.

[532] Vgl. z.B. Christopher, M., Payne, A., Ballantyne, D., a.a.O., S. 78.

[533] QFD kann auch als Meta-Instrument des TQM bezeichnet werden, da QFD eine Kombination verschiedenener Einzelinstrumente erfordert. Diese Instrumente werden auch unter dem Begriff "The seven new tools" zusammengefaßt. Es handelt sich um Instrumente, die eingesetzt werden können, wenn keine "harten" Daten, wie beispielsweise bei der Erfassung von Kundenforderungen, verfügbar sind; sie eignen sich besonders, wenn funktionsübergreifende Probleme gelöst werden sollen. Vgl. zu den Einzelinstrumenten im Detail Imai, M., a.a.O., S. 283 ff.; Oakland, J.S., a.a.O., S. 122 ff.

[534] Beispielsweise kann der Kundenwunsch: "leiser Rasenmäher" durch die Spezifizierung: "max. Geräuschentwicklung: 60 dB im Leerlaufbetrieb", objektiviert werden.

Kundenwünschen möglichst vollständig entsprechen.[535] Zentrale Vorteile des QFD lassen sich wie folgt zusammenfassen:[536]

- Die **Konstruktionsmerkmale** von neuen Leistungsangeboten beruhen von Beginn an konsequent auf **Kundenforderungen** und nicht auf dem technisch Möglichen, da weitgehend sichergestellt werden kann, daß die Kundenforderungen von allen Mitarbeitern der verschiedenen Funktionsbereiche nachvollzogen werden können. Hierdurch besteht die Möglichkeit, daß Produktentwicklungszeiten und -kosten u.U. deutlich reduziert werden können.

- Ein **Vergleich mit den wichtigsten Konkurrenzleistungen** verdeutlicht den Veränderungsbedarf zur Erzielung von KKVs.

- Die funktionsübergreifende Zusammenarbeit, insbesondere die **interfunktionale Kommunikation, wird intensiviert.**[537] Durch die Teamarbeit können Meinungsverschiedenheiten zwischen den betroffenen Funktionseinheiten frühzeitig beseitigt werden.

- Die klar strukturierte Vorgehensweise sowie die Maxime, alles schriftlich zu dokumentieren, machen den **Gesamtprozeß transparent, nachvollziehbar** und reduzieren die intersubjektiv unterschiedlichen Interpretationsmöglichkeiten. Unvorhergesehene Wechsel in der Teamzusammensetzung sind relativ unproblematisch, da jeder externe Mitarbeiter, der die Grundstruktur des QFD kennt, sich leicht einarbeiten kann.

Abbildung 54 zeigt die vereinfachte Form einer **QFD-Basisplanungsmatrix, das sogenannte "House of Quality"**. Die Vorgehensweise zur Erstellung dieser Planungsmatrix soll nachfolgend anhand ihrer Teilschritte erläutert werden.[538]

---

[535] O'Neal und LaFief sehen im QFD in Konsequenz "...a vehicle for operationalizing the marketing concept." O'Neal, C.R., LaFief, W.C., a.a.O., S. 138.

[536] Vgl. Munro-Faure, L., Munro-Faure, M., a.a.O., S. 167 f.; O'Neal, C.R., LaFief, W.C., a.a.O., S. 138; King, R., Listening to the Voice of the Customer: Using the Quality Function Deployment System, in: National Productivity Review, Summer 1987, S. 279.

[537] Vgl. dazu auch die empirischen Ergebnisse von Griffin, A., Hauser, J.R., Pattern of communication among marketing, engineering and manufacturing - A comparison between two new product teams, in: Management Science, Nr. 3, 1992, S. 367 ff.

[538] Eine sehr umfangreiche und detaillierte, aber auch komplexe Darstellung der Vorgehensweise zur Erstellung von QFD-Matrizen für unterschiedliche Anwendungen sowie eine differenzierte Diskussion der Einzelprobleme finden sich in der Veröffentlichung von Yoji Akao, der 1966 das QFD in Japan eingeführt hat. Vgl. Akao, Y., QFD. Quality Function Deployment. Wie die Japaner Kundenwünsche in Qualität umsetzen, a.a.O., S. 35 ff. Vgl. auch Guinta, L.R., Praizler, N.C., a.a.O., S. 24 ff. Überblickshafte, vereinfachte, aber relativ leicht verständliche Darstellungen finden sich bei Hauser, J.R., Clausing, D., a.a.O., S. 59 ff.; Hauser, J.R. How Puritan-Bennett Used the House of Quality, in: Sloan Managment Review, Spring 1993, S. 61 ff.; Oess, A., a.a.O., S. 198 ff.; O'Neal, C.R., LaFief, W.C., a.a.O., S. 139 ff.; Müller, H.W., Quality Engineering - ein

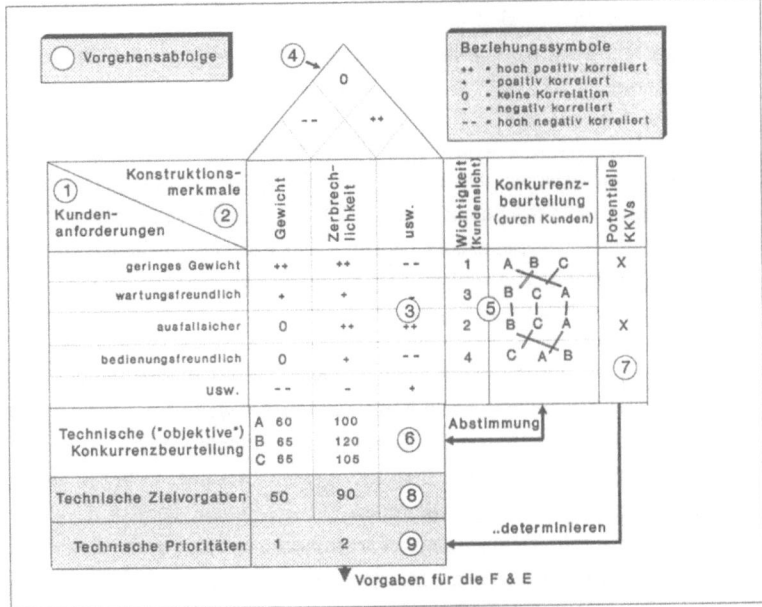

Abb. 54: Basisplanungsmatrix des Quality Function Deployment

Schritt 1: Als erstes werden die bekannten, aber auch die latent vorhandenen **Kundenforderungen des Zielmarktes untersucht, strukturiert und geordnet.** Dabei muß sehr genau darauf geachtet werden, daß die wirklich kaufentscheidenden Kriterien identifiziert werden.

Schritt 2: Danach müssen die **Kundenanforderungen in eine technische Sprache** bzw. allgemeiner in eine Sprache **übertragen** werden, die von solchen Mitarbeitern verstanden wird, die für die Umsetzung dieser Anforderungen verantwortlich sind.[539] Ist es beispielsweise für den Kunden von Bedeutung, daß die Tür eines Autos leicht zu schließen ist, wird diese Forderung durch das technisch meßbare Merkmal "Energieaufwand beim Türschließen" übersetzt.

Überblick über neuere Verfahren, in: Zink, K.J., Hrsg., Qualität als Managementaufgabe. Total Quality Management, Landsberg a.L. 1989, S. 268 ff.

[539] In der Literatur zur Anwendung des QFD wird i.d.R. nur auf eine Übersetzung in technische Kriterien abgestellt, dennoch ist auch eine Übertragung auf nicht eindeutig meßbare Qualitätsdimensionen, wie sie häufig auftreten, wenn Dienstleistungen betroffen sind, möglich, wie Akao an einem Einzelhandels- und Buchhandlungsbeispiel zeigt. Vgl. Akao, Y., QFD. Quality Function Deployment. Wie die Japaner Kundenwünsche in Qualität umsetzen, a.a.O., S. 275 ff.

Schritt 3: Im dritten Schritt wird der Grad der **Beziehungen zwischen den technischen Merkmalen und den Kundenanforderungen ermittelt,** so daß deutlich wird, wo konfliktäre, komplementäre oder neutrale Beziehungen bestehen.

Schritt 4: In der Dachmatrix des "House of Quality" werden danach die **Beziehungen zwischen den technischen Merkmalen analysiert,** wodurch den Ingenieuren verdeutlicht wird, welche Eigenheiten sich bei isolierten Veränderungen wie zueinander verhalten und welche Eigenheiten simultan zu verbessern sind. Vor- und Nachteile einer technischen Lösung können so gegeneinander abgewogen werden.

Schritt 5: Im fünften Schritt wird aus Kundensicht eine **Rangfolge der Wichtigkeit der einbezogenen Kundenanforderungen** aufgestellt. Ferner wird zusammengestellt, wie die Kunden die verschiedenen am Markt angebotenen Leistungen, einschließlich der eigenen Leistung, in bezug auf die einbezogenen Anforderungen bewerten. Die Ergebnisse dieser Analysen ermöglichen es, den Veränderungsbedarf in bezug auf das eigene Leistungsangebot zu identifizieren und Ansatzpunkte zur Erzielung von KKVs zu finden.

Schritt 6: Nachdem im fünften Schritt eine Leistungseinschätzung aus Kundensicht vorgenommen wurde, versuchen anschließend die F & E-Ingenieure, **technische Daten** (z.B. Kilogramm, Meter, Dezibel) **für jedes Konstruktionsmerkmal** des eigenen Angebotes und der Konkurrenzangebote zu **vergeben.** Sich eventuell ergebende Inkonsistenzen mit den Ergebnissen aus Schritt vier müssen auf ihre Gründe untersucht werden.

Schritt 7: Im Anschluß an diese Analysen werden die **Dimensionen festgelegt,** bei denen das zukünftige Leistungsangebot **KKVs erzielen soll.** Die Auswahl erfolgt dabei anhand der Kriterien Wichtigkeit der Dimensionen für den Kunden, Leistungsfähigkeit der Konkurrenten in bezug auf diese Dimensionen und den durch die erforderlichen Anpassungsmaßnahmen dimensionsspezifisch entstehenden Kosten. Dieser Teilschritt des QFDs wird häufig auch wesentlich durch Erkenntnisse beeinflußt, die mit Hilfe des Benchmarkings gewonnen wurden.

Schritt 8: Für **jedes technische Merkmal,** das die in Schritt sieben definierte KKV-Position beeinflußt, müssen konkrete neue **Richtwerte** für die zukünftige Gestaltung des Produktes **vorgegeben werden.**

Schritt 9: Zuletzt wird eine **Prioritätenrangfolge** der **zu verändernden technischen Merkmale** aufgestellt, so daß für alle Mitarbeiter der nachfolgenden Prozesse deutlich wird, auf welche (technischen) Determinanten ihre Hauptaufmerksamkeit gerichtet sein muß.

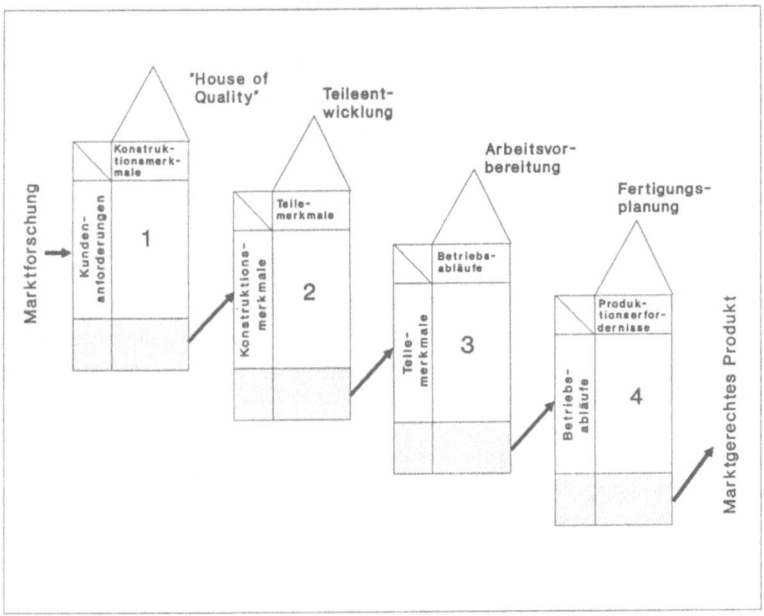

Abb. 55: Verbindung der Einzelmatrizen des QFD[540]

Die in ihrer Erstellung bisher beschriebene **Basisplanungsmatrix des QFD ist lediglich die erste Matrix** ("House of Quality") in einer Reihe von mindestens vier aufeinander aufbauenden Matrizen. Um die Idee der internen Kunden unternehmensintern weiterführen zu können, muß das House of Quality um weitere Matrizen ergänzt werden (vgl. Abbildung 55).

Die Basismatrix stellt die Beziehungen zwischen den vom Marketing zusammengestellten Markt- und Wettbewerbsparametern und den der F & E vorgegebenen (technischen) Konstruktionsparametern her. Da es letztlich darum geht, ein den Kundenanforderungen gerechtes Produkt anzubieten, müssen die Konstruktionsmerkmale in konkrete Teilespezifikationen umgesetzt werden, d.h. es müssen bestimmte Teile in ihrer

---

[540] In Anlehnung an Hauser, J.R., Clausing, D., a.a.O., S. 70; und Munro-Faure, L., Munro-Faure, M., a.a.O., S. 170.

Konstruktion so verändert werden, daß sie, in Kombination mit anderen Teilen, die Anforderungen der Kunden erfüllen können. Da diese Teile nur mit Hilfe geeigneter Prozesse erstellt werden können, müssen als nächstes die Beziehungen zu den Arbeitsabläufen betrachtet werden, welche zu verändern sind. Die festgelegten Arbeitsabläufe determinieren ihrerseits die Produktionserfordernisse (z.B. Schulung des Bedienungspersonals, Veränderungen und Einrichtung der Werkzeuge).

Das Instrument des **QFDs verlangt eine intensive, permanente, interfunktionale Zusammenarbeit.** Die Implementierung des Marketings als Unternehmensführungsphilosophie kann durch die Einzelmatrizen des QFDs funktionsübergreifend realisiert werden. Zu untersuchen bleibt daher, welche **Aufgaben die Mitarbeiter der betrieblichen Fachfunktion Marketing** im Rahmen der einzelnen Teilschritte zur Erstellung der Basismatrix des QFDs wahrnehmen müssen. In Abbildung 56 werden beispielhaft für Kriterien, die für Nachfrager i.d.R. bei Kaufprozessen besondere Bedeutung besitzen (Produktqualität, Servicequalität, Kundenkontakte, Preis/Leistungsverhältnis), die für diese Kriterien (Teilqualitäten) in der Mehrzahl der Fälle relevanten funktionsbereichsspezifischen Verantwortlichkeiten für die neun Teilschritte des QFDs verdeutlicht.[541]

Wie Abbildung 56 zeigt, sind die Mitarbeiter der Marketingfunktionseinheit, insbesondere jedoch die Marketingführungskräfte, hauptverantwortlich in den Teilschritten 1, 5, 7, 8 und 9 des QFDs sowie zudem verantwortlich für alle Aspekte der Distribution und der häufig schlecht faßbaren, aber für viele Nachfrager kaufentscheidenden "Beziehungsdimensionen" (z.B. Verhaltensaspekte, Treue und Vertrauen). Beinhaltet das Leistungsangebot Dienstleistungskomponenten, ist Marketing für den nichttechnischen Service (z.B. Produktinformationen, Auslieferung, finanzieller Service, Anwendungsberatung) hauptverantwortlich, während Mitarbeiter der Technik für den technischen Service hauptverantwortlich (z.B. kundenspezifische F & E, Kundendienst) sind. Marketing übernimmt somit eindeutig eine richtungsweisende Rolle im gesamten QFD-Prozeß. Es muß allerdings betont werden, daß trotz der Übertragung der Führungsrolle auf einzelne Funktionseinheiten **alle Entscheidungen im Team** und nicht isoliert getroffen werden.

---

[541] O'Neal und LaFief betonen, daß die in Abbildung 56 beschriebenen Verantwortlichkeiten für eine vollständige Neuproduktentwicklung gelten sollen und daß für weniger komplexe Änderungen die Verantwortlichkeiten eventuell anders zu gestalten sind. Ferner weisen sie darauf hin, daß bei der Entwicklung technisch komplexer Produkte auch die Mitarbeiter aus der betrieblichen Fachfunktion Marketing technisches Grundverständnis besitzen müssen, da sie ansonsten ihre Verantwortung in den einzelnen Teilschritten nicht allein wahrnehmen können, sondern diese immer mit einem technisch kompetenten Mitarbeiter teilen müssen. Vgl. O'Neal, C.R., LaFief, W.C., a.a.O., S. 141 f.

Phase des QFD	Für...			
	Produkt-qualität	Service-qualität	Kunden-kontakte	Preis/Lei-stungsver-hältnis
sind in Phase ... verantwortlich...				
① Erfassung der Kundenwünsche	Marketing, Technik	Marketing, Technik	Marketing	Marketing, Top M./Fin.[*]
② Identifikation technischer Einflußfaktoren	Technik	Marketing, Technik	Marketing	Marketing, Technik, Top M./Fin.[*]
③ Ermittlung der Beziehungen zw. Kundenanforde-rungen und tech. Faktoren	Technik	Marketing, Technik	Marketing	Marketing, Technik, Top M./Fin.[*]
④ Ermittlung der Beziehungen zw. tech. Faktoren	Technik	Marketing, Technik	Marketing, Technik	Marketing Technik Top M./Fin.[*]
⑤ Erfassung der Nachfrager-einstellungen	Marketing, Technik	Marketing, Technik	Marketing	Marketing Top M./Fin.[*]
⑥ "Objektive" (tech.) Beurteilung der Konkurrenz-leistungen	Technik	Marketing, Technik	Marketing	Marketing, Top M./Fin.[*]
⑦ Entscheidung für Bereiche, bei denen KKVs realisiert werden sollen	Marketing, Technik	Marketing, Technik	Marketing	Marketing, Top M./Fin.[*]
⑧ Konkrete Vor-gaben für zu erfüllende tech. Standards	Marketing, Technik	Marketing, Technik	Marketing	Marketing, Top M./Fin.[*]
⑨ Erstellung einer Prioritätenrang-folge der Standards	Marketing	Marketing, Technik	Marketing	Marketing, Top M./Fin.[*]

[*] Top Management und Finanzen

Abb. 56: Verantwortlichkeiten bei der Erstellung der Basismatrix des QFDs[542]

---

[542] In Anlehung an O'Neal, C.R., LaFief, W.C., a.a.O., S. 141.

Obwohl QFD in Japan seit 20 Jahren mit Erfolg eingesetzt wird und mittlerweile auch in Amerika mehr als 100 Unternehmen (z.b. General Motors, Ford, IBM, Xerox, Digital Equipment) bekannt sind, die QFD nutzen,[543] ist der Verbreitungsgrad in Deutschland noch relativ gering.[544] Dieses ist insbesondere auch deshalb negativ zu bewerten, weil in empirischen Untersuchung festgestellt werden konnte, daß die Anwendung von **QFD speziell zu folgenden Verbesserungen führt**:

- bessere Erfüllung der Kundenanforderungen durch die angebotenen Leistungen,

- kürzere und effizientere Produktentwicklung und

- bessere Anpassungsfähigkeit an veränderte Kundenanforderungen.[545]

Als besonderes Problem bei der Anwendung von QFD erweist sich oft die Erstellung der relativ komplexen Matrizen. Häufig stellen potentielle Anwender fest, daß **vor Anwendung von QFD umfangreiche Schulungen** der betroffenen Mitarbeiter und insbesondere der QFD-Koordinatoren notwendig sind.[546] Ferner kann QFD nicht ohne **unternehmensspezifische Anpassungen** eingesetzt werden, so daß vor der ersten Anwendung von QFD relativ hohe Vorlaufinvestitionen erforderlich sind.[547] QFD ist daher **nicht kurzfristig einsetzbar**. Toyota benötigte beispielsweise vier Jahre, bis QFD in allen Unternehmensbereichen erfolgreich eingesetzt werden konnte.[548] Bei der Untersuchung von 35 US-amerikanischen Neuproduktentwicklungen, bei denen QFD verwendet wurde, konnte Griffin die in Abbildung 57 zusammengefaßten implementierungsrelevanten Erfolgs- und Mißerfolgsdeterminanten identifizieren.[549]

---

[543] Vgl. Griffin, A., Hauser, J.R., The voice of the customer, Working Paper Nr. 92-106 des Marketing Science Institute, Cambridge/Mass. 1992, S. 2.

[544] Vgl. Specht, G., Schmelzer, H.J., Instrumente des Qualitätsmanagements in der Produktentwicklung, in: Zeitschrift für betriebswirtschaftliche Forschung, Nr. 6, 1992, S. 538; Schildknecht, R., a.a.O., S. 345 ff.; o.V., Planungsinstrumente werden nur begrenzt im Betrieb eingesetzt, in: Blick durch die Wirtschaft, 17.02.1993, S. 1.

[545] Vgl. Specht, G., Schmelzer, H.J., Instrumente des Qualitätsmanagements in der Produktentwicklung, a.a.O., S. 541 ff.; Guinta, L.R., Praizler, N.C., a.a.O., S. 13 ff.; King, R., Listening to the Voice of the Customer: Using the Quality Function Deployment System, in: National Productivity Review, Summer 1987, S. 279.

[546] Vgl. Specht, G., Schmelzer, H.J., Qualitätsmanagement in der Produktentwicklung, Stuttgart 1991, S. 74 f.

[547] Vgl. Akao, Y., QFD. Quality Function Deployment. Wie die Japaner Kundenwünsche in Qualität umsetzen, a.a.O., S. 15.

[548] O'Neal, C.R., LaFief, W.C., a.a.O., S. 138.

[549] Vgl. Griffin, A., Evaluating QFD's Use in US Firms as a Process for Developing Products, in: Journal of Product Innovation Management, 1992, S. 183 f.

210

Erfolgsfaktoren von QFD	Mißerfolgsfaktoren von QFD
• QFD wird als Investition betrachtet • Unternehmensweite geteilte Übereinstimmung zu QFD • Projektmitglieder engagieren sich eigenständig für QFD • QFD wird als Instrument zur Erreichung eines Zieles eingesetzt • Zielsetzung, die vorhandenen Potentiale zur Zielerreichung zu erweitern • Enge funktionsübergreifende Zusammenarbeit	• QFD wird als Kostenfaktor betrachtet • Nur einzelne Funktionseinheiten engagieren sich für QFD • Das Management schreibt die Anwendung von QFD vor • Die Anwendung von QFD ist das Ziel • Zielsetzung, mit den vorhandenen Potentialen das Ziel zu erreichen • Begrenzte funktionsübergreifende Zusammenarbeit

Abb. 57: Determinanten, die den Erfolg oder Mißerfolg
der Implementierung von QFD beeinflussen[550]

3.2.4.4 Target Costing

Ein weiteres Instrument, das im Rahmen des TQMs zur funktionsgrenzenübergreifenden marktorientierten Steuerung des Unternehmens eingesetzt wird, ist das sogenannte Target Costing. Das Target Costing ist ein ursprünglich in Japan entwickelter Ansatz zur marktorientierten Festlegung der Kosten für vom Unternehmen zu erstellende Leistungen.[551]

Insbesondere bei der **Neu-Produktentwicklung** wird das Target-Costing verwendet. Die Festlegung der Kosten von Neuprodukten wird nicht mehr in erster Linie durch die aktuellen Konstruktions-, Produktions- und Einkaufsbedingungen bestimmt, sondern aufgrund der vermutlich im Markt zu erzielenden Preise. Diese Marktpreise gelten dann als Vorgabe für die maximal zulässigen Kosten. Durch das Target Costing wird eine **marktorientierte Steuerung des Kostenrechnungssystems gefördert** und somit auch die Mitarbeiter des Rechnungswesens in den Prozeß der Marketingimplementierung integriert und Informationsbarrieren abgebaut.[552] Das vielfach übliche Kalkula-

---

[550] Eigene Übersetzung in Anlehnung an Griffin, A., Evaluating QFD's Use in US Firms as a Process for Developing Products, a.a.O., S. 183.

[551] Durch die Veröffentlichungen von Hiromoto hat das Konzept des Target Costing, das er marktorientiertes Management Accounting nennt, auch außerhalb von Japan größere Beachtung gefunden. Vgl. Hiromoto, T., Das Rechnungswesen als Innovationsmotor, in: Harvard manager, Nr. 1, 1989, S. 129 ff.

[552] Vgl. Seidenschwarz, W., Target Costing. Marktorientiertes Zielkostenmanagement, München 1993, S. 7; Horváth, P., Seidenschwarz, W., Sommerfeldt, H., Kostenmanagement - Warum die Schildkröte gewinnt, in: Harvard Business manager, Nr. 3, 1993, S. 74.

tionsvorgehen wird durch das Target Costing gewissermaßen umgedreht, da nunmehr die Preise nicht aus der vergangenheitsbezogenen Kostenrechnung bestimmt werden, sondern direkt die Höhe der zukünftig potentiell zulässigen Kosten durch Markteinschätzungen abgeleitet wird.[553]

Durch das Target Costing wird die z.T. von Unternehmen vernachlässigte - für den Kunden jedoch sehr wichtige - Preiskomponente des Preis/Leistungsverhältnisses gleichgewichtig neben der Leistungskomponente betont. Im Ergebnis bedeutet dies, daß alle am Leistungserstellungsprozeß beteiligten betrieblichen Funktionseinheiten nicht nur die von den Nachfragern gewünschte Funktionserfüllung der Leistungen erstellen müssen; sie dürfen außerdem nur die Kosten verursachen, die marktorientierte Preise sowie einen eingeplanten Gewinn ermöglichen. Durch dieses Vorgehen kann wirksam verhindert werden, daß die Leistungen zwar technisch perfekt angeboten werden, jedoch das Preis/Leistungsverhältnis nicht marktgerecht ist.

Bei der Anwendung des Target Costing in Form des sogenannten "Market into Company" Vorgehens[554], das die Reinform des Target Costing beschreibt, lassen sich fünf Arbeitsschritte unterscheiden: die Marktpreisbestimmung, die Bestimmung des geplanten Gewinnes, die Schätzung der Kosten, die Zielkostenfestlegung und die Maßnahmen zur Zielkostenerreichung (vgl. Abbildung 58).[555]

Marktorientiertes Zielkostenmanagement erfordert zunächst intensive **Marktforschungsaktivitäten**, im Rahmen derer zum einen Ansatzpunkte für die Spezifikationen des Leistungsangebotes ermittelt werden müssen. Zum anderen ist ein potentieller Marktpreis für das neue Leistungsangebot zu ermitteln. Da das marktorientierte **Zielkostenmanagement langfristig orientiert** ist und auf die Produktlebenszeit des Leistungsangebotes abstellt, muß sich die Preisermittlung an strategischen Aspekten ausrichten.[556] Aus diesem Grund wird in der Literatur auch eine **Kombination von Target Pricing/Target Costing** gefordert.[557]

---

[553] Vgl. Fischer, T.M., Kostenmanagement strategischer Erfolgsfaktoren. Instrumente zur operativen Steuerung der strategischen Schlüsselfaktoren Qualität, Flexibilität und Schnelligkeit, München 1993, S. 152 f.

[554] In der Literatur werden noch vier abgewandelte, allerdings weniger gebräuchliche Formen des Target Costing diskutiert: "Out of Company", "Into and out to Company", "Out of Competitor" und "Out of Standard Costs". Vgl. zur inhaltlichen Beschreibung Seidenschwarz, W., a.a.O., S. 127 ff.

[555] Vgl. zur Beschreibung des Vorgehens auch Fischer, T.M., a.a.O., S. 151 f.

[556] Vgl. Seidenschwarz, W., a.a.O., S. 117 ff.

[557] Vgl. Laker, M., Target Costing nicht ohne Target Pricing: Was darf ein Produkt kosten?, in: Gablers Magazin, Nr. 3, 1993, S. 62.

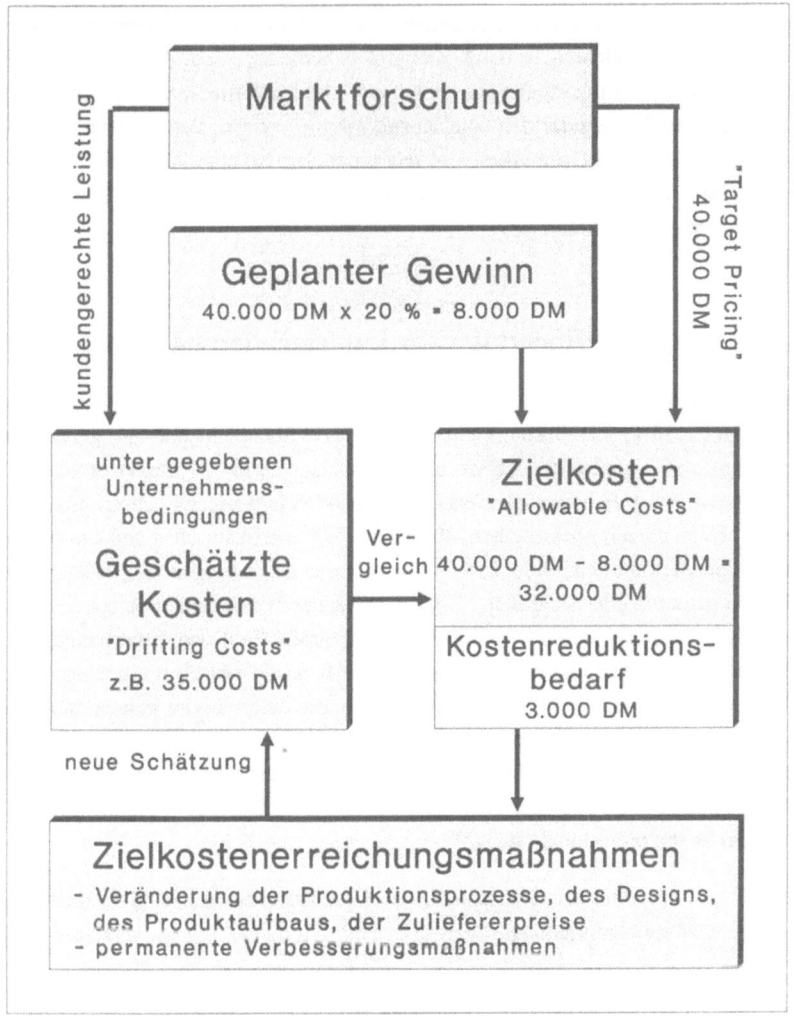

Abb. 58: Arbeitsschritte im Rahmen des Target-Costing

Aus der Differenz zwischen dem potentiellen Marktpreis und des vom Unternehmen geplanten Gewinns lassen sich die maximal zulässigen Kosten einer neuen Leistung ableiten (sogenannte "Allowable Costs"). Diese **Zielkosten oder auch "Allowable Costs"** werden mit den geschätzten Kosten oder **"Drifting Costs"** verglichen, die sich aus der Bewertung der durch die Marktforschung definierten Leistungsmerkmale ergeben.

213

Solange gravierende Unterschiede zwischen den Allowable Costs und den Drifting Costs existieren wird durch verschiedene **Maßnahmen der Zielkostenerreichung** versucht, eine Angleichung beider Kostengrößen herbeizuführen. Am Ende dieses Prozesses, an dem Verantwortliche aus allen haupt-kostendeterminierenden Funktionseinheiten, aber auch Vertreter der vom Kostenvolumen wichtigsten Zulieferer beteiligt sein müssen, wird ein **Gesamtkonzept mit möglichst exakten Zielkosten** festgelegt, das sowohl in bezug auf die einzelnen Leistungsdimensionen als auch in bezug auf den Preis marktgerecht definiert ist.

3.2.5 Potentielle Hindernisse der Implementierung mittels TQM

Die dargestellten integrierten Koordinationsinstrumente des TQMs können nur dann einen effektiven Problemlösungsbeitrag zur Marketingimplementierung geben, wenn es gelingt, das Konzept des TQMs in wesentlichen Teilen zu implementieren. Das TQM-Konzept wurde bisher allerdings vorwiegend in japanischen Unternehmen angewendet. Es ist derzeit noch fraglich, ob TQM in US-amerikanischen und europäischen Unternehmensstrukturen ohne bzw. mit welchen Anpassungen eingesetzt werden kann. So betont Ishikawa explizit, "Quality control activities cannot be conducted in a social and cultural vacuum."[558], und führt eine große Zahl von Unterschieden zwischen der japanischen und der US-amerikanischen sowie zwischen europäischen Gesellschaftskulturen auf, z.B. die Gewerkschaften, die durch Taylor geprägten Arbeitsmethoden, das Anreizsystem, die in Japan übliche lebenslange Beschäftigungsgarantie, die Ausbildung, die Religion und die Beziehungen zu den Lieferanten.[559] Es muß daher angenommen werden, daß eine **Übernahme ohne Berücksichtigung situativer Besonderheiten nicht möglich** ist.[560]

Häufig ist es aufgrund der unterschiedlichen Gesellschaftskultur relativ schwierig, japanische Managementpraktiken überhaupt richtig zu deuten und zu verstehen. Letzt-

---

[558] Ishikawa, K., a.a.O., S. 23.

[559] Vgl. Ishikawa, K., a.a.O., S. 23 ff.

[560] Spenley vertritt die Auffassung, daß zwar die grundsätzlichen Prinzipien des TQMs weltweit realisierbar sind, es jedoch in westlichen Unternehmen aufgrund der von Taylor geprägten Managementpraktiken der Vergangenheit (Mißtrauen, Kommunikationsdefizite) schwierig wird, Verständnis und Vertrauen bei allen Mitarbeitern und Führungskräften für die Managementphilosophie des TQMs herauszubilden. Vgl. Spenley, P., a.a.O., S. 7 f.

Allerdings zeigen Untersuchungen in japanischen Transplants in den USA, daß z.T. erhebliche Schwierigkeiten bei der Einführung von TQM auftreten. Als Gründe werden beispielsweise das im Vergleich zu Japan unterschiedliche Tarifvertragssystem und die Mitbestimmungsregelungen genannt. Vgl. z.B. Scherrer, C., Greven, T., Widerspruch zwischen den Verheißungen des Japan-Modells und der Wirklichkeit, in: Handelsblatt, 4.3.1993, S. 3; Schroeder, R.G., u.a., Japanese Plants in the U.S.: How Good Are They?, in: Business Horizons, July-August 1992, S. 71 f.

lich muß es darum gehen, die eigenen Vorteile mit den Vorteilen der japanischen Ideen zu kombinieren. Eine unkritische Übertragung würde, wie Jones betont, "...at best make the foreign operation into no better than an third-rate Japanese company."[561]

Eine Möglichkeit, Vorteile zu kombinieren, bietet sich durch die Synthese des in westlichen Unternehmen sehr weit entwickelten strategischen und operativen Marketings mit den Implementierungspotentialen des TQMs. **Europäische Unternehmen** können nach Meinung der Literatur in erster Linie **folgende Aspekte übernehmen: die Prozeßorientierung** (Idee der Internen Kunden), die **Kooperationsorientierung** (Überwindung funktionsgrenzenübergreifender Schnittstellenprobleme), die **Idee der kontinuierlichen Verbesserung** und die Fähigkeit, **Sachverhalte offen, eindeutig und nachvollziehbar zu gestalten.**[562]

Zentrales Problem der Implementierung des TQMs ist eine solche Integration des TQM-Gedankens in die bestehende Unternehmenskultur, so daß die Stärken des (japanischen) TQMs ohne Substanzverlust wirksam werden können, aber gleichzeitig die bisher vorhandenen (westlichen) Vorteilspositionen unangetastet bleiben. Dieses Problem ist deshalb besonders evident, weil das TQM gerade im Bereich der Veränderung der Unternehmenskultur nur wenig praxiserprobte Lösungsvorschläge anbietet. Das TQM ist nicht unbedingt in seinen Grundstrukturen, aber in seinen konkreten Ausprägungen an japanische Unternehmenskulturen angepaßt, so daß Vorgehensweisen zu unternehmenskulturellen Veränderungen nicht vordringlich entwickelt werden brauchten.[563]

Die bisher vorliegenden Arbeiten zur Entwicklung TQM-gerechter Unternehmenskulturen sind noch relativ wenig ausgereift oder adaptieren Erkenntnisse zur in den achtziger Jahren in den USA und Europa intensiv geführten Diskussion zur Veränderung von Unternehmenskulturen. So orientiert sich z.B. Atkinson bei seinen Ausführungen zur Einführung von TQM an den Dimensionen des 7-S-Modells.[564] Im Unterschied zur sonst üblichen Diskussion werden die Einzeldimensionen, insbesondere Aspekte des Führungsverhaltens des Top-Managements, sehr praxisorientiert und daher sehr konkret und handlungsorientiert diskutiert. Allerdings beinhalten die Ausführungen zahlreiche, nicht immer inhaltlich sowie im Zusammenhang eindeutig nachvollziehbare Checklisten sowie Slogans; daneben lassen die Ausführungen eine deutliche Strukturierung vermissen. Daß der **unternehmenskulturelle Wandel ein zentrales**

---

[561] Jones, K.K., Competing to learn in Japan, in: McKinsey Quarterly, Nr. 1, 1992, S. 52.

[562] Vgl. Jürgens, U., In Japan stößt die "Lean Production" bereits an ihre Grenzen, in: Blick durch die Wirtschaft, Nr. 96, 19.05.1992, S. 7.

[563] Vgl. Seddon, J., Jackson, S., TQM and Culture Change, in: Chase, R.L., Hrsg., Implementing TQM, Kempston 1991, S. 14.

[564] Vgl. Atkinson, P.E., a.a.O., S. 42 f.

Problem bei der TQM-Implementierung darstellt, zeigen auch zahlreiche Beispiele der Praxis.[565] Es überrascht deshalb nicht, daß Vorschläge zur Entwicklung einer TQM-gerechten Unternehmenskultur von mehreren Unternehmensberatern entwickelt worden sind.[566]

Erste Erfahrungen bei der Einführung von TQM zeigen, daß auch **TQM-Konzepte nicht kurzfristig implementiert** werden können.[567] Mindestens drei bis fünf Jahre vergehen, bis deutliche Veränderungen sichtbar werden.[568] In der Literatur zum TQM wird häufig ein längerer, schrittweiser Entwicklungsprozeß zur Implementierung von TQM aufgezeigt.[569] Es besteht jedoch die Gefahr, wie Befragungen vermuten lassen, daß viele westliche Unternehmen TQM nicht als ganzheitlichen Ansatz verstehen. Sie führen dafür lediglich einzelne Qualitätsinitiativen und Qualitätsinstrumente ein und unternehmen unzureichende Anstrengungen, um eine unternehmensweite, dauerhafte TQM-Unternehmenskultur zu schaffen.[570]

4. Zusammenfassung der Erkenntnisse zur (statischen) Marketingimplementierung

Für die Identifikation möglicher Ansatzpunkte zur Marketingimplementierung mußte aufgrund der fehlenden, allgemein akzeptierten Strukturierung der Problematik ein weites Spektrum von Forschungsarbeiten einbezogen werden. In Abbildung 59 sind die zentralen Erkenntnisquellen der Betrachtungsebene der Marketingimplementierung im Überblick dargestellt.

---

[565] Vgl. Gottschall, D., TQM. Wie Firmen eine neue Führungsphilosophie umsetzen. Der Fall Edelmann, in: manager magazin, Nr. 3, 1991, S. 203 ff.; Schneider, M., TQM. Perfekt auf jeder Ebene. Texas Instruments, in: manager magazin, Nr. 2, 1991, S. 132 ff.; Schneider, M., TQM. Wie Firmen eine neue Führungsphilosophie umsetzen. Der Fall Telenorma, in: manager magazin, Nr. 4, 1991, S. 180 ff.

[566] Vgl. beispielsweise Seddon, J., Jackson, S., a.a.O., S. 13 ff.; Dempsey, P., Hesketh, M., Total quality culture - five years on and counting, in: Chase, R.L., Hrsg., Total Quality Management. An IFS Executive Briefing, Berlin u.a. 1988, S. 145 ff.; Knoblauch, R., Schnabel, R.E., a.a.O., S. 13 ff.

[567] Vgl. Gottschall, D., a.a.O., S. 203 ff.

[568] Dempsey, P., Hesketh, M., a.a.O., S. 145 ff.

[569] Vgl. Sullivan, L.P., The seven stages in company-wide quality control, in: Chase, R.L., Hrsg., Total Quality Management. An IFS Executive Briefing, Berlin u.a. 1988, S. 12 ff.; Dempsey, P., Hesketh, M., a.a.O., S. 149.

[570] Vgl. PA Consulting Group, Qualität auf dem Prüfstand. Studie zur Erfassung des Stellenwertes und der Umsetzung von Total Quality Management in Deutschland, Frankfurt 1992, S. 13; Lawler III, E.E., Albers Mohrman, S., Ledford, G.E.jr., Employee Involvement and Total Quality Management. Practices and Results in Fortune 1000 Companies, San Francisco 1992, S. 96.

Zunächst mußte überprüft werden, welche Erkenntnisse einen besonders hohen Problemlösungsbeitrag zur Marketingimplementierung geben können. Um den Umfang der Untersuchungen zu begrenzen, wurden nur die Forschungsarbeiten einbezogen, die die Implementierungsproblematik auf einer entsprechenden konzeptionellen Grundlage relativ praxisnah betrachten. Erkenntnisse aus dem Bereich der **Grundlagenforschung zur Implementierung**, beispielsweise aus dem Bereich der Psychologie und Soziologie, konnten daher nicht explizit diskutiert werden, werden jedoch im Rahmen der betrachteten Forschungsarbeiten als Erkenntnisquelle genutzt.

Abb. 59: Möglichkeiten zur Erkenntnisgewinnung für die
Marketingimplementierung

Nicht direkt unter Aspekten der Marketingimplementierung werden Implementierungsfragen der **Strategieimplementierung** diskutiert. Da ein großer Teil der Strategien absatzmarktbezogen sind, erscheint es sinnvoll, die im Rahmen dieser Forschungen gewonnenen Erkenntnisse zu nutzen. Sehr intensiv diskutiert werden im Rahmen der Strategieimplementierung Aspekte der Mitarbeiterführung sowie der Ausgestaltung von Managementsystemen (hier speziell Fragen der Aufbauorganisation), der operativen Planung, der Kontrolle und des Anreizsystems. Es zeigt sich allerdings, daß viele Beiträge zur Strategieimplementierung entweder nicht gesamtunternehmensbezogen argumentieren oder die Erkenntnisse aufgrund ihrer Allgemeingültigkeit für die Implementierung eines funktionsübergreifenden Marketingverständnisses zu unspezifisch und damit für die praktische Implementierung von eingeschränktem Wert sind. Zudem fehlt in vielen Fällen eine empirische Bestätigung der beschriebenen Zusammenhänge. Die Erkenntnisse zur Strategieimplementierung können daher u.e. lediglich als Grundlage für detailliertere und ergänzende Analysen im Marketingbereich dienen.

Wie die Ausführungen zum Total Quality Management als Totalansatz der Marketingimplementierung gezeigt haben, ist das TQM bzw. sind einzelne Instrumente und Methoden des TQMs für die Marketingimplementierung geeignet und werden in zahlreichen Unternehmen erfolgreich eingesetzt. **Das TQM kann deshalb als Rahmenansatz zur Marketingimplementierung dienen, der allerdings in Teilbereichen um marketingrelevante Aspekte erweitert werden muß,** zu denen z.T. auch tiefergehende und konkretere Analysen mit direktem Marketingbezug vorliegen. Zu nennen sind hier vorwiegend Erkenntnisse aus dem Bereich des personalorientierten "Internen Marketings", der funktionsübergreifenden Zusammenarbeit, speziell zwischen Marketing und F & E, sowie der marktorientierten Unternehmenskulturveränderung. Daneben können auch einige der zur Marketingimplementierung konzipierten integrierten Koordinationsinstrumente der funktionsübergreifenden Zusammenarbeit, beispielsweise das Konzept der "Cross-Functional-Visits" oder die Methode der "Responsibility Charts", Verwendung finden.

Die Ausführungen zu den Partial- und Totalansätzen der Marketingimplementierung haben gezeigt, daß bisher kein geschlossener, allgemein akzeptierter Implementierungsansatz vorliegt. Auch die Totalansätze zur Marketingimplementierung, insbesondere der Ansatz von Bonoma, könnten zwar prinzipiell die Basis eines weiterentwickelten Implementierungsansatzes darstellen, müßten jedoch in vielen Bereichen konzeptionell weiterentwickelt und vervollständigt werden. Grundsätzlich ist davon auszugehen, daß die **Fähigkeiten und Verhaltensweisen der Mitarbeiter,** insbesondere bei einem hohen Grad an Markt- und Umweltdiskontinuitäten, **für die Marketingimplementierung von besonders herausragender Bedeutung** sind. Andererseits besteht bei relativ stabilen Markt- und Umweltverhältnissen die Möglichkeit, Defizite im personellen Bereich durch den verstärkten Einsatz von vorstrukturierenden Managementsystemen auszugleichen.

Die bisherigen Darstellungen hatten zum Ziel, die komplexe Implementierungsproblematik **zu strukturieren.** Die vielfältigen Methoden, Instrumente und Ansätze (Werkzeuge) zur Marketingimplementierung wurden dabei nach dem Strukturierungsansatz der Mehr-Ebenen-Analyse auf **fünf Betrachtungsebenen (Fächer für die Werkzeuge)** aufgeteilt, die **zusammen den Werkzeugkasten bilden, der für die Marke-**

tingimplementierung zur Verfügung steht. Die Ausgestaltung der einzelnen Werkzeuge sollte immer unter Berücksichtigung der drei Implementierungsteilprobleme (Kennen/Verstehen, Können, Wollen) erfolgen, da nur so die Voraussetzungen für einen erfolgreichen Einsatz dieser Werkzeuge durch die handelnden Mitarbeiter gegeben sind. Der Detaillierungsgrad, der im Rahmen konkreter Implementierungsprozesse erforderlich ist, kann im Rahmen dieser Untersuchung nicht dargestellt werden, da bei der konkreten Ausgestaltung der Werkzeuge immer situative Besonderheiten zu berücksichtigen sind.

Bisher wurde das Problem der **Marketingimplementierung allerdings primär unter statischen Gesichtspunkten betrachtet**, d.h. der zeitliche Ablauf der Implementierung (die Reihenfolge des Einsatzes der Werkzeuge) wurde vernachlässigt. Im folgenden **Abschnitt D.** soll daher die Marketingimplementierung **ergänzend unter prozessualen Gesichtspunkten untersucht werden.** Einen Überblick über den bisherigen Stand der Untersuchungen gibt Abbildung 60.

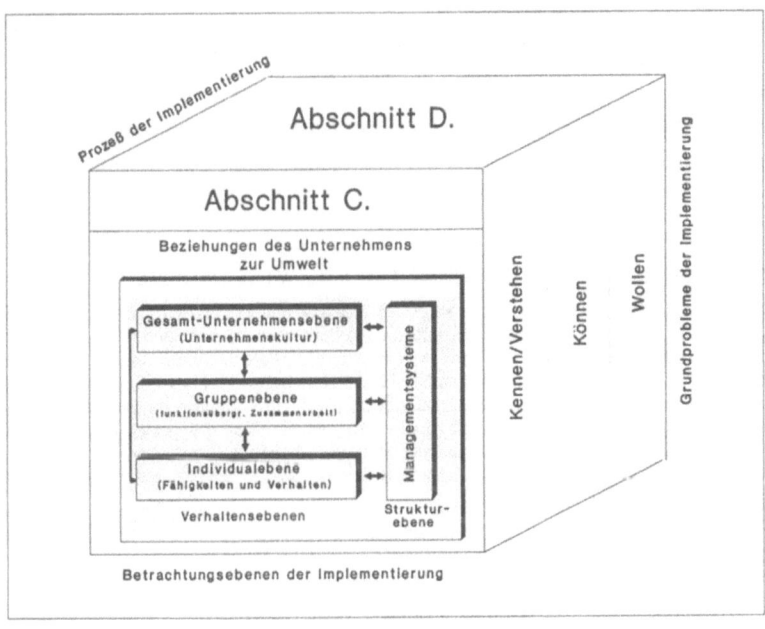

Abb. 60: Die Erkenntnisse zur (statischen)
Marketingimplementierung im Überblick

D. Der Prozeß der Marketingimplementierung

Neben den bisher betrachteten (interdependenten) Ebenen der Marketingimplementierung, die die Objektbereiche oder Zieldimensionen beschreiben, auf die das Implementierungshandeln ausgerichtet sein kann, ist es erforderlich, den Handlungsprozeß (zeitlichen Ablauf) der Marketingimplementierung zu betrachten. Zielsetzung des Abschnitts D. ist es zu untersuchen, welche der im Abschnitt C. diskutierten Implementierungsbetrachtungsebenen, bzw. diesen Ebenen zugeordneten Implementierungsinstrumente und -methoden, in welcher zeitlichen Abfolge zur Marketingimplementierung eingesetzt werden sollen. Die **bisher primär statisch geführte Diskussion wird dadurch um eine dynamische Komponente erweitert**, womit eine umfassende integrierte Auseinandersetzung mit dem Implementierungsvorgehen ermöglicht wird.[1]

1. Aspekte der Ausgestaltung der prozessualen Implementierung

Implementierungsprozesse werden durch eine Vielzahl von Determinanten bestimmt. Für die in der Literatur diskutierten Einzelaspekte liegt bisher allerdings kein allgemein akzeptierter Strukturierungsansatz für diese Determinanten vor.[2/3] Auch die schon im Abschnitt C. vorgestellten Forschungsarbeiten, die sich speziell mit Fragen der Marketingimplementierung befassen, beschäftigen sich, wenn überhaupt, lediglich

---

[1] Vgl. Steiger, P., a.a.O., S. 147 ff.; Hrebiniak, L.G., Joyce, W.F., a.a.O., S. 218.

[2] Walker/Ruekert und Mullins konnten bei einer Recherche in über 100 Beiträgen allein 72 Variablen identifizieren, die Implementierungsprozesse in bezug auf die einzelnen Betrachtungsebenen der organisatorischen Gestaltung positiv oder negativ beeinflussen können. Sie konnten dabei allerdings nur wenig verwertbare Erkenntnisse für die Gestaltung von Marketingimplementierungsprozessen gewinnen und führen dies darauf zurück, daß "...little attention has been focused on the change process as the factors which may be important at different stages of the process." Walker, O., Ruekert, R, Mullins, J., Managing Strategic Marketing Transitions, in: Swartz, G.S., Hrsg., Organizing to become Market-Driven, Report Nr. 90-123 des Marketing Science Institute, Cambridge/Mass. 1990, S. 30 f.

[3] Als Möglichkeit, Einflußfaktoren der prozessualen Marketingimplementierung zu identifizieren, bietet sich auch das in der Unternehmenspraxis gewählte Implementierungsvorgehen an. Die Analyse mehrerer Fallstudien zur Marketingimplementierung, die vom Marketing Science Institute veröffentlicht worden sind, zeigt, daß einige Aspekte von relativ vielen Unternehmen als relevant eingestuft wurden. Der Implementierungsprozeß wurde insbesondere dann als erfolgreich eingeschätzt, wenn das Top-Management umfangreich und permanent involviert war, detaillierte Pläne mit klaren Verantwortlichkeiten vorlagen, ein Vorgehen in Teilschritten gewählt wurde und nachvollziehbare Erfolge verdeutlicht werden konnten. Obwohl viele dieser Erkenntnisse sicherlich für den Ablauf des Implementierungsprozesses von Bedeutung sind, bleibt unklar, ob die angeführten Teilaspekte vollständig sind, in welcher Beziehung sie zueinander stehen und welche Bedeutung sie unter welchen situativen Bedingungen besitzen. Vgl. Ross, W.T., Hrsg., Developing a Marketing Orientation, Report Nr. 87-111 des Marketing Science Institute, Cambridge/Mass. 1987; Swartz, G.S., a.a.O..

sehr oberflächlich und knapp mit dem Problem der prozessualen Marketingimplementierung.[4]

Im folgenden sollen zwei Dimensionen diskutiert werden, welche die Ausgestaltung der prozessualen Implementierung zentral determinieren. Es handelt sich dabei zum einen um den **"Phasenablauf"** der Implementierung und zum anderen um die Beachtung der grundlegenden **"Teilproblembereiche"** der Implementierung (Kennen/Verstehen, Können, Wollen).

1.1 Phasenabläufe als Ausgestaltungsdimension

Das Erfordernis, die Implementierung als Prozeß zu betrachten, ergibt sich daraus, daß komplexe Implementierungsvorgänge wie die Marketingimplementierung, die große Teile des Unternehmens betreffen, durch eine Kette verschiedener Handlungen einer Vielzahl von Personen beschrieben werden können, die sich über einen längeren Zeitraum erstrecken. Die **prozessuale Betrachtung soll** dabei unter Berücksichtigung der Komplexität der Implementierung eine **Strukturierung des Vorgehens** ermöglichen und gleichzeitig einer **isolierten Betrachtung entgegenwirken**, die lediglich auf Einzelproblemebenen fokussiert ist.[5]

Zur prozessualen Untersuchung von Implementierungsvorgängen ist in der Literatur eine Vielzahl von mehr oder weniger differenzierten, am Zeitablauf orientierten (chronologischen) Phaseneinteilungen vorgeschlagen worden.[6] Eine der ältesten und bekanntesten Einteilungen stammt von Lewin, der drei **Implementierungsphasen "unfreezing"**, **"moving"** und **"refreezing"** unterscheidet.[7]

Lewin geht von der Hypothese aus, daß die durch Implementierungsvorhaben betroffenen Objekte (Individuen, Gruppen, Unternehmen) zunächst nicht zu Veränderungen bereit sind und deshalb die zu Beginn eines Implementierungsprozesses vorhandenen Gegebenheiten "aufgetaut" (unfreezing) werden müssen. Erst danach, in der Verände-

---

4   Während beispielsweise Bonoma keine expliziten Aussagen zum Ablauf der Implementierung macht (vgl. Bonoma, T.V., The Marketing Edge, a.a.O), beschränken sich Kohli und Jaworski auf die Aussage, daß der Prozeß lange dauert und ohne Initiierung nicht beginnen kann. Vgl. Kohli, A.K., Jaworski, B.J., Market Orientation: The Construct, Research Propositions, and Managerial Implications, a.a.O., S. 16 f.

5   Vgl. zur Betrachtung der Implementierung unter prozessualen Gesichtspunkten Ginzberg, M.J., a.a.O., S. 85; Kirsch, W., Esser, W.M., Gabele, E., a.a.O., S. 155 ff.

6   Vgl. zum Überblick Rosenstiel von, L., a.a.O., S. 422; Kirsch, W., Esser, W.M., Gabele, E., a.a.O., S. 38 f.; Staehle, W.H., Management, a.a.O., S. 864 ff.

7   Vgl. Lewin, K., Feldtheorie in den Sozialwissenschaften, Bern, Stuttgart 1963, S. 262 ff.

rungsphase (moving), finden die eigentlichen Veränderungen statt, die dann zur Verfestigung im Anschluß daran wieder "eingefroren" (refreezing) werden müssen.[8]

Dieses Modell stellt einen allgemeinen Bezugsrahmen zum Verständnis organisationaler Veränderungsprozesse dar und wird für viele andere i.d.R. differenziertere Systematisierungen sowie praktische Anwendungen als Basismodell genutzt.[9] Allerdings konnte im Rahmen empirischer Untersuchungen eine eindeutige Phasenabfolge nicht für alle Implementierungsprozesse identifiziert werden.[10] Es muß daher davon ausgegangen werden, daß ein **Implementierungsprozeß nicht unbedingt einem linearen Verlauf folgt**, sondern als Abfolge iterativer Teilprozesse zu verstehen ist, in deren Rahmen "Rücksprünge" in vorherige Teilprozesse genauso möglich sind wie das Auslassen von Folgeprozeßschritten.[11]

Zur Beschreibung und Untersuchung von Implementierungsprozessen erscheint es dennoch sinnvoll, auch die Dimension "Ablauf der Implementierung" zu betrachten. Denn unabhängig davon, ob ein eindeutiger Phasenablauf für den gesamten Implementierungsprozeß nachweisbar ist, ist sicherlich in bezug auf Teilbereiche des Implementierungsprozesses eine eindeutig determinierte Zeitabfolge sinnvoll bzw. erforderlich. Beispielsweise erscheint es unwahrscheinlich, daß ein geplanter Implementierungsprozeß ohne Initiierungsphase und Zustimmung durch Führungskräfte ablaufen kann. Zudem ist es erforderlich aufzuzeigen, welche Grundstruktur ein Phasenablauf aufweisen sollte, der im Rahmen des Prozesses der Marketingimplementierung eingesetzt werden soll.

---

[8] Vgl. Cummings, T.G., Huse, E.F., a.a.O., S. 46 ff.

[9] Vgl. Heimerl-Wagner, P., Strategische Organisationsentwicklung. Inhaltliche und methodische Konzepte zum Lernen in und von Organisationen, Heidelberg 1992, S. 77; Rosenstiel von, L., a.a.O., S. 423; Harlan, M.D., Unleashing a plant revitalization, in: McKinsey Quarterly, Nr. 1, 1991, S. 31 ff.; Goodstein, L.D., Burke, W.E., Creating Successful Organization Change, in: Organizational Dynamics, Spring, 1991, S. 9 ff.; Pieper, R., Geplanter Wandel von Organisationen, in: Pieper, R., Richter, K., Hrsg., Management, Berlin 1990, S. 78 ff.

[10] Vgl. Witte, E., Phasen-Theorem und Organisation komplexer Entscheidungsverläufe, in: Zeitschrift für betriebswirtschaftliche Forschung, 1968, S. 644; Hauschildt, J., Entscheidungsziele - Zielbildung in innovativen Entscheidungsprozessen: Theoretische Ansätze und empirische Prüfung, Tübingen 1977, S. 111.

[11] Vgl. Steiger, P., a.a.O., S. 149 f.; Heimerl-Wagner, P., a.a.O., S. 132 f.

1.2 Teilproblembereiche der Implementierung als Ausgestaltungsdimension

Auch der Implementierungsprozeß muß in allen Teilbereichen unter Beachtung der drei grundlegenden Problembereiche (Kennen/Verstehen, Können, Wollen) der Implementierung ausgestaltet werden.[12/13]

(Kennen/Verstehen). Umfangreiche Implementierungsprozesse sind i.d.R. durch große Komplexität gekennzeichnet. Eine Vielzahl von Einzelvariablen muß unter Zeitdruck verändert werden. Hrebiniak und Joyce fordern deshalb ein "...cognitively manageable implementation model or approach", der in der Lage ist, den komplexen Sachverhalt relativ **eindeutig zu strukturieren** und zu **vereinfachen.**[14] Sind die Vorgehensweisen zu komplex oder zu unscharf formuliert, besteht die Gefahr, daß die Handlungserfordernisse des Implementierungsprozesses nicht oder nicht exakt genug verstanden werden bzw. nicht den erforderlichen Verbreitungsgrad erreichen, so daß keine intersubjektiv einheitliche Handlungsbereitschaft entstehen kann. Möglicherweise unterbleiben notwendige und erwartete Handlungen, da den Betroffenen nicht bekannt ist, was genau von ihnen verlangt wird, oder die Betroffenen für sich aufgrund eigener Dateninterpretationen keinen Handlungsbedarf erkennen. Es muß somit gefordert werden, daß jeder Implementierungsprozeß auf einer einheitlich geschlossenen und strukturierten Konzeption basiert, die in ihren Einzelkomponenten und ihrer Gesamtheit so einfach wie möglich aufgebaut ist.

(Können). Die Möglichkeit, eine Handlung auszuführen, ist zum einen von den vorhandenen Fähigkeiten der Betroffenen abhängig, zum anderen aber auch von den **Aufgabenstellungen des Implementierungsprozesses** selbst, die prinzipiell situationsspezifisch **ausführbar sein müssen.**[15] Unabhängig davon, ob eine Aufgabenstellung den Betroffenen bekannt und verständlich ist sowie von ihnen akzeptiert wird, kann sie schon in ihrer Grundstruktur zur Zielerreichung (Marketingimplementierung) ungeeignet sein, so daß auch Maßnahmen zur Stärkung der Know-how-Basis, z.B. durch externe Beratung oder durch Aus- und Weiterbildung, nicht oder nur zu unvertretbar

---

[12] Vgl. die Ausführungen im Abschnitt A. 2.3.

[13] In der Literatur ist es üblich, die Ausgestaltung von Implementierungsprozessen auch gemäß bestimmter Prinzipien oder Aspekte zu orientieren, deren Handlungsempfehlungen i.d.R. auf den grundlegenden Problembereichen der Implementierung (Kennen/Verstehen, Können, Wollen) basieren. Vgl. beispielsweise Hrebiniak, L.G., Joyce, W.F., a.a.O., S. 2 ff.; Robert, M.M., Why CEOs Have Difficulty Implementing Their Strategies, in: The Journal of Business Strategy, March-April, 1991, S. 58 ff.

[14] Vgl. Hrebiniak, L.G., Joyce, W.F., a.a.O., S. 3.

[15] Steiger betont deshalb auch, daß es schwierig ist, allgemeingültig über die Anwendbarkeit von Implementierungsvorgehen zu entscheiden. Er kommt zu dem Schluß, daß nur situativ, in Abstimmung mit den übrigen Elementen des Implementierungssystems eine Entscheidung getroffen werden kann. Vgl. Steiger, P., a.a.O., S. 155.

hohen Kosten Erfolge erwarten lassen. Hrebiniak und Joyce sprechen in diesem Zusammenhang von "Contigent Prescription".[16] Zudem muß auch darauf geachtet werden, daß ein Implementierungsprozeß ein solches Vorgehen vorschreibt und nur solche auf die einzelnen Ebenen der Implementierung wirkende Instrumente und Methoden (z.b. funktionsübergreifende Kundenbesuchsgruppen, QFD, Benchmarking) einsetzt, die in ihren Bestandteilen möglichst vollständig steuerbar sind, so daß für die Betroffenen ausreichend Einflußmöglichkeiten bestehen.[17]

(Wollen). Aspekte des Human Resource Management gelten aufgrund der Tatsache, daß **personelle Widerstände als ein bedeutender Grund für fehlgeschlagene Veränderungsprozesse** angesehen werden müssen[18], als besonders bedeutsam im Rahmen von Implementierungsprozessen.[19] Fragen der **Partizipation der Betroffenen** an der Konzeption von Implementierungsprozessen sind deshalb in der Literatur intensiv diskutiert worden.[20] Dabei ist nach Kolks zum einen zu klären, welche Personen (Implementierungsträger) involviert werden sollen, und zum anderen, auf welche Art und Weise (Implementierungsstil) diese Personen einbezogen werden sollen.[21] Die Forderung von Hrebiniak und Joyce, das Implementierungsprinzip der "Minimum Intervention" zu beachten, stellt ebenfalls auf das Mitarbeiterverhalten ab. Demnach ist davon auszugehen, daß personelle Implementierungswiderstände dann möglichst gering gehalten werden können, wenn **nur die unvermeidlichen Veränderungen vorgenommen werden.**[22] Ein weiterer Aspekt, der zentral die motivationale Komponente des Mitarbeiterverhaltens beeinflußt, ist das **Engagement der Führungskräfte** im Rahmen des Implementierungsprozesses.[23]

---

[16] Vgl. Hrebiniak, L.G., Joyce, W.F., a.a.O., S. 4.

[17] "Effective managerial action presupposes that key variables are under the manager's control; without this, there is nothing to manage." Hrebiniak, L.G., Joyce, W.F., a.a.O., S. 3 f.

[18] Vgl. Huber, R., a.a.O., S. 133 ff.; Ansoff, I.H., McDonnell, E.J., a.a.O., S. 403 ff.

[19] Vgl. zum Überblick Fulmer, W.E., Human Resource Management: The Right Hand of Strategy Implementation, in: Schweiger, D.M., Papenfuß, K., Hrsg., Human resource planning: solutions to key business issues, Wiesbaden 1992, S. 19 ff.

[20] Vgl. Marr, R., Kötting, M., a.a.O., Sp. 833 ff.; Kirsch, W., Esser, W.M., Gabele, E., a.a.O., S. 298 ff.

[21] Vgl. Kolks, U., a.a.O., S. 206 ff.

[22] Vgl. Hrebiniak, L.G., Joyce, W.F., a.a.O., S. 8 f.

[23] Vgl. Howell, J.M., Higgins, C.A., Champions of Change Identifying, Understanding and Supporting Champions of Technological Innovations, in: Organizational Dynamics, Summer, 1990, S. 52; Thompson, A.A., Strickland III, A.J., a.a.O., S. 363 ff.; Rock, R.H., Eisthen, M., a.a.O., S. 16-3 ff.; Kohli, A.K., Jaworski, B.J., Market Orientation: The Construct, Research Propositions, and Managerial Implications, a.a.O., S. 7 ff.; Fox, R., a.a.O., S. 10 ff.

2. Prozeßorientierte Marketingimplementierungsansätze

2.1 Einfluß des Ausmaßes der durch Implementierung initiierten Veränderungen auf die Ausgestaltung des Implementierungsprozesses

In der Literatur werden verschiedene Kategorien von Implementierungsprozessen diskutiert, die sich vor allem hinsichtlicht ihrer Ausgestaltungskomplexität voneinander unterscheiden. Die Komplexität der Gestaltung organisatorischer Veränderungsprozesse hängt vorwiegend vom Ausmaß der beabsichtgten Veränderungen ab.[24] In der Literatur werden zwei Arten von Veränderungsprozessen unterschieden:[25]

Der **Wandel 1. Ordnung (First-Order Change)**, in dessen Rahmen lediglich kontinuierliche Veränderungen der bisherigen Vorgehensweisen ohne grundlegende Umstrukturierung des zugrundeliegenden Bezugsrahmens angestrebt werden ("Wachstum einer Raupe").[26]

Der **Wandel 2. Ordnung (Second-Order Change)**, der dadurch gekennzeichnet ist, daß es zu einer paradigmatischen Änderung der gesamten Arbeitsweise einer Organisation kommt. Veränderungen dieser Art finden i.d.R. nur in diskontinuierlichen Abständen statt ("Aus einer Raupe wird ein Schmetterling.").

Für beide Veränderungsprozesse sind unterschiedliche Konzepte bzw. Maßnahmenbündel der Organisationsveränderung entwickelt worden.[27] Es wird die Auffassung vertreten, daß kontinuierliche Veränderungen (First-Order-Change) durch Maßnahmen des Organizational Development[28] bewältigt werden können, während diskontinuierliche Veränderungssprünge Maßnahmen des Organizational Transformation[29] erfordern. Allerdings gelingt eine Abgrenzung beider Maßnahmenbündel nicht immer eindeutig, zumal die Diskussion zur Organizational Transformation sich erst in einem relativ frühen Stadium befindet.[30]

---

[24] Vgl. Nadler, D.A., Tushman, M.L., Organizational Frame Bending: Principles for Managing Reorientation, in: The Academy of Management Executive, Nr. 3, 1989, S. 196 f.

[25] Vgl. zum Überblick Levy, A., Merry, U., a.a.O., S. 6 f. Vgl. auch Staehle, W.H., Management, a.a.O., S. 829.

[26] Das schrittweise kontinuierliche Veränderungsmanagement ist auch zentraler Bestandteil des TQMs und wird dort als das sogenannte KAIZEN bezeichnet. Vgl. Imai, M., a.a.O., S. 49.

[27] Vgl. Staehle, W.H., Management, a.a.O., S. 829.

[28] Vgl. Cummings, T.G., Huse, E.F., a.a.O., S. 157 ff.

[29] Vgl. Levy, A., Merry, U., Organizational Transformation. Approaches, Strategies, Theories, New York u.a. 1986, S. 10 ff.

[30] Kilmann und Covin betonen deshalb auch "...full consensus on this concept among academics and practioners cannot be expected at this time." Kilmann, R.H., Covin, T.J., Introduction: Key The-

Sowohl diskontinuierliche als auch kontinuierliche Veränderungsprozesse sind auch im Rahmen der Marketingimplementierung von Bedeutung. Zu unterscheiden ist ein (diskontinuierlicher) Veränderungsprozeß, der aufgrund momentan fehlender oder unzureichender Marketingimplementierung erforderlich ist, von dem permanenten Implementierungsprozeß, der im Anschluß an den diskontinuierlichen Implementierungsprozeß durch kontinuierliche Verbesserungen den erreichten neuen Status quo stabilisiert sowie diese Situation zur Anpassung an Marktveränderungen weiterentwickeln soll.

In Abbildung 61 werden zur Veranschaulichung die Zusammenhänge zwischen der kontinuierlichen und der diskontinuierlichen Marketingimplementierung schematisch dargestellt.[31] Grundsätzlich unterscheiden sich beide Prozesse durch die zu erreichende marktorientierte Leistungsfähigkeit pro Zeiteinheit. Diskontinuierliche Implementierungsprozesse verfolgen das Ziel, gravierende Leistungsdefizite in relativ kurzer Zeit (T_0 - T_1) durch umfangreiche Veränderungen (L_0 - L_2) zu beseitigen, während kontinuierliche Implementierungsprozesse in der gleichen Zeit kleinere Veränderungen zur Erhaltung oder zur Verbesserung eines Niveaus erbringen.

Beide Arten von Implementierungsprozessen wirken in der Unternehmenspraxis i.d.R. zusammen und sind vornehmlich analytisch trennbar. **Im Rahmen eines diskontinuierlichen Implementierungsprozesses wirken zu jedem Zeitpunkt auch kontinuierliche Prozesse der Marketingimplementierung** und verstärken (höheres Niveau in gegebener Zeit) und/oder beschleunigen (gleiches Niveau in kürzerer Zeit) somit bei erfolgreicher Integration dieser Teilimplementierungsprozesse potentiell den Veränderungsprozeß. D.h. ein diskontinuierlicher Implementierungsprozeß allein hätte sehr wahrscheinlich das Leistungsniveau L_2 in Abbildung 61 erst zu einem späteren Zeitpunkt als in T_1 erreichen können.

Diskontinuierliche Implementierungsprozesse können i.d.R. nicht kurzfristig abgeschlossen werden, so daß zu erwarten ist, daß ein ursprünglich erreichtes Leistungsniveau (T_1/L_2) im Zeitablauf bis zum Abschluß des Prozesses wieder absinkt (T_2/L_1).[32] Allein um den Leistungsstand zu halten, muß der diskontinuierliche Prozeß um einen kontinuierlichen Prozeß ergänzt werden (T_2/L_2). Da jedoch davon auszugehen ist, daß im Zeitablauf durch Anpassungsmaßnahmen der Konkurrenten und durch höhere Leistungserwartungen der Nachfrager die im Vergleich zur Konkurrenz relative Leistungsfähigkeit abnimmt, muß zur Wahrung der relativen Leistungsfähigkeit das Lei-

---

mes in Corporate Transformation, in: Kilmann, R.H., u.a., Hrsg., Corporate Transformation. Revitalizing Organizations for a Competitive World, San Francisco, London 1988, S. 2.

31 Die Darstellung der Abbildung 61 dient zur Visualisierung des Zusammenwirkens der kontinuierlichen und diskontinuierlichen Marketingimplementierung. Die Steigungen der Geraden sowie die Zeiträume und Anteile der Prozesse basieren daher nicht auf realen Konstellationen.

32 Vgl. hierzu und im folgenden Imai, M., a.a.O., S. 50 ff.

stungsniveau zum Zeitpunkt T_2 um den Betrag L_3 - L_2 im Vergleich zum Zeitpunkt T_1 höher sein.

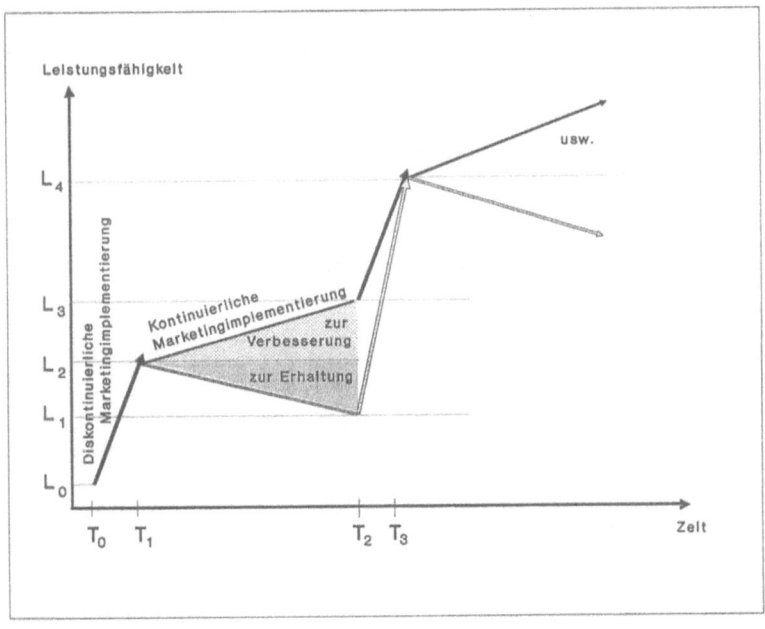

Abb. 61: Diskontinuierliche und kontinuierliche Marketingimplementierung

Die **Kombination von diskontinuierlicher und kontinuierlicher Implementierung** soll vermeiden helfen, daß in relativ kurzen Zeiträumen grundlegende, häufig mit unvermeidlichen Friktionen verbundene Implementierungsprozesse erforderlich werden. Aus Abbildung 61 wird deutlich, daß bei der Kombination beider Prozesse im Zeitraum T_2 - T_3 nur eine Leistungssteigerung von L_3 - L_4 erforderlich ist, während bei einem Verzicht oder einem nicht funktionierenden kontinuierlichen Implementierungsprozeß im selben Zeitraum eine Leistungssteigerung von L_1 - L_4 erforderlich wäre. Andererseits wird nochmals deutlich, daß der Marketingimplementierungsprozeß nie als abgeschlossen gelten kann, sondern permanent abläuft, allerdings auf unterschiedliche Art und Weise, je nachdem, wie umfangreich die erforderlichen Veränderungen sind. Somit besteht durch die Kombination der Prozesse die Möglichkeit, Marketing gemäß dem von Hrebiniak und Joyce formulierten Prinzip der "Minimum Intervention" zu implementieren.[33]

---

[33] Demnach ist es das Ziel jedes Implementierungsprozesses, "...with minimum disruption of the individual's tasks, habits and lives." auszukommen, um "...potentially negative impact on indivi-

Eine getrennte Analyse beider Implementierungsprozesse erscheint sinnvoll, da aufgrund des im Rahmen des diskontinuierlichen Implementierungsprozesses geforderten größeren Veränderungsfortschrittes pro Zeiteinheit eine im Vergleich zum kontinuierlichen Implementierungsprozeß abweichende Prozeßgestaltung unumgänglich ist. Konsequenterweise liegen auch **für beide Implementierungsprozesse unterschiedliche Implementierungsansätze** vor: Für die diskontinuierliche Implementierung stehen **am Zeitablauf orientierte Phasenmodelle** und für die kontinuierliche Implementierung **Modelle des Organisatorischen Lernens** zur Verfügung.

2.2 Prozeßansätze zur diskontinuierlichen Marketingimplementierung

2.2.1 Die Anwendbarkeit verschiedener Prozeßansätze zur Marketingimplementierung

In der Literatur wird eine Vielzahl verschiedener Vorgehensweisen oder Strategien zur Implementierung diskutiert.[34] Allerdings lassen sich in der Literatur nur sehr wenige prozeßorientierte Implementierungsansätze identifizieren, die explizit zur prozessualen Marketingimplementierung entwickelt worden sind bzw. deren Anwendung für die Marketingimplementierung explizit bestätigt werden konnte. Häufig werden primär Erkenntnisse zum Prozeß des geplanten organisatorischen Wandels auf Marketingproblemstellungen übertragen[35], oder die Vorgehensvorschläge basieren ausschließlich oder in erster Linie auf Erfahrungen aus der Unternehmenspraxis[36] bzw. sind speziell für die Unternehmenspraxis geschrieben[37] und verzichten daher weitgehend auf ein theoretisch abgeleitetes Vorgehen.[38] Auf eigenständige Forschungsarbeiten zu Proble-

---

duals responsible for the .. implementation process." zu vermeiden. Hrebiniak, L. G., Joyce, W.F., a.a.O., S. 9.

[34] Vgl. beispielsweise Hrebiniak, L.G., Joyce, W.F., a.a.O., S. 239 ff.; Nutt, P.C., Implementation Approaches for Project Planning, a.a.O., S. 601 ff.; Nutt, P.C., Tactics of implementation, in: Academy of Management Journal, Nr. 2, 1986, S. 241 ff.; Nutt, P.C., Identifying and Appraising How Managers Install Strategy, in: Strategic Management Journal, 1987, S. 4 ff.; Nutt, P.C., Selecting tactics to implement strategic plans, in: Strategic Management Journal, 1989, S. 146 ff.; Bourgeois, L.J. III, Brodwin, D.R., Strategic Implementation: Five Approaches to an Elusive Phenomenon, in: Strategic Management Journal, 1984, S. 243 ff.

[35] Vgl. Meffert, H., Die Einführung des Kundenmanagements als Problem des geplanten organisatorischen Wandels, in: Wunderer, R., Hrsg., Humane Personal- und Organisationsentwicklung, Berlin 1979, S. 312 f.

[36] Vgl. beispielsweise Bromann, P., a.a.O., S. 199 ff.

[37] Vgl. Piercy, N., Market-Led Strategic Change, a.a.O., S. 321 ff.

[38] Häufig basieren Vorschläge zur Restrukturierung von Unternehmen auf Vorgehensweisen, die Unternehmensberater anwenden. Zu nennen ist hierbei beispielsweise das sogenannte "Core process redesign" von McKinsey und die "Geschäftsprozeß-Optimierung (GPO)" von Diebold. Vgl. zum Core process redesign Kaplan, R.B., Murdock, L., Rethinking the corporation. Core process

men der prozessualen Marketingimplementierung kann daher nur sehr begrenzt zurückgegriffen werden.

In einer empirischen Untersuchung, in die 36 strategische Geschäftseinheiten großer US-amerikanischer Industrieunternehmen einbezogen waren, haben Narver und Slater untersucht, welches prozessuale Vorgehen erfolgreich für die Marketingimplementierung einsetzbar ist.[39] Narver und Slater gehen davon aus, daß für komplexe unternehmensweite Veränderungen zwei grundlegend unterschiedliche Implementierungsalternativen gewählt werden können: der "**Programmatic Approach**" und der "**Market-Back Approach**".[40][41]

Das Vorgehen nach dem **Programmatic Ansatz** ist dadurch gekennzeichnet, daß die geplanten Veränderungen unternehmensweit vom Top-Management geplant, auf allen Ebenen eingeführt und alle Implementierungsebenen, "...angefangen von der 'Botschaft zur Unternehmensaufgabe' bis zu 'Unternehmenskultur'-Maßnahmen, Schulungskursen, Qualitätszirkeln und neuen leistungsbezogenen Entlohnungssystemen..."[42], von Anfang an gleichermaßen betroffen sind. Dieses Implementierungsvorgehen wurde nach Narver und Slater in der Vergangenheit üblicherweise zur Marketingimplementierung eingesetzt[43], wurde jedoch in empirischen Untersuchungen als wenig geeignetes Implementierungsvorgehen eingestuft.[44]

---

redesign, in: The McKinsey Quarterly, Nr. 2, 1991, S. 27 ff. Vgl. zur Geschäftsprozeß-Optimierung Sempf, U., Die entschlackte Organisation - Empfehlungen zur Optimierung Ihrer internen Leistungsfähigkeit, in: Diebold Management Journal, Nr. 16, Februar 1992, S. 4 ff.

39 Vgl. Narver, J.C., Slater, S.F., Becoming More Market Oriented: An Exploratory Study of the Programmatic and Marked-Back Approaches, Report Nr. 91-128 des Marketing Science Institute, Cambridge/Mass. 1991, S. 7 ff.

40 Diese Unterscheidung geht auf eine empirische Untersuchung über den Erfolg von komplexen Veränderungsprozessen zurück, die von Beer, Eisenstat und Spector durchgeführt wurde. In dieser Untersuchung wird der "Market-back Approach" als "Managing Corporate Climate Approach" bezeichnet. Vgl. Beer, M., Eisenstat, R.A., Spector, B., The Critical Path to Corporate Renewal, Cambridge/Mass. 1990, S. 148 ff. In einer weiteren Veröffentlichung wird der "Market-back Approach" auch als "Task Alignment Approach" bezeichnet. Vgl. Beer, M., Eisenstat, R.A., Spector, B., Why Change Programs Don't Produce Change, in: Harvard Business Review, November-Dezember, 1990, S. 161.

41 Viele Ausgestaltungsaspekte des Market-back Approach wurden schon 1988 in ähnlicher Form von Schaffer im Rahmen der in der Unternehmensberatung angewendeten "Breakthrough Strategy" beschrieben. Vgl. Schaffer, R.H., The Breakthrough Strategy. Using Short-term Successes to Build the High Performance Organisation, Cambridge/Mass. 1988, S. 61 ff.; Schaffer, R.H., Die Leistung steigern. Aber wie?, in: Harvard manager, Nr. 1, 1992, S. 71 ff.

42 Beer, M., Eisenstat, R.A., Spector, B., Wie Verjüngungskampagnen ein sicherer Erfolg werden, in: Harvard manager, Nr. 4, 1991, S. 35.

43 Vgl. beispielsweise Cummings, T.G., Huse, E.F., a.a.O., S. 57.

44 Vgl. Narver, J.C., Slater, S.F., Becoming More Market Oriented: An Exploratory Study of the Programmatic and Marked-Back Approaches, a.a.O., S. 8.

Narver und Slater konnten als Ergebnis ihrer empirischen Untersuchung feststellen, daß das **Vorgehen anhand des Market-Back Ansatzes** im Gegensatz zum Vorgehen nach dem Programmatic Ansatz **zur Marketingimplementierung geeignet** ist.[45] Somit konnten auch für die Marketingimplementierung die Ergebnisse von Beer, Eisenstat und Spector, die sich allgemein auf umfangreiche Veränderungsprozesse bezogen, bestätigt werden.[46]

Im folgenden soll daher der Market-Back Ansatz, dessen Vorgehen in ähnlicher Form auch schon in der Marketing- und der TQM-Literatur diskutiert wird[47], detailliert vorgestellt werden.

2.2.2 Der Market-Back Ansatz als Prozeßansatz der Marketingimplementierung

2.2.2.1 Grundlegende Merkmale des Market-Back Ansatzes

Der Market-Back Ansatz zeichnet sich durch ein **schrittweises und ergebnisorientiertes Vorgehen** aus, welches dazu dienen soll, den komplexen Implementierungsprozeß für alle Beteiligten überschaubarer und damit nachvollziehbarer zu gestalten. Das **schrittweise Vorgehen** des Market-Back Ansatzes dokumentiert sich in erster Linie darin, daß sich der Implementierungsprozeß zunächst nicht auf alle Bereiche eines Unternehmens erstreckt, sondern ausgehend von einem Unternehmensteilbereich schrittweise (stetig fortschreitend) das gesamte Unternehmen umfaßt.[48] Zunächst gilt es, eine **innerbetriebliche Referenzeinheit** (organizational prototyp) zu schaffen, an deren Beispiel der Erfolg des Implementierungsvorgehens und die daraus resultierenden Veränderungen nachgewiesen werden können.[49] Da dies nur gelingt, wenn im

---

45   "The results suggest that the market-back approach has a sustantial positive effect on market orientation. They suggest also that the programmatic approach has no effect on market orientation." Narver, J.C., Slater, S.F., Becoming More Market Oriented: An Exploratory Study of the Programmatic and Marked-Back Approaches, a.a.O., S. 25.

46   Vgl. Narver, J.C., Slater, S.F., Becoming More Market Oriented: An Exploratory Study of the Programmatic and Marked-Back Approaches, a.a.O., S. 26.

47   Vgl. Christopher, M., Payne, A., Ballantyne, D., a.a.O., S. 112 ff.; Fox, R., a.a.O., S. 9 ff.

48   Ein schrittweises Vorgehen wird häufig, beispielsweise auch im Rahmen der TQM-Implementierung, als bedeutender Erfolgsfaktor von Implementierungsprozessen eingestuft. Vgl. Feigenbaum, A.V., Total Quality Control, 3. Aufl., New York u.a. 1991, S. 221; Joiner, B.L., Scholtes, P.R., a.a.O., S. 34; Peters, T., a.a.O., S. 102 ff.; Staal, R., Qualitätsorientierte Unternehmensführung. Strategie und operative Umsetzung, Stuttgart 1990, S. 39.

49   Als weitere Vorteile der Schaffung eines organisatorischen Prototypen werden die Möglichkeiten diskutiert, in einer relativ überschaubaren betrieblichen Einheit Fehler frühzeitig zu erkennen und Vorgehensweise sowie Instrumente zu testen bzw. weiterzuentwickeln, bevor der Implementierungsprozeß auf das gesamte Unternehmen übertragen wird. Vgl. Chew, W.B., Leonard-Barton, D., Bohn, R.E., Beating Murphy's Law, in: Sloan Management Review, Spring, 1991, S. 11.

Sinne der geplanten Veränderungen positive Ergebnisse erzielt werden[50], muß es das zentrale Anliegen der Initiatoren eines Implementierungsprozesses sein, einen Unternehmensteil auszuwählen, der die Veränderungen mit der größten Wahrscheinlichkeit erfolgreich umsetzen und damit als Referenz dienen kann. Damit dies erreicht werden kann, ist es ferner erforderlich, diesen Unternehmensteil mit allen erforderlichen personellen und finanziellen Ressourcen auszustatten.[51]

Der Implementierungsprozeß des Market-Back Ansatzes wird im Gegensatz zum Programmatic Ansatz nicht vorab detailliert geplant, sondern anhand eines "maßgeblichen Weges" oder critical path (allerdings mit einer klaren Schrittfolge) gesteuert. Veränderungen werden nur dann durchgeführt, wenn sie aufgrund ihrer Problemrelevanz erforderlich sind. Dieses Vorgehen wird daher in der Literatur auch als "**Just-in-time Implementierungsmethode**" bezeichnet.[52] Zudem werden Veränderungen immer erst dann vorgenommen, wenn der Veränderungsbedarf von den Betroffenen konkretisiert werden kann, und damit relativ exakte Zielvorgaben definiert werden können, deren Erfüllung intersubjektiv eindeutig nachprüfbar sein sollte.[53]

Es wird daher gefordert, den **Implementierungsprozeß des Market-back Ansatzes ergebnisgesteuert anstatt aktivitätszentriert** zu konzipieren.[54] Die grundlegenden Unterschiede beider möglichen Ausgestaltungsformen werden in Abbildung 62 gegenübergestellt und durch Beispiele typischen Handelns verdeutlicht.

---

rungsprozeß auf das gesamte Unternehmen übertragen wird. Vgl. Chew, W.B., Leonard-Barton, D., Bohn, R.E., Beating Murphy's Law, in: Sloan Management Review, Spring, 1991, S. 11.

[50] "To serve as effective catalysts for corporate renewal, model organization need to be perceived as business successes." Beer, M., Eisenstat, R.A., Spector, B., The Critical Path to Corporate Renewal, a.a.O., S. 129.

[51] Vgl. Beer, M., Eisenstat, R.A., Spector, B., The Critical Path to Corporate Renewal, a.a.O., S. 131 ff.

[52] Vgl. Schaffer, R.H., Thomson, H.A., Leistungsprogramme: Wirksam wie ein Regentanz ums Lagerfeuer?, in: Harvard manager, Nr. 3, 1992, S. 83.

[53] Vgl. Beer, M., Eisenstat, R.A., Spector, B., Wie Verjüngungskampagnen ein sicherer Erfolg werden, a.a.O., S. 35 ff.

[54] Vgl. Schaffer, R.H., Thomson, H.A., a.a.O., S. 78 ff.; Kaufman, R.S., Why Operations Improvement Programs Fail: Four Managerial Contradictions, in: Sloan Management Review, Fall, 1992, S. 84 f.

Aktivitätszentrierte Implementierung

Das Bemühen um **Verbesserungen** wird hauptsächlich als **etwas Langfristiges,** Allumfassendes verstanden *(Wir wollen als Qualitätsführer gelten.).*

Das Management veranlaßt aktive **Maßnahmen, weil sie "richtig" sind** und zur Philosophie des Implementierungsgegenstandes passen *(Ich wünsche mir jeden Manager in die eine oder andere Aktion einbezogen.).*

Die Vorkämpfer der Implementierung raten dazu, **geduldig und standhaft zu sein** *(Erwarten Sie Ergebnisse nicht für dieses oder nächstes Jahr.).*

Stabsmitarbeiter und Berater unterweisen jedermann in die Geheimnisse und das Vokabular des Implementierungsgegenstandes *(Jeder muß die gleiche Sprache sprechen, das gleiche Training durchlaufen und über den gleichen Werkzeugkasten verfügen.).*

Stabsmitarbeiter und Berater drängen Manager und Mitarbeiter, ihrem **Vorgehen voll zu vertrauen** und dies zu unterstützen *(Echte Mitarbeiterbeteiligung wird viel Zeit und Mühe kosten, und obwohl es auch den Managern viel abverlangen mag, müssen sie doch einsehen, daß kein Weg daran vorbeiführt, wenn das Unternehmen die Implementierungsziele erreichen soll.).*

Ergebnisorientierte Implementierung

Es gibt **meßbare kurzfristige Vorgaben** zur Leistungsverbesserung, selbst wenn der gesamte Implementierungsprozeß langfristige Anstrengungen erfordert *(In 60 Tagen werden wir 95 Prozent der Forderungen binnen zehn Tagen begleichen).*

Das **Management unternimmt aktive Schritte,** weil sie aller Voraussicht nach direkt zu bestimmten Ergebnissen führen *(Holen wir eine kleine Gruppe zusammen, die das Problem der Ausfallzeiten bei der Maschine löst.).*

Die Stimmung verrät **Ungeduld.** Das Management will Ergebnisse sehen, auch wenn der Implementierungsprozeß einen Einsatz über lange Zeit bedingt *(Wenn wir die Kostennachteile in den nächsten Monaten nicht wenigstens zur Hälfte abbauen können, sollten wir eine Werksschließung überlegen.).*

Stabsmitarbeiter und Berater unterstützen die Manager beim Erreichen von Resultaten *(Wir sollten überlegen, wie sich innerhalb einer Woche exakt feststellen läßt, wie die Kunden zu unserem Zustelldienst stehen: Danach können wir anfangen, ihn zu verbessern.).*

Manager und Mitarbeiter werden ermutigt, sich **selbst ein Bild** davon zu machen, ob eine Veränderung tatsächlich erfolgreich ist *(Warum schicken Sie nicht ein paar Ihrer Leute in den Kurs, um herauszufinden, ob der Ihnen wirklich dabei hilft, Ihre Verbesserungsziele zu erreichen.).*

232

Im voraus zwingt der Implementierungsprozeß das Management zu **großen Investitionen** - ehe sich Ergebnisse vorweisen lassen *(Im ersten Jahr müssen wir uns auf die Entwicklung des Bewußtseins und auf Schulungen konzentrieren. Und im Jahr danach...).*	Es sind zunächst relativ **wenig Investitionen** erforderlich, um den Prozeß in Gang zu setzen. Erreichte Ergebnisse überzeugen die Entscheider, mehr zu investieren *(Sehen wir zu, ob uns dieser Ansatz hilft, den Umsatz bei hochpreisigen Produkten in einigen Filialen zu steigern. Wenn das der Fall ist, können wir in anderen Filialen ähnlich vorgehen.).*

Abb. 62: Vergleich aktivitätszentrierter und ergebnisorientierter Implementierungsprozesse[55]

Aktivitätszentrierte Implementierungsprozesse zeichnen sind dadurch aus, daß auf Basis relativ vager Zielformulierungen Aktivitäten entfaltet werden, ohne daß zu einem bestimmten Zeitpunkt von den Verantwortlichen eindeutig determinierte Ergebnisse erwartet werden. **Ergebnisorientierte Implementierungsprozesse** sind demgegenüber durch meßbare, inkrementale kurzfristig orientierte Verbesserungsmaßnahmen gekennzeichnet, die zwar sofort eingeführt werden, aber erst dann endgültig übernommen werden, wenn die gemessenen Ergebnisse den Erwartungen entsprechen. Schaffer und Thomson konnten feststellen, daß nichts motivierender wirkt als regelmäßige Erfolge, die allerdings, um ihre motivierende Wirkung entfalten zu können, den Betroffenen verdeutlicht werden müssen (z.B. mit Schaubildern zur Entwicklung der Lieferzeiten).[56] Ergebniszentriertes Vorgehen bildet somit die Basis für die Ausdehnung der Veränderungen auf weitere Unternehmensteile.

Zusammenfassend basiert der **Erfolg des Market-Back Ansatzes** offenbar auf **kontinuierlichen Verbesserungs- und Lernprozessen**, wobei die in kleineren Schritten unter **Partizipation der Betroffenen** definierten und umgesetzten Veränderungen nur dann unternehmensweit eingesetzt werden, wenn sie sich bewährt haben.[57] Diese Erkenntnisse bestätigen die Ergebnisse von Quinn, der im Rahmen seiner Untersuchungen feststellen konnte, daß effektive Veränderungsprozesse "... tend to emerge step by step from an iterative process in which the organization probes the future, experiments,

---

[55] Schaffer, R.H., Thomson, H.A., a.a.O., S. 81.

[56] Vgl. Schaffer, R.H., Thomson, H.A., a.a.O., S. 83.

[57] Vgl. zum Erfolg dieses Vorgehens in der Unternehmenspraxis Schaffer, R.H., Thomson, H.A., a.a.O., S. 83 f.; Roitmann, D.B., Liker, J.K., Roskies, E., Birthing a Factory of the Future: When Is 'All at Once' Too Much?, in: Kilmann, R.H., u.a., Hrsg., Corporate Transformation. Revitalizing Organizations for a Competitive World, San Francisco, London 1988, S. 242 ff.

Merkmale	"Programmatic" Ansatz	"Market-Back" Ansatz
Beziehung zw. Unternehmens- führung und Unternehmens- teilbereichen	Entwicklung von Implemen- tierungsstrategien von der Unternehmensführung, ohne explizite Berücksichtigung von Erfahrungen einzelner Unternehmensteilbereiche, für das gesamte Unter- nehmen.	Entwicklung von Implemen- tierungsstrategien für Unternehmensteilbereiche. Gesammelte Erfahrungen werden für eine **schritt- weise Ausdehnung des Prozesses** auf das ge samte Unterneh. genutzt.
Begründungen für die Aus- lösung des Im- plementierungs- prozesses	In erster Linie Erfahrungen anderer Unternehmen oder persönliche Initiativen des Top-Management. In zweiter Linie konkrete wirtschaftliche Unzuläng- lichkeiten.	In erster Linie **konkrete** wirtschaftliche **Unzuläng- lichkeiten.**
Hauptverantwort- lichkeit für den Implementierungs- prozeß	Delegiert von Linienmanagern an unternehmensinterne Personalfachleute und externe Berater.	**Linienmanager** der Unter- nehmensführung und des Unternehmensteilbereichs, unterstützt von Personal- fachleuten und Beratern.
Verwendete Methoden/ Instrumente	Aus- und Weiterbildung, Unternehmensphilosophie, Veränderung der Managementsysteme.	Experimenteller **Einsatz innovativer Instrumente**, die von veränderungsbe- reiten neuen Managern gefördert werden (z.B. Benchmarking).
Grundlegender Ansatz um Verhaltens- änderungen zu bewirken	Verhaltensänderungen sol- len durch Beobachtung, Lesen und Reflexion von Ausbildungsin- halten und Statements der Unternehmensphilo- sophie bewirkt werden.	Verhaltensänderungen sollen durch praxisori- tiertes "**trial and error**" **Lernen** bewirkt werden. Erst nachdem hierdurch Verhaltensänderungen initi- iert sind, kommen Ausbil- dungsprogramme und Un- ternehmensphilosophie- Statements zum Einsatz.
Angenommene Beziehung zw. Management- systemen und Verhaltensver- änderungen	Veränderung der Manage- mentsysteme führt zu Verhaltensänderungen.	**Verhaltensänderungen determinieren** die Ver- änderungen der **Manage- mentsysteme.**

Abb. 63: Vergleich zweier Ansätze zur prozessualen Implementierung[58]

[58] In Anlehnung an Beer, M., Eisenstat, R.A., Spector, B., The Critical Path to Corporate Renewal, a.a.O., S. 149.

and learns from a series of partial (incremental) commitments...".[59] Auch Hrebiniak und Joyce betonen, daß, soweit möglich, ein schrittweises Implementierungsvorgehen (Sequential Implementation) gewählt werden sollte, da bei diesem Vorgehen die Komplexität des Implementierungsprozesses vom Management leichter zu bewältigen ist. Allerdings benötigt ein schrittweises Vorgehen mehr Zeit als ein Vorgehen, das simultan bei allen Problembereichen Veränderungen initiiert. So ist unter Zeitrestriktionen u.U. nur ein simultanes Vorgehen möglich, das andererseits jedoch unter Effizienz- und Effektivitätsüberlegungen möglichst nur sehr restriktiv eingesetzt werden sollte.[60]

In Abbildung 63 werden nochmals die wichtigsten Unterscheidungskriterien des "Programmatic"- und des "Market-Back" Ansatzes im Überblick zusammengefaßt.

2.2.2.2 Die zeitliche Abfolge der Implementierungsschritte des Market-Back Ansatzes

Der Implementierungsablauf kann (und soll) beim Einsatz des Market-Back Ansatzes im Vergleich zum Programmatic Ansatz wesentlich weniger detailliert geplant werden. Dennoch haben die Untersuchungen von Beer, Eisenstat und Spector gezeigt, daß auch ein auf konkrete Aufgaben (Task alignment) bezogener **Veränderungsprozeß durch eine Abfolge von (sechs) unterscheidbaren Teilschritten determiniert** wird.

Schritt 1: Engagement für den Wandel mobilisieren

Ausgangspunkt jedes Implementierungsprozesses muß die Erkenntnis sein, daß überhaupt **Veränderungen erforderlich sind**.[61] Häufig determinieren Veränderungen der Unternehmensumwelt den innerbetrieblichen Anpassungsbedarf, der i.d.R. zunächst den Führungskräften, beispielsweise durch die Verschlechterung von Kennzahlen, bewußt wird.[62] Ist den relevanten Führungskräften allerdings die Notwendigkeit zur Ver-

---

59 Quinn, J.B., Strategies for Change. Logical Incrementalism, Homewood, Ill. 1980, S. 58.

60 Vgl. Hrebiniak, L.G., Joyce, W.F., a.a.O., S. 18 f.

61 In der Literatur herrscht weitgehend Einigkeit darüber, daß im Rahmen von umfangreichen Veränderungen der Erkenntnisprozeß, der in dem schon zitierten grundlegenden Phasenmodell von Lewin als unfreezing bezeichnet wird, eine unverzichtbare Voraussetzung darstellt. In der Literatur werden die Vorgehensweisen bzw. Strategien zum Management dieser frühen Phase eines Veränderungsprozesses unter der Bezeichnung "Transformation Strategies" diskutiert. Vgl. zur Übersicht Levy, A., Merry, U., a.a.O., S. 166 ff. Auch für die Marketingimplementierung wird die Erkenntnis der Notwendigkeit zur grundlegenden Marketingimplementierung als Erfolgsvoraussetzung der Implementierung angeführt. Vgl. Piercy, N., Market-Led Strategic Change, a.a.O., S. 326 ff.; Kohli, A.K., Jaworski, B.J., Market Orientation: The Construct, Research Propositions, and Managerial Implications, a.a.O., S. 16.

62 Vgl. Beckhard, R., Harris, R.T., Organizational Transitions. Managing Complex Change, 2. Aufl., Reading/Mass. 1987, S. 30 ff. Vgl. zu Vorgehensweisen der Steigerung der Bereitschaft, Veränderungen zu unterstützen Cummings, T.G., Huse, E.F., a.a.O., S. 110 f.

änderung nicht bewußt oder lehnen sie diese ab, wird ein Implementierungsprozeß aufgrund der Machtopponentenstellung der Führungskräfte vermutlich nicht durchführbar sein.[63] Die **Bereitschaft der Führungskräfte zur Veränderung** ist notwendig, jedoch nicht hinreichend, da häufig die betroffenen Mitarbeiter die Notwendigkeit von Veränderungen aufgrund fehlender Informationen nicht erkennen können. Da die **Unterstützung der Betroffenen** für den Implementierungserfolg nach den Ergebnissen von Beer, Eisenstat und Spector von zentraler Bedeutung ist, muß jede Führungskraft Wege finden, den unternehmensexternen Veränderungsdruck in interne Unzufriedenheit mit der momentanen Situation und/oder Begeisterung für eine bessere zukünftige Situation zu überführen.[64]

Obwohl Beer, Eisenstat und Spector betonen, daß prinzipiell jede Führungskraft, auch Manager der mittleren Hierarchieebenen[65], die Verantwortung für die Veränderungen übernehmen kann, ergaben empirische Untersuchungen, daß vorwiegend Führungskräfte mit unspezifischer, allgemein ausgerichteter Führungserfahrung im Gegensatz zu spezialisierten Führungskräften, z.B. Führungskräfte aus dem Finanz- oder Rechnungswesen, für die Steuerung von Implementierungsprozessen geeignet waren.[66]

Um frühzeitig einen breiten Konsens über die Notwendigkeit von Veränderungen erzeugen zu können, ist es sinnvoll, eine Situationsanalyse mit Hilfe von **funktionsübergreifenden Teams** durchzuführen.[67] Eventuell ist es auch sinnvoll, externe Berater hinzuzuziehen.[68] Hierbei sollten allen Beteiligten möglichst alle Informationen zur Verfügung gestellt werden, auf deren Basis die Veränderungsnotwendigkeit beruht.[69]

---

[63] Vgl. Groth, U., Kammel, A., 13 Stolpersteine vor dem schlanken Unternehmen, in: Harvard Business Manager, Nr. 1, 1993, S. 118; Beer, M., The Critical Path for Change: Keys to Success and Failure in Six Companies, in: Kilmann, R.H., u.a., Hrsg., Corporate Transformation. Revitalizing Organizations for a Competitive World, San Francisco, London 1988, S. 27.

[64] Vgl. Beer, M., Eisenstat, R.A., Spector, B., The Critical Path to Corporate Renewal, a.a.O., S. 79.

[65] Dieses Implementierungsvorgehen entspricht dem "from middle both ways" Ansatz der Implementierung. Alternativ zu diesem Ansatz wird der bottom up sowie der top down Ansatz diskutiert, wobei letzterer nach herrschender Meinung der Praxis in den meisten Fällen als richtig eingestuft wird. Vgl. Staehle, W.H., Management, a.a.O., S. 859.

[66] Vgl. Govindarajan, V., Implementing Competitive Strategies At The Business Unit Level: Implications Of Matching Managers To Strategies, in: Strategic Management Journal, 1989, S. 265.

[67] Bei der Auswahl der beteiligten Mitarbeiter muß darauf geachtet werden, daß Vertreter aller für die Veränderung besonders relevanten Mitarbeitergruppen von Beginn an einbezogen sind. Eine Möglichkeit zur Strukturierung der Auswahlentscheidung bietet das im Abschnitt C. 2.1.3.3.1 diskutierte Responsibility Chart.

[68] Vgl. zur Beratung im Rahmen eines Implementierungsprozesses Heimerl-Wagner, P., a.a.O., S. 170 ff.; Schein, E.H., Process Consultation, Volume II. Lessons for Managers and Consultants, Reading/Mass. 1987, S. 5 ff.; Büne, K., Implementierungsprobleme bei der Beratung kleiner und mittlerer Betriebe am Beispiel des Einzelhandels, Frankfurt a.M. u.a. 1987, S. 19 ff.

[69] Vgl.Beer, M., Eisenstat, R.A., Spector, B., The Critical Path to Corporate Renewal, a.a.O., S. 81 f.

Eine weitere Möglichkeit, Veränderungsbereitschaft zu wecken, ist der Besuch von Unternehmen, die aufgrund ihrer Leistungsfähigkeit in dem implementierungsrelevanten Bereich als Vorbild dienen können.[70] Beabsichtigt ist, einen Lernprozeß einzuleiten, der durch indirektes Lernen (vicarious learning) anhand der Erfahrungen anderer Unternehmen gekennzeichnet ist.[71] Es kann sich jedoch i.d.R. nur um einen Lernanstoß handeln, da die Umfeldbedingungen zweier Unternehmen häufig nur unzureichend miteinander vergleichbar sind. Die Simulation organisatorischer Abläufe in Modellen kann, wie Erfahrungen bei Ciba-Geigy gezeigt haben, ebenfalls Lerneffekte erzeugen und Veränderungsbereitschaft anstoßen.[72] Da der erste Schritt im Rahmen des gesamten Implementierungsprozesses zentral das weitere Vorgehen determiniert, wird in der Literatur gefordert, möglichst viele Möglichkeiten simultan zu nutzen, die geeignet sind, eine breite Basis der Veränderungsbereitschaft zu schaffen.[73]

Schritt 2: Eine gemeinsame Zielvorstellung entwickeln

Nachdem das Implementierungsteam den genauen Veränderungsbedarf definiert hat, werden den von den verantwortlichen Führungskräften ausgewählten Mitarbeitern im Rahmen von Projektteams neue Rollen und Verantwortlichkeiten zugeteilt. Aufgabe der Projektteams ist es, den Problembereich weiter zu evaluieren und eine **veränderte problembezogene Zielvorstellung** zu entwickeln.[74] Widerstände gegen die Veränderungen können aus den Erfahrungen der Unternehmenspraxis durch Beibehalten der bisherigen Managementsysteme (z.B. Organisationsstruktur, Vergütungssysteme) weitgehend vermieden werden.[75]

Schritt 3: Förderung allgemeiner Akzeptanz der Zielvorstellungen

Nachdem in dem Implementierungsteam und den geschaffenen Projektgruppen in Abstimmung mit den Führungskräften ein Konsens über die Zielvorstellungen erreicht worden ist, muß auch bei den bisher nicht einbezogenen, jedoch von den Veränderun-

---

70 Benchmarking bietet eine Möglichkeit zur Auslösung oder Verstärkung von Veränderungsbereitschaft. Vgl. Lawler III, E.E., Transformation from Control to Involvement, in: Kilmann, R.H., u.a., Hrsg., Corporate Transformation. Revitalizing Organizations for a Competitive World, San Francisco, London 1988, S. 61 ff.; Camp, R.C., a.a.O., S. 28 ff. Vgl. auch die Ausführungen im Abschnitt C. 3.2.4.2.

71 Vgl. Chew, W.B., Leonard-Barton, D., Bohn, R.E., a.a.O., S. 10.

72 Vgl. Ulrich, S., Rollenspiel, in: Manager Magazin, Nr. 1, 1993, S. 129.

73 Vgl. Chew, W.B., Leonard-Barton, D., Bohn, R.E., a.a.O., S. 10.

74 Vgl. Beer, M., Eisenstat, R.A., Spector, B., Wie Verjüngungskampagnen ein sicherer Erfolg werden, a.a.O., S. 39. Vgl. zum Vorgehen bei der Entwicklung einer veränderten Unternehmensphilosophie Abschnitt C. 2.1.2.2.3.

75 Vgl. Beer, M., Eisenstat, R.A., Spector, B., Wie Verjüngungskampagnen ein sicherer Erfolg werden, a.a.O., S. 39.

gen betroffenen Mitarbeitern ein **Konsens in bezug auf die angestrebten Veränderungen** erzielt werden.

In der Literatur werden die Vorgehensweisen, die zu diesem Zeitpunkt des Veränderungsprozesses eingesetzt werden, unter der Bezeichnung "Transition Strategies" diskutiert, deren Hauptaufgabe es ist, konkrete Hilfsmittel zur Verfügung zu stellen, um die Übergangsphase zu den zukünftig angestrebten Gegebenheiten zu managen.[76] Zum Einsatz kommen hier in erster Linie Vorgehensweisen und Verfahren, die aus dem Themenbereich der Organisationsentwicklung[77] bekannt sind und auch, wie Hasper und Glasl zeigen, für die Marketingimplementierung einsetzbar sind.[78] Von besonderer Relevanz sind hierbei verhaltenssteuernde Verfahren der Teamentwicklung, Aus- und Weiterbildung sowie der Beratung.[79] Bedeutend erscheint allerdings, daß beim Vorgehen nach dem Market-Back Ansatz Maßnahmen der Organisationsentwicklung erst dann eingesetzt werden, wenn sowohl den Führungskräften als auch den einzelnen Mitarbeitern bekannt ist, welche Fähigkeiten tatsächlich entwickelt werden müssen, damit die nun exakt spezifizierten Ziele durch hierfür besonders geeignete Methoden und Instrumente erreicht werden können.

Beer, Eisenstat und Spector konnten feststellen, daß bei besonders erfolgreichen Veränderungsprozessen die einzelnen Veränderungsteams selbst um Schulungs- und Beratungsmaßnahmen nachgesucht haben. Den Führungskräften kommt daher die Aufgabe zu, zunächst den Bedarf für diese Maßnahmen zu wecken und sie erst nach Anforderung durch die Betroffenen zu initiieren.[80] Diese Ergebnisse stimmen mit Untersuchungen überein, die sich mit dem Erfolg von Organisationsentwicklungsmaßnahmen beschäftigen. Demnach ist der Erfolg u.a. davon abhängig, ob im Unternehmen ein Problembewußtsein entwickelt ist, Spielregeln der Kooperation bekannt sind, Bereitschaft zum Experimentieren besteht, keine gravierenden innerbetrieblichen Kon-

---

[76] Transition strategies werden im Anschluß an die Transformation strategies eingesetzt, die im Rahmen der ersten beiden Schritte des Market-Back Approach eingesetzt werden können. Die "Transition Phase" entspricht der "Moving Phase" von Lewin. Vgl. zur Übersicht Levy, A., Merry, U., a.a.O., S. 176 ff.; Beckhard, R., Harris, R.T., a.a.O., S. 71 ff.

[77] Vgl. zum Begriff Lasser, R., Organisationsentwicklung, in: Wirtschaftsstudium, Heft 4, 1989, S. 202.

[78] Vgl. Hasper, W.J.J., Glasl, F., Von kooperativer Marktstrategie zur Unternehmensentwicklung. Konzeption, Methodik und Praxisbeispiel der Organisationsentwicklung im Marketing, Bern, Stuttgart 1988, S. 59 ff.

[79] Aufgrund der Vielzahl der einzelnen Verfahren soll an dieser Stelle auf die relevante Literatur verwiesen werden. Vgl. z.B. French, W.L., Bell jr., C.H., Organisationsentwicklung, Bern, Stuttgart 1977, S. 124 ff.; Wohlgemuth, A.C., a.a.O., S. 125 ff.; Kirsch, W., Esser, W.M., Gabele, E., a.a.O., S. 206 ff.

[80] Vgl. Beer, M., Eisenstat, R.A., Spector, B., The Critical Path to Corporate Renewal, a.a.O., S. 88.

flikte bestehen und die Organisationsmitglieder selbständig bereit sind, an den Maßnahmen teilzunehmen.[81]

Da ein möglichst breiter Konsens über die angestrebten Veränderungen Grundlage eines erfolgreichen Implementierungsprozesses ist, gilt es, **mögliche Widerstände frühzeitig zu identifizieren** und durch geeignete Maßnahmen zu neutralisieren.[82] In diesem Zusammenhang müssen Mitarbeiter, die sich veränderungsunwillig oder -unfähig zeigen, obwohl ihnen geeignete Möglichkeiten gegeben wurden, sich an die neuen Gegebenheiten anzupassen (z.B. Weiterbildung, Problemdiskussion), ausgetauscht werden.[83]

Schritt 4: Ausweitung des Implementierungsprozesses

Nachdem der Implementierungsprozeß in Teilbereichen eines Unternehmens erfolgreich verlaufen ist, können **weitere Unternehmenseinheiten in den Veränderungsprozeß einbezogen** werden. Häufig **muß** der Implementierungsprozeß auch auf weitere Unternehmensbereiche ausgedehnt werden, da zu einem bestimmten Zeitpunkt ein auf Teilbereiche eines Unternehmens beschränkter Implementierungsprozeß nicht mehr erfolgreich weitergeführt werden kann, weil weitere Unternehmensteile, z.B. unterstützende Verwaltungs- und Stabsabteilungen, den Implementierungsfortschritt behindern können.

Da verschiedene Unternehmensteile, z.B. Geschäftsbereiche, Niederlassungen oder relativ selbständige Produktionsstätten mit eigenem Vertrieb, oft unterschiedlich strukturiert sind und unterschiedliche Subkulturen entwickelt haben, ist eine vom Top-Management vorgeschriebene identische Übertragung des Implementierungsvorgehens, das in der Referenzunternehmenseinheit gewählt wurde, auf weitere organisatorische Einheiten nicht sinnvoll. Um Implementierungswiderstände zu vermeiden, ist auch hier ein **individualisiertes Vorgehen erfolgsdeterminierend**, d.h. jeder Unternehmensteilbereich muß ein auf seine individuellen Erfordernisse abgestimmtes Vorgehen (critical path) entwickeln und nutzen.[84] Das Top-Management hat lediglich die Aufgabe, die **Rahmenvorgaben**, d.h. die exakten Anforderungen, die ab einem bestimmten Zeitpunkt verlangt werden, den betroffenen Einheiten zu vermitteln, jedoch nicht exakt vorzuschreiben, wie diese Anforderungen zu erreichen sind.[85] Dieses Vorgehen

[81] Vgl. Rosenstiel von, L., a.a.O., S. 425.

[82] Vgl. Piercy, N., Market-Led Strategic Change, a.a.O., S. 343.

[83] Vgl. Beer, M., Eisenstat, R.A., Spector, B., Wie Verjüngungskampagnen ein sicherer Erfolg werden, a.a.O., S. 41.

[84] Vgl. Beer, M., Eisenstat, R.A., Spector, B., The Critical Path to Corporate Renewal, a.a.O., S. 92.

[85] Chew, Leonard-Barton und Bohn kommen zu dem Ergebnis, daß Implementierungsprozesse i.d.R. nicht an detaillierter Planung scheitern, sondern daran, daß versucht wird, zu detailliert und damit unflexibel zu planen und kommen zu dem Ergebnis: "Planning must provide a guiding

erscheint auch deshalb sinnvoll, da die direkt Betroffenen häufig besser beurteilen können, welche konkreten Veränderungen in ihrem Bereich zur Zielerreichung erforderlich sind.

Die Ausweitung des Implementierungsprozesses wird auch dadurch erleichtert, daß zunächst eine **Referenzorganisationseinheit geschaffen** wurde, in welcher der Implementierungsprozeß schon zumindest zum Teil erfolgreich verlaufen ist und sie somit als "**Internal Benchmark**" genutzt werden kann. Es kann erwartet werden, daß ein solcher interner Benchmark wesentlich überzeugender wirkt als ein externer Benchmark, da hiermit nachgewiesen werden kann, daß unter den spezifischen Bedingungen des eigenen Unternehmens eine erfolgreiche Implementierung möglich ist.[86]

Schritt 5: Absicherung des Implementierungsfortschrittes

Erst wenn der Veränderungsprozeß relativ weit fortgeschritten ist und sich die im Detail sinnvollen Veränderungen herauskristallisiert haben, ist es zur Stabilisierung des Implementierungsfortschrittes angebracht, die **Managementsysteme** (z.B. Organisationsstruktur, Stellenbeschreibungen, Anreiz-, Kontroll- und Informationssysteme) **anzupassen**.[87] Werden diese Veränderungen in einer früheren Phase des Implementierungsprozesses vorgenommen, besteht die Gefahr, daß die Managementsysteme aufgrund unzureichender Kenntnisse über die konkreten Anforderungen im fortschreitenden Implementierungsverlauf permanent angepaßt werden müssen.[88] Auch bei der Gestaltung der Managementsysteme sollte eine weitestgehende Partizipation der Betroffenen gewährleistet werden.[89] Lediglich bestehende Managementsysteme, die eine Implementierung von Beginn an wesentlich erschweren, müssen schon in einer frühen Phase des Implementierungsprozesses verändert werden.[90]

---

structure for discovering and solving problems. It sould focus more on what to look for and think about than on what to do." Chew, W.B., Leonard-Barton, D., Bohn, R.E., a.a.O., S. 13.

[86] Vgl. Kaplan, R.B., Murdock, L., a.a.O., S. 38.

[87] Nach der Phaseneinteilung von Lewin beginnt mit diesem Schritt die abschließende Phase eines Veränderungsprozesses, die er als "Refreezing-Phase" bezeichnet. Die Literatur und auch die Unternehmenspraxis stimmen darin überein, daß ein "Wiedereinfrieren" bzw. Festzementieren zu erneuter Inflexibilität führt und nicht anzustreben ist. Es wird daher nur eine Stabilisierung der erreichten Veränderungen angestrebt, um relativ problemlos Weiterentwicklungen zu ermöglichen. Vgl. Levy, A., Merry, U., a.a.O., S. 274 ff.

[88] Vgl. Beer, M., Eisenstat, R.A., Spector, B., Wie Verjüngungskampagnen ein sicherer Erfolg werden, a.a.O., S. 42.

[89] Vgl. Beer, M., a.a.O., S. 36.

[90] Vgl. Beer, M., Eisenstat, R.A., Spector, B., Wie Verjüngungskampagnen ein sicherer Erfolg werden, a.a.O., S. 42.

Schritt 6: Überleiten in einen kontinuierlichen Implementierungs-prozeß

Der sechste Schritt des diskontinuierlichen Implementierungsprozesses leitet über in den kontinuierlichen Implementierungprozeß und wird im Rahmen des Market-Back Implementierungsansatzes nicht weitergehend betrachtet.[91] Somit besteht ein Ziel des Market-Back Ansatzes darin, die Voraussetzungen dafür zu schaffen, daß ein Unternehmen die Fähigkeit zu lernen entwickelt oder entwickeln kann und somit als lernende Organisation bezeichnet werden darf.[92] Ziel jedes second-order Implementierungsprozesses muß es daher sein, die Voraussetzungen für weitere first-order Implementierungsprozesse zu schaffen.[93]

Die dargestellte Schrittfolge wird in der Unternehmenspraxis nicht immer idealtypisch eingehalten werden können. Häufig werden Maßnahmen späterer Schritte zumindest in Teilen vorgezogen. Zudem sind Überschneidungen der Teilschritte zu erwarten. Die grundsätzliche Einhaltung der Schrittreihenfolge sollte dennoch angestrebt werden, da Ausführungen verdeutlicht haben, daß zu früh eingeleitete Aktivitäten u.U. kontraproduktiv wirken können.[94] Grundsätzlich muß allerdings davon ausgegangen werden, daß durch das Vorgehen nach dem Market-back Ansatz der Marketingimplementierung zunächst nur eine leistungsfähige Ausgangsbasis für eine tiefergehende Marketingimplementierung erreicht werden kann. Nach Erfahrungen der Unternehmenspraxis muß davon ausgegangen werden, daß sich **Marketingimplementierungsprozesse über einen Zeitraum von 4 bis 15 Jahren erstrecken.**[95] Abbildung 64 verdeutlicht

---

[91] Vgl. zum kontinuierlichen Marketingimplementierungsprozeß bzw. zur Schaffung einer lernenden Organisation Abschnitt D. 2.3.

[92] Vgl. Beer, M., Eisenstat, R.A., Spector, B., The Critical Path to Corporate Renewal, a.a.O., S. 99 f.

[93] Vgl. Levy, A., Merry, U., a.a.O., S. 192 und S. 306 f.

[94] Vgl. Beer, M., Eisenstat, R.A., Spector, B., Wie Verjüngungskampagnen ein sicherer Erfolg werden, a.a.O., S. 38. Bestätigt wird dies noch einmal durch die Feststellung: "...we saw no examples of effective revitalization that did not follow the general sequence we have described. Moreover, unsuccessful revitalization was often explained by improper sequencing." Beer, M., Eisenstat, R.A., Spector, B., The Critical Path to Corporate Renewal, a.a.O., S. 100.

[95] Fallstudien zur Marketingimplementierung von US-amerikanischen Unternehmen zeigen, daß beispielsweise die GTE Telephone Operating Group sieben bis acht Jahre, das Chemieunternehmen Borg-Warner fünfzehn Jahre und das Transportunternehmen Ryder System Inc. zehn Jahre benötigten. Vgl. Ross, W.T., a.a.O., S. 14. Nach Erfahrungen der Unternehmensberatungsgesellschaft McKinsey sind fünf bis zehn Jahre erforderlich. Vgl. Parsons, A., Cappages or Kings: Redefining the Role of Marketing, in: Swartz, G.S., Hrsg., Organizing to Become Market-Driven, Report Nr. 90-123 des Marketing Science Institute, Cambridge/Mass. 1990, S. 14. Kohli und Jaworski konnten nach einer Befragung von 62 Managern, die sich mit Marketingimplementierungsprozessen beschäftigt haben, einen Zeitrahmen von ca. vier Jahren ermitteln. Vgl. Kohli, A.K., Jaworski, B.J., Market Orientation: The Construct, Research Propositions, and Managerial Implications, a.a.O., S. 16.

die Schrittabfolge des Market-Back Implementierungsansatzes nochmals im Überblick.

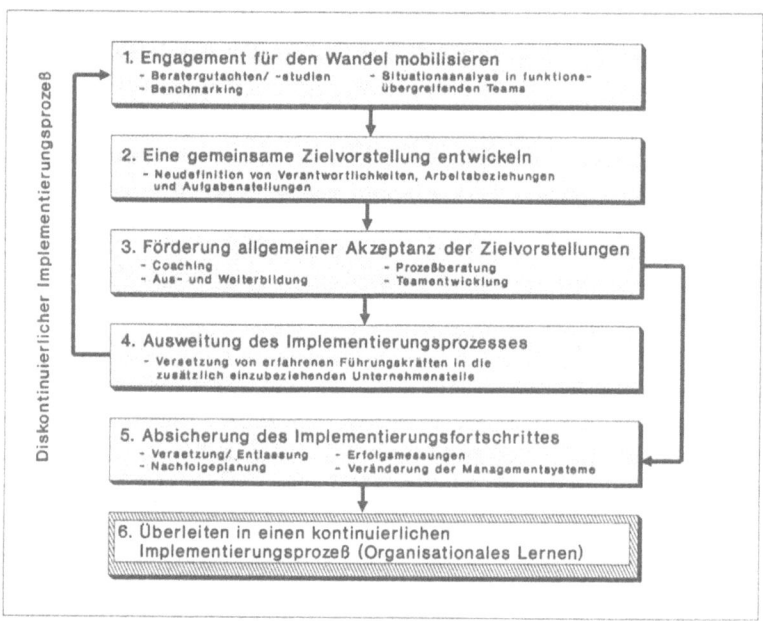

Abb. 64: Schrittabfolge des Market-Back Implementierungsansatzes

2.2.2.3 Relevanz der Betrachtungsebenen der Marketingimplementierung in den Phasen des Market-Back Ansatzes

Werden die Maßnahmen der einzelnen Teilschritte in Beziehung zu den im Abschnitt C. herausgearbeiteten Betrachtungsebenen der Implementierung gesetzt, ergibt sich die in Abbildung 65 darstellte (idealtypische) Maßnahmenabfolge.

Ausgangspunkt in Schritt 1 und 2 des Market-Back Ansatzes ist zunächst die Bildung einer interfunktionalen Projektgruppe, die Problemfelder identifiziert und konkrete Implementierungszielvorstellungen erarbeitet. Gleichzeitig wird versucht, sukzessive über alle Phasen des Implementierungsprozesses eine veränderte Unternehmenskultur herauszubilden. Maßnahmen auf Individualebene erfolgen erst im 2. und 3. Schritt des Implementierungsprozesses. Die Managementsysteme werden in einer noch späteren Phase (Schritt 5) des Implementierungsprozesses angepaßt. Im 4. Schritt werden weitere Unternehmenseinheiten in den Implementierungsprozeß einbezogen, die nun zunächst ebenfalls die ersten 3 Prozeßschritte durchlaufen müssen, allerdings i.d.R. beschleunigt, da auf Erfahrungen bei der Implementierung in der Referenzunternehmenseinheit zurückgegriffen werden kann. Der 6. Schritt des Market-Back Ansatzes ist systematisch der kontinuierlichen Implementierung, in deren Rahmen weitere Eingriffe in allen vier Implementierungsebenen vorzunehmen sind.

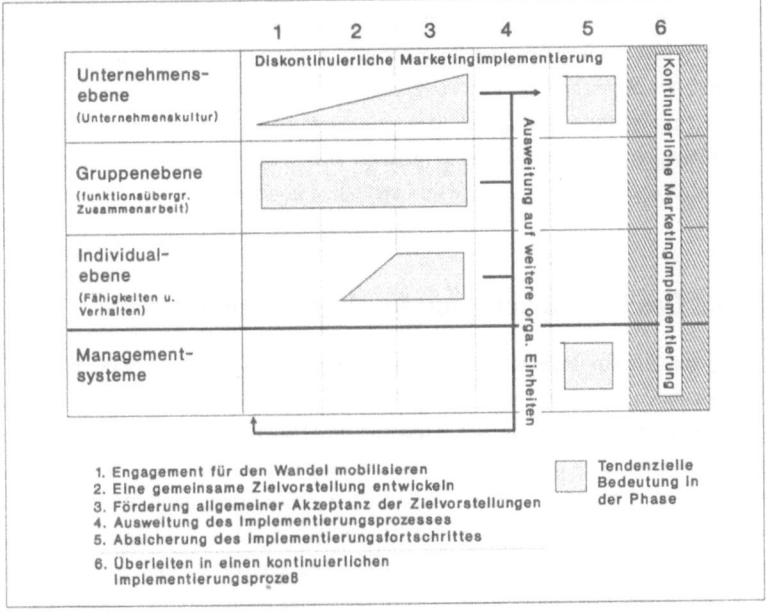

Abb. 65: Bedeutung der Betrachtungsebenen der Marketingimplementierung
in den Implementierungsphasen

2.2.2.4 Berücksichtigung der Implementierungsprobleme (Kennen/Verstehen, Können, Wollen) im Market-Back Ansatz

Im folgenden soll diskutiert werden, in welcher Form der Market-Back Ansatz die Implementierungsproblembereiche (Kennen/Verstehen, Können, Wollen) berücksichtigt und welchen Problemlösungsbeitrag einzelne Ausgestaltungsmerkmale des Ansatzes vermutlich haben.

2.2.2.4.1 Das Implementierungsproblem: Kennen/Verstehen

Da Veränderungen nur dort vorgenommen werden, wo sie erforderlich sind (**just-in-time Implementierung**), bleibt der Implementierungsprozeß für die Betroffenen nachvollziehbar. Zudem wird durch die aufgabenbezogene, schrittweise Vorgehensweise der komplexe Gesamtprozeß in überschaubare (komplexitätsreduzierte) Teilprozesse zerlegt. Da eine Vielzahl der Betroffenen, zumindest jedoch ein Vertreter einer Gruppe von Betroffenen, im Rahmen von Projektteams an der Identifikation der Ausgangsprobleme und der Ausarbeitung des konkreten Implementierungsvorgehens beteiligt ist sowie der Ergebnisfortschritt permanent gemessen und bekanntgegeben wird, sind die Voraussetzungen dafür erfüllt, daß prinzipiell alle Mitarbeiter ihre Aufgaben nach Inhalt, Ausmaß und Zeitbezug kennen und verstehen können.

2.2.2.4.2 Das Implementierungsproblem: Können

Ein Vorgehen zur Implementierung muß nicht nur den Betroffenen bekannt sowie von ihnen verstanden sein, sondern es muß auch grundsätzlich geeignet sein, die zugrundeliegende Problematik (Prozeß der Marketingimplementierung) zu lösen. Es wurde schon an anderer Stelle darauf verwiesen, daß empirische Untersuchungen von Narver und Slater zeigen konnten, daß der Market-Back Ansatz prinzipiell für die Marketingimplementierung erfolgreich einsetzbar ist. Ferner orientiert sich die Konzeption des Market-Back Ansatzes an in der Unternehmenspraxis erfolgreich abgeschlossenen komplexen Implementierungsprozessen. In der Unternehmenspraxis konnte mehrfach gezeigt werden, daß Implementierungsprozesse tendenziell dann besonders effizient abgelaufen sind, wenn das Vorgehen des Market-Back Ansatzes gewählt wurde.

Neben der Auswahl eines grundsätzlich geeigneten Vorgehens und dem Vorhandensein ausreichender finanzieller Ressourcen wird die verhaltensdeterminierende Komponente "Können" insbesondere dadurch spezifiziert, inwieweit sichergestellt werden kann, daß adäquate personelle Ressourcen verfügbar sind.

In der Literatur wird im Rahmen von Implementierungsprozessen dem **Prozeßpromotor ein besonderes Gewicht** für den Implementierungserfolg zugeordnet.[96] Als Prozeßpromotoren werden Personentypen bezeichnet, die aufgrund ihrer sozialen und

---

[96] Hauschildt, J., Managementrolle: Innovator, in: Staehle, W.H., Hrsg., Handbuch Management. Die 24 Rollen der exzellenten Führungskraft, Wiesbaden 1991, S. 234 ff. Töpfer verwendet für den Prozeßpromotor die Bezeichnung "Koordinationspromotor". Vgl. Töpfer, A., Innovationsmanagement, in: Wieselhuber, N., Töpfer, A., Hrsg., Handbuch Strategisches Marketing, Landsberg a.L. 1984, S. 399.

fachlichen Fähigkeiten den Implementierungsprozeß voranbringen können.[97] Der Prozeßpromotor übernimmt damit eine zentrale Funktion im Implementierungsprozeß, da er für die Steuerung des Implementierungsprozesses, häufig als Projektleiter, eines Implementierungsteams verantwortlich ist.

Howell und Higgins haben das Persönlichkeitsprofil von 25 Prozeßpromotoren (Champions of Change) untersucht. Demnach ist ein Prozeßpromotor ein "selbstbewußter", "energiegeladener", "risikobereiter", "innovativer" und mit Motivationsfähigkeiten ausgestatteter Manager aus der mittleren Führungsebene, der schon lange Jahre im Unternehmen in verschiedenen Führungspositionen beschäftigt ist und somit das Unternehmen und die Branche relativ gut kennt.[98]

Zur Prozeßpromotion geeignete Führungskräfte sind aufgrund des anspruchsvollen Anforderungsprofils i.d.R. nur begrenzt verfügbar. Diskontinuierliche Implementierungsprozesse müssen in ihrer Ausgestaltung als einzigartig angesehen werden; daher stehen zu Beginn eines Implementierungsprozesses häufig zu wenig geeignete Personen zur Verfügung. Dieses Problem wird durch den Market-Back Ansatz abgemildert. Der Implementierungsprozeß erstreckt sich zunächst nur auf Teilbereiche eines Unternehmens und reduziert daher zum einen den Bedarf an Prozeßpromotoren und bietet zum anderen die Möglichkeit, bei späterer Ausweitung des Implementierungsprozesses potentiell geeignete Führungskräfte für die Prozeßpromotion vorzubereiten.

Der Implementierungsprozeß kann i.d.R. ohne Hinzuziehung von **internen und externen Beratern** nicht erfolgreich durchgeführt werden. Dies gilt hauptsächlich für den Beginn des Implementierungsprozesses in der Referenzorganisationseinheit. Beer, Eisenstat und Spector konnten feststellen, daß Mitarbeiter aus dem unternehmenseigenen Personalbereich häufig ein schlechtes Image besaßen und i.d.R. auch nicht befähigt waren, den Implementierungsprozeß zu unterstützen. Aus diesen Gründen mußten i.d.R. externe Berater hinzugezogen werden, die dann besonders erfolgreich waren, wenn sie längerfristig in den Implementierungsprozeß integriert wurden.[99]

In der Literatur werden unterschiedliche **Beraterrollen** diskutiert, die nach Hoffmann zum einen danach unterschieden werden können, ob es sich bei der Beratung um eine Fachberatung (Vermittlung von Fachwissen) oder eine Prozeßberatung (Bereitstellung

---

[97] Vgl. Hauschildt, J., Managementrolle, a.a.O., S. 235; Hauschildt, J., Innovationsmanagement, München 1993, S. 122.

[98] Vgl. Howell, J.M., Higgins, C.A., a.a.O., S. 44. Zu vergleichbaren Ergebnissen kommen auch Beer, Eisenstat und Spector für die von ihnen als "Revitalization Leaders" bezeichneten Prozeßpromotoren. Vgl. Beer, M., Eisenstat, R.A., Spector, B., The Critical Path to Corporate Renewal, a.a.O., S. 184 ff.

[99] Vgl. Beer, M., Eisenstat, R.A., Spector, B., The Critical Path to Corporate Renewal, a.a.O., S. 175 ff.

von Prozeß-Know-how) handelt, und zum anderen danach, wie intensiv der Berater an der Problemlösung beteiligt ist.[100]

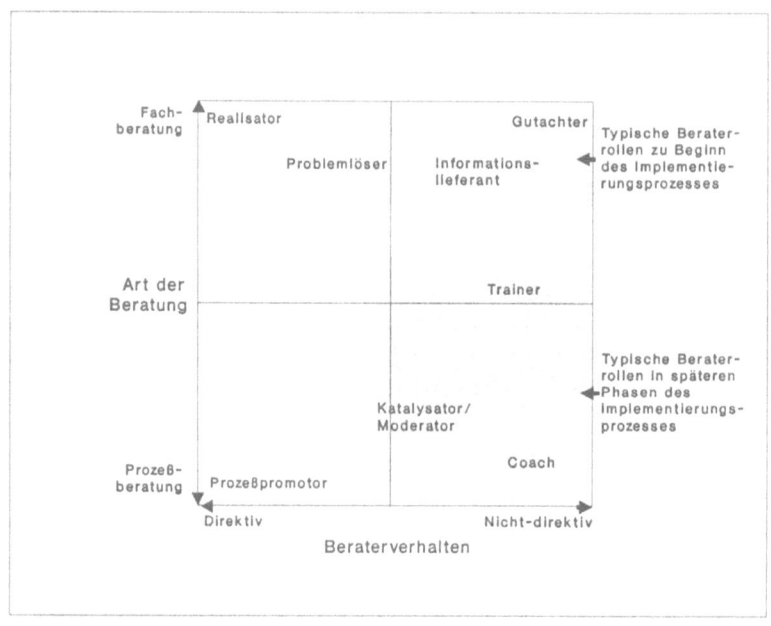

Abb. 66: Beraterrollen im Implementierungsprozeß[101]

In Abbildung 66 sind die verschiedenen Beraterrollen anhand dieser Systematisierungskriterien positioniert. Bei der Anwendung des Market-Back Implementierungsansatzes werden Berater zu Beginn (Schritt 1 und 2) des Implementierungsprozesses häufig als **Gutachter und Informationslieferanten** (Fachberater) eingesetzt, um eine Entscheidungsgrundlage für die Initiierung eines Implementierungsprozesses zu gewinnen. Ist die Notwendigkeit zur Veränderung erkannt (Schritt 3 - 5), gewinnt die **Prozeßberatung** als Katalysator und/oder Moderator an Bedeutung.[102] Im weite-

[100] Vgl. Hoffmann, W.H., Faktoren erfolgreicher Unternehmensberatung, Wiesbaden 1991, S. 87.

[101] Grundmodell in Anlehnung an Hoffmann, W.H., Faktoren erfolgreicher Unternehmensberatung, Wiesbaden 1991, S. 87.

[102] Ein Prozeßberater hilft dem Unternehmen, intern vorhandene personelle und sachliche Ressourcen zielgerichtet einzusetzen. Der Berater hilft bei der Strukturierung der Problemstellung, während das Unternehmen die Problemstellung selbst lösen muß. Der Berater wirkt als Moderator oder Katalysator, der dem Unternehmen "Hilfe zur Selbsthilfe" gewährt. Vgl. Hafner, K., Reineke, R.D., Beratung und Führung von Organisationen, in: Wagner, H., Reineke, R.D., Hrsg., Beratung von Organisationen. Philosophien-Konzepte-Entwicklungen, Wiesbaden 1992, S. 39.

ren Verlauf des Implementierungsprozesses übernehmen Berater zudem häufig die prozeßberatungsorientierte Beobachterrolle eines Coaches[103] und darüber hinaus die fachberatungsorientierte Trainerrolle.[104] Aus- und Weiterbildungsmaßnahmen werden i.d.R. nicht von Beratern angeboten, so daß ab dem Zeitpunkt, zu dem bekannt ist, welcher Weiterbildungsbedarf konkret besteht, entsprechende intern oder extern organisierte Schulungsmaßnahmen eingeleitet werden müssen.

2.2.2.4.3 Das Implementierungsproblem: Wollen

Nach Kirsch, Esser und Gabele sind zwei motivationale Probleme entscheidend für das "Versanden" von Implementierungsprozessen. Zum einen versanden Implementierungsprozesse wegen **Motivationsdefiziten**, weil die Maßnahmen des Implementierungsprozesses als zu aufwendig eingestuft werden und deshalb bewußt sukzessive zugunsten der vertrauten täglichen Echtzeitprobleme verdrängt werden; zum anderen versanden sie noch wesentlich häufiger wegen **fehlgeleiteter Motivation**, indem die Betroffenen Widerstandsverhalten entwickeln.[105] Sowohl Motivationsdefizite als auch fehlgeleitete Motivation versuchen das Vorgehen des Market-Back Ansatzes weitgehend zu vermeiden.

Witte konnte zeigen, daß **zur Vermeidung von Motivationsdefiziten der Ablauf von Prozessen immer wieder angestoßen werden muß**, um nicht ins Leere zu laufen.[106] Als weiterer Grund für Motivationsdefizite, die den Implementierungsprozeß stoppen können, gelten Implementierungsprozesse, die nur durch nicht-operationale und vage Werte determiniert sind und hinter denen nicht-quantifizierbare "soft facts" stehen.[107] Der Market-Back Ansatz berücksichtigt diese beiden Problembereiche explizit, indem einerseits mit einem konkret problembezogenen Vorgehen (just-in-time Implementierung) der Implementierungsprozeß angestoßen und andererseits durch das ergebnisgesteuerte ("hard facts") schrittweise Vorgehen jederzeit überprüft wird, welche Maßnahmen erfolgreich sind und welche nicht. Der intensiv geförderte Aufbau einer Referenzunternehmenseinheit - als Vorbild für die Ausdehnung der Implementierung - dient ebenfalls zur Schaffung von "hard facts".

Widerstände gegen den Implementierungsprozeß basieren grundlegend auf **ökonomischen** (Geldeinbußen) und/oder **sozial-psychologischen** (Unsicherheit über neues Ar-

---

[103] Vgl. zum Coaching Staehle, W.H., Management, a.a.O., S. 874 f.

[104] Vgl. Heimerl-Wagner, P., a.a.O., S. 178 ff.

[105] Vgl. Kirsch, W., Esser, W.M., Gabele, E., a.a.O., S. 265 f.

[106] Vgl. Witte, E., Organisation für Innovationsentscheidungen, a.a.O., S. 25.

[107] Vgl. Kirsch, W., Esser, W.M., Gabele, E., a.a.O., S. 265.

beitsumfeld) Ängsten der Betroffenen.[108] Der Market-Back Ansatz versucht, Widerstände insbesondere durch Information und Partizipation der Beteiligten zu verringern. Sowohl die Problemidentifikation als auch die Maßnahmendurchführung werden zusammen mit den Betroffenen diskutiert bzw. erarbeitet, so daß deren Interessen und Änderungswünsche unmittelbar einfließen können.

Auch in der Literatur herrscht weitgehend Einigkeit darüber, daß, wann immer möglich, eine weitgehende **Partizipation und Information der Beteiligten** für den Implementierungsfortschritt förderlich ist.[109] Nutt konnte in mehreren umfangreichen empirischen Untersuchungen zeigen, daß die autokratische "edict implementation" i.d.r. problematisch und allenfalls unter gravierenden Zeitrestriktionen einzusetzen ist.[110] Andererseits konnten empirische Untersuchungen zeigen, daß dieses Vorgehen in der Praxis, das von Kirsch, Esser und Gabele als "Bombenwurf-Strategie" bezeichnet wird, sehr häufig angewendet wird.[111]

Untersuchungen von Vroom und Jago zeigen, daß ein **partizipativer Führungsstil immer dann angebracht** ist, wenn die **Problemstruktur komplex** ist, die **Führungskräfte das Problem nicht ausreichend überblicken** können, die einbezogenen **Mitarbeiter die Problemlösung** aufgrund ihres Know-hows **verbessern können** und die Mitarbeiter die durchzuführenden **Maßnahmen ohne Partizipation wahrscheinlich ablehnen** werden.[112] Da nahezu alle aufgeführten Determinanten für den Prozeß der Marketingimplementierung zutreffen, muß davon ausgegangen werden, daß ein partizipativer Führungsstil im Rahmen des Marketingimplementierungsprozesses tendenziell erfolgsdeterminierend und damit anzustreben ist.

Beer, Eisenstat und Spector konnten bei der Ableitung des Market-Back Ansatzes neben der Information und Partizipation weitere Vorgehensweisen der Unternehmenspraxis identifizieren, die geeignet sind, Widerstände zu verringern. Hierzu gehören die enge **Zusammenarbeit mit den Gewerkschaften**, die intensive problembezogene **Weiterbildung** sowie die Anleitung und Auswahl **geeigneter Prozeßpromotoren**.[113]

---

[108] Vgl. Staehle, W.H., Management, a.a.O., S. 902.

[109] Vgl. Kolks, U., a.a.O., S. 218 ff.; Staehle, W.H., Management, a.a.O., S. 904 f. Vgl. zur differenzierten Analyse der Partizipationsproblematik Vroom, V.H., Jago, A.G., Flexible Führungsentscheidungen. Management der Partizipation in Organisationen, Stuttgart 1991, S. 15 ff.

[110] Vgl. Nutt, P.C., Identifying and Appraising How Managers Install Strategy, a.a.O., S. 8 f.; Nutt, P.C., Selecting Tactics To Implement Strategic Plans, a.a.O., S. 159.

[111] Vgl. Kirsch, W., Esser, W.M., Gabele, E., a.a.O., S. 180 ff.; Staehle, W.H., Management, a.a.O., S. 905; Nutt, P.C., Selecting Tactics To Implement Strategic Plans, a.a.O., S. 159.

[112] Vgl. Vroom, V.H., Jago, A.G., a.a.O., S. 95 ff.

[113] Vgl. Beer, M., Eisenstat, R.A., Spector, B., The Critical Path to Corporate Renewal, a.a.O., S. 113 ff.

Dadurch, daß Veränderungen der Managementsysteme erst dann vorgenommen werden, wenn der Veränderungsbedarf bekannt ist und alle Betroffenen die Möglichkeit erhalten haben, sich in den neuen Gegebenheiten zu bewähren, können auch die Widerstände aufgrund ökonomischer Ängste reduziert werden. Somit wird deutlich, daß in einer Situation, in der schnell (ohne Information und Partizipation) entschieden werden muß, gleichzeitig Kosten reduziert sowie Personal abgebaut werden müssen, größere Widerstände zu erwarten sind. Implementierungsprozesse, die Verhaltensveränderungen erfordern, sind dann sehr wahrscheinlich nicht erfolgreich umsetzbar, da die Betroffenen zunächst bemüht sein werden, den Status quo abzusichern, und nicht noch zusätzlich bereit sind, ihre Arbeitsumgebung umzugestalten.

In der Literatur wird immer wieder betont, daß das **Engagement und das Verhalten (Vorbild) des Top-Managements** von besonderer bzw. entscheidender Bedeutung für den Implementierungserfolg sind.[114] Damit dies erreicht werden kann, wird häufig gefordert, einen Top-down-Ansatz der Implementierung zu wählen.[115] In der Praxis hat sich allerdings gezeigt, daß das **Top-Management hiermit oft überfordert** ist. Es konnte festgestellt werden, daß erfolgreiche Implementierungsprozesse auch dann möglich waren, wenn das Top-Management zu Beginn des Implementierungsprozesses nicht selbst vom Implementierungsprozeß betroffen war, sondern lediglich als Beobachter und Unterstützer agierte.[116] Es ist jedoch davon auszugehen, daß das Engagement des Top-Managements unbedingt erforderlich ist, um den Implementierungsprozeß voranzubringen. Allerdings ist es offenbar vielfach für das Top-Management problematisch, ein konsistentes Vorbild für den Veränderungsprozeß darzustellen, d.h. eine Übereinstimmung zwischen dem, was verkündet, und dem, wonach gehandelt wird, zu gewährleisten.

Nach Beer, Eisenstat und Spector kann das Top-Management oft nur unter Schwierigkeiten die Vorbildfunktion übernehmen, da Top-Manager häufig relativ alt sind und die meiste Zeit ihrer Karriere in einem Umfeld gearbeitet haben, in dem eher ein autoritärer und weniger ein partizipativer Führungsstil üblich war oder als sinnvoll eingeschätzt wurde.[117] Top-Manager haben offenbar häufig Probleme, wenn sie mit jüngeren Managern aus der mittleren Führungsebene zusammenarbeiten müssen, die erfolgreich mit einem eher partizipativen Führungsstil agieren. Top-Manager können daher

---

[114] Vgl. beispielsweise Jaworski, B.J., Kohli, A.K., a.a.O., S. 25; Fox, R., a.a.O., S. 10 ff.; Oess, A., a.a.O., S. 153 ff.; Steiger, P., a.a.O., S. 158 ff.; Hagen III, J., Core process redesign. Keeping CPR on track, in: The McKinsey Quarterly, Nr. 1, 1993, S. 65 f.

[115] Vgl. Staehle, W.H., Management, a.a.O., S. 859.

[116] "Though we have seen no successful efforts that have begun at the top..." Beer, M., Eisenstat, R.A., Spector, B., The Critical Path to Corporate Renewal, a.a.O., S. 218.

[117] Vgl. Beer, M., Eisenstat, R.A., Spector, B., The Critical Path to Corporate Renewal, a.a.O., S. 216.

häufig aufgrund fehlender Kenntnisse und Fähigkeiten bei neueren Formen der Unternehmensführung die betroffenen Mitarbeiter nicht als Prozeßpromotoren führen.[118] Daß viele Top-Manager als Prozeßpromotoren, aber auch als Initiatoren von Veränderungen ungeeignet sind, konnten empirische Untersuchungen zeigen. Sie kommen zu dem Ergebnis, daß umfangreiche Veränderungsprozesse im wesentlichen nur dann initiiert und durchgesetzt werden können, wenn neue Manager in das Top-Management aufrücken.[119]

Beim Vorgehen nach dem Market-Back Ansatz wird explizit berücksichtigt, daß das Top-Management häufig als Prozeßpromotor ungeeignet ist, da diese Aufgabe an Führungskräfte aus dem mittleren Management delegiert wird. Das Top-Management übernimmt zunächst keine deutlich sichtbare aktive Rolle, sondern eher eine Initiator- und Machtpromotorrolle im Hintergrund. Verhaltensänderungen und die Übernahme der Vorbildfunktion durch das Top-Management werden daher nicht sofort, sondern erst dann erforderlich, wenn der Implementierungsprozeß schon relativ weit fortgeschritten ist, d.h. dem Top-Management steht ein längerer Zeitraum zur Verhaltensanpassung zur Verfügung.[120]

Die Ausführungen haben gezeigt, daß das Vorgehen des Market-Back Ansatzes zwar in seiner Gesamtheit innovativen Charakter besitzt, jedoch die meisten Teilaspekte in mehr oder weniger isolierter Form auch in der Literatur diskutiert und durch empirische Untersuchungen bestätigt werden konnten. Daß in der Unternehmenspraxis das Vorgehen anhand des Market-Back Ansatzes erfolgreich eingesetzt wird, läßt sich auch anhand von Fallstudien aus der Unternehmenspraxis und Berateranalysen zum Marketing- und TQM-Implementierungsprozeß zeigen.[121]

In Abbildung 67 sind die Determinanten des Market-Back Ansatzes, welche die drei Implementierungsprobleme (Kennen/Verstehen, Können und Wollen) betreffen, nochmals im Überblick zusammengefaßt.

---

[118] Vgl. Beer, M., Eisenstat, R.A., Spector, B., The Critical Path to Corporate Renewal, a.a.O., S. 217.

[119] Vgl. Ginsberg, A., Abrahamson, E., Champions of Change and Strategic Shifts: The Role of Internal and External Change Advocates, in: Journal of Management Studies, March, 1991, S. 186.

[120] Vgl. Beer, M., Eisenstat, R.A., Spector, B., The Critical Path to Corporate Renewal, a.a.O., S. 211 ff.

[121] Vgl. dazu beispielsweise Fox, R., a.a.O.; Kaufmann, R.S., a.a.O.; Schaffer, R.H., Thomson, H.A., a.a.O.; Ross, W.T., a.a.O.; Swartz, G.S., a.a.O.

Implementierungsproblem: Kennen/Verstehen

- problembezogenes Vorgehen
- Veränderungen nur, wenn erforderlich
- "just-in-time Implementierung"
- schrittweises Vorgehen
- ergebnisorientiertes Vorgehen
- Schaffung einer Referenzunternehmenseinheit "Internal Benchmark"
- Partizipation der Betroffenen

Implementierungsproblem: Können

Grundsätzliche Eignung
- Market-Back Ansatz aus der Praxis abgeleitet
- empirisch bestätigt, zur Marketingimplementierung geeignet

Ausreichende finanzielle Ressourcen

Ausreichende personelle Ressourcen
- Qualifizierte Prozeßpromotoren: selbstbewußt, energiegeladen, risiko-freudig, motivationsfähig, mittleres Management, längere Zeit im Unter-nehmen in verschiedenen Führungspositionen
- Ausbildung von Prozeßpromotoren in der Referenzunternehmenseinheit
- Hinzuziehung externer Berater: 1. und 2. Schritt als Gutachter/Informa-tionslieferant; 3. und 5. Schritt als Prozeßberater/Coach/Trainer

Implementierungsproblem: Wollen

Überwindung von Motivationsdefiziten
- problembezogenes Vorgehen
- ergebnisbezogenes Vorgehen
- Schaffung einer Referenzunternehmenseinheit

Überwindung von Widerständen
- Partizipation der Betroffenen
- Zusammenarbeit mit den Gewerkschaften/Betriebsrat
- Problemorientierte Weiterbildung
- Auswahl geeigneter Prozeßpromotoren
- Unterstützung und Engagement des Top-Managements

Abb. 67: Die Berücksichtigung der Implementierungsprobleme
im Market-Back Ansatz

2.2.3 Exkurs: Prozeß der Marketingimplementierung in unternehmerischen Krisensituationen

Aus empirischen Untersuchungen ist bekannt, daß **Implementierungsprozesse**, die auch auf eine grundlegende Verhaltensänderung der Betroffenen abstellen, wie dies bei der Marketingimplementierung i.d.R. der Fall ist, **nur dann erfolgreich verlaufen können**, wenn sich der Unternehmensteil oder das gesamte Unternehmen **nicht in ei-ner wirtschaftlich bedrohlichen Existenzkrise befindet**.[122] Begründet wird dies da-

---

[122] Vgl. Rosenstiel von, L., a.a.O., S. 425.

mit, daß zielgerichtete, umfangreiche und langfristig wirkende marktorientierte Verhaltensveränderungen der Mitarbeiter nur dann möglich sind, wenn alle Betroffenen die Veränderungen als notwendig akzeptieren und eine Demotivierung sowie Widerstände der Mitarbeiter nicht zu erwarten sind.[123] In unternehmerischen Krisensituationen, die dadurch gekennzeichnet sind, daß Teilbereiche des Unternehmens oder sogar das gesamte Unternehmen existenzgefährdet sind, liegen diese Bedingungen allerdings i.d.R. nur unzureichend vor.[124]

Empirische Untersuchungen zum Verhalten von erfolgreichen Unternehmen in Krisensituationen ergaben daher auch, daß **zu Beginn einer Unternehmenskrise eindeutig Liquiditätsziele an Bedeutung gewinnen** und im weiteren Verlauf des Anpassungsprozesses zunehmend Rentabilitätsziele dominieren. Marktbezogene Ziele verlieren jedoch in schwierigen Unternehmenssituationen an Bedeutung.[125] Insgesamt dominieren kurzfristig orientierte Ziele. Maßnahmen zur Marketingimplementierung, die erst mittel- bis langfristig einen signifikanten Erfolgsbeitrag versprechen, finden daher im Unterschied beispielsweise zu kurzfristig wirkenden Kostensenkungsprogrammen, weniger Beachtung.

Das **Vorgehen des Market-Back Ansatzes**, zunächst einen auf konkrete Aufgabenstellungen bezogenen Konsens über zu erreichende Teilziele der Marketingimplementierung zu schaffen und erst in späteren Phasen des Implementierungsprozesses Mitarbeiter in bezug auf ihre Einsetzbarkeit zu bewerten und die Managementsysteme anzupassen, kann daher **in Krisensituationen selten in dieser idealtypischen Form beibehalten werden.**

Im Zusammenhang mit gravierenden Umstrukturierungen (z.B. bei Unternehmensübernahmen oder Sanierungen) ist häufig schon zu Beginn eines Veränderungsprozesses eine Veränderung der Managementsysteme (Organisationsstruktur, Kontroll-, Planungs- und Informationssysteme) unabwendbar.[126] Zudem werden in diesen Situationen oft umfangreiche Personalfreisetzungs- und Personalumsetzungsmaßnahmen - mit entsprechenden innerbetrieblichen Unruhen - erforderlich. Somit muß davon ausgegangen werden, daß als Basis für eine fundierte Marketingimplementierung zunächst eine **Konsolidierung der neuen Strukturen** unerläßlich ist. D.h. diskontinuierliche

---

[123] Vgl. Beer, M., Eisenstat, R.A., Spector, B., The Critical Path to Corporate Renewal, a.a.O., S. 105.

[124] Vgl. Müller, R. Krisenmanagement in der Unternehmung. Vorgehen, Maßnahmen und Organisation, 2. Aufl., Frankfurt/Main 1986, S. 33 und S. 418 ff.

[125] Vgl. Welge, M.K., Hüttemann, H.H., Erfolgreiche Unternehmensführung in schrumpfenden Branchen, Stuttgart 1993, S. 73 ff.

[126] Vgl. Hrebiniak, L.G., Joyce, W.F., a.a.O., S. 22. Vgl. dazu auch die Ausführungen im Abschnitt E.

und kontinuierliche Marketingimplementierungsprozesse können erst im Anschluß an eine solche Konsolidierung sinnvoll weitergeführt oder initiiert werden.[127] Konsequenterweise verlängert sich in einem solchen Fall tendenziell der Zeitraum, innerhalb dessen ein auf Verhaltensänderungen abstellender Implementierungsprozeß abgeschlossen werden kann - speziell wenn aus Kostenersparnisgründen Investitionen in Human Resource Programme gestrichen oder nicht initiiert werden.[128]

Aus dem Blickfeld der Marketingimplementierung ist daher zu fordern, daß während unternehmerischen Krisensituationen schnellstmöglich die zentralen **krisenverursachenden Problembereiche beseitigt werden**, um so eine gefestigtere Basis für einen anschließend längerfristig angelegten Marketingimplementierungprozeß zu schaffen. Das bisher im Rahmen eines diskontinuierlichen Marketingimplementierungsprozesses diskutierte Vorgehen des Market-back Ansatzes und das im folgenden Abschnitt 2.3 beschriebene Vorgehen zur kontinuierlichen Marketingimplementierung benötigt daher zunächst ein gewisses "**Basisstabilitätsniveau**" im Unternehmen.

Dennoch ist es durchaus möglich und z.T. auch erforderlich, schon im ersten Zeitabschnitt Maßnahmen zur Marketingimplementierung zu initiieren, die jedoch eher grundlegenden Charakter besitzen. Beispielsweise müssen häufig die Organisationsstrukturen marktorientiert angepaßt werden. Dann können personelle Maßnahmen eingeleitet werden. Grundsätzlich müssen in dieser frühen Phase der (Basis)-Marketingimplementierung alle für das Unternehmen überlebensnotwendigen Maßnahmen zur Marketingimplementierung ergriffen werden. Zudem sollten die Maßnahmen durchgeführt werden, die mit großer Wahrscheinlichkeit auch zu einem späteren Zeitpunkt (nach sorgfältigerer Analyse) erforderlich wären.

In Abbildung 68 wird verdeutlicht, daß zwar in der Grundstruktur der Marketingimplementierung eine Drei-Phasenabfolge vorliegt, eine eindeutige Trennung der Marketingimplementierungsphasen jedoch nicht erreichbar ist. Inhaltliche Überschneidungen sind üblich.

---

[127] Vgl. zu Maßnahmen und zum konkreten Vorgehen zur Krisenbewältigung die ausführlichen Darstellungen bei Müller, R., a.a.O., S. 371 ff.

[128] Vgl. Beer, M., Eisenstat, R.A., Spector, B., The Critical Path to Corporate Renewal, a.a.O., S. 154 ff.

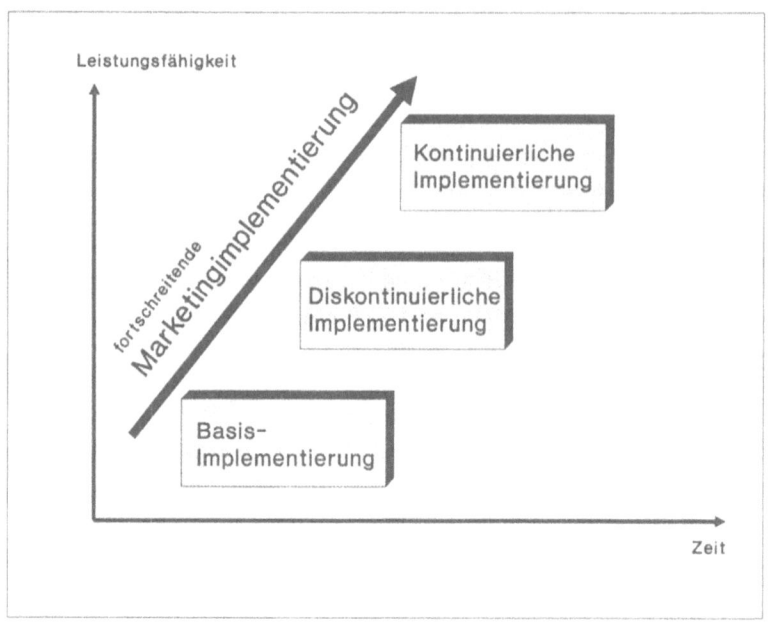

Abb. 68: Phasen der Marketingimplementierung

2.3 Organisationales Lernen als Ansatz zur permanenten Marketingimplementierung

Marketingimplementierung ist nicht nur als ein einmaliger oder lediglich in relativ großen Abständen stattfindender Veränderungsprozeß zu verstehen. Ergänzend dazu muß Marketing kontinuierlich implementiert werden, da die Notwendigkeit zur permanenten Anpassung eines Unternehmens an Umweltveränderungen besteht. Die **kontinuierliche Marketingimplementierung** ist somit als Ergänzung (6. Schritt des Market-Back Ansatzes) zur diskontinuierlichen Marketingimplementierung zu verstehen. Konzepte zur Implementierung eines kontinuierlichen Marketingveränderungsprozesses werden unter den Stichworten der "Learning Organization"[129] bzw. der "Continuous Improvement Strategies"[130] diskutiert. Die folgenden Ausführungen konzentrieren sich auf die spezifischen Ausgestaltungsmerkmale des kontinuierlichen Implementie-

---

[129] Vgl. Senge, P.M., The Leader's New Work: Building Learning Organizations, in: Sloan Management Review, Fall, 1990, S. 7 ff.

[130] Vgl. Showalter, M.J., Mulholland, J.A., Continuous Improvement Strategies for Service Organizations, in: Business Horizons, July-August, 1992, S. 82 ff.; Imai, M., a.a.O., S. 15 ff.

rungsprozesses, um Überschneidungen mit den Ausführungen zur diskontinuierlichen Marketingimplementierung im vorausgehenden Abschnitt zu vermeiden.

2.3.1 Das Konzept des organisationalen Lernens

Die Erkenntnis, daß die Halbwertzeit des nutzbaren Wissens nicht nur über naturwissenschaftliche und technologische Zusammenhänge, sondern auch über Marktgegebenheiten permanent geringer wird, impliziert, daß Erfahrungen aus der Vergangenheit an Bedeutung verlieren und z.t. sogar gefährlich sind. Die Unternehmen müssen sich immer schneller an eine dynamische Unternehmensumwelt anpassen. Im Gegensatz zur Erfahrung gewinnen dabei individuelle und organisationale Lernprozesse relativ an Bedeutung.[131]

Die Fähigkeit zum organisationalen Erlernen wird als zentrale Basis zur Schaffung von Wettbewerbsvorteilen eingestuft.[132] Day fordert deshalb, "Market-driven learning as a core competency" eines Unternehmens zu begreifen.[133] So wird die Auffassung vertreten, daß gerade in wissensintensiven Branchen (z.B. Teilen der Dienstleistungsindustrie) in Zukunft organisationales **Lernen der einzige dauerhafte Wettbewerbsvorteil** sein wird.[134] Lerneffekte werden schon seit langer Zeit in der Betriebswirtschaftslehre als potentielle Erfolgsdeterminanten im Zusammenhang mit Erfahrungskurveneffekten diskutiert. Mit dem Konzept der "Lernenden Organisation" wird neuerdings versucht, Lerneffekte nicht nur im Bereich der Produktion, sondern für das gesamte Unternehmen erfolgswirksam nutzbar zu machen.[135] Das Konzept der "Lernenden Or-

---

[131] Vgl. Simon, H., Management-Lernen als strategische Herausforderung, Arbeitspapier 5-92, Mainz 1992, S. 3 ff.

[132] So stellen Peters und Waterman fest: "Als eine der Hauptursachen für den Erfolg der "Besten",..., sehen wir die bewußte Einleitung von Evolution innerhalb der Unternehmung. Die erfolgreichen Unternehmen sind lernfähige Organisationen." Peters, T., Waterman, R.H., Auf der Suche nach Spitzenleistungen, Landsberg am Lech 1983, S. 139. Vgl. auch Senge, P.M., The Leader's New Work: Building Learning Organizations, a.a.O., S. 7. Pedler, M., Boydell, T., Burgoyne, J., Auf dem Weg zum "Lernenden Unternehmen", in: Sattelberger, T., Hrsg., Die Lernende Organisation. Konzepte für eine neue Qualität der Unternehmensentwicklung, Wiesbaden 1991, S. 63.

[133] Day, G.S., Learning About Markets, Report Nr. 91-117, Marketing Science Institute, Cambridge/ Mass. 1991, S. 2. De Geus argumentiert ähnlich, indem er feststellt, daß im Vergleich zur Konkurrenz schnellere, gemeinsame, kontinuierliche Lernprozesse und deren anschließende Umsetzung die Voraussetzung für den unternehmerischen Erfolg sowie unter Umständen den einzigen dauerhaften Wettbewerbsvorteil darstellen können. Vgl. Geus de, A., Unternehmensplaner können Lernprozesse beschleunigen, in: Harvard manager, Nr. 1, 1989, S. 28 f.

[134] Vgl. Stata, R., Organizational learning - The Key to Management Innovation, in: Sloan Management Review, Spring 1989, S. 64.

[135] Vgl. McKee, D., An Organizational Learning Approach to Product Innovation, in: Journal of Product Innovation Management, 1992, S. 234 f.

ganisation" ist allerdings bisher erst in Ansätzen entwickelt.[136] Ein allgemein akzeptiertes umfassendes Modell existiert bisher noch nicht.[137] Obwohl eine Vielzahl von Forschungsarbeiten zum Individual- und Gruppenlernen in Organisationen vorliegt, haben diese Erkenntnisse bisher nur unzureichend in der betriebswirtschaftlichen Organisationsforschung Berücksichtigung gefunden.[138]

Definiert wird eine Lernende Organisation als eine Organisation, die das **Lernen sämtlicher Organisationsmitglieder** ermöglicht und die sich kontinuierlich selbst transferiert, um sich an veränderte Umweltbedingungen anzupassen.[139] Die Definition verdeutlicht, daß mitarbeiterbezogener Schulungsaufwand zwar die Grundlage organisatorischen Lernens darstellt, aber allein unzureichend ist, um ein lernendes Unternehmen zu schaffen. Vielmehr muß das Unternehmen selbst so konzipiert sein, daß permanente Lernprozesse stattfinden können und gefördert werden.[140]

Organisationen lernen, indem ihre Mitglieder (nicht unbedingt alle) einzeln oder in Gruppen lernen und das Erlernte in organisatorisches Handeln transformieren.[141] Organisationales Lernen ist durch eine **Vielzahl unterschiedlicher Lernprozesse auf Individual-, Gruppen- und Organisationsebene** gekennzeichnet, die i.d.R. nebeneinander ablaufen und zur Optimierung der Lernleistung so aufeinander abgestimmt sein müssen, daß keine Unter- oder Überforderungen von einzelnen Mitarbeitern oder

---

[136] Vgl. zur historischen Entwicklung des Konzeptes des Organisationalen Lernens und seiner Verbindung zu anderen Ansätzen der Organisationsentwicklung Pedler, M., Boydell, T., Burgoyne, J., The Learning Company. A Strategy for sustainable development, London u.a. 1991, S. 6 ff.

[137] Vgl. Müller-Stewens, G., Pautzke, G., Führungskräfteentwicklung und organisatorisches Lernen, in: Sattelberger, T., Hrsg., Die Lernende Organisation. Konzepte für eine neue Qualität der Unternehmensentwicklung, Wiesbaden 1991, S. 191. Vgl. Pedler, M., Boydell, T., Burgoyne, J., Auf dem Weg zum "Lernenden Unternehmen", a.a.O., S. 59.

[138] Vgl. Reber, G., Lernen, organisatorisches, in: Frese, E., Hrsg., Handwörterbuch der Organisation, 3. Aufl., Stuttgart 1992, Sp. 1248.

[139] Garvin stellt eine Vielzahl von verschiedenen Definitionen zusammen und definiert eine lernende Organisation wie folgt: "A learning organization is an organization skilled at creating, acquiring, and transferring knowledge, and at modifying its behavior to reflect new knowledge and insights." Garvin, D.A., Building a Learning Organization, Harvard Business Review, July-August 1993, S. 80. Vgl. auch Pedler, M., Boydell, T., Burgoyne, J., The Learning Company. A Strategy for sustainable development, London u.a. 1991, S. 1; Reber, G., a.a.O., Sp. 1241.

[140] Vgl. Kakabadse, A., Fricker, J., Anreize und Pfade zur lernenden Organisation, in: Sattelberger, T., Hrsg., Die Lernende Organisation. Konzepte für eine neue Qualität der Unternehmensentwicklung, Wiesbaden 1991, S. 69.

[141] "Organizational learning occurs when members of the organization act as learning agents for the organization, responding to changes in the internal and external environment of the organization...". Argyris, C., Schön, D.A., Organizational Learning: A Theory of Action Perspective, Reading/Mass. 1978, S. 29. Vgl. auch Geißler, H., Vom Lernen in der Organisation zum Lernen der Organisation, in: Sattelberger, T., Hrsg., Die Lernende Organisation. Konzepte für eine neue Qualität der Unternehmensentwicklung, Wiesbaden 1991, S. 95.

ganzen funktionalen Einheiten auftreten.[142] Folgende Aspekte gelten als grundlegende Voraussetzung für das organisationale Lernen:[143]

- Die Mitarbeiter müssen bereit sein und die Möglichkeit haben, ihr Wissen zu kollektivieren.

- Das Wissen muß so kommuniziert werden, daß es prinzipiell von allen Organisationsmitgliedern verstanden wird.

- Das Wissen muß von den Organisationsmitgliedern akzeptiert werden (Konsensfähigkeit).

- Das Wissen muß durch geeignete Verknüpfungen integriert und für die Organisation nutzbar gemacht werden.

- Nach der Institutionalisierung muß die Bereitschaft vorhanden sein, die neuen Spielregeln permanent neu zu überdenken und anzupassen.

Letztlich soll eine Organisation in der Lage sein, aus Vergangenheitssituationen zu lernen und in der Zukunft in vergleichbaren Situationen verbessert zu handeln. Bei diesem sogenannten "Deutero-Lernen" oder auch Lernen zweiter Ordnung geht es darum, die **Lernfähigkeit selbst durch Lernen zu verbessern**, so daß die Erkenntnisse, die aus einfachen Lernprozessen gewonnen werden, in einem anderen Zusammenhang sinnvoll eingesetzt werden können.[144]

2.3.2 Merkmale lernender marktorientierter Organisationen

Marktorientierte Organisationen sind dadurch gekennzeichnet, daß sie komparative Konkurrenzvorteile (KKVs) für ihre Leistungsangebote schaffen können. Um dies dauerhaft gewährleisten zu können, ist es erforderlich, daß **permanent Informationen über das Nachfrager- und Konkurrenzverhalten beschafft werden**. Diese Informationen müssen allen relevanten Personen zur Verfügung gestellt sowie marktorientiert interpretiert werden und in Konsequenz, falls erforderlich, im Unternehmen zu marktorientierten Anpassungen führen.[145]

---

[142] Vgl. Reber, G., a.a.O., Sp. 1243.

[143] Vgl. Duncan, R., Weiss, A., Organizational Learning: Implications for Organizational Design, in: Staw, B.M., Hrsg., Research in Organizational Behavior, Bd. 1, Greenwich/Con. 1979, S. 86; Müller-Stewens, G., Pautzke, G., a.a.O., S. 196.

[144] Vgl. Müller-Stewens, G., Pautzke, G., a.a.O., S. 198; Argyris, C., Schön, D.A., a.a.O., S. 29.

[145] Vgl. Day, G.S., Learning About Markets, a.a.O., S. 4 ff.; Kohli, A.K., Jaworski, B.J., Market Orientation: The Construct, Research Propositions, and Managerial Implications, a.a.O., S. 4 ff.

Da bisher keine umfassende Theorie lernender Organisationen existiert, kann auch auf keine allgemein akzeptierte Merkmalssystematik lernender Organisationen zurückgegriffen werden. Allerdings ist unstreitig, daß "..the total quality movement has been the first wave in building learning organizations"[146], so daß bei Unternehmen, die TQM erfolgreich realisiert haben, Merkmale lernender Organisationen identifiziert werden können.[147]

Das **Konzept des TQMs stellt explizit auf permanentes kundenorientiertes Verbessern bzw. Lernen ab.**[148] Alle Prozesse im Unternehmen sind demnach grundsätzlich permanent in Frage zu stellen, da ein Status quo allenfalls als etwas Vorübergehendes angesehen wird und immer, falls erforderlich und möglich, kundenorientiert zu verbessern (Continuous Quality Improvement) ist.[149] Ishikawa weist explizit auf die Gefahr von zu langlebigen Standards hin, die zu "unhappiness for consumers" führen können, und fügt hinzu: "If standards and regulations are not revised in six months, it is proof that no one is seriously using them."[150]

Die zentrale Aufgabe besteht somit zunächst darin, eine Unternehmenskultur zu schaffen, die beinhaltet, daß alle Unternehmensmitglieder permanente Veränderungen mit dem Ziel der Verbesserung als sinnvoll einstufen und entsprechend handeln.[151] Letztlich bedeutet dies, daß jeder Mitarbeiter und jede Führungskraft akzeptieren muß, daß jede (auch die eigene) Entscheidung und deren Ausführung grundsätzlich verbessert werden kann und muß.[152]

Die **Herausbildung einer veränderungsfördernden Unternehmenskultur ist für den kontinuierlichen Marketingimplementierungsprozeß von zentraler Relevanz,** da hierbei der Anstoß zu Veränderungen im Gegensatz zu diskontinuierlichen Implementierungsprozessen weniger extrinsisch durch unternehmensexternen Veränderungsdruck, sondern intrinsisch durch die Denkhaltung der Mitarbeiter motiviert sein muß.[153] In diesem Zusammenhang ist es von zentraler Bedeutung, daß es gelingt, eta-

---

[146] Senge, P.M., a.a.O., S. 8.

[147] Vgl. auch Stata, R., a.a.O., S. 68 ff.; Pedler, M., Boydell, T., Burgoyne, J., The Learning Company. A Strategy for sustainable development, a.a.O., S. 10 f.

[148] Vgl. Imai, M., a.a.O., S. 19; Ishikawa, K., a.a.O., S. 55 f.

[149] Vgl. Oakland, J.S., a.a.O., S. 296 f.; Munro-Faure, L., Munro-Faure, M., a.a.O., S. 93.

[150] Ishikawa, K., a.a.O., S. 56.

[151] Vgl. Showalter, M.J., Mulholland, J.A., a.a.O., S. 83.

[152] "We can always learn and do better, no matter how well we think we are doing at present: 'good enough is not good enough'." Pedler, M., Boydell, T., Burgoyne, J., The Learning Company. A Strategy for sustainable development, a.a.O., S. 23.

[153] Vgl. Senge, P.M., a.a.O., S. 9 f.

blierte Denkstrukturen aufzubrechen, die kontinuierliche Veränderungsprozesse blockieren können.[154]

Argyris konnte in diesem Kontext nachweisen, daß **hochqualifizierte Führungskräfte** zwar in der Lage sind, im Rahmen ihrer etablierten Denkstrukturen hervorragend zu lernen, jedoch häufig **Schwierigkeiten besitzen, ihre grundlegenden Denkstrukturen zu verändern,** sich also von Grund auf umzuorientieren. Sind solche Umorientierungen erforderlich, **ziehen sich Führungskräfte häufig auf eine Verteidigungsposition zurück** und weisen anderen Personen und Gegenständen die Schuld für eigenes Fehlverhalten zu.[155] Argyris konnte dieses lernblockierende Verhalten, das er als Verteidigungsgewohnheiten (organizational defensive routines) bezeichnet, nicht nur bei Einzelpersonen, sondern **auch in Gruppen und gesamten Organisationen** identifizieren.[156]

Diese Verteidigungsgewohnheiten[157], die grundsätzlich in jeder Organisation existieren, bedingen, daß einzelne Mitarbeiter, Mitarbeitergruppen oder gesamte Organisationen Unzulänglichkeiten, die oft von Teilen der Organisation erkannt werden, nicht beheben, sondern umgehen oder negieren, gleichzeitig dieses Vorgehen nicht diskutieren und damit das so "Nicht-Diskutierte" undiskutierbar machen. Ein Agieren gegen diese Verteidigungsgewohnheiten ist besonders schwierig, weil hierdurch sofort die Verteidigungsgewohnheiten wirksam werden und damit eine Veränderung nahezu unmöglich wird. Argyris spricht in diesem Zusammenhang von "...a gray organization that is alive and flourishing yet offically considered dead or nonexistent."[158] Obwohl Verteidigungsgewohnheiten nur schwierig aufgebrochen werden können, erscheint dies dennoch grundsätzlich möglich. Hierzu muß allerdings zunächst das Top-Management erkennen, daß im Unternehmen Verteidigungsgewohnheiten negative Wirkungen entfal-

---

[154] Starre Denkstrukturen behindern auch die diskontinuierliche Marketingimplementierung, können dort jedoch i.d.R. leichter überwunden werden, da der unternehmensexterne Anpassungsdruck größer ist als bei kontinuierlichen Veränderungsprozessen.

[155] Vgl. Argyris, C., Wenn Experten wieder lernen müssen, in: Harvard manager, Nr. 4, 1991, S. 95 ff.

[156] Vgl. Argyris, C., Strategy Implementation: An Experience in Learning, in: Organizational Dynamics, August, 1989, S. 7 ff.; Argyris, C., Strategy, Change and Defensive Routines, Boston u.a. 1985, S. 27 ff.

[157] Day beschreibt eine Vielzahl von Verteidigungsgewohnheiten, die das marktorientierte Verhalten negativ beeinflussen können. Beispielsweise "The belief that the low end of the market doesn't count because the profit are in the high end leads to a loss of contact with these customers and underestimation of the threat of competition moving from up these segments." Day, G.S., Learning About Markets, a.a.O., S. 12.

[158] Argyris, C., Overcoming Organizational Defenses. Facilitating Organizational Learning, Boston u.a. 1990, S. 43.

ten, um dann mit Hilfe von internen oder externen Beratern das Problem diagnostizieren und schrittweise beseitigen zu können.[159]

In der Literatur wird dem **Top-Management** zentrale Verantwortung für die Schaffung einer lernfähigen Organisation zugeordnet, die insbesondere darin besteht, alle Mitarbeiter permanent zu Verbesserungen zu ermutigen.[160] Gelingen kann dies jedoch nur, wenn die **Mitarbeiter in sie betreffende Entscheidungsprozesse einbezogen werden** und in der Lage sind, prozeßorientiert zu denken, d.h. bereichsübergreifende Zusammenhänge erkennen und verstehen können.[161] Ein kontinuierlicher Verbesserungsprozeß erfordert ein permanentes "trial-and-error"-Experimentieren, das jedoch nur dann denkbar ist, wenn die **Mitarbeiter zum Experimentieren ermutigt** werden und nicht für Fehler verantwortlich gemacht werden, wenn sie kalkulierte Risiken eingehen.[162] Zudem sollten Fehler detailliert analysiert werden, um zukünftig vergleichbare Fehler nicht nur individuell, sondern auch unternehmensweit vermeiden zu können.[163]

Die diskutierten Merkmale lernender Unternehmen stellen lediglich die besonders bedeutenden Faktoren dar, die bei der Schaffung einer lernenden Organisation und somit auch bei der Realisierung der kontinuierlichen Marketingimplementierung Beachtung finden müssen.[164] Pedler, Burgoyne und Boydell beschreiben beispielsweise 11 Dimensionen (zusätzlich insbesondere verschiedene Managementsysteme) mit einer Vielzahl von Unteraspekten, die ein lernendes Unternehmen im allgemeinen charakterisieren.[165] Die **Lernfähigkeit speziell marktorientierter Unternehmen** wird hauptsächlich durch ihre **Fähigkeiten determiniert, permanent Marktinformationen unternehmensweit effektiv zu verarbeiten.** Von Bedeutung ist hierbei zum einen die verhaltenssteuernde Unternehmenskultur und zum anderen die Qualität der Informa-

---

[159] Vgl. Senge, P.M., a.a.O., S. 15; Geus de, A.P., a.a.O., S. 30 ff.; Argyris, C., Overcoming Organizational Defenses, a.a.O., S. 155.

[160] Vgl. Imai, M., a.a.O., S. 264 ff.; Senge, P.M., a.a.O., S. 9 ff. Vgl. auch Layng, B.J., u.a., Lehren von innovativen Unternehmen in den USA, in Japan und in Europa, in: Arthur D. Little International, Hrsg., Management der Geschäfte von morgen, 2. Aufl., Wiesbaden 1987, S. 45 ff.

[161] Vgl. Senge, P.M., a.a.O., S. 15 f.

[162] Kohli und Jaworski kommen zu dem Schluß, daß "...top-managers' openness to new ideas and acceptance of the view that change is a critical component to organizational success are likely to facilitate a market orientation." Kohli, A.K., Jaworski, B.J., Market Orientation: The Construct, Research Propositions, and Managerial Implications, a.a.O., S. 9. Vgl. auch Peters, T., a.a.O., S. 287; Pinchot, G., Intrapreneuring. Mitarbeiter als Unternehmer, Wiesbaden 1988, S. 265 ff.

[163] Vgl. Day, G.S., Learning About Markets, a.a.O., S. 10.

[164] Leonard-Barton stellt im Detail dar, welche Einzelaspekte in welcher Kombination geeignet sind, eine Lernende Organisation zu schaffen. Vgl. Leonard-Barton, D., The Factory as a Learning Laboratory, in: Sloan Management Review, Fall, 1992, S. 23 ff.

[165] Vgl. Pedler, M., Boydell, T., Burgoyne, J., The Learning Company. A Strategy for sustainable development, a.a.O., S. 18 ff.

260

tionsgewinnung über marktrelevante Fragestellungen. In Abbildung 69 sind Aspekte aufgeführt, die nach Day speziell die **marktorientierte Lernfähigkeit** eines Unternehmens bestimmen.[166]

Qualität des Marketinginformationssystems

- Intensität, mit der das Unternehmen Nachfrager und Konkurrenten beobachtet und analysiert; Kenntnisstand über Nachfragersegmente; und die Qualität des Distributionssystems;
- Intensität, mit der das Unternehmen die eigene Leistungsfähigkeit aus Nachfragersicht analysiert (Beschwerdeanalysen, Nachkaufanalysen, Servicequalitätsuntersuchungen, Zufriedenheitsanalysen);
- Fähigkeit des Informationssystems, alle relevanten Entscheidungsträger personen- und problemadäquat mit Marktinformationen zu versorgen;
- Leichte Verfügbarkeit von älteren Marktstudien sowie von ergebnisorientierten Analysen des Unternehmensverhaltens in der Vergangenheit;
- Regelmäßige Analyse nichterfolgreicher Unternehmensstrategien und unternehmensweite Verbreitung der Ergebnisse;
- Genauigkeit der Kenntnisse von zentralen unternehmensspezifischen Erfolgsfaktoren und der Effizienz verschiedener Marketingmaßnahmen;
- Möglichkeit zur Nutzung von Erfahrungen anderer Geschäftseinheiten, Unternehmensbereiche, Tochtergesellschaften und Ländermärkten;

Verhalten der Mitarbeiter

- Qualität der funktionsübergreifenden Zusammenarbeit;
- Nutzungsintensität der Marktforschungsdaten für Entwicklung und Implementierung von Marketingstrategien;
- Geringe Abhängigkeit von unternehmensexternen Marktanalysen und deren Interpretation;
- Nutzungsintensität von Marktforschungsdaten für die Neuproduktentwicklung;
- Häufigkeit des Kundenkontaktes von Mitarbeitern, die nicht der Marketingfunktionseinheit zugeordnet werden;
- Bereitschaft des Kundenkontaktpersonals, Marktdaten den relevanten Entscheidungsträgern zur Verfügung zu stellen;

Abb. 69: Aspekte der marktorientierten Lernfähigkeit eines Unternehmens[167]

---

[166] Kohli und Jaworski betrachten die Fähigkeit eines Unternehmens, Marktinformationen zu gewinnen und effizient im Unternehmen zu verbreiten, als zwei von drei Determinanten, welche die Marktorientierung eines Unternehmens bestimmen. Vgl. zu den Einzelausprägungen den Fragenkomplex von Kohli/Jaworski zur Erfassung der Marktorientierung in: Jaworski, B.J., Kohli, A.K., a.a.O., S. 30 f.

[167] In Anlehnung an Day, G.S., a.a.O., S. 16.

2.3.3 Methoden und Instrumente des organisationalen Lernens zur Marketingimplementierung

2.3.3.1 Systematisierung der Methoden und Instrumente zur Förderung des marktorientierten Lernens

Die marktorientierte Lernfähigkeit eines Unternehmens wird grundlegend durch eine entsprechende Unternehmenskultur determiniert. Allerdings ist eine Umsetzung (Implementierung) des marktorientierten organisationalen Lernens nur möglich, wenn für die praktische Anwendung im Unternehmen geeignete **Methoden, Instrumente und operationale Handlungsanweisungen** zur Verfügung stehen, **mit Hilfe derer der organisationale Lernprozeß operationalisiert** werden kann. Nach Garvin zeichnen sich lernende Organisationen durch fünf Kernfähigkeiten aus: Einsatz systematischer Problemlösungstechniken, Experimentation mit neuen Managementansätzen, Lernfähigkeit aus eigenen Erfahrungen, Lernfähigkeit aus fremden Erfahrungen und effiziente sowie schnelle Kenntnisverbreitung im Unternehmen.[168] Grundlegend lassen sich diese Kernfähigkeiten in **Informationsgewinnungs-** (die ersten vier Fähigkeiten) und in **Informationsverarbeitungsfähigkeiten** unterscheiden. In Abbildung 70 werden den fünf Einzelfähigkeiten verschiedene Instrumente und Methoden zugeordnet, mit Hilfe derer marktorientiertes Lernen in der Unternehmenspraxis umgesetzt werden kann.

Im folgenden sollen einige der in Abbildung 70 aufgeführten Instrumente und Methoden zur **Informationsgewinnung und -verbreitung** detaillierter erläutert werden. Z.T. wurden einzelne Instrumente, z.B. das Benchmarking oder die "Organisatorischen Referenzprojekte" des Market-back Ansatzes, auch schon an anderer Stelle diskutiert.

---

[168] Vgl. Garvin, D.A., a.a.O., S. 81 ff.

Einsatz systematischer Problemlösungstechniken (Systematic problem solving)

- Nutzung wissenschaftlicher Methoden (z.B. PDCA - Cycle von Deming)
- Treffen von Entscheidungen auf Basis von harten Daten "fact-based Management"
- Intensive Nutzung einfacher statistischer Werkzeuge (z.B. Pareto-Diagramm, Ursache-Wirkungs-Diagramm)
- Sorgfalt und Genauigkeit als zentrale Prinzipien der täglichen Arbeit
- Einsatz nachvollziehbarer statistischer Nachfrageranalyseverfahren

Experimentierbereitschaft (Experimentation)

- Fortlaufende Durchführung von Experimenten zur permanenten Verbesserung "small experiments" "KAIZEN"
- Größere Projekte und Fabriken zur Erprobung komplexer Neuerungen "Demonstration Projects (ähnlich den organisatorischen Referenzeinheiten beim Market-back Approach)

Vergangenheitslernen (Learning from past experience)

- Systematische Sammlung und Analyse aller Fehler und Erfolge vergangener Projekte
- Aufarbeitung in Form von "Case Studies" und "Post-Project-Reviews"

Lernen von Anderen (Learning from others)

- Benchmarking
- Regelmäßige Kundengespräche
- Produkttest mit Kunden
- Systematische Auswertung von Kundenbeschwerden
- Mitglied in Erfahrungsaustauschgruppen (z.B. Arbeitsgruppen beim VDI, beim VDMA, an der Universität)
- Systematische Auswertung der neuesten Managementliteratur
- Gründung von Tochtergesellschaft an "lernaktiven Standorten" im In- und Ausland (z.B. in der Nähe von Forschungseinrichtungen/Hochschulen; Konkurrenzstandorten; Kundenstandorten)
- Gründung von Strategischen Allianzen/Kooperationen
- Coaching einzelner Mitarbeiter

Informationsverbreitung (Transferring knowledge)

- Anfertigung von allgemein zugänglichen und verbreiteten Berichten
- Berichte in Firmenzeitungen
- Spezielle Berichte mit Videounterstützung
- Organisation von Besuchstouren in innovativen organisatorischen Einheiten
- Job-Rotation
- Mitarbeit von Linienmanagern an Stabsprojekten
- Implementierungsrelevante Aus- und Weiterbildung (Neues Know-how muß unmittelbar umsetzbar sein,)

Abb. 70: Instrumente und Methoden zur Gewinnung und
Verbreitung marktorientierter Kenntnisse

2.3.3.2 Methoden und Instrumente zur Informationsgewinnung

Instrumente zur systematischen Problemlösung, die im Rahmen der täglichen Arbeit eingesetzt werden können, sind in großer Zahl im Rahmen der "KAIZEN-Strategie"[169] und des sogenannten "Shop Floor Management"[170] entwickelt worden. Zentrales Merkmal dieser Hilfsmittel und Checklisten ist deren allgemeinverständliche und einfache Gestaltung, so daß sie nach einer entsprechenden Schulung prinzipiell von allen Mitarbeitern routinemäßig in der täglichen Arbeit eingesetzt werden können. Die Konzipierung der Instrumente basiert auf dem Grundgedanken, daß mit Hilfe dieser Instrumente von allen betroffenen Personen oder Personengruppen ursachenbezogene Probleme frühzeitig, einfach und eindeutig erkannt werden können.[171]

Die verschiedenen einfachen Hilfsmittel und Instrumente dienen in erster Linie zur Visualisierung und Strukturierung von relativ komplexen Sachverhalten.[172] Ein Beispiel für den kombinierten Einsatz dieser Instrumente ist das zur Neuproduktentwicklung und zur Produktvariation einsetzbare Quality Function Deployment.[173] Die Einzelinstrumente können in anderer Kombination aber auch für weitere Marketingproblemstellungen (z.B. Konkurrenzanalysen, das Verkaufsmanagement und das Management der Zuliefererbeziehungen) eingesetzt werden.[174]

Die meisten Instrumente sind ursprünglich für den Produktionsbereich entwickelt worden und basieren auf einfachen statistischen Auswertungen und Darstellungen. Sie werden allerdings zunehmend auch "...in areas such as sales, purchasing, finance, distribution, training etc., which are outside production or operations..." eingesetzt.[175] Neben einfachen Strichlisten (check sheets/tally charts) und Histogrammen können insbesondere Pareto-Diagramme und Ursache-Wirkungs-Diagramme zur permanenten Verbesserung der Marketingarbeit eingesetzt werden.

Basierend auf Arbeiten von Deming wird im Rahmen des TQMs zur permanenten Überprüfung aller betrieblichen Aktivitäten ein Vorgehen anhand des sogenannten

---

[169] Imai zeigt den Einsatz dieser Instrumente an einer Fallstudie zur Verkürzung der Wartezeiten der Kunden bei Anrufen. Vgl. Imai, M., a.a.O., S. 80 ff. Im Detail werden die Instrumente auf den Seiten 281 ff. beschrieben.

[170] Vgl. hierzu die detaillierten Darstellungen bei Suzaki, K., The New Shop Floor Management. Empowering People For Continuous Improvement, New York 1993, S. 229 ff.

[171] Vgl. Munro-Faure, L., Munro-Faure, M., a.a.O., S. 195 f.

[172] "Die Neuen Sieben zählen zu den wirksamsten Werkzeugen der heutigen Manager, Stabsleute und Ingenieure." Imai, M., a.a.O., S. 283.

[173] Vgl. Abschnitt C. 3.2.4.3.

[174] Vgl. zu weiteren typischen Anwendungen Imai, M., a.a.O., S. 285.

[175] Oakland, J.S., a.a.O., S. 226; Oess, A., a.a.O., S. 180 ff.

"Deming Cycle" bzw. PDCA(Plan/Do/Check/Action)-Cycle praktiziert (vgl. Abbildung 71).[176]

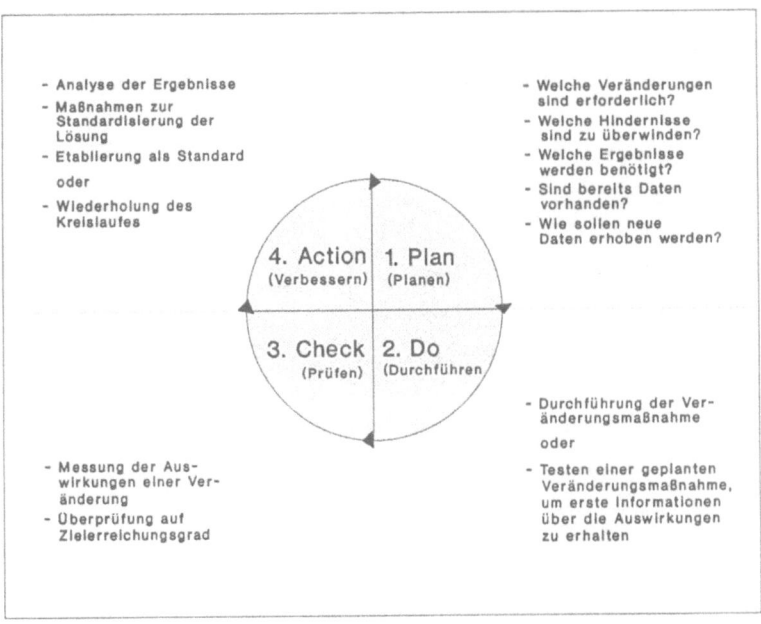

- Analyse der Ergebnisse
- Maßnahmen zur Standardisierung der Lösung
- Etablierung als Standard oder
- Wiederholung des Kreislaufes

- Welche Veränderungen sind erforderlich?
- Welche Hindernisse sind zu überwinden?
- Welche Ergebnisse werden benötigt?
- Sind bereits Daten vorhanden?
- Wie sollen neue Daten erhoben werden?

4. Action (Verbessern) 1. Plan (Planen)

3. Check (Prüfen) 2. Do (Durchführen)

- Messung der Auswirkungen einer Veränderung
- Überprüfung auf Zielerreichungsgrad

- Durchführung der Veränderungsmaßnahme oder
- Testen einer geplanten Veränderungsmaßnahme, um erste Informationen über die Auswirkungen zu erhalten

Abb. 71: Der Deming-Cycle[177]

Der in Abbildung 71 beschriebene Vorgehens-Kreislauf beginnt damit, daß ein Plan zur Verbesserung einer Aktivität formuliert, dann umgesetzt, überprüft und im positiven Fall als neuer Standard bestätigt sowie im negativen Fall durch einen neuen Kreisumlauf verändert wird, bis die gewünschte Verbesserung eingetreten ist. Diese Vorgehensweise ist als das Grundmuster eines sich ständig wiederholenden Lernprozesses zur kundenorientierten Anpassung etablierter Standards zu verstehen.[178]

---

[176] Die grundlegenden Erkenntnisse für dieses problemorientierte Vorgehen basieren auf Ausführungen des Philosophen John Dewey, der fünf Phasen des reflektierenden Denkens identifizierte: Anstoß, gedankliche Vertiefung, Hypothesenbildung, Folgerungen und Hypothesenüberprüfung durch Aktion. Dieses Vorgehen bildet auch die Grundlage für das Vorgehen der Aktionsforschung, einem Ansatz zur Organisationsentwicklung. Damit wird deutlich, daß die Teile des TQMs und der Organisationsentwicklung auf gleichen Grundlagen basieren. Vgl. French, W.L., Bell, C.H., a.a.O., S. 115; Meen, D.E., Keough, M., Creating the learning organization. An interview with Peter M. Senge, in: The McKinsey Quarterly, Nr. 1, 1992, S. 60.

[177] In Anlehnung an Deming, W.E., Out of the Crisis, MIT Center for Advances Engineering Study, Cambridge/Mass. 1986, S. 88.

[178] Vgl. Oess, A., a.a.O., S. 94 ff.; David, A.J., The customer/supplier relationship, in: Chase, R.L., Hrsg., Total Quality Management, Berlin u.a. 1988, S. 60.

Die verschiedenen Instrumente werden insbesondere zur Planung und Überprüfung eines Verbesserungsprozesses eingesetzt. Nachdem ein bestimmtes Problem identifiziert worden ist, beispielsweise daß Kunden bei Telefonanrufen zu lange warten müssen (vgl. Abbildung 72), ist es zunächst erforderlich, die Problemursachen zu identifizieren. Eine Technik, die hierfür einsetzbar ist, ist das "Ursache-Wirkungs-Diagramm", das wegen seines Aussehens auch "Fishbone-Diagramm" genannt wird.[179]

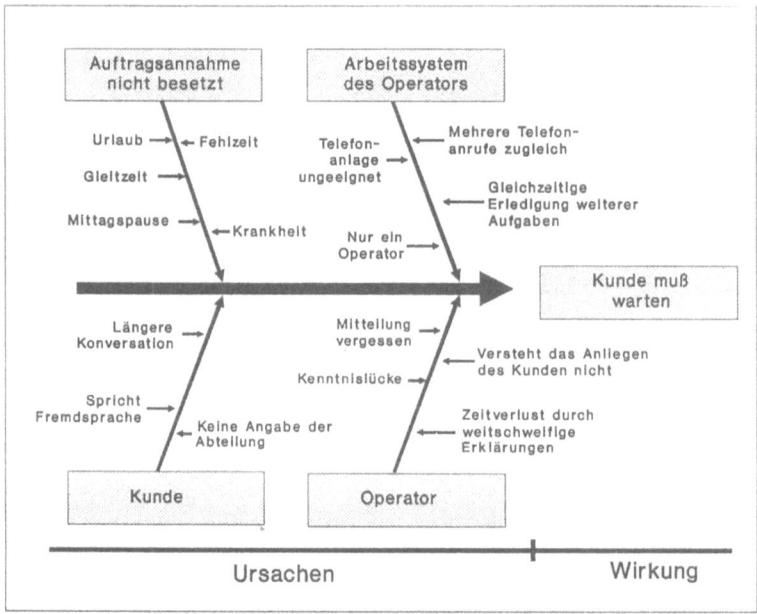

Abb. 72: Ursache-Wirkungsdiagramm am Beispiel der
Telefonwartezeit von Kunden[180]

Mit Hilfe des in Abbildung 72 an einem Beispiel verdeutlichten Diagramms wird versucht, alle möglichen Ursachen zu identifizieren. Zur Erleichterung der Ursachenfindung werden i.d.R. vier Ursachengruppen vorgegeben: Menschen, Material, Methoden und Maschinen, die jedoch verändert oder erweitert werden können.[181]

---

[179] Vgl. Ishikawa, K., a.a.O., S. 63 ff.

[180] Vgl. Imai, M., a.a.O., S. 81. Vgl. zu weiteren Beispielen Oakland, J.S., a.a.O., S. 228 f.; Munro-Faure, L., Munro-Faure, M., a.a.O., S. 205 ff.

[181] Vgl. Oess, A., a.a.O., S. 307 f.

Zur Visualisierung der Problembereiche und des Verbesserungserfolges werden häufig Pareto-Diagramme eingesetzt. Das Pareto-Diagramm basiert auf der von Pareto entwickelten 80/20 Analysetechnik und ist dazu geeignet - vergleichbar mit der ABC-Analyse -, eine zunächst unüberschaubare Zahl von Einzelereignissen in einer überschaubaren Übersicht zu verdichten. Ziel ist es, aus einer Vielzahl - beispielsweise durch Ursache-Wirkungsdiagramme - identifizierter Einzelgründe diejenigen zu selektieren, die am häufigsten für ein Problem verantwortlich und somit vorrangig zu verbessern sind.[182] Abbildung 73 zeigt wiederum am Beispiel der Kundenwartezeiten am Telefon die Anwendung des Pareto-Diagramms.

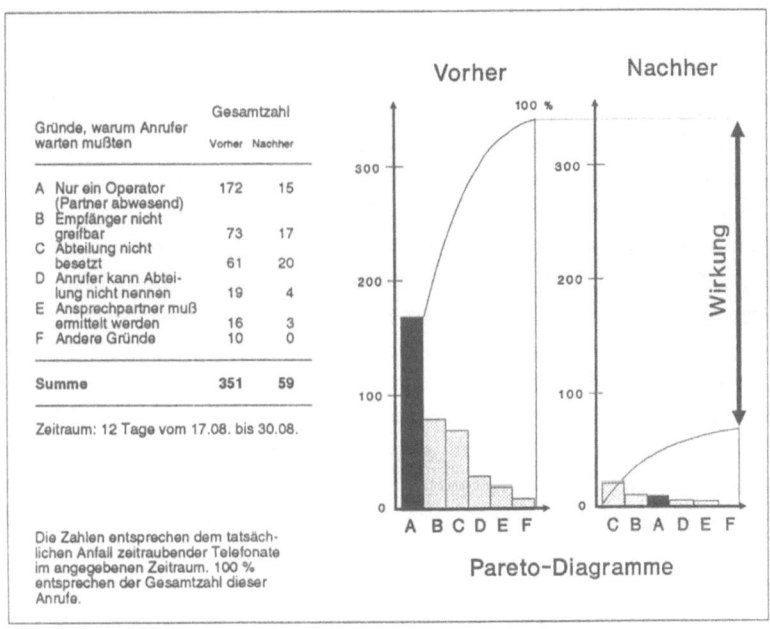

Abb. 73: Einsatz des Pareto-Diagramms zur Identifikation
von Kernproblemfeldern[183]

Die Darstellung des Ursache-Wirkungs- und des Pareto-Diagramms soll beispielhaft verdeutlichen, welche Arten von Instrumenten erfolgreich für permanente Verbesserungsprozesse eingesetzt werden können. Diese oder vergleichbare Instrumente können auch zur Strukturierung der Informationen über das Nachfrager- und Konkurrenzverhalten genutzt werden, so daß sichergestellt werden kann, daß sie alle relevanten

---

[182] Vgl. Oess, A., a.a.O., S. 307; Munro-Faure, L., Munro-Faure, M., a.a.O., S. 205 ff.

[183] Vgl. Imai, M., a.a.O., S. 83.

Personenkreise (z.B. Vertrieb, F & E, Produktion, Logistik usw.) erhalten, verstehen und nutzen. Die bisher häufig zur Aufbereitung von Marktinformationen genutzten Verfahren, z.B. multivariate Analyseverfahren, können aufgrund ihrer Komplexität oft nur in großen Unternehmen und dort auch nur von wenigen Spezialisten eingesetzt werden.[184] Sie sind eher für diskontinuierliche Analysen von Marktforschungsdaten durch Spezialisten gedacht. Für die tägliche funktionsübergreifende Marketingarbeit sind sie nur sehr bedingt einsetzbar, da sie Nicht-Fachleuten nicht unmittelbar verständlich und somit erklärungsbedürftig sind.

Neben dem Einsatz systematischer Problemlösungstechniken gelten auch **Experimente mit Managementtechniken** als Quelle organisatorischer Lernprozesse. Das Konzept des organisatorischen Lernens nutzt damit eine Erkenntnisquelle (Experiment), die im naturwissenschaftlichen Bereich seit langer Zeit erfolgreich eingesetzt wird.

Garvin unterscheidet in diesem Zusammenhang sogenannte "ongoing programs" und "one-of-a-kind demonstration projects".[185] Bei den ongoing programs handelt es sich um permanent auf operativer Ebene (Shop-Floor) durchgeführte Experimente zur kontinuierlichen Verbesserung im operativen Management (z.B. Optimierung der Logistik/Auslastung/Versand). Damit diese Experimente auf breiter Basis adäquat durchgeführt werden, ist es erforderlich, daß mit unternehmensindividuell abgestimmten Aus- und Weiterbildungsmaßnahmen sichergestellt wird, daß die Mitarbeiter die grundlegenden Methoden zur permanenten Verbesserung (z.B. PDCA-Cycle, Pareto-Diagramm) kennen- und verstehen lernen, sie anwenden können und ihren Anwendungszweck akzeptieren.[186] Zudem müssen auch im Rahmen des kontinuierlichen Marketingimplementierungsprozesses die verschiedenen Instrumente der Organisationsentwicklung eingesetzt werden. Von besonderer Bedeutung sind dabei Methoden, die geeignet sind, Gruppenverhalten zu verbessern, da die Verbesserungsmaßnahmen in den meisten Fällen nur dann realisiert werden können, wenn mehrere Personen aus verschiedenen Funktionsbereichen beispielsweise permanent als "Progress Groups (Quality Circles)" oder aufgabenspezifisch als "Corrective Action Task Force" gemeinsam zusammenarbeiten.[187]

---

[184] "One of the biggest problems is the mind-numbing complexity of modern research: Many top executives are bewildered by scanner technology, computer models and the proliferation of consumer surveys." Levine, J.B., The 'Bloodbath' in Market Research. Staffs have been cut by as much as 50% as skeptical clients retreat, in: Business Week, 11.02.1991, S. 50. Vgl. auch Moorman, C., Zaltman, G., Deshpande, R., Relationship Between Providers and Users of Market Research: The Dynamics of Trust Within and Between Organizations, in: Journal of Marketing Research, August, 1992, S. 315.

[185] Vgl. Garvin, D.A., a.a.O., S. 82 ff.

[186] Vgl. zu verschiedenen Verfahren Senge, P.M., a.a.O., S. 16 ff.

[187] Vgl. Oakland, J.S., a.a.O., S. 236 ff.; Munro-Faure, L., Munro-Faure, M., a.a.O., S. 196. Vgl. zu Quality Circles detaillierter Oess, A., a.a.O., S. 285 ff.

Als "Demonstration projects" bezeichnet Garvin komplexere und umfangreichere Managementexperimente.[188] Häufig umfassen diese Experimente ganze Organisationseinheiten oder - wie in der Automobilindustrie üblich - ganze Produktionsstandorte (z.B. das Opel-Werk in Eisenach). Sie werden häufig initiiert, um sogenannte "organisatorische Referenzeinheiten" für eine unternehmensweite Ausweitung eines möglicherweise erfolgreichen Experiments zu schaffen.[189]

Als weitere Quelle zur Informationssammlung für die kontinuierliche marktorientierte Unternehmensentwicklung gilt das **Lernen aus der Vergangenheit**. Hierbei gilt es, Fehler und Erfolge abgeschlossener Projekte und Handlungen systematisch zu sammeln und auszuwerten. Insbesondere die Anfertigung von Fallstudien und Abschlußprojektberichten gilt als effiziente Methode, aus unternehmensinternen Erfahrungen zu lernen.

Eine von nahezu allen Unternehmen schon immer genutzte Quelle für kontinuierliche Verbesserungen stellt das **Lernen aus unternehmensexternen Erfahrungen** dar. Neben der systematischen Nutzung von Kundenerfahrungen, z.B. durch Kundengespräche und -befragungen, Produkttests sowie Beschwerdeanalysen, kann insbesondere das Benchmarking eingesetzt werden.[190] Unter Informationsaspekten können auch Netzwerke, die aus verschiedenen Partnern bestehen und im Rahmen derer die Teilnehmer durch Erfahrungsaustausch voneinander lernen (z.B. Erfahrungsaustauschgruppen von Verbänden und an Hochschulen), nützlich sein. Häufig ist es für ein Unternehmen auch sinnvoll, Teilbereiche des Unternehmens, z.B. Teile der F & E, in der Nähe von sogenannten Lernmärkten zu positionieren. Die Zielsetzung besteht darin, direkten Zugang zu aktuellen Trends, Forschungsergebnissen und Marktentwicklungen zu gewinnen. Vielfach werden z.B. von Unternehmen Tochtergesellschaften in den Heimatmärkten von Haupt-Konkurrenten gegründet, um deren zukünftiges Verhalten besser und schneller prognostizieren zu können. Auch Kooperationen oder strategische Allianzen werden häufig genutzt, um vom Partner zu lernen. Beispielsweise werden Auslandsmärkte häufig zunächst über Importeure erschlossen und erst, nachdem auf diesem Weg Markterfahrung gesammelt worden ist, wird eine eigene Vertriebsgesellschaft gegründet.[191]

---

[188] Vgl. Garvin, D.A., a.a.O., S. 83 f.

[189] Vgl. hierzu auch die Ausführungen zum Market-back Ansatz der diskontinuierlichen Marketingimplementierung im Abschnitt D. 2.2.2.

[190] Vgl. zum Benchmarking die Ausführungen im Abschnitt C. 3.2.4.2.

[191] Vgl. hierzu die zahlreichen Beispiele bei Simon, H., Die Lernoberfläche des Unternehmens, UNIC Arbeitspapier, Bonn 1993, S. 6 ff.

2.3.3.3 Methoden und Instrumente zur Informationsverbreitung

Neben der Informationsgewinnung ist die Informationsverbreitung im Unternehmen für den kontinuierlichen Marketingimplementierungsprozeß von Bedeutung. Von besonderer Relevanz sind in diesem Zusammenhang zum einen **allgemein zugängige schriftliche Materialien** (z.B. Informationsmaterialien zu aktuellen Problemstellungen; Berichte in Firmenzeitungen) und zum anderen die Organisation von **Besuchstouren** in organisatorischen Einheiten, die innovative Managementmethoden einsetzen. Speziell den "vor Ort-Besuchen" wird ein großes Lernpotential zugebilligt, da im Gegensatz zum Lesen von schriftlichen Materialien die Informationen aus erster Hand kommen und der Lernende aktiv und seinen Bedürfnissen entsprechend Informationen einholen kann. Aus diesem Grund gelten auch Personalrotationsprogramme als besonders lernfördernd. Da sich häufig das Expertenwissen über neuere Marktentwicklungen bei Linienmanagern befindet, bietet auch die zeitweise Einbeziehung von Linienmanagern in typische Aufgaben von Stabsmitarbeitern (z.B. Entwicklungen von Handlungsanweisungen; Vergütungsrichtlinien; Trainingsprogramme) gesamtunternehmensbezogene Lernvorteile.[192]

Der Aspekt der Informationsverbreitung und -nutzung muß auch bei der Konzeption von Aus- und Weiterbildungsmaßnahmen Berücksichtigung finden. Grundsätzlich sollte gelten, daß alle **Personalentwicklungsmaßnahmen explizit implementierungsorientiert gestaltet werden**. Neu erworbenes Wissen, das nur unzureichend umgesetzt werden kann, weil im Rahmen der Maßnahmen Umsetzungsaspekte vernachlässigt werden oder weil im Unternehmen eine praktische Umsetzung nicht möglich bzw. gewollt wird, reduziert dies die Lernmotivation. Erfahrungen zeigen, daß Mitarbeiter immer dann besonders motiviert sind, neue Dinge zu lernen, wenn sie davon ausgehen, daß ihr neues Wissen auch in der Praxis Anwendung findet.[193]

2.4 Hierarchieebenenbezogene Aufgabenverteilung bei der prozessualen Marketingimplementierung

Die bisherige Diskussion des Implementierungsprozesses erfolgte primär ablauf- und inhaltsorientiert und weniger personenorientiert. In den gesamten Implementierungsprozeß sind mehrere Gruppen von Personen unterschiedlicher Hierarchieebenen involviert, die allerdings üblicherweise, je nachdem, welcher Hierarchieebene sie ange-

---

[192] Vgl. Gravin, D.A., a.a.O., S. 88.
[193] Vgl. Gravin, D.A., a.a.O., S. 88.

hören, unterschiedliche Aufgaben wahrnehmen.[194] Aus Abbildung 74 wird deutlich, daß die Personen der drei Betrachtungsebenen Top-Management, Mittel-Management und der ausführenden Ebene (z.B. Sachbearbeiter, Meister, Arbeiter) für bestimmte Implementierungsaufgaben zwar nicht ausschließlich, jedoch in besonderer Weise verantwortlich sind.[195]

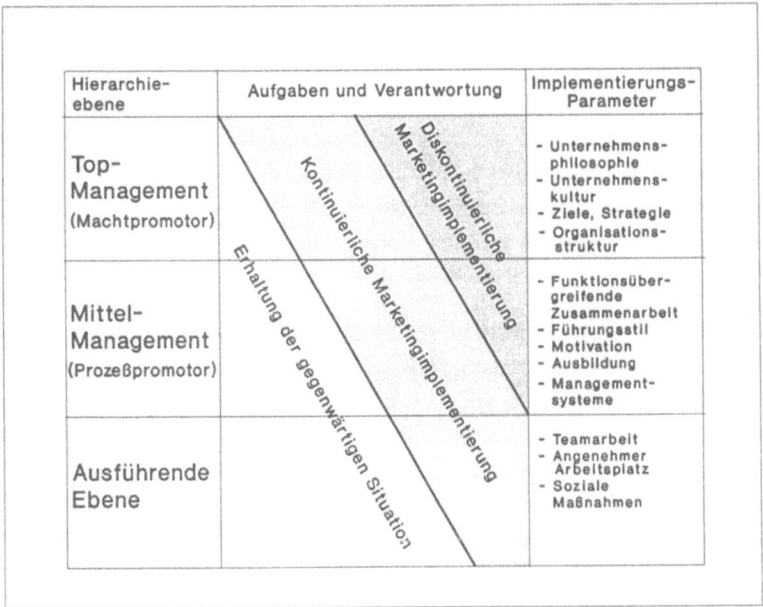

Abb. 74: Aufgabenverteilung im Implementierungsprozeß

Das Top-Management übernimmt naturgemäß, insbesondere bei bedeutenden Veränderungen, eine besondere Rolle, da von ihm über die Unternehmensphilosophie, die Unternehmensziele und Ressourcenzuweisungen letztlich alle zentralen Handlungen im Unternehmen determiniert werden. Das **Top-Management** besitzt somit die Aufgabe, die **Voraussetzungen dafür zu schaffen**, daß sowohl diskontinuierliche als auch kontinuierliche Implementierungsprozesse ablaufen können.[196] In der Literatur

[194] Vgl. Daft, R.L., Organizational Theory and Design, 3. Aufl., St. Paul u.a. 1989, S. 30 f.; Staehle, W.H., Management, a.a.O., S. 82 ff.

[195] Vgl. dazu auch Imai, M., a.a.O., S. 26 ff.; Oess, A., a.a.O., S. 145. Vgl. zur Abgrenzung von Managementebenen Schirmer, F., Staehle, W.H., Untere und mittlere Manager als Adressaten und Akteure des Human Resource Managements (HRM), in: Die Betriebswirtschaft, Nr. 6, 1990, S. 709.

[196] Vgl. Staehle, W., Management, a.a.O., S. 83 ff.; Oess, A., a.a.O., S. 153 ff.

werden Mitglieder des Top-Managements, die aufgrund ihrer hierarchischen Stellung über Ressourcen entscheiden können, auch als Machtpromotoren bezeichnet.[197] Das Top-Management determiniert den Erfolg des Implementierungsprozesses nicht nur aufgrund seiner Entscheidungsmacht, sondern auch aufgrund seines Verhaltens, das als Vorbild und Orientierungspunkt von den übrigen Mitarbeitern im Unternehmen herangezogen wird. Insgesamt konzentriert sich die Tätigkeit des Top-Managements primär auf gestaltende, d.h. verändernde zukunftsorientierte Tätigkeiten.

Eine **zentrale Position** im Rahmen der Marketingimplementierung nimmt das **Mittel-Management** ein, das als Bindeglied zwischen Unternehmensführung und ausführender Ebene den größten Teil der Implementierungsaufgaben koordinieren und durchführen muß.[198] Hauptverantwortlich ist das Mittel-Management für die Realisierung der funktionsübergreifenden Zusammenarbeit, für die Einführung marktorientierter Strukturen und Systeme sowie für die Herausbildung entsprechenden Verhaltens und der erforderlichen Fähigkeiten des Personals.[199]

Führungskräfte des mittleren Managements können vom Top-Management als **Prozeßpromotoren** bei komplexen diskontinuierlichen Implementierungsprozessen eingesetzt werden. Diese Prozeßpromotoren agieren dann aufgrund ihrer fachlichen und personellen Eignung als Fachpromotoren der prozessualen Implementierung und sollten, in Anlehnung an Witte, mit dem Top-Management (Machtpromotor) ein gleichgewichtiges Prozeß-Promotoren-Gespann bilden. Promotorengespanne können nach empirischen Untersuchungen von Witte bei Innovationsprozessen besonders erfolgreich agieren.[200]

Im Rahmen des kontinuierlichen Marketingimplementierungsprozesses hat das Mittel-Management die Aufgabe, neben der Umsetzung der festgelegten Vorgaben das Bewußtsein für Verbesserungen bei den Mitarbeitern der ausführenden Ebene zu wecken und zu fördern sowie selbst spezielle Verbesserungsmöglichkeiten zu identifizieren und ferner geeignete Instrumente zur Lösung zu erarbeiten.

Die **Mitarbeiter der ausführenden Ebene** übernehmen schwerpunktmäßig die Aufgabe, die festgelegten Vorgaben möglichst exakt umzusetzen und im Rahmen ihrer konkreten Aufgaben permanent Verbesserungen anzustreben. Tendenziell gilt, daß die Bedeutung situationserhaltender Aufgaben in höheren hierarchischen Ebenen zugun-

---

[197] Vgl. Witte, E., Organisation für Innovationsentscheidungen, a.a.O., S. 17 f.

[198] Nach Oess verlaufen die Arbeitsprozesse des mittleren Managements hauptsächlich horizontal, während das Top-Management hauptsächlich top-down agiert. Vgl. Oess, A., a.a.O., S. 179.

[199] Vgl. Abell, D.F., Marktgelenkte Unternehmen brauchen Mittelsmänner, in: Harvard manager, Nr. 4, 1988, S. 81 ff.

[200] Vgl. Witte, E., Organisation für Innovationsentscheidungen, a.a.O., S. 55.

sten der gestaltenden Aufgaben abnimmt. Zudem gilt, daß komplexere und umfangreichere Veränderungen tendenziell von höheren Hierarchieebenen gesteuert, ausgestaltet und verantwortet werden.

3. Ein integriertes Modell der Marketingimplementierung

Die bisherigen Ausführungen haben gezeigt, daß das Vorgehen der Marketingimplementierung ein äußerst vielschichtiges Problem und daher auch eine schwierig zu handhabende Managementaufgabe darstellt. Um die Kernbereiche und -probleme der Marketingimplementierung strukturierter darstellen zu können, wurde die Gesamtproblematik im Abschnitt C. zunächst primär statisch in bezug auf die verschiedenen Betrachtungsebenen diskutiert, um dann im Abschnitt D. um eine (dynamische) prozeßorientierte Betrachtung ergänzt zu werden.

Jeder dieser Teilbereiche der Marketingimplementierung - die aufgrund ihrer Interdependenzen nur analytisch trennbar sind - leistet unter der Voraussetzung einer zweckmäßigen Gestaltung immer nur einen partiellen Beitrag zur Lösung des Marketingimplementierungsproblems. Damit die Marketingimplementierung jedoch in ihrer Gesamtheit funktional zu bewältigen ist, sind die **betrachteten Teilbereiche aufeinander abgestimmt in einen integrierten Gesamtzusammenhang zu setzen.**[201] Die Betrachtung der verschiedenen Partialansätze der einzelnen Betrachtungsebenen der Marketingimplementierung hat gezeigt, daß deren isolierte und einseitige Gestaltungsansätze zur Problembewältigung nicht ausreichen können. Beispielsweise ist es wenig erfolgversprechend, Marketing allein durch die Veränderung von Managementsystemen bzw. durch die Unternehmenskultur zu implementieren.

Die Abgrenzung der Teilbereiche der Implementierung hatte neben der grundlegenden Strukturierung der Problematik auch zum Ziel, **überschaubare Diskussionseinheiten herauszuarbeiten.** Obwohl Steiger zuzustimmen ist, daß die Implementierung auf einer umfassenden Integrationsleistung beruht[202], ist auch zu berücksichtigen, daß diese Integrationsleistung von den Implementierungsverantwortlichen aufgrund der beschränkten menschlichen Informationsverarbeitungskapazitäten prinzipiell nur schrittweise und problemlösungsbezogen in der Praxis bewältigt werden kann. Ein selektives Implementierungsvorgehen ist auch deshalb sinnvoll, weil aufgrund der situativen Unterschiedlichkeit nicht in allen Fällen alle Teilbereiche des integrierten Implementierungsmodells von gleicher Relevanz sind. Maßnahmen sollten daher nur da ergriffen

---

[201] Vgl. zur Abstimmung und der Relevanz der einzelnen Betrachtungsebenen der Implementierung in Abhängigkeit von Umweltkonstellationen die Ausführungen in Abschnitt C. 2.3.

[202] Vgl. Steiger, P., a.a.O., S. 257.

werden, wo sie für den Implementierungserfolg im Einzelfall zwingend erforderlich sind.

Letztlich kann ein umfassendes **Implementierungsmodell daher nur einen strukturierten Werkzeugkasten zur Verfügung stellen**, aus dem situationsspezifisch Komponenten der einzelnen Implementierungsebenen ausgewählt werden, die dann sequentiell oder parallel genutzt werden. Hrebiniak und Joyce vertreten die Ansicht, daß Manager, wann immer möglich, aufgrund der komplexitätsreduzierenden Wirkung ein sequentielles Vorgehen präferieren.[203] Dieses Vorgehen ist auch Grundlage des im Detail vorgestellten Market-Back Ansatzes der prozessualen Marketingimplementierung.

In Abbildung 75 sind Dimensionen, welche die Ausgestaltung eines Modells zur Marketingimplementierung determinieren, im Überblick dargestellt. Neben den einzelnen **Implementierungsebenen** (Ebenen der organisatorischen Analyse, Managementsysteme) sowie dem **zeitlichen Ablauf** (Prozeß) der Marketingimplementierung (diskontinuierlich, kontinuierlich) werden die drei zentralen **Problembereiche der Implementierung** (Kennen/Verstehen, Können, Wollen) explizit aufgeführt, da die Beachtung dieser Problembereiche bei der Ausgestaltung aller Teilbereiche der Implementierung eine zentrale Erfolgsvoraussetzung für den Implementierungserfolg darstellt.

Die im Abschnitt C. 3. diskutierten Totalansätze zur Marketingimplementierung werden an dieser Stelle nicht mehr explizit diskutiert. Da die Einzelerkenntnisse der Totalmodelle jedoch alle den einzelnen in Abbildung 75 verdeutlichten Betrachtungsebenen der Implementierung bzw. dem diskontinuierlichen und kontinuierlichen Prozeß der Implementierung zugeordnet werden können, erfolgt eine implizite Berücksichtigung der Totalmodelle. Eine Sonderstellung nimmt das Total Quality Management (TQM) ein - das ebenfalls als Totalansatz zur Marketingimplementierung vorgestellt wurde -, weil nur Teile des TQMs für die Marketingimplementierung genutzt werden. Im Rahmen der Marketingimplementierung muß daher in bezug auf alle in Abbildung 75 einbezogenen Dimensionen eine Koordination zwischen den Unternehmensführungsphilosophien Marketing und TQM erfolgen, d.h. die Implementierung von TQM muß in Abstimmung mit der Implementierung von Marketing erfolgen. Dies gilt insbesondere deshalb, weil die Leistungsfähigkeit der besonders gut für die Marketingimplementierung geeigneten Methoden und Instrumente des TQMs (z.B. QFD, Benchmarking, Policy Deployment) von Rahmenbedingungen abhängig ist, die sehr wahrscheinlich erst durch eine Implementierung von TQM selbst geschaffen werden können.

---

[203] Vgl. Hrebiniak, L.G., Joyce, W.F., a.a.O., S. 18.

Das in Abbildung 75 verdeutlichte Implementierungsmodell ist als **Totalmodell zur Marketingimplementierung** zu verstehen, das als **Grobstrukturierungsansatz** der Implementierungsproblematik für **alternative situative Konstellationen** nutzbar ist.

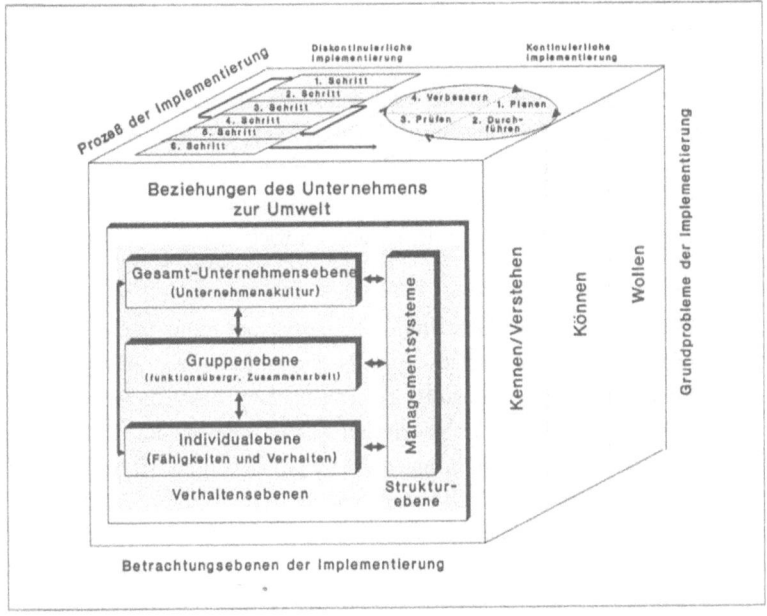

Abb. 75: Ein integriertes Modell zur Marketingimplementierung

Es wurde schon im Abschnitt C. 2.3 gezeigt, daß bestimmte Kombinationen und Ausgestaltungen von Betrachtungsebenen der Marketingimplementierung offenbar in Abhängigkeit von situativen Umweltkonstellationen besonders effizient sind.[204] Im Rahmen des hier vorgestellten integrierten Implementierungsmodells wird diese Betrachtung durch die Einbeziehung des Implementierungsprozesses (zeitlicher Ablauf) in diesen multidimensionalen Abstimmungsprozeß erweitert. Der Abstimmungsbedarf der unternehmensinternen Elemente wird hierdurch um eine zusätzliche Dimension ausgeweitet. Es ist davon auszugehen, daß die Effektivität der Marketingimplementie-

---

[204] Diese Überlegungen gehen konform mit der von Mintzberg abgeleiteten Hypothese, daß die Effizienz eines Unternehmens sowohl von der internen Konsistenz seiner Elemente (Betrachtungsebenen) als auch von der Kongruenz der als konsistent akzeptierten internen Betrachtungsebenenkonstellation und externen Kontingenzfaktoren abhängig ist. Vgl. Mintzberg, H., Organisationsstruktur: modisch oder passend?, in: Harvard manager, Nr. 2, 1982, S. 18 f.

rung nicht nur von der Berücksichtigung der Implementierungsproblembereiche (Kennen/Verstehen, Können, Wollen), sondern auch vom internen "Fit" der Betrachtungsebenen untereinander, dem "Fit" der einzelnen Betrachtungsebenen zum prozessuallen Ablauf der Implementierung und dem "Fit" der unternehmensinternen Dimensionen zu den unternehmensexternen situativen Kontextfaktoren abhängig ist.

Das abgeleitete und in Abbildung 75 im Überblick dargestellte integrierte Implementierungsmodell zur Marketingimplementierung wurde auf Basis eines heuristischen Vorgehens entwickelt und kann daher nur den Anspruch erheben, mit einiger Erfolgswahrscheinlichkeit den Suchprozeß zur Lösung der Marketingimplementierungsproblematik abkürzen zu können. Wissenschaftstheoretisch ist das Vorgehen im Rahmen eines wissenschaftlichen Forschungsprozesses dem (vorwissenschaftlichen) Entdeckungszusammenhang - der gedanklichen Entwicklung eines Bezugsrahmens - zuzuordnen.[205]

Das **integrierte Modell zur Marketingimplementierung kann für konkrete Problemstellungen nur ein Grobraster** - einen Bezugsrahmen - zur Verfügung stellen. Konkrete Problemstellungen sind i.d.R. immer situativen Besonderheiten ausgesetzt und müssen daher auch fallspezifisch analysiert werden. Obwohl die Marketingimplementierung generell für viele Unternehmen relativ problematisch ist, ist davon auszugehen, daß die Problematik bei Unternehmen, die sich in ihrer Unternehmensgeschichte bisher nie explizit mit Fragen des Marketings auseinandergesetzt haben oder auseinandersetzen mußten, von besonderer Relevanz ist. Diese Konstellation trifft in hohem Maße für die planwirtschaftlich geprägten ostdeutschen Unternehmen nach der deutschen Wiedervereinigung zu. Im folgenden Abschnitt E. sollen daher auf Basis des integrierten Marketingimplementierungsmodells die besonderen situativen Bedingungen ostdeutscher Unternehmen untersucht werden.

---

[205] Vgl. Ulrich, P., Hill, W., Wissenschaftstheoretische Aspekte ausgewählter betriebswirtschaftlicher Konzeptionen, in: Raffée, H., Abel, B., Hrsg., Wissenschaftstheoretische Grundfragen der Wirtschaftswissenschaften, München 1979, S. 165 ff.

E. Marketingimplementierung in ostdeutschen Unternehmen

Durch die Wiedervereinigung der beiden deutschen Teilstaaten waren und sind **alle Betriebe der ehemaligen DDR** gezwungen, ihr Verhalten an einer marktwirtschaftlichen Wirtschaftsordnung auszurichten und damit **Marketing zu implementieren.**[1] Nachfolgend soll zunächst diskutiert werden, welche Problemrelevanz der Marketingimplementierung in ostdeutschen Unternehmen grundsätzlich zukommt, um dann anschließend das Design und die Ergebnisse der Untersuchungen zur Implementierung des Marketings in ostdeutschen Unternehmen vorzustellen.

1. Marketingimplementierung: Ein zentrales Problem ostdeutscher Unternehmen

1.1 Die Stellung des Marketings in der Planwirtschaft

Um beurteilen zu können, in welcher Form und in welchem Ausmaß Marketingimplementierung in ostdeutschen Unternehmen erforderlich ist, soll zunächst kurz diskutiert werden, welche Bedeutung Marketing vor der Wirtschafts- und Währungsunion im Juni 1990 in ostdeutschen Betrieben hatte.

In Unternehmen, die in planwirtschaftlichen Systemen agieren, kommt dem Marketing eine vergleichsweise geringe Bedeutung zu als in Unternehmen, die unter marktwirtschaftlichen Bedingungen agieren.[2] Zentraler Grund hierfür ist, daß in einer Zentralverwaltungswirtschaft keine individuell am Eigeninteresse ausgerichtete Planungsautorität der am Wirtschaftsprozeß beteiligten Partner existiert. Staatliche Stellen entscheiden stattdessen, welche Leistungen in welcher Zahl an welchem Ort produziert

---

1 Meffert und Pues betonen, daß Marketing bei der Umgestaltung planwirtschaftlicher Betriebe zu marktwirtschaftlichen Unternehmen die Funktion eines "Katalysators im Prozeß des geplanten wirtschaftlichen Wandels" übernimmt. Vgl. Meffert, H., Pues, C., Marketing im West-Ost-Handel. Eine Bestandsaufnahme, Arbeitspapier Nr. 57 der Wissenschaftlichen Gesellschaft für Marketing und Unternehmensführung e.V., Münster 1990, S. 41. Vgl. auch Meffert, H., Marktorientierte Unternehmensführung im Übergang zur Marktwirtschaft. Herausforderungen des Marketing in der ehemaligen DDR, in: Aßmann, G., Backhaus, K., Hilker, J., Hrsg., Deutsch-deutsche Unternehmen. Ein unternehmenskulturelles Anpassungsproblem, Stuttgart 1991, S. 135 ff.; Hoppe, K.H., Töpfer, A., Marktorientierte Unternehmensführung in den neuen Bundesländern - Untersuchungsziele, -ergebnisse und Konsequenzen, in: Hoppe, K.H., Hoffmann, F.J., Hrsg., Marketingorientierte Unternehmensführung. Konzepte und Perspektiven für die neuen Bundesländer, Wiesbaden 1992, S. 52 ff.

2 Vgl. dazu auch die Ausführungen bei Meffert, H., Marktorientierte Unternehmensführung im Übergang zur Marktwirtschaft. Herausforderungen des Marketing in der ehemaligen DDR, a.a.O., S. 135 ff.

werden.[3] Im sozialistischen Gesellschaftssystem der ehemaligen DDR besaß der Betrieb daher keine unabhängige und eigenständige Aufgabenstellung. Die Zielsetzungen der Betriebe der ehemaligen DDR ergaben sich aus dem Verständnis eines sozialistischen Betriebes, der in die einheitliche sozialistische Volkswirtschaft integriert und dessen Selbstverständnis staatlich geregelt war.[4] Die Betriebe der DDR waren in ein sehr komplexes und für Außenstehende z.T. nur schwer nachvollziehbares Planungswerk eingebunden.[5]

Da die Nachfrager wenig oder keinen Einfluß darauf ausüben, was produziert wird, sondern eine übergeordnete staatliche Stelle die Entscheidungen stellvertretend trifft und Konkurrenz im wesentlichen nicht existiert, ist **kundenorientiertes Verhalten** und damit Marketing für Unternehmen **in planwirtschaftlichen Wirtschaftssystemen nicht erforderlich.**[6] In einem planwirtschaftlichen System haben die Betriebe einen staatlichen "Versorgungsauftrag" zu erfüllen. Betriebe in einem marktwirtschaftlichen System müssen demgegenüber in erster Linie unternehmensbezogene Ziele (z.B. Gewinn- und/ oder Umsatzziele) erreichen.[7] Obwohl Marketing nicht erforderlich war, haben DDR-Betriebe dennoch im Rahmen ihrer zugewiesenen Aufgaben, insbesondere auch, um ihre Leistungen im durch Wettbewerb geprägten Ausland vermarkten zu können, zumindest rudimentär Elemente des Marketings (z.B. Marktforschung, Produktpolitik und Preispolitik) eingesetzt. Allerdings kann der Einsatz dieser Instrumente aufgrund der vollständig anderen Rahmenbedingungen, die von staatlichen Stellen und nicht vom Markt determiniert wurden, nicht mit dem Einsatz im marktwirtschaftlich geprägten Umfeld verglichen werden.[8]

Beispielsweise besaß der Staat in der DDR ein Außenhandelsmonopol, so daß eigenständige Exportaktivitäten unmöglich waren. Preise, Distributionsabläufe und auch die

---

3   Vgl. zu den Merkmalen unterschiedlicher Wirtschaftsordnungen Hensel, K.P., Grundformen der Wirtschaftsordnung, Marktwirtschaft - Zentralverwaltungswirtschaft, 3. Aufl., München 1978, S. 18 ff.

4   Vgl. Gesetzblatt der DDR, Teil I, Nr. 15 vom 3.4.1973, Verordnung über die Aufgaben, Rechte und Pflichten der volkseigenen Betriebe, Kombinate und VVB, S. 129.

5   Vgl. Elle, H.D., Thom, N., Management von Produktinnovationen in der DDR, Berlin 1989, S. 73.

6   Schon Gutenberg betont, daß in vollständig planwirtschaftlich organisierten Betrieben der Absatzbereich nicht annähernd mit vergleichbaren Problemen in marktwirtschaftlichen Systemen konfrontiert ist und ihm somit keine vergleichbare Bedeutung zukommt. Vgl. Gutenberg, E., Grundlagen der Betriebswirtschaftslehre, Bd. 2, Der Absatz, Berlin u.a. 1955, S. 6.

7   Vgl. hierzu auch Heinen, E., Führung als Gegenstand der Betriebswirtschaftslehre, a.a.O., S. 21.

8   Vgl. Arnold, U., Sabisch, H., Zur Erarbeitung von Produktstrategien, in: Gemünden, H.J., Pleschak, F., Hrsg., Innovationsmanagement und Wettbewerbsfähigkeit. Erfahrungen aus den alten und neuen Bundesländern, Wiesbaden 1992, S. 2 ff.; Sabisch, H., Strategische Ansätze zur Verbesserung der Wettbewerbsfähigkeit von Unternehmen in den neuen Bundesländern, in: Marktforschung & Management, Nr. 1, 1992, S. 17.

Leistungsangebote wurden fast immer vom Staat vorgegeben. Kommunikationspolitik hatte, wenn dieses Instrument überhaupt eingesetzt wurde, vorwiegend informierenden Charakter und sollte explizit nicht das Nachfragerverhalten beeinflussen. Wettbewerbsstrategien waren kaum erforderlich, da die DDR-Betriebe im eigenen Land und z.T. im gesamten RGW-Raum Monopolunternehmen waren. Marktforschungsaktivitäten der einzelnen Betriebe und Kombinate waren ebenfalls von untergeordneter Bedeutung, da staatliche Stellen festlegten, was die Nachfrager benötigten.

Auf eine tiefergehende Gegenüberstellung der Unterschiede von plan- und marktwirtschaftlichen Systemen soll an dieser Stelle verzichtet und auf entsprechende Ausarbeitungen in der Literatur verwiesen werden.[9] Zudem hat sich gezeigt, daß die theoretischen Ausführungen der DDR-Literatur i.d.R. nur unzureichend mit der betrieblichen Praxis übereinstimmten und daher auf Basis dieser Literatur durchgeführte Analysen immer nur eingeschränkten Wert besitzen können.[10]

1.2 Marketingimplementierung als Teilproblem des Gesamtumstrukturierungsbedarfs ostdeutscher Unternehmen

Der Umstrukturierungsbedarf ostdeutscher Unternehmen beschränkt sich nicht nur auf die Umstrukturierungen, die ausschließlich durch die Notwendigkeit zur Marketingimplementierung bedingt sind. In aller Regel besteht aus weiteren Gründen Umstrukturierungsbedarf: z.B. wegen unzweckmäßigen bzw. ineffizienten Produktionsabläufen, EDV-Ausstattungen, Personalmaßnahmen und Einkaufspolitiken. Von besonderer Bedeutung ist hierbei speziell die schon erfolgte (privatisierte Unternehmen) oder zukünftig angestrebte (Treuhandunternehmen) Privatisierung der ostdeutschen Unterneh-

---

9 Vgl. Hamel, H., Hrsg., Soziale Marktwirtschaft - Sozialistische Planwirtschaft. Ein Vergleich Bundesrepublik Deutschland - DDR, 5. Aufl., München 1989. Vgl. auch Töpfer, A., Managementqualifikation in den neuen Bundesländern - Herausforderungen an die marktorientierte Unternehmensführung, in: Meffert, H., Wagner, H., Backhaus, K., Marktorientierte Unternehmensführung in den neuen Bundesländern - Bestandsaufnahme und Ausblick, Dokumentationspapier Nr. 69 der Wissenschaftlichen Gesellschaft für Marketing und Unternehmensführung e.V., Münster 1992, S. 24 ff.

10 Vielfach wurde nach der politischen Wende bestätigt, daß die offiziellen Vorstellungen zur Betriebsführung, die in allen "DDR-Veröffentlichungen" vertreten werden mußten, häufig wenig mit der tatsächlichen betrieblichen Praxis übereinstimmten. Die "DDR-Veröffentlichungen" können daher nur sehr eingeschränkt als Beleg für die Verhältnisse in DDR-Betrieben herangezogen werden. Vgl. beispielsweise Ziegler, H.H., Kombinate in der Marktwirtschaft. Die Sicht einer Kombinatsleitung, in: Aßmann, G., Backhaus, K., Hilker, J., Hrsg., Deutsch-deutsche Unternehmen. Ein unternehmenskulturelles Anpassungsproblem, Stuttgart 1991, S. 101 ff.; Edeling, T., Zwischen Bürokratie und Gemeinschaft: Managementkultur im ostdeutschen Betrieb, in: Aßmann, G., Backhaus, K., Hilker, J., Hrsg., Deutsch-deutsche Unternehmen. Ein unternehmenskulturelles Anpassungsproblem, Stuttgart 1991, S. 82.

men.[11/12] Zusammenfassend kann gefolgert werden, daß **Marketingimplementierung nur einen Teilaspekt im Rahmen eines umfassenderen Umstrukturierungsprozesses darstellt.**

Aufgrund der Vielzahl der Veränderungsdeterminanten, denen ostdeutsche Unternehmen ausgesetzt sind, ergibt sich die Frage, welche Bedeutung der Marketingimplementierung in diesem Kontext zukommt. Eine Vielzahl von Befragungen in unterschiedlichen Branchen hat ergeben, daß Marketingdefizite als zentrale Problembereiche ostdeutscher Unternehmen eingeschätzt werden.[13] Gleichzeitig ergeben Untersuchungen, daß das Marketing in Zukunft einen deutlich höheren Stellenwert einnehmen soll, als dies in der Vergangenheit in den ostdeutschen Unternehmen der Fall war.[14] Da viele der Untersuchungen zu Problembereichen ostdeutscher Unternehmen nur sie eine relativ kleine Fallzahl einbeziehen und sich auf Unternehmen in bestimmten Regionen, Branchen oder bestimmten Größenklassen beschränken, können die derzeit vorliegenden Untersuchungen allerdings nur bedingt miteinander verglichen werden.

Trotz dieser Schwächen kann aufgrund der Übereinstimmung im Hinblick auf die Problemrelevanz des Marketings davon ausgegangen werden, daß die **Marketingimple-**

---

11 Die Institution, welche die erforderlichen Arbeiten für die gesetzlich vorgegebene Privatisierung der ostdeutschen Unternehmen übernommen hat, ist die Treuhandanstalt. Vgl. zur Geschichte und Arbeit der Treuhandanstalt Kokalj, L., Richter, W., Mittelstand und Mittelstandspolitik in den neuen Bundesländern: Privatisierung, Stuttgart 1992, S. 4 ff.

12 Genaue Zahlenangaben über das Verhältnis von privatisierten zu noch nicht privatisierten Unternehmen sind nur schwer möglich, da das Gesamtportfolio der Unternehmen zum einen wegen Aufsplittungen und Ausgliederungen variabel ist und zum anderen permanent Unternehmen privatisiert werden (seit Anfang 1993 ca. 1 Unternehmen pro Tag). Beispielsweise waren Anfang März 1993 noch ca. ein Fünftel (ca. 1200 Betriebe) der der Treuhandanstalt ehemals gehörenden Industrieunternehmen noch nicht privatisiert. Vgl. Deutsches Institut für Wirtschaftsforschung u.a., Hrsg., Gesamtwirtschaftliche und unternehmerische Anpassungsprozesse in Ostdeutschland, 8. Bericht, Kiel 1993, S. 134 ff.

13 Vgl. z.B. Dostal, A.W.T., Checklist Wettbewerb. Vom Staatsbetrieb in die Marktwirtschaft, Landsberg a.L. 1991, S. 39 ff.; Hoppe, K.H., Töpfer, A., a.a.O., S. 59; Hilker, J., Die Akkulturation in ostdeutschen Unternehmen - ein einseitiger Anpassungsprozeß?, in: Aßmann, G., Backhaus, K., Hilker, J., Hrsg., Deutsch-deutsche Unternehmen. Ein unternehmenskulturelles Anpassungsproblem, Stuttgart 1991, S. 224; Sabisch, H., a.a.O., S. 17; Berger, R., Das Marketing ist die Hauptschwäche der DDR-Betriebe, in: Blick durch die Wirtschaft, 4.7.1990, S. 1; Goriss, H.J., Das Marketing und die Treuhandanstalt bereiten Probleme, in: Handelsblatt, 13.10.1990, S. D1; Leiter, J.U., Marketing: Treuhandbetriebe werden marktkonform. Die letzte Rettung, in: Absatzwirtschaft, Nr. 10, 1991, S. 37; Deutsche Gesellschaft für Mittelstandsforschung, Mangelware Marketing, in: Absatzwirtschaft, Nr. 11, 1992, S. 21; Fernandes-Stacke, M., Marketing und Service mangelhaft. Umfrage unter ostdeutschen Unternehmen: Engpässe im Management, in: Neue Zeit, 26.10.1992, S. 9; Executive Trust, Hrsg., Engagement in den neuen Bundesländern. Chance und Herausforderung, Düsseldorf 1991, S. 12.

14 Vgl. Wieselhuber, N., Schoof, U., Konzepte und Potential der Unternehmen in den neuen Bundesländern. Untersuchungsbericht über die schriftliche Befragung von Industrieunternehmen nach Branchen in den neuen Bundesländern, München 1992, S. 67; Töpfer, A., u.a., MUT. Marktorientierte Unternehmensführung in Thüringen. Probleme, Maßnahmen und Erfolgsfaktoren auf dem Weg in die Marktwirtschaft, Forschungsbericht für die 1. Phase - Langfassung, Kassel, Jena 1991, S. 27.

mentierung eines der bedeutendsten Probleme ostdeutscher Unternehmen darstellt. Dieses konnte auch im Rahmen einer vom Deutschen Institut für Wirtschaftsforschung im Sommer 1992 durchgeführten schriftlichen Befragung von über 2.500 Unternehmen des ostdeutschen verarbeitenden Gewerbes bestätigt werden.[15] Die Ergebnisse dieser Befragung ergaben, daß die vier am häufigsten genannten Aufgabenstellungen direkt der Marketingimplementierung zugeordnet werden können (Neukunden-
suche, Marketingaufbau, Neuproduktentwicklung, Vertriebsaufbau) und viele der bedeutendsten Aufgabenstellungen in enger Verbindung zur Marketingimplementierung
stehen. Es zeigt sich, daß die Treuhandbetriebe in den meisten Aufgabenfeldern - und
insbesondere beim Marketingaufbau - einen noch deutlich höheren Handlungsbedarf
sehen als die im Eigentum von westdeutschen oder ausländischen Unternehmen
stehenden privatisierten Unternehmen.

Eine von der EC Consulting Group AG in Düsseldorf und dem Lehrgebiet Arbeitsor-
ganisation der RWTH Aachen durchgeführte Längsschnittuntersuchung zur Feststellung der Entwicklungsdynamik in den wichtigsten Funktionsbereichen von 68 ostdeutschen Industrieunternehmen vom Zeitpunkt der Wirtschafts- und Währungsunion
am 1. Juli 1990 bis Mai 1992 ergab die in Abbildung 76 verdeutlichte Entwicklung.[16]
Die größten Fortschritte konnten nach Erkenntnissen dieser Untersuchung in den Bereichen Marketing/Vertrieb, Organisation/Datenverarbeitung und Finanzbuchhal-
tung/Rechnungswesen festgestellt werden. Allerdings konnte den Ergebnissen dieser
Studie folgend in diesen Bereichen lediglich absolut gesehen am meisten aufgeholt
werden. Die **Leistungsfähigkeit der Wettbewerber** aus den alten Bundesländern
konnte den meisten Unternehmen jedoch **noch nicht attestiert** werden. Da in den meisten Bereichen eine im Vergleich zu westdeutschen Betrieben um **40 - 60 Prozent geringere Leistungsfähigkeit** festgestellt wurde, muß erwartet werden, daß die meisten
ostdeutschen Betriebe erst mittel- bis langfristig ein durchgängig konkurrenzfähiges
Leistungsniveau erreichen werden. Könnte die Leistungsfähigkeitslücke auch in Zukunft innerhalb von zwei Jahren lediglich um ca. 10 - 15 Prozent verringert werden,
würde der Anpassungsprozeß noch ca. 4 - 8 Jahre dauern.[17] Im Ergebnis bedeutet dies,

---

15 Vgl. Deutsches Institut für Wirtschaftsforschung u.a., Hrsg., Gesamtwirtschaftliche und unterneh-
    merische Anpassungsprozesse in Ostdeutschland, 6. Bericht, Kiel 1992, S. 471 ff.

16 Die Leistungsfähigkeit der in Abbildung 76 aufgeführten Funktionseinheiten wurde jeweils durch
    300 strukturierte Interviews Anfang 1990 und 1992 ermittelt. Vgl. Heeg, F.J., Dreusche von, S.,
    Hrsg., Die betriebliche Situation der Unternehmen in den neuen Bundesländern nach zwei Jahren
    marktwirtschaftlicher Bedingungen. Eine vergleichende Studie zur Beurteilung des betrieblichen
    Leistungsstandes der Unternehmen in den neuen Bundesländern, Düsseldorf 1992, S. 30 f.

17 Dieser Zeitbedarf wird unternehmensindividuell unterschiedlich hoch sein. Allerdings zeigen
    volkswirtschaftliche Analysen, daß die neuen Bundesländer insgesamt selbst bei einem relativ ho-
    hen durchschnittlichen Wirtschaftswachstum von 9 Prozent deutlich über 20 Jahre benötigen, bis
    sie ein mit den alten Bundesländern vergleichbares Niveau erreicht haben. Vgl. Rürupp, B., Zur
    Finanzierung der deutschen Einheit: Dimensionen, Optionen, Restriktionen, in: Die Mitbestim-

daß es für ostdeutsche Unternehmen trotz größerer Fortschritte in einzelnen Bereichen relativ problematisch sein wird, kurzfristig Wettbewerbsvorteile gegenüber westdeutschen oder ausländischen Konkurrenten zu erzielen. Dabei muß berücksichtigt werden, daß ein **Gleichstand mit den potentiellen Wettbewerbern i.d.R. nicht ausreichend** ist, um KKVs zu erzielen. Komparative Konkurrenzvorteile können nur realisiert werden, wenn in für den Nachfrager wichtigen Dimensionen eine Vorteilsposition vorhanden ist.[18]

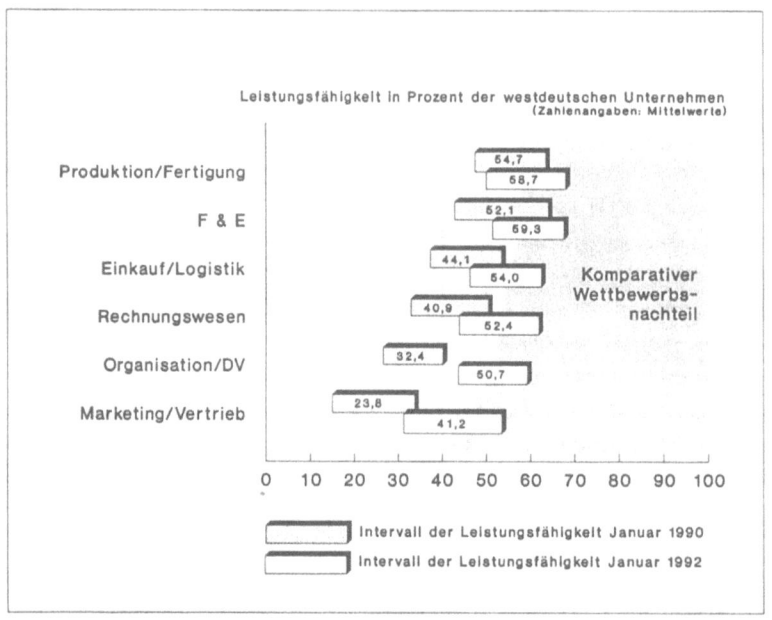

Abb. 76: Entwicklung und Stand der relativen Leistungsfähigkeit verschiedener Funktionsbereiche in ostdeutschen Unternehmen

---

mung, Nr. 2, 1993, S. 17. Vgl. auch Borchert, M., Die Mühen beim Umsteigen: Illustration unseres wirtschaftlichen Zusammenwachsens, Münster, Hamburg 1993, S. 16 ff.

[18] Vgl. die Ausführungen in Abschnitt B. 3.

2. Das Problem der Erfassung der Probleme der Marketingimplementierung in ostdeutschen Unternehmen

2.1 Die Aussagefähigkeit von Befragungen zur Situation ostdeutscher Unternehmen

Obwohl die grundsätzliche Problematik der Marketingimplementierung in vielen Untersuchungen bestätigt werden konnte, liegen **bisher keine umfassenden Untersuchungen** zur Marketingimplementierung in ostdeutschen Unternehmen vor. Allerdings wurden in einigen Untersuchungen Einzelaspekte der Marketingimplementierung analysiert. Eine im Sommer 1991 durchgeführte Untersuchung des Gesamtverbandes Werbeagenturen (GWA) in Zusammenarbeit mit der Wirtschaftswoche hat beispielsweise ergeben, daß sich die **größten Probleme** der Marketingimplementierung ganz eindeutig bei der **Beschaffung geeigneter Mitarbeiter** und dem **Know-how** sowie dem **Verhalten vorhandener Mitarbeiter** ergeben.[19]

Befragungen führen zu dem Ergebnis, daß die Unternehmen eine Vielzahl von Maßnahmen durchführen, um den Umstrukturierungsprozeß voranzubringen. Es hat sich allerdings gezeigt, daß **Befragungen in ostdeutschen Unternehmen** häufig **inkonsistente Ergebnisse** erbringen und die betriebliche Leistungsfähigkeit sowie die Zukunftsaussichten oft zu positiv beurteilt werden.[20] Eine eigene Befragung in ost- und westdeutschen Unternehmen im Sommer 1990[21] hat beispielsweise ergeben, daß sich die ostdeutschen Befragten bei **geschlossener Fragestellung** (mit Antwortvorgaben) im Hinblick auf die unternehmerischen Grundorientierungen Kundenorientierung und Konkurrenzorientierung praktisch genauso wie die westdeutschen Befragten (vgl. Abbildung 77) einschätzen.[22]

---

[19] Vgl. Gesellschaft für Wirtschaftspublizistik, Hrsg., Stand und Perspektive von Marketing- und Werbeplanung in den neuen Ländern. Eine Umfrage der Wirtschaftswoche und des GWA, Düsseldorf 1991, S. 15 ff.

[20] Das Deutsche Institut für Wirtschaftsforschung stellt z.B. fest: "Freilich fällt ein Gesamturteil schwer, weil die statistischen Daten häufig ein inkonsistentes, mitunter auch unplausibles Bild vermitteln." Deutsches Institut für Wirtschaftsforschung u.a., Hrsg., Gesamtwirtschaftliche und unternehmerische Anpassungsprozesse in Ostdeutschland, 7. Bericht, Kiel 1992, S. 711.

[21] Um die relevanten Problembereiche der marktorientierten unternehmenskulturellen Anpassung der ostdeutschen Unternehmen erfassen zu können, wurden, mit finanzieller Unterstützung der Wissenschaftlichen Gesellschaft für Marketing und Unternehmensführung e.V., Münster, im Sommer 1990 über 200 ost- und westdeutsche Führungskräfte in ein- bis zweistündigen Interviews befragt. Vgl. Hilker, J., Unternehmenskulturelle Anpassung in Deutsch-deutschen Unternehmen. Ergebnisse einer empirischen Untersuchung, Arbeitspapier Nr. 63 der Wissenschaftlichen Gesellschaft für Marketing und Unternehmensführung, Münster 1991, S. 6 f.

[22] Vgl. Hilker, J., Die Akkulturation in deutsch-deutschen Unternehmen - ein einseitiger Anpassungsprozeß?, a.a.O., S. 217 ff.

Wenn die Einschätzung der ostdeutschen Befragten mit der Realität übereinstimmt, hat innerhalb eines dreiviertel Jahres (von der "Wende" im November 1989 bis Sommer 1990) ein sehr umfangreicher Anpassungsprozeß dergestalt stattgefunden, daß sich die ostdeutschen Betriebe nunmehr in ihren Grundorientierungen nur noch unwesentlich von den westdeutschen Betrieben unterscheiden.[23] Da die Angaben derselben Befragten bei **offenen Fragestellungen**, z.B. im Hinblick auf wichtige Unternehmensziele, deutliche Abweichungen von den Angaben westdeutscher Befragter aufweisen - Kundenzufriedenheit wurde z.b. von ostdeutschen Befragten sehr viel seltener als von westdeutschen Befragten als wichtiges Unternehmensziel genannt -, kann vermutet werden, daß die ostdeutschen Befragten bei **geschlossenen Fragestellungen** sogenannte "**sozial erwünschte Antworten**" gegeben haben.[24]

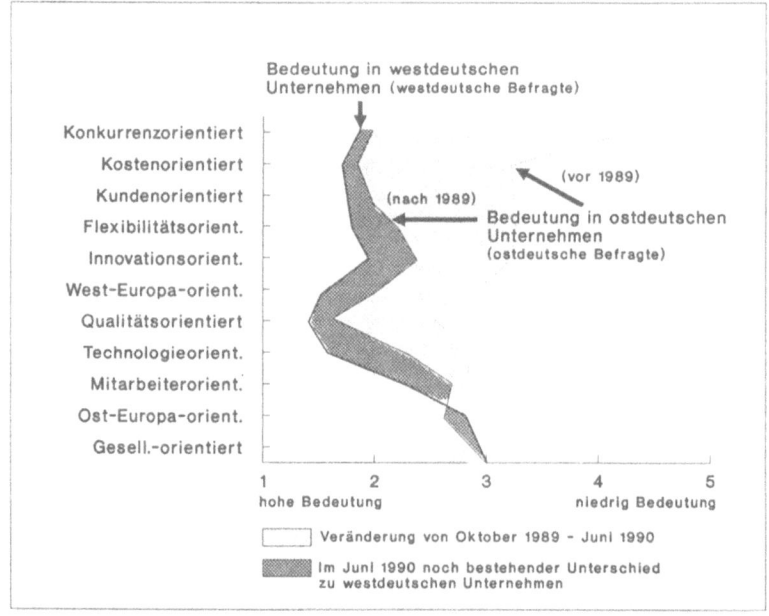

Abb. 77: Bedeutungen unternehmerischer Grundorientierungen in
ost- und westdeutschen Unternehmen

23 Vgl. auch Backhaus, K., Hilker, J., Unternehmenskulturelle Anpassung deutsch-deutscher Unternehmen. Von der Plan- zur Marktwirtschaft, in: Forschungsjournal WWU Münster, Nr. 1, 1992, S. 21 ff.

24 Vgl. Hilker, J., Die Akkulturation in deutsch-deutschen Unternehmen - ein einseitiger Anpassungsprozeß?, a.a.O., S. 218 f.

Töpfer u.a. führen inkonsistentes Antwortverhalten ostdeutscher Befragungspersonen auf eine **Überschätzung der eigenen Leistungsfähigkeit**, aber auch auf Schwierigkeiten zurück, ihre konkrete **Situation realistisch einzuschätzen** und die daraus folgenden Schwachstellen bzw. Anforderungen ableiten zu können.[25] Eine andere bei 500 ostdeutschen Unternehmen durchgeführte Untersuchung ergab z.B., daß 82 Prozent der Unternehmen ihre Produkte im Vergleich zur Konkurrenz als mindestens genausogut einschätzten. Andererseits gaben nur 35 Prozent der Unternehmen an, mit Gewinn zu wirtschaften, während 87 Prozent der Unternehmen diese unbefriedigende Rentabilitätssituation im Widerspruch zu den oben angeführten Ergebnissen auf eine nicht ausreichende Produktqualität zurückführten.[26] Das Deutsche Institut für Wirtschaftsforschung kommt in seinem siebten Bericht zu den gesamtwirtschaftlichen und unternehmerischen Anpassungsprozessen in Ostdeutschland aufgrund der oben aufgezeigten Problematik zu dem Ergebnis, daß die **Einschätzungen der ostdeutschen Unternehmen** zu ihrer betrieblichen Situation und wirtschaftlichen Entwicklung **zu positiv und daher unrealistisch sind.**[27]

2.2 Die Fallstudienforschung als Ansatz zur Erfassung von Marketing-implementierungsproblemen

Es zeigt sich offenbar, daß die Erhebungsform der **Befragung** für die zu untersuchende Problematik der Marketingimplementierung **nur bedingt geeignet** ist. Da schon eine realistische Einschätzung von sogenannten "harten Faktoren", wie z.B. der wirtschaftlichen Situation der Unternehmen oder der verfolgten Unternehmensstrategie, relativ schlecht gelingt, erscheint es noch sehr viel schwieriger, die im Rahmen der Marketingimplementierung ebenfalls wichtigen "weichen Faktoren", wie z.B. die Unternehmenskultur, das Verhalten und die Fähigkeiten der Mitarbeiter und der Führungsstil, mit Hilfe von Befragungen zu erfassen. Da es auch in westlichen Unterneh-

---

[25] Vgl. Töpfer, A., u.a., a.a.O., S. 25 f.; Hoppe, K.H., Töpfer, A., a.a.O., S. 58. Zu ähnlichen Ergebnissen kommt auch die Studie von Wieselhuber und Schoof, die feststellen konnten, daß die von den ostdeutschen Unternehmen genannten Wettbewerbsstrategien ganz eindeutig nicht mit den dafür notwendigen Handlungsparametern übereinstimmten. So zeigte sich, daß, obwohl die Kostenführerschaft angestrebt wird, der Preis als bedeutender Wettbewerbsfaktor bei 64 Prozent dieser Unternehmen erst an vierter Stelle (deutlich nach Produktqualität) der eingesetzten Wettbewerbsfaktoren genannt wurde. Vgl. Wieselhuber, N., Schoof, U., a.a.O., S. 115 f.

[26] Vgl. BDV & Partner Unternehmensberatung, Hrsg., Report (Kurzfassung) eines Forschungsberichtes im Auftrag der Wirtschaftsministerien der neuen Bundesländer zu den Vorbereitungen der ostdeutschen kleinen und mittleren Unternehmen auf den EG-Binnenmarkt und den neuen Ostmärkte, Berlin 1992, S. 3 ff. Vgl. zu ähnlichen Ergebnissen auch Deutsche Gesellschaft für Mittelstandsforschung, Im Osten fehlt vielen Betrieben das Handwerkszeug. Studie nennt Defizite in Vertrieb und Export, in: Blick durch die Wirtschaft, 8.10.1992, S. 1.

[27] Vgl. Deutsches Institut für Wirtschaftsforschung u.a., Hrsg., Gesamtwirtschaftliche und unternehmerische Anpassungsprozesse in Ostdeutschland, 7. Bericht, a.a.O., S. 727.

men oft nicht gelingt, die wirklichen Ausprägungen der weichen Faktoren zu erfassen, weil teilweise nur vermeintliche oder im Extremfall sogar nur "vorgetäuschte" Ausprägungen ermittelt werden können[28], kann daher nicht ausgeschlossen werden, daß durch standardisierte Befragungen (geschlossene Fragestellungen) in ostdeutschen Unternehmen falsche oder zumindest verfälschte Ergebnisse erzielt werden.

Um diesen Problemen begegnen zu können, bietet es sich an, ein mehr **qualitativ ausgerichtetes Untersuchungsdesign zu verwenden**, das in der Literatur zur Erkenntnisgewinnung im Entdeckungszusammenhang vorwiegend dann vorgeschlagen wird, wenn der Problembereich relativ unbekannt und daneben von hoher Komplexität ist.[29]

Im heuristisch geprägten Suchprozeß nach wissenschaftlichen Erkenntnissen wird als qualitative Erhebungsmethode die Fallstudie diskutiert.[30] Diese **qualitative Forschungsmethode** wurde bisher schon in größerem Umfang zur Erfassung der Marketingimplementierungsproblematik eingesetzt.[31] Zielsetzung der Erhebung von Einzelfallstudien "...is not quantification of even enumeration, but rather (1) description, (2) classification (typology development), (3) theory development, and (4) limited theory testing."[32] Wichtigstes Ziel der Erhebung von Fallstudien ist das **Verstehen der Zusammenhänge eines komplexen Sachverhaltes** und das **Auffinden und Herausarbeiten typischer Vorgänge** in der Untersuchungseinheit.[33] Mit Hilfe von Einzelfallstudien können keine repräsentativen Ergebnisse für das gesamte Untersuchungsfeld gewonnen werden. Dieser Forschungsansatz gilt bei den Vertretern quantitativ orientierter Ansätze auch als unkontrollierbares Verfahren, das für Verzerrungen jeder Art zugänglich ist.[34] Dennoch sind **auch Einzelfallstudien für quantitative Forschungen von Bedeutung**. So können beispielsweise mit Hilfe von Fallstudien die relevanten Dimensionen identifiziert werden, die in quantitative Untersuchungen aufgenommen werden sollten. Zudem ist eine Operationalisierung der im Rahmen quan-

---

28 Vgl. Rühli, E., a.a.O., S. 190 f.

29 Vgl. Tomczak, T., a.a.O., S. 81 ff. Vgl. auch grundlegend zur qualitativen Sozialforschung Lamnek, S., Qualitative Sozialforschung, Band 1, Methodologie, München, Weinheim 1988, S. 21 ff.; Mayring, P., Einführung in die qualitative Sozialforschung, München 1990, S. 9 ff.

30 Vgl. Backhaus, K., Plinke, W., Die Fallstudie im Kooperationsfeld von Hochschule und Praxis, in: Die Betriebswirtschaft, Nr. 4, 1977, S. 617.

31 Vgl. Bonoma, T.V., The Marketing Edge, a.a.O., S. 14 ff. Vgl. auch zur Forderung eines qualitativen Forschungsansatzes zur Erfassung von Marketingimplementierungsproblemen Walker, O.C., Ruekert, R.W., Marketing's Role in the Implementation of Business Strategies: A Critical Review and Conceptual Framework, a.a.O., S. 30.

32 Bonoma, T.V., Case Research in Marketing: Opportunities, Problems, and a Process, a.a.O., S. 206.

33 Vgl. Fuchs, W., u.a., Lexikon der Soziologie, Reinbek 1978, S. 181.

34 Vgl. Goode, W.J., Hatt, P.K., Die Einzelfallstudie, in: König, R., Hrsg., Beobachtung und Experiment in der Sozialforschung, Köln, Berlin 1956, S. 299.

titativer Untersuchungen standardisiert zu erhebenden Variablen operationalisiert möglich (z.B. zur Klärung der Begriffswelt). Häufig werden Fallstudien auch zur Abschätzung der Praktikabilität und Schwierigkeit von quantitativen Untersuchungen eingesetzt.[35]

Die Datenerhebung zur **Erstellung von Fallstudien kann mit Hilfe verschiedener Methoden realisiert werden.** Am gebräuchlichsten sind das qualitative Interview, die Inhaltsanalyse und die teilnehmende Beobachtung.[36] In der Literatur wird die Feldforschungsmethode als integratives Erhebungsverfahren diskutiert, in dessen Rahmen die angeführten qualitativen und zusätzlich auch quantitativen Erhebungsverfahren eingesetzt werden. In der Feldforschung beschäftigen sich ein oder mehrere Forscher über einen längeren Zeitraum direkt vor Ort mit dem Untersuchungsobjekt, um den Lebensalltag des Objektes nachvollziehen zu können.[37]

2.3 Das Vorgehen zur Erfassung der Probleme der Marketingimplementierung ostdeutscher Unternehmen

Da anzunehmen ist, daß mit Hilfe eines rein quantitativen Forschungsansatzes die Probleme der Marketingimplementierung nur unzureichend erfaßt werden können, wird **im Rahmen dieser Arbeit ein qualitativ geprägter Untersuchungsansatz gewählt.** Die primäre Zielsetzung besteht darin, die relevanten Problembereiche der Marketingimplementierung in ostdeutschen Unternehmen zu identifizieren. Zudem sollen durch die Untersuchungen Erkenntnisse über den Erfolg oder Mißerfolg alternativer Vorgehensweisen zur Marketingimplementierung in unternehmerischen Krisensituationen, wie sie für ostdeutsche Unternehmen typisch sind, gewonnen werden.

Den **theoretischen Bezugsrahmen** für das Untersuchungsvorgehen bildet der sogenannte **Theory-In-Use-Approach,** der nach Zaltman, LeMasters und Heffring auch zur Theoriebildung im Marketing geeignet ist. Das Grundprinzip dieses Ansatzes besteht darin, Theories-In-Use von erfolgreichen sowie auch nicht-erfolgreichen Managern zu identifizieren und zu vergleichen, die relevanten Kern-Prinzipien durch Verknüpfung mit theoretischen Erkenntnissen abzuleiten, daraus eine neue, für das Problemfeld geeignete Theorie abzuleiten und sie anderen Managern zugänglich zu ma-

---

[35] Vgl. Lamnek, S., Qualitative Sozialforschung, Band 2, Methoden und Techniken, München 1989, S. 10 ff.; vgl. auch Backhaus, K., Plinke, W., a.a.O., S. 617 f.

[36] Vgl. zu den Verfahren im einzelnen Lamnek, S., Qualitative Sozialforschung, Band 2, Methoden und Techniken, a.a.O., S. 35 ff.

[37] Vgl. zum idealtypischen Vorgehen Kievelitz, U., Reineke, R.D., a.a.O., S. 307 ff.

chen.[38] Der Theories-In-Use Ansatz ist aufgrund der Erfordernis zur engen Zusammenarbeit mit der Unternehmenspraxis nach Meinung der Literatur **besonders gut geeignet, Probleme der Marketingimplementierung** sowohl theoretisch fundiert als auch realitätsnah **zu erfassen.**[39]

Aufgrund der Verschiedenartigkeit der Einzelprobleme der Marketingimplementierung können nur dann theoretisch fundierte und gleichzeitig praxisrelevante Lösungen abgeleitet werden, wenn das **Untersuchungsfeld eingegrenzt** wird. Im folgenden soll daher eine Gruppe von Unternehmen untersucht werden, für die vermutet werden kann, daß Marketingimplementierung für sie ein besonderes Problem darstellt. Die hier durchgeführte Untersuchung konzentriert sich auf **international agierende ostdeutsche Investitionsgüteranbieter**, die mit ihrem Leistungsangebot in besonderem Maße westdeutscher oder internationaler Konkurrenz ausgesetzt sind. Marketingimplementierung ist für diese Unternehmen insofern von besonderer Bedeutung, weil sie nur dann KKVs realisieren können, wenn es ihnen gelingt, innerhalb kurzer Zeit vergleichbar marktorientiert zu agieren, wie ihre leistungsstärksten internationalen Konkurrenten.

Als Untersuchungsobjekte wurden drei ostdeutsche Industrieunternehmen mit jeweils mehr als 1.000 Beschäftigten ausgewählt. Ein Unternehmen gehört der Chemiebranche an und war während der gesamten Untersuchung in Treuhandbesitz (**nachfolgend als "Treuhandunternehmen" bezeichnet**). Die beiden anderen Unternehmen sind der elektrotechnischen Industrie zuzuordnen und wurden beide zu Beginn der Untersuchungen von der Treuhandanstalt an konkurrierende westdeutsche Unternehmen der Elektroindustrie verkauft (**nachfolgend als "Unternehmen A" bzw. "Unternehmen B" bezeichnet**).[40]

Beide privatisierten ostdeutschen Unternehmen waren in der Vergangenheit einem Kombinat zugeordnet und mit prinzipiell ähnlichen Aufgaben betraut, d.h. die Ausgangssituation beider Unternehmen war direkt vergleichbar. Die ostdeutschen **Unternehmen A und B** sind seit der Übernahme durch zwei westdeutsche Konkurrenzunternehmen der Elektroindustrie aufgrund ihres Leistungsangebotes, mit dem sie im selben

---

[38] Vgl. zum Theories-In-Use-Approach Zaltman, G., LeMasters, K., Heffring, M., Theory Construction in Marketing. Some Thoughts On Thinking, New York u.a. 1982, S. 113 ff.; Wilson, D.T., Gingold, M., Building Theory from Practice: A Theory-In-Use Approach, Working Series in Marketing Research der Pennsylvania State University, Nr. 94, Pennsylvania o.J.

[39] Vgl. Heffring, M., A Theory-In-Use Approach to Developing Marketing Theories, in: Dholakia, N., Arndt, J., Hrsg., Changing The Course of Marketing: Alternative Paradigms For Widening Marketing Theory, Greenwich 1985, S. 106 ff.

[40] Da alle drei Unternehmen auch am Ende der Untersuchungen noch mit mehr oder weniger gravierenden wirtschaftlichen Problemen konfrontiert waren, war die Wahrung der Anonymität der Unternehmen eine Bedingung für die Unterstützung der Untersuchung.

Markt agieren (neue Bundesländer), **direkte Konkurrenten**. Aufgrund der vergleichbaren unternehmensinternen Ausgangslage und der vergleichbaren externen Rahmenbedingungen ist das Vorgehen der **Marketingimplementierung beider Unternehmen direkt vergleichbar**. Ein erfolgreicheres Implementierungsergebnis kann somit aufgrund der gleichen situativen Umfeldkonstellationen tendenziell auf ein effektiveres Vorgehen des relativ erfolgreicheren Unternehmens zurückgeführt werden. Ähnlich günstige Voraussetzungen für den Vergleich des Implementierungsvorgehens verschiedener Unternehmen sind sehr selten gegeben und bieten daher die Gelegenheit, wertvolle Erkenntnisse für die Marketingimplementierung abzuleiten. Insbesondere ergibt sich durch diesen Vergleich die Möglichkeit, potentielle Erfolgs- oder Mißerfolgsdeterminanten der Marketingimplementierung zu bestimmen. Das **Treuhandunternehmen** wurde in die Untersuchung aufgenommen, um für diese Kategorie von ostdeutschen Unternehmen aufzeigen zu können, welche **Besonderheiten für die Marketingimplementierung** von Relevanz sind und welches Implementierungsvorgehen adäquat ist. Grundsätzlich ist jedoch davon auszugehen, daß auch Treuhandunternehmen, die dem internationalen Wettbewerb ausgesetzt sind, kurzfristig Marketing implementieren müssen.

Aufgrund der hier untersuchten Fallstudienunternehmen und der Diskussion in der Literatur wird im folgenden auf individueller Ebene lediglich zwischen ost- und westdeutschen Mitarbeitern differenziert. Exakter wäre die Gegenüberstellung von Beschäftigten in ostdeutschen Betrieben und **qualifizierten, im marktwirtschaftlichen Umfeld erfahrenen Mitarbeitern**. Nachfolgend werden die qualifizierten, marktwirtschaftlich erfahrenen Mitarbeiter jedoch vereinfacht mit westdeutschen Mitarbeitern gleichgesetzt. Diese Gegenüberstellung soll jedoch keine unzulässige Eingrenzung oder eine Diskriminierung anderer Personenkreise bezwecken, sondern lediglich eine Vereinfachung darstellen.

Um die Problematik der Marketingimplementierung in den ostdeutschen Unternehmen umfassend untersuchen zu können, erfolgte die Fallstudienerhebung nicht zu einem Zeitpunkt, sondern basiert auf einer zweijährigen Längsschnittbetrachtung. Die Untersuchungen begannen im Frühjahr 1991 und wurden im Frühjahr 1993 abgeschlossen. Insgesamt konnte so der Marketingimplementierungsprozeß über einen **Zeitraum von 2 Jahren** betrachtet werden. Alle Fallstudienerhebungen waren mit mehrwöchigen Aufenthalten vor Ort verbunden. Während dieser Aufenthalte wurden u.a. jeweils ca. 15 ein- bis zweistündige **strukturierte Interviews** durchgeführt. Einbezogen wurden hauptsächlich Personen aus der Geschäftsführung, der Marketingfunktionseinheit und dem Personalwesen. Berücksichtigt wurden jeweils alle westdeutschen Mitarbeiter und die ostdeutschen Mitarbeiter, die in Marketingfunktionseinheiten eine Führungsaufgabe besaßen. Neben den strukturierten Interviews wurden auch viele kürzere Gespräche mit einer Vielzahl von Mitarbeitern geführt, die mit den unterschiedlichsten Aufgaben betraut waren (z.B. Mitarbeitern der Produktion, Fahrer, Werkschutz, Sekretärin). Sie dienen vorwiegend dazu, im freien Gespräch Sachverhalte zu vertiefen und Rahmenbedingungen besser einordnen zu können.

Als weitere Erhebungsmethode wurde die **teilnehmende Beobachtung** eingesetzt, deren Zielsetzung insbesondere darin bestand, das Verhalten der Mitarbeiter im Umgang untereinander im Tagesgeschäft erfassen zu können. Hierbei wurde speziell auf das Verhältnis von ost- und westdeutschen Mitarbeitern zueinander, aber auch auf das Verhältnis ostdeutscher Mitarbeiter untereinander abgestellt. Eine weitere Zielsetzung der teilnehmenden Beobachtung war die Klärung des praktizierten Führungsverhaltens der ost- und westdeutschen Führungskräfte sowie die Untersuchung der funktionsübergreifenden Zusammenarbeit.

Die **Inhaltsanalyse** wurde zur Beurteilung von schriftlichen Materialien, z.B. Organigrammen, Diskussions- und Entscheidungsvorlagen sowie Arbeitsanweisungen, eingesetzt.

Im folgenden sollen die Erkenntnisse der drei Fallstudienunternehmen anhand des im Rahmen dieser Arbeit entwickelten integrierten Totalmodelles zur Marketingimplementierung (Implementierungsebenen, Implementierungsprozeß) diskutiert werden.[41] Dabei soll zunächst im Abschnitt E. 3 die Ausgestaltung der einzelnen Betrachtungsebenen der Implementierung untersucht werden, bevor im nachfolgenden Abschnitt E. 4 die Untersuchung um die prozessuale Betrachtung ergänzt wird.

3. Ausgestaltung der Betrachtungsebenen der Marketingimplementierung in ostdeutschen Unternehmen

3.1 Die Relevanz der Betrachtungsebenen der Marketingimplementierung für die spezifische Situation der ostdeutschen Unternehmen

Die Ausgestaltung und die Relevanz der einzelnen Betrachtungsebenen der Marketingimplementierung ergibt sich - wie schon mehrfach betont wurde - aus dem situativen Kontext. Auch für die Situation ostdeutscher Unternehmen zeigt sich, daß **nicht alle Betrachtungsebenen der Marketingimplementierung von gleicher Bedeutung sowie Problemstärke** sind, sondern daß es bestimmte Schwerpunkte gibt. Dieses ergab

---

[41] Vgl. hierzu die Ausführungen in Abschnitt D. 3.

eine Auswertung der nachfolgend verwendeten Literatur sowie der Fallstudien (vgl. Abbildung 78).

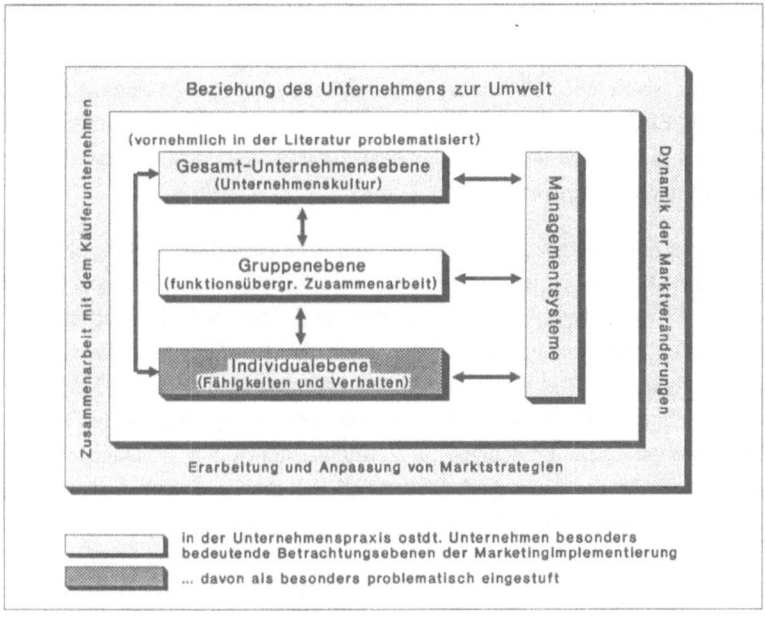

Abb. 78: Bedeutung der Betrachtungsebenen der Marketingimplementierung für ostdeutsche Unternehmen

Von großer Bedeutung für die konkrete Ausgestaltung aller weiteren Betrachtungsebenen der Marketingimplementierung ist für ostdeutsche Unternehmen zunächst die Klärung der Unternehmens-Umwelt-Beziehung, d.h. die **Entwicklung tragfähiger und damit langfristig gültiger Marktstrategien**. Ferner ist die Strukturebene der Marketingimplementierung (d.h. die einzelnen Managementsysteme: z.B. Organisationsstruktur, Informationssysteme, Kontrollsysteme, Planungssysteme) von großer Bedeutung. Während die Entwicklung von Marktstrategien und speziell die Konzipierung der Managementsysteme zwar als bedeutend, jedoch auch als relativ unproblematisch eingestuft werden muß, gilt insbesondere die Individualebene der Marketingimplementierung, d.h. die **Fähigkeiten und das Verhalten der ostdeutschen Mitarbeiter**, als bedeutender und zudem höchst **problematischer Bereich**.

In der Literatur wird zusätzlich das Problem der unternehmenskulturellen Anpassung der ostdeutschen Unternehmen umfassend diskutiert. In der Unternehmenspraxis wird diesem Aspekt dagegen relativ wenig Interesse geschenkt oder er wird als unproblematisch eingestuft. Gruppenaspekte finden sowohl in der Literatur als auch in der Praxis wenig Beachtung und werden, wenn überhaupt, im Zusammenhang mit dem Individualverhalten oder der Unternehmenskultur thematisiert.

Nachfolgend sollen die einzelnen Betrachtungsebenen der Marketingimplementierung detailliert diskutiert werden, wobei die **Literaturmeinungen**, die sich im wesentlichen auf Erfahrungsberichte von Beratern, Mitarbeitern in ostdeutschen Unternehmen sowie empirischen Studien von wissenschaftlichen und kommerziellen Einrichtungen beziehen, jeweils mit den **Ergebnissen der drei untersuchten ostdeutschen Unternehmen** konfrontiert und ergänzt werden.

Einleitend zu den folgenden Ausführungen soll noch einmal darauf hingewiesen werden, daß die Marketingimplementierung in den ostdeutschen Unternehmen wesentlich durch den Privatisierungsprozeß determiniert wird. Dies bedeutet, daß im Fall des Verkaufs die Marketingimplementierung durch das **Käuferunternehmen** entscheidend beeinflußt wird. Das Käuferunternehmen fungiert zum einen als **Vorbild** ("Internal Benchmark") **für die Marketingimplementierung**, zum anderen kann es finanzielle und personelle Ressourcen zur Verfügung stellen. Für Treuhandunternehmen stellt die staatliche Treuhandanstalt für den Fall, daß das Unternehmen als sanierungsfähig eingestuft wurde, bis zur Privatisierung finanzielle und personelle Ressourcen zur unternehmerischen Existenzsicherung und/oder zur Sanierung bereit. Allerdings verfügen die Treuhandbetriebe i.d.r. über wesentlich weniger finanzielle Ressourcen als die privatisierten Betriebe.[42]

3.2 Marktstrategien als Basis der Marketingimplementierung (Unternehmen - Umweltebene)

Die Entwicklung von Marktstrategien bildet den grundlegenden Rahmen oder die Basis für die konkrete Ausgestaltung der weiteren Teilbereiche der Marketingimplemen-

---

[42] Untersuchungen konnten zeigen, daß im Jahre 1992 die privatisierten Betriebe, die an westliche Unternehmen verkauft worden sind, ca. dreimal soviel pro Beschäftigten (54.000 DM) investierten wie die Treuhandbetriebe (ca. 13.000 DM pro Beschäftigten). Dieser Investitionsaufwand ist nur unwesentlich höher als der Investitionsaufwand der weit wettbewerbsfähigeren westdeutschen Industrie, die im Durchschnitt in den letzten fünf Jahren im Jahr mehr als 12.000 DM pro Beschäftigten investierte. Vgl. Deutsches Institut für Wirtschaftsforschung u.a., Hrsg., Gesamtwirtschaftliche und unternehmerische Anpassungsprozesse in Ostdeutschland, 7. Bericht, a.a.O., S. 717 f. Diese Zahlen verdeutlichen schon, daß der Umstrukturierungsprozeß und damit auch die Marketingimplementierung in Treuhandbetrieben im Vergleich zu privatisierten Unternehmen allein aufgrund der geringeren Investitionsmittel tendenziell schwieriger und langsamer verläuft bzw. verlaufen wird.

tierung und ist daher für die ostdeutschen Unternehmen eine **zentrale Erfolgsvoraussetzung für die Marketingimplementierung.**[43]

Aufgrund der Tatsache, daß die Leistungsangebote der meisten ostdeutschen Unternehmen im internationalen Vergleich ein nur mittelmäßiges bis geringes technologisches Niveau bei gleichzeitig relativ hohen Kosten aufweisen, waren und sind die meisten Unternehmen gezwungen, ihre Leistungsangebote zu überarbeiten oder Neuproduktentwicklungen vorzunehmen.[44] Da ferner ein Großteil der früheren Absatzmärkte (RGW-Staaten) verlorengegangen ist, müssen viele ostdeutsche Unternehmen eine Diversifikationsstrategie verfolgen, d.h. neue Produkte für neue Märkte entwickeln.[45] Diese Strategie ist jedoch mit relativ großen Risiken verbunden und weist, wie Untersuchungen zeigen, die größte Mißerfolgsquote aller Marktentwicklungsstrategien auf.[46] In der Praxis zeigt sich, daß ein großer Teil der **ostdeutschen Unternehmen erhebliche Schwierigkeiten bei der Formulierung seiner Marktstrategien hat.**[47] Von besonderer Bedeutung für die Entwicklung der Marktstrategien international agierender ostdeutscher Unternehmen ist allerdings auch der Privatisierungsprozeß.[48] Es stellt sich die Frage, in welcher Form eine Abstimmung der Marktstrategien von Mutter- und Tochterunternehmen erforderlich ist bzw. welche Auswirkung eine bevorstehende Privatisierung auf das marktstrategische Verhalten der Treu-

---

[43] Vgl. hierzu die Ausführungen im Abschnitt C. 2.1.1.

[44] Vgl. Schoppen, W., Restrukturierung eines Kombinats. Sanierung aus eigener Kraft, in: Zeitschrift für Betriebswirtschaft-Ergänzungsheft, Nr. 1, 1993, S. 12 ff.; Steinberg, C., Praxisbezogenes Umstrukturierungsmanagement vom Plan zum Markt, Stuttgart 1991, S. 4 ff.; Vetter, R., Wiesenbauer, L., Zur Strategiefindung in Unternehmen der ehemaligen DDR. Am Anfang steht die Strategieanalyse, anschließend folgt die Organisationsgestaltung, in: Zeitschrift Führung und Organisation, Nr. 2, 1991, S. 75 ff.; Berger, R., Unternehmerische Aufgaben und Perspektiven bei den Restrukturierungen der ostdeutschen Wirtschaft, in: Betriebswirtschaftliche Forschung und Praxis, Nr. 2, 1991, S. 110 ff.

[45] Vgl. zur Diskussion möglicher Strategiealternativen für ostdeutsche Unternehmen Zanger, C., Unternehmenskrise und Produktentwicklung. Zum strategischen Verhalten von Unternehmen im Übergang von der Plan- zur Marktwirtschaft, in: Zeitschrift für Betriebswirtschaft, Nr. 9, 1991, S. 982; Schewe, G., Zanger, C., Imitation - Ausweg aus der technologischen Krise?, in: Gemünden, H.J., Pleschak, F., Hrsg., Innovationsmanagement und Wettbewerbsfähigkeit. Erfahrungen aus den alten und neuen Bundesländern, Wiesbaden 1992, S. 95 f.; Sabisch, H., a.a.O., S. 18; Arnold, U., Sabisch, H., a.a.O., S. 7 ff.

[46] Vgl. Stefflre, V., a.a.O., S. 200.

[47] Vgl. Müller, H., Neue Überlebenskonzepte entwickeln, in: Wirtschaft & Produktivität, Nr. 12, 1992, S. 3. Vgl. auch Deutsche Gesellschaft für Mittelstandsforschung, Im Osten fehlt vielen Betrieben das Handwerkszeug, a.a.O., S. 1; Heeg, F.J., Dreusche von, S., a.a.O., S. 37 f.; Trommsdorff, V., Erfolgsfaktoren. Marketing für Ostprodukte, in: Absatzwirtschaft, Nr. 2, 1993, S. 78 f.

[48] Es wird allgemein davon ausgegangen, daß im internationalen Wettbewerb stehende ostdeutsche Unternehmen i.d.R. nur durch den Verkauf an marktwirtschaftlich erfahrene, Know-how- und finanzstarke Käufer Zukunftschancen besitzen. Vgl. zusammenfassend zur Privatisierungsdiskussion Kokalj, L., Richter, W., a.a.O., S. 4 ff. Vgl. auch Berger, R., a.a.O., S. 116; Schoppen, W., a.a.O., S. 16; Müller, H., Vom "zentralgeleiteten Betrieb" zum marktwirtschaftlichen Unternehmen, a.a.O., S. 13 f.

handbetriebe hat. Die Analyse der drei Fallstudienunternehmen erbrachte hierzu einige aufschlußreiche Erkenntnisse.[49]

Das privatisierte **Unternehmen A** wurde Anfang 1991 von einem westdeutschen Unternehmen übernommen. Zielsetzung sowohl von ost- als auch von westdeutscher Seite war es, möglichst schnell die Strukturen des gekauften Unternehmens A denen des Käuferunternehmens anzugleichen und vollständig neu zu strukturieren. Das ostdeutsche Unternehmen A wurde daher im Laufe des Jahres 1992 sukzessive aufgelöst. Seine Fertigungsstandorte wurden den verschiedenen Unternehmensbereichen des westdeutschen Konzerns zugeordnet. Die Verwaltungsmitarbeiter des Unternehmens A wurden im wesentlichen auf die in jedem neuen Bundesland bestehenden Vertriebs- und Verwaltungsniederlassungen verteilt. Vermarktungsaufgaben werden seitdem von diesen Niederlassungen für das zugeordnete Bundesland (wie in Westdeutschland) wahrgenommen. Die langfristigen Marktplanungen und die Erarbeitung von Strategien werden seit der Übernahme im wesentlichen von den Planungsstellen des Käuferunternehmens durchgeführt.

Das **Unternehmen B** wurde ebenfalls Anfang 1991 von einem westdeutschen Unternehmen übernommen. Im Gegensatz zum Unternehmen A ging die Initiative zum Unternehmenskauf vom ostdeutschen Unternehmen B selbst aus (7. November 1989 erste Kontaktaufnahme). Die ostdeutsche Geschäftsführung hatte sich schon frühzeitig auf den westdeutschen Käuferkonzern festgelegt und Verkaufsverhandlungen geführt. Die Marktstrategien waren schon vor dem Kauf von ostdeutscher Seite mit den Strategien des potentiellen Käufers abgestimmt worden, der vergleichbare (allerdings leistungsfähigere) Produkte herstellte. Die ursprünglichen Marktstrategien mußten im Unternehmen B - wie auch beim Unternehmen A - schon im Sommer 1991 überarbeitet werden. Es stellte sich heraus, daß die Altprodukte des ostdeutschen Unternehmens zum einen nicht kostengünstig in großer Stückzahl herstellbar waren und zum anderen auch die Nachfrage nach diesen Altprodukten für die vorhandenen Produktionskapazitäten viel zu gering war. Als Konsequenz wurde seit Herbst 1991 die Produktion eines technologisch besseren Produktes des westdeutschen Unternehmens in das ostdeutsche Unternehmen verlagert. Das Unternehmen B mußte daher schon früher als von beiden Seiten beabsichtigt in die Marktstrategien des westdeutschen Käuferunternehmens integriert werden. Marktstrategien werden seither nur in Abstimmung mit den entsprechenden Geschäftsbereichen im westdeutschen Unternehmen erarbeitet. Das Ergebnis der marktstrategischen Neuausrichtung war eine regionale Aufteilung der Märkte. Das Unternehmen B ist seitdem für Ostdeutschland, die baltischen Staaten, die GUS-Staaten und für einige weitere Exportregionen, z.B. Iran, Syrien, Ägypten und

---

[49] Vgl. die Überblicksdarstellungen zum marktstrategischen Vorgehen der drei Fallstudienunternehmen im Anhang.

Angola, zuständig, in denen das Unternehmen B früher eine bedeutende Position hatte. Der Vertrieb in Ostdeutschland wird allerdings über die vom westdeutschen Unternehmen aufgebauten Vertriebsniederlassungen durchgeführt, die vom Unternehmen B unabhängig agieren, an die jedoch ein Teil der Mitarbeiter des Unternehmens B abgegeben wurde. Das Unternehmen B verfügt daher in Ostdeutschland nicht mehr über einen direkten Endkundenkontakt. Das marktstrategische Verhalten des Unternehmens B war somit gegen Ende des Untersuchungszeitraumes mit dem des Unternehmens A weitgehend identisch.

Das untersuchte **Treuhandunternehmen** befand sich in einer wirtschaftlich sehr schwierigen Lage und hatte im Jahr 1992 eine negative Umsatzrendite von 40 Prozent erzielt. Im Untersuchungszeitraum (Januar 1991 - Januar 1993) wurden ca. 75 Prozent der ursprünglichen Mitarbeiter entlassen. Die marktstrategische Zielsetzung bestand in erster Linie darin, die Voraussetzungen für eine Privatisierung zu schaffen und den Absatz in die EG-Länder zu steigern, um die Absatzverluste in Osteuropa kompensieren zu können. Durch die wirtschaftlichen Schwierigkeiten und die Unsicherheiten einer potentiellen Privatisierung wurde die Erarbeitung einer glaubwürdigen und langfristig angelegten Marktstrategie wesentlich beeinträchtigt. Die Marketingimplementierung in dem Treuhandunternehmen war somit allein schon aufgrund der unklaren Zukunftsperspektiven relativ problematisch.

Die beiden **privatisierten Unternehmen besaßen eine deutlich bessere Ausgangsposition** zur Marketingimplementierung als das Treuhandunternehmen. Sie haben sich eng an den Strukturen des westdeutschen Käuferunternehmens orientiert. Während dies beim Unternehmen A von Beginn an geplant war, wollte das Unternehmen B zunächst seine Eigenständigkeit bewahren, die im Vergleich zum Unternehmen A auch 2 Jahre nach dem Verkauf noch wesentlich größer war. Die Bewahrung der relativ großen Eigenständigkeit des Unternehmens B verdankte das Unternehmen allerdings hauptsächlich einem Großauftrag, ohne dessen Zustandekommen nach übereinstimmender Meinung der ost- und westdeutschen Führungskräfte ebenfalls eine noch schnellere Auflösung der Alt-Strukturen wahrscheinlich gewesen wäre.

Zusammenfassend ist aufgrund der Ergebnisse der drei Fallstudien davon auszugehen, daß ohne langfristig tragfähige Markt- und Unternehmensstrategien als handlungsleitender Rahmen Marketingimplementierung nur unter Schwierigkeiten möglich ist. Es erscheint daher erforderlich, in jedem ostdeutschen Unternehmen **möglichst schnell realistische Marktstrategien zu entwickeln.**[50/51] Dies gilt insbesondere, weil unreali-

---

[50] Aufgrund unangemessener Marktstrategien konnten bisher nicht nur eine große Zahl von Treuhandbetrieben, sondern auch viele privatisierte Investitionsgüteranbieter ihre marktstrategischen Ziele nicht erreichen. Vgl. Balzer, A., Nölting, A., Ostinvestitionen. Heiße Luft, in: Manager Magazin, Nr. 8, 1992, S. 96 ff.

stische Marktstrategien in relativ kurzen Zeitabständen angepaßt werden müssen. Häufig sind diese Änderungen mit gravierenden Umstrukturierungen und Personalfreisetzungen verbunden, so daß die bestehende Krisensituation mit den damit verbundenen Unsicherheiten bei den Mitarbeitern über einen längeren Zeitraum weiterbesteht. Erfahrungen haben zudem gezeigt, daß es aufgrund der häufig fehlenden Erfahrung und Kenntnisse sinnvoll ist, in noch nicht privatisierten ostdeutschen Unternehmen qualifizierte, unternehmensexterne Berater hinzuzuziehen.[52]

Die Untersuchungen haben gezeigt, daß es sinnvoll ist, die Marktstrategien ostdeutscher Unternehmen, die im internationalen Wettbewerb stehen und von westdeutschen Unternehmen erworben werden, möglichst schnell an die Marktstrategien der Käuferunternehmen anzupassen. Diese Beobachtung stimmt mit den in der Literatur geäußerten Empfehlungen überein. Demnach ist immer dann eine enge Verzahnung der Marktstrategien von Mutter- und Tochterunternehmen erforderlich, wenn aus unternehmensinternen Gründen ein enger Ressourcenverbund zwischen beiden Unternehmen erforderlich ist und wenn aus unternehmensexternen Gründen eine organisatorische Autonomie nicht notwendig erscheint.[53] Da aufgrund der i.d.R. schlechten Ressourcensituation der ostdeutschen Unternehmen zwangsläufig ein **umfassender Ressourcenverbund mit dem Käuferunternehmen** erforderlich ist und sich aufgrund des einheitlichen Wirtschaftsgebietes keine oder nur **wenige Argumente** finden, die eine **umfangreiche organisatorische Autonomie** des ostdeutschen Unternehmens

---

51 Beispiele mit positiver Unternehmensentwicklung zeigen, daß immer dann, wenn realistische Sanierungskonzepte und Marktstrategien vorliegen sowie marktwirtschaftliches Know-how vorhanden ist, Umstrukturierungsmaßnahmen und damit auch die Marketingimplementierung in ostdeutschen Unternehmen relativ schnell ablaufen und in Konsequenz die anvisierten marktstrategischen Ziele erreicht werden können. Vgl. Ohlsen, G., Restrukturierung und Neuausrichtung eines Bauunternehmens, in: Meffert, H., Wagner, H., Backhaus, K., Marktorientierte Unternehmensführung in den neuen Bundesländern - Bestandsaufnahme und Ausblick, Dokumentationspapier Nr. 69 der Wissenschaftlichen Gesellschaft für Marketing und Unternehmensführung e.V., Münster 1992, S. 72 ff.; Balzer, A., Restrukturierung. Modellbauer, in: Manager Magazin, Nr. 6, 1992, S. 190.

52 Eine Befragung der GfR Management- und Systemberatung GmbH, Münster, zur Beratungssituation in den neuen Bundesländern ergab, daß ein großer Bedarf bei der Marketingberatung besteht und daß die Unternehmen den Unternehmensberatungsgesellschaften, deutlich vor den Fachverbänden, die höchste Beratungskompetenz zuweisen. Vgl. GfR Management- und Systemberatung GmbH, Hrsg., Die Beratungssituation in den neuen Bundesländern. Zusammenfassung der Ergebnisse. Stand: Herbst 1991, Münster 1992, S. 4 ff. Vgl. auch Töpfer, A., Hoppe, K.H., a.a.O., S. 69 f.; Müller, H., Neue Überlebenskonzepte entwickeln, a.a.O., S. 3; Gabler, U., Der Beratungsbedarf in den neuen Bundesländern, in: Wagner, H., Reineke, R.D., Hrsg., Beratung von Organisationen. Philosophien-Konzepte-Entwicklungen, Wiesbaden 1992, S. 280 ff.; Bischoff, G., Erfahrungen ostdeutscher Unternehmer mit Unternehmensberatern, in: Wagner, H., Reineke, R.D., Hrsg., Beratung von Organisationen. Philosophien-Konzepte-Entwicklungen, Wiesbaden 1992, S. 294 ff.

53 Für Akquisitionen, die unter diesen Bedingungen erfolgen, wird als Integrationsmethode die Absorption für sinnvoll erachtet. Vgl. Haspeslagh, P.C., Jemison, D.B., Akquisitionsmanagement. Wertschöpfung durch strategische Neuausrichtung des Unternehmens, Frankfurt, New York 1992, S. 166 ff.

rechtfertigen könnten, ist in vielen Fällen eine vollständige Konsolidierung der Aktivitäten, der Organisation und der Unternehmenskulturen der beiden Firmen im Zeitablauf anzustreben.[54] Unter Umständen kann dies bedeuten, daß es zum Verkaufszeitpunkt zu einer vollständigen marktstrategischen Neuausrichtung des ostdeutschen Unternehmens kommt.

3.3 Unternehmenskultur (Gesamtunternehmensebene)

Die Unternehmenskultur beschreibt die von allen Mitarbeitern gemeinsam geteilten Normen und Werte.[55] Für die Marketingimplementierung ist speziell die Orientierungsfunktion der Unternehmenskultur im Hinblick auf marktorientiertes Mitarbeiterverhalten von Bedeutung. Da vermutet werden konnte, daß sich eine typische DDR-Unternehmenskultur deutlich von marktwirtschaftlichen Unternehmenskulturen unterschied, war hier mit einem umfassenden Anpassungsbedarf zu rechnen. Genaue Aussagen hierzu sind relativ schwierig, da zur Ausgestaltung ostdeutscher Unternehmenskulturen sowie zum Vergleich mit westdeutschen Unternehmenskulturen keine umfassenden aussagekräftigen Untersuchungen vorliegen, die noch während der staatlichen Existenz der DDR durchgeführt wurden.

In einer im Frühjahr 1990 durchgeführten retrospektiven eigenen empirischen **Untersuchung zum Vergleich ost- und westdeutscher Unternehmenskulturen** konnten allerdings deutliche Unterschiede festgestellt werden.[56] Die typischen "DDR-Unternehmenskulturen" waren - wie die Untersuchungen gezeigt haben - eindeutig nicht durch Kunden- und Konkurrenzorientierung gekennzeichnet.[57] Zudem waren die

---

54 Ein hoher Integrationsgrad des erworbenen Unternehmens wird tendenziell auch dann als erforderlich angesehen, wenn das übernommene Unternehmen, wie es bei ostdeutschen Unternehmen i.d.R. der Fall ist, im Vergleich zum Käuferunternehmen relativ klein und die wirtschaftliche Situation des übernommenen Unternehmens relativ schlecht ist. Vgl. Haspeslagh, P.C., Jemison, D.B., a.a.O., S. 176 ff. Vgl. auch Scheiter, D., Die Integration akquirierter Unternehmungen, Bamberg 1989, S. 129 ff.

55 Vgl. hierzu die Ausführungen in Abschnitt C. 2.1.2.1.

56 Da die Untersuchung nach der Wende in der DDR durchgeführt wurde, ist nicht sicher und auch nicht zu überprüfen, ob die Ergebnisse die wirklichen Verhältnisse in den DDR-Betrieben richtig widerspiegeln. Da diese Untersuchungen jedoch noch vor der Wirtschafts- und Währungsunion im Juni 1990 abgeschlossen wurden, d.h. zu einem Zeitpunkt, als den ostdeutschen Betrieben die bedeutendsten Veränderungen noch bevorstanden, kann zumindest von einer tendenziellen Gültigkeit der Untersuchungsergebnisse ausgegangen werden. Von Bedeutung ist vor allem, daß sowohl ost- als auch westdeutsche Unternehmen mit denselben Fragebogeninhalten befragt wurden, so daß ein direkter Vergleich der Befragungsergebnisse möglich war. Vgl. im Detail Hilker, J., Die Akkulturation in deutsch-deutschen Unternehmen - ein einseitiger Anpassungsprozeß?, a.a.O., S. 200 ff. sowie die dort zitierte Literatur.

57 Nach Mader und Staehle sind "DDR-Unternehmenskulturen" insbesondere durch Planerfüllungsdenken, Technologierückstand, Zulieferprobleme, Übersetzung von Arbeitsplätzen, fehlende materielle und immaterielle Motivation, Bequemlichkeit und Trägheit im Arbeitshandeln, Ver-

Unternehmen durch eine relative Inflexibilität, eine vergleichsweise geringe Innovationsfähigkeit, durch einen eher autoritären Führungsstil und weniger durch Individualismus, Aufgeschlossenheit und Toleranz geprägt. Ferner war die innerbetriebliche Kommunikation im Gegensatz zu westdeutschen Unternehmenskulturen weniger offen und präzise.[58] Außerdem war die DDR-Organisationsstruktur einheitlich durch eine relativ inflexible Stab-Linien-Organisation gekennzeichnet. Da sich marktorientierte Unternehmenskulturen durch eine ausgeprägte Orientierung aller betrieblichen Handlungen an den Kundenbedürfnissen, durch Mitarbeiterorientierung, durch relativ offene unternehmensinterne Kommunikation und durch Innovationsorientierung auszeichnen, konnte somit tatsächlich davon ausgegangen werden, daß die DDR-Betriebe aufgrund ihrer spezifischen Unternehmenskultur relativ schlechte Voraussetzungen für die Marketingimplementierung auf der Unternehmenskulturebene besitzen.[59]

In der Literatur werden unterschiedliche Möglichkeiten zur Unternehmenskulturentwicklung diskutiert[60], die sich vorwiegend danach unterscheiden, in welchem Ausmaß die Unternehmenskultur der Vergangenheit bewahrt werden kann.[61] Geht man davon aus, daß eine Kulturbewahrung im Sinne der alten DDR-Arbeitskultur weder sinnvoll noch möglich ist, können grundsätzlich drei Alternativen unterschieden werden: die Kulturentwicklung, die Kultursynthese und die Kulturassimilation.[62] Die **Kulturentwicklung** ist dadurch gekennzeichnet, daß das ostdeutsche Unternehmen im wesentlichen eigenständig, d.h. weitgehend unabhängig von einem Käuferunternehmen - aufbauend auf der DDR-Arbeitskultur - eine neue Unternehmenskultur herausbildet. Bei der **Kultursynthese** sollen die Unternehmenskulturen des Käufer- und des verkauften Unternehmens miteinander verbunden und gemeinsam weiterentwickelt werden. Bei der **Kulturassimilation** würde sich das verkaufte Unternehmen ganz oder teilweise an die Kultur des Käuferunternehmens anpassen.

---

schwinden von Engagement und Commitment, Einfallsreichtum, Kreativität und Eigeninitiative gekennzeichnet gewesen. Vgl. Mader, N., Staehle, W.H., Arbeitskultur in der ehemaligen DDR: Ein Pendant zur Unternehmenskultur?, in: Dülfer, E., Hrsg., Organisationskultur, 2. Aufl., Stuttgart 1991, S. 140 f.

[58] Vgl. zur Bedeutung der Kommunikation für die funktionsübergreifende Zusammenarbeit Abschnitt C. 2.1.3.3.3.

[59] Vgl. zu den Anforderungen an eine marktorientierte Unternehmenskultur Abschnitt C. 2.1.2.2.2.

[60] Da letztlich alle ostdeutschen Unternehmen privatisiert werden sollen, erscheint es sinnvoll, bei der Diskussion der Entwicklung marktorientierter Unternehmenskulturen in den ostdeutschen Unternehmen auch auf die Erkenntnisse zur Akkulturation von Akquisitionen zurückzugreifen.

[61] Vgl. Reineke, R.D., a.a.O., S. 91 ff.

[62] Vgl. ähnlich auch Mader, N., Staehle, W.H., a.a.O., S. 131 f.; Backhaus, K., Hilker, J., Die Akkulturation in deutsch-deutschen Unternehmen - ein einseitiger Anpassungsprozeß?, a.a.O., S. 21.

Beim **Unternehmen A** war von Beginn an eine vollständige Kulturassimilation beabsichtigt.[63] Für diesen Zweck wurde vom Käuferunternehmen ein sogenanntes "**Überleitungsteam**" bestehend aus westdeutschen Führungs- und Fachkräften zusammengestellt, deren Aufgabe darin bestand, den Integrationsprozeß inhaltlich und zeitlich detailliert zu planen und durchzuführen. Direkt nach der Übernahme wurde durch den massiven Einsatz von ausgewählten Führungskräften sowie einer Vielzahl von unterstützenden Fachkräften der Kulturwandel eingeleitet und forciert. Von Beginn an wurde der **Firmenname** des Käuferunternehmens vom Unternehmen A übernommen. Gleichzeitig wurde begonnen, durch schnelle und umfassende **Bau- und Beschaffungsmaßnahmen** die Arbeitsumgebung an das westdeutsche Niveau anzugleichen, so daß nach relativ kurzer Zeit (ca. 6 - 12 Monate) äußerlich fast keine Unterschiede mehr zu den unternehmensinternen Arbeitsbedingungen des westdeutschen Unternehmens feststellbar waren. Das Ziel dieser Maßnahmen war es, daß zumindest sichtbar nichts mehr an das "DDR-Unternehmen A" erinnerte. Auf Mitarbeiterebene wurden für alle ostdeutschen Mitarbeiter **umfangreiche Pflichtschulungen** in den westdeutschen Schulungseinrichtungen und den Betrieben durchgeführt. Für marktbezogene Aufgaben stand schon direkt nach der Übernahme auf allen betrieblichen Ebenen eine Vielzahl von westdeutschen Mitarbeitern als **Instructor, Coacher und Kulturbotschafter** zur Verfügung.[64] Durch den massiven Know-how- und Kapitaleinsatz ist es den Mitarbeitern des Überleitungsteams nach eigener Aussage in kürzerer Zeit als erwartet relativ reibungslos gelungen, die Integration des ostdeutschen Unternehmens zu bewältigen. Die Befragten des Überleitungsteams waren der Ansicht, daß die Integration des ostdeutschen Betriebes hauptsächlich aufgrund der **großen Anpassungsbereitschaft der ostdeutschen Mitarbeiter** leichter möglich war, als dies sonst bei Unternehmensakquisitionen der Fall ist. Das marktorientierte unternehmenskulturelle Anpassungsniveau des Unternehmens A wurde nach ca. zweijähriger Anpassungszeit bei ca. 85 - 90 Prozent des westdeutschen Niveaus eingestuft. Weitere Maßnahmen zur Anpassung wurden in größerem Umfang nicht geplant. Die Integration und die unternehmenskulturelle Anpassung wurden mit der Auflösung des Überleitungsteams zum 31.03.1993 als abgeschlossen betrachtet. Eventuell auftretende Probleme, mit denen die Befragten allerdings nicht rechneten, sollten in Zukunft wie in den westdeutschen Unternehmensteilen behandelt werden.

Das privatisierte **Unternehmen B** strebte wie das Unternehmen A eine Kulturassimilation an. Der Ablauf der Kulturassimilation verlief jedoch deutlich unterschiedlich. Als zentrales Unterscheidungsmerkmal zeigt sich, daß die Kulturassimilation vom Käuferunternehmen des Unternehmens B wesentlich zurückhaltender betrieben wurde als bei

---

63 Vgl. die Überblicksdarstellungen zur marktorientierten Unternehmenskulturentwicklung der drei Fallstudienunternehmen im Anhang.

64 Vgl. auch Abschnitt E. 3.5.

Unternehmen A. Zunächst war man sowohl auf west- als auch auf ostdeutscher Seite davon ausgegangen, daß das ostdeutsche Unternehmen eine relativ eigenständige Unternehmenskultur entwickeln sollte. Diese Auffassung wurde dagegen im Laufe des Jahres 1991 zugunsten einer Kulturassimilation verändert. Hauptgrund für diese Einstellungsänderung waren nicht realisierbare Marktstrategien.[65] Aus diesem Grund wurde beispielsweise vom Unternehmen B erst ca. 9 Monate nach dem Kauf der Firmenname des Käuferunternehmens übernommen. Da auch im Vergleich zum Unternehmen A wesentlich weniger westdeutsche Mitarbeiter im ostdeutschen Unternehmen eingesetzt wurden und weniger und kürzere Schulungen stattfanden, konnte nach 2 Jahren Integration nicht das gleiche, hohe durchgängige Niveau der marktorientierten Kulturassimilation wie in Unternehmen A erreicht werden. Die **Niveauunterschiede** lassen sich rückblickend in erster Linie durch eine **weniger straffe Integrationsplanung** und durch den **geringeren westdeutschen Personaleinsatz** erklären. Es muß allerdings betont werden, daß auch das Unternehmen B während des Untersuchungszeitraums von 2 Jahren ein vergleichsweise hohes marktorientiertes Niveau erreichen konnte. Rückblickend bestätigen sowohl die ost- als auch die westdeutschen Führungskräfte des Unternehmens B, daß zur Unsicherheitsreduktion eine schnellere Kulturassimilation sinnvoll gewesen wäre. Während die westdeutschen Führungskräfte die Ansicht vertraten, es hätten an einzelnen Stellen im Unternehmen **früher westdeutsche Fachkräfte eingesetzt werden sollen**, um den Veränderungsprozeß insgesamt und den Marketingimplementierungsprozeß im speziellen zu beschleunigen, waren die ostdeutschen Führungskräfte eher der Meinung, daß einzelne westdeutsche Unternehmensbereiche an einer schnellen Integration und einer damit verbundenen Leistungssteigerung zunächst nicht interessiert waren, um innerbetriebliche Konkurrenz durch das Unternehmen B zu verhindern. Kritisiert wurde auch die **Entscheidungsschwäche westdeutscher Unternehmensteilbereiche**. Beispielsweise wurde der Firmenname des Käuferunternehmens hauptsächlich deshalb relativ spät übernommen, weil die Entscheidungen im westdeutschen Betrieb verzögert wurden.

Im Gegensatz zu den privatisierten Betrieben können oder müssen sich **Treuhandbetriebe** nicht an einer Referenzunternehmenskultur ausrichten. Inwieweit diese Konstellation positive oder negative Wirkungen hat, ist in der Literatur streitig. Mader und Staehle sehen darin beispielsweise die Möglichkeit, brauchbare und tragfähige Elemente aus der historisch überlebten DDR-Kultur zu retten sowie gleichzeitig weiterzuentwickeln, um möglichst viel Erhaltenswertes zu bewahren.[66] Allerdings zeigten die Untersuchungen der drei Fallstudienunternehmen, daß die Entwicklung einer markt-

---

[65] Vgl. auch Abschnitt E. 3.2.

[66] Vgl. Mader, N., Staehle, W.H., a.a.O., S. 131. Vgl. ähnlich Lang, R., Wald, P., Unternehmenskultur in den fünf neuen Ländern. Ansatzpunkte für eine neue Industriekultur im Osten Deutschlands?, in: Zeitschrift für Personalwesen, Nr. 1, 1992, S. 30 f.

orientierten Unternehmenskultur am Ende des Untersuchungszeitraums bei dem **Treuhandunternehmen** deutlich weniger vorangeschritten war. Neben **finanziellen Problemen** wirkte sich insbesondere die **fehlende Vorbildfunktion erfahrener und qualifizierter westdeutscher Fach- und Führungskräfte** bei der täglichen Arbeit negativ aus. Der westdeutsche Leiter des zentralen Marketings konnte zwar wertvolle Impulse geben, war jedoch bei insgesamt ca. 80 Vertriebs- und Marketingmitarbeitern überfordert. Ergänzend fehlte z.T. die Unterstützung aus anderen funktionalen Einheiten, z.B. dem Personalwesen, der F & E und der Produktion, in denen keine westdeutschen Kräfte eingesetzt wurden. Ferner fehlte der in privatisierten Unternehmen vorhandene Rückhalt bei unpopulären Entscheidungen, so daß die Aktionsmöglichkeiten einzelner westdeutscher Mitarbeiter in vielen Fällen eingeschränkt blieben. Trotz der **Hinzuziehung von externen Beratern** ließen sich gegen Ende des Untersuchungszeitraumes noch deutliche Defizite beim marktorientierten Handeln der meisten Mitarbeiter im Marketingbereich erkennen. Problematisch erscheint besonders, daß sich ein Teil der Mitarbeiter durch "Coaching" und durch Weiterbildungsmaßnahmen "gegängelt" fühlte und am liebsten in Ruhe gelassen werden wollte. Teilweise wurden aufgrund des fehlenden Anpassungsdrucks angebotene Weiterbildungsmaßnahmen auch nicht wahrgenommen. Als Begründung wurde angegeben, daß keine Weiterbildung mehr benötigt werde. **Westdeutsche Mitarbeiter** wurden mit dem Verweis auf die drastischen Personalreduzierungen trotz vielfacher Bewerbungen im Untersuchungszeitraum **nicht eingestellt.** Es erscheint zumindest zweifelhaft, ob diese Strategie sinnvoll ist, da letztlich die Qualität des Marketings nicht unerheblich über das wirtschaftliche Überleben des Unternehmens entscheidet. Grundsätzlich besteht somit in den Treuhandunternehmen die Gefahr, daß eine neue Unternehmenskultur entsteht, die unangemessen ist. Eventuell können die Führungskräfte der Treuhandbetriebe aufgrund **fehlender Erfahrung und Kenntnis** nicht oder nur unzureichend beurteilen, welche Ausgestaltungsdimensionen eine marktorientierte Unternehmenskultur haben sollte; oder es werden nur zu geringe Anpassungen vorgenommen, weil eine Tendenz besteht, vorhandene Strukturen zu erhalten. Beide Konstellationen führen möglicherweise dazu, daß das Unternehmen wertvolle Zeit verliert, erheblicher volkswirtschaftlicher Schaden entsteht und zudem die engagierten Mitarbeiter demotiviert werden, weil sich der erhoffte Erfolg nicht einstellt.[67] Insgesamt scheinen die Risiken der Treuhandbetriebe bei der eigenständigen Kulturentwicklung nicht unerheblich zu sein, so daß von einer **vollständig eigenständigen Kulturentwicklung abgeraten werden muß** und auf jeden Fall - wie im Bereich der Strategieentwicklung - qualifizierte Berater hinzugezogen sowie Neueinstellungen vorgenommen werden sollten.

---

[67] Heeg und von Dreusche kommen zu dem Ergebnis, daß nicht privatisierte Betriebe häufig zu wenig rationalisiert haben und deshalb weiterhin Sanierungsfälle darstellen. Vgl. Heeg, F.J., Dreusche von, S., a.a.O., S. 30.

Die Untersuchungen der drei Fallstudienunternehmen ergaben, daß die **Entwicklung marktorientierter Unternehmenskulturen zumindest in privatisierten Unternehmen relativ problemlos** möglich ist. Als Grund hierfür konnte in erster Linie die große Anpassungsbereitschaft der ostdeutschen Mitarbeiter identifiziert werden, die sich grundsätzlich aufgrund der folgenden Zusammenhänge erklären läßt:[68]

- Es wurde übereinstimmend anerkannt, daß ein großer Teil der **Verhaltensweisen der Vergangenheit nicht mehr angemessen** und erfolgreich sein kann. Kein ostdeutscher Befragter trat dafür ein, die DDR-Arbeitskultur ganz oder in Teilen zu bewahren.

- **Zur Kulturassimilation** bei der Privatisierung besteht auch aus Sicht der meisten ostdeutschen Befragten **keine Alternative**.

- Durch die Umstrukturierungen der ostdeutschen Betriebe wurde die Aufbau- und Ablauforganisation z.T. vollständig umgestaltet. Da auch ein großer Teil der alten Führungskräfte (z.T. schon vor der Privatisierung) ausgewechselt wurde, gleichzeitig zwischen 50 und 75 Prozent der Mitarbeiter den Betrieb verlassen haben und viele Mitarbeiter in anderen Funktionseinheiten mit anderen Aufgaben beschäftigt sind, hatte sich schon aus diesen Gründen die **alte DDR-Arbeitskultur grundlegend verändert oder ist nur noch rudimentär vorhanden.**

- Die Mitarbeiter der Unternehmen A und B hatten sich vor der Übernahme explizit für die jeweiligen Käuferunternehmen entschieden und den Verkauf aktiv gefördert. Die **Unternehmenskultur des westdeutschen Unternehmens** wurde deshalb in den beiden untersuchten privatisierten Betrieben von Beginn an als **grundsätzlich erstrebenswert** eingestuft.

- Durch die wirtschaftlichen Schwierigkeiten, in denen sich die übernommenen ostdeutschen Unternehmen befanden, mußte innerhalb kurzer Zeit eine marktorientierte Unternehmenskultur geschaffen werden. Dies war **kurzfristig nur durch weitgehendes Kopieren der Unternehmenskultur des Käuferunternehmens möglich**, zumal die als "Kulturbotschafter" agierenden westdeutschen Führungskräfte nur die ihnen bekannte westdeutsche Unternehmenskultur vermitteln konnten.[69]

- Die wirtschaftliche Situation im Umfeld der ostdeutschen Betriebe war so schlecht, daß sowohl **Führungs- als auch Fachkräfte nur sehr einge-**

---

[68] Vgl. auch Backhaus, K., Hilker, J., Unternehmenskulturelle Anpassung deutsch-deutscher Unternehmen, a.a.O., S. 22.

[69] Vgl. auch Hilker, J., Die Akkulturation in deutsch-deutschen Unternehmen - ein einseitiger Anpassungsprozeß?, a.a.O., S. 267.

schränkte Arbeitsplatzalternativen besaßen. Die meisten ostdeutschen Mitarbeiter waren daher bestrebt, im Unternehmen zu bleiben, was wiederum nur möglich war, wenn sie sich den geforderten Anpassungen nicht grundsätzlich widersetzten. D.h. es existierte auch durch die unternehmensexterne wirtschaftliche Lage in Ostdeutschland ein nicht unerheblicher Anpassungsdruck.

Die unternehmenskulturelle Anpassungsbereitschaft der ostdeutschen Unternehmen resultierte somit zum einen daraus, daß die Mitarbeiter der ostdeutschen Unternehmen die **Anpassung als notwendig erkannten,** und zum anderen daraus, daß die ostdeutschen Unternehmen i.d.R. auch **keine Alternative zur Anpassung** hatten.[70] Grundsätzlich ist davon auszugehen, daß bei den im Rahmen dieser Arbeit i.d.R. relevanten Akquisitionen - die in der Literatur auch als Absorptionsakquisitionen bezeichnet werden[71] - eine schnellstmögliche Kulturassimilation sinnvoll ist, während die Kulturentwicklung (mangels Alternativen) lediglich bei Treuhandbetrieben von Bedeutung ist.[72] Die Kultursynthese hat demgegenüber sehr wahrscheinlich keinerlei Bedeutung. Somit wird ein großer Teil der ostdeutschen Unternehmen eine marktorientierte Unternehmenskultur durch vollständige oder weitgehende Übernahme der Unternehmenskultur des Käuferunternehmens entwickeln.[73] Die in der Literatur z.T. vermuteten größeren Schwierigkeiten bei der Kulturassimilation konnte - mit Abstufungen - in keinem der betrachteten Unternehmen beobachtet werden.[74] Allerdings kann nicht

---

70 Eigene empirische Untersuchungen konnten zeigen, daß west- und ostdeutsche Befragte gleichermaßen die Auffassung vertreten, daß sich bei Kooperationen und Akquisitionen praktisch ausschließlich die ostdeutschen Unternehmen in ihren Unternehmenskulturen anpassen müssen, während die westdeutschen Käuferunternehmen in aller Regel keine oder unwesentliche Veränderungen ihrer Unternehmenskulturen vornehmen werden. Vgl. Hilker, J., Die Akkulturation in deutsch-deutschen Unternehmen - ein einseitiger Anpassungsprozeß?, a.a.O., S. 202 ff. Vgl. auch Lücke, W., Ex-DDR, Substitution der Betriebskultur durch Unternehmenskultur: Der Geist im Betrieb muß sich wandeln, in: Gablers magazin, Nr. 2, 1991, S. 46 f.

71 Als Absorptionsakquisitionen gelten Akquisitionen, bei denen im Zeitablauf eine vollständige Konsolidierung der Aktivitäten, der Organisation und der Unternehmenskulturen der beiden Firmen im Zeitablauf erfolgt. Vgl. Haspeslagh, P.C., Jemison, D.B., a.a.O., S. 175 f.

72 Die Kulturentwicklung ist für privatisierte Unternehmen dann relevant, wenn die Privatisierung nicht mit einer Akquisition verbunden ist (z.B. Management-Buy-Out; Management-Buy-In). Da jedoch davon auszugehen ist, daß diese Privatisierungsformen für die im Rahmen dieser Arbeit untersuchten international agierenden Investitionsgüterhersteller sehr selten relevant sind, soll dieser Fall im folgenden nicht explizit berücksichtigt werden. Allerdings kann davon ausgegangen werden, daß ähnliche Probleme wie bei der Kulturentwicklung der Treuhandunternehmen auftreten werden. Vgl. zur Bewertung der MBOs und MBIs in Ostdeutschland Deutsches Institut für Wirtschaftsforschung u.a., Hrsg., Gesamtgesellschaftliche und unternehmerische Anpassungsprozesse in Ostdeutschland, 7. Bericht, Kiel 1992, S. 722 ff.

73 Krystek bezeichnet die Kulturassimilation als den günstigsten Fall eines Akkulturationsergebnisses deutsch-deutscher Akquisitionen. Vgl. Krystek, U., Unternehmenskultur und Akquisition, in: Zeitschrift für Betriebswirtschaft, Nr. 5, 1992, S. 551.

74 Die Dominanz der Kulturassimilation in den privatisierten Betrieben der neuen Bundesländer wird in der Literatur z.T. als problematisch eingestuft und mit Begriffen wie "Kahlschlagverfah-

ausgeschlossen werden, daß es bei nachlassendem Anpassungsdruck aufgrund der z.t. zu beobachtenden noch **unzureichenden intrinsischen Anpassungsmotivation** der Mitarbeiter zu einem Anpassungsstillstand oder sogar zu Rückschritten kommt.

Bei den Interviews ergab sich ferner, daß viele Mitarbeiter den unternehmenskulturellen Anpassungs- bzw. Entwicklungsprozeß als abgeschlossen betrachten. Da diese Ansicht schon zu Beginn der Längsschnittuntersuchungen vertreten wurde, kann vermutet werden, daß diese Einschätzungen nicht realistisch waren, jedoch weniger auf einer bewußten Ablehnung weiterer Anpassungen beruhten als auf einer **Fehleinschätzung des Anpassungsfortschrittes.**[75/76] Letztere Bewertung wurde i.d.R. auch von den befragten westdeutschen Führungskräften geteilt. Allerdings ist diese Situation in privatisierten Betrieben noch relativ unproblematisch, da Fehlentwicklungen oder Defizite von den westdeutschen Führungskräften erkannt werden können und Gegensteuerungen möglich sind. In Treuhandbetrieben fehlt allerdings ein solcher Gegensteuerungsmechanismus weitgehend. Als Konsequenz dieser Ergebnisse erscheint es sinnvoll, daß in den ostdeutschen Betrieben der **Anpassungsdruck durch geeignete Maßnahmen der Unternehmenseigentümer** (private Unternehmen, Treuhandanstalt) so lange aufrechterhalten wird, bis sich auch bei einem großen Teil der ostdeutschen Mitarbeiter selbststeuernde intrinsische Anpassungsmotivationen herausgebildet haben.

3.4 Funktionsübergreifende Zusammenarbeit (Gruppenebene)

Die funktionsübergreifende Zusammenarbeit wird bisher in der Literatur zum Anpassungsverhalten ostdeutscher Unternehmen relativ selten thematisiert. Auch in den drei Fallstudienunternehmen findet diese Thematik **relativ wenig Beachtung.**[77] Wie die

---

ren" oder "Kulturimperialismus" umschrieben. Alternativ zur Kulturassimilation wird dabei i.d.R. dafür plädiert, das Vorgehen der Kulturbewahrung bzw. der relativ eigenständigen Kulturentwicklung zu präferieren. Vgl. Mader, N., Staehle, W.H., a.a.O., S. 131; Lang, R., Wald, P., a.a.O., S. 30; Aßmann, G., Reorganisation der Betriebe - Bedingungen für den Übergang zur Marktwirtschaft, in: Aßmann, G., Backhaus, K., Hilker, J., Hrsg., Deutsch-deutsche Unternehmen. Ein unternehmenskulturelles Anpassungsproblem, Stuttgart 1991, S. 193 f.

[75] Vgl. hierzu auch die Ausführungen in Abschnitt E. 3.5.

[76] Unternehmenskulturelle Anpassungsprobleme konnten auch in Untersuchungen von Bungard festgestellt werden. Es zeigte sich, daß auch ein Jahr nach der Übernahme durch ein westdeutsches Unternehmen 90 Prozent der Arbeiter, 50 Prozent der Meister und 46 Prozent des Ost-Managements sich nicht mit dem neuen Arbeitgeber identifizieren konnten. Vgl. Bungard, W., Westdeutsches Management in ostdeutschen Betrieben. Diskussion arbeits- und organisationspsychologischer Aspekte anhand einer Feldstudie, Schriftliche Fassung des Vortrages bei der Fachtagung der Sektion Arbeits-, Betriebs- und Organisationspsychologie des Berufsverbandes deutscher Psychologen, Mannheim 1992, S. 14 f.

[77] In einer Untersuchung von Töpfer u.a. gaben nur 6 Prozent der befragten ostdeutschen Unternehmen an, daß die Verbesserung der funktionsübergreifenden Zusammenarbeit für den zukünftigen Erfolg der Unternehmen von großer Bedeutung ist. Vgl. auch Töpfer, A., u.a., MUT. Marktorientierte Unternehmensführung in Thüringen, a.a.O., S. 28.

Ausführungen in Abschnitt C. 2.1.3 deutlich gemacht haben, ist es für die Marketing-implementierung jedoch von großer Bedeutung, wie die Beziehungen zwischen verschiedenen Funktionseinheiten (Gruppen) in Unternehmen gestaltet sind.

Die Untersuchungen in den Fallstudienunternehmen ergaben, daß es z.T. noch **erhebliche Abstimmungsschwierigkeiten** zwischen den verschiedenen Funktionseinheiten und auch zwischen dem Unternehmen und den unabhängig vom Unternehmen agierenden Vertriebsniederlassungen gab, die in erster Linie auf **defizitären Kommunikationsbeziehungen** beruhten.[78] Kommunikationsprobleme wurden insbesondere im Unternehmen B und dem Treuhandunternehmen als großes Problem sowohl zwischen unterschiedlichen Hierarchieebenen als auch zwischen Funktionseinheiten genannt. Dabei wurde von den Führungskräften des Unternehmens B betont, daß in dem ostdeutschen Unternehmen sehr viel umfassender informiert würde, als dies sonst im westdeutschen Käuferunternehmen üblich sei. Dennoch wurden sehr häufig Informationen, trotz Hinweis auf deren Wichtigkeit, nicht oder nur unvollständig an die entsprechenden Stellen weitergegeben. Als Gründe für diese Kommunikationsdefizite wurden genannt:

- noch fehlendes Verständnis für komplexe bereichsübergreifende Zusammenhänge,

- fehlende Selbständigkeit der Mitarbeiter und in Konsequenz unzureichende eigene Kommunikationsanstrengungen (Warten auf Anweisungen/ Unsicherheit),

- Informationen werden als Basis der eigenen Macht aufgefaßt und daher nicht weitergegeben.

Ein Grund für die z.T. noch bestehenden Kommunikationsdefizite kann in der durch die "DDR-Vergangenheit" geprägten Kommunikationskultur gesehen werden, die im Vergleich zu marktwirtschaftlichen Verhältnissen durch eine weniger offene Kommunikation geprägt war.[79] Da die Beziehungsstrukturen in ostdeutschen Unternehmen vollkommen umgestaltet wurden und z.T. auch noch permanent angepaßt werden, können neue Beziehungsstrukturen oft nur unter Problemen aufgebaut werden. Vielfach müssen sich die einzelnen Mitarbeiter noch in die Grundlagen der neuen Aufgabengebiete einarbeiten. Komplexe Zusammenhänge sind daher z.T. noch unbekannt. Zudem fehlt oft die Zeit, sich mit Problemen zu beschäftigen, die nicht direkt zum eigenen

---

78 Vgl. zum Problem der interfunktionalen Kommunikation Abschnitt C. 2.1.3.3.3.

79 Vgl. dazu die Ausführungen in Abschnitt E. 3.3. Vgl. auch die Ergebnisse der eigenen empirischen Untersuchung zu Unterschieden in der Kommunikation in west- und ostdeutschen Unternehmen bei Hilker, J., Die Akkulturation in deutsch-deutschen Unternehmen - ein einseitiger Anpassungsprozeß?, a.a.O., S. 241 ff.

Aufgabenfeld gehören. Insgesamt befinden sich viele Unternehmen noch nicht in einer stabilen Situation, in der die Offenheit für eine intensive funktionsübergreifende Kommunikation gegeben ist.

Kommunikationsprobleme zwischen den Funktionseinheiten sind allerdings kein typisches Problem ostdeutscher Unternehmen. In westdeutschen Unternehmen wird zunehmend versucht, durch Flexibilisierung der Organisationsstrukturen (Projekt-, Teamorganisation) die funktionsübergreifende Zusammenarbeit zu verbessern. In der Literatur wird daher gefordert, nicht erst die heute noch in westdeutschen Unternehmen dominierende, relativ inflexible Stab-Linienorganisation auf die ostdeutschen Unternehmen zu übertragen, sondern gleich flexiblere Organisationsstrukturen sowie innovative Managementmethoden (z.B. TQM) einzuführen.[80]

Zur Steigerung der Wettbewerbsfähigkeit der ostdeutschen Unternehmen ist es sicherlich wünschenswert, nicht erst die in westlichen Unternehmen schon als überholt eingestuften Vorgehensweisen der Vergangenheit, sondern gleich fortschrittliche Organisationsstrukturen und Managementmethoden einzuführen. Es muß allerdings berücksichtigt werden, daß diese innovativen Managementmethoden ein hohes Maß an Problemlösungsfähigkeiten, Selbständigkeit und Flexibilität von den ostdeutschen Mitarbeitern verlangen. Gerade diese Fähigkeiten sind jedoch in der DDR-Vergangenheit nicht gefördert worden.[81] Es ist deshalb möglich, daß **viele ostdeutsche Mitarbeiter durch flexiblere Organisationsformen, z.B. der Team- und Projektorganisation, zunächst noch überfordert** werden.[82] Vor allem fehlende oder unscharfe hierarchische Strukturen mit weitgehender Aufgabendelegation können daher bei einer zu frühen Einführung in ostdeutschen Unternehmen zu Mißerfolgen führen.[83] Befragungen von Weiß und Wiest konnten zeigen, daß sich ostdeutsche Mitarbeiter Unternehmungen ohne starke Hierarchien nur schwer vorstellen können.[84] Aus diesen Gründen wurden in den Fallstudienunternehmen nach Aussagen der Führungskräfte bisher auch innovative Managementmethoden (z.B. TQM) bzw. integrierte Koordinationsinstrumente (z.B. QFD, Benchmarking, Cross-Functional-Customer-Visits) nicht eingeführt oder

---

[80] Vgl. Heeg, F.J., Dreusche von, S., a.a.O., S. 18. Vgl. auch die Ausführungen in Abschnitt C. 2.2.2 zu flexiblen Organisationsstrukturen und in Abschnitt C. 3.2 zu TQM.

[81] Vgl. Wuppertaler Kreis e.V., Hrsg., Führungsverständnis in Ost und West. Ergebnisse einer Befragung von Führungskräften, Köln 1992, S. 67.

[82] Vgl. Scherm, E., Multikulturelle Führung in (gesamt-)deutschen Unternehmungen, in: Zeitschrift Führung und Organisation, Nr. 3, 1992, S. 188.

[83] Vgl. Wunderer, R., Führungs- und personalpolitische Gedanken zum Übergang von der Plan- zur Marktwirtschaft, in: Eckardstein von, D., u.a., Hrsg., Personalwirtschaftliche Probleme in DDR-Betrieben, München 1990, S. 152.

[84] Vgl. Weiß, J.M., Wiest, A.J., Unternehmenskultur in den neuen Bundesländern Deutschlands, in: Zeitschrift Führung und Organisation, Nr. 5, 1991, S. 328.

nur dann eingeführt, wenn entsprechend geschulte westdeutsche Mitarbeiter zur Unterstützung zur Verfügung standen.

3.5 Fähigkeiten und Verhalten der Mitarbeiter (Individualebene)

Die Individualbetrachtungsebene der Marketingimplementierung gilt sowohl in der ausgewerteten Literatur als auch aus der Sicht der Fallstudienunternehmen als **zentraler Problembereich der Marketingimplementierung** in ostdeutschen Unternehmen. Systembedingt waren die Ausbildung, Anforderungen und Verhaltensweisen der Mitarbeiter in den DDR-Betrieben, insbesondere in marktnahen Bereichen, grundlegend andere, als dies in westlichen Betrieben üblich war.[85] Es muß daher davon ausgegangen werden, daß die Beschäftigten der DDR-Betriebe bis Ende 1989 wenig oder keine Möglichkeiten hatten, Marketinginhalte theoretisch und praktisch kennenzulernen. **Know-how-, Verhaltens- und vor allem Erfahrungsdefizite** gegenüber den Mitarbeitern in marktwirtschaftlich geprägten Unternehmen waren und sind daher zwangsläufig vorhanden, d.h. das **Basisniveau der Marktorientierung** auf individueller Ebene ist im Vergleich zu marktwirtschaftlich geprägten Unternehmen **relativ niedrig**.[86/87] Zur Behebung der marktorientierten Defizite ostdeutscher Mitarbeiter können grundsätzlich zwei Maßnahmenkategorien eingesetzt werden. Zum einen kann das Anforderungsniveau an die Mitarbeiter (indirekte Maßnahmen) gesenkt und/oder zum anderen kann das Niveau der Marktorientierung der Mitarbeiter gesteigert (direkte Maßnahmen) werden.[88] Durch die Senkung des Anforderungsniveaus werden die Defizite der ostdeutschen Mitarbeiter nicht beseitigt, sondern durch andere Maßnah-

---

85 Vgl. zum Personalmanagement in der DDR Pieper, R., Personalmanagement und personalwirtschaftliches Wissen in der DDR - Versuch einer Bestandsaufnahme, in: Pieper, R., Hrsg., Personalmanagement. Von der Plan- zur Marktwirtschaft, Wiesbaden 1991, S. 10 ff.; Lang, R., Lippert, S., Entwicklungsstand, aktuelle Probleme und Aufgaben des Personalmanagements in Industriebetrieben der DDR, in: Eckhardstein von, D., u.a., Hrsg., Personalwirtschaftliche Probleme in DDR-Betrieben, Zeitschrift für Personalforschung, Sonderheft, München, Merin 1990, S. 64 ff.

86 Es wird davon ausgegangen, daß kaum ein DDR-Leiter ohne Weiterbildung und Einstellungsänderung als Manager im marktwirtschaftlichen System agieren kann. Vgl. Pieper, R., Karriere in der Planwirtschaft, in: Myritz, R., Hrsg., Manager in Ostdeutschland. Eine Dokumentation von Chancen und Risiken in der betrieblichen Personalarbeit von Unternehmen in den neuen Bundesländern, Köln 1992, S. 55.

87 Zur Bestimmung des Basisniveaus der marktorientierten Fähigkeiten und des marktorientierten Verhaltens müssen jeweils unternehmensspezifische Analysen vorgenommen werden. Generelle Aussagen zum Leistungsniveau ostdeutscher Mitarbeiter sind nur schwer möglich, zumal auch aus der Literatur lediglich Tendenzaussagen und keine eindeutigen Aussagen abgeleitet werden können. Grundsätzlich wird davon ausgegangen, daß diese Unterschiede in vielen Fällen nur vorübergehend bedeutend sind und im Zeitablauf egalisiert werden können. Vgl. Stratemann, I., Psychologische Aspekte des wirtschaftlichen Wiederaufbaus in den neuen Bundesländern, Göttingen, Stuttgart 1992, S. 74 ff. und S. 151 ff.

88 Vgl. die Ausführungen in Abschnitt C. 2.1.4.3.1.

men kompensiert. Vorteilhaft ist, daß diese Maßnahmen häufig kurzfristig wirken, während die mitarbeiterbezogenen niveausteigernden Maßnahmen, z.B. Aus- und Weiterbildung, erst mittel- bis langfristig eine Wirkung zeigen. In Abbildung 79 sind die Handlungsalternativen für ostdeutsche Unternehmen in ihren Wirkungen im Überblick dargestellt.

Wie Abbildung 79 zeigt, können und müssen die i.d.R. vorhandenen **personenbezogenen Defizite** der Marktorientierung in ostdeutschen Unternehmen im Zeitablauf[89] durch eine **Kombination von anforderungssenkenden und niveausteigernden Maßnahmen** kompensiert oder beseitigt werden. Auf diese Defizite soll im folgenden detaillierter eingegangen werden.[90]

Anforderungssenkende Maßnahmen

Zu den anforderungssenkenden (kompensatorischen) Maßnahmen gehört zunächst eine **Überprüfung der Marktstrategie**.[91] So kann beispielsweise durch eine Beschränkung der Marktaktivitäten auf die neuen Bundesländer sowie auf die schon früher von dem ostdeutschen Unternehmen bedienten Auslandsmärkte (Osteuropa, Syrien, Iran, Angola, Kuba, Vietnam) das Anforderungsniveau gesenkt werden. In diesen Regionen besitzen die meisten ostdeutschen Unternehmen aufgrund der oft intensiven Geschäftsbeziehungen zu DDR-Zeiten noch vergleichsweise viel Erfahrung und z.T. auch noch Kontakte.[92] Die Analyse des marktstrategischen Verhaltens der privatisierten Unternehmen A und B ergab, daß für beide Unternehmen die vor der Übernahme verfolgten oder ausgearbeiteten **Marktstrategien überprüft** und in Konsequenz in ihrem Wirkungskreis im wesentlichen auf die neuen Bundesländer begrenzt wurden. Unternehmen B war zusätzlich für bestimmte Auslandsmärkte zuständig, die auch schon in der DDR-Vergangenheit bearbeitet wurden. Im Unterschied zu den privatisierten Unternehmen hatte die erforderliche Anpassung der Marktstrategie des untersuchten Treuhandunternehmen keinen anforderungssenkenden sondern sogar einen anforderungser-

---

[89] Hinsichtlich der Dauer dieses Zeitraums variieren die Schätzungen zwischen 2 und 6 Jahren. Vgl. Schneidewind, D., Sadowski, D., Das Humankapital in den Betrieben der neuen Bundesländer, in: Zeitschrift für Betriebswirtschaft-Ergänzungsheft, Nr. 1, 1993, S. 155.

[90] Vgl. die Überblicksdarstellungen zur marktorientierten Entwicklung der individuellen Fähigkeiten und Verhaltensweisen der drei Fallstudienunternehmen im Anhang.

[91] Vgl. die Ausführungen in Abschnitt C. 2.1.4.3.1.

[92] Beispielsweise wurden in den letzten Jahren der DDR-Existenz ca. 60 Prozent der Exporte der industriellen Warenproduktion in die RGW-Staaten ausgeführt. Vgl. Deutsches Institut für Wirtschaftsforschung u.a., Hrsg., Gesamtgesellschaftliche und unternehmerische Anpassungsprozesse in Ostdeutschland, 1. Bericht, Kiel 1991, S. 9.

höhenden Effekt, da die Marktstrategie auf bislang unbearbeitete und im wesentlichen unbekannte westliche Märkte ausgeweitet werden mußte.

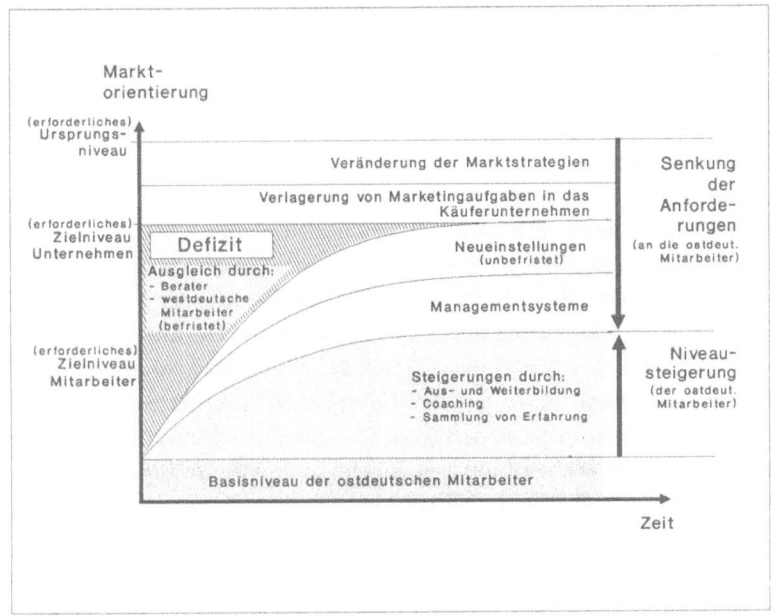

Abb. 79: Handlungsalternativen zur Kompensierung oder Beseitigung mitarbeiterbezogener Defizite in der Marktorientierung ostdeutscher Unternehmen

Um vorhandenes Wissen in den ostdeutschen Unternehmen weiterhin nutzen zu kön-nen, erscheint es zudem sinnvoll, zunächst - wenn möglich - die **Alt-Produkte weiter anzubieten** oder West-Produkte zu vermarkten, die technologisch eng mit den Alt-Produkten verwandt sind. Grundsätzlich muß davon ausgegangen werden, daß die De-fizite in der Marktorientierung in ostdeutschen Unternehmen um so größer werden, je weniger Überschneidungen die verfolgte Marktstrategie mit dem früheren Vorgehen hat. Die Weiterproduktion der Alt-Produkte konnte in beiden untersuchten privatisier-ten Unternehmen aus Kosten- und Nachfragegründen nicht im ursprünglich anvisierten Umfang realisiert werden. Die Fertigung wurde deshalb auf Produkte der west-deutschen Käuferunternehmen umgestellt. Dabei wurde speziell im Unternehmen B und z.T. auch im Unternehmen A die Produktion der neuesten Produktlinien nicht in die ostdeutschen Unternehmen verlagert. Dies geschah u.a. auch deshalb, um die Mit-arbeiter sukzessive mit neueren Produkten vertraut zu machen. Auch hier besaß das Treuhandunternehmen eine schlechtere Position, da nahezu überall neue oder verän-

309

derte Produkte angeboten werden mußten und Altprodukte oder leicht modifizierte Produkte aus verschiedenen Gründen (fehlender Markt; Umweltschutz; Kosten) nicht weiter produziert werden konnten.

Eine weitere Möglichkeit, die Anforderungen an die Marktorientierung ostdeutscher Mitarbeiter zu senken, ergibt sich durch die **Verlagerung von Marketingaufgaben**[93], z.b. Marktforschung, Strategisches Marketing, PR, Werbung, Preisfindung und Distributionspolitik, zu externen Dienstleistern oder zum Käuferunternehmen.[94] Die Verlagerung von Marketingaufgaben umfaßt auch die Auslagerung des Vertriebs an organisatorisch vom ostdeutschen Unternehmen unabhängige und im wesentlichen vom westdeutschen Betrieb gesteuerte Vertriebsniederlassungen. Die Verlagerung von marktbezogenen Aufgaben zum Käuferbetrieb war bei beiden privatisierten Unternehmen von großer Bedeutung. Durch diese Maßnahmen konnte das Anspruchsniveau an die Marketingimplementierung deutlich reduziert werden. Die **Aufgaben** des Strategischen Marketings, der Marktforschung und der Neuproduktentwicklung wurden sowohl im Unternehmen A als auch im Unternehmen B im wesentlichen zum westdeutschen Käuferunternehmen **verlagert**. Da zudem alle Marketingaktivitäten durch Grundsatzvorgaben der westdeutschen Käuferunternehmen kanalisiert wurden, waren die ostdeutschen Unternehmen in erster Linie nur noch für operative Marketingtätigkeiten zuständig (z.b. regionale Kundenbetreuung, Marktforschung, Werbung, PR). Die Vertriebstätigkeiten, d.h. die Endkundenkontakte, wurden für beide privatisierten Unternehmen von den vom westdeutschen Käuferunternehmen auch in den neuen Bundesländern aufgebauten Vertriebsniederlassungen übernommen. So besaßen die ostdeutschen Unternehmen nur noch für bestimmte Auslandsmärkte eine direkte Endkundenzuständigkeit. Beim untersuchten Treuhandunternehmen war allerdings eine Verlagerung von Marketingaufgaben nicht möglich, da ein hierfür in Frage kommender westlicher Käufer oder Partner nicht vorhanden war.

Von besonderer Bedeutung zur Senkung der Anforderungen an die Marktorientierung in den ostdeutschen Unternehmen ist die **Neueinstellung von qualifizierten Mitarbeitern**. Befragungen in ostdeutschen Unternehmen zeigen allerdings, daß 83 Prozent der neuen Mitarbeiter in ostdeutschen Unternehmen vom Käuferunternehmen vorübergehend abgestellt werden und daß nur 9 Prozent der westdeutschen Führungskräfte und 3 Prozent der Fachkräfte für unbefristete Zeit im ostdeutschen Unternehmen verbleiben.[95] Der größte Teil der neuen (westdeutschen) Mitarbeiter (ca. 70 Prozent) steht

---

93 Vgl. die Ausführungen in Abschnitt C. 2.1.4.3.1.

94 Häufig verlagern westdeutsche Käuferunternehmen alle strategischen Aufgaben in ihre westdeutschen Zentralen. Vgl. das Beispiel Henkel bei Zumbusch, J., Westmanager: Verhaltenes Interesse an Jobs in Ostdeutschland. Gut gepolstert, in: Wirtschaftswoche, Nr. 9, 22.2.1991, S. 25.

95 Daten nach GMO Human Resources Consulting GmbH, Hrsg., Investitionen in den neuen Bundesländern. Die Personalsituation, Düsseldorf 1992, S. 22.

somit den ostdeutschen Betrieben nur befristet zur Verfügung, um Defizite so lange auszugleichen, bis das Leistungsniveau der ostdeutschen Mitarbeiter durch Aus- und Weiterbildung sowie Coaching und Erfahrungszuwachs auf ein akzeptables Niveau angehoben werden kann.[96] In diesem Zusammenhang werden auch sogenannte **Senior-Manager** eingesetzt, bei denen es sich um erfahrene, aber schon aus dem Berufsleben ausgeschiedene Manager handelt.

Die beiden untersuchten privatisierten Unternehmen haben versucht, durch Personaltransfer Defizite im personellen Bereich auszugleichen. Allerdings waren auch bei diesen Unternehmen die meisten Personaltransfers zeitlich befristet. Z.T. wurden die Mitarbeiter nur für einige Tage in der Woche oder im Monat für spezielle Aufgaben im ostdeutschen Tochterunternehmen eingesetzt. Obwohl die Unternehmen A und B von der Grundstruktur ähnlich agiert haben, ergaben sich beim Umfang und der zeitlichen Staffelung des Personaltransfers deutliche Unterschiede. Während beim Unternehmen A schon vor dem Kauf sehr viele westdeutsche Mitarbeiter auf wichtigen Positionen im Unternehmen agierten bzw. unterstützend zur Verfügung standen, waren beim Unternehmen B zunächst sehr wenige westdeutsche Mitarbeiter beschäftigt, die erst im Zeitablauf - nachdem deutliche Defizite offenkundig wurden - um weitere westdeutsche Mitarbeiter ergänzt wurden. Allerdings waren auch später im Unternehmen B zu keinem Zeitpunkt so viele westdeutsche Mitarbeiter beschäftigt wie im Unternehmen A.

Das untersuchte Treuhandunternehmen konnte nur auf **einen** westdeutschen Mitarbeiter bei der Marketingimplementierung zurückgreifen, der allerdings zum Ende des Untersuchungszeitraums das Unternehmen verlassen hat. Weitere Neueinstellungen von qualifiziertem Personal scheiterte an **fehlenden finanziellen Mitteln**, aber auch an der **fehlenden Bereitschaft**, westdeutsche Mitarbeiter einzustellen. Es zeigte sich, daß über personelle Umbesetzungen tendenziell erst dann nachgedacht wurde, wenn Defizite offenkundig waren. Treuhandbetriebe müssen sich im wesentlichen darauf beschränken, aus dem vorhandenen Mitarbeiterstamm diejenigen auszuwählen, die aufgrund ihrer Vorkenntnisse und ihrer Persönlichkeitsstruktur das größte Potential zum marktorientierten Verhalten besitzen und außerdem große Lern- und Anpassungsfähigkeit aufweisen. Wie die Erfahrungen in dem untersuchten Unternehmen zeigten, sollte die Auswahl dieser Personen zweckmäßigerweise von erfahrenen Experten unterstützt werden, da aufgrund fehlenden Wissens und fehlender Erfahrung die Gefahr besteht, daß die Anforderungen an marktorientierte Mitarbeiter nicht hinreichend bekannt sind.

---

[96] Vgl. Wagner, K., Hitchens, D., Birnie, E., Manageraustausch - eine Überlebensstrategie für Unternehmen in den neuen Ländern. Ergebnisse zweier Fallstudien, in: Zeitschrift für Betriebswirtschaft, Nr. 9, 1991, S. 977 ff.

Niveausteigernde Maßnahmen

Die niveausteigernden Maßnahmen haben zum Ziel, die ostdeutschen Mitarbeiter möglichst schnell in bezug auf ihr Wissen, ihr Verhalten und ihre Erfahrung an z.B. westdeutsches Leistungsniveau anzugleichen.

Als Voraussetzung für den Erfolg niveausteigernder Maßnahmen müssen zunächst **Rahmenbedingungen geschaffen werden**, die gewährleisten können, daß die erforderlichen niveausteigernden Maßnahmen angemessen durchgeführt werden können. Die **Personalabteilung** (Kader und Bildung) in den DDR-Betrieben wurde i.d.R. von engagierten Parteifunktionären geleitet und diente in der Vergangenheit im wesentlichen zur Personalverwaltung und Vollstreckung von SED-Beschlüssen. Zudem entsprach die Personalarbeit nicht dem in westdeutschen Betrieben gewohnten Niveau.[97] Es muß deshalb davon ausgegangen werden, daß ein adäquates und akzeptiertes Personalmanagement nur mit Unterstützung qualifizierter Führungs- und Fachkräfte aufgebaut werden kann.[98]

Da der Ausbildungsbedarf i.d.R. relativ groß ist und prinzipiell alle ostdeutschen Mitarbeiter betrifft, erscheint es sinnvoll, die Einzelmaßnahmen zentral zu koordinieren und professionell zu organisieren. Für diese Aufgabe bietet es sich an, eine spezielle **Projektgruppe Personalentwicklung** zu gründen, in der qualifizierte und unbelastete Mitarbeiter der Personalabteilung, der Geschäftsführung und der einzelnen Funktionseinheiten eine Personalentwicklungsplanung erarbeiten und kontinuierlich überarbeiten. Es erscheint sinnvoll, qualifizierte Fachleute mit marktwirtschaftlichem Erfahrungshintergrund für die Leitung der Projektgruppen zu gewinnen, da sie im Gegensatz zu vielen ostdeutschen Personalfachleuten Erfahrung mit modernen Personalentwicklungsmethoden und rechtlichen Regelungen besitzen.

Im Rahmen der Ausbildung ostdeutscher Mitarbeiter kann grundsätzlich eine Vielzahl von Instrumenten und Methoden zum Einsatz kommen. Diese können zur Qualifizierung am ostdeutschen Arbeitsplatz (**on the job**), arbeitsplatznah im westdeutschen Käuferbetrieb (**into/near the job**) oder außerhalb des Arbeitsplatzes (**off the job**) ein-

---

[97] Vgl. Drosten, S., Personalwirtschaftliche Problemfelder bei der Akkulturation von Akquisitionen in der ehemaligen DDR, Arbeitspapier Nr. 72 der Wissenschaftlichen Gesellschaft für Marketing und Unternehmensführung e.V., Münster 1992, S. 23 f.; Heeg, J., Dreusche von, S., a.a.O., S. 51 ff. Viele ostdeutsche Mitarbeiter haben daher eine eher negative Einstellung zur betrieblichen Personalarbeit und halten die ehemaligen Personalmitarbeiter - speziell die Führungskräfte - i.d.R. für inkompetent. Vgl. Wilmes, F., Personalchefs sollten die Vertrauensfrage stellen, in: Handelsblatt, 24./25.8.1990, S. D 5; Hilker, J., Die Akkulturation in deutsch-deutschen Unternehmen - ein einseitiger Anpassungsprozeß? a.a.O., S. 245.

[98] Vgl. o.V., DDR: Modernes Personalwesen kann nur mit westlicher Hilfe aufgebaut werden, in: Karriere, Nr. 39, 21.9.1990, S. K 2.

Qualifizierung am Arbeitsplatz (on the job)

Instructing
- Kurzfristiger Erwerb von Karriereroutine durch die Entwicklung von Fachkompetenz (Zeitrahmen: Minuten/Stunden).
- Unterweisung durch qualifizierte Mitarbeiter oder Berater.
- Auf konkret anstehende und zu lösende Aufgabenstellungen bezogen.
- Vorgehen: erklären, zeigen, anweisen, kontrollieren und Feedback geben.
- Primär auf Wissensvermittlung abgestellt.
- Sofortige alleinige Übernahme von Aufgaben.

Coaching
- Erwerb von Karriereroutine durch die Entwicklung von Verhaltenskompetenz (Zeitrahmen: Tage/Wochen/Monate).
- Enge Zusammenarbeit mit qualifizierten Mitarbeitern oder externen Beratern als Coach (Beispiel: Gemeinsame Kundenbesuche).
- Primär auf Verhaltensveränderungen abgestellt.
- Vorbereitung auf die spätere alleinige Übernahme von Aufgaben.

Mentoring/Patenschaften
- Zeitlich umfassendes Entwicklungskonzept von ostdeutschen Mitarbeitern (Zeitrahmen: Monate/Jahre).
- Ein qualifizierter Mitarbeiter wird als erfahrener Kollege dem ostdeutschen Mitarbeiter zugeordnet.
- Vertrauensperson, die hilft, Problemsituationen zu meistern.
- Bei Unternehmensakquisitionen werden den ostdeutschen Mitarbeitern häufig Paten aus dem Käuferunternehmen zugeteilt, die im Käuferunternehmen gleiche Aufgaben wahrnehmen.

Qualifizierung arbeitsplatznah (into/near the job)

Einarbeitung/Anlernausbildung im Käuferbetrieb
- Ostdeutsche Mitarbeiter arbeiten für mehrere Tage oder Wochen im Käuferbetrieb, um spezielle Arbeitsmethoden kennenzulernen (z.B. Auftragsbearbeitung, Informationssysteme).
- Lernen, bevor entsprechende Arbeitsmethoden im ostdeutschen Betrieb eingesetzt werden.
- Lernen ohne die Tagesprobleme und Restriktionen des ostdeutschen Betriebes.

Trainee-Programm im Käuferbetrieb
- Ostdeutsche Mitarbeiter arbeiten ohne Verantwortung für mehrere Wochen oder Monate im Käuferbetrieb.
- Lernen ohne die Tagesprobleme und Restriktionen des ostdeutschen Betriebes.
- Anforderungsniveau und damit Anpassungsbedarf wird bewußt gemacht.
- Einblick in verschiedene Abteilungen/Funktionseinheiten, Gewinnung eines Überblicks über die spätere Tätigkeit.

Berufsausbildung im westdeutschen Käuferbetrieb
- Mitarbeiter aus Ostdeutschland bekommen im Käuferunternehmen eine Berufsausbildung, um dann nach Beendigung der Ausbildung im ostdeutschen Betrieb zu arbeiten.

Qualifizierung außerhalb des Arbeitsplatzes (off the job)

Selbststudium (Lesen von Büchern)
Externe Bildungsveranstaltung (Fremdsprachenausbildung)
Seminare, Workshops usw.

Abb. 80: Maßnahmen zur Steigerung des Niveaus der Marktorientierung ostdeutscher Mitarbeiter

gesetzt werden.[99] Die einzelnen Instrumente und Methoden - die von den privatisierten Unternehmen A und B sowie z.T. auch von dem Treuhandunternehmen eingesetzt wurden - werden in Abbildung 80 diesen drei Hauptgruppen zugeordnet und kurz erläutert.[100]

Zur Steigerung des Niveaus der Marktorientierung ostdeutscher Mitarbeiter wird i.d.R. eine Vielzahl der in Abbildung 80 aufgeführten Instrumente parallel eingesetzt. Zur Vermittlung von **Grundlagenwissen** bietet es sich zunächst an, den Mitarbeitern mit Hilfe von **geeignetem Material zum Selbststudium** ein permanent zu erweiterndes Grundlagenwissen zu verschaffen, welches anschließend durch Seminare oder Workshops vertieft wird.

Neben dieser theoretisch orientierten Wissensvermittlung muß vielfach auch praktisches Wissen vermittelt werden. Hierfür ist in erster Linie das "**Instructing**" geeignet, in dessen Rahmen qualifizierte westdeutsche Mitarbeiter oder schon qualifizierte ostdeutsche Mitarbeiter konkrete Probleme der täglichen Arbeit lösen. Ebenfalls zur Wissensvermittlung sind **Maßnahmen zur Einarbeitung oder zum Anlernen** gedacht, die im westdeutschen Käuferunternehmen stattfinden und die ostdeutsche Mitarbeiter, die anschließend im ostdeutschen Unternehmen eingesetzt werden, in mehrtägigen oder mehrwöchigen Aufenthalten mit neuen Arbeitsmethoden vertraut machen sollen.

Zur Verhaltensänderung und zum Erfahrungslernen kann auch das "**Coaching**" eingesetzt werden, in dessen Rahmen qualifizierte Mitarbeiter oder Berater mit ostdeutschen Mitarbeitern zusammenarbeiten. Sie können zum einen als Vorbild agieren sowie zum anderen das Verhalten des ostdeutschen Mitarbeiters, beispielsweise bei Kundenbesuchen oder Kundentelefonaten, korrigieren.

Im Zusammenhang mit Coaching- und Instructingmaßnahmen wird in der Literatur das "**Tandem-Management**" diskutiert.[101] Dabei handeln West-Mitarbeiter als Vorbilder für die Ost-Manager.[102] Das Lernen vollzieht sich dabei während der täglichen

---

[99] Einteilung in Anlehnung an Scholz, C., Personalmanagement, a.a.O., S. 181.

[100] Vgl. inhaltlich zu den einzelnen Instrumenten auch Reineke, R.D., Sauer, M., Managementqualifikation und Managementausbildung, Arbeitspapier Nr. 65 der Wissenschaftlichen Gesellschaft für Marketing und Unternehmensführung e.V., Münster 1991, S. 46 ff.; Mentzel, W., Trainingsmethoden, in: Gaugler, E., Weber, W., Hrsg., Handwörterbuch des Personalwesens, 2. Aufl., Stuttgart 1992, Sp. 2211 ff.

[101] Vgl. Zimmer, D., Vom "Planerfüller" zum Unternehmer. Wege zum Aufbau von Unternehmensqualifikation in ostdeutschen Betrieben, in: Blick durch die Wirtschaft, 18.12.1991, S. 7. Vgl. hierzu auch Töpfer, A., Managementqualifikation in den neuen Bundesländern, a.a.O., S. 44 f.

[102] Somit haben die befristet eingesetzten Mitarbeiterkapazitäten neben der direkt defizitkompensierenden Wirkung auch den Vorteil, daß sie gleichzeitig einen niveausteigernden Effekt bei den ostdeutschen Mitarbeitern durch Aus- und Weiterbildung, Coaching und Erfahrungstransfer ermögli-

Arbeit im ostdeutschen Unternehmen mit ständigem Feedback, mit Selbsterfahrung durch Versuch und Irrtum, mit systematischer Fehlerauswertung und mit Verhaltensdiskussionen. Durch das Tandem-Management sollen die ostdeutschen Mitarbeiter sukzessive auf die Übernahme von Verantwortung vorbereitet werden. Dabei sollte speziell darauf geachtet werden, daß zur Vermeidung von Mißerfolgen erst dann Aufgaben an ostdeutsche Mitarbeiter delegiert werden, wenn diese fachlich dazu in der Lage sind und auch komplexere Sachverhalte nachvollziehen können, um demotivierende Wirkungen von Mißerfolgen zu vermeiden.

Sowohl wissensvermittelnd als auch verhaltenssteuernd soll ein **Trainee-Programm** oder **Praktikum** im Käufer- oder Partnerbetrieb sein. Die ostdeutschen Mitarbeiter arbeiten dabei mehrere Wochen oder Monate in dem Betrieb ohne Verantwortung als Assistent in verschiedenen Abteilungen und Funktionseinheiten mit. Sie bekommen so die Möglichkeit, losgelöst von den operativen Problemen des ostdeutschen Betriebes zu lernen und das an sie gestellte Anforderungsniveau konkret kennenzulernen. Diese Mitarbeiter können später im ostdeutschen Betrieb als Multiplikatoren ihr Wissen weitergeben.

Eine ähnliche Zielsetzung verfolgt die **berufliche Ausbildung** von ostdeutschen Mitarbeitern im Käuferunternehmen; gleichwohl wirkt diese Maßnahme nur langfristig. Häufig werden ostdeutschen Mitarbeitern auch sogenannte **Paten** - d.h. individuelle Ansprechpartner im Käuferunternehmen - zugeordnet, die vom ostdeutschen Mitarbeiter bei beruflichen Problemen um Rat gefragt werden können.[103]

Welches **Instrumentemix** letztlich geeignet ist, in möglichst kurzer Zeit marktorientiertes Verhalten bei ostdeutschen Mitarbeitern zu ermöglichen, kann nicht generell beantwortet werden, da jeweils unternehmensspezifische Gegebenheiten zu berücksichtigen sind. Wie die Untersuchungen in den drei Fallstudienunternehmen gezeigt haben, sollten allerdings folgende Aspekte bei der Planung von Maßnahmen Beachtung finden:

- Viele ostdeutsche Mitarbeiter sind schon relativ alt. Es sind daher die Besonderheiten des **Lernverhaltens Erwachsener** zu berücksichtigen, vor allem die im Alter tendenziell abnehmende Lernfähigkeit.[104] Häufig ist es

---

chen. Als Alternative können auch externe Berater eingesetzt werden. Da deren Einsatz jedoch mit relativ hohen Kosten verbunden ist und die Berater häufig nur geringe Betriebs- und Branchenkenntnisse besitzen, sollten Berater nur für Spezial- und nicht für die Detailprobleme der täglichen Arbeit eingesetzt werden.

[103] Vgl. Fiedler-Winter, R., Ein Pate im Westen für die Mitarbeiter in den neuen Ländern. Erfahrungen bei der Mercedes-Benz AG, in: Blick durch die Wirtschaft, 7.6.1991, S. 1.

[104] Es hat sich gezeigt, daß starre, verschulte Maßnahmen für die Erwachsenenausbildung eher ungeeignet sind, da sie demotivierend auf die Erwachsenen wirken. Generell sollten die Maßnahmen vom Bekannten zum Unbekannten und vom Leichten zum Schwierigen voranschreitend konzi-

auch für ältere Mitarbeiter schwierig, von wesentlich jüngeren Mitarbeitern zu lernen.

- Da ein großer Teil der ostdeutschen Mitarbeiter früher nicht mit marktbezogenen Aufgaben konfrontiert war, befinden sich diese Personen häufig in der **Situation eines Umschülers**. Dessen Situation ist dadurch gekennzeichnet, daß das verfügbare Wissen und Können im wesentlichen entwertet ist. Umschüler sind häufig durch Statusunsicherheit und nicht selten durch Versagensängste gehemmt. Diese Situation provoziert Lernängste und ein geringes Vertrauen in die eigene Leistungsfähigkeit.[105] Konsequenterweise muß deshalb sichergestellt werden, daß den betroffenen ostdeutschen Mitarbeitern diese Ängste genommen werden. Insbesondere muß verhindert werden, daß die Mitarbeiter überfordert und Mißerfolge realisiert werden.

- Ostdeutsche Mitarbeiter sind z.T. aufgrund unzureichenden Vorwissens und speziell auch mangelnder Erfahrung nur bedingt dazu in der Lage, ihren eigenen Leistungsstand und den Leistungsstand ihrer Mitarbeiter zutreffend zu beurteilen.[106] Häufiger konnte beobachtet werden, daß die Selbsteinschätzung der ostdeutschen Mitarbeiter wesentlich besser war als die Fremdeinschätzung durch westdeutsche Mitarbeiter.[107] Aus diesem Grund erscheint es sinnvoll, westdeutsche Mitarbeiter bei der **Leistungsbeurteilung** hinzuzuziehen und Maßnahmen zu ergreifen, die den ostdeutschen Mitarbeitern möglichst objektiv ihren eigenen Leistungsstand verdeutlichen. Als sinnvolle Möglichkeit bietet sich die enge Zusammenarbeit mit qualifizierten (westdeutschen) Mitarbeitern an, die als Referenzpersonen dienen können. Ebenfalls möglich sind Aufenthalte in Unternehmensteilen des Käuferunternehmens.[108]

---

piert werden. Die Einzelmaßnahmen sollten für die Betroffenen zielorientiert, verwertungsbezogen und in einem logisch nachvollziehbaren Zusammenhang stehen. Vgl. Becker, M., Umschulung, in: Gaugler, E., Weber, W., Hrsg., Handwörterbuch des Personalwesens, 2. Aufl., Stuttgart 1992, Sp. 2228.

[105] Vgl. Becker, M., Umschulung, a.a.O., Sp. 2227.

[106] Vgl. Töpfer, A., Managementqualifikation in den neuen Bundesländern, a.a.O., S. 34 f.; Hilker, J., Die Akkulturation in deutsch-deutschen Unternehmen - ein einseitiger Anpassungsprozeß?, a.a.O., S. 218 ff.

[107] Vgl. Albach, H., Freiheitsgrade und Infrastruktur, in: Zeitschrift für Betriebswirtschaft-Ergänzungsheft, Nr. 1, 1993, S. 156 f.; Icks, A., Mittelständische Unternehmen als Qualifizierungspaten: Betriebspraktika für ostdeutsche Fach- und Führungskräfte, Stuttgart 1992, S. 15 ff.; Macharzina, K., Wolf, J., Döbler, T., Werthaltungen in den neuen Bundesländern. Strategien für das Personalmanagement, Wiesbaden 1993, S. 116. Befragungen von ostdeutschen Mitarbeitern zum Abschluß von Praktika in westdeutschen Unternehmen ergaben, daß sie ihren Ausbildungsbedarf vor Beginn der Praktika deutlich unterschätzt hatten.

[108] Untersuchungen konnten zeigen, daß ostdeutsche Mitarbeiter deutlich offener gegenüber Ausbildungsmaßnahmen waren, wenn sie tatsächlich mit einer neuen Tätigkeit konfrontiert wurden. Vgl.

- Es zeigt sich, daß die Abneigung zu Verhaltensänderungen und zum Lernen (Beharrungstendenz) insbesondere dann besonders ausgeprägt war, wenn kein ausreichender Anpassungsdruck bestand. Hieraus läßt sich folgern, daß es sinnvoll ist, über klar strukturierte und konsequent umgesetzte Ausbildungspläne sowie neutrale Leistungsüberprüfungen sicherzustellen, daß das erforderliche Wissen sowie Verhalten von allen Mitarbeitern erworben bzw. angenommen wird.

- Erfahrungen zeigen, daß ein Hauptproblem vieler ostdeutscher Mitarbeiter darin besteht, die **Barriere vom "Verstehen" zum "Verändern der eigenen Person"** zu überwinden. Häufig werden Lerninhalte zwar akzeptiert, aber eher als "etwas für die anderen" gesehen und nicht zur eigenen Verhaltensanpassung genutzt. Es muß daher von den Vorgesetzten sichergestellt werden, daß bei allen Mitarbeitern ein wirklicher Lerntransfer in die Praxis erfolgt.[109]

- Um den **Stand der Leistungsfähigkeit** der ostdeutschen Mitarbeiter aller Hierarchieebenen beurteilen zu können, erscheint es sinnvoll, in allen Unternehmen regelmäßig und in relativ kurzen Abständen **Lernerfolgskontrollen** durchzuführen. Da es letztlich darum geht, ein zumindest mit westdeutschen Mitarbeitern vergleichbares Leistungsniveau bei den ostdeutschen Mitarbeitern zu erreichen, sollten auch regelmäßig die Leistungsniveaus der westdeutschen Mitarbeiter ermittelt werden, um dadurch möglichst objektive Referenzniveaus vorgeben zu können.[110] Im Rahmen der Lernerfolgskontrollen sollte auch überprüft werden, inwiefern die eingesetzten Maßnahmen geeignet waren, daß Erlernte im betrieblichen Alltag umzusetzen (Transferkontrolle). [111]

Werden die beiden privatisierten Unternehmen A und B miteinander verglichen, so zeigt sich, daß Unternehmen A nicht nur wesentlich mehr westdeutsche Mitarbeiter im ostdeutschen Betrieb eingesetzt sondern auch ein wesentlich umfangreicheres sowie strukturierteres Personalentwicklungsprogramm zur **Niveausteigerung der ostdeutschen Mitarbeiter** realisiert hat. Im Unternehmen B gab es kein umfassendes Personalentwicklungsprogramm; Aus- und Weiterbildungsmaßnahmen wurden jeweils bei Bedarf realisiert. Durch den wesentlich intensiveren Ressourcen-Einsatz konnte

---

Weiß, R., Weiterbildung Ost. Ein Integrationsfaktor, in: Informationsdienst des Instituts der deutschen Wirtschaft (iwd), Nr. 24, 13.6.1991, S. 4.

[109] Vgl. Stratemann, I., a.a.O., S. 141 f.

[110] Vgl. o.V., Patenschaften für ostdeutsche Manager, in: Frankfurter Allgemeine Zeitung, 27.09.1991, S. 25.

[111] Vgl. Scholz, C., Personalmanagement, a.a.O., S. 182 ff.; Reineke, R.D., Sauer, M., a.a.O., S. 54 ff.

Unternehmen A sicherstellen, daß nach zwei Jahren ein mit dem westdeutschen Unternehmen annähernd vergleichbarer Leistungsstandard erreicht wurde. Bei Unternehmen B konnte dies noch nicht bei allen Mitarbeitern erreicht werden. Vielmehr standen im Marketingbereich noch einige bedeutende Umstrukturierungen bevor, die meist aus Personalüberbesetzungen und z.T. auch aus Fehlbesetzungen resultierten. Insgesamt hatten in den ersten beiden Jahren seit der Privatisierung im Unternehmen B die anforderungssenkenden Maßnahmen im Gegensatz zu den eher zurückhaltenden niveausteigernden Maßnahmen größere Bedeutung für das marktorientierte Agieren des Unternehmens. Da das Unternehmen A auch in den ersten beiden Jahren massiv in die niveausteigernden Maßnahmen investiert hat, konnte zum Ende des Untersuchungszeitraums (März 1993) der Einsatz von westdeutschen Mitarbeitern reduziert und aufbauend auf dieser Basis das mitarbeiterbezogene Niveau der Marktorientierung vervollkommnet werden. Bei Unternehmen B sollten demgegenüber in einzelnen Bereichen noch zusätzliche westdeutsche Mitarbeiter eingesetzt werden. Daneben waren die leistungsfähigkeitsbeeinflussenden Umstrukturierungen im Marketingbereich noch nicht abgeschlossen. Von westdeutschen - z.T. auch von ostdeutschen - Führungskräften der Unternehmen A und B wurden als **wesentliche Unterschiede zum Mitarbeiterverhalten** im westdeutschen Betrieb relativ übereinstimmend folgende Aspekte genannt:

- Geringere Bereitschaft oder Fähigkeit, eigenverantwortlich zu agieren.

- Anweisungen werden häufig zu unflexibel ausgeführt.

- Bei der Delegation von Aufgaben muß genauer definiert werden, was verlangt wird, um unvollständige oder fehlerhafte Ausführungen zu vermeiden.

- Auskünfte und Mitteilungen von anderen Mitarbeitern oder anderen Funktionseinheiten werden häufiger ohne Überprüfung akzeptiert.

- Die Diskussionsfähigkeit mit Vorgesetzten sowie die kritische Reflexion der Anweisungen und Verhaltensweisen von Vorgesetzten ist noch unterentwickelt.

- Eigene Vorschläge werden von Mitarbeitern insbesondere dann, wenn sie im Gegensatz zum Vorgesetztenverhalten stehen, selten oder gar nicht vorgebracht.

Die befragten Vorgesetzten bestätigten, daß diese Verhaltensweisen auch dann nur selten und zögerlich verändert werden, wenn die Mitarbeiter explizit aufgefordert werden, sich anders (offener, kritischer, selbständiger) zu verhalten. Bei nahezu allen westdeutschen Mitarbeitern wurde der Wunsch geäußert, deutlich kooperativer mit den ostdeutschen Mitarbeitern zusammenzuarbeiten, was jedoch aufgrund des Verhaltens eines großen Teils der ostdeutschen Mitarbeiter nicht - wie beabsichtigt - möglich war. Da in der Vergangenheit in den DDR-Betrieben ein eher autoritärer Führungsstil praktiziert wurde und auch viele ostdeutsche Manager heute noch deutlich autoritärer führen als ihre westdeutschen Mitarbeiter[112], muß davon ausgegangen werden, daß ein abrupter Wechsel des Führungsstils für viele ostdeutsche Mitarbeiter eine Überforderung darstellt.[113]

3.6 Managementsysteme

Es wurde bereits darauf hingewiesen, daß geeignete Managementsysteme im Rahmen der Marketingimplementierung in gewissem Umfang Defizite im personellen Bereich ausgleichen können.[114] Da in ostdeutschen Unternehmen, wie die bisherigen Ausführungen gezeigt haben, generell von qualifikationsbezogenen Defiziten ausgegangen werden muß, ist es sinnvoll, möglichst schnell die **vorstrukturierende und damit arbeitserleichternde Wirkung** der verschiedenen Managementsysteme zur Marketingimplementierung zu nutzen.[115] Da allerdings Managementsysteme tendenziell zur Inflexibilität neigen, können sie bei dynamischen Umweltbedingungen, in denen sich fast alle ostdeutschen Unternehmen befinden, die personellen Defizite nur reduzieren, jedoch nicht vollständig kompensieren.

Die in den ehemaligen DDR-Unternehmen **vorhandenen Managementsysteme** (z.B. Organisationsstruktur, Planungs-, Kontroll- und Informationssysteme) mußten spätestens nach der Wirtschafts- und Währungsunion **vollständig umgestaltet** werden.[116] In den untersuchten privatisierten ostdeutschen Unternehmen wurden daher z.T. schon vor der endgültigen Übernahme umfangreiche Umstrukturierungen vorgenommen. Im Unternehmen B war z.B. die Organisationsstruktur im wesentlichen schon vor dem Kauf an die Struktur des westdeutschen Käufers angeglichen worden.

---

[112] Vgl. Wuppertaler Kreis e.V., Hrsg., a.a.O., S. 66 f.

[113] Krystek weist darauf hin, daß generell ein abrupter Wechsel des Führungsstils in akuten Krisensituationen auf Unverständnis und Akzeptanzprobleme stößt. Vgl. Krystek, U., Fallstricke auf dem Weg zu einer erfolgreichen Sanierung. Künstliche "Lebensverlängerung" und Kurieren an Symptomen, in: Blick durch die Wirtschaft, 5.07.1991, S. 7. Zimmer kommt deshalb auch zu dem Schluß, daß autoritäre Führung in ostdeutschen Unternehmen zur raschen Anpassung durchaus angemessen sein kann. Vgl. Zimmer, D., a.a.O., S. 7.

[114] Vgl. die Ausführungen in Abschnitt C. 2.3.

[115] Vgl. zu den verschiedenen Managementsystemen die Ausführungen in Abschnitt C. 2.2.

[116] Vgl. dazu auch Heeg, F.J., Dreusche von, S., a.a.O., S. 49 ff.; o.V., Informationsmanagement von Grund auf entwickeln. Den Unternehmen in der DDR fehlen wichtige Informationsquellen, in: Karriere, Nr. 36, 31.8.1990, S. K 4.

Sowohl im **Unternehmen A** als auch im **Unternehmen B** wurden innerhalb von wenigen Monaten sämtliche **Managementsysteme des westdeutschen Käuferunternehmens eingeführt.** Die Übernahme dieser erprobten Systeme hatte den Vorteil, daß zum einen adäquate Systeme eingeführt wurden und zum anderen der erforderliche Know-how-Transfer zur Nutzung der Systeme leicht möglich war. Für die Marketingimplementierung waren neben einer marktorientierten Organisationsstruktur hauptsächlich Markt- und Kundeninformationssysteme, Produktionsplanungssysteme zur termingerechten Auftragsauslieferung und Auftragskalkulationssysteme von Bedeutung. Schwierigkeiten bereitete vorwiegend die Einführung von Kostenrechnungssystemen zur exakten Vor- und Nachkalkulation von Aufträgen, da die hierfür erforderlichen innerbetrieblichen Strukturen noch nicht vorhanden waren, aber auch nicht ohne weiteres vom westdeutschen Käuferunternehmen übernommen werden konnten. Dennoch bereitete die Einführung der verschiedenen Managementsysteme in den privatisierten Unternehmen keine größeren Probleme.

Das **Treuhandunternehmen** konnte die erforderlichen Managementsysteme aufgrund finanzieller Restriktionen und wegen bestehender Know-how-Defizite nicht im gewünschten Umfang einführen. So war auch drei Jahre nach den ersten Umstrukturierungen die Organisationsstruktur nur partiell angepaßt worden. Die für die Marketingarbeit eingesetzten Informationssysteme waren ebenfalls noch nicht voll funktionsfähig. Da das Treuhandunternehmen bei der Einführung von Managementsystemen aufgrund interner Know-how-Defizite im wesentlichen auf externe Berater angewiesen war, konnte eine mit privatisierten Unternehmen vergleichbare Leistungsfähigkeit der Managementsysteme nicht oder erst zu einem wesentlich späteren Zeitpunkt sichergestellt werden.

4. Der Prozeß der Marketingimplementierung in ostdeutschen Unternehmen

Ergänzend zur im vorangegangenen Abschnitt E. 3 primär unter statischen Aspekten durchgeführten Analyse der Betrachtungsebenen der Marketingimplementierung soll nachfolgend der **Prozeß der Marketingimplementierung in ostdeutschen Unternehmen** untersucht werden. Die besondere Situation der ostdeutschen Unternehmen, die vielfach als **Krisensituation** bezeichnet werden muß[117/118], bedingt, daß die im

---

[117] Eine Unternehmenskrise liegt dann vor, wenn konkret eine Gefahr für den Fortbestand der gesamten Unternehmung oder für wesentliche, selbständige Teile der Unternehmung besteht. Vgl. Müller, R., a.a.O., S. 33. Vgl. auch Berg, C.C., Treffert, J.C., Die Unternehmenskrise - Organisatorische Probleme und Ansätze zu ihrer Lösung, in: Zeitschrift für Betriebswirtschaft, Nr. 6, 1979, S. 460.

Abschnitt D. diskutierten prozeßbezogenen Implementierungsvorgehen (Market-Back Ansatz, Organisationales Lernen) nicht oder nur in modifizierter Form einsetzbar sind.[119] Nachfolgend soll daher ein Vorgehen der Marketingimplementierung vorgestellt werden, das, abgeleitet aus den Analysen der Fallstudienunternehmen, für Krisensituationen einsetzbar ist.

4.1 Die Krisensituation ostdeutscher Unternehmen als situatives Umfeld der prozessualen Marketingimplementierung

Akute Unternehmenskrisen sind in erster Linie durch **erhöhten Zeitdruck und Entscheidungszwang** gekennzeichnet.[120] Unternehmenskrisen zeichnen sich speziell aus Mitarbeitersicht durch destruktive und in geringerem Maße durch konstruktive Aspekte aus. Als destruktive Wirkungen werden in bezug auf die betroffenen Mitarbeiter Arbeitsplatzverluste, Abbau freiwilliger sozialer Leistungen, Beeinträchtigung des beruflichen Vorwärtskommens sowie der Verlust sozialer Bindungen genannt.[121] Allerdings werden den Unternehmenskrisen auch konstruktive Wirkungen zugeschrieben. Demnach sind Unternehmenskrisen "...in der Lage, innovative Kräfte freizusetzen und ..., Widerstände gegen die Implementierung notwendiger Veränderungen abzubauen."[122]

Grundsätzlich kann eine Krise nur überwunden werden, wenn die krisenverursachenden Defizite beseitigt oder neutralisiert werden können. Die Marketingimplementierung muß daher in Krisensituationen so konzipiert werden, daß die unvermeidlich destruktiven Wirkungen möglichst schnell begrenzt und gleichzeitig die konstruktiven Wirkungen gefördert werden, so daß eine **Ausgangsbasis geschaffen werden kann**, von der aus sukzessive eine **vertiefende, längerfristig angelegte Marketingimplementierung** stattfinden kann. Problematisch ist insbesondere, daß - wie schon in Ab-

---

118 Vgl. zur Krisensituation in ostdeutschen Unternehmen Zanger, C., Unternehmenskrise und Produktentwicklung, a.a.O., S. 982; Schewe, G., Zanger, C., a.a.O., S. 95 f.; Backhaus, K., Hilker, J., Deutsch-deutsche Unternehmen: "Viel Lärm um Nichts?", in: Aßmann, G., Backhaus, K., Hilker, J., Hrsg., Deutsch-deutsche Unternehmen. Ein unternehmenskulturelles Anpassungsproblem, Stuttgart 1991, S. 16.

119 Vgl. hierzu auch Abschnitt D. 2.2.3.

120 Vgl. Krystek, U., Krisenbewältigungs-Management und Unternehmensplanung, Wiesbaden 1981, S. 41.

121 Unternehmensextern entstehen durch Unternehmenskrisen i.d.R. größere finanzielle Verluste bei den Kapitalgebern, Lieferanten, Kunden und dem Staat. Vgl. Witte, E., Die Unternehmenskrise - Anfang vom Ende oder Neubeginn?, in: Bratschitsch, R., Schnellinger, W., Hrsg., Unternehmenskrisen - Ursachen, Frühwarnung, Bewältigung, Stuttgart 1981, S. 16; Krystek, U., Krisenbewältigungs-Management und Unternehmensplanung, a.a.O., S. 43 ff.

122 Krystek, U., Krisenbewältigungs-Management und Unternehmensplanung, a.a.O., S. 52.

schnitt D. diskutiert wurde[123] - in Unternehmen, die sich in einer Krisensituation befinden, auf Verhaltensänderungen der Mitarbeiter abgestellte Organisationsentwicklungsmaßnahmen nur mit sehr wenig Erfolg eingesetzt werden können.[124] Geht man jedoch davon aus, daß Verhaltensänderungen bei Mitarbeitern erst dann eine nachhaltige Wirkung zeigen können, wenn die Streßsituation einer Unternehmenskrise weitgehend überwunden ist, kann **Marketingimplementierung daher während einer Krisensituation immer nur limitiert erfolgen.**[125] Konsequenterweise darf die in vielen ostdeutschen Unternehmen realisierte Sicherstellung der Arbeitsfähigkeit des Marketings nicht als vollständige Marketingimplementierung interpretiert werden, sondern ist lediglich als Vorphase einer anschließenden weitergehenden Marketingimplementierung zu verstehen. Abbildung 81 skizziert die Teilphasen und den Kerninhalt des Prozesses der Marketingimplementierung in der Krisensituation ostdeutscher Unternehmen.

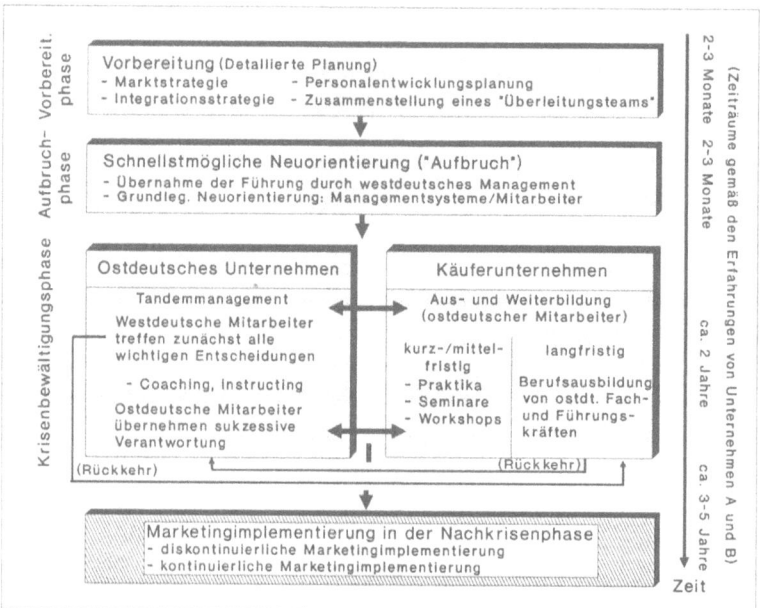

Abb. 81: Der Prozeß der Basis-Marketingimplementierung
ausgehend von der Krisensituation ostdeutscher Unternehmen

---

[123] Vgl. Abschnitt D. 2.2.3.

[124] Vgl. Rosenstiel von, L., a.a.O., S. 425.

[125] In der Literatur wird z.B. explizit betont, daß längerfristig angelegte Implementierungsprozesse nicht während umfangreicher Umstrukturierungsmaßnahmen oder dann, wenn solche Maßnahmen geplant oder erwartet werden, initiiert werden sollten. Vgl. Fox, R., a.a.O., S. 102.

Im Rahmen der Marketingimplementierung in ostdeutschen Unternehmen können grundlegend zwei Teilabschnitte unterschieden werden: die **Basis-Marketingimplementierung** bis zur Bewältigung der Unternehmenskrise, die bei effizientem Verlauf - aufgrund der Erkenntnisse der Fallstudienunternehmen - ca. 2 - 3 Jahre in Anspruch nimmt und dazu dient, überhaupt im marktwirtschaftlichen System eine Zukunftsperspektive zu haben, und die anschließende **Detail-Marketingimplementierung**, die erforderlich ist, um aus einem nach diesen 2 - 3 Jahren weiterhin eher unterdurchschnittlichen bis durchschnittlichen Unternehmen ein Unternehmen mit klaren Wettbewerbsvorteilen herauszubilden. Diese Detail-Marketingimplementierung kann nach dem in Abschnitt D. dargestellten Vorgehen realisiert werden und soll an dieser Stelle nicht weiter betrachtet werden. Das dort diskutierte Vorgehen des Market-Back Ansatzes ist für die Marketingimplementierung in den Krisensituationen der ostdeutschen Unternehmen wenig geeignet, da sein schrittweises partizipatives Vorgehen zu zeitaufwendig ist und der Ansatz zudem zumindest prinzipiell funktionierende Strukturen als Basis voraussetzt. Aus diesen Gründen soll im folgenden ein dreiphasiger Ansatz zur Basis-Marketingimplementierung in ostdeutschen Unternehmen vorgestellt werden, der auf dem Vorgehen der untersuchten Unternehmen beruht und im Kern eine **Vorbereitungs-, Aufbruch- und Krisenbewältigungsphase** umfaßt (vgl. Abbildung 81). Zentrales Kennzeichen des Prozesses der Basis-Marketingimplementierung in ostdeutschen Unternehmen ist, daß das gesamte Unternehmen von Beginn an in den Implementierungsprozeß einbezogen wird.

4.2 Die Teilphasen der Basis-Marketingimplementierung in ostdeutschen Unternehmen

Die folgenden Ausführungen betrachten explizit nur die Situation der privatisierten Unternehmen A und B, um über einen Vergleich Erkenntnisse über sinnvolleres und weniger sinnvolleres Vorgehen ableiten zu können.[126] Da Treuhandbetriebe ein grundsätzlich mit privatisierten Unternehmen vergleichbares Implementierungsniveau erreichen müssen, sie jedoch nicht die Hilfestellung eines Käuferunternehmens in Anspruch nehmen können, müssen Treuhandbetriebe diese Hilfestellungen über unternehmensexterne Berater und/oder die Rekrutierung von qualifizierten Mitarbeitern auszugleichen versuchen. Die hierfür erforderlichen finanziellen Ressourcen müssen von der Treuhandanstalt zur Verfügung gestellt werden.

---

[126] Dies ist insbesondere deshalb möglich, weil beide Unternehmen - wie schon erwähnt wurde - zum selben Zeitpunkt gleiche Voraussetzungen im gleichen situativen Umfeld zur Krisenbewältigung besitzen.

4.2.1 Die Vorbereitungsphase

In der Vorbereitungsphase zur Marketingimplementierung ist es erforderlich, daß eine **realistische Marktstrategie** und eine koordinierte Integrationsstrategie für das zukünftige ostdeutsche Tochterunternehmen entwickelt werden. Von besonderer Bedeutung ist hierbei eine umfassende **Personalentwicklungsplanung**, da die Aus- und Weiterbildung sowie Verhaltensanpassungen der ostdeutschen Mitarbeiter - wie schon ausgeführt wurde - die schwierigste und langwierigste Marketingimplementierungsaufgabe darstellen.[127]

Erfolgt die Marketingimplementierung im Zusammenhang und parallel mit der Integration des ostdeutschen Unternehmens in die Strukturen des Käuferunternehmens, ist es sinnvoll - wie schon erwähnt wurde -, ein aus qualifizierten westdeutschen Mitarbeitern bestehendes, **fest benanntes Projektteam** - das vom Unternehmen A als "Überleitungsteam" bezeichnet wurde - zu bilden. Die Mitarbeiter des Teams koordinieren alle Vorbereitungen (u.a. auch zur Marketingimplementierung) und übernehmen später im ostdeutschen Unternehmen Führungs- und Fachaufgaben. Wann immer möglich, sollten Mitarbeiter des Zielunternehmens schon vor dem Vertragsabschluß in die Planungen einbezogen werden. Nur so kann durch die Identifikation potentieller Problemfelder sachgerecht geplant werden.[128] Die Basis für den schnellen Integrationserfolg ist nach übereinstimmender Meinung der Literatur die Qualität des Integrationsmanagements, die hauptsächlich durch die **Qualifikation der einbezogenen Manager** determiniert wird.[129] In diesem Zusammenhang wird gefordert, daß die Führungskräfte, die in dem gekauften ostdeutschen Unternehmen eingesetzt werden, sorgfältig auszuwählen und im Hinblick auf soziale und kommunikative Fähigkeiten wie bei einem Auslandseinsatz vorzubereiten sind.[130] Zum Anforderungsprofil von Fach- und Führungskräften, die in ostdeutschen Unternehmen agieren sollen, hat sich eine intensive Diskussion entwickelt. Dabei wurde speziell auf soziale Eigenschaften wie Einfühlungsvermögen, Rücksichtnahme, Verständnis, Engagement und Mitarbei-

---

[127] Vgl. die Ausführungen in Abschnitt E. 3.5.

[128] Vgl. auch Müller-Stewens, G., Zappei, L., Vanselow, J., M & A in Ostdeutschland. Integration von Akquisitionen in den neuen Bundesländern. Teil 4. Intensive Vorbereitung und frühzeitiges Festlegen der Strategie notwendig, in: Handelsblatt, 9.3.1992, S. 24. Vgl. grundsätzlich zur Bildung von Teams und Task Forces bei der Krisenbewältigung von Unternehmen Müller, R., a.a.O., S. 481 ff.

[129] Vgl. Haspeslagh, P.C., Jemison, D.B., a.a.O., S. 233 ff.; Krystek, U., Unternehmenskultur und Akquisition, a.a.O., S. 556 ff.

[130] Vgl. Scherm, E., a.a.O., S. 190; Gaulhofer, M., Staehle, W.H., Deutsch-deutsche Unternehmenskooperationen der Ersten Stunde. Ergebnisse einer empirischen Analyse, in: Aßmann, G., Backhaus, K., Hilker, J., Hrsg., Deutsch-deutsche Unternehmen. Ein unternehmenskulturelles Anpassungsproblem, Stuttgart 1991, S. 297; Stratemann, I., a.a.O., S. 110 f.

termotivation abgestellt.[131] Unter Berücksichtigung der wirtschaftlich schwierigen Situation vieler ostdeutscher Unternehmen reichen die angeführten, eher sozial orientierten Eigenschaftsdimensionen häufig nicht aus. In der Literatur wird daher das **Anforderungsprofil**, das an einen **Krisenmanager** gestellt werden muß, als erforderliches Anforderungsprofil für Manager, die in ostdeutschen Unternehmen erfolgreich agieren wollen, vorgeschlagen.[132] Das Ideal-Anforderungsprofil ist allerdings sehr anspruchsvoll und kann vermutlich nur von wenigen Managern voll erfüllt werden. In der Literatur wird jedoch betont, daß z.B. Rücksichtnahme, Vertrauensseligkeit und Emotionalität keine erfolgsdeterminierenden Eigenschaften von Krisenmanagern sind. Krisenmanager, die in ostdeutschen Unternehmen erfolgreich agieren wollen, müssen Entscheidungen vielmehr gleichzeitig **vertrauensbildend** und **motivierend**, aber auch **konsequent** und **möglichst schnell durchsetzen.**[133]

Fehlende oder verspätet zur Verfügung gestellte finanzielle und personelle Ressourcen können den Krisenbewältigungsprozeß und damit auch die Basis-Marketingimplementierung stoppen oder verlangsamen. Untersuchungen konnten zeigen, daß bei Übernahme ostdeutscher Unternehmen häufig der Sanierungsbedarf und damit die Ressourceninanspruchnahme sowie der Zeitbedarf (bei ca. 40 Prozent der Übernahmen) unterschätzt wurden.[134] Daher ist es zudem von besonderer Bedeutung, daß in der Vorbereitungsphase die benötigten finanziellen und personellen Ressourcen möglichst realistisch eingeschätzt werden.[135]

---

[131] Vgl. Heckel, M., Mitarbeiterführung: Im Osten ist vor allem Sensibilität gefragt. Seelen sanieren, in: Wirtschaftswoche, Nr. 12, 15.3.1991, S. 56 f.; Barth, S., Frey, D., Neue Länder. Beim Aufbau Grundsätze der Organisationspsychologie beachten - Barrieren im Kopf überwinden. Plädoyer für mehr Entscheidungstransparenz, in: Handelsblatt, 5.8.1991, S. 12; Kienbaum und Partner, Hrsg., Anforderungsprofil einer westlichen Führungskraft für die DDR, Gummersbach 1990, S. 19; o.V., Für den Aufbruch werden Manager mit Einfühlungsvermögen gesucht, in: Frankfurter Allgemeine Zeitung, 10.09.1990, S. 18; Hochstätter, D., Führungskräfte: Schwierige Kooperation. 5 zu 1 gegen den Wessi, in: Wirtschaftswoche, Nr. 43, 18.10.1991, S. 42 ff.

[132] Vgl. hierzu und im folgenden Töpfer, A., Managementqualifikation in den neuen Bundesländern, a.a.O., S. 27 f.

[133] Bungard konnte im Rahmen von Feldforschungen in ostdeutschen Unternehmen feststellen, daß sowohl sogenannte "Karrieristen", die ostdeutsche Empfindlichkeiten ignorieren, als auch sogenannte "Moralisten", die unter dem "Helfersyndrom" (Ihr müßt mir doch dankbar sein!) leiden, Probleme bei ihrer Tätigkeit in ostdeutschen Betrieben besitzen, da die ostdeutschen Mitarbeiter fast immer zwischen Opportunismus, grenzenloser Dankbarkeit, Enttäuschungen, Demütigungen und angestauten Aggressionen schwanken. Bungard plädiert deshalb dafür, verborgene Konfliktherde offenzulegen und den Integrationsprozeß möglichst zweiseitig zu gestalten. Vgl. Bungard, W., a.a.O., S. 17 f.

[134] Vgl. Kokalj, L., Richter, W., a.a.O., S. 134 ff.

[135] Die richtige Dimensionierung von Sanierungen wird als ein zentrales Problem der erfolgreichen Krisenbewältigung diskutiert. Vgl. Krystek, U., Gefahren bei der Rettung von Unternehmungen: Woran Sanierungen scheitern können, in: Zeitschrift Führung und Organisation, Nr. 5, 1991, S. 336; Krystek, U., Fallstricke auf dem Weg zu einer erfolgreichen Sanierung, a.a.O., S. 7.

Auch die Untersuchungen der Fallstudienunternehmen ergaben, daß die im Vergleich zum Unternehmen B deutlich intensivere Integrationsvorbereitung des Unternehmens A schneller zur Krisenbewältigung beitrug. Beispielsweise stand sofort nach der Übernahme eine ausreichende Anzahl westdeutscher Mitarbeiter zur Verfügung, um die Marketingimplementierung einzuleiten. Ferner lagen relativ bald nach der Übernahme ausgearbeitete Personalentwicklungspläne vor. Bei Unternehmen B wurden viele der in Unternehmen A durchgeführten Maßnahmen mit ca. 6 - 12-monatiger Zeitverzögerung und z.T. wesentlich weniger geplant durchgeführt, was auch eine entsprechende Verzögerung bei der Marketingimplementierung bedingte.

4.2.2 Die Aufbruchphase

Ziel der Aufbruchphase ist es, aufgrund der i.d.R. großen Defizite der ostdeutschen Unternehmen in möglichst kurzer Zeit das gesamte Unternehmen im Hinblick auf seine Managementsysteme und personellen Ressourcen neu zu orientieren. Die Aufgabe des "Überleitungsteams" besteht in dieser Phase darin, im Unternehmen eine **"Aufbruchstimmung"** zu erzeugen, so daß möglichst schnell allen Mitarbeitern bewußt wird, daß ein **Festhalten an alten Strukturen und Verhaltensweisen unzweckmäßig bzw. unmöglich** ist. Gleichzeitig muß den Mitarbeitern verdeutlicht werden, welche Ziele (marktorientiertes Verhalten) anvisiert werden, welche Maßnahmen zur Marketingimplementierung grundsätzlich eingesetzt werden und welcher Beitrag von jedem einzelnen in diesem Zusammenhang erwartet und verlangt wird.

Von zentraler Bedeutung ist, daß in der Aufbruchphase eine möglicherweise vorhandene **Beharrungstendenz** einzelner Mitarbeiter oder Mitarbeitergruppen überwunden werden kann. Die Problematik des Beharrens auf Verhaltensweisen/Einstellungen, die in der Vergangenheit relevant waren, wird häufig bei Menschen in Krisensituationen beobachtet.[136] Die Beharrung führt i.d.R. zum Scheitern der individuellen Krisenbewältigung. Aufgabe des westdeutschen Managements in ostdeutschen Unternehmen ist es daher, diesen destruktiven Verlauf der Krisenbewältigung (Festhalten am planwirtschaftlichen Denken) zu verhindern und stattdessen den konstruktiven Verlauf (Entwicklung des marktorientierten Denkens und Handelns) zu fördern.

Bei Übernahmen sollte als eine der ersten Maßnahmen verdeutlicht werden, daß nunmehr das Management des Käuferunternehmens die Unternehmensführung verantwortlich übernimmt. In diesem Zusammenhang muß überprüft werden, in welcher Form die ostdeutschen Führungskräfte in die Unternehmensführung eingebunden werden. Die Auswahl der Mitarbeiter, die für Marketingaufgaben verantwortlich sein

---

[136] Vgl. Krystek, U., Unternehmenskultur und Akquisition, a.a.O., S. 552 ff.

sollen, muß von im marktwirtschaftlichen Umfeld erfahrenen qualifizierten Mitarbeitern vorgenommen werden, da nur sie das erforderliche Anforderungsprofil kennen. **Nachhaltig bremsende Mitarbeiter sollten schnellstmöglich von ihren Aufgaben entbunden werden,** da mit diesen Mitarbeitern kein erfolgreiches Agieren in der Zukunft möglich ist. Dies gilt in erster Linie für Führungskräfte, welche die Unternehmenspolitik des Käuferunternehmens nicht mittragen, andere Mitarbeiter negativ beeinflussen oder von der Belegschaft abgelehnt werden. Andererseits sollten vom westdeutschen Management möglichst schnell diejenigen ostdeutschen Führungskräfte ausgewählt, offen bestätigt und unterstützt werden, mit denen in Zukunft weiter zusammengearbeitet werden soll.

Neben Personalentscheidungen dokumentierten auch eine schnelle Übernahme des westdeutschen Firmennamens, der gesamten Corporate Identity und der Büroausstattung einen deutlich nach außen sichtbaren Wandel. Die Beobachtungen in den beiden privatisierten Fallstudienunternehmen haben gezeigt, daß ein großer Teil der ostdeutschen Mitarbeiter deutlich sichtbare Maßnahmen befürworteten bzw. sie sogar erwarteten.

Es empfiehlt sich, **zu Beginn der Neuorientierung** - in der Aufbruchphase - im ostdeutschen Unternehmen **nach der sogenannten "Bombenwurfstrategie"**[137] **zu verfahren** und wesentliche Determinanten der zukünftigen Unternehmensführung schnellstmöglich nach den Vorstellungen des Käuferunternehmens umzusetzen.[138] Die Bombenwurfstrategie verzichtet dabei weitgehend auf eine Partizipation der Betroffenen und wird daher i.d.R. als unangemessenes Implementierungsvorgehen eingestuft.[139] Allerdings machen **zeitliche Restriktionen** i.d.R. in ostdeutschen Unternehmen einen **langwierigen Abstimmungsprozeß unmöglich.** Zudem haben Untersuchungen gezeigt, daß u.a. dann auf eine Partizipation der Betroffenen verzichtet werden kann, wenn:[140]

- die **Entscheider besser informiert** sind als die Betroffenen; d.h. die Betroffenen können die Entscheidung nicht oder nur unwesentlich verbessern.

---

[137] Bei der Strategie des Bombenwurfs wird ein Grobkonzept schlagartig und relativ unwiderruflich in Kraft gesetzt. Vgl. zur Strategie des "Bombenwurfs" Kirsch, W., Esser, W.M., Gabele, E., a.a.O., S. 180 ff.

[138] Die Anwendung der Bombenwurfstrategie bei der Übernahme von ostdeutschen Unternehmen wird in der Literatur nicht einheitlich beurteilt. Vgl. zur Ablehnung Töpfer, A., Managementqualifikation in den neuen Bundesländern, a.a.O., S. 48 f. Vgl. zur Zustimmung Zimmer, D., a.a.O., S. 7.

[139] Vgl. z.B. Kolks, U., a.a.O., S. 226.

[140] Vgl. Vroom, V.H., Jago, A.G., a.a.O., S. 95 ff.

- eine **Akzeptanz der Maßnahmen auch ohne Partizipation** zu erwarten ist.

- erwartet werden kann, daß die **Ziele der Betroffenen** mit denen derjenigen, die die Veränderungen einführen wollen, **nicht übereinstimmen.**

- mit **Konflikten** zwischen den Betroffenen gerechnet werden muß.

Tendenziell ist davon auszugehen, daß zumindest die ersten beiden situativen Faktoren bei der Integration ostdeutscher Unternehmen von Bedeutung sind. Es muß davon ausgegangen werden, daß zum Zeitpunkt der Übernahme das Management des marktwirtschaftlich erfahrenen Käuferunternehmens besser über die Erfordernisse der Unternehmensführung im marktwirtschaftlichen Umfeld informiert ist und ein großer Teil der **ostdeutschen Mitarbeiter grundlegende Entscheidungen** des westdeutschen Managements aus Überzeugung oder persönlichen Zwängen **akzeptiert,** da viele Mitarbeiter der Übernahme durch einen westlichen Käufer relativ positiv gegenüberstehen.

Die Untersuchungen haben gezeigt, daß es grundsätzlich für den Anpassungsprozeß förderlich ist, die betroffenen ostdeutschen Mitarbeiter, wann immer möglich, in den Entscheidungsprozeß zu integrieren. Falls dies nicht möglich ist, sollten die Entscheidungen auf jeden Fall argumentativ begründet werden. In den untersuchten Fallstudienunternehmen hat es sich allerdings als **sehr sinnvoll** erwiesen, insbesondere bei Personalentscheidungen (z.B. Entlassungen, Umsetzungen, Lohn- und Gehaltseingruppierungen) und Fragen des betrieblichen Ablaufs (z.B. Arbeitszeiten) die **Erfahrungen und Kenntnisse ostdeutscher Mitarbeiter bei der Entscheidungsfindung zu berücksichtigen.**

Wie schon die Vorbereitungsphase war auch die Aufbruchphase im Unternehmen A wesentlich detaillierter geplant worden. Gleich zu Beginn der Übernahme wurden viele Führungspositionen durch westdeutsche Manager besetzt, und in allen Bereichen wurden sehr schnell massive Umstrukturierungen vorgenommen. Bei Unternehmen B gab es keine vergleichweise abgrenzbare Aufbruchphase, da die Umstrukturierungen eher sukzessive über einen Zeitraum von ca. zwei Jahren - parallel mit der Krisenbewältigung - erfolgten. Somit waren während des gesamten Zeitraums Umstrukturierungen erforderlich, die auch zum Ende des Untersuchungszeitraums (März 1993) noch nicht abgeschlossen waren. Der entscheidende Grund für das sukzessive Vorgehen war, daß ursprünglich eine weitgehende Unabhängigkeit des ostdeutschen Unternehmens vom Käuferunternehmen angestrebt wurde, welche sich jedoch im Zeitablauf als nicht sinnvoll erwiesen hat.

4.2.3 Die Krisenbewältigungsphase

Nachdem in der Aufbruchphase die Grundlagen der zukünftigen Unternehmensführung neu definiert worden sind und damit grundlegend geklärt ist, welches Ziel mit welchen Strukturen und Mitarbeitern erreicht werden soll, muß in einer längeren, ca. zweijährigen Phase der Krisenbewältigung zum einen die **Arbeitsfähigkeit des ost-deutschen Unternehmens unabhängig von permanenter Unterstützung durch das Käuferunternehmen sichergestellt** werden, zum anderen müssen die **Voraussetzungen** für die zukünftige Herausbildung eines international **wettbewerbsfähigen (marktorientierten) Unternehmens** geschaffen werden. Die Phase der Krisenbewältigung ist mit zwei Jahren relativ lang bemessen. Dennoch ist dieser Zeitrahmen, wie die Erfahrungen und Beobachtungen in den Unternehmen A und B gezeigt haben, mindestens erforderlich, um einen mit westdeutschen Unternehmen annähernd vergleichbaren Marketingimplementierungsgrad realisieren zu können, wobei allerdings der Implementierungsfortschritt des Unternehmens A gegenüber Unternehmen B durch einen wesentlich umfangreicheren westdeutschen Personaleinsatz und umfangreicherer Ausbildungsmaßnahmen im Untersuchungszeitraum deutlich größer war. Der Zeitrahmen ist in erster Linie für die **Steigerung der Leistungsfähigkeit der ostdeutschen Mit-arbeiter** erforderlich. Die Voraussetzung, damit dieser Zeitrahmen eingehalten werden kann, ist, daß zum einen in ausreichendem Maße qualifizierte Führungs- und Fachkräfte im ostdeutschen Unternehmen zur Verfügung stehen und zum anderen das Käuferunternehmen die Aus- und Weiterbildung der ostdeutschen Mitarbeiter unterstützt.[141]

Die Beobachtungen und Befragungen in den ostdeutschen Unternehmen haben ergeben, daß in allen Fallstudienunternehmen die **Gefahr des vorzeitigen Abbruchs von Anpassungsmaßnahmen** bestand. Zu jedem Untersuchungszeitpunkt wurden von nahezu allen Befragten die schon realisierten Anpassungserfolge hervorgehoben. Häufig wurde betont, daß die Anpassung - bis auf Kleinigkeiten - abgeschlossen sei. Indirekt wurde jedoch oft deutlich, daß die Erklärung des Abschlusses der Anpassungen eher eine politische Aussage war. Die Integration sollte nach außen - gegenüber der Öffentlichkeit - und nach innen - gegenüber anderen Unternehmensteilen - als erfolgreich und abgeschlossen erklärt werden. Häufig wurde ein unternehmensinterner Wettbewerb sichtbar. Die ostdeutschen Unternehmen wollten sich gegenüber dem westdeutschen Käuferunternehmen als gleichwertig verstanden wissen. Diese Darstellung hat auf der einen Seite eindeutig positive Wirkungen auf das Selbstvertrauen der Mitarbeiter im ostdeutschen Unternehmen, auf der anderen Seite besteht jedoch die Gefahr der Selbstüberschätzung.

---

[141] Vgl. im einzelnen zu den verschiedenen Maßnahmen die Ausführungen in Abschnitt E. 3.5.

Es ist wichtig, darauf hinzuweisen, daß die erfolgreiche Bewältigung der Unternehmenskrise nur der erste Schritt zur Erlangung der Wettbewerbsfähigkeit ist (Basis-Marketingimplementierung) und somit auch in Zukunft weitere, z.T. umfangreiche Maßnahmen zur Marketingimplementierung erforderlich sind.[142]

5. Zusammenfassung der Erkenntnisse zur Marketingimplementierung in ostdeutschen Unternehmen

Die Ausführungen konnten zeigen, daß Marketingimplementierung ein zentrales Problem ostdeutscher Unternehmen darstellt, das allerdings für viele ostdeutsche Unternehmen untrennbar mit der Integration in die Strukturen eines Käuferunternehmens verbunden ist. Da es sich bei praktisch allen Akquisitionen um sogenannte Absorptionsakquisitionen handelt, in deren Rahmen es sinnvoll ist, daß sich das gekaufte Unternehmen vollständig oder weitgehend an die Strukturen und das Verhalten des Käuferunternehmens angleicht, dient das **Käuferunternehmen** bei der Marketingimplementierung ostdeutscher Unternehmen als "**Internal Benchmark**". D.h., daß das primäre Ziel der Marketingimplementierung häufig darin besteht, in den ostdeutschen Unternehmen ein weitgehendes Abbild der Verhältnisse des Käuferunternehmens zu schaffen.

Die Untersuchungen in den drei Fallstudienunternehmen haben ergeben, daß aufbauend auf einer tragfähigen **Marktstrategie** die **Individualebene** der Marketingimplementierung, d.h. die Fähigkeiten und das Verhalten der Mitarbeiter, als zentraler Problembereich einzustufen ist. Die marktorientierte **Unternehmenskulturanpassung** in Form der Kulturassimilation bei privatisierten Betrieben konnte demgegenüber - weitgehend im Widerspruch zur Literaturmeinung - **nicht als sehr problematisch klassifiziert werden**. Als maßgeblicher Grund hierfür konnte die relativ große Anpassungsbereitschaft der ostdeutschen Mitarbeiter identifiziert werden. Allerdings zeigte das Beispiel des Treuhandunternehmens, daß eine selbständige Kulturentwicklung aufgrund eines fehlenden Vorbildes und fehlender Erfahrung relativ schwierig und langwierig ist. Da im Untersuchungszeitraum mitarbeiterbezogene Qualifizierungsmaßnahmen dominierten, wurde der Gruppenebene der Marketingimplementierung, d.h. der **funktionsübergreifenden Zusammenarbeit**, relativ wenig Beachtung geschenkt. Die marktorientierte Ausrichtung der **Managementsysteme** war zumindest in den privatisierten Unternehmen eine "Sofortmaßnahme" und konnte - durch Übernahme der westdeutschen Managementsysteme - im wesentlichen problemlos bewältigt werden.

---

[142] Vgl. dazu die Ausführungen in Abschnitt D.

Beim Vergleich der beiden untersuchten Unternehmen A und B kann der **Marketing-implementierungsprozeß des Unternehmens A** als nahezu idealtypisch angesehen werden und kann daher als **Vorbild für ein Vorgehen zur Marketingimplementierung** in ostdeutschen Unternehmen dienen.[143] Das Vorgehen des Unternehmens A zeichnete sich in erster Linie durch ein detailliert geplantes und durchgeführtes Vorgehen aus. Es standen i.d.R. zu jedem Zeitpunkt die erforderlichen personellen und finanziellen Ressourcen sowohl im ostdeutschen als auch im westdeutschen Unternehmen zur Verfügung. Durch die klaren Vorgaben gab es von Beginn an keine wesentlichen Diskussionen oder Meinungsverschiedenheiten über die Aufgaben und Zielsetzungen des ostdeutschen Unternehmens, so daß alle betroffenen Mitarbeiter frühzeitig wußten, was von ihnen zukünftig verlangt würde. Durch die anfänglich massiven Umstrukturierungen konnte nach relativ kurzer Zeit eine vergleichsweise gefestigte Ausgangsbasis für die weitere Marketingimplementierung geschaffen werden. Im Unternehmen B war dies aufgrund eines sukzessiveren Vorgehens und nur geringerer personeller und finanzieller Ressourcen nicht in der Form möglich, so daß hier im selben Zeitraum kein vergleichbarer - allerdings auch nicht dramatisch niedrigerer - Marketingimplementierungsgrad erreicht werden konnte. Das Treuhandunternehmen konnte aufgrund weitgehend fehlender personeller und finanzieller Ressourcen im Untersuchungszeitraum nur sehr begrenzte Fortschritte bei der Krisenbewältigung und der Marketingimplementierung erzielen und ist im erreichten Marketingimplementierungsgrad nicht mit den privatisierten Unternehmen vergleichbar.

In Abbildung 82 sind die zentralen Erkenntnisse zu den fünf Betrachtungsebenen der Marketingimplementierung in bezug auf die drei Fallstudienunternehmen noch einmal im Überblick zusammengefaßt.

---

[143] Dieses Vorgehen ist in erster Linie für die im Rahmen dieser Arbeit untersuchten ostdeutschen Unternehmen, die internationaler Konkurrenz ausgesetzt sind und ihre Leistung international vermarkten müssen, angemessen. Inwiefern unter anderen Bedingungen eventuell auch andere Vorgehensweisen sinnvoll oder sogar erfolgversprechender sind, muß in weiteren Untersuchungen überprüft werden. Auch ist dieses Vorgehen nicht auf die Integration von Unternehmen im marktwirtschaftlichen Umfeld ohne weiteres übertragbar, da übernommene Unternehmen hier im Unterschied zu ostdeutschen Unternehmen üblicherweise Ressourcenpotentiale (z.B. Leistungsangebot, Kundenbeziehungen) besitzen, die durch eine Übernahme gewahrt werden müssen.

Betrachtungsebenen	Unternehmen A	Unternehmen B	Treuhandunternehmen
Marktstrategie *(Unternehmens-Umwelt-Ebene)* (Basis der Marketingimplementierung)	• begrenzt auf NBL • integriert in die Gesamt-strategie des Käufer-unternehmens	• begrenzt auf NBL und einige Auslandsmärkte (z.B. GUS) • zunächst relativ eigen-ständige Marktstrategie, später wie Unternehmen A	• Vorbereitung der Privatisierung
Unternehmenskultur *(Gesamt-Unternehmensebene)* (relativ unproblematisch)	• schnellstmögliche Kultur-assimilation • detailliert geplantes Inte-grationsmanagement • massiver Einsatz west-deutscher Mitarbeiter • sofortige Übernahme des Firmennamens des Käufers; Herstellung gleicher Arbeitsverhältnisse (Büros)	• zunächst Kultursynthese angestrebt; später Kultur-assimilation • wenig straff geplantes Integrationsmanagement, • Einsatz von westdeutschen Mitarbeitern in ausgewählten Positionen • erst spätere Übernahme des Firmennamens des Käufers; Herstellung gleicher Arbeitsverhältnisse (Büros)	• weitgehend eigenständige Kulturentwicklung • nur eine westdeutsche Führungskraft als Vorbild zur Entwicklung einer markt-orientierten Unternehmens-kultur • Einsatz von Personalberatern
Funktionsübergr. Zusammenarbeit *(Gruppenebene)*	• Kommunikationsprobleme	• Kommunikationsprobleme	• Kommunikationsprobleme
Fähigkeiten und Verhalten der Mitarbeiter *(Individualebene)* (relativ problematisch)	• weitestmöglicher Einsatz anforderungssenkender Maßnahmen - Begrenzung der Marktstra-tegie auf neuen Bundesländer - Verlagerung von Marketing-aufgaben in das Käuferunter-nehmen - massive Unterstützung durch westdeutsche Führungskräfte • massiver Einsatz von Qualifi-zierungsmaßnahmen	• weitestmöglicher Einsatz anforderungssenkender Maßnahmen - Begrenzung der Marktstra-tegie auf neuen Bundesländer - Verlagerung von Marketing-aufgaben in das Käuferunter-nehmen - begrenzte Unterstützung durch westdeutsche Führungskräfte • begrenzter Einsatz von Qualifizierungsmaßnahmen	• Einsatz anforderungs-senkender Maßnahmen nur sehr begrenzt möglich • finanzielle Engpässe begrenzen die Qualifizierungs-möglichkeiten (Einsatz von Personalberatern)
Managementsysteme (unproblematisch)	• schnellstmögliche Über-nahme aller Management systeme des westdeutschen Käuferunternehmens	• sukzessive Übernahme aller Managementsysteme des westdeutschen Käufer-unternehmens	• finanzielle Engpässe und know-how Defizite begrenzen den Einsatz von Managementsystemen

Abb. 82: Zentrale Erkenntnisse aus den Fallstudienunternehmen in bezug auf die Betrachtungsebenen der Marketingimplementierung

Aufgrund der relativ **geringen Widerstände der ostdeutschen Mitarbeiter gegenüber Veränderungen** und der aufgrund der Krisensituation gleichzeitigen Notwendigkeit zu schnellen Veränderungen ist es sinnvoll, **möglichst schnell die erforderlichen Maßnahmen** zur Marketingimplementierung durchzuführen, d.h., daß das Teilproblem "Wollen" nicht das zentrale Problem der Marketingimplementierung in ostdeutschen Unternehmen ist. Problematisch sind vielmehr die Teilprobleme **"Kennen/ Verstehen"** und **"Können"**, deren Ursachen in erster Linie in Know-how-, Verhaltens- und Erfahrungsdefiziten eines Großteils der ostdeutschen Mitarbeiter begründet sind.

Grundsätzlich ist daher davon auszugehen, daß die Geschwindigkeit, mit der Marketing in ostdeutschen Unternehmen implementiert werden kann, in einem positiven Abhängigkeitsverhältnis zu der Zahl der für das ostdeutsche Unternehmen **zur Verfügung stehenden qualifizierten (Problem: Kennen/Verstehen) und marktwirtschaftlich erfahrenen (Problem: Können) Mitarbeiter** steht. Aufgrund dieses Anforderungsprofils stammten die Mitarbeiter in den Fallstudienunternehmen ausnahmslos aus Westdeutschland; sie könnten jedoch prinzipiell auch aus anderen marktwirtschaftlich geprägten Regionen stammen. Ostdeutsche Mitarbeiter weisen zumindest Erfahrungsdefizite auf und können daher tendenziell erst mittel- bis langfristig für anspruchsvolle Umstrukturierungsaufgaben verantwortlich eingesetzt werden.

Käuferunternehmen, die nicht dazu in der Lage sind, relativ viele qualifizierte (westdeutsche) Mitarbeiter in das ostdeutsche Unternehmen abzustellen, müssen davon ausgehen, daß tendenziell nur eine **zeitlich gestreckte Marketingimplementierung** möglich ist. Es besteht in diesem Fall die Gefahr, daß die angestrebte Leistungsfähigkeit erst später erreicht wird.[144] Andererseits kann auch bei ausreichend vorhandenen, qualifizierten Mitarbeitern durch Fehleinschätzungen der Marktentwicklungen, aber auch durch sonstige dysfunktionale Entwicklungen, z.B. unangemessenem Führungsstil und fehlendem Kapital, die Marketingimplementierung verzögert werden. Das Fallbeispiel des Treuhandbetriebes hat zudem gezeigt, daß i.d.R. eine **Mindestanzahl** von mit Durchsetzungsautorität ausgestatteten qualifizierten (westdeutschen) Mitarbeitern erforderlich ist, damit die Entwicklung einer marktorientierten Unternehmenskultur nicht auf einem unangemessen niedrigen Niveau verharrt.

In Abbildung 83 sind die identifizierten zentralen **Aspekte einer idealtypischen Marketingimplementierung in ostdeutschen Unternehmen,** die dem nationalen oder internationalen Wettbewerb ausgesetzt sind, im Überblick zusammengefaßt.

---

[144] Vgl. Haspeslagh, P.C., Jemison, D.B., a.a.O., S. 187 ff. Staehle, Gaulhofer und Sydow konnten für Kooperationen mit ostdeutschen Unternehmen bestätigen, daß die Erfolgswahrscheinlichkeit mit einer hohen Prozeßgeschwindigkeit positiv korreliert. Vgl. Staehle, W.H., Gaulhofer, M., Sydow, J., Probleme bei der Kooperation von ost- und westdeutschen Unternehmungen, Eschborn 1991, S. 64 f.

Betrachtungsebenen der Marketingimplementierung

Marktstrategie
- Da die Entwicklung einer langfristig tragfähigen Marktstrategie die Basis für die Marketingimplementierung darstellt, gilt es, schnellstmöglich eine realistische Marktstrategie zu entwickeln.

Unternehmenskultur
- Obwohl die DDR-Unternehmenskulturen für eine marktorientierte Unternehmensführung vollständig ungeeignet waren, bereitet der Anpassungsprozeß aufgrund der relativ großen Anpassungsbereitschaft der ostdeutschen Mitarbeiter relativ geringe Probleme.
- Für privatisierte Betriebe, die internationalem Wettbewerb ausgesetzt und an ein westdeutsches Unternehmen verkauft worden sind, ist i.d.R. eine schnellstmögliche Kulturassimilation sinnvoll.
- Die Kulturentwicklung der Treuhandbetriebe sollte aufgrund der Know-how- und Erfahrungsdefizite vieler ostdeutscher Mitarbeiter nicht vollkommen selbständig erfolgen.

Funktionsübergreifende Zusammenarbeit
- In erster Linie treten Kommunikationsdefizite auf, die zum einen aufgrund der Umstrukturierungen, zum anderen auch aufgrund der wenig offenen Kommunikation in der DDR-Vergangenheit resultieren.

Fähigkeiten und Verhalten der Mitarbeiter
- Know-how-, Verhaltens- und insbesondere Erfahrungsdefizite stellen das zentrale Problem der Marketingimplementierung in ostdeutschen Unternehmen dar.
- Es existieren relativ wenige ostdeutsche Führungskräfte, die für Marketingaufgabenstellungen besonders geeignet sind.
- Als Reaktion sollten zunächst alle Möglichkeiten der anforderungssenkenden Maßnahmen ausgenutzt werden. Hierzu gehören in erster Linie:
  - Begrenzung der Marktstrategie auf die NBL sowie bestimmte, schon früher bearbeitete Auslandsmärkte;
  - Verlagerung von Marketingaufgaben in das Käuferunternehmen; Ausgliederung des Vertriebs in Vertriebsniederlassungen, die unabhängig vom ostdeutschen Unternehmen agieren;
  - Unbefristete und befristete Einstellung von qualifizierten und erfahrenen Mitarbeitern.
- Gleichzeitig sollten umfassende Qualifizierungsmaßnahmen geplant und durchgeführt werden.
- Ostdeutsche Mitarbeiter sollten im Rahmen des "Tandem-Managements" sukzessive auf Aufgaben vorbereitet werden. Überforderungen der ostdeutschen Mitarbeiter und Mißerfolge sind zu vermeiden.

Managementsysteme
- Schnellstmögliche Einführung aller für die marktorientierte Unternehmensführung erforderlichen Managementsysteme. Dabei ist es sinnvoll, praxiserprobte Lösungen einzuführen, mit denen im Käuferunternehmen schon Erfahrungen gesammelt worden sind.

Prozeß der Marketingimplementierung

Grundsätzlich
- Die Krisensituation der ostdeutschen Unternehmen reduziert die Wirkung von Personal- und Organisationsentwicklungsmaßnahmen. Daher ist zunächst nur eine Basis-Marketingimplementierung möglich.
- Marketingimplementierung kann aufgrund der bestehenden Defizite nicht sukzessive, sondern muß unternehmensweit gleichzeitig und schnell erfolgen.

Vorbereitungsphase
- Detaillierte Planung der Marktstrategie, der Integration und der Personalentwicklung;
- Zusammenstellung eines Projektteams mit erfahrenen und qualifizierten Mitarbeitern (Krisenmanagern) für die Marketingimplementierung.

Aufbruchphase
- Grundlegende Neuorientierung durch "Bombenwurfstrategie";
- Aufbrechen von Beharrungstendenzen.

Krisenbewältigungsphase
- Sicherstellung der Arbeitsfähigkeit durch Einsatz von qualifizierten und erfahrenen Mitarbeitern;
- Achten auf zu frühzeitiges Abbrechen der Marketingimplementierung;
- Schaffung einer Basis für die anschließende Detail-Marketingimplementierung.

Abb. 83: Aspekte einer idealtypischen Marketingimplementierung in ostdeutschen Unternehmen, die dem nationalen oder internationalen Wettbewerb ausgesetzt sind

F. Implikationen der Erkenntnisse zur Problematik der Marketingimplementierung

1. Zusammenfassung der Erkenntnisse

Ausgangspunkt der vorliegenden Arbeit war die Feststellung, daß der **Implementierung von Marketing** im Gegensatz zur konzeptionellen Gestaltung des Marketings in der wissenschaftlichen Auseinandersetzung bisher **eine untergeordnete Bedeutung** zukommt. Dieses muß insofern als Defizit empfunden werden, als vielfach darauf hingewiesen wurde, daß seit Beginn der Auseinandersetzungen mit dem Marketing Probleme der Implementierung in der Praxis den Nutzen des Marketings limitieren. Da es wenig zweckmäßig ist, immer detailliertere Vorschläge zur Konzeptionierung des Marketings, beispielsweise in Form von Marktstrategien, zu erarbeiten, ohne gleichzeitig deren Umsetzungspotential zu verbessern, erscheint es als **unabdingbar, Problemen der Marketingimplementierung besondere Beachtung zuteil werden zu lassen.**

Eine Auswertung der Literatur hat gezeigt, daß zwar zu Teilproblemen der Marketingimplementierung verschiedene Erklärungsansätze vorliegen, diese Teilbereiche jedoch nur isoliert voneinander betrachtet werden. Zum Gesamtkomplex der Problematik liegt bisher **kein allgemein akzeptiertes Paradigma der Marketingimplementierung** vor. Ziel dieser Arbeit war es daher, den Stand der Forschungen zur Marketingimplementierung zu erfassen, den Problemlösungsbeitrag vorhandener Erkenntnisse zu diskutieren, mögliche weitere Erkenntnisquellen zur Lösung der Marketingimplementierung zu erschließen und **die verschiedenen Erkenntnisse in einem integrierten Implementierungsmodell systematisiert** zusammenzufassen.

Da Implementierung im betriebswirtschaftlichen Zusammenhang immer mit menschlichem Handeln verbunden ist, wurde zunächst untersucht, welche Teilaspekte menschliches Handeln im betriebswirtschaftlichen Kontext determinieren. Als **grundlegende Teilproblembereiche** wurden dabei die drei Determinanten **Kennen/Verstehen, Können und Wollen** identifiziert.[1] D.h., daß eine Konzeption gleichzeitig bekannt und verständlich, durchführbar sowie akzeptiert sein muß, damit sie implementiert werden kann. Die Analyse von Untersuchungen zu Problemen der Marketingimplementierung zeigte, daß die dort identifizierten Problembereiche den drei Teilproblembereichen der Marketingimplementierung zugeordnet werden können.[2]

---

[1] Vgl. die Ausführungen im Abschnitt A. 2.3.

[2] Vgl. die Ausführungen im Abschnitt A. 3.

Ein nicht den Zielvorstellungen entsprechender Implementierungsgrad kann zum einen in der Gestaltung der zugrundeliegenden Konzeption (**Implementierungsgegenstand**) selbst und zum anderen in einer unangemessenen Vorgehensweise zur Implementierung (**Implementierungsvorgehen**) begründet sein. Auch Marketingimplementierungsprobleme können zum einen auf eine nicht-implementierungsgerechte Konzeption des Marketings selbst und zum anderen auf unzweckmäßige, unvollständige oder fehlende Vorgehensweisen bei der Marketingimplementierung zurückgeführt werden.

Da ein **implementierungsgerechtes Marketingverständnis die Basis** (notwendige Voraussetzung) für eine Marketingimplementierung darstellt, wurde zunächst herausgearbeitet, wie ein solches implementierungsgerechtes Marketingverständnis ausgestaltet sein sollte.[3] Erste Voraussetzung für die Marketingimplementierung ist, daß ein **interpersonell einheitliches Marketingverständnis** vorliegt (Implementierungsproblem: Kennen/Verstehen). Marketing wurde dabei als **funktionsgrenzenübergreifende (integrative) Unternehmensführungskonzeption** verstanden, die zum Ziel hat, für jedes vom Unternehmen bediente Nachfragersegment - unter Beachtung der Unternehmensoberziele - aus der (subjektiven) Sicht der Nachfrager, einen dauerhaften, wahrgenommenen und wichtigen KKV zu identifizieren und zu realisieren. Da zur Erfüllung der Marketingaufgaben spezielle Kenntnisse erforderlich sind, wird Marketing **gleichzeitig als funktionales Konzept** verstanden. Da Marketing in der Unternehmenskultur verankert sein muß, Unternehmenskulturen jedoch nur langfristig verändert werden können, kann Marketing unter Implementierungsgesichtspunkten nicht als situative, kurzfristig implementierbare und eventuell austauschbare Konzeption verstanden werden (Implementierungsproblem: Können). Es konnte gezeigt werden, daß Marketing in marktwirtschaftlichen Wirtschaftssystemen sinnvoll als **situationsunabhängiges Konzept zur Unternehmensführung** interpretiert werden kann. Marketing, verstanden als Unternehmensführungsphilosophie, bedeutet in erster Linie, daß sich prinzipiell alle Mitarbeiter eines Unternehmens marktorientiert verhalten müssen, d.h. Marketing muß unternehmensweit als handlungsleitende Orientierungsgröße akzeptiert werden (Implementierungsproblem: Wollen). Es wurde daher vorgeschlagen, **Marketing als Management von KKVs zu interpretieren**, weil davon auszugehen ist, daß dieses Marketingverständnis aufgrund seiner funktionseinheitenneutralen Benennung sowie seiner leicht verständlichen Intention interfunktional von allen Mitarbeitern leichter nachvollziehbar und akzeptierbar ist als viele der bisher verwendeten, relativ abstrakten Marketingdefinitionen.

Basierend auf dem implementierungsgerechten Marketingverständnis wurde in den Abschnitten C. und D. der Arbeit das **Implementierungsvorgehen (Ebenen und Ablauf der Implementierung) detailliert untersucht.**

---

[3] Vgl. die Ausführungen im Abschnitt B.

Im Abschnitt C. wurden zunächst im Rahmen einer primär statischen Analyse die **Betrachtungsebenen** sowie die diesen Betrachtungsebenen zuzuordnenden **Partialansätze der Marketingimplementierung** diskutiert. Auf Basis der Mehr-Ebenen-Analyse zur Untersuchung des organisatorischen Verhaltens wurden vier verhaltensorientierte Ebenen (Marktstrategie, Unternehmenskultur, funktionsübergreifende Zusammenarbeit sowie Fähigkeiten und Verhalten der Mitarbeiter) und eine strukturorientierte Ebene (Managementsysteme) unterschieden. Ergänzend zu den Partialansätzen wurden zudem zwei **Totalansätze der Marketingimplementierung** detailliert diskutiert, die im Unterschied zu den Partialansätzen mehrere Betrachtungsebenen der Implementierung simultan berücksichtigen.

Die Analyse der einzelnen Betrachtungsebenen hat gezeigt, daß zu praktisch allen Fragestellungen Erkenntnisse vorliegen, die z.T. auch schon Eingang in Forschungsarbeiten gefunden haben, welche unter Marketinggesichtspunkten durchgeführt wurden. Vielfach können auch Erkenntnisse aus angrenzenden Forschungsgebieten, z.B. der Soziologie, der Psychologie, den Kommunikationswissenschaften und insbesondere auch den Forschungen zum Personalbereich, für die Lösung der Problematik der Marketingimplementierung adaptiert werden.

Im einzelnen zeigte sich, daß zu Fragen der Unternehmens-Umweltebene, die sich unter Gesichtspunkten der Marketingimplementierung in den **Marktstrategien** dokumentieren, eine Vielzahl von Forschungsarbeiten vorliegt. Allerdings ergab sich, daß die für praktische Zwecke verwertbaren **Erkenntnisse eher beschränkt und zudem vielfach widersprüchlich** sind. Grundsätzlich scheint es aufgrund der i.d.R. unterschiedlichen Ausprägungen einer Vielzahl von Kontextfaktoren schwierig zu sein, allgemeingültige Aussagen zur Implementierung von verschiedenen Strategiekategorien abzuleiten. **Marktstrategien** können daher nur **als Bezugsrahmen** für die Ausgestaltung der Marketingimplementierung dienen.[4]

Auf der Ebene des Gesamtunternehmens ist für die Marketingimplementierung in erster Linie die **Herausbildung einer marktorientierten Unternehmenskultur** von Bedeutung. Damit dies gelingen kann, ist es zunächst erforderlich, die im Unternehmen vorhandene Ist-Unternehmenskultur relativ schnell und einfach, aber auch reliabel und valide zu erfassen. Aufbauend auf der Ist-Analyse muß die Soll-Unternehmenskultur festgelegt werden, wofür ebenfalls beispielhaft ein Vorgehen diskutiert wurde. Obwohl marktorientierte Unternehmenskulturen unternehmensspezifisch unterschiedlich ausgeprägt sind, kann generell davon ausgegangen werden, daß sich eine marktorientierte Unternehmenskultur durch eine ausgeprägte Orientierung aller betrieblichen Handlungen an den Kundenbedürfnissen, durch Mitarbeiterorientierung, durch relativ

---

[4] Vgl. die Ausführungen im Abschnitt C. 2.1.1.

offene unternehmensinterne (funkionsübergreifende) Kommunikation und durch Innovationsorientierung auszeichnet. Zur Entwicklung solcher marktorientierter Unternehmenskulturen steht eine Vielzahl von Instrumenten zur Verfügung, deren erfolgreicher Einsatz jedoch vorrangig davon abhängt, ob es gelingt, die angestrebte **Soll-Unternehmenskultur hinreichend zu operationalisieren.**[5] Im einzelnen handelt es sich um Instrumente wie z.b. marktstrategische Ausrichtung, Führungsstil und -grundsätze, Kommunikationsstil, unternehmensinterne Informationspolitik, Anreizsysteme, Personalpolitik sowie physische Aspekte, z.b. die Art der Büro- und Gebäudeausstattung.

Der Problemkomplex der **funktionsübergreifenden Zusammenarbeit** muß der Gruppenbetrachtungsebene der verhaltenswissenschaftlichen, organisatorischen Analyse zugeordnet werden. Zentraler Problembereich der interfunktionalen Marketingimplementierung sind **Koordinationsprobleme zwischen verschiedenen Funktionseinheiten,** die sich vorrangig in Kommunikationsdefiziten dokumentieren. Neben verschiedenen Analysemöglichkeiten zur Erfassung dieser Probleme wurden unterschiedliche Koordinationsinstrumente diskutiert, die zur Problembewältigung einsetzbar sind. Dabei hat sich gezeigt, daß zum einen die Ausgestaltung der Instrumente (z.b. empfängergerechte, informelle, objektive Kommunikationsmöglichkeiten) und zum anderen die Kombination verschiedener Instrumente im Rahmen sogenannter **integrierter Koordinationsinstrumente** (z.B. Cross-Functional-Visits) für die Verbesserung der interfunktionalen Koordination von Bedeutung sind.[6]

Im Bereich der Individualebene, welche die **Fähigkeiten und das Verhalten der Mitarbeiter** umfaßt, wurden zunächst die personengruppenspezifischen Determinanten diskutiert, die auf Individualebene die Marktorientierung bestimmen. Darauf aufbauend wurden verschiedene Handlungsalternativen zur Verbesserung der Marktorientierung diskutiert. Dabei wurde zwischen **anforderungssenkenden (kompensatorischen) und niveausteigernden Maßnahmen** differenziert. Als integriertes Konzept zur Steigerung der Marktorientierung auf Individualebene wurde das Konzept des Internen Marketings vorgestellt.[7]

Ergänzend zu den vier verhaltensorientierten Ebenen umfaßt die strukturorientierte Ebene der Marketingimplementierung verschiedene **Managementsysteme,** die in der Literatur seit geraumer Zeit intensiv erörtert und daher in der vorliegenden Arbeit nur kurz diskutiert wurden. Managementsysteme sind insbesondere auch deshalb für die Marketingimplementierung von Bedeutung, da sie **aufgrund ihrer vorstrukturieren-**

---

5 Vgl. die Ausführungen im Abschnitt C. 2.1.2.
6 Vgl. die Ausführungen im Abschnitt C. 2.1.3.
7 Vgl. die Ausführungen im Abschnitt C. 2.1.4.

den Wirkung in bestimmten situativen Umweltkonstellationen **Defizite auf der Individualebene kompensieren können.**[8]

Während die detailliert vorgestellten marketingorientierten Totalansätze von Bonoma und Kohli/Jaworski in erster Linie die vorab diskutierten Erkenntnisse zu den einzelnen Ebenen der Marketingimplementierung ergänzen[9], hat sich u.e. gezeigt, daß das Unternehmensführungskonzept des **Total Quality Managements** als Totalansatz der Marketingimplementierung eine besonders **wertvolle Hilfestellung bei der Marketingimplementierung** bietet. Das TQM - dessen Zielsetzung im wesentlichen der des Marketings übereinstimmt - ist für die Marketingimplementierung vor allem aufgrund seiner praxisnahen und umsetzungsorientierten Konzeption von Bedeutung. Im Rahmen dieser Konzeption sind insbesondere verschiedene **integrierte, interfunktionale Koordinationsinstrumente (z.B. QFD, Policy Deployment, Benchmarking)** für die Marketingimplementierung von Relevanz. Es ist jedoch davon auszugehen, daß diese Instrumente nicht als isolierte "Tools", sondern nur im Rahmen des TQMs bzw. der diesem Konzept zugrundeliegenden Ausgestaltungsprinzipien (z.B. Prozeßorientierung, Mitarbeiterorientierung) bestimmungsgemäß eingesetzt werden können. D.h. es darf angenommen werden, daß Marketingimplementierung, wenn das Implementierungspotential dieser Koordinationsinstrumente genutzt werden soll, nur anschließend oder simultan zur TQM-Implementierung erfolgen kann.[10]

Im Abschnitt D. wurde die Analyse um die Betrachtung des Ablaufes (Prozesses) der Marketingimplementierung ergänzt. Dabei wurde zwischen dem **diskontinuierlichen und dem kontinuierlichen Marketingimplementierungsprozeß** unterschieden. Der diskontinuierliche Implementierungsprozeß dient zur prozessualen Gestaltung relativ umfangreicher Marketingimplementierungen, die aufgrund erheblicher Defizite in unregelmäßigen Zeitabständen erforderlich sind. Im Gegensatz dazu findet der kontinuierliche Implementierungsprozeß permanent statt. Er umfaßt dafür jedoch nur relativ kleine Veränderungen und ist primär als Ergänzung zu einem diskontinuierlichen Implementierungsprozeß zu verstehen.

Im Rahmen des diskontinuierlichen Marketingimplementierungsprozesses hat sich speziell das **aus der Unternehmenspraxis abgeleitete Vorgehen nach dem sogenannten Market-Back Ansatz als wirkungsvoll erwiesen.** Zentrales Kennzeichen dieses Ansatzes ist das schrittweise, partizipative und ergebnisorientierte Vorgehen. Ausgangspunkt des Ansatzes ist - basierend auf einer allgemein akzeptierten Problembeschreibung - die Schaffung einer organisatorischen Referenzeinheit ("Internal

---

[8] Vgl. die Ausführungen in den Abschnitten C. 2.2 und C. 2.3.

[9] Vgl. die Ausführungen im Abschnitt C. 3.1.

[10] Vgl. die Ausführungen im Abschnitt C. 3.2.

Benchmark"), in welcher Marketing als Vorbild für das gesamte Unternehmen erfolgreich implementiert wird.[11]

Der **kontinuierliche Marketingimplementierungsprozeß wurde als permanenter organisatorischer Lernprozeß** interpretiert und daher vor dem Hintergrund der Erkenntnisse zum organisationalen Lernen diskutiert. Neben den Merkmalen lernender marktorientierter Organisationen (z.b. lernfördernde Unternehmenskulturen, Verhalten des Top-Managements) wurden beispielhaft einige Methoden und Instrumente vorgestellt, deren Konzeptionen organisationales Lernen im Unternehmen fördern können (z.B. Ursache-Wirkungs- und Pareto-Diagramme).[12]

Abschließend wurde auf Basis der in den Abschnitten C. und D. diskutierten Teildimensionen der Marketingimplementierung (Betrachtungsebenen, Prozeß) ein **integriertes Totalmodell zur Marketingimplementierung entwickelt.**[13] Da Marketingimplementierung grundsätzlich nur situationsangepaßt erfolgen kann, soll das vorgestellte Modell lediglich als **strukturierter ("aufgeräumter") Werkzeugkasten mit verschiedenen "Fächern" (Betrachtungsebenen, Prozessen) und den dazugehörigen Werkzeugen** (z.B. QFD, Benchmarking, Pareto-Diagramme) verstanden werden. Im Rahmen konkreter Marketingimplementierungen muß jeweils entschieden werden, welche relative Bedeutung einzelnen Fächern des Werkzeugkastens zukommt und welche Werkzeuge in welcher Form und Kombination eingesetzt werden müssen. Zukünftigen Forschungsarbeiten bleibt es vorbehalten, für alternative Bedingungskonstellationen erfolgsdeterminierende Instrumentenkombinationen herauszuarbeiten.

In dieser Arbeit wurde speziell für die Konstellation ostdeutscher Unternehmen eine Instrumentenkombination zur Marketingimplementierung abgeleitet. Daß das vorgestellte Totalmodell zur Marketingimplementierung grundsätzlich geeignet ist, reale Probleme der Marketingimplementierung zu erfassen, haben die Untersuchungen im Abschnitt E. zur **Marketingimplementierung in ostdeutschen Unternehmen** gezeigt.[14] Als zentraler Problembereich der Marketingimplementierung konnte die Entwicklung marktorientierter Fähigkeiten und Verhaltenweisen der ostdeutschen Mitarbeiter identifiziert werden. Demgegenüber zeigt sich, daß das Problem der unternehmenskulturellen Anpassung, das in der Literatur häufig als problematisch eingestuft wird, aufgrund der relativ großen Anpassungsbereitschaft der ostdeutschen Mitarbeiter von eher untergeordneter Bedeutung ist.

---

11 Vgl. die Ausführungen im Abschnitt D. 2.2.
12 Vgl. die Ausführungen im Abschnitt D. 2.3.
13 Vgl. die Ausführungen im Abschnitt D. 3.
14 Vgl. die Ausführungen im Abschnitt E. 5.

Die Untersuchungen konnten auch zeigen, daß in der Krisensituation vieler ostdeutscher Unternehmen zunächst nur eine Basis-Marketingimplementierung möglich ist. Als sinnvoll hat es sich daher erwiesen, die bestehende Krisensituation so schnell wie möglich zu überwinden, um im Anschluß daran eine Detail-Marketingimplementierung durchführen zu können. Im Vergleich zu den Treuhandunternehmen haben die **privatisierten Unternehmen** aufgrund der Rückgriffsmöglichkeiten auf die zumeist ressourcenstarken Käuferunternehmens **deutliche Vorteile** bei der Marketingimplementierung. Dies gilt auch deshalb, weil den privatisierten ostdeutschen Unternehmen mit dem Käuferunternehmen ein Vorbild ("Internal Benchmark") für die Marketingimplementierung zur Verfügung steht. Von Bedeutung für eine schnelle und erfolgreiche Marketingimplementierung ist zudem die Anzahl der den ostdeutschen Unternehmen **zur Verfügung stehenden qualifizierten und marktwirtschaftlich erfahrenen Mitarbeiter**, um die bestehenden Defizite im personellen Bereich zu kompensieren und die vorhandenen Mitarbeiter zu qualifizieren.

2. Implikationen für zukünftige Forschungsarbeiten

Das **vorliegende Totalmodell zur Marketingimplementierung** bietet eine konzeptionelle Grundlage sowohl für die Einordnung zukünftiger wissenschaftlicher Arbeiten als auch für die Analyse praktischer Probleme. Da die Forschungsbemühungen zum Bereich der Marketingimplementierung derzeit noch keine konzeptionelle Geschlossenheit aufweisen, können die durchgeführten Analysen nur **einen ersten Schritt in Richtung eines allgemein akzeptierten Paradigmas der Marketingimplementierung** darstellen. Das vorliegende Totalmodell hat sich bei der praktischen Umsetzung am Beispiel ostdeutscher Unternehmen grundsätzlich als geeigneter Bezugsrahmen zur Strukturierung des komplexen Feldes der Marketingimplementierung erwiesen. Dennoch zeigt die praktische Anwendung des Modells, daß die speziell im Bereich der prozessualen Implementierungsbetrachtung im konzeptionellen Teil der Arbeit diskutierten Prozeßausgestaltungen (Market-Back Ansatz, Organisationales Lernen) nur bedingt geeignet sein können, wenn die Besonderheiten einer Krisensituationen - so wie es am Beispiel ostdeutscher Unternehmen gezeigt werden konnte -gegeben sind. Aufbauend auf der vorliegenden Untersuchung sind **weitere Forschungsbemühungen erforderlich**. Folgende Problemstellungen erscheinen für weitere Forschungsarbeiten zur Marketingimplementierung von besonderer Relevanz zu sein:

- Marktorientierte Unternehmenskulturen bilden die Basis der unternehmensweiten Marktorientierung. Da sich gezeigt hat, daß nur eine operationalisierte Unternehmenskultur implementiert werden kann, müssen Erkenntnisse darüber gewonnen werden, wodurch sich eine hinreichend

operationalisierte marktorientierte Unternehmenskultur auszeichnet. Zudem liegen bisher keine ausreichend konkreten Erkenntnisse über Instrumente vor, die speziell zur marktorientierten Unternehmenskulturbeeinflussung geeignet sind.

- Im Rahmen der funktionsübergreifenden Zusammenarbeit scheinen integrierte Koordinationsinstrumente einen besonderen Problemlösungsbeitrag zu bieten. Ziel sollte es daher sein, detaillierter zu untersuchen, wie **integrierte Koordinationsinstrumente zur Marketingimplementierung** grundsätzlich aufgebaut sein sollten. Zudem erscheint es erfolgversprechend, basierend auf diesen Erkenntnissen für spezielle interfunktionale Probleme der Marketingimplementierung weitere integrierte Koordinationsinstrumente zu entwickeln.

- Es ist zwar grundsätzlich bekannt, welche Fähigkeiten und Verhaltensweisen marktorientierte Mitarbeiter aufweisen sollten. Relativ unbekannt ist jedoch, welche **Maßnahmen auf Individual- oder auch Gruppenebene zur Steigerung des marktorientierten Niveaus** besonders geeignet sind (z.B. Ausgestaltung von Seminarveranstaltungen, und/oder komplexen Weiterbildungsprogrammen).

- Es hat sich gezeigt, daß das TQM in besonderem Maße zur Marketingimplementierung beitragen kann. Aus diesem Grund erscheint es sinnvoll, weitere Untersuchungen zur **Verbindung von TQM- und Marketingimplementierung** vorzunehmen. Insbesondere bietet es sich an, zu analysieren, welche Aspekte des TQMs für die erfolgreiche Marketingimplementierung unabdingbar sind, so daß auch Teilelemente des TQMs losgelöst, ohne TQM vorab oder gleichzeitig implementieren zu müssen (z.B. in Form eines erweiterten Konzeptes des Internen Marketings), zur Marketingimplementierung genutzt werden können.

- Im Bereich des **Prozesses der Marketingimplementierung** erscheint es erforderlich, detaillierter zu untersuchen, unter welchen Bedingungen der Market-Back Ansatz zur Marketingimplementierung eingesetzt werden kann und welche Ausprägungsvarianten angemessen sind. Ferner liegen bisher erst wenige Erkenntnisse darüber vor, wodurch sich **lernende, marktorientierte Unternehmen** auszeichnen und welche Möglichkeiten zur Schaffung eines solchen Unternehmens bestehen.

- Es wurde schon oben erwähnt, daß anzunehmen ist, daß es für die Unternehmenspraxis von besonderem Interesse ist, für **unterschiedliche Bedingungskonstellationen geeignete Instrumentenkombinationen zur Marketingimplementierung abzuleiten.**

Die aufgeführten Aspekte stellen ohne Anspruch auf Vollständigkeit einige potentiell besonders relevante zukünftige Forschungsgebiete der Marketingimplementierung dar. Von hoher Relevanz für die Erkenntnisgewinnung sind vermehrte empirische Untersuchungen.[15] **Zentrales Problem der Forschungen zur Marketingimplementierung ist allerdings die auch im Rahmen dieser Arbeit bestätigte Erkenntnis, daß viele Fragestellungen der Marketingimplementierung durch vorwiegend quantitativ ausgerichtete empirische Forschungen nur unzureichend oder gar nicht untersucht werden können.**[16] Qualitativ ausgerichtete Forschungen, beispielsweise in Form der im Rahmen dieser Arbeit gewählten Fallstudienerhebungen, erfordern einen vergleichsweise größeren personellen und finanziellen Aufwand, als dieses bei eher quantitativ orientierten Untersuchungsansätzen der Fall ist. Sie verlangen darüber hinaus eine umfassende Unterstützung durch geeignete Unternehmen. Da das Problem der Marketingimplementierung jedoch ein grundlegendes Problem der Unternehmenspraxis darstellt, kann erwartet werden, daß die Unternehmen ein ausreichendes Eigeninteresse an derartigen Forschungen haben.

Ein theoretischer Lösungsansatz, der zur Erkenntnisgewinnung im Bereich der Marketingimplementierung geeignet erscheint und auch Basis des Vorgehens zur Untersuchung der Marketingimplementierung in ostdeutschen Unternehmen war, ist der sogenannte **Theory-In-Use-Approach.** Dieser Ansatz bezieht explizit die Erkenntnisse der Unternehmenspraxis in die Forschungsarbeit ein, erfordert allerdings auch eine intensive Zusammenarbeit von Theorie und Praxis und zeigt ein Vorgehen auf, das in diesem Zusammenhang die Ableitung von theoretischen Erkenntnissen ermöglicht.[17]

---

[15] Das US-amerikanische Marketing Science Institute hat aufgrund des bestehenden Forschungsdefizits und der großen Bedeutung für die unternehmerische Praxis den Themenkomplex der Marketingimplementierung in die Liste der "Research Priorities 1992/1994" aufgenommen und unterstützt entsprechende Forschungsarbeiten. Vgl. Marketing Science Institute MSI, Hrsg., Research Priorities 1992/1994. A Guide to MSI Research Programs and Procedures, Cambridge/Mass. 1992, S. 5. Im Rahmen von laufenden Forschungsprogrammen, die durch deas MSI unterstützt werden, konnten insbesondere die auch im Rahmen dieser Arbeit diskutierten Arbeiten von Kohli/ Jaworski, Narver/Slater, McQuarrie/McIntyre und Day erste Erkenntnisse zur Marketingimplementierung liefern.

[16] Vgl. zur Diskussion qualitativer Forschungsansätze im Marketing Tomczak, T., a.a.O., S. 80 ff. Vgl. zu den Problemen der empirischen Erfassung des Verhaltens in Organisationen Heinen, E., Führung als Gegenstand der Betriebswirtschaftslehre, a.a.O., S. 28.

[17] Vgl. im Detail zum Theories-In-Use Approach Heffring, M., a.a.O., S. 110 ff.; Zaltmann, G., LeMasters, K., Heffring, M., a.a.O., S. 113 ff. Vgl. auch die Ausführungen im Abschnitt E. 2.3.

Anhang

Implementierung von Marktstrategien in den untersuchten ostdeutschen Unternehmen

---

Unternehmen A
(Unternehmen-Umwelt-Ebene: Marktstrategie)

Gemeinsame Zielsetzung von West und Ost
- Schnellstmögliche Integration in die Strukturen des West-Konzerns

Zielsetzung des westdeutschen Käuferkonzerns
- Mindestens gleichhohe Marktanteile in Ost- wie in Westdeutschland
- Erzielung einer gegenüber den Wettbewerbern vorteilhaften strategischen Position
- lokale Wertschöpfung soll das entscheidende Argument bei der Vergabe von öffentlichen Aufträgen sein.

Zielsetzung des Ost-Unternehmens A
- Sicherung der Überlebensfähigkeit durch Bindung an ein kapital- und Know-how starkes **westdeutsches** Unternehmen

---

Unternehmen B
(Unternehmen-Umwelt-Ebene: Marktstrategie)

Gemeinsame Zielsetzung von West und Ost
- Führende Position im bisherigen Inlandsmarkt behaupten (das Unternehmen B hatte bis zum 01.07.1990 in der DDR 100 Prozent Marktanteil)
- Synergien realisieren im Verbund mit den westdeutschen Betrieben des Käuferkonzerns (Entwicklung, Produktion, Marketing)
- Exportgeschäft in die UdSSR ausbauen unter Anknüpfung an frühere, bedeutende Lieferungen
- Marktanteile in früheren Exportmärkten des Unternehmens B (Osteuropa, Afrika, Asien) gemeinsam sichern und ausbauen
- Strategische Führung durch westdeutschen Konzern
- Schnellstmögliche Übernahme der West-Technologien

Zielsetzung des westdeutschen Käuferkonzerns
- Schnelle Marktpräsenz und dadurch Marktführerschaft in Ostdeutschland (ca. 30 - 40 Prozent Marktanteil)
- Erleichterung des Vertriebsaufbaus durch lokale Verbindungen
- Zulieferungen von Westprodukten zum Einbau in die Ostprodukte
- Reduktion der anteiligen Entwicklungskosten

Zielsetzung des Ost-Unternehmens B
- Verkauf an das westdeutsche Käuferunternehmen zur Sicherung der mittel- bis langfristigen Wettbewerbsfähigkeit
- Trotz Integration in die Strukturen des Käuferunternehmens soll das Ost-Unternehmen B als eigenständige Gesellschaft in der Rechtsform einer GmbH, mit eigenem Vertrieb, eigener Projektierung, Entwicklung, Produktion und eigenem Sortiment, jedoch in Abstimmung mit dem Käuferunternehmen, Märkte bearbeiten

Implementierung marktorientierter Unternehmenskulturen in den untersuchten ostdeutschen Unternehmen

Unternehmen A
(Gesamt-Unternehmensebene: Unternehmenskulturassimilation)

Grundlegendes:

• Vollständige, schnellstmögliche Kulturassimilation war von Beginn an geplant und wurde von den ostdeutschen Mitarbeitern gewollt.
• Es sollten sämtliche Strukturen des ostdeutschen Unternehmens, soweit sie mit dem Käuferunternehmen inkompatibel waren, aufgelöst werden.
• Dieses Ziel sollte innerhalb von ca. 24 Monaten erreicht werden.

Integrationsmanagement

• Detailliert inhaltlich und zeitlich straff geplantes Integrationsmanagement.
• Schon vor der Übernahme wurde ein "Überleitungsteam" aus qualifizierten westdeutschen Fachkräften gebildet.
• Erfahrungen aus führenden nationalen und internationalen Akquisitionen konnten genutzt werden.

Maßnahmen zur marktorientierten Unternehmenskulturassimilation

Wandel dokumentierende, vorbildhafte Führung
• Alle Führungspositionen der ersten Ebene wurden zum Zeitpunkt der Übernahme durch westdeutsche Mitarbeiter besetzt.
• Alle westdeutschen Führungskräfte, die im ostdeutschen Betrieb eingesetzt werden, wurden aufgrund ihrer fachlichen und sozialen Qualifikation ausgewählt ("kultursensibles Management").
• Im Bereich Marketing wurden alle leitenden Aufgaben von westdeutschen Mitarbeitern übernommen. Zusätzlich wurden auch auf Sachbearbeiterebene (Vertriebsingenieure) Westmitarbeiter als "Kulturvorbilder" eingesetzt.
• Sofortige Übernahme des Firmennamens des westdeutschen Unternehmens.

Know-how-Transfer
• Ein großer Teil der ostdeutschen Mitarbeiter, die im Marketingbereich eingesetzt werden sollten, wurden von Mitarbeitern des "Überleitungsteams" für die Aufgaben ausgewählt.
• Jedem ostdeutschen Mitarbeiter wurde eine konkrete westdeutsche Ansprechperson als "Pate" zugeordnet, der jederzeit bei Problemen oder Unklarheiten Auskunft erteilen konnte.
• Allen ostdeutschen Mitarbeitern wurde in Seminaren die Unternehmensphilosophie des westdeutschen Unternehmens verdeutlicht.

- Im Marketingbereich wurden im ersten halben Jahr gemeinsame Kundenbesuche von ost- und westdeutschen Marketingmitarbeitern durchgeführt ("Coaching").
- Alle Marketingmitarbeiter mußten Schulungen im westdeutschen Konzern besuchen.
- Ein großer Teil der ostdeutschen Mitarbeiter wurde zudem mehrere Wochen oder Monate im westdeutschen Unternehmen geschult.

Arbeitsumgebung
Zielsetzung war es, so schnell wie möglich dieselben Arbeitsbedingungen wie im westdeutschen Unternehmen herzustellen:
- Gebäuderenovierungen,
- Firmenwagen,
- Büroausstattungen,
- Sonstige Arbeitsmittel.

Ergebnis:

Innerhalb von zwei Jahren wurde das ostdeutsche Unternehmen A vollständig in die Strukturen des westdeutschen Käufers integriert. Äußerlich läßt sich praktisch kein Unterschied zu den Arbeitsmethoden des westdeutschen Konzerns erkennen. Die Integration verlief nach Aussagen der Mitarbeiter des Überleitungsteams schneller und reibungsloser als erwartet. Gravierende Probleme sind nicht aufgetreten. Offiziell ist die Kulturassimilation mit der Auflösung des Überleitungsteams zum 31.03.1993 abgeschlossen.

Unternehmen B
(Gesamt-Unternehmensebene: Unternehmenskulturassimilation)

Grundlegendes:

- Zunächst wurde für das ostdeutsche Unternehmen insbesondere von den ostdeutschen Führungskräften eine Kultursynthese angestrebt.
- Sukzessive wurde insbesondere vom westdeutschen Käuferunternehmen auf eine Kulturassimilation gedrängt. Nach anfänglicher Zurückhaltung wurde dieses Vorgehen auch von den ostdeutschen Führungskräften unterstützt und als richtig eingestuft.

Integrationsmanagement:

- Es gab kein inhaltlich und zeitlich detailliertes Integrationsmanagement.
- Integrationsprobleme wurden eher einzelfallbezogen gelöst.
- Eine schnellstmögliche Integration war nicht möglich, da zum einen das ostdeutsche Management dies nicht wollte und zum anderen das westdeutsche Management ein eher zurückhaltendes Integrationsvorgehen wählte (Vorgabe des Westunternehmens).

Maßnahmen zur marktorientierten Unternehmenskulturassimilation

Wandel dokumentierende, vorbildhafte Führung
- Von drei Führungskräften eine westdeutsche Führungskraft.
- Im Marketingbereich werden zwei westdeutsche Führungskräfte eingesetzt.
- Erst später erfolgte die Übernahme des westdeutschen Firmennamens.

Know-how-Transfer
- Marketingmitarbeiter wurden im wesentlichen übernommen. Eine spezielle Auswahl durch westdeutsche Führungskräfte fand nicht statt. Zum Teil war auch zwei Jahre nach der Übernahme der Marketingbereich noch mit unzureichend qualifizierten Mitarbeitern besetzt.

- Jedem ostdeutschen Marketingmitarbeiter wurde ein westdeutscher Mitarbeiter als "Pate" zugeordnet, der bei Problemen angesprochen werden konnte. Jedoch traten Schwierigkeiten wegen unternehmensinterner Konkurrenzgedanken auf.
- Im Marketingbereich wurden im ersten halben Jahr gemeinsame Kundenbesuche von ost- und westdeutschen Marketingmitarbeitern durchgeführt ("Coaching").
- Nur ein Teil der Marketingmitarbeiter hat Schulungen im westdeutschen Mutterunternehmen besucht.
- Die Schulungen erfolgen über mehrere Tage im westdeutschen Unternehmen.

Arbeitsumgebung
Zielsetzung war es, vergleichbare Arbeitsbedingungen wie im westdeutschen Unternehmen herzustellen:
- Gebäuderenovierungen,
- Firmenwagen,
- Büroausstattungen,
- Sonstige Arbeitsmittel.

Ergebnis:

Es lassen sich trotz großer·Fortschritte noch deutliche Unterschiede zum marktorientierten westdeutschen Käuferunternehmen erkennen. Sowohl die ostdeutschen als auch die westdeutschen Führungskräfte waren rückblickend der Auffassung, daß eine schnellere Kulturassimilation sinnvoller gewesen wäre. Übereinstimmend waren alle Befragten der Auffassung, daß trotz einiger Unstimmigkeiten der Assimilationsprozeß im wesentlichen abgeschlossen ist.

Treuhandunternehmen
(Gesamt-Unternehmensebene: Unternehmenskulturentwicklung)

Grundlegendes:

Mit einem westdeutschen Konzern, der ein vergleichbares Leistungsangebot besaß, wurde Anfang 1990 ein Kooperationsabkommen unterzeichnet. Die Unternehmenskulturentwicklung orientierte sich daher zumindest in Teilbereichen an den Gegebenheiten des westdeutschen Partnerunternehmens. Da die Kooperation nicht zu einem zunächst in Aussicht gestellten Kauf führte und das westdeutsche Unternehmen ein Konkurrent des Treuhandunternehmens ist, wurden die Kooperationsbeziehungen im Jahr 1992 nicht intensiviert.

Maßnahmen zur marktorientierten Unternehmenskulturentwicklung

Wandel dokumentierende, vorbildhafte Führung
- Sowohl das Vorstandsmitglied Marketing als auch der Leiter des zentralen Marketings kommen vom westdeutschen Kooperationspartner.
- Veränderungen sind z.T. aufgrund von Widerständen der ostdeutschen Führungskräfte und Mitarbeiter schwierig durchzusetzen. Im Vergleich zu privatisierten Betrieben wesentlich schwächere Position der westdeutschen Mitarbeiter.
- Weitere westdeutsche Führungs- und Fachkräfte standen zu keiner Zeit zur Verfügung.

Know-how Transfer:
- Beraterunternehmen werden für die Umstrukturierung, Strategieberatung, für Seminare und das Coaching hinzugezogen.
- Der Aufbau des Marketingbereichs wird strukturell und personell vom westdeutschen Leiter des zentralen Marketings und von Mitarbeitern einer Personal- und Marketingberatungsgesellschaft organisiert.
- Alle Marketingmitarbeiter haben an einem zweitägigen grundlagenschaffenden Marketing-Workshop teilgenommen.
- Insbesondere die Verkaufsleiter und die Produktmanager bekamen zusätzlich Einzeltraining von Mitarbeitern der Beratungsgesellschaft ("Coaching").

- Ca. jeder zweite Marketingmitarbeiter nimmt an einem vierwöchigen Auslands-praktikum in den Auslandsvertriebsgesellschaften des Treuhandunternehmens in Westeuropa teil.

Arbeitsumgebung

Aufgrund gravierender finanzieller Engpässe werden nur die unbedingt notwendigen Anschaffungen vorgenommen.

Ergebnis:

Trotz intensiver Bemühungen ist es noch nicht durchgängig gelungen, eine markt-orientierte Unternehmenskultur zu schaffen. Negativ wirkte sich aus, daß zu wenige westdeutsche Führungs- und Fachkräfte zur Verfügung stehen, die als Vorbild im Rahmen einer marktorientierten Unternehmenskulturentwicklung hätten wirken können.

Implementierung marktorientierter Fähigkeiten und Verhaltens-weisen auf Individualebenen in den untersuchten ostdeutschen Unternehmen

Unternehmen A
(Individualebene: Fähigkeiten und Verhalten der Mitarbeiter)

Anforderungssenkende Maßnahmen

- Das ostdeutsche Unternehmen ist nur für die Marktbearbeitung in den neuen Bundesländern zuständig.
- Übernahme der gesamten strategischen Marketingplanung, Marktforschung und Neuproduktentwicklung durch das westdeutsche Unternehmen. Grundsatzvor-gaben durch das westdeutsche Unternehmen für alle Marketingaktivitäten (z.B. Corporate Design, Werbevorlagen, Distribution, Konditionenpolitik, Service).
- Kurzfristige Einführung westdeutscher Managementsysteme.
- Massive Unterstützung durch westdeutsche Führungskräfte/Spezialisten für die ersten 2-3 Jahre.

Niveausteigernde Maßnahmen

Grundsätzlich

- Zielsetzung ist es, die ostdeutschen Mitarbeiter so zu qualifizieren, daß sie nach 2-3 Jahren einen mit westdeutschen Mitarbeitern vergleichbaren Leistungs-stand erreichen und damit die vorübergehend in die ostdeutschen Betriebe versetzten West-Mitarbeiter weitestgehend ersetzen können.
- Den vielfältigen Einzelmaßnahmen lag schon zum Zeitpunkt der Übernahme des ostdeutschen Betriebes ein detaillierter, von westdeutschen Spezialisten geplanter Personalentwicklungsplan vor.
- Alle ostdeutschen Mitarbeiter für den Marketingbereich wurden von westdeutschen Mitarbeitern für die einzelnen Positionen ausgewählt oder bestätigt. Neue Mit-arbeiter wurden durch ein spezielles Assessment-Center für ostdeutsche Mitarbeiter rekrutiert.

Kurzfristig orientiert (Sicherung der Arbeitsfähigkeit)
- Alle Marketingaufgaben wurden verantwortlich von westdeutschen Mitarbeitern gesteuert.
- Alle ostdeutschen Mitarbeiter agierten in der ersten Zeit nach der Übernahme im wesentlichen gemeinsam mit westdeutschen Mitarbeitern (Instructing, Coaching).
- Ein großer Teil der Marketingmitarbeiter wurde in westdeutschen "Patenunternehmen" auf relevante Aufgaben und Arbeitsinhalte vorbereitet (Beginn: Frühjahr 1990).
- Alle ostdeutschen Mitarbeiter nahmen an längeren Schulungen in speziellen Schulungseinrichtungen des westdeutschen Unternehmens teil (Beginn: Herbst 1990).
- Orientierungs- und Grundkurse für Führungskräfte der ersten und zweiten Ebene sowie ausgewählte Fachkräfte. Inhalte: Arbeiten in der Sozialen Marktwirtschaft, Grundlagen der Betriebswirtschaftslehre, Arbeitsrecht und Betriebsverfassung, Grundlagen des Sozialversicherungsrechts.
- Themensspezifische Fachkurse für Marketingfachpersonal. Inhalte: kaufmännische-, technische-, aufgaben- und personenbezogene Themen.
- Führungstraining für Mitarbeiter der mittleren und oberen Führungsebene. Inhalte: Leistung und Zusammenarbeit, Management-Seminar, Zielplanungen, Persönlichkeitsentwicklung und Führung.

Längerfristig orientiert (Beginn: Herbst 1990)
- Ausbildung von ostdeutschen Mitarbeitern zu Industriekaufleuten, die bisher im westdeutschen Unternehmen erfolgt (ab Herbst 1993 im ostdeutschen Unternehmen).
- Ausbildung und Vorbereitung von ostdeutschen Mitarbeitern für Führungsaufgaben, die zunächst im westdeutschen Unternehmen wahrgenommen werden sollen (ab: Herbst 1993 im ostdeutschen Unternehmen).

Unternehmen B
(Individualebene: Fähigkeiten und Verhalten der Mitarbeiter)

Anforderungssenkende Maßnahmen

- Das ostdeutsche Unternehmen ist nur für die Marktbearbeitung in den neuen Bundesländern und auf den Auslandsmärkten zuständig, zu denen es auch schon als DDR-Betrieb geschäftliche Verbindungen unterhielt.
- Übernahme der gesamten strategischen Marketingplanung, Marktforschung und Neuproduktentwicklung durch das westdeutsche Unternehmen. Grundsatzvorgaben durch das westdeutsche Unternehmen für alle Marketingaktivitäten (z.B. Corporate Design, Werbevorlagen, Distribution, Konditionenpolitik, Service).
- Einführung westdeutscher Managementsysteme.
- Unterstützung durch drei westdeutsche Führungskräfte/Spezialisten.

Niveausteigernde Maßnahmen

Grundsätzlich
- Zielsetzung ist es, die ostdeutschen Mitarbeiter so zu qualifizieren, daß sie relativ schnell einen mit westdeutschen Mitarbeitern vergleichbaren Leistungsstand erreichen.
- Es lag kein detaillierter Personalentwicklungsplan vor.
- Die ostdeutschen Mitarbeiter für den Marketingbereich wurden im wesentlichen von ostdeutschen Mitarbeitern schon vor der Übernahme durch das westdeutsche Unternehmen für die einzelnen Positionen ausgewählt. Neue Mitarbeiter wurden nicht eingestellt.

Maßnahmen
Kurzfristig orientiert (Sicherung der Arbeitsfähigkeit)
- Alle Marketingaufgaben werden verantwortlich für die neuen Bundesländer im wesentlichen von westdeutschen Mitarbeitern gesteuert. Die vom westdeutschen Unternehmen zugewiesenen Auslandsmärkte werden im wesentlichen von ostdeutschen Mitarbeitern gesteuert.

- Es wird versucht, durch Anleitung der drei westdeutschen Führungs- und Fachkräfte die ostdeutschen Mitarbeiter anzuleiten und mit westlichem Know-how bekannt zu machen (Instructing). Aufgrund der relativ geringen Zahl von westdeutschen Mitarbeitern ist ein verhaltensbeeinflussendes Coaching nur eingeschränkt möglich.
- Ein Teil (ca. 30–40 Prozent) der ostdeutschen Mitarbeiter nahmen an Seminaren teil. Inhalt: EDV-Systeme, Produktpräsentation, Vertriebstraining.
- Die ostdeutschen Führungskräfte nahmen z.T. an den Seminaren des westdeutschen Unternehmens teil. Keine spezifischen Seminare für die ostdeutschen Führungskräfte.

Treuhandunternehmen
(Individualebene: Fähigkeiten und Verhalten der Mitarbeiter)

Anforderungssenkende Maßnahmen

- Nur langsame Einführung von adäquaten Managementsystemen.
- Unterstützung durch einen westdeutschen Spezialisten bei der täglichen Arbeit.
- Im wesentlichen nicht möglich.

Niveausteigernde Maßnahmen

Grundsätzlich
- Alle Mitarbeiter haben grundsätzlich die Möglichkeit, an Aus- und Weiterbildungsmaßnahmen teilzunehmen, die von der Personalabteilung angeboten werden. Westdeutsche Mitarbeiter stehen in der Personalabteilung nicht zur Verfügung.
- Alle Aus- und Weiterbildungsmaßnahmen werden im wesentlichen von externen Beratern durchgeführt.

Maßnahmen
- Die Auswahl der Mitarbeiter des Marketingbereichs wurde durch den westdeutschen Mitarbeiter und einen westdeutschen Personalberater unterstützt.
- Der westdeutsche Mitarbeiter versucht, einzelne ostdeutsche Mitarbeiter anzuleiten (Instructing).
- Alle ostdeutschen Mitarbeiter haben an einer zweitägigen grundlagenvermittelnden Schulungsmaßnahme eines westdeutschen Beratungsunternehmens teilgenommen.
- Alle Mitarbeiter wurden mehrfach bei Kundenkontakten durch Mitarbeiter eines Beratungsunternehmens begleitet, um Verhaltensdefizite aufzudecken (Coaching).
- Ungefähr die Hälfte aller Marketingmitarbeiter absolvierte ein 4-wöchiges Praktikum in einer westeuropäischen, selbständigen und vom Treuhandunternehmen rechtlich unabhängigen Vertriebsniederlassung.

Literaturverzeichnis

A

Aaker, D.A., Kriterien zur Identifikation dauerhafter Wettbewerbsvorteile, in: Simon, H., Hrsg., Wettbewerbsvorteile und Wettbewerbsfähigkeit, Stuttgart 1988, S. 37-46.

Aaker, D.A., Strategic Market Management, 3. Aufl., New York u.a. 1992.

Abell, D.F., Marktgelenkte Unternehmen brauchen Mittelsmänner, in: Harvard Manager, Nr. 4, 1988, S. 80-87.

Adam, B., Managementschulung. Trimmpfad zum Markt, in: Industriemagazin, März, 1991, S. 70-75.

Adam, D., Thesen zum Total Quality Management, in: Meffert, H., Wagner, H., Backhaus, K., Kosten, Qualität und Zeit als Wettbewerbsvorteile - Was bringt Total Quality Management?, Dokumentationspapier Nr. 75 der Wissenschaftlichen Gesellschaft für Marketing und Unternehmensführung e.V., Münster 1993, S. 56-59.

Ahmed, P.K., Rafiq, M., Implanting Competitive Strategy: a Contingency Approach, in: Journal of Marketing Management, Nr. 8, 1992, S. 49-67.

Akao, Y., An Introduction to Quality Function Deployment, in: Akao, Y., Hrsg., Quality Function Deployment. Integrating Customer Requirements into Product Design, Cambridge/Mass. 1990.

Akao, Y., Hoshin Kanri. Policy Deployment for Successful TQM, Cambridge/Mass. u.a. 1991.

Akao, Y., QFD. Quality Function Deployment. Wie die Japaner Kundenwünsche in Qualität umsetzen, Landsberg a.L. 1992.

Albach, H., Vertrauen in der ökonomischen Theorie, in: Albach, H., Hrsg., Unternehmen im Wettbewerb. Investitions-, Wettbewerbs- und Wachstumstheorie als Einheit, Wiesbaden 1991, S. 3-12.

Albach, H., Freiheitsgrade und Infrastruktur, in: Zeitschrift für Betriebswirtschaft-Ergänzungsheft, Nr. 1, 1993, S. 156-173.

Alderson, W., Marketing Behavior and Executive Action. A Functionalist Approach to Marketing Theory, Homewood 1957.

Alexander, L.D., Successfully Implementing Strategic Decisions, in: Long Range Planning, Nr. 3, 1985, S. 91-97.

Allaire, Y., Firsirotu, M.E., Theories of Organizational Cultures, in: Organizational Studies, Nr. 3, 1984, S. 193-226.

Allen, D., Byrne, P., Multilateral Decision Making and Implementation: The Case of the European Community, in: Smith, S., Clarke, M., Hrsg., Foreign Policy Implementation, London 1985, S. 123-141.

Altschul, K., Ein roter Teppich für den Kundendienst, in: Absatzwirtschaft, Sondernummer Oktober, 1991, S. 238-252.

American Marketing Association, Marketing Definitions: A Glossary of Marketing Terms, Chicago 1960.

American Marketing Association, AMA Board approves new marketing definition, in: Marketing New, Vol. 19, 1. March 1985, S. 1.

Ames, C.B., Hlavancek, J.D., Market Driven Management. Prescriptions for Survival in a Turbulent World, Homewood/Ill. 1989.

Anderson, P.F., Marketing, Strategic Planning and the Theory of the Firm, in: Journal of Marketing, Spring, 1982, S. 15-26.

Ansoff, I.H., McDonnell, E.J., Implanting Strategic Management, 2. Aufl., New York 1990.

Argyris, C., Strategy, Change and Defensive Routines, Boston u.a. 1985.

Argyris, C., Strategy Implementation: An Experience in Learning, in: Organizational Dynamics, August, 1989, S. 5-15.

Argyris, C., Overcoming Organizational Defenses. Facilitating Organizational Learning, Boston u.a. 1990.

Argyris, C., Wenn Experten wieder lernen müssen, in: Harvard Manager, Nr. 4, 1991, S. 95-107.

Argyris, C., Schön, D.A., Organizational Learning: A Theory of Action Perspective, Reading/Mass. 1978.

Arnold, U., Sabisch, H., Zur Erarbeitung von Produktstrategien, in: Gemünden, H.J., Pleschak, F., Hrsg., Innovationsmanagement und Wettbewerbsfähigkeit. Erfahrungen aus den alten und neuen Bundesländern, Wiesbaden 1992, S. 1-32.

Aßmann, G., Reorganisation der Betriebe - Bedingungen für den Übergang zur Marktwirtschaft, in: Aßmann, G., Backhaus, K., Hilker, J., Hrsg., Deutsch-deutsche Unternehmen. Ein unternehmenskulturelles Anpassungsproblem, Stuttgart 1991, S. 183-194.

Atkinson, P.E., Creating Culture Change: The Key to Successful Total Quality Management, Kempston 1990.

B

Backhaus, K., Investitionsgütermarketing, 3. Aufl., München 1992.

Backhaus, K., Investitionsgütermarketing - Theorieloses Konzept mit Allgemeinheitsanspruch?, in: Zeitschrift für betriebswirtschaftliche Forschung, Nr. 9, 1992, S. 771-791.

Backhaus, K., Was heißt Investitionsgütermarketing, Arbeitspapier Nr. 15 des Betriebswirtschaftlichen Instituts für Anlagen und Systemtechnologien der Universität Münster, Münster 1992.

Backhaus, K., Investgütermarketing. Antworten auf neue Marktanforderungen, in: Absatzwirtschaft, Nr. 2, 1993, S. 80-89.

Backhaus, K., Hilker, J., Deutsch-deutsche Unternehmen: "Viel Lärm um Nichts?", in: Aßmann, G., Backhaus, K., Hilker, J., Hrsg., Deutsch-deutsche Unternehmen. Ein unternehmenskulturelles Anpassungsproblem, Stuttgart 1991, S. 11-23.

Backhaus, K., Hilker, J., Unternehmenskulturelle Anpassung deutsch-deutscher Unternehmen. Von der Plan- zur Marktwirtschaft, in: Forschungsjournal der Westfälischen Wilhelms-Universität (WWU) Münster, Nr. 1, 1992, S. 17-25.

Backhaus, K., Plinke, W., Die Fallstudie im Kooperationsfeld von Hochschule und Praxis, in: Die Betriebswirtschaft, Nr. 4, 1977, S. 615-619.

Backhaus, K. u.a., Multivariate Analysemethoden. Eine anwendungsorientierte Einführung, 6. Aufl., Berlin u.a. 1990.

Badovick, G.J., Beatty, S.E., Shared Organizational Values: Measurement and Impact Upon Strategic Marketing Implementation, in: Journal of the Academy of Marketing Science, Nr. 1, 1987, S. 19-26.

Bagozzi, R.P., Marketing as an Organized Behavioral System of Exchange, in: Journal of Marketing, October, 1974, S. 77-81.

Bagozzi, R.P., Marketing as Exchange, in: Journal of Marketing, October, 1975, S. 32-39.

Bagozzi, R.P., Marketing as Exchange. A Theory of Transactions in the Marketplace, in: American Behavioral Scientist, Nr. 4, 1978, S. 535-556.

Bagozzi, R.P., Principles of Marketing Management, Chicago 1986.

Baker, M.J., Hart, S.J., Marketing and competitive success, New York u.a. 1989.

Baltes, H., Schütz, P., Mit Qualität in die Offensive. Marktorientiertes Qualitätsmanagement: Fallbeispiel E. Merck, in: Absatzwirtschaft, Sondernummer Oktober 1991, S. 46-52.

Balzer, A., Restrukturierung. Modellbauer, in: Manager Magazin, Nr. 6, 1992, S. 188-195.

Balzer, A., Nölting, A., Ostinvestitionen. Heiße Luft, in: Manager Magazin, Nr. 8, 1992, S. 96-105.

Bänsch, A., Einführung in die Marketing-Lehre, 3. Aufl., München 1991.

Barksdale, H.C., Darden, B., Marketer's Attitudes Toward the Marketing Concept, in: Journal of Marketing, October, 1971, S. 29-36.

Barry, T.E., Marketing: An integrated approach, New York 1986.

Bartels, R., The History of Marketing Thought, 3. Aufl., Columbus 1988.

Barth, S., Frey, D., Neue Länder. Beim Aufbau Grundsätze der Organisationspsychologie beachten - Barrieren im Kopf überwinden. Plädoyer für mehr Entscheidungstransparenz, in: Handelsblatt, 5.8.1991, S. 12.

Bates, F.L., Harvey, C.C., The Structure of Social Systems, 2. Aufl., Malabar, Florida 1986.

Baumgartner, K., Nach fünf Jahren ist nur die Hälfte übrig. Warum Kooperationen scheitern oder erfolglos bleiben, in: Blick durch die Wirtschaft, 12.3.1975, S. 1.

BDV & Partner Unternehmensberatung, Hrsg., Report (Kurzfassung) eines Forschungsberichtes im Auftrag der Wirtschaftsministerien der neuen Bundesländer zu den Vorbereitungen der ostdeutschen kleinen und mittleren Unternehmen auf den EG-Binnenmarkt und die neuen Ostmärkte, Berlin 1992.

Becker, J., Marketing-Konzeptionen. Grundlagen des strategischen Marketing-Managements, 4. Aufl., München 1992.

Becker, J.H., Einsatz in den neuen Bundesländern, Umfrage unter West-Managern: Welche Motive Manager nach Osten locken, in: Gablers Magazin, Nr. 7, 1991, S. 6-7.

Becker, M., Umschulung, in: Gaugler, E., Weber, W., Hrsg., Handwörterbuch des Personalwesens, 2. Aufl., Stuttgart 1992, Sp. 2221-2231.

Becker, W.S., Wellins, R.S., Customer-service perceptions and reality, in: Training & Development Journal, Vol. 44, Nr. 3, S. 49-51.

Beckhard, R., Harris, R.T., Organizational Transitions. Managing Complex Change, 2. Aufl., Reading/Mass. 1987.

Bednarczuk, P., Friedrich, J., Kundenorientierung ohne Marketing. Eine Lösung für Dienstleistungsunternehmen, in: Absatzwirtschaft, Nr. 9, 1992, S. 90-97.

Beer, M., The Critical Path for Change: Keys to Success and Failure in Six Companies, in: Kilmann, R.H., u.a., Hrsg., Corporate Transformation. Revitalizing Organizations for a Competitive World, San Francisco, London 1988, S. 17-45.

Beer, M., Eisenstat, R.A., Spector, B., The Critical Path to Corporate Renewal, Cambridge/Mass. 1990.

Beer, M., Eisenstat, R.A., Spector, B., Why Change Programs Don't Produce Change, in: Harvard Business Review, November-December, 1990, S. 158-166.

Beer, M., Eisenstat, R.A., Spector, B., Wie Verjüngungskampagnen ein sicherer Erfolg werden, in: Harvard Manager, Nr. 4, 1991, S. 34-48.

Bell, M.L., Vincze, J.W., Managerial Marketing. Strategy and Cases, New York u.a. 1988.

Belz, C., Förderung des Lerntransfers in der überbetrieblichen Weiterbildung von Marketing-Führungskräften, Diss., St. Gallen 1981.

Benkenstein, M., F & E und Marketing. Eine Untersuchung zur Leistungsfähigkeit von Koordinationskonzeptionen bei Innovationsentscheidungen, Wiesbaden 1987.

Benkenstein, M., Koordination von F & E und Marketing, in: Marketing Zeitschrift für Forschung und Praxis, Heft 2, 1987, S. 123-132.

Bennett, P.D., Marketing, New York u.a. 1988.

Bennett, R.C., Cooper, R.G, Beyond the Marketing Concept, in: Business Horizons, June, 1979, S. 76-83.

Bennett, R.C., Cooper, R.G., The Misuse of Marketing: An American Tragedy, in: Business Horizons, November-December, 1981, S. 51-61.

Berg, C.C., Treffert, J.C., Die Unternehmenskrise - Organisatorische Probleme und Ansätze zu ihrer Lösung, in: Zeitschrift für Betriebswirtschaft, Nr. 6, 1979, S. 459-473.

Berger, R., Das Marketing ist die Hauptschwäche der DDR-Betriebe, in: Blick durch die Wirtschaft, 4.7.1990, S. 1.

Berger, R., Unternehmerische Aufgaben und Perspektiven bei den Restrukturierungen der ostdeutschen Wirtschaft, in: Betriebswirtschaftliche Forschung und Praxis, Nr. 2, 1991, S. 104-120.

Berman, B., Evans, J.R., Integrating the Marketing Plan: Lessons From Marketing Management, Strategic Marketing, and Marketing Implementation, in: Lusch, R.F., u.a., Hrsg., AMA Educator's Proceedings, Chicago 1985, S. 269-274.

Berry, L.L., The employee as customer, in: Lovelock, C.H., Hrsg., Services marketing. Text, cases and readings, Englewood Cliffs 1984, S. 271-278.

Berthel, J., Aktives Personal-Management: Notwendiger Promoter für innovationsorientierte Unternehmensführung, in: Die Betriebswirtschaft, Nr. 6, 1986, S. 695-706.

Berthel, J., Führungskräfte-Qualifikationen, Teil 1, in: Zeitschrift für Organisation, Nr. 4, 1992, S. 206-211.

Bierfelder, W.H., Ansätze zu einer Theorie der Implementierung, in: Pfohl, H.C., Rürupp, B., Hrsg., Anwendungsprobleme moderner Planungs- und Entscheidungstechniken, Königstein/Taunus 1978, S. 33-48.

Bierhoff, H.W., Soziale Motivation kooperativen Verhaltens, in: Wunderer, R., Hrsg., Kooperation. Gestaltungsprinzipien und Steuerung der Zusammenarbeit zwischen Organisationseinheiten, Stuttgart 1991, S. 21-38.

Bierhoff, H.W., Müller, G.F., Kooperation in Organisationen, in: Zeitschrift für Arbeits- und Organisationspsychologie, Nr. 2, 1993, S. 42-51.

Bischoff, G., Erfahrungen ostdeutscher Unternehmer mit Unternehmensberatern, in: Wagner, H., Reineke, R.D., Hrsg., Beratung von Organisationen. Philosophien-Konzepte-Entwicklungen, Wiesbaden 1992, S. 291-312.

Bleicher, K., Unternehmensentwicklung und Organisatorische Gestaltung, Stuttgart, New York 1979.

Bleicher, K., Strukturen und Kulturen der Organisation im Umbruch: Herausforderung für den Organisator, in: Zeitschrift Führung und Organisation, Nr. 2, 1986, S. 97-108.

Bleicher, K., Organisation. Strategien-Strukturen-Kulturen, 2. Aufl., Wiesbaden 1991.

Blex, W., Marchal, G., Risiken im Akquisitionsprozeß - Ein Überblick, in: Betriebswirtschaftliche Forschung und Praxis, Nr. 2, 1990, S. 85-103.

Böcker, F., Marketing-Kontrolle, Stuttgart 1988.

Böcker, F., Marketing, 4. Aufl., Stuttgart 1991.

Böhnisch, W., Personale Widerstände bei der Durchsetzung von Innovationen, Stuttgart 1979.

Bonoma, T.V., Market success can breed 'marketing inertia', in: Harvard Business Review, September-October, 1981, S. 115-121.

Bonoma, T.V., Making your marketing strategy work, in: Harvard Business Review, March-April, 1984, S. 69-76.

Bonoma, T.V., Managing Marketing. Text, Cases, Readings, New York, London 1984.

Bonoma, T.V., Case Research in Marketing: Opportunities, Problems, and a Process, in: Journal of Marketing Research, May, 1985, S. 199-208.

Bonoma, T.V., Making Your Marketing Strategy Work, in: Shapiro, B.P., Dolan, R.J., Quelch, J.A., Hrsg., Marketing Management Readings. From Theory to Practice, Vol. III, Homewood/Ill. 1985, S. 286-299.

Bonoma, T.V., The Marketing Edge. Making Strategies Work, New York, London 1985.

Bonoma, T.V., Wie man Marketingstrategien in die Praxis umsetzt, in: Harvard Manager, Nr. 2, 1985, S. 72-79.

Bonoma, T.V., Der Marketing-Vorsprung, Landsberg a.L. 1986.

Bonoma, T.V., Marketing subversives, in: Harvard Business Review, November-December, 1986, S. 113-118.

Bonoma, T.V., Clark, B.H., Marketing Performance Assessment, Boston/Mass. 1988.

Bonoma, T.V., Crittenden, V.L., Managing Marketing Implementation, in: Sloan Management Review, Winter, 1988, S. 7-14.

Bonoma, T.V., Kosnik, T.J., Marketing Management: Text and Cases, Homewood, Boston 1990.

Borchert, M., Die Mühen beim Umsteigen: Illustration unseres wirtschaftlichen Zusammenwachsens, Münster, Hamburg 1993.

Borden, N., The Concept of the Marketing Mix, in: Journal of Advertising Research, June, 1964, S. 2-7.

Bourgeois, L.J. III, Brodwin, D.R., Strategic Implementation: Five Approaches to an Elusive Phenomenon, in: Strategic Management Journal, 1984, S. 241-264.

Bowman, C., Asch, D., Strategic Management, Houndmills u.a. 1987.

Braun, I.A., Struktur und Einsatz eines diagnostischen Instrumentariums zur Aufdeckung von Marketingdefiziten - DIAM-, München 1991.

Braun, I.A., Mayer, R., Von Absatz- bis Turbo-Marketing. Ein Beitrag zum Abbau der Begriffsverwirrung, in: Wirtschaftswissenschaftliches Studium, Heft 6, 1989, S. 307-311.

Braun, W., Kooperation im Unternehmen. Organisation und Steuerung von Innovationen, Wiesbaden 1991.

Brockhoff, K., Abstimmungsprobleme von Marketing und Technologiepolitik, in: Die Betriebswirtschaft, Nr. 6, 1985, S. 623-632.

Brockhoff, K., Schnittstellenmanagement. Abstimmungsprobleme zwischen Marketing und Forschung und Entwicklung, Stuttgart 1989.

Bromann, P., Strategische Organisationsentwicklung in Marketing und Vertrieb, Landsberg a.L. 1990.

Bromann. P., Piwinger, M., Gestaltung der Unternehmenskultur. Strategie und Kommunikation, Stuttgart 1992.

Brookes, R., The New Marketing, Worcester 1988.

Büne, K., Implementierungsprobleme bei der Beratung kleiner und mittlerer Betriebe am Beispiel des Einzelhandels, Frankfurt a.M. u.a. 1987.

Bungard, W., Westdeutsches Management in ostdeutschen Betrieben. Diskussion arbeits- und organisationspsychologischer Aspekte anhand einer Feldstudie, Schriftliche Fassung des Vortrages bei der Fachtagung der Sektion Arbeits-, Betriebs- und Organisationspsychologie des Berufsverbandes deutscher Psychologen, Mannheim 1992, S. 1-18.

Bush, J.B., Frohman, A.L., Communication in a "Network" Organization, in: Organizational Dynamics, Autumn, 1991, S. 23-36.

Buzzell, R.D. u.a., Marketing a contemporary analysis, 2. Aufl., New York u.a. 1972.

Buzzell, R.D., Gale, B.T., Das PIMS-Programm. Strategien und Unternehmenserfolg, Wiesbaden 1989.

C

Cali, J.F., TQM for Purchasing Management, New York 1993.

Camp, R.C., Benchmarking: The Search for Industry Best Practices that lead to Superior Performance, Milwaukee 1989.

Campell, A., Devine, M., Young, D., Vision, Mission, Strategie. Die Energien des Unternehmens aktivieren, Frankfurt a.M. 1992.

Cantin, F., Thom, N., Innerbetriebliche Kommunikation. Konzeptioneller Bezugsrahmen und Ableitung von Effizienzkriterien, in: Zeitschrift Führung und Organisation, Nr. 5, 1992, S. 287-292.

Carlzon, J., Moments of Truth, Cambridge/Mass. 1987.

Caron, H.St.J., Ernest, H.H., Jr., The Interdependency Between Marketing and Manufacturing, in: Industrial Marketing Management, 1991, S. 223-229.

Cespedes, F.V., Organizing and Implementing the Marketing Effort. Text and Cases, Reading/Mass. u.a. 1986.

Chamberlin, E.H., The Theory of Monopolistic Competition - A Re-orientation of the Theory of Value, Cambridge/Mass. 1933.

Chandler, A.D., Strategy and Structure, Cambridge/Mass. 1962.

Chew, W.B., Leonard-Barton, D., Bohn, R.E., Beating Murphy's Law, in: Sloan Management Review, Spring, 1991, S. 5-16.

Chonko, L.B., Enis, B.M., Tanner, J.F., Managing Salespeople, Boston/Mass., u.a. 1992.

Christopher, M., Payne, A., Ballantyne, D., Relationship Marketing. Bringing quality, customer service and marketing together, Oxford u.a. 1991.

Churchman, C.W., Schainblatt, A.H., The Researcher and the Manager: A Dialectic of Implementation, in: Management Science, Nr. 4, 1965, S. B69 -B87.

Clark, K.B., Fujimoto, T., Product Development Performance. Strategy, Organization, and Management in the World Auto Industry, Boston/Mass. 1991.

Clare, D.A., Sanford D.G., Cooperation and Conflict Between Industrial Sales and Production, in: Industrial Marketing Management, 1984, S. 163-169.

Clauss, M., Die Strategie der Implementierung in der Unternehmung, Pfaffenweiler 1989.

Coe, B.J., Key Differentiating Factors and Problems associated with Implementation of Strategic Market Planning, in: Lusch, R.F., Hrsg., AMA Educator's Proceedings, Chicago 1985, S. 275-281.

Cohen, W.A., Developing a Winning Marketing Plan, New York u.a. 1987.

Collins, J.C., Porras, J.I., Organizational Vision and Visionary Organizations, in: California Management Review, Fall 1991, S. 30-52.

Collins, J.C., Porras, J.I., Werkzeug Vision, in: Harvard Manager, Nr. 4, 1992, S. 108-118.

Cooper, R.G., The Dimensions of Industrial New Product Success and Failure, in: Journal of Marketing, Summer, 1979, S. 93-103.

Coyne, K.P., Die Struktur dauerhafter Wettbewerbsvorteile, in: Simon, H., Hrsg., Wettbewerbsvorteile und Wettbewerbsfähigkeit, Stuttgart 1988, S. 18-29.

Crittenden, V.L., Close the Marketing/Manufacturing Gap, in: Sloan Management Review, Spring, 1992, S. 41-52.

Crosier, K., What Exactly is Marketing?, in: Quarterly Review of Marketing, Winter, 1975.

Cumming, T.G., Huse, E.F., Organizational Development and Change, 4. Aufl., St. Paul u.a. 1989.

Curren, M.T., Folkes, V.S., Steckel, J.H., Explanations for Successful and Unsuccessful Marketing Decisions: The Decision Maker's Perspective, in: Journal of Marketing, April 1992, S. 18-31.

D

Daft, R.L., Organizational Theory and Design, 3. Aufl., St. Paul u.a. 1989.

Dale, B.G., Policy Deployment, in: Chase, R.L., Hrsg., Implementing TQM, Vol. 2, A TQM Magazine Publication, Kempston 1991, S. 27-30.

David, A.J., The customer/supplier relationship, in: Chase, R.L., Hrsg., Total Quality Management, Berlin u.a. 1988, S. 59-61.

Davis, D., Morris, M., Allen, J., Perceived Environmental Turbulence and Its Effect on Selected Entrepreneurship, Marketing, and Organizational Characteristics in Industrial Firms, in: Journal of the Academy of Marketing Science, Winter 1991, S. 43-51.

Davis, T.R., Internal Service Operations: Strategies for Increasing Their Effectiveness and Controlling Their Cost, in: Organizational Dynamics, Autumn, 1991, S. 5-22.

Day, G.S., Learning About Markets, Report Nr. 91-117, Marketing Science Institute, Cambridge/Mass. 1991.

Day, G.S., Wensley, R., Assessing Advantage: A Framework for Diagnosing Competitive Superiority, in: Journal of Marketing, April, 1988, S. 1-20.

Deming, W.E., Out of the Crisis, MIT Center for Advances Engineering Study, Cambridge/Mass. 1986.

Demmer, C., DDR-Manager im Persönlichkeitstest, in: Management Wissen, Nr. 9, 1990, S. 94-96.

Dempsey, P., Hesketh, M., Total quality culture - five years on and counting, in: Chase, R.L., Hrsg., Total Quality Management. An IFS Executive Briefing, Berlin u.a. 1988, S. 145-150.

Deshpandé, R., Parasuraman, A., Linking Corporate Culture to Strategic Planning, in: Business Horizons, May-June, 1986, S. 28-37.

Deshpandé, R., Farley, J.U., Webster, F.E., Corporate Culture, Customer Orientation, and Innovativeness in Japanese Firms: A Quadrad Analysis, in: Journal of Marketing, January 1993, S. 23-37.

Deshpandé, R., Webster, F.E., Organizational Culture and Marketing: Defining the Research Agenda, in: Journal of Marketing, January, 1989, S. 3-15.

Deutsche Gesellschaft für Mittelstandsforschung, Im Osten fehlt vielen Betrieben das Handwerkszeug. Studie nennt Defizite in Vertrieb und Export, in: Blick durch die Wirtschaft, 8.10.1992, S. 1.

Deutsche Gesellschaft für Mittelstandsforschung, Mangelware Marketing, in: Absatzwirtschaft, Nr. 11, 1992, S. 21.

Deutsches Institut für Wirtschaftsforschung u.a., Hrsg., Gesamtwirtschaftliche und unternehmerische Anpassungsprozesse in Ostdeutschland, 1. Bericht, Kiel 1991.

Deutsches Institut für Wirtschaftsforschung u.a., Hrsg., Gesamtwirtschaftliche und unternehmerische Anpassungsprozesse in Ostdeutschland, 6. Bericht, Kiel 1992.

Deutsches Institut für Wirtschaftsforschung u.a., Hrsg., Gesamtwirtschaftliche und unternehmerische Anpassungsprozesse in Ostdeutschland, 7. Bericht, Kiel 1992.

Deutsches Institut für Wirtschaftsforschung u.a., Hrsg., Gesamtwirtschaftliche und unternehmerische Anpassungsprozesse in Ostdeutschland, 8. Bericht, Kiel 1993.

Dibb, S. u.a., Marketing - Concepts and Strategies, Boston u.a., 1991.

Dierkes, M., Unternehmenskultur und Unternehmensführung - Konzeptionelle Ansätze und gesicherte Erkenntnisse, in: Zeitschrift für Betriebswirtschaft, Nr. 5-6, 1988, S. 554-575.

Dierks, C., Deutsch-deutsche Unternehmenskooperationen, in: Zeitschrift für Betriebswirtschaft-Ergänzungsheft, Nr. 1, 1991, S. 125-179.

Dill, P., Hügler, G., Unternehmenskultur und Führung betriebswirtschaftlicher Organisationen. Ansatzpunkte für ein kulturbewußtes Management, in: Heinen, E., Hrsg., Unternehmenskultur. Perspektiven für Wissenschaft und Praxis, München, Wien 1987, S. 141-209.

Diller, H., Produkt-Management und Marketing-Informationssysteme, Berlin 1975.

Diller, H., Hrsg., Marketingplanung, München 1980.

Diller, H., Planungstechniken im Marketing, in: Diller, H., Hrsg., Marketingplanung, München 1980, S. 3-15.

Diller, H., Entwicklungstrends und Forschungsfelder der Marketingorganisation, in: Marketing Zeitschrift für Forschung und Praxis, Heft 3, 1991, S. 156-163.

Doktor, R., Schultz, R.L., Slevin, D.P., The Implementation of Management Science, Amsterdam u.a. 1979.

Domsch, M., Gerpott, T.J., Verhaltensorientierte Beurteilungsskalen. Eine Analyse von Varianten eines Ansatzes zur Verbesserung der Methodik der Leistungsbeurteilung von Mitarbeitern, in: Die Betriebswirtschaft, Nr. 6, 1985, S. 666-680.

Domsch, M., Gerpott, T.J., Gerpott H., Qualität der Schnittstelle zwischen F & E und Marketing: Ergebnisse einer Befragung deutscher Industrieforscher, in: Zeitschrift für betriebswirtschaftliche Forschung, Nr. 12, 1991, S. 1048-1069.

Domsch, M., Gerpott, T.J., Gerpott, H., Wie sehen Industrieforscher Mitarbeiter aus dem Marketing?, in: Die Betriebswirtschaft, Nr. 1, 1992, S. 71-89.

Dostal, A.W.T., Checklist Wettbewerb. Vom Staatsbetrieb in die Marktwirtschaft, Landsberg a.L. 1991.

Dougherty, D., Interpretive Barriers to successful Product Innovation, Report Nr. 89-114 des Marketing Science Institute, Cambridge/Mass. 1989.

Dreher, C., Investitionen demonstrieren soziale Verantwortung, in: Blick durch die Wirtschaft, 3.9.1991, S. 7.

Drennan, D., Veränderung der Unternehmenskultur, London, u.a. 1993.

Drosten, S., Personalwirtschaftliche Problemfelder bei der Akkulturation von Akquisitionen in der ehemaligen DDR, Arbeitspapier Nr. 72 der Wissenschaftlichen Gesellschaft für Marketing und Unternehmensführung e.V., Münster 1992.

Drumm, H.J., Probleme der Erfassung und Messung von Unternehmungskultur, in: Dülfer, E., Hrsg., Organisationskultur. Phänomen-Philosophie-Technologie, 2. Aufl., Stuttgart 1991, S. 163-170.

Duncan, R., Weiss, A., Organizational Learning: Implications for Organizational Design, in: Staw, B.M., Hrsg., Research in Organizational Behavior, Bd. 1, Greenwich/Con. 1979, S. 75-123.

Dunlap, B.J., Dotson, M.J., Chambers, T.M., Perceptions of Real-estate Brokers and Buyers: A Sales-Orientation, Customer-Orientation Approach, in: Journal of Business Research, 17. Jg., 1988, S. 175-187.

Dunn, M.G., Norburn, D., Birley, S., Corporate Culture. A Positive Correlate with Marketing Effectiveness, in: International Journal of Advertising, 1985, S. 65-73.

E

Ebert, H.J., Lauer, H., Key Account-Management. Der Schlüssel zum Verkaufserfolg, Bamberg 1988.

Edeling, T., Zwischen Bürokratie und Gemeinschaft: Managementkultur im ostdeutschen Betrieb, in: Aßmann, G., Backhaus, K., Hilker, J., Hrsg., Deutsch-deutsche Unternehmen. Ein unternehmenskulturelles Anpassungsproblem, Stuttgart 1991, S. 79-94.

Elle, H.D., Thom, N., Management von Produktinnovationen in der DDR, Berlin 1989.

Elliott, G.R., The Marketing Concept - Necessary, but Sufficient? - An Environmental View, in: European Journal of Marketing, August, 1990, S. 20-30.

Engelhardt, W.H., Kleinaltenkamp, M., Reckenfelderbäumer, M., Dienstleistungen als Absatzobjekt, Arbeitsbericht Nr. 52 des Instituts für Unternehmensführung und Unternehmensforschung der Ruhr-Universität Bochum, Bochum 1992.

Engelhardt, W.H., Schütz, P., Total Quality Management, in: Wirtschaftswissenschaftliches Studium, Heft 8, 1991, S. 394-399.

Ernst, K.W., Investgütermarketing in Ostdeutschland, in: Absatzwirtschaft, Nr. 11, 1992, S. 58-64.

Executive Trust, Hrsg., Engagement in den neuen Bundesländern. Chance und Herausforderung, Düsseldorf 1991.

F

Fauth, W., Praktische Personalarbeit als strategische Aufgabe, Wiesbaden 1991.

Feigenbaum, A.V., Total Quality Control, 3. Aufl., New York u.a. 1991.

Felton, A.P., Making the Marketing Concept Work, in: Harvard Business Review, July-August, 1959, S. 55-65.

Fernandes-Stacke, M., Marketing und Service mangelhaft. Umfrage unter ostdeutschen Unternehmen: Engpässe im Management, in: Neue Zeit, 26.10.1992, S. 9.

Ferrel, O.C., Lucas, G.H., An Evaluation of Progress in the Development of a Definition of Marketing, in: Journal of Academy of Marketing Science, Nr. 3, 1987, S. 12-23.

Fiedler-Winter, R., Ein Pate im Westen für die Mitarbeiter in den neuen Ländern. Erfahrungen bei der Mercedes-Benz AG, in: Blick durch die Wirtschaft, 7.6.1991, S. 1.

Fischer, T.M., Kostenmanagement strategischer Erfolgsfaktoren. Instrumente zur operativen Steuerung der strategischen Schlüsselfaktoren Qualität, Flexibilität und Schnelligkeit, München 1993.

Fouley, D., The New Breed of Strategic Planner. Number-Crunching Professionals are Giving Way to Line Managers, in: Business Week, 17.9.1984, S. 52-57.

Fox, R., Making Quality Happen. Six Steps To Total Quality Management. A Practical Guide to Implementing TQM, Sydney u.a. 1991.

French, W.L., Bell, C.H., Organisationsentwicklung. Sozialwissenschaftliche Strategien zur Organisationsentwicklung, Bern, Stuttgart 1977.

Freund, W., Die Integration übernommener Unternehmen. Fragen, Probleme und Folgen, in: Die Betriebswirtschaft, Nr. 4, 1991, S. 491-498.

Friedrich, W., Führungskräfte und Gründungspotentiale in der ehemaligen DDR. Unterstützungs- und Beratungsbedarf für die wirtschaftliche Erneuerung, Kerpen 1990.

Friesen, G.B., Mills, D.Q., Marketing in der Organisation der Zukunft, Teil 1, in: Absatzwirtschaft, Nr. 6, 1993, S. 34-42.

Friesen, G.B., Mills, D.Q., Marketing in der Organisation der Zukunft, Teil 2, in: Absatzwirtschaft, Nr. 7, 1993, S. 44-48.

Fritz, W., Marketing - ein Schlüsselfaktor des Unternehmenserfolges? Eine kritische Analyse vor dem Hintergrund der empirischen Erfolgsfaktorenforschung, in: Marketing Zeitschrift für Forschung und Praxis, Heft 2, 1990, S. 91-110.

Fritz, W., Marktorientierte Unternehmensführung und Unternehmenserfolg. Grundlagen und Ergebnisse einer empirischen Untersuchung, Stuttgart 1992.

Fuchs, W., u.a., Lexikon der Soziologie, Reinbek 1978.

Fulmer, W.E., Human Resource Management: The Right Hand of Strategy Implementation, in: Schweiger, D.M., Papenfuß, K., Hrsg., Human resource planning: solutions to key business issues, Wiesbaden 1992, S. 19-29.

G

Gabele, E., Das Management von Neuerungen. Eine empirische Studie zum Verhalten, zur Struktur, zur Bedeutung und zur Veränderung von Managementgruppen bei tiefgreifenden Neuerungsprozessen in Unternehmen, in: Zeitschrift für betriebswirtschaftliche Forschung, 1978, S. 194-226.

Gabler, U., Der Beratungsbedarf in den neuen Bundesländern, in: Wagner, H., Reineke, R.D., Hrsg., Beratung von Organisationen. Philosophien-Konzepte-Entwicklungen, Wiesbaden 1992, S. 277-290.

Gaedeke, R.M., Toolelian, D.H., Marketing, principles and applications, St. Paul u.a. 1983.

Gaitanides, M., Strategien und Strukturen des Marktmanagements, in: Wirtschaftswissenschaftliches Studium, Nr. 6, 1986, S. 275-281.

Gaitanides, M., Diller, H., Großkundenmanagement - Überlegungen und Befunde zur organisatorischen Gestaltung und Effizienz, Die Betriebswirtschaft, Nr. 2, 1989, S. 185-197.

Gaitanides, M., Westphal, J., Wiegels, I., Zum Erfolg von Strategie und Struktur des Kundenmanagements, 1. Teil, in: Zeitschrift Führung und Organisation, Nr. 1, 1991, S. 15-21.

Gaitanides, M., Westphal, J., Wiegels, I., Zum Erfolg von Strategie und Struktur des Kundenmanagements, 2. Teil, in: Zeitschrift Führung und Organisation, Nr. 2, 1991, S. 121-124.

Galbraith, J.R., Kazanjian, R.K., Strategy Implementation. Structure, Systems and Process, 2. Aufl., St. Paul u.a. 1986.

Galbraith, J.R., Nathanson, D.A., Strategy Implementation. The Role of Structure and Process, St. Paul u.a. 1978.

Garvin, D.A., Building a Learning Organization, Harvard Business Review, July-August 1993, S. 78-91.

Gaulhofer, M., Staehle, W.H., Deutsch-deutsche Unternehmenskooperationen der Ersten Stunde. Ergebnisse einer empirischen Analyse, in: Aßmann, G., Backhaus, K., Hilker, J., Hrsg., Deutsch-deutsche Unternehmen. Ein unternehmenskulturelles Anpassungsproblem, Stuttgart 1991, S. 277-299.

Gaulhofer, M., Sydow, J., Kooperation von ost- und westdeutschen Unternehmungen - Strukturelle und kulturelle Probleme, in: Zeitschrift Führung und Organisation, Nr. 3, 1991, S. 151-157.

Gebert, D., Zur Erarbeitung und Einführung einer neuen Führungskonzeption. Theorie und Empirie, Berlin 1976.

Geißler, H., Vom Lernen in der Organisation zum Lernen der Organisation, in: Sattelberger, T., Die Lernende Organisation. Konzepte für eine neue Qualität der Unternehmensentwicklung, Wiesbaden 1991, S. 79-96.

George, W.R., The retailing of services - a challenging future, in: Journal of Retailing, Nr. 3, 1977, S. 85-98.

Gesellschaft für Wirtschaftspublizistik, Hrsg., High-Tech Marketing. Branchenspezifische Trends und Strategien für die 90er Jahre. Studie unter der wissenschaftlichen Projektleitung von H. Meffert und S. Lammnek, Düsseldorf 1991.

Gesellschaft für Wirtschaftspublizistik, Hrsg., Stand und Perspektive von Marketing- und Werbeplanung in den neuen Ländern. Eine Umfrage der Wirtschaftswoche und des GWA, Düsseldorf 1991.

Gesetzblatt der DDR, Teil I, Nr. 15 vom 3.4.1973, Verordnung über die Aufgaben, Rechte und Pflichten der volkseigenen Betriebe, Kombinate und VVB.

Geus de, A.P., Unternehmensplaner können Lernprozesse beschleunigen, in: Harvard Manager, Nr. 1, 1989, S. 28-34.

Geyer, C., Gezielte Investition in das Management werden zur Tagesaufgabe der ostdeutschen Unternehmen. Bedarf an West-Managern in den neuen Ländern fordert unkonventionelle Ideen, in: Karriere, 21.6.1991, S. K1-K2.

GfR Management- und Systemberatung GmbH, Hrsg., Die Beratungssituation in den neuen Bundesländern. Zusammenfassung der Ergebnisse. Stand: Herbst 1991, Münster 1992.

Ginsberg, A., Abrahamson, E., Champions of Change and Strategic Shifts: The Role of Internal and External Change Advocates, in: Journal of Management Studies, March, 1991, S. 173-190.

Ginzberg, M.J., A Study of The Implementation Process, in: Doktor, R., Schultz, R.L., Slevin, D.P., The Implementation of Management Science, Amsterdam u.a. 1979, S. 85-102.

Glassmann, M., McAfee, B., Integrating the Personnel and Marketing Functions: The Challenge of the 1990s, in: Business Horizons, May-June, 1992, S. 52-59.

GMO Human Resources Consulting GmbH, Hrsg., Investitionen in den neuen Bundesländern. Die Personalsituation, Düsseldorf 1992.

Goehrmann, K.E., Verkaufsmanagement, Stuttgart 1984.

Gomez, P., Modelle und Methoden des systemorientierten Managements, Bern, Stuttgart 1981.

Gomez.P., Zimmermann, T., Unternehmensorganisation. Profile, Dynamik, Methodik, Frankfurt/Main 1992.

Goode, W.J., Hatt, P.K., Die Einzelfallstudie, in: König, R., Hrsg., Beobachtung und Experiment in der Sozialforschung, Köln, Berlin 1956, S. 299-313.

Goodstein, L.D., Burke, W.E., Creating Successful Organization Change, in: Organizational Dynamics, Spring, 1991, S. 5-17.

Goolsby, J.R., A Theory of Role Stress in Boundary Spanning Positions of Marketing Organizations, in: Journal of the Academy of Marketing Science, Nr. 2, 1992, S. 155-164.

Goriss, H.J., Das Marketing und die Treuhandanstalt bereiten Probleme, in: Handelsblatt, 13.10.1990, S. D1.

Gottschall, D., TQM. Wie Firmen eine neue Führungsphilosophie umsetzen. Der Fall Edelmann, in: Manager Magazin, Nr. 3, 1991, S. 203-209.

Govindarajan, V., Implementing Competitive Strategies At The Business Unit Level: Implications Of Matching Managers To Strategies, in: Strategic Management Journal, 1989, S. 251-269.

Grässle, A.A., Die Fusionsstrategien in der Sackgasse. Hohe Kosten durch Vernachlässigung der Unternehmenskulturen bei Akquisitionen, in: Blick durch die Wirtschaft, 9.9.1992, S. 7.

Gray, D.H., Uses and misuses of strategic planning, in: Harvard Business Review, January-February, 1986, S. 89-97.

Grayson, C.J., Taking on the World, in: The TQM Magazine, June, 1992, S. 139-143.

Greenley, G.E., Where Marketing Planning Fails, in: Long Range Planning, Nr. 1, 1983, S. 106-115.

Greenley, G.E., The Strategic and Operational Planning of Marketing, London u.a. 1987.

Griffin, A., Evaluating QFD's Use in US Firms as a Process for Developing Products, in: Journal of Product Innovation Management, 1992, S. 171-187.

Griffin, A., Hauser, J.R., Pattern of communication among marketing, engineering and manufacturing - A comparison between two new product teams, in: Management Science, Nr. 3, 1992, S. 360-373.

Griffin, A., Hauser, J.R., The voice of the customer, Working Paper Nr. 92-106 des Marketing Science Institute, Cambridge/Mass. 1992.

Grönross, C., Internal Marketing. Theory und Practice, in: Bloch, T.M., Upah, G.D., Zeithaml, V.A., Hrsg., Services Marketing in a Changing Environment, Chicago 1985, S. 41-47.

Grönross, C., Strategic management and marketing in the service sector, Lund, Bromley 1985.

Grönross, C., Service Management and Marketing. Managing the Moments of Truth in Service Competition, Lexington/Mass., Toronto 1990.

Groth, U., Kammel, A., 13 Stolpersteine vor dem schlanken Unternehmen, in: Harvard Business Manager, Nr. 1, 1993, S. 115-122.

Gürtler, J., Neue Bundesländer: Privatisierte Unternehmen nach wie vor deutlich erfolgreicher, in: ifo-Schnelldienst, Nr. 34, 8.12.1992, S. 15-19.

Guiltinian, J.P., Gorden, P.W., Marketing Management - Strategies and Programs, 3. Aufl., New York u.a. 1988.

Gummesson, E., Using internal marketing to develop a new culture - the case of ericsson quality, in: Czepiel, J.A., Congram, C.A., Shanahan, J.B., Hrsg., The Service challenge: integrating for competitive advantage, Chicago 1987, S. 13-15.

Gupta, A.K., Raj, S.P., Wilemon, D.L., R & D and Marketing Dialogue in High-Tech Firms, in: Industrial Marketing Management, 1985, S. 289-300.

Gupta, A.K., Raj, S.P., Wilemon, D.L., R & D and Marketing Manager in High-Tech Companies: Are They Different?, in: IEEE Transactions on Engineering Management, Nr. 1, 1986, S. 25-32.

Gupta, A.K., Raj, S.P., Wilemon, D.L., Managing the R & D - Marketing Interface, in: Research Management, April-May, 1987, S. 38-43.

Gutenberg, E., Grundlagen der Betriebswirtschaftlehre, Bd. 2, Der Absatz, 14. Aufl., Berlin u.a. 1973.

H

Hafner, K., Reineke, R.D., Beratung und Führung von Organisationen, in: Wagner, H., Reineke, R.D., Hrsg., Beratung von Organisationen. Philosophien-Konzepte-Entwicklungen, Wiesbaden 1992, S. 29-77.

Hambrick, D.C., Cannella, A.A., Strategy Implementation as Substance and Selling, in: The Academy of Management Executive, Nr. 4, 1989, S. 278-285.

Hamel, H., Hrsg., Soziale Marktwirtschaft - Sozialistische Planwirtschaft. Ein Vergleich Bundesrepublik Deutschland - DDR, 5. Aufl., München 1989.

Hamermesh, R.G., Making Strategy Work. How Senior Managers Produce Results, New York u.a. 1986.

Hansen, U., Stauss, B., Marketing als marktorientierte Unternehmenspolitik oder als deren integrativer Bestandteil?, in: Marketing Zeitschrift für Forschung und Praxis, Heft 2, 1983, S. 77-86.

Harenberg, W., Vereint und verschieden, Spiegel Spezial. Das Profil der Deutschen. Was sie vereint, was sie trennt, Hamburg 1991, S. 10-23.

Harlan, M.D., Unleashing a plant revitalization, in: McKinsey Quarterly, Nr. 1, 1991, S. 25-41.

Hasper, W.J.J., Glasl, F., Von kooperativer Marktstrategie zur Unternehmensentwicklung. Konzeption, Methodik und Praxisbeispiel der Organisationsentwicklung im Marketing, Bern, Stuttgart 1988.

Haspeslagh, P.C., Jemison, D.B., Akquisitionsmanagement. Wertschöpfung durch strategische Neuausrichtung des Unternehmens, Frankfurt, New York 1992.

Hatten, K.J., Hatten, M.L., Effective Strategic Management. Analysis and Action, Englewood Cliffs 1988.

Hauschildt, J., Entscheidungsziele - Zielbildung in innovativen Entscheidungsprozessen: Theoretische Ansätze und empirische Prüfung, Tübingen 1977.

Hauschildt, J., Managementrolle: Innovator, in: Staehle, W.H., Hrsg., Handbuch Management. Die 24 Rollen der exzellenten Führungskraft, Wiesbaden 1991, S. 225-239.

Hauschildt, J., Innovationsmanagement, München 1993.

Hauser, J.R. How Puritan-Bennett Used the House of Quality, in: Sloan Managment Review, Spring 1993, S. 61-70.

Hauser, J.R., Clausing, D., Wenn die Stimme des Kunden bis in die Produktion vordringen soll, in: Harvard Manager, Nr. 4, 1988, S. 57-70.

Hayes, R.H., Abernathy, W.J., Managing our Way to Economic Decline, in: Harvard Business Review, July-August, 1980, S. 67-77.

Heckel, M., Mitarbeiterführung: Im Osten ist vor allem Sensibilität gefragt. Seelen sanieren, in: Wirtschaftswoche, Nr. 12, 15.3.1991, S. 56-57.

Heckhausen, H., Motivation und Handeln, 2. Aufl., Berlin u.a. 1989.

Hecking-Binder, E.E., Führungsmodelle und Marketingorganisation, Wiesbaden 1974.

Heeg, F.J., Dreusche von, S., Hrsg., Die betriebliche Situation der Unternehmen in den neuen Bundesländern nach zwei Jahren marktwirtschaftlicher Bedingungen. Eine vergleichende Studie zur Beurteilung des betrieblichen Leistungsstandes der Unternehmen in den neuen Bundesländern, Düsseldorf 1992.

Heffring, M., A Theory-In-Use Approach to Developing Marketing Theories, in: Dholakia, N., Arndt, J., Hrsg., Changing The Course of Marketing: Alternative Paradigms For Widening Marketing Theory, Greenwich 1985, S. 105-117.

Heger, G., Anfragenbewertung im industriellen Anlagengeschäft, Berlin 1988.

Heimerl-Wagner, P., Strategische Organisationsentwicklung. Inhaltliche und methodische Konzepte zum Lernen in und von Organisationen, Heidelberg 1992.

Heinen, E., Betriebswirtschaftliche Führungslehre. Grundlagen-Strategien-Modelle, 2. Aufl., Wiesbaden 1984.

Heinen, E., Führung als Gegenstand der Betriebswirtschaftslehre, in: Heinen, E., Hrsg., Betriebswirtschaftliche Führungslehre. Grundlagen-Strategien-Modelle, 2. Aufl., Wiesbaden 1984, S. 17-49.

Heinen, E., Unternehmenskultur als Gegenstand der Betriebswirtschaft, in: Heinen, E., Hrsg., Unternehmenskultur. Perspektiven für Wissenschaft und Praxis, München, Wien 1987.

Heinen, E., Dill, P., Unternehmenskultur. Überlegungen aus betriebswirtschaftlicher Sicht, in: Zeitschrift für Betriebswirtschaft, Nr. 3, 1986, S. 202-218.

Heinzelbecker, K., Marketing-Informationssysteme, Stuttgart u.a. 1985.

Henkel, R.C., Ost-West Beziehungen. Zwistigkeit und Frust und Fremdheit, in: Manager Magazin, Nr. 1, 1991, S. 162-170.

Hensel, K.P., Grundformen der Wirtschaftsordnung, Marktwirtschaft - Zentralverwaltungswirtschaft, 3. Aufl., München 1978.

Hentschel, B., Multiattributive Messung von Dienstleistungsqualität, in: Bruhn, M., Stauss, B., Hrsg., Dienstleistungsqualität, Wiesbaden 1991, S. 312-343.

Herdzina, K., Wettbewerbspolitik, 2. Aufl., Stuttgart, New York 1987.

Herter, R.N., Weltklasse mit Benchmarking, in: Fortschrittliche Betriebsführung und Industrial Engineering, Nr. 5, 1992, S. 254-258.

Heskett, J.L., Managing in the Service Economy, Cambridge/Mass. 1986.

Higgins, R.B., Creating a Climate Conductive to Planning, in: Long Range Planning, Nr. 1, 1991, S. 49-54.

Hill, W., Marketing I, 3. Aufl., Bern, Stuttgart 1973.

Hill, W., Rieser, I., Marketing-Management, Bern, Stuttgart 1990.

Hilker, J., Die Akkulturation in deutsch-deutschen Unternehmen - ein einseitiger Anpassungsprozeß?, in: Aßmann, G., Backhaus, K., Hilker, J., Hrsg., Deutschdeutsche Unternehmen. Ein unternehmenskulturelles Anpassungsproblem, Stuttgart 1991, S. 195-275.

Hilker, J., Unternehmenskulturelle Anpassung in Deutsch-deutschen Unternehmen. Ergebnisse einer empirischen Untersuchung, Arbeitspapier Nr. 63 der Wissenschaftlichen Gesellschaft für Marketing und Unternehmensführung, Münster 1991.

Hinterhuber, H.H., Strategische Unternehmensführung, Bd. 2, Strategisches Handeln, 4. Aufl., Berlin, New York 1989.

Hinterhuber, H.H., Strategische Unternehmensführung, Bd. 1, Strategisches Denken, 5. Aufl., Berlin, New York 1991.

Hiromoto, T., Das Rechnungswesen als Innovationsmotor, in: Harvard manager, Nr. 1, 1989, S. 129-133.

Hochreutner, P., Die Entwicklung von Unternehmenskultur-Leitbildern als Grundlage für ein zielorientiertes Management, Diss., St. Gallen 1984.

Hochreutner, P., Grundlagen für ein wirkungsvolles Management sind Unternehmenskultur-Leitbilder, in: io Management Zeitschrift, Nr. 1, 1985, S. 14-17.

Hochstätter, D., Führungskräfte: Schwierige Kooperation. 5 zu 1 gegen den Wessi, in: Wirtschaftswoche, Nr. 43, 18.10.1991, S. 42-56.

Hoffmann, W.H., Faktoren erfolgreicher Unternehmensberatung, Wiesbaden 1991.

Hollings, L., Clearing up the Confusion, in: The TQM Magazine, June, 1992, S. 149-151.

Homburg, C., Closeness to the Customer in Industrial Markets: Towards a Theory-Based Understanding of Measurement, Organizational Antecedents and Performance Outcomes, Report Nr. 5-1993 des Institute for the Study of Business Markets, Pennsylvania State University 1993.

Hooley, G.J., Lynch, J.E., Shepherd, J., The Marketing Concept: Putting the Theory into Practice, in: European Journal of Marketing, Nr. 9, 1990, S. 7-24.

Hoppe, K.H., Hoffmann, F.J., Entrepreneurship in den neuen Bundesländern, in: Hoppe, K.H., Hoffmann, F.J., Hrsg., Marktorientierte Unternehmensführung. Konzepte und Perspektiven für die neuen Bundesländer, Wiesbaden 1992, S. 3-20.

Hoppe, K.H., Töpfer, A., Marktorientierte Unternehmensführung in den neuen Bundesländern - Untersuchungsziele, -ergebnisse und Konsequenzen, in: Hoppe, K.H., Hoffmann, F.J., Hrsg., Marketingorientierte Unternehmensführung. Konzepte und Perspektiven für die neuen Bundesländer, Wiesbaden 1992, S. 51-67.

Horváth, P., Herter, R.N., Benchmarking. Vergleich mit den Besten der Besten, in: Controlling, Heft 1, 1992, S. 4-11.

Horváth, P., Seidenschwarz, W., Sommerfeldt, H., Kostenmanagement - Warum die Schildkröte gewinnt, in: Harvard Business manager, Nr. 3, 1993, S. 73-81.

Houston, F.S., The Marketing Concept: What it is and what it is not, in: Journal of Marketing, April, 1986, S. 81-87.

Howard, J.A., Marketing Management. Operating, strategic, and administrative, 3. Aufl., Homewood/Ill. 1973.

Howell, J.M., Higgins, C.A., Champions of Change Identifying, Understanding and Supporting Champions of Technological Innovations, in: Organizational Dynamics, Summer, 1990, S. 40-55.

Howell, W., Die "einheimischen" Manager in den neuen Bundesländern sind besser als ihr Ruf, in: Karriere, Nr. 48, 23.11.1990, S. K 1.

Hrebiniak, L.G., Joyce, W.F., Implementing Strategy, New York, London 1984.

Huber, J., Schneider, D., Personalmanagement und Unternehmenskultur: Innovationsfähigkeit zwischen Wollen und Können im Unternehmen, in: Laub. U.D., Schneider, D., Hrsg., Innovation und Unternehmertum, Wiesbaden 1991, S. 167-183.

Huber, R., Überwindung der strategischen Diskrepanz und Operationalisierung der entwickelten Strategie, Diss., St. Gallen, Zürich 1985.

Hüchtermann, M., Lenske, W., Wettbewerbsfaktor Unternehmenskultur, Schriftenreihe "Beiträge zur Gesellschafts- und Bildungspolitik des Instituts der deutschen Wirtschaft", Nr. 168, Köln 1991.

Hunt, S.D., Modern Marketing Theory - Critical issues in the Philosophy of Marketing Science, Cincinnati 1991.

Hunt, S.D., Marketing is..., in: Journal of the Academy of Marketing Science, Nr. 4, 1992, S. 301-311.

Hunt, S.D., Wood, V.R., Chonko, L.B., Corporate Ethical Values and Organizational Commitment in Marketing, in: Journal of Marketing, July, 1989, S. 79-90.

Hutt, M.D., Speh, T.W., The Marketing Strategy Center: Diagnosing the Industrial Marketer's Interdisciplinary Role, in: Journal of Marketing, Fall, 1984, S. 53-61.

Hutt, M.D., Speh, T.W., Business Marketing Management. A Strategic View of Industrial and Organizational Markets, 4. Aufl., Fort Worth u.a. 1992.

Hüttel, K., Rosige Zeiten für Produktmanager, in: Harvard Manager, Nr. 1, 1989, S. 48-55.

I/J

Icks, A., Mittelständische Unternehmen als Qualifizierungspaten: Betriebspraktika für ostdeutsche Fach- und Führungskräfte, Stuttgart 1992.

Imai, M., Kaizen. Der Schlüssel zum Erfolg der Japaner im Wettbewerb, München 1991.

Ishikawa, K., What is Total Quality Control? The Japanese Way, Englewood Cliffs 1985.

Jägeler, F., Ostdeutsche Aufsteiger, Erste Vorboten der Hoffnung, in: Industriemagazin, Juli, 1991, S. 72-77.

Jain, S., Marketing Planning and Strategy, 3. Aufl., Cincinnati u.a. 1990.

Jaworski., B.J., Toward a Theory of Marketing Control: Enviromental Context, Control Types, and Consequences, in: Journal of Marketing, July 1988, S. 23-39.

Jaworski, B.J., Kohli, A.K., Market Orientations: Antecedents and Consequences, Working Paper Nr. 92-104 des Marketing Science Institute, Cambridge/Mass. 1992.

John, C.H.St., Hall, E.H., The Interdependency Between Marketing and Manufacturing, in: Industrial Marketing Management, 1991, S. 223-229.

Joiner, B.L., Scholtes, P.R., The manager's new job, in: Chase, R.L., Hrsg., Total Quality Management. An IFS Executive Briefing, Berlin u.a. 1988, S. 29-36.

Jolson, M.A., u.a., Transforming the Salesforce with Leadership, in: Sloan Management Review, Spring 1993, S. 95-106.

Jones, B., Die deutsche Historische Schule: Begründerin des nordamerikanischen Marketingdenkens, in: Marketing Zeitschrift für Forschung und Praxis, Heft 1, 1992, S. 5-11.

Jones, K.K., Competing to learn in Japan, in: McKinsey Quarterly, Nr. 1, 1992, S. 45-57.

Judd, V.C., Differentiate With the 5th P: People, in: Industrial Marketing Management, 1987, 241-247.

Jürgens, U., In Japan stößt die "Lean Production" bereits an ihre Grenzen, in: Blick durch die Wirtschaft, Nr. 96, 19.5.1992, S. 7.

Juran, J.M., Der neue Juran - Qualität von Anfang an, Landsberg/Lech 1993.

K

Kaldor, A.G., Imbricative Marketing, Journal of Marketing, April, 1971, S. 19-25.

Kano, N., A Perspective on Quality Activities in American Firms, in: California Management Review, Spring 1993, S. 12-31.

Kakabasdse, A., Fricker, J., Anreize und Pfade zur lernenden Organisation, in: Sattelberger, T., Hrsg., Die Lernende Organisation. Konzepte für eine neue Qualität der Unternehmensentwicklung, Wiesbaden 1991, S. 67-77.

Kaplan, R.B., Murdock, L., Rethinking the corporation. Core process redesign, in: The McKinsey Quarterly, Nr. 2, 1991, S. 27-43.

Kasper, H., Organisationskultur. Über den Stand der Forschung, Wien 1987.

Kasper, H., The Image of Marketing, Working Paper der Rijksuniversiteit Limburg, Maastricht 1991.

Kaufman, R.S., Why Operations Improvement Programs Fail: Four Managerial Contradictions, in: Sloan Management Review, Fall, 1992, S. 83-93.

Kelley, S.W., Developing Customer Orientation Among Service Employees, in: Journal of the Academy of Marketing Science, Winter, 1992, S. 27-36.

Kienbaum, J., Wie entdecken Chefs Führungspotentiale?, in: Karriere, Nr. 15, 1987, S. K 3.

Kienbaum und Partner, Hrsg., Anforderungsprofil einer westlichen Führungskraft für die DDR, Gummersbach 1990, S. 19.

Kieser, A., Innovation und Kooperation, in: Wunderer, R., Hrsg., Kooperation. Gestaltungsprinzipien und Steuerung der Zusammenarbeit zwischen Organisationseinheiten, Stuttgart 1991, S. 159-174.

Kieser, A., Kubicek. H., Organisation, 3. Aufl., Berlin, New York 1992.

Kievelitz, U., Reineke, R.D., Die Analyse von Organisationskulturen - eine Herausforderung für die Feldforschung, in: Aßmann, G., Backhaus, K., Hilker, J., Hrsg., Deutsch-deutsche Unternehmen. Ein unternehmenskulturelles Anpassungsproblem, Stuttgart 1991, S. 301-320.

Kijewski, V., Gross, I., Just What Does It Mean To Be 'Market Driven?'- A Managerial Framework, Report Nr. 9, des Institute for Study of Business Markets, Pennsylvania State University 1990.

Kilmann, R.H., Covin, T.J., Introduction: Key Themes in Corporate Transformation, in: Kilmann, R.H., u.a., Hrsg., Corporate Transformation. Revitalizing Organizations for a Competitive World, San Francisco, London 1988, S. 1-13.

King, R., Listening to the Voice of the Customer: Using the Quality Function Deployment System, in: National Productivity Review, Summer, 1987, S. 277-281.

Kirsch, W., Die Handhabung von Entscheidungsproblemen, München 1978.

Kirsch, W., Esser, W.M., Gabele, E., Das Management des geplanten Wandels von Organisationen, Stuttgart 1979.

Kluge, J., Sailer, E., Das ganze Wissen des Unternehmens auf das Produkt konzentrieren, in: Blick durch die Wirtschaft, 17.4.1991, S. 7.

Knoblauch, R., Schnabel, R.E., Qualität entsteht im Kopf. Führungskräfte müssen Qualitätskontrollen vorleben, in: Blick durch die Wirtschaft vom 19.6.1991, S. 7.

Knoblauch, R., Schnabel, R.E., Qualitäts-Management, Entwicklung einer Qualitätsmentalität. Qualität beginnt und endet beim Mitarbeiter, in: Gablers Magazin, Nr. 2, 1992, S. 11-17.

Kobi, J.M., Wüthrich, H.A., Unternehmenskultur verstehen, erfassen und gestalten, Landsberg a.L. 1986.

Koch, A., Interview: Alexander Koch über Managementprobleme "Entsetzliches Defizit", in: Wirtschaftswoche, Nr. 43, 18.10.1991, S. 56-59.

Köhler, R., Absatzorganisation, in: Frese, E., Hrsg., Handwörterbuch der Organisation, 3. Aufl., Stuttgart 1992, Sp. 34-56.

Köhler, R., Beiträge zum Marketing-Management. Planung, Organisation, Controlling, 3. Aufl., Stuttgart 1993.

Kohli, A.K., Jaworski, B.J., Market Orientation: The Construct, Research Propositions, and Managerial Implications, Report Nr. 90-113 des Marketing Science Institute, Cambridge/Mass. 1990.

Kohli, A.K., Jaworski, B.J., Market Orientation: The Construct, Research Propositions and Managerial Implications, in: Journal of Marketing, April, 1990, S. 1-18.

Kokalj, L., Richter, W., Mittelstand und Mittelstandspolitik in den neuen Bundesländern: Privatisierung, Stuttgart 1992.

Kolks, U., Strategieimplementierung. Ein anwenderorientiertes Konzept, Wiesbaden 1990.

Kordupleski, R.E., Rust, R.T., Zahorik, A. J., Why Improving Quality Doesn't Improve Quality (Or Whatever Happened to Marketing?), in: California Management Review, Spring 1993, S. 82-95.

Kotler, P., From sales obsession to marketing effectiveness, in: Harvard Business Review, November-December, 1977, S. 67-75.

Kotler, P., Principles of Marketing, 3. Aufl., Englewood Cliffs 1986.

Kotler, P., Marketing Management - Analysis, Planning, Implementation and Control, 7. Aufl., Englewood Cliffs 1991.

Kotler, P., Bliemel, F., Marketing-Management. Analyse, Planung, Umsetzung und Steuerung, 7. Aufl., Stuttgart 1992.

Kotler, P., Gregor, W.T., Rogers, W.H, The Marketing Audit Comes of Age, in: Sloan Management Review, Winter 1989, S. 49-62.

Kotler, P., Levy, S., Broadening the Concept of Marketing, in: Journal of Marketing, January, 1969, S. 10-15.

Kotter, J.P., Heskett, J.L., Corporate Culture and Performance, New York u.a. 1992.

Kreikebaum, H., Strategische Unternehmensplanung, 3. Aufl., Stuttgart 1989.

Kremin, M., Qualifizierung. Weiterbildung in Ostdeutschland. Erste Erfahrung: Fachliche Fortbildung reicht nicht aus, in: Handelsblatt, 24.2.1992, S. 18.

Kreutzer, R., Global Marketing - Konzeption eines länderübergreifenden Marketing, Wiesbaden 1989.

Kreutzer, R., Jugel, S., Wiedmann, K.P., Unternehmensphilosophie und Corporate Identity. Empirische Bestandsaufnahme und Leitfaden zur Implementierung einer Corporate Identity-Strategie, Arbeitspapier Nr. 40 des Instituts für Marketing der Universität Mannheim, Mannheim 1986.

Kreuz, A., Marketing-Organisation. Grundlagen praktischer Marketing-Organisation, Bielefeld, Köln 1981.

Krüger, W., Die Erklärung von Unternehmenserfolg: Theoretischer Ansatz und empirische Ergebnisse, in: Die Betriebswirtschaft, Nr. 1, 1988, S. 27-43.

Krystek, U., Krisenbewältigungs-Management und Unternehmensplanung, Wiesbaden 1981.

Krystek, U., Gefahren bei der Rettung von Unternehmungen: woran Sanierungen scheitern können, in: Zeitschrift Führung und Organisation, Nr. 5, 1991, S. 331-337.

Krystek, U., Fallstricke auf dem Weg zu einer erfolgreichen Sanierung. Künstliche "Lebensverlängerung" und Kurieren an Symptomen, in: Blick durch die Wirtschaft, 5.7.1991, S. 7.

Krystek, U., Unternehmenskultur und Akquisition, in: Zeitschrift für Betriebswirtschaft, Nr. 5, 1992, S. 539-565.

Kubbe, T., Schleich, M., Ein Aktionsprogramm. Alles, was Qualität im Unternehmen bewegt, in: Absatzwirtschaft, Sondernummer Oktober, 1991, S. 86-93.

Kuhlmann, M., Planungen ostdeutscher Firmen unrealistisch. Unternehmensberater: Unternehmen setzen zu sehr auf den Ost-Export, in: Frankfurter Allgemeine Zeitung, 1.2.1992, S. 14.

Kuhn, A., Unternehmensführung, München 1982.

Kühn, R., Das Marketingkonzept: Dominante Management-Philosophie oder Aspekt einer kulturbewußten Unternehmensführung?, Arbeitspapier Nr. 8 des Instituts für Marketing und Unternehmensführung der Universität Bern, Bern 1989.

Kühn, R., Methodische Überlegungen zum Umgang mit der Kundenorientierung im Marketing-Management, in: Marketing Zeitschrift für Forschung und Praxis, Heft 2, 1991, S. 97-107.

Kühn, R., Fasnacht, R., Strategisches Audit im Marketing. Überlegungen zu den Aufgaben, zur Wirkungsweise und zum Vorgehen, in: Thexis, Nr. 5, 1992, S. 4-10.

Küpper, H.U., Betriebswirtschaftliche Steuerungs- und Lenkungsmechanismen organisationsinterner Kooperation, in: Wunderer, R., Hrsg., Kooperation. Gestaltungsprinzipien und Steuerung der Zusammenarbeit zwischen Organisationseinheiten, Stuttgart 1991, S. 175-203.

Kupsch, P., Unternehmensziele, Stuttgart, New York 1979.

L

Ladensack, K., Von der dirigistischen Kaderarbeit in der DDR zum Personalmanagement im unternehmerisch handelnden Betrieb, in: Pieper, R., Hrsg., Personalmanagement. Von der Plan- zur Marktwirtschaft, Wiesbaden 1991, S. 71-87.

Laker, M., Target Costing nicht ohne Target Pricing: Was darf ein Produkt kosten?, in: Gablers Magazin, Nr. 3, 1992, S. 61-63.

Lamnek, S., Qualitative Sozialforschung, Band 1, Methodologie, München, Weinheim 1988.

Lamnek, S., Qualitative Sozialforschung, Band 2, Methoden und Techniken, München 1989.

Lamont, L.M., Lundstrom, W.J., Identifying Successful Industrial Salesmen by Personality and Personal Characteristics, in: Journal of Marketing Research, 1977, S. 517-529.

Lang, R., Lippert, S., Entwicklungsstand, aktuelle Probleme und Aufgaben des Personalmanagements in Industriebetrieben der DDR, in: Eckhardstein von, D., u.a., Hrsg., Personalwirtschaftliche Probleme in DDR-Betrieben, Zeitschrift für Personalforschung, Sonderheft, München, Merin 1990, S. 63-73.

Lang, R., Wald, P., Unternehmenskultur in den fünf neuen Ländern. Ansatzpunkte für eine neue Industriekultur im Osten Deutschlands?, in: Zeitschrift für Personalwesen, Nr. 1, 1992, S. 19-35.

Langen, A., Leitbild und Unternehmenskultur: Die Rolle des Topmanagements, in: Simon, H., Hrsg., Herausforderung Unternehmenskultur, Stuttgart 1990, S. 41-46.

Lasser, R., Organisationsentwicklung, in: Wirtschaftsstudium, Heft 4, 1989, S. 202-206.

Lawler III, E.E., Transformation from Control to Involvement, in: Kilmann, R.H., u.a., Hrsg., Corporate Transformation. Revitalizing Organizations for a Competitive World, San Francisco, London 1988, S. 46-65.

Lawler III, E.E., Albers Mohrman, S., Ledford, G.E. jr., Employee Involvement and Total Quality Management. Practices and Results in Fortune 1000 Companies, San Francisco 1992.

Lawton, L., Parasuraman, A., The Impact of the Marketing Concept on new Product Planning, in: Journal of Marketing, Winter, 1980, S. 19-25.

Layng, B.J., u.a., Lehren von innovativen Unternehmen in den USA, in Japan und in Europa, in: Arthur D. Little International, Hrsg., Management der Geschäfte von morgen, 2. Aufl., Wiesbaden 1987, S. 39-53.

Leibfried, K.H.J., McNair, C.J., Benchmarking. A Tool for Continuous Improvement, New York 1992.

Leiter, J.U., Ostmarketing: Treuhandbetriebe werden marktkonform. Die letzte Rettung, in: Absatzwirtschaft, Nr. 10, 1991, S. 95-97.

Lenske, W., Strukturwandel Ost, Personalentwicklung, Qualifizierung, Rahmenbedingungen wirtschaftlicher Entwicklung. Ergebnisse einer Umfrage bei ostdeutschen Unternehmen, Köln 1992.

Leonard-Barton, D., The Factory as a Learning Laboratory, in: Sloan Management Review, Fall, 1992, S. 23-38.

Leonhardt, B., Organisatorische Neuausrichtung in den Ost-Unternehmen. Aus Plan mach Markt!, in: Gablers Magazin, Nr. 4, 1992, S. 42-45.

Levine, J.B., The 'Bloodbath' in Market Research. Staffs have been cut by as much as 50% as skeptical clients retreat, in: Business Week, 11.2.1991, S. 50-53.

Levitt, T., Marketing Myopia, in: Harvard Business Review, July-August, 1960, S. 45-56.

Levitt, T., The Marketing Mode. Pathways to Corporate Growth, New York u.a 1969.

Levitt, T., Marketing when things change, in: Harvard Business Review, November-December, 1977, S. 107-113.

Levitt, T., Marketing Imagination. Die unbegrenzte Macht des kreativen Marketing, Landsberg a.L. 1984.

Levy, A., Merry, U., Organizational Transformation. Approaches, Strategies, Theories, New York u.a. 1986.

Lewin, K., Feldtheorie in den Sozialwissenschaften, Bern, Stuttgart 1963.

Lichtenthal, D.J., Wilson, D.T., Becoming Market Oriented, in: Journal of Business Research, Vol. 24, 1992, S. 191-207.

Lilien, G.L., Kotler, P., Marketing Decision Making. A Model-Building Approach, Cambridge/Mass. u.a. 1983.

Lingenfelder, M., Die Marketingorientierung von Vertriebsleitern als strategischer Erfolgsfaktor. Eine theoretische Analyse zur empirischen Bestandsaufnahme in der Markenartikelindustrie, Berlin 1990.

Lippitt, G.L., Langseth, P., Mossop, J., Implementing Organizational Change, San Francisco u.a. 1985.

Little, J.D.C., Modelle und Manager: Das Konzept des Decision Calculus in: Köhler, R., Zimmermann, H.J., Hrsg., Entscheidungshilfen im Marketing, Stuttgart 1977, S. 122-147.

Lorange, P., The Task of Implementing Strategic Planning: An Overview and Introduction to the Book, in: Lorange, P., Hrsg., Implementation of Strategic Planning, Englewood Cliffs 1982, S. 3-21.

Lorange, P., Implementing of Strategic Planning, Englewood Cliffs 1982.

Lorenz, C., Marketing myopia an insidious disease, in: Financial Times, April, 1985, S. 5.

Lovelock, C.H., Weinberg, C.B., Marketing Challenges. Cases and Exercises, New York u.a. 1985.

Lucas, G.H. jr., Bush, A.J., The Marketing - R & D Interface: Do Personality Factors Have an Impact?, in: Journal of Product Innovation Management, Nr. 5, 1988, S. 257-268.

Lucas, H.C. jr., Behavioral Factors in System Implementation, in: Schultz, R.L., Slevin, D.P., Hrsg., Implementation Operations Research/Management Science, New York u.a. 1975, S. 203-215.

Lücke, W., Ex-DDR, Substitution der Betriebskultur durch Unternehmenskultur: Der Geist im Betrieb muß sich wandeln, in: Gablers Magazin, Nr. 2, 1991, S. 44-47.

Lusch, R.F., Laczniak, G.R., The Envolving Marketing Concept, Competitive Intensity and Organizational Performance, in: Journal of the Academy of Marketing Science, Fall, 1987, S. 1-11.

M

Maaz, H.J., Der Gefühlsstau. Ein Psychogramm der DDR, Berlin 1990.

Macharzina, K., Wolf, J., Döbler, T., Werthaltungen in den neuen Bundesländern. Strategien für das Personalmanagement, Wiesbaden 1993.

Mader, N., Staehle, W.H., Arbeitskultur in der ehemaligen DDR: Ein Pendant zur Unternehmenskultur?, in: Dülfer, E., Hrsg., Organisationskultur, 2. Aufl., Stuttgart 1991, S. 129-146.

Marketing Science Institute MSI, Hrsg., Research Priorities 1992/1994. A Guide to MSI Research Programs and Procedures, Cambridge/Mass. 1992.

Marr, R., Kötting, M., Implementierung, organisatorische, in: Frese, E., Hrsg., Handwörterbuch der Organisation, 3. Aufl., Stuttgart 1992, Sp. 827-841.

Matenaar, D., Organisationskultur und organisatorische Gestaltung. Die Gestaltungsrelevanz der Kultur des Organisationssystems der Unternehmung, Berlin 1983.

Matenaar, D., Vorwelt und Organisationskultur, in: Zeitschrift Führung und Organisation, Heft 1, 1983, S. 19-27.

Mayntz, R., Implementierung politischer Programme: Theoretische Überlegungen zu einem neuen Forschungsgebiet, in: Mayntz, R., Hrsg., Implementierung politischer Programme, empirische Implementierung politischer Forschungsberichte, Königstein 1980, S. 236-250.

Mayring, P., Einführung in die qualitative Sozialforschung, München 1990.

McCall, I., Cousins, J., Communication Problem Soling. The Language of Effective Management, Chichester u.a. 1990.

McCann, J.E., Gilmore, T.N., Diagnosing Organizational Decision Making Through Responsibility Charting, in: Sloan Management Review, Winter, 1983, S. 3-15.

McDonald, M.H.B., Ten Barriers to Marketing Planning, in: The Journal of Service Marketing, Nr. 2, Spring, 1990, S. 5-18.

McGee, L.W., Spiro, R.L., The Marketing Concept in Perspective, in: Business Horizons, May-June, 1988, S. 40-45.

McKee, D., An Organizational Learning Approach to Product Innovation, in: Journal of Product Innovation Management, 1992, S. 232-245.

McKee, D., u.a., Success-producer and Failure-Preventer Marketing Skills: A Social Learning Theory Interpretation, in: Journal of the Academy of Marketing Science, Winter 1992, S. 17-25.

McKenna, R., Marketing is Everything, Harvard Business Review, January-February, 1991, S. 65-79.

McKitterick, J.B., What is the Marketing Concept? The Frontiers of Marketing Thought and Action, Chicago, American Marketing Association 1957, S. 71-82.

McNamara, C.P., The Present Status of the Marketing Concept, in: Journal of Marketing, January, 1972, S. 50-57.

McQuarrie, E.F., The Customer Visit: Qualitative Research for Business-to-Business Marketers, in: Marketing Research, March, 1991, S. 15-28.

McQuarrie, E.F., McIntyre, S.H., Implementing the Marketing Concept Through a Program of Customer Visits, Report Nr. 90-107, Marketing Science Institute, Cambridge/Mass. 1990.

McQuarrie, E.F., McIntyre, S.H., The Customer Visit: An Emerging Practice in Business-to-Business Marketing, Report Nr. 92-114 des Marketing Science Institute, Cambridge/Mass. 1992.

Meen, D.E., Keough, M., Creating the learning organization. An interview with Peter M. Senge, in: The McKinsey Quarterly, Nr. 1, 1992, S. 58-86.

Meffert, H., Die Durchsetzung von Innovationen in der Unternehmung und im Markt, in: Zeitschrift für Betriebswirtschaft, Nr. 2, 1976, S. 77-100.

Meffert, H., Die Einführung des Kundenmanagements als Problem des geplanten organisatorischen Wandels, in: Wunderer, R., Hrsg., Humane Personal- und Organisationsentwicklung, Berlin 1979, S. 285-320.

Meffert, H., Zur Bedeutung von Konkurrenzstrategien im Marketing, in: Marketing Zeitschrift für Forschung und Praxis, Nr. 1, 1985, S. 13-19.

Meffert, H., Marketing, Grundlagen der Absatzpolitik, 7. Aufl., Wiesbaden 1986.

Meffert, H., Anforderungen an die Strategie-Implementierung, in: Meffert, H., Hrsg., Strategische Unternehmensführung und Marketing, Wiesbaden 1988, S. 141-143.

Meffert, H., Marketing-Flexibilität als Erfolgsfaktor der Unternehmung, in: Meffert, H., Hrsg., Strategische Unternehmensführung und Marketing, Wiesbaden 1988, S. 361-373.

Meffert, H., Klassische Funktionenlehre und marktorientierte Führung - Integrationsperspektiven aus der Sicht des Marketing -, in: Adam, D. u.a., Hrsg., Integration und Flexibilität. Eine Herausforderung für die Allgemeine Betriebswirtschaftslehre, Wiesbaden 1990, S. 373-408.

Meffert, H., Marktorientierte Unternehmensführung im Übergang zur Marktwirtschaft. Herausforderungen des Marketing in der ehemaligen DDR, in: Aßmann, G., Backhaus, K., Hilker, J., Hrsg., Deutsch-deutsche Unternehmen. Ein unternehmenskulturelles Anpassungsproblem, Stuttgart 1991, S. 133-165.

Meffert, H., Kundenmanagement(s), Organisation der, in: Frese, E., Hrsg., Handwörterbuch der Organisation, 3. Aufl., Stuttgart 1992, Sp. 1215-1227.

Meffert, H., Hafner, K., Unternehmenskultur und marktorientierte Unternehmensführung. Bestandsaufnahme und Wirkungsanalyse, Arbeitspapier Nr. 35 der Wissenschaftlichen Gesellschaft für Marketing und Unternehmensführung, Münster 1987.

Meffert, H., Hafner, K., Poggenpohl, M., Unternehmenskultur und Unternehmensführung. Ergebnisse einer empirischen Untersuchung, Arbeitspapier Nr. 43 der Wissenschaftlichen Gesellschaft für Marketing und Unternehmensführung, Münster 1988.

Meffert, H., Pues, C., Marketing im West-Ost-Handel. Eine Bestandsaufnahme, Arbeitspapier Nr. 57 der Wissenschaftlichen Gesellschaft für Marketing und Unternehmensführung, Münster 1990.

Mehl, R., "Qualitá totale" - Fiats Antwort auf japanische Erfolgsrezepte, in: Blick durch die Wirtschaft, 25.9.1991, S. 7.

Menon, A., Varadarajan, P.R., A Model of Marketing Knowledge Use Within Firms, in: Journal of Marketing, October 1992, S. 53-71.

Mentzel, W., Trainingsmethoden, in: Gaugler, E., Weber, W., Hrsg., Handwörterbuch des Personalwesens, 2. Aufl., Stuttgart 1992, Sp. 2209-2220.

Meyer, P.W., Der integrative Marketingansatz und seine Konsequenzen für das Marketing, in: Meyer, P.W., Hrsg., Integrierte Marketingfunktionen, 2. Aufl., Stuttgart 1990, S. 13-30.

Meyer-Dohm, P., Konsumfreiheit, in: Tietz, B., Hrsg., Handwörterbuch der Absatzwirtschaft, Stuttgart 1974, Sp. 1052-1057.

Michaels, R.E., Dy, R.L., Measuring Customer Orientation of Salespeople: A Replication With Industrial Buyers, in: Journal of Marketing Research, November, 1985, S. 443-446.

Miles, R.E., Snow, C.C., Organizational Strategy, Structure and Process, New York 1978.

Mills, D.Q., Rebirth of the corporation, New York 1991.

Mintzberg, H., Organisationsstruktur: modisch oder passend?, in: Harvard Manager, Nr. 2, 1982, S. 7-19.

Moenaert, R.K., Souder, W.E., An Information Transfer Modell for Integrating Marketing and R & D Personnel in New Product Development Projects, in: Journal of Product Innovation Management, 1990, S. 91-107.

Moorman, C., Deshpandé, R., Zaltman, G., Factors Affecting Trust in Market Research Relationships, in: Journal of Marketing, January, 1993, S. 81-101.

Moorman, C., Zaltman, G., Deshpandé, R., Relationship Between Providers and Users of Market Research: The Dynamics of Trust Within and Between Organizations, in: Journal of Marketing Research, August, 1992, S. 314-328.

Morey, N.C., Luthans, F., The Use of Dyadic Alliances in Informal Organization: An Ethnographic Study, in: Human Relations, Nr. 6, 1991, S. 597-618.

Morgan, N.A., Piercy, N.F., Market-Led Quality, in: Industrial Marketing Management, 1992, S. 111-118.

Moss, S., What Sales Execution Look For in New Salespeople, in: Sales and Marketing Management, March, 1978, S. 47.

Müller, H., Vom "zentralgeleiteten Betrieb" zum marktwirtschaftlichen Unternehmen. Die unternehmerische Aufgabe in Ostdeutschland, Eschborn 1991.

Müller, H., Neue Überlebenskonzepte entwickeln, in: Wirtschaft & Produktivität, Nr. 12, 1992, S. 3.

Müller, H.W., Quality Engineering - ein Überblick über neuere Verfahren, in: Zink, K.J., Hrsg., Qualität als Managementaufgabe. Total Quality Management, Landsberg a.L. 1989, S. 263-285.

Müller, R., Krisenmanagement in der Unternehmung. Vorgehen, Maßnahmen und Organisation, 2. Aufl., Frankfurt a.M. 1986.

Müller von Blumencron, M., Bencard, T., Ostmanager: Selbstdarsteller in Nöten. Soziale Intelligenz, in: Wirtschaftswoche, Nr. 45, 1.11.1991, S. 70-72.

Müller-Stewens, G., Pautzke, G., Führungskräfteentwicklung und organisatorisches Lernen, in: Sattelberger, T., Hrsg., Die Lernende Organisation. Konzepte für eine neue Qualität der Unternehmensentwicklung, Wiesbaden 1991, S. 183-205.

Müller-Stewens, G., Zappei, L., Vanselow, J., M & A in Ostdeutschland. Integration von Unternehmensakquisitionen in den neuen Bundesländern, Teil 1, Die Probleme werden oft bewußt abgewiegelt, in: Handelsblatt, 17.2.1992, S. 21.

Müller-Stewens, G., Zappei, L., Vanselow, J., M & A in Ostdeutschland. Integration von Unternehmensakquisitionen in den neuen Bundesländern, Teil 2, Die Erwartungen müssen meist deutlich nach unten revidiert werden, in: Handelsblatt, 24.2.1992, S. 24.

Müller-Stewens, G., Zappei, L., Vanselow, J., M & A in Ostdeutschland. Integration von Unternehmensakquisitionen in den neuen Bundesländern, Teil 3, Häufig kam es zu einer dramatischen Fehleinschätzung der laufenden Kosten, in: Handelsblatt, 2.3.1992, S. 19.

Müller-Stewens, G., Zappei, L., Vanselow, J., M & A in Ostdeutschland. Integration von Akquisitionen in den neuen Bundesländern, Teil 4, Intensive Vorbereitung und frühzeitiges Festlegen der Strategie notwendig, in: Handelsblatt, 9.3.1992, S. 24.

Munro-Faure, L., Munro-Faure M., Implementing Total Quality Management, London 1992.

Myers, J.G., Greyser, S.A., Massy, W.F., The effectiveness of marketing's R & D for marketing management: An assessment, in: Journal of Marketing, January, 1979, S. 17-29.

Myritz, R., Ignoranz oder Inkompetenz - der "Seilschafts"-Vorwurf, in: Myritz, R., Hrsg., Manager in Ostdeutschland. Eine Dokumentation von Chancen und Risiken in der betrieblichen Personalarbeit von Unternehmen in den neuen Bundesländern, Köln 1992, S. 8-34.

N

Nadler, D.A., Tushman, M.L., Organizational Frame Bending: Principles for Managing Reorientation, in: The Academy of Management Executive, Nr. 3, 1989, S. 194-204.

Nagel, G., Durch Firmenkultur zur Firmenpersönlichkeit. Manager entdecken ein neues Erfolgspotential, Landsberg a.L. 1991.

Narasimhan, R., Schroeder, R.G., An Empirical Investigation of Implementation as a Change Process, in: Doktor, R., Schultz, R.L., Slevin, D.P., The Implementation of Management Science, Amsterdam u.a. 1979, S. 63-83.

Narver, J.C., Slater, S.F., The Effect of Market Orientation on Business Profitability, Report Nr. 89-120 des Marketing Science Institute, Cambridge/Mass. 1989.

Narver, J.C., Slater, S.F., The Effect of a Market Orientation on Business Profitability, in: Journal of Marketing, October, 1990, S. 20-35.

Narver, J.C., Slater, S.F., Becoming More Market Oriented: An Exploratory Study of the Programmatic and Marked-Back Approaches, Report Nr. 91-128 des Marketing Science Institute, Cambridge/Mass. 1991.

Neubauer, D., Unternehmenserfolg: Der nette Weg zur Spitze. Menschlicher Faktor, in: Wirtschaftswoche, Nr. 43, 18.10.1991, S. 62-63.

Neuberger, O., Psychodynamische Aspekte der Zusammenarbeit von Gleichrangigen, in: Wunderer, R., Hrsg., Kooperation. Gestaltungsprinzipien und Steuerung der Zusammenarbeit zwischen Organisationseinheiten, Stuttgart 1991, S. 39-68.

Neumann, B., Arbeitsmotivation in der Planwirtschaft, Führungskräfte der DDR im Vergleich, Wermelskirchen 1992.

Newell, M., Comparative Testing, in: The TQM Magazine, June, 1992, S. 145-148.

Nieschlag, R., Dichtl, E., Hörschgen, H., Marketing, 16. Aufl., Berlin 1990.

Nölting, A., Ost-Manager. Warten auf Godot, in: Manager Magazin, Nr. 11, 1990, S. 73-93.

Nölting, A., Management-Buy-Outs. Schuß in den Ofen, in: Manager Magazin, Nr. 7, 1991, S. 80-85.

Nord, W.R., Tucker, S., Implementing Routine and Radical Innovations, Lexington, Toronto 1987.

Normann, R., Service Management. Strategy and Leadership in Service Business, 2. Aufl., Chichester u.a. 1991.

Nutt, P.C., Implementation Approaches for Project Planning, in: Academy of Management Review, Nr. 4, 1983, S. 600-611.

Nutt, P.C., Tactics of Implementation, in: Academy of Management Journal, Nr. 2, 1986, S. 230-261.

Nutt, P.C., Identifying and appraising how managers install strategy, in: Strategic Management Journal, 1987, S. 1-14.

Nutt, P.C., Selecting tactics to implement strategic plans, in: Strategic Management Journal, 1989, S. 145-161.

O

Oglethorpe, R.J., Achieving Customer Satisfaction Through Total Quality Management, in: Marketing Science Institute, Hrsg., The Changing World of Marketing, Report Nr. 92-112 des Marketing Science Institute, Cambridge/Mass. 1992, S. 9-10.

O'Neal, C.R., LaFief, W.C., Marketing's Lead Role in Total Quality, in: Industrial Marketing Management, 1992, S. 133-143.

o.V., Informationsmanagement von Grund auf entwickeln. Den Unternehmen in der DDR fehlen wichtige Informationsquellen, in: Karriere, Nr. 36, 31.8.1990, S. K 4.

o.V., Für den Aufbruch werden Manager mit Einfühlungsvermögen gesucht, in: Frankfurter Allgemeine Zeitung, 10.9.1990, S. 18.

o.V., DDR-Außenhandel. RWI-Studie zu Lieferverträgen. Alte Wettbewerbsvorteile werden langsam schwinden, in: Handelsblatt, 1.6.1990, S. 20.

o.V., DDR: Modernes Personalwesen kann nur mit westlicher Hilfe aufgebaut werden, in: Karriere, Nr. 39, 21.9.1990, S. K 2.

o.V., Der ostdeutsche Manager-Nachwuchs ist hochmotiviert. Es fehlen Tausende von Führungskräften, in: Frankfurter Allgemeine Zeitung, 31.10.1991, S. 17.

o.V., Integrationsprogramm. Wir machen das schon, in: Industriemagazin, Report IV, September, 1991, S. 78-86.

o.V., Patenschaften für ostdeutsche Manager, in: Frankfurter Allgemeine Zeitung, 27.09.1991, S. 25.

o.V., 20.000 hochkarätige Manager gesucht. Kaum ein ostdeutsches Unternehmen kann ohne Westmanager auskommen, in: Frankfurter Allgemeine Zeitung, 2.5.1991, S. 17.

o.V., Treuhandanstalt. Zwei Drittel der Strecke, in: Informationsdienst des Instituts der deutschen Wirtschaft (iwd), 15.10.1992, S. 4-5.

o.V., FAG Kugelfischer KG aA. Hartes Sanierungskonzept soll zur Trennung von 13.000 Mitarbeitern führen, in: Handelsblatt, 1.2.1993, S. 13.

o.V., Planungsinstrumente werden nur begrenzt im Betrieb eingesetzt, in: Blick durch die Wirtschaft, 17.02.1993, S. 1.

Oakland, J.S., Total Quality Management, Oxford 1989.

Oess, A., Total Quality Management. Die ganzheitliche Qualitätsstrategie, 3. Aufl., Wiesbaden 1993.

Ohlsen, G., Restrukturierung und Neuausrichtung eines Bauunternehmens, in: Meffert, H., Wagner, H., Backhaus, K., Hrsg., Marktorientierte Unternehmensführung in den neuen Bundesländern - Bestandsaufnahme und Ausblick, Dokumentationspapier Nr. 69 der Wissenschaftlichen Gesellschaft für Marketing und Unternehmensführung e.V., Münster 1992, S. 72-84.

Ohmae, K., The Mind of the Strategist, New York 1982.

Ohmae, K., Japanische Strategien, Hamburg u.a. 1986.

Ohmae, K., Die neue Logik der Weltwirtschaft. Zukunftsstrategien der internationalen Konzerne, Hamburg 1991.

Oliver, A.R., Garber, J.R., Implementing Strategic Planning: Ten Sure-Fire Ways To Do It Wrong, in: Business Horizons, March-April, 1983, S. 49-51.

Osterloh, M., Methodische Probleme einer empirischen Erforschung von Organisationskulturen, in: Dülfer, E., Hrsg., Organisationskultur. Phänomen-Philosophie-Technologie, 2. Aufl., Stuttgart 1991, S. 173-185.

Oxenfeldt, A.R., Moore, W.L., Customer or Competitor: Which Guideline for Marketing?, in: Management Review, August, 1978, S. 43-48.

P/Q

PA Consulting Group, Qualität auf dem Prüfstand. Studie zur Erfassung des Stellenwertes und der Umsetzung von Total Quality Management in Deutschland, Frankfurt 1992.

Park, W., Zaltman, G., Marketing Management, Chicago u.a. 1987.

Parsons, A., Cappages or Kings: Redefining the Role of Marketing, in: Swartz, G.S., Hrsg., Organizing to Become Market-Driven, Report Nr. 90-123 des Marketing Science Institute, Cambridge/Mass. 1990, S. 15-16.

Payne, A.F., Developing a Marketing-Oriented Organization, in: Business Horizons, May-June, 1988, S. 46-53.

Pearce II, J.A., Robinson, R.B., Formulation and Implementation of Competitive Strategy, 2. Aufl., Homewood/Ill. 1985.

Pedler, M., Boydell, T., Burgoyne, J., The Learning Company. A Strategy for sustainable development, London u.a. 1991.

Pedler, M., Boydell, T., Burgoyne, J., Auf dem Weg zum "Lernenden Unternehmen", in: Sattelberger, T., Hrsg., Die Lernende Organisation. Konzepte für eine neue Qualität der Unternehmensentwicklung, Wiesbaden 1991, S. 57-65.

Peters, T.J., Kreatives Chaos. Die neue Management-Praxis, Hamburg 1988.

Peters, T.J., Waterman, R.H., Auf der Suche nach Spitzenleistungen, Landsberg am Lech 1983.

Pfohl, H.C., Problemorientierte Entscheidungsfindung in Organisationen, Berlin, New York 1977.

Pieper, R., Geplanter Wandel von Organisationen, in: Pieper, R., Richter, K., Hrsg., Management, Berlin 1990, S. 74-95.

Pieper, R., Personalmanagement und personalwirtschaftliches Wissen in der DDR - Versuch einer Bestandsaufnahme, in: Pieper, R., Hrsg., Personalmanagement. Von der Plan- zur Marktwirtschaft, Wiesbaden 1991, S. 7-48.

Pieper, R., Karriere in der Planwirtschaft, in: Myritz, R., Hrsg., Manager in Ost-deutschland. Eine Dokumentation von Chancen und Risiken in der betrieblichen Personalarbeit von Unternehmen in den neuen Bundesländern, Köln 1992, S. 35-55.

Piercy, N., Marketing Organization: An Analysis of Information Processing, Power and Politics, London u.a. 1985.

Piercy, N., Diagnosing and solving implementation problems in strategic planning, in: Journal of General Management, Nr. 1, Autumn, 1989, S. 19-38.

Piercy, N., Marketing Concepts and Actions: Implementing Marketing-Led Strategic Change, in: European Journal of Marketing, Nr. 2, 1989, S. 24-42.

Piercy, N., Market-Led Strategic Change. Making Marketing Happen in Your Organization, Oxford u.a. 1992.

Piercy, N., Morgan, N., Analysis and Planning for Managing Strategic Change in Marketing, in: Lichtenthal, D., Wilson, D.T., Spekman, R.E., Hrsg., 1990 AMA educators' proceedings. Marketing Theory and Practice, Chicago 1990, S. 191-196.

Piercy, N., Morgan, N., Strategic Internal Marketing. Managerial Framework and Empirical Evidence, in: Bearden, W., u.a., Hrsg., Enhancing knowledge development in marketing AMA educator's proceedings, Vol. 1, Chicago 1990, S. 308-313.

Pieske, R., Am Klassenbesten orientieren. Quellen für Wettbewerbsvorteile, in: Absatzwirtschaft, Sondernummer Oktober, 1992, S. 149-158.

Pietrzynski, G., DDR-Unternehmen. Probleme der Umstellung von Leitungsstrukturen und Leitungsverhalten in volkseigenen Kombinaten der DDR nach dem Zusammenbruch der SED-Herrschaft. VEB-Generaldirektoren maßen sich Rechte der Eigentümer an...?, in: Handelsblatt, 20./21.4.1990, S. 6.

Pietrzynski, G., DDR-Betriebe: Betriebe ohne spezifische Unternehmenskultur!, in: Aßmann, G., Backhaus, K., Hilker, J., Hrsg., Deutsch-deutsche Unternehmen. Ein unternehmenskulturelles Anpassungsproblem, Stuttgart 1991, S. 55-64.

Pinchot, G., Intrapreneuring. Mitarbeiter als Unternehmer, Wiesbaden 1988.

Pinto, M.B., Cross Functional Cooperation in the Implementation of Marketing Decisions: The Effects of Superordinate Goals, Rules and Procedures, and Physical Environment, Pittsburgh 1988.

Pinto, M.B., Pinto, J.K., Project Team Communication and Cross-Functional Cooperation in New Program Development, in: Journal of Product Innovation Management, 1990, S. 200-212.

Pinto, M.B., Pinto, J.K., Communications, Cross-Functional Cooperation, and Project Performance: Implications for the Development and marketing of New Programs, in: Lichtenthal, D., u.a., Hrsg., 1990 AMA educators' proceedings; marketing theory and practice, Chicago 1990, S. 183-189.

Pischetsrieder, G., Key Account Management: Verkäuferschulung vor gewandelten Aufgaben, in: Absatzwirtschaft, Februar, 1981, S. 92-94.

Platzbecker, W., Troll, K.F.; Anforderungen an Produktmanager in der Bundesrepublik, Köln 1981.

Plinke, W., Ausprägungen der Marktorientierung im Investitionsgüter-Marketing, in: Zeitschrift für betriebswirtschaftliche Forschung, Nr. 9, 1992, S. 830-846.

Porter, M., Competitive Strategy, New York 1980.

Porter, M.E., Wettbewerbsvorteile. Spitzenleistungen erreichen und behaupten, Frankfurt 1986.

Probst, G., Variationen zum Thema Management-Philosophie, in: Die Unternehmung, Nr. 4, 1983, S. 323.

Pryor, L.S., Benchmarking: A Self-Improvement Strategy, in: The Journal of Business Strategy, November-December, 1989, S. 28-32.

Pümpin, C., Management strategischer Erfolgspositionen, Bern, Stuttgart 1982.

Quelch, J.A., Implementation, in: Shapiro, B.P., Dolan, R.J., Quelch, J.A., Hrsg., Marketing Management. Strategy, Planning, and Implementation, Vol. II, Homewood/Ill. 1985, S. 60-67.

Quinn, J.B., Strategies for Change. Logical Incrementalism, Homewood/Ill. 1980.

Quinn, J.B., Managing innovations: controlled chaos, in: Harvard Business Review, Nr. 3, 1985, S. 73-84.

R

Radnor, M., The Context of OR/MS Implementation, in: Doktor, R., Schultz, R.L., Slevin, D.P., Hrsg., The Implementation of Management Science, Amsterdam u.a. 1979, S. 17-34.

Raffée, H., Marketing und Umwelt, Stuttgart 1979.

Raffée, H., Fritz, W., Die Führungskonzeption erfolgreicher und weniger erfolgreicher Industrieunternehmen im Vergleich. Ergebnisse einer empirischen Untersuchung, Zeitschrift für Betriebswirtschaft, Nr. 11, 1991, S. 1211-1226.

Raffée, H., Fritz, W., Dimensionen und Konsistenz der Führungskonzeption von Industrieunternehmen. Ergebnisse einer empirischen Untersuchung, in: Zeitschrift für betriebswirtschaftliche Forschung, Nr. 4, 1992, S. 303-322.

Raimond, P., Eden, C., Making Strategy Work, in: Long Range Planning, Nr. 5, 1990, S. 97-105.

Raschke, U., Kronast, M., Marktorientiertes Qualitätsmanagement: Fallbeipiel Robert Bosch GmbH. Vom Leitbild zum Kundenkontakt, in: Absatzwirtschaft, Sondernummer Oktober, 1991, S. 32-42.

Reber, G., Lernen, organisatorisches, in: Frese, E., Hrsg., Handwörterbuch der Organisation, 3. Aufl., Stuttgart 1992, Sp. 1240-1255.

Reid, D.M., Where Planning Fails in Practice, in: Long Range Planning, Nr. 2, 1990, S. 85-93.

Reineke, R.D., Akkulturation von Auslandsakquisitionen. Eine Untersuchung zur unternehmenskulturellen Anpassung, Wiesbaden 1989.

Reineke, R.D., Sauer, M., Managementqualifikation und Managementausbildung, Arbeitspapier Nr. 65 der Wissenschaftlichen Gesellschaft für Marketing und Unternehmensführung e.V., Münster 1991.

Reinermann, H., Systemanalytische Implementierungsstrategien, in: Pfohl, H.C., Rürupp, B., Hrsg., Anwendungsprobleme moderner Planungs- und Entscheidungstechniken, Königstein/Taunus 1978, S. 49-78.

Robert, M.M., Why CEOs Have Difficulty Implementing Their Strategies, in: The Journal of Business Strategy, March-April, 1991, S. 58-59.

Robinson, J., The Economics of Imperfect Competition, 2. Aufl., London 1969.

Rock, R.H., Eisthen, M., Implementing Strategic change, in: Albert, K.J., Hrsg., The Strategic Management Handbook, New York u.a. 1983, Chapter 16.

Roitmann, D.B., Liker, J.K., Roskies, E., Birthing a Factory of the Future: When Is 'All at Once' Too Much?, in: Kilmann, R.H., u.a., Hrsg., Corporate Transformation. Revitalizing Organizations for a Competitive World, San Francisco, London 1988, S. 205-246.

Rosenstiel von, L., Grundlagen der Organisationspsychologie, 3. Aufl., Stuttgart 1992.

Ross, W.T., Hrsg., Developing a Marketing Orientation, Report Nr. 87-111 des Marketing Science Institute, Cambridge/Mass. 1987.

Ruekert, R.W., Developing a market orientation: An organizational strategy perspective, in: International Journal of Research in Marketing, 1992, S. 225-245.

Ruekert, R.W., Walker, O.C., Marketing's Interaction with Other Funktional Units: A Conceptual Framework and Empirical Evidence, in: Journal of Marketing, January, 1987, S. 1-19.

Ruekert, R.W., Walker, O.C., Interactions between Marketing and R&D Departments in Implementing Different Business Strategies, in: Strategic Management Journal, 1987, S. 233-248.

Ruekert, R.W., Walker, O.C., Roering, K.J., The Organization of Marketing Activities: A Contingency Theory of Structure and Performance, in: Journal of Marketing, Winter, 1985, S. 13-25.

Rühli, E., Ein methodischer Ansatz zur Erfassung und Gestaltung von Unternehmens-kulturen, in: Domsch, M., Hofmann, M., Lattmann, Ch., Die Unternehmens-kultur. Ihre Grundlagen und ihre Bedeutung für die Führung der Unterneh-mung, Heidelberg 1990, S. 188-205.

Rürupp, B., Zur Finanzierung der deutschen Einheit: Dimensionen, Optionen, Restrik-tionen, in: Die Mitbestimmung, Nr. 2, 1993, S. 16-20.

S

Sabisch, H., Strategische Ansätze zur Verbesserung der Wettbewerbsfähigkeit von Un-ternehmen in den neuen Bundesländern, in: Marktforschung & Management, Nr. 1, 1992, S. 17-23.

Sachs, W.S., Benson, G., Is It Time to Discard the Marketing Concept?, in: Business Horizons, August, 1978, S. 68-74.

Sackmann, S., Organisationskultur: Die unsichtbare Einflußgröße, in: Gruppendyna-mik, Zeitschrift für angewandte Sozialwissenschaft, 1983, S. 393-406.

Sackmann, S., Möglichkeiten der Gestaltung von Unternehmenskultur, in: Domsch, M., Hofmann, M., Lattmann, Ch., Die Unternehmenskultur. Ihre Grundlagen und ihre Bedeutung für die Führung, Heidelberg 1990, S. 153-188.

Sandig, C., Gewinn und Sicherheit in der Betriebspolitik - Das Treiben und das Brem-sen im Betriebe, in: Zeitschrift für Betriebswirtschaft, 1933, S. 349-360.

Saxe, R., Weitz, B.A., The SOCO Scale: A Measure of the Customer Orientation of Salespeople, in: Journal of Marketing Research, August, 1982, S. 342-351.

Schäfer, W., Beck-Wirtschaftsberater: Management & Marketing dictionary, Teil I: Englisch-Deutsch, München 1991.

Schaffer, R.H., The Breakthrough Strategy. Using Short-term Successes to Build the High Performance Organisation, Cambridge/Mass. 1988.

Schaffer, R.H., Die Leistung steigern. Aber wie?, in: Harvard manager, Nr. 1, 1992, S. 68-75.

Schaffer, R.H., Thomson, H.A., Leistungsprogramme: Wirksam wie ein Regentanz ums Lagerfeuer?, in: Harvard Manager, Nr. 3, 1992, S. 78-87.

Schein, E.H., Organizational Culture and Leadership, San Francisco u.a. 1985.

Schein, E.H., Process Consultation, Volume II. Lessons for Managers and Consultants, Reading/Mass. 1987.

Scheiter, D., Die Integration akquirierter Unternehmungen, Bamberg 1989.

Scherm, E., Multikulturelle Führung in (gesamt-)deutschen Unternehmungen, in: Zeit-schrift Führung und Organisation, Nr. 3, 1992, S. 186-190.

Scherrer, C., Greven, T., Widerspruch zwischen den Verheißungen des Japan-Modells und der Wirklichkeit, in: Handelsblatt, 4.3.1993, S. 3.

Scheuss, R., Strategische Anpassung der Unternehmung. Ein kulturorientierter Beitrag zum Management der Unternehmensentwicklung, Diss., St. Gallen 1985.

Schewe, G., Zanger, C., Imitation - Ausweg aus der technologischen Krise?, in: Gemünden, H.J., Pleschak, F., Hrsg., Innovationsmanagement und Wettbewerbsfähigkeit. Erfahrungen aus den alten und neuen Bundesländern, Wiesbaden 1992, S. 93-111.

Schierenbeck, H., Grundzüge der Betriebswirtschaftslehre, 11. Aufl., München, Wien 1993.

Schildknecht, R., Total Quality Management. Konzeption und State of the Art, Frankfurt, New York 1992.

Schirmer, F., Staehle, W.H., Untere und mittlere Manager als Adressaten und Akteure des Human Resource Managements (HRM), in: Die Betriebswirtschaft, Nr. 6, 1990, S. 707-720.

Schmeling, D., DDR-Betriebe: Betriebe mit spezifischer Unternehmenskultur!, in: Aßmann, G., Backhaus, K., Hilker, J., Hrsg., Deutsch-deutsche Unternehmen. Ein unternehmenskulturelles Anpassungsproblem, Stuttgart 1991, S. 65-77.

Schnaars, S.P., Marketing Strategy - A Customer-Driven Approach, New York 1991.

Schneider, D., Marketing als Wissenschaft oder Geburt einer Marketingwissenschaft aus dem Geiste des Unternehmensversagens?, in: Zeitschrift für betriebswirtschaftliche Forschung, Nr. 3, 1983, S. 197-223.

Schneider, M., TQM. Perfekt auf jeder Ebene. Texas Instruments, in: Manager Magazin, Nr. 2, 1991, S. 132-138.

Schneider, M., TQM. Wie Firmen eine neue Führungsphilosophie umsetzen. Der Fall Telenorma, in: Manager Magazin, Nr. 4, 1991, S. 180-187.

Schneidewind, D., Sadowski, D., Das Humankapital in den Betrieben der neuen Bundesländer, in: Zeitschrift für Betriebswirtschaft-Ergänzungsheft, Nr. 1, 1993, S. 148-155.

Scholz, C., Personalmanagement. Informationsorientierte und verhaltenstheoretische Grundlagen, 2. Aufl., München 1991.

Scholz, C., Strategisches Management. Ein integrativer Ansatz, Berlin, New York 1987.

Scholz, C., Personalwirtschaftliche Probleme in der DDR - eine einführende Problemskizze, in: Eckardstein von, D., u.a., Hrsg., Personalwirtschaftliche Probleme in DDR-Betrieben, München 1990, S. 7-17.

Scholz, C., Hofbauer, W., Organisationskultur. Die vier Erfolgsprinzipien, Wiesbaden 1990.

Schonberger, R.J., Building a Chain of Customers, New York, London 1990.

Schoppen, W., Restrukturierung eines Kombinats. Sanierung aus eigener Kraft, in: Zeitschrift für Betriebswirtschaft-Ergänzungsheft, Nr. 1, 1993, S. 9-17.

Schreyögg, G., Kann und darf man Unternehmenskulturen ändern?, in: Dülfer, E., Hrsg., Organisationskultur. Phänomen-Philosophie-Technologie, 2. Aufl., Stuttgart 1991, S. 201-214.

Schroeder, R.G., u.a., Japanese Plants in the U.S.: How Good Are They?, in: Business Horizons, July-August, 1992, S. 66-72.

Schuh, S., Organisationskultur. Integration eines Konzepts in die empirische Forschung, Wiesbaden 1989.

Schüle, F.M., Diversifikation und Unternehmenserfolg. Eine Analyse empirischer Forschungsergebnisse, Wiesbaden 1992.

Schultz, R.L., Slevin, D.P., Implementation and Management Innovation, in: Schultz, R.L., Slevin, D.P., Hrsg., Implementation Operations Research/Management Science, New York u.a. 1975, S. 3-20.

Schwarz, G., Unternehmenskultur als Element des Strategischen Managements, Berlin 1989.

Schwertfeger, B., Managerauswahl: Führungskräfte aus dem Assessment Center. Streß im Postkorb, in: Wirtschaftswoche, Nr. 13, 22.3.1991, S. 44-53.

Seddon, J., Jackson, S., TQM and Culture Change, in: Chase, R.L., Hrsg., Implementing TQM, Kempston 1991, S. 13-16.

Seibt, D., Implementierung, organisatorische, in: Grochla, E., Hrsg., Handwörterbuch der Organisation, 3. Aufl., Stuttgart 1991, Sp. 853-862.

Seidenschwarz, W., Target Costing. Marktorientiertes Zielkostenmanagement, München 1993.

Sempf, U., Die entschlackte Organisation - Empfehlungen zur Optimierung Ihrer internen Leistungsfähigkeit, in: Diebold Management Journal, Nr. 16, Februar 1992, S. 4-15.

Senge, P.M., The Leader's New Work: Building Learning Organizations, in: Sloan Management Review, Fall, 1990, S. 7-23.

Shanklin, W.L., Ryans, J.K., Marketingorganisation in technologieorientierten Unternehmen, in: Harvard Manager, Nr. 2, 1985, S. 12-19.

Shapiro, B.P., Can marketing and manufacturing coexist?, in: Harvard Business Review, Sepember-October, 1977, S. 104-114.

Shapiro, B.P., What the Hell Is "Market Oriented"?, in: Harvard Business Review, November-December, 1988, S. 119-125.

Showalter, M.J., Mulholland, J.A., Continuous Improvement Strategies for Service Organizations, in: Business Horizons, July-August, 1992, S. 82-87.

Siegwart, H., Overlack, J., Langfristiger Erfolg durch Qualitätsstrategien, in: Harvard Manager, Nr. 3, 1986, S. 64-69.

Simon, H., Herausforderung an die Marketingwissenschaft, in: Marketing Zeitschrift für Forschung und Praxis, Nr. 3, 1986, S. 205-213.

Simon, H., Schaffung und Verteidigung von Wettbewerbsvorteilen, in: Simon, H., Hrsg., Wettbewerbsvorteile und Wettbewerbsfähigkeit, Stuttgart 1988, S. 1-17.

Simon, H., Kundennähe als Wettbewerbsstrategie und Führungsherausforderung, in: Kistner, K.P., Schmidt, R., Hrsg., Unternehmensdynamik, Festschrift für H. Albach zum 60. Geburtstag, Wiesbaden 1991, S. 253-273.

Simon, H., Management-Lernen als strategische Herausforderung, Arbeitspapier 5-92, Mainz 1992.

Simon, H., Die Lernoberfläche des Unternehmens, UNIC Arbeitspapier, Bonn 1993.

Skivington, J.E., Daft, R.L., A Study of Organizational Framework and Process Modalities for the Implementation of Business-Level Strategic Decisions, in: Journal of Management Studies, Nr. 1, 1991, S. 45-68.

Slater, S.F., Narver, J.C., Market Orientation, Performance, and the Moderating Influence of Competitive Environment, Working Paper Nr. 92-118 des Marketing Science Institute, Cambridge/Mass. 1992.

Smircich, L., Concepts of Culture and Organizational Analysis, in: Administrative Science Quarterly, 1983, S. 339-358.

Snow, C.C., Miles, R.E., Coleman, H.J., Managing 21st Century Network Organizations, in: Organizational Dynamics, Winter, 1992, S. 5-20.

Sommerlatte, T., Qualität - die neue Dimension im Management, in: Arthur D. Little, Hrsg., Management von Spitzenqualität, Wiesbaden 1992, S. 9-26.

Song, M.X., Parry, M.E., R & D-Marketing Integration in Japanese High-Technology Firms: Hypotheses and Empirical Evidence, in: Journal of the Academy of Marketing Science, Spring 1993, S. 125-133.

Sounder, W.E., Disharmony Between F & D and Marketing, in: Industrial Marketing Management, 1981, S. 67-73.

Sounder, W.E., Managing Relations Between R & D and Marketing in New Product Development Projects, in: Journal of Product Innovation Management, Nr. 5, 1988, S. 6-19.

Spandau, A., Die personalpolitische Herausforderung der Wiedervereinigung, in: Zeitschrift für Betriebswirtschaft-Ergänzungsheft, Nr. 1, 1993, S. 53-67.

Specht, G., Schmelzer, H.J., Qualitätsmanagement in der Produktentwicklung, Stuttgart 1991.

Specht, G., Schmelzer, H.J., Instrumente des Qualitätsmanagements in der Produktentwicklung, in: Zeitschrift für betriebswirtschaftliche Forschung, Nr. 6, 1992, S. 531-547.

Spenley, P., World Class Performance Through Total Quality. A practical guide to implementation, London u.a. 1992.

Spillard, P., Organization & Marketing, London, Sydney 1985.

Staal, R., Qualitätsorientierte Unternehmensführung. Strategie und operative Umsetzung, Stuttgart 1990.

Staehle, W.H., Management - Eine verhaltenswissenschaftliche Perspektive, 6. Aufl., München 1991.

Staehle, W.H., Gaulhofer, M., Sydow, J., Probleme bei der Kooperation von ost- und westdeutschen Unternehmungen, Eschborn 1991.

Stanton, W.J., Futrell, C., Fundamentals of Marketing, 8. Aufl., New York u.a. 1987.

Starbuck, W.H., Nystrom, P.C., Krisensituationen, Führung in, in: Kieser, A., u.a., Hrsg., Handwörterbuch der Führung, Stuttgart 1987, Sp. 1274-1284.

Stata, R., Organizational learning - The Key to Management Innovation, in: Sloan Management Review, Spring, 1989, S. 63-74.

Staudt, E., Böhm, I., Die Führungs- und Qualifikationsdefizite haben sehr tiefe Wurzeln im "alten System", in: Handelsblatt, 4.12.1990, S. 18.

Staudt, E., Mühlemeyer, P., Kriegesmann, B., Innovationsforschung. Schnittstelle = Bruchstelle?, in: Absatzwirtschaft, Nr. 11, 1991, S. 108-114.

Stauss, B., Internes Marketing als personalorientierte Qualitätspolitik, in: Bruhn, M., Stauss, B., Hrsg., Dienstleistungsqualität. Konzepte, Methoden, Erfahrungen, Wiesbaden 1991, S. 227-246.

Stauss, B., Schulze, H.S., Internes Marketing, in: Marketing Zeitschrift für Forschung und Praxis, Heft 3, 1990, S. 149-158.

Steffenhagen, H., Marketing. Eine Einführung, 2. Aufl., Stuttgart u.a. 1991.

Stefflre, V., Developing and Implementing Marketing Strategies, New York u.a. 1986.

Steiger, P., Strategisches Durchsetzungskonzept. Entwicklung eines problemorientierten Ansatzes zur Implementierung von Geschäftspolitiken, Bern, Stuttgart 1988.

Steinberg, C., Praxisbezogenes Umstrukturierungsmanagement vom Plan zum Markt, Stuttgart 1991.

Steiner, G.A., Schöllhammer, H., Pitfalls in Multi-National Long-Range Planning, in: Long Range Planning, Nr. 2, 1975, S. 2-12.

Steinle, C., Führung, Stuttgart 1978.

Steinle, C., Zur Implementierung partizipativer Führungsmodelle, in: Grunwald, E., Lilge, H.G., Hrsg., Partizipative Führung - Betriebswirtschaftliche und Sozialpsychologische Aspekte, Stuttgart 1980, S. 286-314.

Steinle, C., Organisation und Wandel, Konzepte - Mehr-Ebenen-Analyse(MEA) - Anwendungen, Berlin, New York 1985.

Steinmann, H., Schreyögg, G., Management. Grundlagen der Unternehmensführung, Wiesbaden 1990.

Stippel, P., Außendienst Ostdeutschland, Üben, üben, üben, in: Absatzwirtschaft, Nr. 1, 1991, S. 62-66.

Stippel, P., Ostmarketing. Höchste Zeit für Motivation, in: Absatzwirtschaft, Nr. 5, 1991, S. 36-44.

Stonich, P.J., Hrsg., Implementing Strategy. Making Strategy Happen, Cambridge/ Mass. 1982.

Stratemann, I., Psychologische Aspekte des wirtschaftlichen Wiederaufbaus in den neuen Bundesländern, Göttingen, Stuttgart 1992.

Sujan, H., Weitz, B.A., Kumar, N., Working Smart and Hard: The Effects of Learning and Performance Orientations on Salesperson Motivation, Report Nr. 15-1992, Institute for the Study of Business Markets, Pennsylvania State University, Reading 1992.

Sullivan, L.P., The seven stages in company-wide quality control, in: Chase, R.L., Hrsg., Total Quality Management. An IFS Executive Briefing, Berlin u.a. 1988, S. 11-19.

Suzaki, K., The New Shop Floor Management. Empowering People For Continuous Improvement, New York 1993.

Swartz, G.S., Organizing to Become Market-Driven, Report Nr. 90-123 des Marketing Science Institute, Cambridge/Mass. 1990.

Szyperski, N., Wirtschaftliche Aspekte der Durchsetzung und Realisierung von Unternehmungsplänen. Ein Beitrag zur betriebswirtschaftlichen Analyse der Unternehmenspolitik, Habilitationsschrift, Köln 1969.

T

Tansuhay, P., Wong, J., McCullough, J., Internal and External Marketing: Effects on Consumer Satisfaction in Banks in Thailand, in: International Journal of Bank Marketing, Nr. 3, 1987, S. 73-83.

Thom, N., Organisationsentwicklung, in: Frese, E., Hrsg., Handwörterbuch der Organisation, 3. Aufl., Stuttgart 1992, Sp. 1477 -1491.

Thompson, A.A., Strickland III, A.J., Strategy Formulation and Implementation. Task of the General Manager, Plano 1983.

Thomson, K.M., The Employee Revolution. Corporate Internal Marketing, London 1990.

Tietz, B., Marketing, 3. Aufl., Tübingen, Düsseldorf 1993.

Tietz, B., Marktbearbeitung morgen. Neue Konzepte und ihre Durchsetzung, Landsberg a.L. 1988.

Tietz, B., Produktmanagement(s), Organisation des, in: Frese, E., Hrsg., Handwörterbuch der Organisation, 3. Aufl., Stuttgart 1992, Sp. 2067-2089.

Tofern, M., Die Manager-Maschine, in: Manager Magazin, Nr. 1, 1991, S. 172-175.

Tomczak, T., Forschungsmethoden in der Marketingwissenschaft. Ein Plädoyer für den qualitativen Forschungsansatz, in: Marketing Zeitschrift für Forschung und Praxis, Nr. 2, 1992, S. 77-82.

Töpfer, A., Innovationsmanagement, in: Wieselhuber, N., Töpfer, A., Hrsg., Handbuch Strategisches Marketing, Landsberg a.L. 1984, S. 391-407.

Töpfer, A., Erfolgreiche Entwicklung und Vermarktung von Technologieprodukten durch Marketing als Schnittstellen-Management, in: Späth, W., Grube, R., Hrsg., Marketing-Qualifizierung von Ingenieuren, Neuwied u.a. 1991, S. 20-52.

Töpfer, A., Managementrolle: Krisenbewältiger, in: Staehle, W.H., Hrsg., Handbuch Management. Die 24 Rollen der exzellenten Führungskraft, Wiesbaden 1991, S. 209-223.

Töpfer, A., Managementqualifikation in den neuen Bundesländern - Herausforderungen an die marktorientierte Unternehmensführung, in: Meffert, H., Wagner, H., Backhaus, K., Marktorientierte Unternehmensführung in den neuen Bundesländern - Bestandsaufnahme und Ausblick, Dokumentationspapier Nr. 69 der Wissenschaftlichen Gesellschaft für Marketing und Unternehmensführung e.V., Münster 1992, S. 24-51.

Töpfer, A., Mehdorn, H., Total Quality Management. Anforderungen und Umsetzung im Unternehmen, Neuwied u.a. 1993.

Töpfer, A., u.a., MUT. Marktorientierte Unternehmensführung in Thüringen. Probleme, Maßnahmen und Erfolgsfaktoren auf dem Weg in die Marktwirtschaft, Forschungsbericht für die 1. Phase - Langfassung, Kassel, Jena 1991.

Trommsdorff, V., Innovationsmarketing. Querfunktion der Unternehmensführung, in: Marketing Zeitschrift für Forschung und Praxis, Heft 3, 1991, S. 178-185.

Trommsdorff, V., Erfolgsfaktoren. Marketing für Ostprodukte, in: Absatzwirtschaft, Nr. 2, 1993, S. 78-79.

Tull, D.S., u.a, The Organization of Marketing Activities of American Manufacturers, Report Nr. 91-126 des Marketing Science Institute, Cambridge/Mass. 1991.

U/V

Ulrich, P., Systemsteuerung und Kulturentwicklung, in: Die Unternehmung, 1984, S. 303-325.

Ulrich, P., Hill, W. Wissenschaftstheoretische Aspekte ausgewählter betriebswirtschaftlicher Konzeptionen, in: Raffée, H., Abel, B., Hrsg., Wissenschaftstheoretische Grundfragen der Wirtschaftswissenschaften, München 1979, S. 161-190.

Ulrich, S., Rollenspiel, in: Manager Magazin, Nr. 1, 1993, S. 126-129.

Urban, G.L., Star, S.H., Advanced Marketing Strategy: Phenomena, Analysis, and Decisions, Englewood Cliffs 1991.

Vetter, R., Wiesenbauer, L., Zur Strategiefindung in Unternehmen der ehemaligen DDR. Am Anfang steht die Strategieanalyse anschließend folgt die Organisationsgestaltung, in: Zeitschrift Führung und Organisation, Nr. 2, 1991, S. 75-80.

Vroom, V.H., Jago, A.G., Flexible Führungsentscheidungen. Management der Partizipation in Organisationen, Stuttgart 1991.

W

Wagner, K., Qualifikationsniveau in ostdeutschen Betrieben. Bestand-Bewertung-Anpassungsbedarf, in: Zeitschrift für Betriebswirtschaft, Nr. 2, 1993, S. 129-145.

Wagner, K., Hitchens, D., Birnie, E., Manageraustausch - eine Überlebensstrategie für Unternehmen in den neuen Ländern. Ergebnisse zweier Fallstudien, in: Zeitschrift für Betriebswirtschaft, Nr. 9, 1991, S. 969-980.

Walker, O.C., Ruekert, R.W., Marketing's Role in the Implementation of Business Strategies: A Critical Review and Conceptual Framework, in: Journal of Marketing, July, 1987, S. 15-33.

Walker, O.C., Ruekert, R.W., Mullins, J., Managing Strategic Marketing Transitions, in: Swartz, G.S., Hrsg., Organizing to become Market-Driven, Report Nr. 90-123 des Marketing Science Institute, Cambridge/Mass. 1990, S. 30-32.

Walleck, A.S., O'Halloran, J.D., Leader, C.A., Benchmarking world-class performance, in: The McKinsey Quarterly, Nr. 1, 1991, S. 3-23.

Watson, G.H., Understanding Hoshin Kanri, in: Akao, Y., Hrsg., Hoshin Kanri. Policy Deployment for Successful TQM, Cambridge/Mass. u.a. 1991, S. XXI-XXXIV.

Watson, G.H., The Benchmarking Workbook. Adapting Best Practices for Performance Improvement, Cambridge/Mass. u.a. 1992.

Watson, G.H., Strategic Benchmarking. How to Rate Your Company's Performance against the World's Best, New York u.a. 1993.

Webster, C., Toward the Measurement of the Marketing Culture of a Service Firm, in: Journal of Business Research, Vol. 21, 1990, S. 345-362.

Webster, C., A Note on Cultural Consistency within the Service Firm: The Effects of Employee Position on Attitudes towards Marketing Culture, in: Journal of Academy of Marketing Science, Nr. 4, 1991, S. 341-346.

Webster, C., Refinement of the Marketing Culture Scale and the Relationship Between Marketing Culture and Profitability of a Service Firm, in: Journal of Business Research, Vol. 26, 1993, S. 111-131.

Webster, F.E., Top Management's Concerns about Marketing: Issuses for the 1980's, in: Journal of Marketing, Summer, 1981, S. 9-16.

Webster, F.E., Rediscovering the Marketing Concept, Report Nr. 88-100 des Marketing Science Institute, Cambridge/Mass. 1988.

Webster, F.E., It's 1990 - Do You Know Where Your Marketing Is?, Report Nr. 89-123 des Marketing Science Institute, Cambridge/Mass. 1989.

Webster, F.E., The Changing Role of Marketing in the Corporation, in: Journal of Marketing, October, 1992, S. 1-17.

Weinhold-Stünzi, H., Marketing Management, in: Thexis, Nr. 6, 1990, S. 1-3.

Weinrauch, J.D., Anderson, R., Conflicts Between Engineering and Marketing Units, in: Industrial Marketing Management, 1982, S. 291-301.

Weiss, A., Making it Work. Turning Strategy into Action Throughout Your Organization, New York 1990.

Weiß, J.M., Wiest, A.J., Unternehmenskultur in den neuen Bundesländern Deutschlands, in: Zeitschrift Führung und Organisation, Nr. 5, 1991, S. 324-330.

Weiß, R., Weiterbildung Ost. Ein Integrationsfaktor, in: Informationsdienst des Instituts der deutschen Wirtschaft (iwd), Nr. 24, 13.6.1991, S. 4-5.

Weitz, B.A., Sujan, H., Sujan, M., Knowledge, Motivation, and Adaptive Behavior: A Framework for Improving Selling Effectiveness, in: Journal of Marketing, October, 1986, S. 174-191.

Welge, M.K., Hüttemann, H.H., Erfolgreiche Unternehmensführung in schrumpfenden Branchen, Stuttgart 1993.

Wensley, R., Book review. Market-Led Strategic Change: Making Marketing Happen in Your Organization, in: International Journal of Research in Marketing, 1992, S. 281-285.

Wernhem, R., Bridging the Awful Gap Between Strategy and Action, in: Long Range Planning, Nr. 6, 1984, S. 34-42.

Wetzlar, G., Organisatorische Aspekte einer Implementierung von Qualitätsstrategien in Industriebetrieben, Arbeitsbericht Nr. 33 des Seminars für Allgemeine Betriebswirtschaftslehre, Industriebetriebslehre und Produktionswirtschaft der Universität Köln, 2. Aufl., Köln 1991.

Wheelwright, S.C., Clark, K.B., Revolutionizing Product Development. Quamtum Leaps in Speed, Efficiency, and Quality, New York 1992.

Whitney, J.C., Smith, R.A., Effects of Group Cohesiveness on Attitude Polarization and the Acquisition of Knowledge in a Strategic Planning Context, in: Journal of Marketing Research, May 1983, S. 167-176.

Wieselhuber, N., Schoof, U., Konzepte und Potential der Unternehmen in den neuen Bundesländern. Untersuchungsbericht über die schriftliche Befragung von Industrieunternehmen nach Branchen in den neuen Bundesländern, München 1992.

Wild, J., Product Management. Ziele, Kompetenzen und Arbeitstechniken des Produktmanagers, München 1972.

Wild, J., Grundlagen der Unternehmensplanung, 4. Aufl., Opladen 1982.

Wilde, G., Management in der Planwirtschaft, in: Wilde, G., Pietrzynski, G., Voigt, H., Hrsg., Mandat für Ost-Manager. auf der Suche nach einer neuen Unternehmenskultur in Zeiten des Umbruchs, Köln 1991, S. 6-16.

Wilmes, F., Personalchefs sollten die Vertrauensfrage stellen, in: Handelsblatt, 24./25.8.1990, S. D 5.

Wilson, D.T., Gingold, M., Building Theory from Praxtice: A Theory-In-Use Approach, Working Series in Marketing Research der Pennsylvania State University, Nr. 94, Pennsylvania o.J.

Wilson, M., The Management of Marketing, 2. Aufl., Hampshire 1989.

Wind, Y., Marketing and the Other Business Functions, in: Research in Marketing, 1981, S. 237-264.

Wind, Y., Robertson, T.S., Marketing Strategy: New Directions for theory and Research, in: Journal of Marketing, Spring, 1983, S. 12-25.

Witcher, B.J., Total Marketing: Total Quality and The Marketing Concept, in: The Quarterly Review of Marketing, Winter, 1990, S. 1-6.

Witte, E., Phasen-Theorem und Organisation komplexer Entscheidungsverläufe, in: Zeitschrift für betriebswirtschaftliche Forschung, 1968, S. 625-647.

Witte, E., Organisation für Innovationsentscheidungen - Das Promotoren Modell, Göttingen 1973.

Witte, E., Die Unternehmenskrise - Anfang vom Ende oder Neubeginn?, in: Bratschitsch, R., Schnellinger, W., Hrsg., Unternehmenskrisen - Ursachen, Frühwarnung, Bewältigung, Stuttgart 1981, S. 7-24.

Witte, T., Implementierung von Planungstechniken, in: Handwörterbuch der Planung, Szyperski, N., Winnand, U., Hrsg., Stuttgart 1989, Sp. 655-665.

Wohlgemuth, A.C., Das Beratungskonzept der Organisationsentwicklung. Neue Form der Unternehmensberatung auf Grundlage des sozio-technischen Systemansatzes, 3. Aufl., Bern, Stuttgart 1991.

Woll, A., Allgemeine Volkswirtschaftslehre, 8. Aufl., München 1984.

Wollnik, M., Plandurchsetzung, in: Frese, E., Hrsg., Handwörterbuch der Organisation, 3. Aufl., Stuttgart 1992, Sp. 1381-1397.

Wottawa, H., Bewerber aus dem Osten sind ehrgeizig und erfolgsorientiert, in: Blick durch die Wirtschaft, 29.11.1991, S. 1.

Wunderer, R., Führungs- und personalpolitische Gedanken zum Übergang von der Plan- zur Marktwirtschaft, in: Eckardstein von, D., u.a., Hrsg., Personalwirtschaftliche Probleme in DDR-Betrieben, München 1990, S. 146-155.

Wunderer, R., Vom hierarchischen zum kooperativen Führungsstil, in: Karriere, 31.8./1.9.1990, S. K 4.

Wuppertaler Kreis e.V., Hrsg., Führungsverständnis in Ost und West. Ergebnisse einer Befragung von Führungskräften, Köln 1992.

Wysocki, R.K., OR/MS Implementation Research: A Bibliography, in: Interface, Nr. 2, Teil 1, 1979, S. 37-41.

Z

Zaltman, G., LeMasters, K., Heffring, M., Theory Construction in Marketing. Some Thoughts On Thinking, New York u.a. 1982.

Zander, E., Robejsek, P., Prinzip Leistung. Stunde der Wahrheit für Osteuropa, Heidelberg 1990.

Zanger, C., Unternehmenskrise und Produktentwicklung. Zum strategischen Verhalten von Unternehmen im Übergang von der Plan- zur Marktwirtschaft, in: Zeitschrift für Betriebswirtschaft, Nr. 9, 1991, S. 981-1006.

Ziegler, H.H., Kombinate in der Marktwirtschaft. Die Sicht einer Kombinatsleitung, in: Aßmann, G., Backhaus, K., Hilker, J., Hrsg., Deutsch-deutsche Unternehmen. Ein unternehmenskulturelles Anpassungsproblem, Stuttgart 1991, S. 97-107.

Zimmer, D., Vom "Planerfüller" zum Unternehmer. Wege zum Aufbau von Unternehmensqualifikation in ostdeutschen Betrieben, in: Blick durch die Wirtschaft, 18.12.1991, S. 7.

Zimmermann, R., Zukunftsaufgabe "Markt-Kultur", Hamburg 1987.

Zink, K.J., Qualität als Herausforderung, in: Zink, K.J., Hrsg., Qualität als Managementaufgabe. Total Quality Management, Landsberg a.L. 1989, S. 9-46.

Zumbusch, J., Westmanager: Verhaltenes Interesse an Jobs in Ostdeutschland. Gut gepolstert, in: Wirtschaftswoche, Nr. 9, 22.2.1991, S. 24-25.

Stichwortverzeichnis

DeutscherUniversitätsVerlag

GABLER · VIEWEG · WESTDEUTSCHER VERLAG

Aus unserem Programm

Eberhard Brezski
Konkurrenzforschung im Marketing
Analyse und Prognose
1993. XIV, 223 Seiten, 39 Abb., Broschur DM 89,-/ ÖS 694,-/ SFr 91,-
ISBN 3-8244-0170-3
Die Konkurrentenforschung stellt eine Voraussetzung für das Treffen von
Marketingentscheidungen dar. In dieser Arbeit werden Ansätze skizziert,
die eine systematische Analyse und Prognose des Konkurrenzverhaltens im
Wettbewerbsprozeß gestatten.

Harry Giesler
Direkt-Marketing bei Banken
Ein Instrument der Qualitätspolitik
1993. XVIII, 256 Seiten, 12 Abb., 4 Tab.,
Broschur DM 98,-/ ÖS 765,-/ SFr 100,10
ISBN 3-8244-0158-4
Die Erbringung hochwertiger Bank-Dienstleistungen wird hier als primär
absatzpolitische Aufgabe aufgefaßt. Dabei trägt Direkt-Marketing in beson-
derem Maße dazu bei, Bedürfnisse (potentieller) Kunden zu erkennen und
zu befriedigen.

Christian Krämer
Marketingstrategien für Produktionsgüter
1993. XXVIII, 503 Seiten, 204 Abb.,
Broschur DM 128,-/ ÖS 999,-/ SFr 129,-
ISBN 3-8244-0163-0
Auf Basis einer Repräsentativbefragung westdeutscher Hersteller lotet das
Buch das Spektrum an internationalen, verwenderorientierten, wettbe-
werbs- und handelsbezogenen Absatzstrategien aus und informiert über ak-
tuelle Markttrends sowie kritische Erfolgsfaktoren.

Rolf Nagel
Lead User Innovationen
Entwicklungskooperationen am Beispiel der Industrie elektronischer Lei-
terplatten
1993. XX, 210 Seiten, 27 Abb., 27 Tab., Broschur DM 89,-/ ÖS 694,-/ SFr 91,-
ISBN 3-8244-0180-0
Bereits der Reißbrettentwurf eines neuen Produktes sollte maßgeblich von
den führenden Abnehmern (Lead User) mitbestimmt werden, die letztlich
das Produkt anwenden. Das Buch stellt eine Weiterentwicklung des Lead-
User-Konzeptes dar.

DUV Deutscher Universitäts Verlag
GABLER·VIEWEG·WESTDEUTSCHER VERLAG

Michael Peters
Dienstleistungsmarketing in der Praxis
Am Beispiel eines Messeunternehmens
1992. XXII, 361 Seiten, 114 Abb., 9 Tab.,
Broschur DM 118,-/ ÖS 921,-/ SFr 119,-
ISBN 3-8244-0123-1
Der Autor behandelt den gesamten Themenkomplex Messemarketing als
Beispiel für Dienstleistungsmarketing unter dem Gesichtspunkt des Benut-
zerverhaltens der Teilnehmer an Messen und Ausstellungen, also des Kun-
den.

Ulf D. Preukschat
Vorankündigung von Neuprodukten
Strategisches Instrument der kommunikationspolitischen Markteinführung
1993. XIV, 253 Seiten, 44 Abb.,
Broschur DM 98,-/ ÖS 765,-/ SFr 100,10
ISBN 3-8244-0152-5
Das Buch nimmt aus einer weit gefaßten Perspektive eine Diskussion poten-
tieller Vor- und Nachteile von Neuprodukt-Vorankündigungen seitens der
Hersteller vor und untersucht empirisch das tatsächliche Verhalten in ver-
schiedenen Branchen.

Ines van der Schalk
Sponsoringmanagement in Vereinen
Eine Analyse im Golfsport
1993. XVI, 289 Seiten, 23 Abb., 21 Tab.,
Broschur DM 98,-/ ÖS 765,-/ SFr 100,10
ISBN 3-8244-0141-X

Die Ergebnisse der empirischen Studie belegen, daß Sponsoringaktivitäten
vielfach nicht ziel- und marktorientiert geplant und durchgeführt werden.
Das Buch zeigt konkrete Handlungs- und Gestaltungsansätze, die auf die
spezielle Situation der zumeist gemeinnützigen Vereine eingehen.

Die Bücher erhalten Sie in Ihrer Buchhandlung!
Unser Verlagsverzeichnis können Sie anfordern bei:

Deutscher Universitäts-Verlag
Postfach 30 09 44
51338 Leverkusen

If you have any concerns about our products,
you can contact us on
ProductSafety@springernature.com

In case Publisher is established outside the EU,
the EU authorized representative is:
**Springer Nature Customer Service Center GmbH
Europaplatz 3, 69115 Heidelberg, Germany**

Printed by Libri Plureos GmbH
in Hamburg, Germany